# Das Kloster der Kaiserin

300 Jahre Salesianerinnen in Wien

Helga Penz (Hg.)

# Das Kloster der Kaiserin

## 300 Jahre Salesianerinnen in Wien

MICHAEL IMHOF VERLAG

Wir bedanken uns bei unseren Unterstützern:

 Verein der Freunde der Salesianerinnen

 www.georgsorden.at

Umschlagbild: Kloster der Salesianerinnen in Wien (Foto: René Steyer/Karl Pani)

## Impressum

© 2017
Michael Imhof Verlag GmbH & Co. KG
Stettiner Straße 25 | D-36100 Petersberg
Tel. 0661/2919166-0 | Fax 0661/2919166-9
www.imhof-verlag.com; info@imhof-verlag.de

Reproduktion und Gestaltung: Vicki Schirdewahn, Michael Imhof Verlag
Druck: Media-Print Informationstechnologie GmbH, Paderborn

Printed in EU

ISBN 978-3-7319-0339-0

# Inhalt

### Grußworte

7    300 Jahre Kloster der Heimsuchung Mariens in Wien.
Kardinal Dr. Christoph Schönborn,
Erzbischof von Wien

8    Ein Werk des Herzens Jesu.
Mutter Maria Gratia Baier OVSM und die
Schwestern von der Heimsuchung Mariens in Wien

9    Die Kraft der Stille.
St. Georgs-Orden

10    Im Schatten der Lilien vom Rennweg –
anstatt eines Grußwortes.
Prof. Dr. Christian Meyer, Vizerektor der
Universität für Musik und darstellende Kunst Wien

11    Gott, Kaiserin, Vaterland.
Verein der Freunde der Salesianerinnen

### Einleitung

13    HELGA PENZ
*Vive Jésus*. 300 Jahre Salesianerinnen in Wien.

### Die Stifterin Kaiserinwitwe Wilhelmina Amalia

19    MICHAEL PÖLZL
*Wie der regenbogen in der lufft*. Die Stifterin Amalia
Wilhelmina von Braunschweig-Lüneburg

35    ELISABETH GARMS-CORNIDES
Zur spirituellen Prägung der Stifterin. Jugendjahre
der Wilhelmina Amalia von Braunschweig-
Lüneburg in Paris

43    MAUREEN CASSIDY-GEIGER
*In der und ausser der Clausur*. Kaiserinwitwe
Wilhelmina Amalias Appartement im Kloster am
Rennweg

### Der Orden von der Heimsuchung Mariens und das Kloster in Wien

53    HERBERT WINKLEHNER OSFS
Ein einzigartiges Beispiel geistlicher Freundschaft.
Johanna Franziska von Chantal und Franz von Sales

59    GISELA FLECKENSTEIN OFS
Der Orden von der Heimsuchung Mariens.
Grundlagen, Entwicklung, Struktur

71    CHRISTINE SCHNEIDER
Der Konvent und das Pensionat des Wiener
Heimsuchungsklosters von der Gründung bis
zum Tod der Stifterin im Jahre 1742

85    PETER WIESFLECKER
Kloster, Kaiserhaus und Adel. Die Salesianerinnen
am Rennweg und der habsburgische Hof

99    JOHANN WEISSENSTEINER
Die Visitation des Klosters der Salesianerinnen
durch Erzbischof Vinzenz Eduard Milde im Jahr
1846

111 PETER WIESFLECKER
*Unter fremden Dächern wohnt Ihr Frauenchor.*
Das Salesianerinnenkloster als „Benediktinerinnen-
abtei" und Exilort im Zweiten Weltkrieg

## Architektur und künstlerische Ausstattung

123 HERBERT KARNER
Die Kirche zur Heimsuchung Marias. Ein Sakralraum zwischen kaiserlicher Repräsentation und
salesianischer Spiritualität

135 WERNER TELESKO
Die Ausstattung der Salesianerinnenkirche mit
Deckenmalereien und Altarbildern. Überlegungen
zum ikonografischen Programm

149 HERBERT KARNER
Das Heimsuchungskloster. Architektur und
Raumkonzept

165 GERNOT MAYER
Kloster/Residenz: Ein Ort des Rückzugs,
ein Ort der Repräsentation? Zur Ambiguität der
Residenz von Kaiserinwitwe Wilhelmina Amalia
am Rennweg

181 HELMUT HALB
Die Bildausstattung der Innenräume und ihre
Funktion im klösterlichen Leben

201 MANFRED KOLLER
Restaurierergebnisse nach 1945. Gemälde,
Altarbilder und Kuppelmalerei

211 MARKUS SANTNER, ROBERT LINKE,
JOHANN NIMMRICHTER, JOHANNES JACOB
Die gotische Madonna des Heimsuchungsklosters.
Restauriergeschichte und Konservierung

217 WERNER TELESKO
Die Sammlung von Thesenblättern

223 EVA VOGLHUBER
Vom Hofkleid zum liturgischen Gewand. Die Paramentensammlung der Wiener Salesianerinnen

## Die Musikuniversität im Kloster

245 STEFAN WEISS
Die Geschichte der mdw am Standort
Salesianerinnenkloster

## Anhang

252 Liste der Oberinnen
253 Literaturverzeichnis
264 Verzeichnis der Abkürzungen und Siglen
264 Abbildungsnachweis

# 300 Jahre Kloster der Heimsuchung Mariens in Wien

Am Anfang stand die Freundschaft zwischen Franz von Sales und Johanna Franziska Frémyot de Chantal. Die sechsfache Mutter und nach dem Tod ihres Mannes spätere Witwe hörte am 5. März 1604 eine Fastenpredigt des Genfer Bischofs Franz von Sales in der Sainte-Chapelle in ihrer Heimatstadt Dijon, die ihr weiteres Leben grundlegend verändern sollte. Es war der Beginn einer in der Kirchengeschichte einzigartigen geistlichen Freundschaft, die zur späteren Gründung des „Ordens der Heimsuchung Mariens" oder auch der Salesianerinnen geführt hat. In dem ersten Brief von Franz von Sales an Johanna Franziska schrieb er: „Gott, so scheint mir, hat mich Ihnen gegeben; dies wird mir mit jeder Stunde mehr zur Gewissheit."

Nun hatte die fromme Johanna Franziska nur einen sehnlichen Wunsch: Die Gründung eines Frauenordens, zugänglich auch für Witwen und schwächere Frauen, gemäß dem Vorschlag ihres Seelenführers Franz von Sales: „Dies soll die Grundregel unseres Gehorsams sein: Alles aus Liebe tun und nichts aus Zwang! Mehr den Gehorsam lieben, als den Ungehorsam fürchten." Gebet und Buße bestimmten ihr weiteres Leben, erste mystische Erfahrungen und Visionen traten auf. Zusammen mit Franz von Sales gründete Johanna-Franziska von Chantal mit einigen Gefährtinnen 1610 den Orden „Von der Heimsuchung Mariens", die Salesianerinnen. Grundgedanke des Ordens ist die im Lukasevangelium beschriebene Begegnung Mariens mit ihrer Cousine Elisabeth. Durch den Gruß Mariens „hüpfte" im Mutterschoß von Elisabeth ihr Kind vor Freude. Es war die erste Begegnung des Heilands mit der Welt im Verborgenen. Franz von Sales lag dieser verborgene Charakter des Geheimnisses dieser Begegnung sehr am Herzen. So sollte auch der Dienst der Schwestern in dieser Welt sein: durch ein verborgenes Leben und Anbetung im Herzen Christus zu den Menschen zu bringen.

Es war die Kaiserinwitwe Wilhelmina Amalia, Gemahlin von Josef I., die die erste Niederlassung des Ordens in Wien 1717 am Rennweg aus eigenen Mitteln finanzierte und förderte. Die 1728 vollendete prunkvolle Kirche und der dazugehörige Klosterkomplex, ein Werk des italienischen Baumeisters Donato Felice d'Allio, dem Erbauer des Stiftes Klosterneuburg, zählt zu den bedeutendsten Sakralbauten des Hochbarock in Wien. Das Kuppelfresko „Himmelfahrt Mariens" von Giovanni Antonio Pellegrini und das Hochaltarbild „Maria Heimsuchung" von Antonio Bellucci bilden den Höhepunkt kirchlicher Architektur und Kunst dieser Epoche. Insbesondere besitzt das Kloster bis heute überaus wertvolle Paramente, die bei verschiedenen Hochfesten noch getragen werden.

Heute, drei Jahrhunderte später, herrscht im klösterlichen Leben der zehn Salesianerinnen am Rennweg vor allem Bescheidenheit. Es ist eine betende Präsenz, in der klösterlichen Stille und Zurückgezogenheit. Es ist ein Rückbesinnung auf die ursprünglichen Anfänge, gemäß dem Wunsch des Hl. Franz von Sales: Dasein vor Gott im Gebet und in der Anbetung, Besinnung auf die persönliche Nachfolge Christi, verbunden mit innerer Askese und geistlichen Übungen. Eingeladen sind auch Frauen, die das klösterliche Leben mit den Schwestern teilen wollen und zur Erprobung einer Ordensberufung.

Möge dieser segensreiche Ort der Stille und des Gebets noch lange bestehen!

KARDINAL DR. CHRISTOPH SCHÖNBORN
Erzbischof von Wien

# Ein Werk des Herzens Jesu

„Ich sehe, unsere kleine Gemeinschaft ist ein Werk des Herzens Jesu", schreibt Franz von Sales, kurz nachdem er mit der jungen Witwe Johanna Franziska von Chantal auf Eingebung des Heiligen Geistes die neue Gemeinschaft, den Orden von der Heimsuchung Mariens, gründet. Gründungstag ist das Fest der Heiligsten Dreifaltigkeit am 6. Juni 1610.

Töchter des Gebetes, innerliche Seelen um Gott zu dienen und ihn anzubeten im Geist und in der Wahrheit, will er in seiner Gemeinschaft sammeln. Dienerinnen wie Maria bei der Heimsuchung, Töchter des Herzens Jesu. Stätten des Gebetes – der Anbetung Gottes und der Fürbitte für die Menschen – sollen die Klöster des neuen Ordens sein.

Kaiserin Wilhelmina Amalia, am 17. April 1711 jung verwitwet, denkt an eine Stätte des Gebetes, die ihr Heimat sein soll. Sie holt die Schwestern der Heimsuchung nach Wien und lässt das Kloster der Salesianerinnen bauen. Das kontemplativ ausgerichtete Kloster wird in einem eigens dafür geschaffenen Rahmen auch Ausbildungsstätte für Mädchen und deren Lebensschule für religiöse Formung sein. Am 13. Mai 1717 erfolgt die Grundsteinlegung des Klosters. Am Fest des Hl. Ignatius am 31. Juli 1719 beziehen die Schwestern die Wiener Niederlassung. Die Kaiserin behält sich das Recht vor, sich dort in eigens dafür bestimmte Zimmer zurückzuziehen.

Seitdem ist das Kloster der Salesianerinnen eine Stätte des Gebetes, der Ausbildung für Mädchen bis ins 20. Jahrhundert, unter anderem auch vorübergehender Zufluchtsort für Angehörige anderer Ordensgemeinschaften in schwersten Zeiten.

Ununterbrochen bleibt Jesus Christus gegenwärtig im Tabernakel der Kirche, wird hier täglich das Hl. Messopfer gefeiert, das Stundengebet verrichtet, Gott gesucht und verherrlicht durch das Leben der Hingabe. Dem Allmächtigen Gott sei dafür Dank gesagt. Er sei gepriesen für das Werk Seiner Gnade, für die Führungen Seiner gütigen Vorsehung. In diesen Dank sind auch alle hineingenommen, die sich mit großem Einsatz der Erstellung dieses Gedenkbuches gewidmet haben.

Ihm, dem Allmächtigen, gegenwärtigen, gütigen, uns liebenden Gott vertrauen wir die Zukunft unseres Klosters durch die Hände der Muttergottes an.

MUTTER MARIA GRATIA BAIER OVSM
und die Schwestern von der Heimsuchung Mariens in Wien

# Die Kraft der Stille

Wie eine Oase im hektischen Verkehr der Großstadt mutet das Areal der Salesianerinnen am Rennweg an. Der Orden „Von der Heimsuchung Mariens" wurde vom Hl. Franz von Sales und der Hl. Franziska von Chantal 1610 gegründet. Er erinnert in seinem Namen an den Besuch der schwangeren Gottesmutter bei ihrer Cousine Elisabeth, den Lukas in seinem Evangelium beschreibt.

Hunderte von Jahren haben der Orden, die Kirche und das Kloster am Rennweg den Stürmen der Zeit getrotzt. Die Kirche ist ein Baujuwel aus dem Hochbarock, das durch keinerlei Renovierungen verändert wurde.

Die Schwestern verrichten in Stille ihr Tagewerk in der Klausur. Nicht nur die zahlreichen Arbeiten in Küche, Garten und der Krankenpflege prägen den Tag der frommen Frauen, sondern auch Lehre und Hilfe beim Gebet, bei Exerzitien und bei allen größeren und kleineren Sorgen des Lebens, mit denen sie in Berührung kommen. Ihre Gebete schaffen eine ganz eigene Aura, die das Kloster am Rennweg, das von Kaiserin Amalia Wilhelmina vor 300 Jahren gegründet wurde, umgibt.

Die Gründerin stammte aus dem Haus der Welfen, ihr Vater, Johann Friedrich, Herzog von Braunschweig-Calenberg, ein protestantischer Fürst, trat mit 26 Jahren im Zuge seiner Bildungsreise nach Frankreich und Italien in Assisi zum Katholizismus über. Kaiser Josef I., der Sohn des großen Barockkaisers Leopold I., warb bereits sehr früh um Wilhelma, die als besondere Schönheit galt. Da die männliche Linie der Habsburger am Aussterben war – neben Josef I. gab es nur noch seinen Bruder, den späteren Kaiser Karl VI. – galt die Sorge Amalia Wilhelminas vor allem der Dynastie einen männlichen Nachfolger schenken zu können. Ihr einziger Sohn, Leopold Josef, starb jedoch im ersten Lebensjahr. Ihre beiden Töchter, Maria-Josefa, die Friedrich August II. von Sachsen und König von Polen, den Sohn August des Starken, heiratete und Maria-Amalie, die mit dem Kurfürsten Karl Albrecht von Bayern, der später kurzzeitig als Karl VII. Kaiser des Heiligen römischen Reiches wurde, konnten das Nachfolgeproblem der Habsburger nicht lösen. Immerhin setzte Amalia Wilhelmina bei ihrem Schwager und Nachfolger ihres Mannes, Karl VI., die Anerkennung ihrer beiden Töchter in der Thronfolge durch, die jedoch hinter dessen Tochter, der späteren großen Kaiserin Maria-Theresia zurückstanden. Nur kurz fügte sich Kaiserin Wilhelmina den vermeintlichen Ansprüchen ihres Schwiegersohnes Karl Albrecht von Bayern, folgte dann aber den Wünschen Karls VI. und unterstützte die junge Erzherzogin Maria-Theresia, wo immer sie konnte. Ab 1722 zog sich diese bedeutende Frau in das von ihr gegründete Kloster der Salesianerinnen zurück und starb im Alter von 69 Jahren an der Wassersucht. Ihrer Anordnung gemäß wurde ihr Herz zu den Füßen des Sarges ihres Mannes in der Kapuzinergruft, ihr Körper aber in der Gruft unter dem Hochaltar der Kirche am Rennweg bei den Salesianerinnen beigesetzt.

Durch die Güte der Gemeinschaft durfte der St. Georgs-Orden, ein europäischer Orden des Hauses Habsburg-Lothringen, seine Ordensresidenz in den Räumlichkeiten der verblichenen Kaiserin aufschlagen. Beide Orden passen bestens zusammen: hier das forum internum mit Gebet und Glaube, dort das forum externum: das Bemühen um ein christliches (Mittel-)Europa in unserer zerrütteten Welt. Während der christliche, wertkonservative St. Georgs-Orden seine Tätigkeit vor allem darauf gerichtet hat, in einer immer mehr zerfallenden Gesellschaft die Werte des Christentums in bewegter Zeit hochzuhalten, vermitteln die Salesianerinnen unmerklich durch ihre Gebete das Fundament, auf dem christliches Leben wachsen kann. Die Geschichte des Ortes hat förmlich dazu eingeladen, einem habsburgischen Orden hier Herberge zu geben.

So wird das zusammengefügt, was Kaiserin Amalia Wilhelmina, die in der Krypta der Kirche ruht, einst vorhatte: die Zusammenführung im Sinne der Devise: Gott, Kaiser und Vaterland, Begriffe, die in unserer Zeit neuen Wert erlangen. Die Überzeugung besteht, dass dieser Zusammenhalt noch lange in die Zukunft, deren Entwicklung wir alle nicht kennen, mit Gottes Hilfe wirken wird.

St. Georgs-Orden
NORBERT VAN HANDEL, Ehrenprokurator

# Im Schatten der Lilien vom Rennweg – anstatt eines Grußwortes

Das Salesianerinnenkloster am Rennweg beherbergt heute nicht nur den Orden selbst, sondern darüber hinaus auch mehrere Institute der mdw – Universität für Musik und darstellende Kunst Wien. Es ist ein Ort der Besinnung ebenso wie ein Ort der Lehre, der Kunst- und Wissenschaftsausübung. Das bewusste und fokussierte Leben unserer Nachbarinnen wirkt vorbildlich auch für unsere Lehrenden und Studierenden, denn Konzentration und Disziplin ist für herausragende künstlerische Leistungen ebenso Voraussetzung wie künstlerische Begabung und hohe Musikalität. Wenn das geistliche Leben zuerst im Kopf und im Herzen stattfindet, so gilt dies ebenso für jede wahrhaft künstlerische Persönlichkeit.

Die Salesianerinnen führen am Rennweg ein Leben gleich den biblischen Lilien. Sie verstehen es, sich dem sorgenvoll-hektischen Alltag weitgehend fern zu halten, sie öffnen ihre Pforten hingegen für Rat und Hilfe Suchende und aus den Himbeeren des Klostergartens fabrizieren sie die herrlichste Marmelade. Inmitten des Innenstadt-Lärms bewahren sie an diesem Ort eine Oase, eine „lebhafte Stille" ganz im Sinne von John Cage. Der auratische Raum verbindet das Wesen der ehrwürdigen Schwestern mit unserer Arbeit: „Das musikalische Material ist Klang und Stille. Sie verbinden ist komponieren." Gemeinsam mit den Salesianerinnen entsteht Stille und Klang; im Zusammenspiel komponieren wir beide ein Stück Urbanität.

Im Schatten dieser Lilien also arbeiten mehrere Institute unserer Universität. Die Lehrenden und Studierenden haben das Privileg, ihre vielfältigen künstlerischen, pädagogischen und wissenschaftlichen Tätigkeiten an einem Ort zu entfalten, der hinsichtlich Lage und Architektur hochherrschaftliche Verhältnisse bietet und zudem mit einer Aura geistig-seelischer Fokussierung umgeben ist. Dass diese idealen Voraussetzungen nicht ohne Widerstände zur heutigen Symbiose führten, erläutert Stefan Weiss in seinem Beitrag über die mdw im Salesianerinnenkloster, welcher erstmals einen Überblick zu diesem Thema bietet.

Nicht erst heute steht die Musik an diesem Ort im Mittelpunkt. Wien war nach der Wende zum 18. Jahrhundert bereits eine musikalische Hochburg, und die Stifterin Wilhelmina Amalia leistete zum kulturellen Leben in ihrer Stadt aktive Beiträge. Dass seit 1988 mehrere Institute der mdw den Rennweg besiedelten, war also durchaus eine Rückkehr zu den Wurzeln.

Namens Rektorin Ulrike Sych, aller MitarbeiterInnen und Studierenden der mdw gratulieren wir den Salesianerinnen herzlich zum runden Jahrestag! Den kontinuierlichen Bestand des Ordens seit drei Jahrhunderten bewundern wir, die kontinuierliche Arbeit an der Substanz der Klosteranlage danken wir den ehrwürdigen Schwestern ebenso wie den verantwortlichen staatlichen Stellen. Das Zusammenleben am Rennweg empfinden wir als fruchtbar und von gegenseitiger Wertschätzung getragen.

Ist gute Musik eine Anleitung für ein gutes Leben? Oder ein gutes Leben Anleitung für gute Musik? Das Salesianerinnenkloster am Rennweg ist Versuchsstation für beide Varianten.

Prof. Dr. Christian Meyer
Vizerektorat für Außenbeziehungen
mdw – Universität für Musik und darstellende Kunst Wien

# Gott, Kaiserin, Vaterland

*Am Rennweg, mitten im tiefsten Wien unweit des Schlosses Belvedere, befindet sich ein versteckteres Raum- und Zeitfenster. Hier liegen die Falten mehrerer Paralleluniversen aneinander, sodass Vergangenheit, Gegenwart und Zukunft zu einer großen Idee verschmelzen.*

Der Einstieg für die Zeitreise befindet sich im Kloster der Salesianerinnen. Keine Zauberei, kein technischer Hokuspokus: Man braucht es nur vom Rennweg aus zu betreten; schon wird man – völlig schmerzlos, aber nicht ohne intellektuelle Folgewirkungen – Jahrhunderte in die Vergangenheit zurückversetzt und gleichzeitig mit einer Ahnung versehen, welches menschliche Rüstzeug für die Herausforderungen der Zukunft anzulegen ist.

Drei Jahrhunderte, um genau zu sein: Die Salesianerinnen am Rennweg feiern ein beachtliches Jubiläum. Am 13. Mai 1717 ließ Kaiserin Wilhelmina Amalia, die Witwe von Kaiser Josef I., den Grundstein für das Kloster des Ordens von der Heimsuchung Mariens legen, der auf den französischen Bischof Franz von Sales (1567 bis 1622) zurückgeht. Dabei ging es ihr nicht um Beweihräucherung, sondern um Berufung. Nachdem sie ihre weltlichen Angelegenheiten durch die standesgemäße Verheiratung ihrer Töchter geregelt hatte, schloss sich die Kaiserin immer mehr dem Orden an, zog sich in einen eigens für sie errichteten – und heute noch bestehenden – Trakt des Klosters zurück und liegt seit ihrem Tod 1742 inmitten der Schwestern in der Gruft des Klosters begraben.

Aber was wollen uns ein Orden, dessen Nonnen sich der Nachfolge Jesu in Form eines kontemplativen Lebens in tiefer, innerer Gottverbundenheit widmen, und ein Kloster, das wie ein versteinertes Relikt in die Gegenwart hereinragt, heute sagen? Ist ein Ordensleben in Gemeinschaft und Stille nicht völlig aus dieser schrillen, bunten, enthemmten Zeit gefallen? Gibt es noch eine Botschaft für das *hic et nunc*, über die Interessen von Historikern und Theologen hinaus?

Durchaus, und vielleicht wird diese Botschaft umso wertvoller, je weiter wir durch das klösterliche Zeitfenster in die Zukunft blicken. Schon heute fühlen sich immer mehr Menschen verunsichert vom Niedergang einer gewohnten Ordnung, von neuen Lebensformen, Arbeitswelten und einer in Individuen zerfallenden, immer öfter glaubensfreien Gesellschaft. Viele opfern ihre Menschlichkeit auf dem kalten Altar des schnöden Mammons; andere wollen ihren fremden Glauben mit dem Schwert zu uns tragen; unsere Antwort spaltet Parteien, Stammtische, Freunde und Familien. Auf dem Spiel steht nicht weniger als unser christliches Abendland, das es in seiner Geschichte geschafft, abschreckendes Beispiel und glorreiches Vorbild zugleich zu sein.

Umso wertvoller ist die tägliche Pflege eines religiösen europäischen Fundaments, das kulturell und historisch tief in der Vergangenheit wurzelt – so tief, dass man es getrost eine Ewigkeit nennen könnte. So tief, dass das Kloster den tosenden Stürmen der Gegenwart widersteht und eine spirituelle, aber auch tatsächlich räumliche Zuflucht und darüber hinaus ein werthaltiges Lebensmodell für die Zukunft bietet. Doch nicht nur die Geschichte des Ordens ist steinalt und genau deshalb so erhaltenswert, auch seine physischen Gemäuer. Beides in die Zukunft zu begleiten, hat sich der Verein der Freunde der Salesianerinnen vorgenommen: Um das Zeitfenster offen zu halten zwischen der großen Vergangenheit Europas, seiner schwierigen Gegenwart und seiner ohne Zweifel anforderungsreichen Zukunft.

Für uns alle, denen die Heimat Österreich in Europa am Herzen liegt. Gestern, heute und morgen.

KARL VON HABSBURG, Ehrenpräsident
VINZENZ STIMPFL-ABELE, Präsident
GÜNTHER BERGAUER, Schatzmeister
Verein der Freunde der Salesianerinnen

# Vive Jésus.
## 300 Jahre Salesianerinnen in Wien

Helga Penz

Am Tag der Geburt der nachmaligen Kaiserin Maria Theresia, am 13. Mai 1717, wurde der Grundstein für ein Kloster des Ordens von der Heimsuchung Mariens, des ersten im heutigen Österreich, gelegt. Es ist das älteste, durchgehend an einem Standort bestehende Frauenkloster Wiens[1]. Die ins Fundament eingelassene Gedenkschrift nennt die Gründungsintention der Stifterin Wilhelmina Amalia, Witwe von Kaiser Joseph I.: *ad religionis incrementum et puellarum educationem*[2]. Die Vermehrung und Förderung des Lebens der Religiosen, das in seiner besonderen Form der evangelischen Räte eine kompromisslose Christusnachfolge nach dem Vorbild der Apostelgemeinde anstrebt, gilt seit jeher als frommes Werk, welches Zentralorte der Gottesbeziehung – *religio* – und damit Gnadenorte schafft. Die Mädchenerziehung war bei den Frauenorden, die in der Frühen Neuzeit entstanden sind und die nicht mehr, wie noch im Mittelalter, weibliche Zweige eines Männerordens, sondern selbstständige Gründungen waren, ein häufig genannter besonderer Aufgabenbereich. Denn sie erlaubte die Ausübung eines Apostolats und die Erwirtschaftung von Einnahmen unter Einhaltung der Klausurvorschriften, die das Konzil von Trient für alle geistlichen Frauengemeinschaften erlassen hatte. Das Mädchenpensionat im Wiener Heimsuchungskloster wurde mit kaiserlichem Stiftungskapital finanziert, adelige Fräulein, auch solche aus nicht begüterten Familien, erhielten eine Vorbereitung auf ihre zukünftigen häuslichen und gesellschaftlichen Aufgaben. Nach dem Ende der Monarchie 1918 und dem Verlust des Stiftungskapitals unterhielten die Salesianerinnen noch einige Jahre eine Mädchenschule, bis auch diese geschlossen werden musste.

Das grundlegende Charisma des Ordens ist seit 300 Jahren unverändert: die Konkretisierung der *vita communis* in Kontemplation und Abgeschiedenheit. Die streng klausurierten, einer anspruchsvollen Gebetsarbeit verpflichteten und monastisch ausgerichteten Frauenorden galten von jeher als körperlich wie seelisch besonders herausfordernd und gestatteten daher nur jungen und kräftigen Kandidatinnen den Eintritt. Zu Beginn des 17. Jahrhunderts schufen der Ordensgründer Franz von Sales und die Gründungsoberin Franziska von Chantal mit dem Heimsuchungsorden auch für verwitwete, ältere Frauen die Möglichkeit, ein beschauliches Klosterleben zu führen. Diese besondere Form der verinnerlichten Christusnachfolge unternimmt die Annäherung an das Pauluswort „Nicht mehr ich lebe, sondern Christus lebt in mir" (Gal 2,20), ausgedrückt in der Anrufung des Auferstandenen „Vive Jésus", die jeder Schrift der Salesianerinnen vorangestellt ist.

Eine umfassende Darstellung des Ordens von der Heimsuchung Mariens und seiner Geschichte ist bis heute Desiderat, was auch daran liegen mag, dass jedes Kloster autonom ist und unter der selbstständigen Führung seiner Oberin steht. Wenn auch eine Verbindung zum Mutterhaus in Annecy in Ostfrankreich besteht, so hat der Orden doch keine Generalleitung ausgebildet – die Visitationsaufgaben übernehmen die jeweiligen Ortsbischöfe. Während zu den französischen Heimsuchungsklöstern einzelne, fundierte Studien vorliegen, fehlt dergleichen weitgehend für die Niederlassungen des Ordens im deutschsprachigen Raum. Zur Geschichte des Wiener Klosters erschien 1967 eine Festschrift zum 250-Jahr-Jubiläum[3]. Eine kleine Jubiläumsausstellung, die Kunstschätze des Hauses besonders aus der einzigartigen Paramentensammlung der Schwestern zeigte, wurde von einem Katalog begleitet[4]. Studien zur Baugeschichte und eine Darstellung der Kunstschätze erfolgten im 41. Band der Österreichischen Kunsttopographie von 1974[5]. Die vor einigen Jahren vom Bundesdenkmalamt in der Klosterkirche durchgeführten Restaurierungsarbeiten brachten neue kunsthistorische Erkenntnisse[6].

◀ Abb. 1: Hl. Josef als Beschützer des Salesianerinnenklosters Wien

In Vorbereitung des Jubiläums des 300-jährigen Bestehens wurden die archivalischen Quellen des Wiener Heimsuchungsklosters zugänglich gemacht, um die Festschrift auf das Fundament quellenbasierter Forschung stellen zu können. Dafür wurden von der Herausgeberin Ordnungs- und Erschließungsarbeiten im Archiv durchgeführt[7]. Im Archiv werden die Unterlagen des Klosters seit seiner Gründung im Jahr 1717 verwahrt. Das *Cabinet des Archives*[8] befindet sich ganz traditionell in unmittelbarer Nähe zur Sakristei. Die Entscheidung, die wertvollen Dokumente nicht beim Arbeitszimmer der Oberin im ersten Stock, sondern im Erdgeschoß zu verwahren, hängt auch damit zusammen, dass die Ordenskonstitutionen eine Unterbringung in einem gewölbten, feuersicheren Raum vorschreiben[9].

Die Archivalien sind in historischen Archivschränken mit Laden untergebracht, gut geordnet und wohl verwahrt – eine lange Tradition professioneller Schriftgutverwaltung und Archivpflege wird hier sichtbar. Das Amt der Schwester, *welche die Obsorge über die Schriften das Closters hat*, wird in den Ordenskonstitutionen beschrieben: Bildung von Faszikeln für zusammengehörige Unterlagen, deren Beschriftung und systematische Ablage, Protokollierung von Entlehnungen außer Haus, enge Zusammenarbeit mit der Wirtschafterin beim Führen der Kopial- und Rechnungsbücher sowie Registrierung neuer Schriften in einem Inventarium[10]. Ein *Inventaire des Titres et Papiers* befindet sich auch im Archiv der Salesianerinnen in Wien[11], es spiegelt eine Verschriftlichungsstrategie und Ablageordnung wider, die den Standards seiner Zeit entspricht. Die Bücher, die die einzelnen Klöster des Ordens zu führen hatten, sind darin ebenso aufgelistet wie, in jeweils eigenen Serien, die Urkunden, die Reliquienauthentiken, bischöfliche Genehmigungen, fürstliche Privilegien, Stiftungsbriefe, Verträge und Obligationen. Einige Bücher, die 1717 angelegt wurden, werden bis heute geführt, so das Konventbuch[12], das Kapitelbuch[13], das Noviziatsbuch[14] und das Totenbuch[15].

Dem Konventbuch ist die Gründungsgeschichte des Hauses vorangestellt, dieser folgt die Protokollierung der Wahlen der Oberinnen, die diese Gründungstradition wahren und weiterführen. Die Amtszeit der Oberin beträgt drei Jahre, Wiederwahlen sind möglich, es dürfen jedoch nicht mehr als zwei Amtszeiten unmittelbar aufeinander folgen[16]. Außerdem dient das Konventbuch als Professbuch, in dem die Ablegung und die Erneuerung der Ordensgelübde eintragen werden. Im Kapitelbuch werden die Abhandlungen im Kapitel, der Versammlung der Schwestern mit ewiger Profess, aufgezeichnet, etwa Entscheidungen über Neuaufnahmen ins Kloster, die Übertragung von Leitungsämtern (Assistentin der Oberin und Rätinnen) und Beschlüsse über Verträge und Finanzen. Die Einträge sind kurz gefasst, die längsten Passagen im Kapitelbuch im 18. und 19. Jahrhundert sind Aufzeichnungen über die bischöflichen Visitationen. Ermunterungen und Ermahnungen bei den jährlichen Besuchen des Bischofs sind zusammengefasst wiedergegeben, manchmal schließt hier auch eine konkrete Verfügung an. Dem bischöflichen Sermon von 1731 etwa folgte der Betonung der „gänzlichen Abtötung der Leidenschaften und natürlichen Neigungen", die die Schwestern anstreben sollten, die Vorschrift, Jalousien vor den Fenstern am Gang der „kleinen Schwestern" anzubringen, um den Ausblick auf den Schlossgarten des Prinzen Eugen, des unmittelbaren Nachbarn des Heimsuchungsklosters, zu unterbinden[17].

Die hohe Kontinuität in den Aufzeichnungen machte die Archivarin zu einer Schaltstelle der Schriftlichkeit im Kloster. Die Geschäftstagebücher, die sie führte, zeigen ihre enge Vernetzung mit den Aufgaben der Mitschwestern, denen sie die Amtsbücher zum Eintrag herausgab und danach wieder empfing und bewahrte[18]. Sie führte auch die Klosterannalen, sodass das Archiv zu einem Scharnier zwischen Verwaltungshandeln und Memorialkultur wurde. Ein Teil des Archivs blieb stets aktuell, in anderen Teilen jedoch bekamen die Unterlagen allmählich nur mehr historischen Wert. Mit dem Ende der Habsburgermonarchie und in den Jahren der Inflation nach dem Ersten Weltkrieg verlor das Kloster sein Stiftungskapital und musste sowohl Apostolat wie Ökonomie neu organisieren. Die Einträge in das 1717 angelegte Archivinventar und das Urkundenkopialbuch[19] enden abrupt mit dem Jahr 1919.

Wenngleich die archivische Überlieferung der Salesianerinnen ein ganz spezifisches Profil hat – es sind wesentlich mehr Aufzeichnungen über die Stiftung und die Pensionärinnen des Hauses vorhanden als über das Klosterleben – ist das Material doch reichhaltig genug, um als solide Basis für historische und kunsthistorische Forschungen zu dienen. Für die Beiträge in diesem Band konnte nur ein Bruchteil des Quellenschatzes gehoben werden, insbesondere die Klosterannalistik und die reichhaltige Korrespondenz mit Damen des habsburgischen Adels verdienten noch eigene Auswertungen. Wir haben eine Auswahl verschiedener Aspekte der Klostergeschichte getroffen und gleichsam Probebohrungen in seine reichen Ablagerungen getätigt. Zu Tage kamen spannende und neue Erkenntnisse nicht nur der Klostergeschichte, sondern allgemein der Frömmigkeits-, Sozial- und Kunstgeschichte Österreichs. Im Salesianerinnenkloster befanden sich ursprünglich auch Unterlagen der Stifterin Kaiserin Wilhelmina Amalia, die eine Witwenresidenz im Kloster hatte. Nachgelassene

▶ Abb. 2: Konvent des Klosters von der Heimsuchung Mariens in Wien

Schriften, hauptsächlich Aufzeichnungen über die Wirtschaftsführung der Kaiserin, wurden 1782 an den Hof überstellt. Im Obersthofmeisteramt hat man die *zu keinem Gebrauche dienlichen, mithin durch das Feuer zu vertilgenden Hofwürtschaftschriften*[20] genau gelistet und dann vernichtet. Die akribische Quellenrecherche der Beiträgerinnen dieses Buchs hat nichtsdestotrotz eine erstaunliche Dichte an Nachrichten über Wilhelmina Amalia von Braunschweig-Lüneburg (1673–1742) zu Tage befördert. Der Vertiefung in die Lebensgeschichte der Stifterin und dem bei den Wiener Heimsuchungsschwestern bis heute sehr lebendigen Andenken an die kaiserliche Wohltäterin ist der erste Abschnitt dieses Buchs gewidmet. MICHAEL PÖLZL (Wien) hinterfragt das traditionelle Bild Amalias als fromme Kaiserinwitwe, die ihre verbliebene Lebenszeit dem weltlichen Treiben entsagend zurückgezogen in ihrem Kloster gelebt hat. Er geht ihrer Rolle in Politik und Repräsentation am habsburgischen Hof nach und stellt die Stiftung im kaiserlichen Umfeld seiner Gründerin dar. ELISABETH GARMS-CORNIDES (Wien) beleuchtet die spirituelle Prägung Wilhelmina Amalias in ihrer Jugendzeit und fragt nach den Auswirkungen ihrer Begegnungen mit jansenistischer Frömmigkeit und klösterlicher Mädchenerziehung auf die Wiener Klostergründung. MAUREEN CASSIDY-GEIGER (New York) rekonstruiert aus Reiseberichten und Nachlassinventaren Anlage und Ausstattung der Witwenresidenz Wilhelmina Amalias im Heimsuchungskloster.

Der zweite Abschnitt dieses Buchs ist der Ordens- und Klostergeschichte gewidmet. HERBERT WINKLEHNER OSFS (Wien) stellt die Gründer des Ordens von der Heimsuchung Mariens vor, den Heiligen Franz von Sales (1567–1622) und die Heilige Johanna Franziska von Chantal (1572–1641). GISELA FLECKENSTEIN OFS (Brühl) erläutert die schwierige Gründungsgeschichte des französischen Frauenordens zwischen Innovation und Tradition, stellt die Genese des Ordenscharismas dar und gibt einen Abriss zur Ordensgeschichte vom 17. Jahrhundert bis zur Gegenwart. CHRISTINE SCHNEIDER (Wien) wertet die Archivquellen der Salesianerinnen aus und gibt eine Darstellung von Konvent und Stiftungsfräulein in der Gründungszeit des Wiener Heimsuchungsklosters bis zum Tod der Stifterin 1742. PETER WIESFLECKER (Graz) untersucht die Beziehungen des Klosters zum habsburgischen Hof und beschreibt die Salesianerinnen und ihre Pensionärinnen als Teil eines bedeutsamen adeligen Frauennetzwerks im 18. und 19. Jahrhundert. JOHANN WEISSENSTEINER (Wien) wirft mit einem bischöflichen Visitationsbericht aus dem Jahr 1846 ein Schlaglicht auf das Klosterleben im 19. Jahrhundert. In seinem zweiten Beitrag berichtet PETER WIESFLECKER über die Situation des Klosters während des 2. Weltkriegs und beschreibt es als Exilort der steirischen Benediktinerinnenabtei St. Gabriel/Bertholdstein.

Den dritten, kunsthistorischen Abschnitt eröffnet HERBERT KARNER (Wien) mit einer Untersuchung der Klosterkirche, einem eindrucksvollen Barockbau von Donato Felice Allio. Er untersucht, inwieweit von einer eigenen salesianischen Ordensarchitektur gesprochen werden kann und wo ein kaiserliches Repräsentationsbedürfnis der Stifterin und

Bauherrin zum Tragen kam. Auch Werner Telesko (Wien) geht in seinen Ausführungen zum ikonografischen Programm der Kirchenausstattung der Frage nach Ordensspezifika nach und gibt eine detaillierte Deutung der Kuppelmalereien, die in der dafür eher seltenen Technik der Ölmalerei von Antonio Pellegrini ausgeführt wurden. In seinem zweiten Beitrag wertet Herbert Karner die Plansammlung des Salesianerinnenarchivs für eine Darstellung der Konzeptentwicklung des Klostergebäudes aus, das auch die Residenz der kaiserlichen Stifterin umfasste. Mit der Frage der Anlage und Funktion des Residenztraktes, der sich zum Teil in der Klausur befand, beschäftigt sich der Beitrag von Gernot Mayer (Wien) aus bauhistorischer Sicht.

Das Wiener Salesianerinnenkloster überliefert auch einen bedeutenden Kunstschatz, der nicht aufgrund einer Sammeltätigkeit, sondern durch die Ausstattung des Klosters und den liturgischen Bedarf entstand. Helmut Halb (Wien) untersucht den Bildschmuck in der sogenannten Assemblé, dem Versammlungs- und Rekreationsraum der Schwestern, und im Refektorium, die beide noch weitgehend der Originalausstattung entsprechen. Das Österreichische Bundesdenkmalamt hat in den letzten Jahren Restaurierungsarbeiten in Kirche und Kloster vorgenommen. Manfred Koller (Wien) beschreibt die Arbeiten an den Altarbildern, der Kuppelmalerei und an Gemälden im Kloster. Markus Santner (Wien) und sein Team geben Einblick in Konservierung und Restaurierung der gotischen Madonnenstatute, die im Kloster verehrt wird. Die reichhaltige Sammlung barocker Thesenblätter, mit denen die Gänge des Salesianerinnenklosters geschmückt sind, untersucht Werner Telesko in seinem zweiten Beitrag. Der Untersuchung der liturgischen Gewänder der Barockzeit, die die Schwestern selbst in einzigartiger Qualität hergestellt hatten, nähert sich Eva Voglhuber (St. Pölten) mit der Fragestellung, wie die an das Kloster gespendeten Hofkleider zu Paramenten weiterverarbeitet worden sind.

In einem letzten Abschnitt widmet sich Stefan Weiss (Wien) der Geschichte der Universität für Musik und darstellende Kunst (mdw) im Wiener Heimsuchungskloster. Die Universität, die im Jahr 2017 das Jubiläum ihres 200-jährigen Bestehens feiert, ist seit 1988 mit der Abteilung für Musikpädagogik, in der MusiklehrerInnen ausgebildet werden, im ehemaligen kaiserlichen Residenztrakt des Klosters eingemietet.

Mein Dank als Herausgeberin geht an alle Autorinnen und Autoren. Die engagierte und kollegiale Zusammenarbeit hat reiche Früchte getragen. Ebenso danke ich unserem Sponsor, dem Verein der Freunde der Salesianerinnen, im Besonderen seinem Präsidenten Vinzenz Stimpfl-Abele seinem Schatzmeister Günter Bergauer vom Bankhaus Schelhammer & Schattera, sowie dem St. Georgs-Orden, der Mieter im Kloster ist. Für die Mitfinanzierung der Fotoaufnahmen durch die Österreichische Akademie der Wissenschaften danke ich Werner Telesko, Direktor des Instituts für kunst- und musikhistorische Forschungen. Die wunderbare Qualität der Abbildungen des Klosters und der Kirche in diesem Buch – viele Ansichten werden hier zum ersten Mal der Öffentlichkeit präsentiert – verdanken wir den Fotografen René Steyer und Karl Pani (Wien). Ich danke besonders Michael Imhof für die Aufnahme dieses Buchs in das Programm des Imhof-Verlags.

Vor allem aber danke ich der Oberin des Hauses, Mutter Maria Gratia Baier, und ihren Mitschwestern von Herzen für ihr großzügiges Entgegenkommen. Ohne ihre Offenheit und ihre Unterstützung für unser Buchprojekt, das wir an das Kloster herangetragen haben und das sofort freudige Zustimmung erfuhr, hätte dieses Unternehmen nicht gelingen können.

1 Die seit 1660 in Wien ansässige Gesellschaft der hl. Ursula ist zwar älter, doch haben die Ursulinen ihr Kloster in der Wiener Innenstadt 1960 aufgegeben und Schule und Kloster am Stadtrand neu errichtet. Das ehemalige Ursulinenkloster beherbergt heute die Universität für Musik und darstellende Kunst, die auch in einem Trakt des Wiener Salesianerinnenklosters eingemietet ist.
2 ASal, A-XXVI, Gründungsurkunde vom 13. Mai 1717.
3 WAACH 1967.
4 KUNSTSCHÄTZE 1967.
5 HAJÓS 1974, vgl. DERS. 1968.
6 KOLLER 1995b, KOLLER–SERENTSCHY 2003. Siehe auch STADL 2005.
7 Sr. M. Fidelis Krauth (Oberin 1969–1975, 1991–2000 und 2003–2006) hat in den 1980er Jahren einen Archivbehelf angelegt, der recht genau die Inhalte der drei Archivschränke erschließt, jedoch nur mit Titel- und ohne Datumsangabe. Buchförmige Archivalien, Großformate und Pläne sind darin nicht erfasst. Im Sommer 2015 wurde auf Grundlage des vorhandenen ein neuer Findbehelf erstellt.
8 ASal, Grundriss der Gesamtanlage von Johann Ferdinand Hetzendorf von Hohenberg, Nr. 36
9 BUCH DEREN ORDENS=GEBRÄUCHEN 1727, 55.
10 Ebd. 55f. Es gab auch konkrete Ausführungsbestimmungen und Briefformulare, vgl. ASal, A-XXI, Archivinstruktionen.
11 ASal, Hs. 34.
12 ASal, Hs. 1, *Livre du Couvent*, 1717–1823, Hs. 2, 1823–2005.
13 ASal, Hs. 3, *Livre de Chapitre*, 1718–laufend. 14 ASal, Hs. 4, *Livre du Noviciat*, 1718–laufend. 15 ASal, Hs. 5, *Livre Mortuaire*, 1717–2014.
16 Siehe die Liste der Oberinnen im Anhang.
17 ASal, Hs. 3, *Livre de Chapitre*, fol. 14, vgl. fol. 7
18 ASal, A-XXI, *Memoires pour Sr. Archiviste*, angelegt 1868.
19 ASal, Hs. 33, *Repertoire des Contrats*.
20 HHStA, Obersthofmeisteramt, Hofparteienprotokoll 41., fol. 379v–380r, *Nota […] der in dem Salesianer Gebäude vorgefundenen Schriften von weil. der verwittibten Römischen Kaiserin Amalia betreffend*, 1782. Ich bedanke mich sehr bei Michael Pölzl für den Hinweis auf diese Quelle.

# *Wie der regenbogen in der lufft.*
# Die Stifterin Amalia Wilhelmina von Braunschweig-Lüneburg

Michael Pölzl

Dank Bernardo Bellottos alias Canaletto (1722–1780) bekannten Blick auf Wien vom Oberen Belvedere ist vielen, wenn auch unbewusst, die barocke Klosterresidenz „Mariae Heimsuchung" vertraut. Die Stifterin und Bauherrin Kaiserin Amalia Wilhelmina (1673–1742) reiht sich jedoch in die Liste der vergessenen Kaiserinnen der Frühen Neuzeit ein[1]. Geboren wurde Amalia Wilhelmina am 21. April 1673 in Lüneburg als Tochter des konvertierten Herzogs Johann Friedrich von Braunschweig-Lüneburg (1625–1679) und Benedikte Henriette von der Pfalz (1652–1730). 1699 heiratete sie Joseph I. (1678–1711), dem sie einen Sohn[2] und zwei Töchter[3] gebar. Für knapp fünf Jahre war sie regierende Kaiserin an der Seite ihres 1711 jung verstorbenen Gemahls. Die längste Zeitspanne ihres Lebens verbrachte sie im Witwenstand[4]. Von Beginn ihrer Witwenzeit an forcierte sie die Verwirklichung ihres Wunsches ein Kloster zu errichten. Vor allem ging es ihr darum, armen adeligen Töchtern eine Ausbildungsstätte zu bieten, aber auch für sich einen Freiraum zu schaffen. Die Wahl fiel auf den damals noch relativ jungen Orden der Salesianerinnen „Mariae Heimsuchung"[5]. Am 13. Mai 1717 fand die feierliche Grundsteinlegung der Klosterkirche statt, in deren Gruft sie 1742 ihre letzte Ruhestätte fand. Damit sind die wesentlichen Eckdaten aus Amalia Wilhelminas Lebens genannt.

Der grundlegende Tenor älterer biographischer Darstellungen wurde in der Lebensbeschreibung ihres Beichtvaters Antonio Cito festgeschrieben[6]. Darin wird sie als vorbildliche Ehefrau, fürsorgliche Mutter und fromme Kaiserinwitwe geschildert, die ihre verbliebene Lebenszeit dem weltlichen Treiben entsagend, zurückgezogen in ihrem Kloster verbracht hatte[7]. Cito folgte damit dem üblichen Tugendkanon des Witwenstandes, weshalb es sich mehr um Topoi handelt als um tatsächliche biographische Beschreibungen[8]. Dieser Umstand und Amalia Wilhelminas angeblich absoluter Rückzug in ihre Klosterresidenz mögen mit ein Grund für das bisher geringe Interesse an einer wissenschaftlich biographischen Aufarbeitung ihrer Person gewesen sein[9].

## Der lange Weg nach Wien

Die Eheanbahnung Amalia Wilhelminas mit Joseph I. gestaltete sich von Anfang an schwierig. Herzog Anton Ulrich aus der konkurrierenden Linie Braunschweig-Wolfenbüttel sabotierte die Bemühungen um eine Kurwürde Braunschweig-Lüneburgs (Hannovers), weshalb er alles unternahm, um eine Verbindung zwischen Hannover und Wien zu verhindern. Erst als Hannover ihm Unterstützung für Eheverhandlungen seiner Enkelin Elisabeth Christine mit dem späteren Kaiser Karl VI. zusicherte, gab er seine langjährige Opposition gegenüber den Bemühungen Hannovers um eine Aufnahme in das Kurkollegium auf[10].

Aber nicht nur aus diesem Grund zogen sich die Eheverhandlungen zwischen Hannover und Wien sechs lange Jahre hin[11]. Die unterschiedlichen politischen Gruppierungen am kaiserlichen Hof in Wien versuchten ebenso ihre Wunschkandidatinnen durchzusetzen. Außerdem wurde kolportiert, das Amalia Wilhelmina keine Kinder gebären würde, da sie fünf Jahre älter als Joseph I. war[12]. Hinzu kam, dass Kaiser Leopold I. (1640–1705) in Ludwig XIV. seinen größten Gegner sah, weshalb Amalia Wilhelminas langjähriger Aufenthalt in Frankreich von den Gegnern der Eheverbindung immer wieder als Argument in die Diskussion eingebracht wurde[13]. Hannover ließ wiederum nichts unversucht, Vertraute des Kaiserpaares für sich zu gewin-

◀ Abb. 3: Kaiserin Amalia Wilhelmina als Witwe, Johann Kupezky, 1719, Salesianerinnenkloster Wien

nen, um sein Ziel zu erreichen, wofür große Geldsummen ihre BesitzerInnen wechselten. Gottfried Wilhelm Leibniz (1646–1716), der in den Diensten Hannovers stand und mit Amalia Wilhelmina korrespondierte, beseitigte Kaiser Leopolds I. Bedenken gegenüber der nicht lupenreinen Ahnenreihe Amalia Wilhelminas, in der sich Lucrezia Borgia fand[14]. Die langjährigen Mühen waren schließlich von Erfolg gekrönt. Am 15. Jänner 1699 konnte die Ehe per Prokura am Hof ihres Schwagers Rinaldo d'Este (1655–1737)[15] in Modena besiegelt werden[16]. Die eigentliche Trauung fand am 24. Februar 1699 in der Hofkirche zu St. Augustin in Wien statt, der prächtige Feierlichkeiten folgten[17]. Da Joseph I. bereits 1690 zum König des Heiligen Römischen Reiches gekrönt worden war, bezogen sie als Königspaar ihre Appartements im heute sogenannten Leopoldinischen Trakt der Wiener Hofburg[18].

## Amalia Wilhelmina und der Wiener Hof

Für ihre persönliche Versorgung stand Amalia Wilhelmina als Königin des Heiligen Römischen Reiches ein eigener Hofstaat zur Verfügung, der sich nur quantitativ durch eine kleinere FunktionsträgerInnenschaft von dem einer regierenden Kaiserin unterschied[19]. Nach dem Tod ihres Schwiegervaters Kaiser Leopolds I. im Jahr 1705 nahm sie den Rang der Ersten Dame am Wiener Hof ein. Das Verhältnis zu ihrer Schwiegermutter Eleonora Magdalena Theresia von Pfalz-Neuburg (1655–1720) trübte sich wahrscheinlich durch die Ankunft der jungen Kaiserin Elisabeth Christine 1713, die von der Kaiserinmutter anscheinend Unterstützung in ihrer neuen Position als regierende Kaiserin erhielt[20].

Wie die beiden Schwägerinnen miteinander auskamen, ist schwierig zu beurteilen. Allerdings kann das Verhältnis nicht so schlecht gewesen sein[21]. Zahlreiche gemeinsame Mahlzeiten der beiden hohen Frauen sind belegbar[22]. Als Ende Oktober Karl VI. verstarb, stand Amalia Wilhelmina ihrer Schwägerin in diesen schweren Stunden bei und kam *in eigen höchster person nacher hoff in die favorita umb so wohl ihre kayserlichen mayestät unser allergnädigste frau, ob dero allzu häfftigen herzen leyd zu trösten als auch selbe in dero kloster selbst zu begleithen*[23]. Außerdem hatte sie offenbar eine innige Beziehung zu ihren beiden Nichten Maria Theresia und Maria Anna[24].

In der älteren Literatur wird das Verhältnis zwischen den drei Kaiserinnen Eleonora Magdalena Theresia von Pfalz-

▼ Abb. 4: Erzherzogin Maria Josepha, Johann Kupezky (?), um 1719/20, Salesianerinnenkloster Wien

▼ Abb. 5: Erzherzogin Maria Amalia, Johann Kupezky (?), um 1719/20, Salesianerinnenkloster Wien

▲ Abb. 6: Maria Theresia als Königin von Böhmen, nach 1743, Salesianerinnenkloster Wien

Neuburg, Amalia Wilhelmina von Braunschweig-Lüneburg und Elisabeth Christine von Braunschweig-Wolfenbüttel unterschiedlich bewertet, wobei der Tenor vorherrscht, dass Amalia Wilhelmina den Konkurrenzkampf um die Herrschaftsteilhabe verloren habe und sich als Konsequenz vom Hof ins Kloster zurückgezogen haben soll. Es zeigt sich jedoch, dass die Stifterin bis zuletzt aktiv am „Hofleben" teilnahm.

## Die Herrschaftsteilhabe

Die Ehe mit dem lebenslustigen und amourösen Abenteuern nicht abgeneigten Joseph I. schien in den ersten Jahren für alle Seiten zufriedenstellend verlaufen zu sein. Innerhalb kurzer Zeit gebar Amalia Wilhelmina zwei Töchter (Maria Josepha 1699–1757, Maria Amalia 1701–1756) und einen Sohn (Leopold Johann 1700–1701). Amalia Wilhelmina erlangte das Vertrauen ihrer kaiserlichen Schwiegereltern sowie ihres Gemahls, der sie auch in politischen Angelegenheiten um Rat bat. Dank ihrer gefestigten Position konnte sie die Erreichung eines Kursitzes für Hannover forcieren[25]. Allerdings währte dieses harmonische „Familienleben" nicht lange. Der Tod des einzigen Sohnes störte das familiäre Glück und Joseph I. nahm wieder seine ungestümen Lebenswandel auf und vernachlässigte seine Gemahlin zusehends[26]. Möglicherweise zog sie sich auch das Misstrauen Josephs I. zu, weil sie sich zu sehr für Anliegen ihrer Herkunftsfamilie einsetzte[27].

Als Joseph I. 1711 überraschend an den Pocken erkrankte und verstarb, wurde bis zum Eintreffen Karls VI. aus Spanien nicht Amalia Wilhelmina, sondern ihre Schwiegermutter als *regentin* eingesetzt[28]. Ausschlaggebend war dafür der Legitimationsmangel der jungen Witwe, die im Gegensatz zu ihrer Schwiegermutter nicht in Ungarn und dem Reich gekrönt worden war[29]. Außerdem fehlte ihr der Sohn, für den sie bis zu dessen Mündigkeit die Regentschaft über die habsburgischen Erbländer hätte übernehmen können. Es darf aber auch nicht übersehen werden, dass Amalia Wilhelmina zu diesem Zeitpunkt selbst erkrankt war, sich lange Zeit in Rekonvaleszenz befand und im Juli mit ihren Töchtern zur Kur nach Bad Pirawarth in Niederösterreich aufbrach[30].

Trotz dieser Rückschläge gelang es Amalia Wilhelmina, eine Klärung der habsburgischen Nachfolgefrage zu Gunsten ihrer Töchter gegenüber den leopoldinischen Erzherzoginnen[31] in der Pragmatischen Sanktion von 1713 durchzusetzen[32]. Allerdings wurde diese Regelung mit der Geburt Maria Theresias obsolet. Amalia Wilhelmina bemühte sich deshalb umso mehr um aussichtsreiche Eheverbindungen für ihre beiden Töchter. 1719 heiratete ihre ältere Tochter, Maria Josepha (Abb. 4), den sächsischen Kurprinzen Friedrich August (II., 1696–1763) und drei Jahre später ging Maria Amalia (Abb. 5) mit dem bayerischen Kurprinzen Karl Albrecht, den späteren Kaiser Karl VII. (1697–1745), eine Ehe ein. Sachsen und Bayern erhofften sich durch diese Verbindungen eine Stärkung ihres möglichen Erbanspruchs auf das habsburgische Erbe. Ende der 1730er Jahre fanden deshalb bedeutende Familientreffen Amalia Wilhelminas mit ihren Töchtern in Neuhaus (Jindřichův Hradec) in Böhmen und in Stift Melk[33] statt. Zu Beginn des Österreichischen Erbfolgekrieges fand die junge Herrscherin Maria Theresia (Abb. 6) in ihrer bereits alten und kranken Tante eine Vermittlerin, um mit dem bayerischen Kurfürstenpaar zu korrespondieren, das ihr das Erbe streitig machte[34]. Als Amalia Wilhelminas bayerischer Schwiegersohn mit französischer Unterstützung gegen Wien zog, stellte sich Amalia Wilhelmina auf die Seite ihrer Nichte. Aufgrund der steigenden Gefahr einer Eroberung Wiens mussten schließlich die Kaiserinwitwe Elisabeth Christine, ihre jüngere Tochter Maria Anna und die Erzherzogin Maria Magdalena nach Graz in Sicherheit gebracht werden. Maria Theresia und ihre Familie weilten zu diesem Zeitpunkt beim ungarischen Landtag in Preßburg (Bratislava). Amalia Wilhelmina zog sich, bereits stark von Krankheit gezeichnet, nach Klosterneuburg bei Wien zurück[35].

Es zeigt sich, dass Amalia Wilhelmina nach dem Tod Josephs I. nicht kampflos das Feld räumte[36]. Auch als kaiserliche Witwe verfolgte sie das höfische Geschehen aktiv und urteilte durchaus kritisch über den Wiener Hof, als sie an die Oberin Marie Juliane schrieb, dass *die augen […] nicht so schnell bei Hof* seien[37].

## Amalia Wilhelmina – Der Idealtypus einer Kaiserinwitwe?

Dass Amalia Wilhelmina als beinahe idealtypische Kaiserinwitwe bezeichnet werden kann, verdankt sie, neben ihrer vorbildlichen Lebensführung als Witwe, der Realisierung ihrer barocken Klosterresidenz. Andere Kaiserinwitwen in der Frühen Neuzeit äußerten zwar auch immer wieder diesen Wunsch, konnten ihn aber nicht im vollen Umfang umsetzen wie unsere Protagonistin[38]. Allerdings zog sich Amalia Wilhelmina nicht völlig ins Kloster zurück, nachdem sie ihre beiden Töchter verheiratet hatte, wie lange postuliert worden war. Bis zu ihrem Tod behielt sie ihren Witwensitz in der Hofburg, der für öffentliche zeremonielle Anlässe notwendig war. So änderte sie *nach erforderung deren umständen ihre farb, wie der regenbogen in der lufft: bald machte sie eine closterfrau aus ihr selber, bald widerum eine kayserin; weilen sie so wenig den ersten stand anziehen, als den leztern ablegen konnte*[39].

Amalia Wilhelmina war kein passives Opfer ihrer höfischen Verpflichtungen, die sie etwa zwangen, für öffentliche Audienzen ihr Kloster zu verlassen. Sie war nicht nur bemüht, diesen Verpflichtungen nachzukommen, sondern weiterhin ihren Status und die damit verbundenen Möglichkeiten zu nutzen. Deshalb nahm sie auch an den zahlreichen Galatagen zu Namens- und Geburtstagen der kaiserlichen Familie teil. All diese Anlässe boten ihr auch die Möglichkeit, medial in Erscheinung zu treten. Höhepunkte aller Galatage bildeten neben den Festgottesdiensten immer die Festtafeln. Gemeinsame Essen mit dem Kaiserpaar, die häufig stattfanden, nutzte Amalia Wilhelmina bewusst, um ihre Wünsche voran zu treiben. So ließ sie Karl VI. köstliche Marillen des Beichtvaters der Klosterschwestern Bolenger zum Dessert servieren, um ihn für ein Anliegen zu gewinnen[40]. Neben den zahlreichen Galatagen zur Zeit Karls VI. veranstaltete Amalia Wilhelmina auf ihrem Sommersitz Schönbrunn[41] Fasanjagden sowie Schießwettbewerbe, über die das Wiener Diarium seine große Leserschaft informierte[42].

Kaum berücksichtigt wurden bisher von Amalia Wilhelmina unternommene Reisen. Neben den bereits erwähnten Familientreffen Ende der 1730er Jahre[43] kann dank eines „Reiseberichts" Amalia Wilhelminas an die von ihr hochgeschätzte Mutter Oberin auf die Reise nach Aschau in Bayern 1720 detailliert eingegangen werden. Sie äußerte sich darin durchaus kritisch und mit einem gewissen Humor über manche Situationen. Es wurden zahlreiche Klöster und adelige Landsitze besucht. Das Stift Melk beschrieb sie folgendermaßen: *das gebäude der abtei ist prachtvoll und hat mehr das aussehen eines königlichen palastes als eines klosters […]. Der prälat hat mich und meinen ganzen hof aufs allerbeste behandelt, das essen der damen war prachtvoll. Es gab sogar musik*[44]. In Amstetten war der Aufenthalt weniger komfortabel, da die noble Reisegesellschaft *von einer menge zahlloser flöhe geplagt wurde, wodurch selbst die unerschütterliche ruhe der Fünffkirchen gestört wurde*[45]. Am Ziel ihrer Reise traf Amalia Wilhelmina mit ihrer Mutter zusammen und berichtet, *heute habe ich den trost gehabt mit meiner frau mutter und meiner tochter zu kommunizieren, was wohl in meinen leben nicht mehr geschehen wird, Gott gebe, daß wir eines tages in seinem ewigen reiche vereinigt sind*[46]. Da ein zu „weltliches Auftreten" den Ruf einer kaiserlichen Witwe schaden konnte, blieb Amalia Wilhelmina prinzipiell Musik- und Tanzveranstaltungen sowie Faschingslustbarkeiten fern. Die Faschingszeit hatte aber durchaus Auswirkungen auf ihre Klosterstiftung, da ihre Stickerin aufgrund der anfallenden Faschingsaufträge ihre Arbeit für das Kloster nicht rechtzeitig liefern konnte[47]. Auch wenn sie ihr Witwenstand daran hinderte, an Musik- und Tanzveranstaltungen teilzunehmen, kam sie ihrer Musikleidenschaft im privaten Rahmen nach, wozu neben der Pflege von Instrumentalmusik auch Gesangsunterricht zählte[48]. Amalia Wilhelmina unterhielt als Witwe, was nicht selbstverständlich war, eine eigene Musikkapelle[49]. Diese begleitete die Grundsteinlegung des Klosters sowie später den Einzug in dasselbe[50]. Allerdings nahmen religiöse Verpflichtungen wie etwa öffentliche Kirchgänge die meiste Zeit einer kaiserlichen Witwe in Anspruch.

## Fromme Pflichten

Die erste Pflicht kaiserlicher Witwen galt der Memoria ihres Gemahls, womit sie einen zentralen Beitrag zur habsburgischen Gedächtnispflege leisteten. Auch Amalia Wilhelmina ließ alljährlich am Todestag Josephs I. ein kostbares *castrum doloris*[51] errichten, Totenmessen lesen und alle Kirchenglocken in und vor der Stadt Wien läuten[52]. Hinzu kamen noch zahlreiche weitere fromme Aufgaben, zu denen vor allem öffentliche Kirchgänge[53] sowie kirchliche Prozessionen und Wallfahrten zählten[54]. Außerdem wurden zahlreiche religiöse Übungen abgehalten, worunter die vierzigstündigen Gebete hervorzuheben sind[55]. Nach dem Tod der Kaiserinwitwe Eleonora Magdalena Theresias von Pfalz-Neuburg 1720 übernahm Amalia Wilhelmina deren Funktion als Großmeisterin, als höchste Schutzfrau des hochadeligen Sternkreuzordens[56]. Dieses Amt bekleidete sie mit großer Ernsthaftigkeit, und sie war äußerst betrübt, als ihr aufgrund einer Fußverletzung die Teilnahme am ersten großen Sternkreuzordensfest[57] als Großmeisterin verwehrt blieb[58]. Ab 1740 ließ sie sich, wahrscheinlich aus gesundheitlichen Gründen, von ihrer Schwägerin Erzherzogin Maria Magdalena bei Veranstaltungen des Sternkreuzordens vertreten[59]. Nach Amalia Wilhelminas Tod übernahm ihre Schwägerin Elisabeth Christine das Amt der Großmeisterin[60].

Die Teilhabe Amalia Wilhelminas an der öffentlichkeitswirksamen Frömmigkeit der Habsburger, auch als Pietas Austriaca bezeichnet, zeigt sich in eindrucksvoller Weise[61]. Eine direkte Einflussnahme auf die Kirchenpolitik im Reich konnte aber bisher weder bei Amalia Wilhelmina noch anderen Kaiserinwitwen nachgewiesen werden[62]. Generell muss der ostentativ zur Schau gestellte Glaube als rollenspezifisches Merkmal des Witwenstandes bezeichnet werden, trotzdem kann von einer tiefen Religiosität Amalia Wilhelminas ausgegangen werden[63]. Besonders aufschlussreich sind in dieser Hinsicht ihre religiösen Selbstreflexionen, die sie als junge Witwe 1712 begann und bis Ende der 1730er Jahre führte[64]. Ihr „Tag der Selbstreflexionen" begann um sechs Uhr morgens mit Gebeten. Erst danach kleidete sie sich an. Um sieben Uhr wurde ihr eine Bußkette um die Beine gelegt, die sie drei Stunden trug, um an das Leiden Christi am Kreuz zu gemahnen[65]. Anschließend betete sie ein Miserere (Psalm 51), um sich auf die Beichte einzustimmen, die sie zur nächsten vollen Stunde ablegte. Danach erfolgte der Besuch einer Kommunionsmesse. Anschließend (um neun Uhr) hielt sie ein Gebet und kleidete sich fertig an. Die Bußkette wurde ihr schließlich um zehn Uhr abgenommen und vor ihrer einstündigen Meditationsübung widmete sie sich religiöser Lektüre. Anschließend schrieb sie ihre „Reflexionen" darüber nieder. Nach dem Mittagsmahl um zwölf Uhr gönnte sie sich ein wenig Erholung. Um 14 Uhr betete sie ein Miserere. Danach folgte um 15 Uhr eine weitere Meditationseinheit, wonach sie wiederum ihre Gedanken aufschrieb. Um halb sechs nachmittags folgten weitere drei Miserere. Bis zum Abendessen (um 20 Uhr) widmete sie sich schließlich geistlicher Lektüre und ihren Gedanken[66].

Manch fromme asketische Übungen trieb sie soweit, dass ihre Gesundheit darunter litt. An bestimmten Tagen nahm sie abends etwa *nichts anderes zu sich, als einige löffel voll gerstenmus und etwas weniges obst*[67].

## Die Stiftung

Den Wunsch, dem „weltlichen Leben" zu entsagen und sich ins Kloster zurückzuziehen, teilte Amalia Wilhelmina mit ihren Vorgängerinnen. Vor allem im Mittelalter verbrachten Kaiserinnen ihre Witwenschaft in Klöstern[68]. In der Frühen Neuzeit gehörte es anscheinend fast zum „guten Ton", dieses fromme Anliegen nach dem Tod des Ehegatten zu äußern. So verfolgte etwa Eleonora Gonzaga die Ältere (1598–1655)[69] ebenfalls den Bau einer eigenen Klosterresidenz[70]. Kaiserin Eleonora Magdalena Theresia von Pfalz Neuburg musste angeblich nach dem Tod ihres Gatten Leopolds I. überredet werden, sich nicht in ein Kloster zurück zu ziehen[71].

Amalia Wilhelmina wollte mit ihrer Klosterstiftung vor allem eine Ausbildungsstätte für arme adelige Töchter ins Leben rufen, die im damaligen Wien fehlte. Um diesen Plan umzusetzen, erschien ihr der Orden der Heimsuchung der Salesianerinnen besonders geeignet, den sie bereits in ihrer Kindheit in Frankreich und in Modena kennen und schätzen gelernt hatte. Doch für die Verwirklichung dieses ambitionierten Plans brauchte es Genehmigungen des Kaisers, des Papstes sowie des Bischofs von Wien. Gegenstimmen kamen anfänglich anscheinend vom Jesuitenorden[72], als Vermittler fungierte möglicherweise der Beichtvater Amalia Wilhelminas, der Jesuitenpater und Numismatiker Karl Granelli (1671–1739)[73].

Der erste bedeutende Schritt zur Verwirklichung ihrer Stiftung war die Kontaktaufnahme mit dem Erzbischof von Mechelen, Thomas Philipp Wallrad de Hénin-Liétard dit d'Alsace de Boussu de Chimay (1679–1759), in dessen Zuständigkeitsbereich auch die Heimsuchungsklöster von Brüssel und Mons fielen, aus denen schließlich die ersten Nonnen der Wiener Niederlassung entsandt werden sollten. Die Kaiserinwitwe wandte sich wahrscheinlich deshalb an den Mechelener Erzbischof, da die zukünftigen Klosterfrauen Untertanen Karls VI. sein sollten[74]. Für die Stifterin war möglicherweise der Umstand, dass die Salesianerinnen alle französisch sprachen, von Bedeutung. Amalia Wilhelmina war aber bewusst, dass es sich um keinen Schulorden handelte, weshalb sie Befürchtungen hegte, dass das Klosterleben durch den „Schulbetrieb" gestört werden könnte. Der Erzbischof von Mechelen fand in der Oberin des Brüsselers Klosters, Marie Juliane La Fontaine, die zukünftige Leiterin für die Wiener Niederlassung[75]. Sie erlangte bald das Vertrauen der Stifterin, wovon die überlieferte Korrespondenz im Klosterarchiv zeugt. Darin teilte Amalia Wilhelmina ihrer *mére Marie* neben Belangen des Klosters auch immer wieder Informationen über das Hofleben mit[76]. Die Auswahl der übrigen Nonnen war für die Stifterin ebenfalls zufriedenstellend[77]. Papst Innozenz XIII. erteilte schließlich am 10. Jänner 1722 die Aufnahmedispens für die Zöglinge der Erziehungsanstalt[78]. Eine weitere und vor allem äußerst große Herausforderung stellte die Finanzierung ihrer Klosterresidenz dar, die Amalia Wilhelmina fast zur Gänze aus ihren privaten Mitteln bewältigte.

## Finanzierung – Abwicklung – Baukosten

Informationen zu diesen drei Aspekten zu bieten, ist kaum möglich. Einer der Gründe dafür liegt darin, dass der Bau zum größten Teil aus privaten Mitteln finanziert wurde, die in den offiziellen „Rechnungsbüchern" des Wiener Hofes unberücksichtigt blieben[79]. Ein weiteres Moment für das Fehlen an Informationen lässt sich dadurch erklären, dass Joseph II. 1782 sämtliche Rechnungen zur Witwenhofhaltung im Archiv des Klosters als unbedeutend beurteilte und letztendlich verbrennen ließ[80].

Ein anderes und wesentliches Moment lag im Rechtsstatus der Frauen in der Frühen Neuzeit[81]. Diese galten rechtlich als unmündig und mussten in sämtlichen Rechtsangelegenheiten von einem Vater, Ehemann oder Vormund vertreten werden. Der Witwenstand brachte zwar mehr Rechte mit sich, aber von einem vollwertigen Rechtsstatus waren Witwen immer noch ausgeschlossen. Kaiserinwitwen wurden deshalb meist von ihrem Obersthofmeister bei Geschäftsabwicklungen vertreten[82]. In den Jahren der ersten Bauphase führte jedoch nicht Amalia Wilhelminas Obersthofmeister Graf Joseph Ignaz von Paar (1660–1735)[83] sondern dessen älterer Bruder und kaiserliche Oberpostmeister Karl Joseph (1654–1725) die Geschäfte[84]. Unterstützt wurde er mit hoher Wahrscheinlichkeit vom Amalia Wilhelminas Hofsekretär Joseph Anton Sommervogel[85]. An der Abwicklung der Geschäfte war auch Amalia Wilhelminas Kammerzahlmeister Joseph von Salazar beteiligt, der gleichzeitig auch ihr Schatz- und Hofzahlmeister war[86].

Karl Joseph von Paar erwarb im Namen Amalia Wilhelminas um 21.000 fl. ein Grundstück am Rennweg – neben dem Schloss Belvedere – von der Witwe Elisabeth Quirin[87]. Dabei handelte es sich um einen *gartten, samt darbei befindlichen garttengebäu, daran stossenden […] bis an die linien stossenden zwey joch äcker*[88]. Der Kaiserinwitwe war es wichtig, durch diesen Kauf ihren Nonnen einen stillen Ort für ihr zurückgezogenes Leben zu bieten, der aber gleichzeitig für sie gut erreichbar sein musste. Die Stifterin schenkte bereits am 29. Dezember 1717 dem Orden das Grundstück, erbat sich aber das Recht, Räumlichkeiten im Kloster nutzen zu dürfen[89]. Im Juli 1717 erhielt das Kloster das Privileg der Steuerfreiheit, da *dasselbe zugleich als ein landesfürstliches residenz orth anzusehen komme*[90]. Der erworbene Grund musste durch weitere Käufe vergrößert werden, weshalb auch mit dem prominenten Nachbar Prinz Eugen verhandelt werden musste[91]. Die zahlreichen Briefe Amalia Wilhelminas zeigen ihre aktive Teilnahme an allen Verhandlungen und Bautätigkeiten, wobei sie auch immer wieder die von ihr aufgebrachten finanziellen Mittel ansprach. Ihre Töchter trugen ebenfalls ihren Teil bei – auch wenn es sich nur um kleinere Summen handelte – um den Traum ihrer Mutter voranzutreiben[92]. Als Baumeister wurde Donato Felice d'Allio (1677–1761) beauftragt[93]. In die Bauleitung war außerdem der Schlosshauptmann von Schönbrunn, Hofkammerrat Johann Franz von Würtz, involviert[94].

Die anfallenden Baukosten wurden zum einem mit 100.000 fl. aus dem Ehekapital, über das sie als Witwe frei verfügen konnte, finanziert. 60.000 fl. wurden mit fünf Prozent bei der kaiserlichen *administral banco deputation* verzinst, was jährlich 3.000 fl. einbrachte. Die restlichen 40.000 fl. wurden bar ausgezahlt. Das zu verzinsende Kapital hatte Amalia Wilhelmina bei der Stadt Wien als Dotation hinterlegt. Der Ertrag dieser Zinsen reichte allerdings nicht aus, um der Stiftung Leben einzuhauchen und für deren weiteren Bestand zu sorgen. Deshalb sollten durch Mess-Stiftungen weitere Gelder lukriert werden[95]. Von der finanziellen Absicherung des Klosters hing auch das Wachstum desselben ab.

Die Fertigstellung des Großprojektes erlebte der 1725 verstorbene Graf Karl Joseph von Paar nicht mehr. Seine Arbeit führte sein Bruder, der Obersthofmeister Amalia Wilhelminas, fort. Erst Mitte der 1730er Jahre konnten die letzten Arbeiten abgeschlossen werden[96]. Zu den Gesamtkosten sind nur vage Angaben möglich. Sie sollen das Dreifache des ursprünglichen Kostenvoranschlags ausgemacht haben. Laut Silbert betrugen alleine die Baukosten rund 400.000 fl., weitere 300.0000 fl. wurden für die Ausstattung aufgewendet[97]. Als die Bauarbeiten im Großen und Ganzen 1736 abgeschlossen waren, rief Amalia Wilhelmina eine Stiftung für drei Pensionärinnen ins Leben, wofür ihr Obersthofmeister und nach ihrem Tod die nachfolgenden Kaiserinnen und deren Obersthofmeister sowie die Wiener Erzbischöfe die Verantwortung tragen sollten[98].

## Der Einzug ins Kloster

Die Grundsteinlegung des Klosterbaus wurde vor der Ankunft der Klosterfrauen am 13. Mai 1717 im Beisein der Stifterin, ihrer beiden Töchter sowie ihres kaiserlichen Gefolges und hoher kirchlicher und weltlicher Würdenträger feierlich begangen[99]. Am selben Tag wurde auch die, für jedes Kloster bedeutende Stiftungsurkunde ausgestellt (Abb. 7 und 8):

*In namen der allerheiligsten und unzertheilten Dreyfaltigkeit und zu ehren der Heimsuchung der allerseeligsten Jungfrauen Mariae. Demnach die allerdurchleuchtigst und großmächtigiste frau frau Wilhelmina Amalia von Gottes gnaden römische kayserin, auch zu Hungarn und Böheim königin, erzherzogin zu Oesterreich, gebohrne herzogin zu Braunschweig und Lüneburg wittib, zu glory und ehre des allmächtigen Gottes, und der Heimsuchung seiner heiligsten Mutter, auch zu aufnahm des Gottesdiensts und tugendsamer auferzieh und unterrichtung junger mägdlein, ein frauen closter würdigen sogenannten ordens der Heimsuchung Mariae nechst allhiesiger kayserlichen haubt- und residenzstadt Wienn zu stifften, bei sich gottseelig beschlossen und dessen vollstreckung, so viel den closter und kirchen belangen, den hoch und wohlgebohrnen herrn, Carl Joseph des Heil(igen) Röm(ischen) Reichs grafen von Paar, rittern des goldenen vlieses, ihro kayser(lich) und königl(ichen) cathol(ischen) may(estät) und würckl(icher) geheimer raht, cammerer, wie auch reichs-hof und in dero erb-königreich und landen general erb-postmeistern, allergnädigst anvertrauet haben, welcher ihme dann auch das werck mit so ohngemeiner sorgfalt und eyfer hat angelegen seyn lassen, daß nicht allein ein anständiger ort und grund hierzu fördersamist anerkauffet, sondern auch sogleich hand angeleget, die grundvesten ausgegraben und zu würcklichem anfang und fortführung des gebäudes alle nöthigen veranstaltungen onverlängt, verfüget worden, […] zu legung des ersten steins an dem kirchen gebäu angesehen, und diese verrichtung nach römischen kirchen gebrauch mit hiernach beschriebenen ceremonien und gepräng vollzogen worden*[100].

Das Kaiserpaar blieb dem Festakt fern, was zum einem mit der Geburt Maria Theresia zu erklären ist, aber auch wohl deshalb, da es sich um keinen Festakt des regierenden Hofes handelte[101]. Bei der Festmesse assistierten dem Bischof von Wien Amalia Wilhelminas Zeremoniär und gleichzeitig kaiserlicher Hofpfarrer Jakob Anton Stangeri[102] und drei ihrer Hofkapläne[103]. Weiters wirkten zwei bischöfliche sowie fünf Kapläne des Jesuitenkollegiums mit. Nach der feierlichen Segnung von Salz, Wasser und des Grundsteins ging es zur eigentlichen Grundsteinlegung, wo

*dann auch mehr höchstgedachte kayserliche majestät sich an den orth hinunter begeben, in höchster person selbsten hand mit angelegt, und folgends zu ewigen angedencken in einer zinnenen büchsen verschiedene heiligthum, geweyhte wax von weyland pabsten Inno-*

▲ Abb. 7 und 8: Stiftungsurkunde von Kaiserin Amalia Wilhelmina vom 13. Mai 1717 mit Siegel (Archiv der Salesianerinnen in Wien)

*centio dem eylfften, ein fläschl mit oehl, sammt einer grosseren silbernen und vergoldeten müntz, worauff ein innschrifft nebst dem kayserl(ichen) und herzogl(ichen) braunschweigischen wappen geprägt ware, in eine zu dem ende in den grundstein eingehauete viereckige und mit einer kupferne in feuer vergoldeten platten bedeckte oeffnung hinein geleget*[104].

Anschließend fand ein feierliches Hochamt statt. Neben der Kaiserin und ihren beiden Töchtern waren anwesend: ihre Obersthofmeisterin Gräfin von Caraffa, die Aya (Obersthofmeisterin der Kinder) ihrer Töchter Gräfin Maria Barbara von Breuner, die Hoffräuleinmeisterin Gräfin Maria Katharina von Rindsmaul sowie ihre Kammerfräulein Gräfin Maria Anna von Hamilton, Gräfin Maria Ludovika von Breuner, Freiin Maria Charlotte von Klencke, Gräfin Maria

Anna von Künigl und ihre Hofdamen Gräfin Theresia von Martinitz, Gräfin Maria Josepha von Thierheim, Gräfin Maria Ludmilla von Kollowrath, Gräfin Maria Anna von Fuchs, Gräfin Maria Josepha von Trautmannsdorf, Maria Margaretha von Stubenberg und Gräfin Maria Josepha von Fünffkirchen. Anwesend waren auch ihr Obersthofmeister, ihr Oberststallmeister und Erbmarschall des Erzstifts von Köln Reichsgraf Franz Wilhelm zu Salm und Reifferscheid, der Obersthofmeister ihrer Töchter Reichsgraf Ludwig von Zinzendorf und Pottendorf, der Gardehauptmann Amalia Wilhelminas Graf Johann Karl von Nostitz und Rieneck sowie ihr Oberster Küchenmeister Graf Otto Ferdinand von Hohenfeld. In deren nächster Umgebung standen sämtliche Hofkavaliere und Hofbeichtväter der Kaiserinwitwe[105].

Bis zum Einzug ins Kloster 1719 waren die Ordensfrauen, die bereits im Sommer 1717 nach Wien gekommen waren[106], im Gartenpalais des Grafen Paar untergebracht[107]. Damit die Schwestern gemäß den Ordensregeln leben konnten, wurden für sie eigens Räumlichkeiten adaptiert. Der Kaiserin stand ein eigenes Zimmer zur Verfügung, um die Nonnen besuchen zu können[108]. Exakt zwei Jahre nach der Grundsteinlegung, am 13. Mai 1719, konnte von den Salesianerinnen ein bereits fertiggestellter Klostertrakt feierlich bezogen werden. Das Kaiserpaar blieb dem Ereignis fern, da an diesem Tag der zweite Geburtstag Maria Theresias gefeierte wurde[109]. Die festliche Prozession nahm seinen Anfang um fünf Uhr nachmittags, als die Stifterin mit ihren Töchtern und ihrem zahlreichen kaiserlichen Gefolge, die Mutter Oberin und die Klosterfrauen vom Gartenpalais Paar abholten. Die Oberin Marie Juliane durfte in der Leibkutsche der Kaiserin, in der auch die Erzherzoginnen mitfuhren – im Schlag – Platz nehmen. Die Klosterfrauen wurden auf die Hofwägen der Hofdamen verteilt. Die lange Prozession mit den Kutschen und dem zahlreichen Gefolge, das von Trompeten- und Paukenspielern begleitet wurde, muss beeindruckend gewesen sein. Nachdem die halbe Strecke zum Kloster zurückgelegt worden war, wurde in der Nähe des Wienflusses Halt gemacht, wo vier Zelte aufgestellt waren. In einem davon befanden sich bereits die Kostfräulein, *welche in denen wägen etlicher stattdames dahin gefahren waren*. Amalia Wilhelmina wurde vom Bischof von Wien in einem anderen Zelt empfangen, in dem sich auch ein Altar befand. Anschließend ging die Prozession unter Trompeten- und Paukenspiel weiter, wobei sich nun Mönche des Paulaner-, des Kapuziner- und des Augustiner-Klosters nach ihrem Rang anschlossen. Danach gingen Hofbediente der Kaiserinwitwe, schließlich deren Beichtväter, anschließend ihre Kavaliere und *ministri* sowie ihre Hofmusik. Dem Beichtvater Bolenger gingen vier Geistliche voraus, dann folgten paarweise die Kostfräulein und schließlich die Klosterschwestern. Diesen schloss sich die Mutter Oberin alleine an, womit deren besondere Stellung allen vor Augen geführt wurde. Ihr folgten die Domherren von St. Stephan, der kaiserliche Zeremoniär und Hofburgpfarrer,

> *andere geistl(iche) assistenz, zwey capelanen von ihro hochfürst unsern bischoff, vier capellan von ihro mayestät, als dann ihro hochfürst unßer bischoff in priesterlichen ornat mit drey assistenten thumbherrn, ihro mayestät unßer allerdurchleichtigste stiffterin, welche begleitet wurde von ihro excellenz, herrn graffen Joseph von Paar als dero obrist hoffmeister. Darauf folgten die durchlauchtigsten ertzherzoginen, die eine unter bedienung ihres obrist hoffmeisters herrn graffen von Dietrichstein maltheßer rittern, die andere des herrn graffen von Hohenfeld, ihro mayestät oberst kuchelmeister, ferner die hoff- und stattdames, alle zierlichst auffgebutzt, als dann die kay(serliche) stattwacht, die kay(serliche) leibwacht gienge zu beeden seithen*[110].

Dass Amalia Wilhelmina sich bei diesem feierlichen Akt nicht nur als kaiserliche Stifterin des Klosters zeigte, sondern auch als kaiserliche Witwe, spiegelte sich nicht nur in ihrer Witwentracht wider, die sie bis zum Tod nicht mehr ablegen sollte, sondern auch bei der Ausstattung der Kirche, wo für sie und ihre *Töchter zwey bine*[111] waren, *eine mit einem schwartz sammeten teppich bedeckt, auch einen dergleichen polster vor ihro mayestät und die andere hinter der ersten mit einen roht sammeten teppich mit goldenen frantzen geziert sambt gleichen farben zwey pölstern*[112]. Die Messe wurde musikalisch von Wilhelmina Amalias Hofmusikkapelle untermalt. Anschließend setzte sich die Prozession, allerdings ohne die drei geistlichen Orden, wieder unter Paukenschlag und Trompetenklang in Richtung Klostergarten fort, wo die Übergabe des Stiftungsbriefs und der Klosterschlüssel mit zeremoniellem Aufwand vollzogen wurde.

Bei der Ausgestaltung der Klosterzellen zeigte sich die Stifterin großzügig. Zur Grundausstattung zählten unter anderem ein mit grauen Vorhängen und *mit goldfarben porten gebrämt(es)*[113] Bett, zwei Wolldecken, ein Tisch aus Nussholz, ein Strohsessel, ein Kreuz sowie „einfache Bilder"[114]. Auch für die Bekleidung der Nonnen wurde Sorge getragen und dabei nicht auf Winterkleidung vergessen, zu der zwölf Handschuhe und Winterstrümpfe gehörten[115]. Beschenkt wurde das Kloster außerdem mit kostbaren Paramenten, die zum größten Teil von der Stifterin selbst, ihren Töchtern, der regierenden Kaiserin Elisabeth Christine sowie den leopoldinischen Erzherzoginnen stammten. Der sogenannte „Modena-Ornat" wurde von den Nichten Amalia Wilhelminas aus Modena 1721 nach Wien gesandt. 1732 stiftete eine Hofdame der Kaiserinwitwe ein Kleid, das in den heute so genannten Trauerornat umgewandelt wurde[116].

## Das Klosterleben

Amalia Wilhelminas Palasttrakt muss im Jahr 1719 bereits so weit gediehen gewesen sein, dass sie diesen nutzen konnte[117]. Wir wissen von der Stifterin selbst, dass sie nicht als Nonne ins Kloster eintrat: *ich [Amalia Wilhelmina] bin dem konvent am 25. november 1722 eingetreten, um hier in einer art zurückgezogenheit zu leben, dennoch habe ich mir vorbehalten, ihn jederzeit zu verlassen*[118]. Innerhalb der Klausur standen Amalia Wilhelmina neben einem Schlafgemach und einer angrenzenden kleinen Kammerkapelle ein Vorzimmer sowie ein Speisezimmer und eine Bibliothek zur Verfügung[119]. Im Erdgeschoss direkt unter ihrer Wohnung konnte sie von ihren beiden „Sommerzimmern" direkt in den Garten gelangen. Einen besonderen Gunstbeweis des Vertrauens genoss das Kammerfräulein Marie Charlotte von Klencke (1681–1748)[120], der eine Wohnung neben jener Amalia Wilhelminas zur Verfügung stand. Amalia Wilhelminas Kammerfrau sowie eine Kammerdienerin hatten ein Zimmer an einem Ende der Gemächer ihrer Herrin. Wollte Amalia Wilhelmina mit anderen Personen kommunizieren, aber nicht die Klausur verlassen, stand ihr ein eigenes *redzimmer*, zur Verfügung[121]. Hervorzuheben ist der Umstand, dass die Leibärzte Amalia Wilhelminas über mehrere Räume in der Nähe ihrer Klausurwohnung, aber außerhalb der Klausur, verfügten[122].

Weilte Amalia Wilhelmina in der Klausur, orientierte sich ihr Tagesablauf am Klosterleben. Oftmals nahm sie mit den Schwestern im Refektorium des Klosters das gewöhnliche Mittagsmahl ein, nur mit dem Unterschied, dass sie einen Ehrenplatz zwischen der Mutter Oberin und deren Vertretung, der Assistentin, hatte[123]. Die Zeit zwischen den täglichen geistlichen Übungen nutzte Amalia Wilhelmina für Gespräche mit den Salesianerinnen und diskutierte mit ihnen über religiöse Schriften. Abends, nach der Vesper, verbrachte die Stifterin gemeinsame Stunden mit ihren Schwestern bei Handarbeiten[124]. Sie muss ein sehr inniges Verhältnis zu ihren Klosterschwestern gehabt haben und bat sie immer wieder in Briefen, für sie wichtige Dinge oder Papiere in ihrer Klausurwohnung zu suchen und ihr zu schicken. Die Klosterfrauen, die damit beauftragt worden waren, müssen daher gute Kenntnisse ihrer Gemächer gehabt haben[125].

Die Räumlichkeiten außerhalb der Klausur ermöglichten Amalia Wilhelmina ein repräsentatives Auftreten als kaiserliche Witwe[126]. Dieses Appartement bildete immer wieder den Rahmen besonderer Ereignisse. So besuchte am 19. August 1719 der zukünftige Schwiegersohn, der kursächsische sowie polnische Kronprinz Friedrich August die Frauen am Rennweg[127]. Auch vor der Hochzeit ihrer zweiten Tochter Erzherzogin Maria Amalia besuchte deren Bräutigam, Kurprinz Karl Albrecht von Bayern, am 4. Oktober 1722 die hohen Damen in der Klosterresidenz[128]. Weitaus häufiger fanden kaiserliche Besuche der Klosterkirche sowie Visiten[129] bei Amalia Wilhelmina statt, vor allem an ihren Namens- und Geburtstagen, wenn sie diese im Kloster verbrachte[130]. Kaiserin Elisabeth Christine besuchte mehrfach ihre Schwägerin am Rennweg, wenn etwa ihr Gemahl seiner großen Jagdleidenschaft frönte[131]. Im Jahr 1740 besuchte sie ihr Enkel, der sächsische Kurprinz Friedrich August[132]. Aber auch von kaiserlichen Militärs wurde die Kaiserinwitwe, wenn auch selten, in ihrer Klosterresidenz aufgesucht[133]. Ein besonders seltener Anlass für einen Besuch des Kaiserpaares im Kloster boten die Einkleidungen junger Frauen, die sich für ein Leben im Kloster entschieden hatten[134].

Nach den Vermählungen ihrer Töchter hat sich Amalia Wilhelmina nicht, wie oft behauptet wird, völlig ins Kloster zurückgezogen. Noch bis 1728 behielt sie Schönbrunn als Sommerresidenz, das sie aber wohl immer seltener nutzte[135]. Außerdem gab sie bis zu ihrem Tod ihren Witwensitz in der Hofburg nicht auf[136]. Einer der letzten großen Feierlichkeiten, an denen Amalia Wilhelmina teilnahm, war die Hochzeit ihrer Nichte Maria Theresia mit Franz Stephan von Lothringen im Winter 1736 in der Hofburg[137]. Gewiss ist, dass sie mit zunehmendem Alter mehr Zeit am Rennweg verbrachte. Ihre letzten beiden Lebensjahre, bereits von Krankheit gezeichnet, verlebte sie fast zur Gänze in ihrer Klosterresidenz[138]. Trotz ihrer von starken Schmerzen begleiteten Wassersucht[139] begab sie sich nach der ersehnten Geburt des ersten Sohnes Maria Theresias, Joseph (II.), *in einer durch maulthier getragenen sennften […] nach hiesiger burg […] und besuchte ihro mayestät die königin*[140]. Die junge Herrscherin Maria Theresia besuchte ihre Tante in deren beiden letzten Lebensjahren immer wieder im Kloster, wohl auch um sie als Mittlerin für Verhandlungen mit dem bayerischen Kurfürsten zu nutzen[141].

## Der Tod und das Begräbnis

Nachdem Amalia Wilhelmina von einer *sehr gefährl(ichen) […] brust=wassersucht eine geraume zeithero befahlen worden*, empfing sie im Beisein Franz Stephans von Lothringen die *heyligen kirchen sacramenten mit ungemeiner resignation in dem göttlichen willen* und verstarb in ihrer *innerhalb der clausur bewohnten schlaffcammer ganz sanft in Gott höchst seelig umb halber 8 Uhr* morgens am 10. April 1742 (Abb. 9)[142]. Da Maria

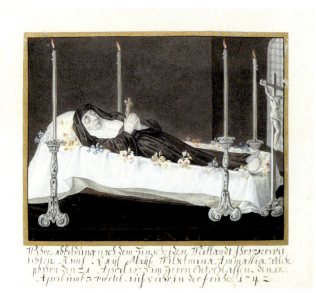

▲ Abb. 9: Totenbild von Kaiserin Amalia Wilhemina, Salesianerinnenkloster Wien

che Briefe[143]. Am Wiener Hof wurde nach ihrem Tod die *grosse cammerklag* angesagt und drei tägige *exequien* abgehalten, wozu in der Hofkirche zu den Augustinern und in der Kapuzinerkirche prächtige Trauergerüste aufgerichtet wurden[144]. Im Gegensatz zur habsburgischen Tradition wurde aufgrund des letzten Willens Amalia Wilhelminas ihr *leib weder einbalsamiert noch eröffnet, sonder(n) nur die brust, soviel es nötig ist* [um] *daß hertz darvon heraus zu nehmen*, um es in einer silbernen Urne neben dem Sarkophag ihres Gemahls in der Kapuzinergruft beizusetzen. Ihr Körper wurde in einem Nonnenhabit der Salesianerinnen und *mit ein schlechtes cruzifix* zwischen ihren Händen im Chor der Klosterkirche aufgebahrt. Amalia Wilhelmina hatte außerdem verfügt, dass jeglicher zeremonieller Pomp, wie etwa die Verwendung von Funeral-Insignien, unterlassen werden sollte[145]. Die dreitägige Totenwache hielten ihre Klosterschwestern sowie ihre Hofdamen[146].

Theresia hochschwanger war und sich die Kaiserinwitwe Elisabeth Christine in Graz aufhielt, konnten sie zwar nicht das Krankenlager Amalia Wilhelminas aufsuchen, schrieben aber ihrer geschätzten Schwägerin und Tante trostreiche

Als ihre letzte Ruhestätte bestimmte Amalia Wilhelmina die Gruft der Klosterkirche, wo sie in einem schlichten Sarg am 13. April 1742 beigesetzt wurde. Franz Stephan von Lothringen nahm als Vertreter der Dynastie inkognito an der Trauerfeierlichkeit teil. Damit die Trauergemeinde der Einsegnung des Leichnams im Chor beiwohnen konnte,

▼ Abb. 10: Grabmal der Kaiserin Amalia Wilhelmina in der Gruft des Salesianerinnenklosters Wien

musste eigens die Klausur aufgehoben werden[147]. Ihre letzte Ruhestätte fand sie neben ihren Klosterschwestern in der Gruft der Klosterkirche (Abb. 10).

Die Grabinschrift ist auf Wunsch Amalia Wilhelminas äußerst schlicht:
WILHELMINA AMALIA E DUCIBUS / BRUNSVIC-LUNEBURGENSIBUS / IOSEPHI I. IMPERAT(ORIS) VIDUA / ANNOS NATA LXIX / OBIIT / IV. ID(US) APRILES ANNO D(OMI)NI MDCCXLII. / HUIUS CAENOBII ORD(INIS) VISIT(ATIONIS) B(EATAE) M(ARIAE) V(IRGINIS) / FUNDATRIX[148]:

## Der Nachlass

Die Nachlassverwaltung ihres Erbes gestaltete sich von Beginn an schwierig. Um das Testament vollstrecken zu können, war eine Todfallsperre notwendig, wozu eine Versiegelung ihrer Gemächer, auch innerhalb der Klausur, notwendig war[149]. Dafür musste aber erst eine Dispens vom Wiener Erzbischof für die zuständigen Amtsträger eingeholt werden[150]. Die Begehung der Räume im Kloster fand schließlich im Beisein der Mutter Oberin und einiger Klosterfrauen statt[151]. Für die Inventarisierung war Amalia Wilhelminas Obersthofmeister verantwortlich, der diese Aufgabe an die ihm untergebenen zuständigen FunktionsträgerInnen weiterleitete[152]. Das Inventar der Gemächer Amalia Wilhelminas wurde von ihrem Hofkammerzahlmeister Joseph Angelus de France und von ihrer engsten Vertrauten Marie Charlotte von Klencke erstellt[153]. Die Töchter Amalia Wilhelminas wurden von ihr als Generalerbinnen eingesetzt, weshalb ein Großteil der mobilen Besitztümer nach München und Dresden gebracht wurden[154]. Besonders langwierig zogen sich die Pensionszahlungen an das hinterlassene Hofpersonal Amalia Wilhelminas hin, vor allem, weil sich die Erbinnen beim Tod ihrer Mutter im Krieg mit Maria Theresia befanden, deren Thronfolgeanspruch als Nachfolgerin Karls VI. sie nicht anerkannten[155].

Mit großer Dankbarkeit verfügte die Stifterin testamentarisch, dass alle Klosterfrauen mit je 412 fl 30 kr. bedacht werden sollten. Besonders erkenntlich zeigte sie sich gegenüber dem *kostfreylen, freyin von Spritl*[156], der sie als Dank für die Krankenpflege 2.000 fl. hinterließ[157]. Amalia Wilhelminas klösterliche Stiftung am Rennweg gedieh nach ihrem Tod weiterhin und erhielt vom Hause Habsburg immer wieder Zeichen der besonderen Wertschätzung. *Hoch adeliche jugend war ihrer sorg anvertrauet, dem himmel und der welt zum nutzen, damit die welt mit besseren christen gegenwärtig und der himmel mit mehreren inwohnern künftig sollte bevölckert werden*[158].

1   Ein wichtiger Schritt zur Aufarbeitung der Kaiserinnen in der Frühen Neuzeit stellt der Sammelband „Nur die Frau des Kaisers" dar, BRAUN–KELLER–SCHNETTGER 2016. Eine wissenschaftliche Biographie Amalia Wilhelminas ist nach wie vor ein Forschungsdesiderat. Eine biographische Studie stammt von Hildegard LEITGEB 1984. Die Stifterin wird in der Literatur unterschiedlich genannt, wobei Wilhelmine Amalie oder Wilhelmina Amalia vorherrschen. In der vorliegenden Publikation findet die in den Quellen häufigste Nennung Amalia Wilhelmina Anwendung. Auffällig ist zudem, dass sie selbst ihre Briefe und Urkunden mit Amalia signierte.
2   Leopold Johann (1700–1701).
3   Maria Josepha (1699–1757), Maria Amalia (1701–1756).
4   Aus diesem Grund wurde bereits zu ihrer Lebenszeit der von ihr als Witwensitz bewohnte Trakt der Wiener Hofburg als Amalienburg bezeichnet und behielt bis heute diesen Namen: Wien, Österreichisches Staatsarchiv, Haus-, Hof- und Staatsarchiv (im Folgenden HHStA), Oberhofmeisteramt, Zeremonialprotokolle 18, fol. 475r; KALOUSEK–MADER-KRATKY 2016, 280f.
5   Er wurde von Johanna Franziska von Chantal und Franz von Sales 1610 unter dem Namen „l'Ordre de la Visitation Beatae Mariae Virginis" (Orden der Schwestern von der Heimsuchung Mariens – Salesianerinnen) gegründet.
6   CITO 1744. Weiters auch die Leich- und Lobrede von PEICKHART 1742.
7   CITO 1744, 35, 85; SILBERT 1830, 41–87.
8   BASTL 2003, 289; INGENDAHL 2003, 265–279; DIES. 2013, 479–496.
9   MRAZ 1996, 77; INGRAO–THOMAS 2004; INGRAO 1981. Allgemein BRAUN–KELLER–SCHNETTGER 2016; WECKER 2007, 33.
10  ASCHOFF 2010, 156; INGRAO–THOMAS 2004, 112f.
11  BERNEY 1927, 64–83; LEITGEB 1984, 33–71; SCHNATH 1978, 203–224.
12  INGRAO–THOMAS 2004, 114.
13  Sie kehrten erst 1693 in ihre Heimat zurück, als sich die Konflikte zwischen Frankreich und dem Heiligen Römischen Reich zugespitzt hatten, LEITGEB 1984, 19f. Die Rückkehr in die Heimat sollte zudem günstigere Heiratschancen für die Töchter bieten. Als die ältere Tochter Charlotte Felicitas 1695 nach Modena verheiratet wurde, dürfte ihre Mutter und Amalia Wilhelmina sie begleitet haben. Besuche Benedictes bei ihren Töchtern sind zwar belegt, aber gelebt hat sie nach deren Verehelichungen die meiste Zeit wohl wieder in Paris. Ich danke Elisabeth Garms-Cornides für diesen Hinweis. Laut Testament Amalia Wilhelminas musste sie nach dem Tod ihrer Mutter die Versorgung deren hinterlassenen FunktionsträgerInnen in Paris übernehmen: HHStA, Habsburg-Lothringische Familienurkunden 1901, fol. 10v–12r. Amalia Wilhelmina selbst betonte in ihren „Reflexionen", dass ihre Erziehung im klösterlichen Internat von Maubuisson sie besonders geprägt habe, LEITGEB 1984, 6, 14f. Die Äbtissin des Klosters war ihre Tante, Louise Hollandine, Pfalzgräfin von Rhein. Sie war die Tochter Friedrichs V. von der Pfalz, der als Winterkönig in die Geschichte einging. Im Besitz Amalia Wilhelminas befanden sich einige Werke ihrer künstlerisch begabten Tante: […] *den engl gruß fait de la main de chér Hollandine* […] *1654*, Dresden, Sächsisches Hauptstaatsarchiv, 10026 Geheimes Kabinett, Loc. 366/6, fol. 270v; siehe zum Inventar den Beitrag von Cassidy-Geiger in diesem Band. Ausführlich zur Erziehung und Prägung Amalia Wilhelminas siehe den Beitrag von Elisabeth Garms-Cornides in diesem Band. Das oben erwähnte Verkündigungsbild von Hollandine stammte wohl aus dem Nachlass Benedictes, HHStA, Familienakten Kr. 81, Konv. Nachlass der Herzoginwitwe Benedikta von Braunschweig-Lüneburg. Ich danke für den Hinweis Elisabeth Garms-Cornides.
14  INGRAO–THOMAS 2004, 116, GÄDEKE 2012, 493; siehe das Projekt: die Leibniz-Connection, Personen- und Korrespondenz-Datenbank der Leibniz-Edition https://leibniz.uni-goettingen.de (Zugriff 3.1.2017).
15  Er war mit ihrer Schwester Charlotte Felicitas (1671–1710) verheiratet.
16  BERNEY 1927, 71.
17  HHStA, Ältere Zeremonialakten 19, Konvolut Hochzeit Joseph I. und Amalia Wilhelmina, nicht foliiert; FACHNER 1699.
18  KARNER 2014, 410f; LORENZ–MADER-KRATKY 2016, 36.
19  KUBISKA-SCHARL–PÖLZL 2013, 89–107.
20  LEITGEB 1984, 200. Um prinzipiell Rangstreitigkeiten zwischen dem regierenden und den beiden verwitweten Höfen aus dem Weg zu räumen, wurde eine modifizierte Rangordnung erlassen, HHStA, Oberhofmeisteramt, Zeremonialprotokolle 8, fol. 54r–55r. Allgemein zu Eleonora Magdalena Theresia von Pfalz-Neuburg, SCHMID 2016.
21  MRAZ 1996, 82; INGRAO–THOMAS 2004, 115f.
22  HHStA, Oberhofmeisteramt, Ältere Zeremonialakten 26, *Ordnungs:buch wie ihre röm[ische] kais[erliche] und königl[iche] maj[estät] ihre kirchen andacht in Wien feyerten, de anno 1715*, fol. 1r–80v; ASal, A-1, Familienbriefe Habsburg, Brief vom 25.8. 1721.
23  HHStA, Oberhofmeisteramt, Zeremonialprotokolle 17, fol. 233r.
24  ASal, A-1, Familienbriefe Habsburg, Brief vom 24.7.1732. INGRAO–THOMAS 2004, 110, 115.
25  ARETIN 2000, 271, 179f.
26  INGRAO–THOMAS 2004, 113, 166.
27  INGRAO 1982, 118f., 120; PEČAR 2003, 75; zur Bedeutung der Fürstin als Repräsentantin ihrer Herkunftsfamilie siehe WUNDER 2013, 35.
28  SCHMID 2016, 170–172.
29  Die Ernennung zur Regentin Eleonora Magdalena Theresias von Pfalz-Neuburg wurde noch zu Lebzeiten Josephs I. festgelegt, INGRAO–THOMAS 2004, 123f.; ARETIN 2000, 221.
30  HHStA, Oberhofmeisteramt, Zeremonialprotokolle 7, fol. 63v. Angeblich hatte Joseph I. seine Gemahlin mit einer venerischen Krankheit infiziert, an der sie zeitlebens litt und die auch Auslöser für diese schwere Erkrankung gewesen sein soll, INGRAO–THOMAS 2004, 116.
31  Mit den „leopoldinischen Erzherzoginnen" sind die Töchter Kaiser Leopolds I. gemeint.
32  ARETIN 2000, 295; INGRAO 1981, 333–341; INGRAO–THOMAS 2004, 107–131, hier: 125F.; VOCELKA 2001, 84.
33  Die Zusammenkunft in Melk 1739 wurde von bayerischer Seite stark forciert um ihren Erbanspruch auf das habsburgische Erbe zu stärken. Entsprechend groß war der Aufwand, München, Bayerisches Hauptstaatsarchiv (im Folgenden BHStA), Fürstensachen, Nr. 751,2, fol. 383r–751v, beigelegt ist eine Ausgabe des Wiener Diarium, Anno 1739, Nr. 57.
34  ZEDLER 1748, 1566.
35  HHStA, Oberhofmeisteramt, Zeremonialprotokolle 18, fol. 349r–353v, Preßburg, Hofkonferenz vom 18.9.1741.
36  INGRAO–THOMAS 2004, 107–131.
37  ASal, A-1, Familienbriefe Habsburg, Brief vom 7.12.1723.
38  Dies waren unter anderem Eleonora Gonzaga die Ältere und Eleonora Magdalena Theresia von Pfalz-Neuburg. Detailliert im Beitrag von Gernot Mayer in diesem Band.
39  Die „Leich- und Lobrede Wilhelminae Amaliae etc." von Pater Peickhart von der Gesellschaft Jesu in: HHStA, Oberhofmeisteramt, Ältere Zeremonialakten 41, fol. 6v–7r.
40  MRAZ 1996, 82.
41  Ihr Schwager Karl VI. übergab ihr Schönbrunn und das dazugehörige Personal per kaiserlichem Dekret am 10.6.1712, HHStA, Oberhofmeisteramt, Hofparteienprotokolle 7, fol. 229r–v. und fol. 302v.
42  HHStA, Zeremlonialprotokolle 10, fol. 83v, 419v; Amalia Wilhelmina informierte auch ihre Oberin Marie Juliane über Fasanjagden

43 in Schönbrunn, ASal, A-1, Familienbriefe Habsburg, Brief vom 31.10.1725. Dieser Brief ist ein Beleg, dass die Kaiserinwitwe Schönbrunn auch nach der Verheiratung ihrer Töchter nutzte.
43 Zum Treffen in Neuhaus 1737 Lessmann 2007, 11–140, hier 132f; zur Melker Reise 1739, Pongratz 2013, 235–237, BHStA, Abt. 1, Fürstensachen, Nr. 751, fol. 383r–420r, 450r; zu beiden Familientreffen, Zedler 1748, 1565.
44 ASal, A-1, Familienbriefe Habsburg, Brief vom 7.9.1720.
45 Ebd. Es handelte sich dabei um ihr Kammerfräulein Gräfin Maria Josepha von Fünffkirchen, Kubiska-Scharl–Pölzl 2013, 473.
46 ASal, A-1, Familienbriefe Habsburg, Brief vom 7.9.1720.
47 Ebd., Brief vom 7.11.1722.
48 Zedler 1748, 1563; Koldau 2005; Biba 1990, 66–73; Fischer 2013, 69.
49 HHStA, Obersthofmeisteramt, Hofparteienprotokolle 7, fol. 124r–125r.
50 Siehe weiter unten in diesem Beitrag.
51 Trauergerüst.
52 HHStA, Obersthofmeisteramt, Zeremonialprotokolle 8, fol. 86v. Damit leisteten Kaiserinwitwen einen wesentlichen Beitrag zur habsburgischen Gedächtnispflege. Mit dem Ausklingen des „barocken" Zeitalters wurde auch der Aufwand solcher Gedenktage eingeschränkt, Khevenhüller-Metsch 1745–1749, 285. Zur Hoftrauer am Kaiserhof Hawlik Van Der Vater 1989, Kneidinger–Dittinger 2007.
53 HHStA, Obersthofmeisteramt, Zeremonialprotokolle 9, fol. 223r. An hohen Feiertagen besuchten das Kaiserpaar und die Kaiserinwitwen abwechselnd dieselben Kirchen.
54 Eine Auflistung anhand des Wiener Diariums sowie des *Wienerischen Andachts-Büchl oder Festcalender vor das Jahr 1715* der zahlreichen Kirchenbesuche sowie Teilnahmen bei Prozessionen bei Page 2014, 6–8.
55 In der Kapelle Amalia Wilhelminas wurde meist Ende November mit dem mehrtägigen Gebet begonnen, HHStA, Obersthofmeisteramt, Zeremonialprotokolle 15. fol. 149v, 237v. Aber auch wenn eine Kaiserin kurz vor der Geburt stand oder ein Mitglied der kaiserlichen Familie im Sterben lag, wurde ein vierzigstündiges Gebet abgehalten, so auch für Joseph I., HHStA, Obersthofmeisteramt, Zeremonialprotokolle 7, fol. 40r–v.
56 Der Orden wurde nach einem verheerenden Brand in der Wiener Hofburg von Kaiserinwitwe Eleonora Gonzaga der Jüngeren nach dem Auffinden eines unversehrten Kreuzpartikels gestiftet, Telesko 2013, 196–199; Schnettger, 2016, 130f; HHStA, Obersthofmeisteramt, Zeremonialprotokolle 2, fol. 1405r.
57 Am Tag der Kreuzerhöhung, dem 14. September.
58 ASal, A-1, Familienbriefe Habsburg, Brief vom 22.3.1720.
59 Zedler 1748, 1566.
60 HHStA, Obersthofmeisteramt, Zeremonialprotokolle 18, fol. 491v–492v.
61 Zur Terminologie „Pietas Austriaca", Coreth 1982; Ingrao–Thomas 2004, Fischer 2002, 54; Watanabe-O'kelly 2013, 93.
62 Extra darauf verweist Peickhart 1742, in HHStA, Obersthofmeisteramt, Ältere Zeremonialakten 41, fol. 9r.
63 Zur Religiosität Amalia Wilhelminas, Ingrao–Thomas 2004, 117–122; allgemein zur Problematik Reinhard 2010, 419–429. Siehe auch den Beitrag von Garms-Cornides in diesem Band.
64 „Réflexions et Résolutions" Amalia Wilhelminas im Archiv der Salesianerinnen in Wien.
65 Cito 1744, 240. Auch Kaiserinwitwen vor ihr „geißelten" sich, wie etwa ihre Schwiegermutter, Mändl 1720, 16.
66 Mraz 1996, 79.
67 Cito 1744, 237; Peickhart 1742, in HHStA, Obersthofmeisteramt, Ältere Zeremonialakten 41, fol. 12v–13v. Noch exzessiver hielt es ihre Schwiegermutter Eleonora Magdalena Theresia, die zudem täglich nach der Beichte verlangte, Wagner 1721, 208–223.

68 Althoff 1991, 123–144.
69 Witwe Kaiser Ferdinands II. (1578–1637).
70 Sie unterstützte die Einführung des Ordens der Augustiner Barfüßer in Wien und stiftete KarmelitInnenklöster, Coreth 1961, 42–63; zuletzt Schnettger 2016, 128–131.
71 Sie galt als besonders fromm, Peper 2010, 93. Zu weiteren Vorbildern siehe den Beitrag von Gernot Mayer in diesem Band.
72 Mraz 1996, 82.
73 Im Wiener Diarium wird er bereits im April 1713 in diesem Amt erwähnt, Wiener Diarium 1713, Nr. 1012.
74 ASal, Hs 1, *Livre du Couvent*, pag. 23.
75 Ebd., pag. 22–24; Peters 1967, 25–27, 29.
76 Zahlreiche Briefe der Stifterin an ihre Mutter Oberin im Klosterarchiv zeugen davon.
77 Siehe dazu den Beitrag von Christine Schneider in diesem Band.
78 ASal, D-2, Stiftungsurkunde der Kaiserin Amalia Wilhelmina von 1736.
79 Wien, Österreichisches Staatsarchiv, Allgemeines Verwaltungsarchiv, Hofkammerarchiv, Gedenkbücher 1716/1717, Nr. 248, pag. 257 sowie ebd., Niederösterreichische Herrschaftsakten, Wien 61/B37, Salesianerinnen, 13.3.1725.
80 HHStA, Obersthofmeisteramt, Akten 3, Nr. 51–119 (1782), Nr. 95, nicht foliiert; ebd., Hofparteienprotokolle 41 (1781–1782), fol. 379v–380r. In diesem Zusammenhang ist hervorzuheben, dass Amalia Wilhelminas Hofstaat im Gegensatz zu den Witwenhofhaltungen ihrer Schwiegermutter sowie Schwägerin in den Hofparteienprotokollen des Wiener Obersthofmeisteramtes kaum fassbar ist. Eine Ausnahme bildet die Einrichtung ihres Witwenhofstaates, HHStA, Obersthofmeisteramt, Hofparteienprotokolle 7, fol. 122r–125r; 128r–130r, 138v–143r–147v, 182v–183r, 229r–v, 235r, 254v–256v, 302v, 351r, 430v, 471r–474r, 517v–518v.
81 Spiess 1993, 181; Schäfer 2004, 208.
82 Zur Geschäfts- und Prozessfähigkeit von Frauen, Ingendahl 2006, 203–223. Siehe hierzu etwa zu den bautätigen „Gonzaga-Kaiserinnen" Hassmann 2004, 153.
83 Er trug zudem den Titel Erbpostmeister, ASal, Gründungsurkunde 1717, nicht foliiert.
84 ASal, Stiftungsurkunde 1717, nicht foliiert. Im Familienarchiv Paar konnten bisher keine Hinweise bezüglich der Geschäftsabwicklungen gefunden werden.
85 Er hatte dieses Amt seit 1718/19 inne und war außerdem bis 1720 Schlosshauptmann von Schönbrunn. Kubiska-Scharl–Pölzl 2013, 703. Es ist anzunehmen, dass dessen Vorgänger Johann von Herrmann auch in die Baugeschäfte involviert war, ebd., 604.
86 ASal, Urkunde E, 12.7.1717.
87 Heute im 3. Wiener Gemeindebezirk.
88 ASal, Urkunde E, 12.7.1717.
89 ASal, Hs 1, *Livre du Couvent*, pag. 28; Dank Amalia Wilhelminas Engagement beim Hofkanzler gelang der Kauf, ASal, A-1, Familienbriefe Habsburg, Brief vom 21.12.1717. 90 ASal, Urkunde F, 8.5.1753.
91 ASal, A-1, Familienbriefe Habsburg, Brief vom 25.11.1718.
92 Ebd., Brief vom 26.3.1719.
93 Er war zu diesem Zeitpunkt beim kaiserlichen Hofkriegsrat als Fortifikationsbaumeister tätig. Parallel führte er auch private Bauvorhaben durch. Anscheinend war seine Arbeit am Rennweg zufriedenstellend, wurde er doch schließlich auch in Klosterneuburg für Karl VI. tätig. Mahl 1961; Dies. 1965. Siehe zum Klosterbau den Beitrag von Herbert Karner in diesem Band.
94 Stadl 2005, 173. Würtz wurde zwar offiziell im Stab des kaiserlichen Oberstkämmerers von Karl VI. aufgelistet, da aber zu diesem Zeitpunkt Schönbrunn als Sommersitz Amalia Wilhelminas diente, kann er als Funktionsträger ihres Hofes bezeichnet werden.

95 ASal, Urkunde B; Urkunde A-XXXVI, nicht foliiert.
96 Am 6.5.1728 fand die Kirchenweihe statt, STADL 2005, 25. Zur Baugeschichte siehe den Beitrag von Herbert Karner in diesem Band.
97 Silberts Angaben sind allerdings mit Vorsicht zu behandeln. Er beruft sich bei den Baukosten auf Hofzahlamtsbücher – ohne nähere Angaben – sowie auf eine angebliche Aussage der Stifterin selbst, SILBERT 1830, 54f.
98 ASal, D2, Stiftungsurkunde 1736, nicht foliiert.
99 ASal, Hs. 1, *Livre du Couvent*, pag. 33–43.
100 ASal, A-XXXVI, Gründungsurkunde vom 13.5.1717, nicht foliiert.
101 Ebd.
102 Er war Amalia Wilhelminas Zeremoniär sowie Almosenier und Karls VI. Hof- und Burgpfarrer, KUBISKA-SCHARL–PÖLZL 2013, 707.
103 Christian Reinhard Princkmann, Richard von Grüner und Franz Gualzetto, KUBISKA-SCHARL–PÖLZL 2013, 672, 593.
104 ASal, A-XXXVI, Gründungsurkunde von 13.5.1717, nicht foliiert.
105 ASal, A-XXVI, Stiftungsurkunde von 1717, nicht foliiert.
106 Zur Reise von Brüssel und den feierlichen Empfang in Schönbrunn siehe den Beitrag von Christine Schneider in diesem Band.
107 Aufgrund von Unstimmigkeiten in den Quellen kann nicht eindeutig geklärt werden, ob es sich um das Gartenpalais des kaiserlichen Oberpostmeisters Karl Joseph von Paar oder dessen Bruder Joseph Ignaz von Paar, dem Obersthofmeister Amalia Wilhelminas, handelt. Peters lokalisiert das Sommerhaus des Oberpostmeisters in der Ungargasse, nennt aber keine Quellen, PETERS 1967, 45.
108 ASal, Hs. 1, *Livre du Couvent*, pag 26f.
109 Das Ereignis fand im Wiener Diarium, Nr. 1647 (13.–16.5.1719), wenn auch kurz, Erwähnung.
110 ASal, Hs. 1, *Livre du Couvent*, pag. 29.
111 Darunter sind Bühnen (= Podeste) zu verstehen.
112 ASal, Hs. 1, *Livre du Couvent*, pag. 29.
113 ASal, HS. 33, *Repertoire de Contract*, pag. 39.
114 Ebd. pag. 39.
115 Ebd. pag. 39f.
116 Es kann sich dabei möglicherweise um die Obersthofmeisterin handeln, die selbst verwitwet war. Näheres zu den prachtvollen Messornaten des Klosters siehe den Beitrag von Eva Voglhuber in diesem Band.
117 Zur Problematik der Klausurregelung siehe den Beitrag von Gernot Mayer in diesem Band.
118 Zitiert nach MRAZ 1996, 77.
119 CITO 1744, 84f. Siehe den Beitrag von Gernot Mayer in diesem Band.
120 Ihre Vertrauensposition war den ZeitgenossInnen bewusst. Maria Theresia selbst besuchte sie auch noch nach dem Tod Amalia Wilhelminas, KHEVENHÜLLER-METSCH 1745–1749, 59f.
121 CITO 1744, 94f.
122 ASal, Plansammlung.
123 CITO 1744, 90.
124 Ebd., 96f.
125 ASal, A-1, Familienbriefe Habsburg, Briefe vom 27.6.1724, 3.5.1725 und 10.8.1725.
126 Zur bewussten Inszenierung ihres Witwenstands sei an dieser Stelle darauf verwiesen, dass ihre Wohnung außerhalb der Klausur – also mit der größeren Öffentlichkeitswirkung – schwarz austapeziert war. Detailliert bei Mayer und Cassidy-Geiger in diesem Band.
127 HHStA, Obersthofmeisteramt, Zeremonialprotokolle 10, fol. 358r.
128 Ebd., Zeremonialprotokolle 11, fol. 230r–v.
129 Oftmals werden die Termini Audienz und Visite synonym verwendet, MOSER 1754, 552. Unter Visiten waren am Wiener Hof in erster Linie gegenseitige Familienbesuche mit einem gewissen Öffentlichkeitscharakter gemeint.
130 So geschehen an ihrem Namenstag, dem 10.7.1726, HHStA, Obersthofmeisteramt, Zeremonialprotokolle 13, fol. 233r–v.
131 So etwa am 19.9.1731, wobei die Kaiserin von Erzherzogin Maria Magdalena und vom Kurfürsten von Mainz begleitet wurde, HHStA, Obersthofmeisteramt, Zeremonialprotokolle 14, fol. 504r–v.
132 CASSIDY-GEIGER 2007, 216f.
133 Als Graf Joseph Lothar von Königsegg-Rothenfels (1673–1751) 1738 in die Schlacht gegen die Osmanen zog, begab er sich am Tag seiner Abreise nach einer Abschiedsaudienz beim Kaiserpaar zu Amalia Wilhelmina ins Kloster, am 14.7.1738, HHStA, Obersthofmeisteramt, Zeremonialprotokolle 16, fol. 351r.
134 Am 15.9.1733 fanden im Beisein des Kaiserpaares und der Erzherzoginnen *zwey einkleydungen* statt, HHStA, Obersthofmeisteramt, Zeremonialprotokolle 15, fol. 224r.
135 Bereits Joseph I. nutzte die Anlage mit den umliegenden Jagdrevieren als Lust- und Jagdhaus, HASSMANN 2004, 521. Zur Übergabe an Karl VI. 1728, HHStA, Obersthofmeisteramt, Zeremonialprotokolle 14, fol. 119v–120r.
136 Am 4.2.1736 fand die „Vorstellung" ihres neuen Obersthofmeisters, Fürst Emanuel von Liechtenstein, im Spiegelzimmer ihres Appartements in der Hofburg statt, HHStA, Obersthofmeisteramt, Zeremonialprotokolle 16, fol. 120r–121v. Bis zu ihrem Tod wurden täglich in ihrer Kammerkapelle in der Hofburg Messen gelesen, CITO 1744, 97.
137 HHStA, Obersthofmeisteramt, Zeremonialprotokolle 16, fol. 135v.
138 Aus diesem Grund wurde auch in ihrem Hofstaat auf Edelknaben verzichtet, weshalb für ihr Begräbnis diese vom regierenden Hof zur Verfügung gestellt werden mussten, HHStA, Obersthofmeisteramt, Zeremonialprotokolle 18, fol. 472v.
139 CITO 1744, 363.
140 Am 18.3.1741, HHStA, Obersthofmeisteramt, Zeremonialprotokolle 18, fol. 48v.
141 Als sich Amalia Wilhelmina „unpässlich" befand, besuchte ihre Nichte sie, 14.12.1741, HHStA, Obersthofmeisteramt, Zeremonialprotokolle 18, fol. 415r.
142 HHStA, Obersthofmeisteramt, Zeremonialprotokolle 18, fol. 456r, 469r.
143 PEICKHART 1742, in HHStA, Obersthofmeisteramt, Ältere Zeremonialakten 41, fol. 18r.
144 HHStA, Obersthofmeisteramt, Zeremonialprotokolle 18, fol. 457r.
145 Auch Eleonora Magdalena Theresia von Pfalz-Neuburg ließ sich *in einemweisen habit und himmelblauen seagulier von cartis*, aber mit Funeral-Insignien aufbahren, HHStA, Obersthofmeisteramt, Zeremonialprotokolle 11, fol. 19v.
146 HHStA, Obersthofmeisteramt, Zeremonialprotokolle 18, fol. 470r–v.
147 Ebd., fol. 473r–474r.
148 *Wilhelmina Amalia aus dem geschlecht der Hertzoge zu Braunschweig-Lüneburg, Kaisers Joseph des Ersten hinterlassene Witwe, im neun und sechzigsten Jahr ihres Alters gestorben den zehenden Aprilmonats im Jahr tausend sieben hundert zwey und vierzig, dieses Klosters des Ordens der Heimsuchung Unserer Lieben Frauen stifterin* (CITO 1744, 461f.).
149 Dieses Vorgehen war wichtig, um alle wertvollen Schriften, aber auch Wertgegenstände zu sichern, MOSER 1754, 382; VON ROHR 1733, 290–304; RICHTER 2008.
150 HHStA, Obersthofmeisteramt, Zeremonialprotokolle 18, fol. 475r, 527v.
151 Ebd. fol. 484r–v.
152 Für die Tafel- und Silberkammer waren der hinterlassene sowie der königliche Hof- und Vizehofkontrollor zuständig, ebd., fol. 525r.

153 Klencke erhielt testamentarisch ein kostbares Armband mit Brillanten und Diamanten, alle Kammerfräulein bekamen eine jährliche Pension von 2.000 fl., HHStA, Habsburg-Lothringische Familienurkunden 1901, Testament der Kaiserinwitwe Wilhemina Amalia, fol. 2r, 4v.
154 Siehe dazu die Beiträge von Maureen Cassidy-Geiger und Werner Telesko, Thesenblätter, in diesem Band. Über Jahre war de France im Namen der Erbinnen mit der Nachlassverwaltung betraut, BHStA, Fürstensachen, Nachlass Eleonora Maria Theresia und Amalia Wilhelmina fol. 46r–47r. Zur Verteilung des Erbes unter den Töchtern, Antonin 2014, 100–109; HHStA, Obersthofmeisteramt, Ältere Zeremonialakten 41, Konvolut Krankheit, Tod und Begräbnis und Hinterlassenschaft der Kaiserinwitwe Amalia Wilhelmina sowie Konvolut Spezifikation von hinterlassenen Bediensteten und ihren Ansuchen.
155 HHStA, Obersthofmeisteramt, Ältere Zeremonialakten 41, Konvolut Tod, Begräbnis und Hinterlassenschaft der Kaiserinwitwe Amalia Wilhelmina, fol. 43r.
156 Möglicherweise handelt es sich um Antoinette von Speidl/Spritl, ASal, HS. 13, *Denombrement des Demoiselles Pensionnaires*, Nr. 55.
157 Testament Amalia Wilhelminas, HHStA, Habsburg-Lothringische Familienurkunden 1901, fol. 2v.
158 Peickhart 1742, 19.

# Zur spirituellen Prägung der Stifterin. Jugendjahre der Wilhelmina Amalia von Braunschweig-Lüneburg in Paris

Elisabeth Garms-Cornides

Ausgangspunkt dieses Beitrags war die bisher kaum beachtete deutsche Übersetzung von „La Meilleure manière d'entendre la sainte messe" (Paris 1680), ein Werk des französischen Jansenisten Nicolas Le Tourneux' (1640–1686)[1], eines zu seiner Zeit berühmten Predigers, der auch als Beichtvater in Port-Royal wirkte. Der theologische Zensor der Wiener Universität hatte am 6. Juli 1724 die Druckerlaubnis erteilt[2]. Diverse Geistliche – drei Dominikaner, ein Jesuit und ein Weltgeistlicher – legten umgehend bei Erzbischof Sigmund von Kollonitsch Protest ein, dessen Wachsamkeit hinsichtlich jansenistischer Einflüsse ihnen nicht entgangen sein dürfte[3]. Die Übersetzung war, wie der Nuntius am Kaiserhof wusste, von der Kaiserinwitwe Wilhelmina Amalia angeregt worden[4]. Diese hatte indessen prompt reagiert und sich direkt, wenn auch über einen inoffiziellen Kanal, an die höchste Instanz in Glaubenssachen, das römische Heilige Offizium, gewandt[5]. Die Experten der Inquisition erstellten jedoch im Sommer 1725 einhellig negative Gutachten, in erster Linie wegen der in dem Werk enthaltenen volkspsrachlichen Übersetzung des Messkanons, was seit einem Dekret Alexanders VII. von 1661 ausdrücklich verboten war. Das bereits beschlossene Verurteilungsdekret wurde aber vierzehn Tage später in einer überraschenden Kehrtwende vom Papst persönlich annulliert, offensichtlich nach politisch begründeter Intervention seitens des päpstlichen Staatssekretariats[6]. Es kann vermutet werden, dass die politische Entspannung, die nach mehr als zwanzig Jahren schärfster Auseinandersetzung zwischen Rom und Wien eingetreten war, nicht durch einen Affront gegen die kaiserliche Familie gefährdet werden sollte.

◄ Abb. 11: Christus bei Martha und Maria, 1. Hälfte 18. Jahrhundert (?), Salesianerinnenkloster Wien

Wie kam Wilhelmina Amalia dazu, ein Buch des wegen seines Hauptwerks „L'Année chrétienne" (erschienen 1683–1701, zahlreiche Neuauflagen) bereits 1695 kirchlich verurteilten jansenistischen Autors übersetzen zu lassen? Die Rezeption jansenistischen Gedankenguts am kaiserlichen Hof, insbesondere zur Zeit Maria Theresias, ist seit langem Gegenstand wissenschaftlicher Untersuchungen, deren Quellenbasis allerdings nach den grundlegenden Arbeiten von Heinrich Benedikt, Adam Wandruszka und Peter Hersche bisher kaum erweitert werden konnte[7]. Nun gibt die Episode um Le Tourneuxs Werk zur Messfeier einen wertvollen Hinweis, umso mehr als Heinrich Benedikt in seinem Werk über den Grafen Franz Anton Sporck bereits beiläufig erwähnt hat, dass die Kaiserinwitwe Sporcks Töchter zur Übersetzung der „Année Chrétienne" aufgefordert habe, also mit dem Autor vertraut war[8]. Es soll gezeigt werden, dass aus der Biographie Amalias, insbesondere aus den in Paris verbrachten Jugendjahren, auch über diese Episode hinaus neue Einsichten in die Quellen ihrer persönlichen Spiritualität gewonnen werden können.

Nach dem 1679 erfolgten Tod von Herzog Johann Friedrich von Braunschweig-Lüneburg-Calenberg übernahm dessen jüngerer Bruder Ernst August (1629–1698) die Regierung in Hannover. Johann Friedrichs Witwe Benedikte Henriette (1652–1730) zog sich nach Paris zurück, wo sie selbst aufgewachsen war[9]. Mit ihr kamen ihre Töchter Charlotte Felicitas (1671–1710), Henriette Marie (1672–1687) und Wilhelmina Amalia (1673–1742). Benedikte konnte sich in Paris auf das Erbe ihrer Mutter, Anna von Gonzaga-Nevers, deren Landsitz Asnières sie auch übernahm, und auf ihre Schwester Anna Henriette (1648–1723) stützen, die mit Henri III. Jules de Bourbon, Prinzen von Condé (1643–1709) verheiratet war, dazu noch auf ihre Tante Elisabeth Charlotte (Liselotte) von der Pfalz (1652–1722), seit 1671

Gemahlin von „Monsieur", dem Herzog Philipp von Orléans, Bruder Ludwigs XIV. Alle diese Frauen treten uns in den Briefen der „Madame Palatine" Liselotte, aber auch im Briefwechsel zwischen Liselottes Vater Karl Ludwig von der Pfalz (1617–1680) und dessen Schwester Sophie (1630–1714), Herzogin, nach 1692 Kurfürstin von Braunschweig-Lüneburg, mit großer Lebendigkeit entgegen. Karl Ludwig und Sophie gehörten zu den protestantisch gebliebenen Geschwistern von Benediktes Vater, Pfalzgraf Eduard von Simmern. Benedikte erscheint in diesen Korrespondenzen als eher einfaches, stets zufriedenes Gemüt mit grenzenloser Hochachtung für ihre Schwester, die Princesse de Condé, deren prachtvollen, zugleich moralisch untadeligen Lebensstil sie offenbar sehr bewunderte[10]. Liselotte von der Pfalz erwähnt wiederholt mit kritischem Unterton, dass Benedikte intensiv den Anschluss an den Kreis der Madame de Maintenon gesucht habe, für deren zur Schau getragene Frömmigkeit „Madame Palatine" nichts als Verachtung übrig hatte[11].

Für die Erziehung der Töchter wurde, der Familientradition entsprechend, ein Kloster gewählt. Schon Anna von Gonzaga, ihre Schwester und ihre Tochter Benedikte, Wilhelmina Amalias Mutter, waren in Klöstern erzogen worden[12]. In der Literatur wird zwar die Erziehung der zukünftigen Kaiserin in Maubuisson (Departement Val d'Oise, 35 km von Paris entfernt) erwähnt[13], aber überhaupt nicht auf die Charakteristika dieser königlichen Stiftung des 13. Jahrhunderts eingegangen. Das Zisterzienserinnenkloster war wie das Schwesterkloster Port-Royal-des-Champs ein Hort jansenistischer Frömmigkeit, allerdings erst nach einer aufsehenerregenden Reform in der ersten Hälfte des 17. Jahrhunderts, die durch die berühmte Mère Angélique, die Schwester des „großen" Antoine Arnauld und Äbtissin von Port-Royal, durchgeführt worden war[14]. Zugleich war Maubuisson, wie das seinerzeit von Anna von Gonzaga und deren Schwester besuchte Benediktinerinnen-Kloster Faremoutiers in der Ile-de-France, durch Äbtissinnen aus der Hocharistokratie in ein europäisches Netzwerk adeliger Mädchenerziehung eingebunden. Von 1664 bis 1709 wirkte als Äbtissin von Maubuisson eine Großtante Wilhelmina Amalias, Louise Hollandine von Pfalz-Simmern (1622–1709), Tochter des Winterkönigs und Schwester von Amalias Großvater Eduard. Das erklärt auch die Attraktion des Klosters als Treffpunkt der Familie, wie etwa 1679, als Herzogin Sophie von Braunschweig-Lüneburg auf ihrer Inkognito-Reise nach Paris in Maubuisson abstieg, um dort ihre Nichte Liselotte zu treffen[15]. Wilhelmina Amalias Tante Anna Henriette, die Princesse de Condé, Schwester ihrer Mutter, galt als große Wohltäterin von Maubuisson und Port-Royal[16]. Selbst Konvertitin förderte und zelebrierte die Äbtissin Louise Hollandine Konversionen wie die der verwitweten Herzogin Elisabeth Charlotte von Württemberg-Oels (1702)[17]. Auch der Eintritt der Pfalzgräfin von Zweibrücken, Maria Elisabeth, Nichte des schwedischen Königs Karl Gustav, in Maubuisson erweist erneut, dass auf Konvertiten das Angebot jansenistischer Spiritualität und Askese besonders attraktiv gewirkt haben muss[18]. Dem am Wiener Kaiserhof sowieso lebendigen Interesse an Konversionen und Konvertiten sollte in Zukunft auch Amalia, selbst väterlicher- und mütterlicherseits von Konvertiten abstammend, nachkommen[19].

Noch ein anderer Aspekt von Maubuisson muss hier erwähnt werden: die rechte Hand der Äbtissin war seit der zweiten Hälfte der achtziger Jahre die ehemalige Vertraute der Madame de Maintenon, Marie de Brinon. Ursprünglich dem Ursulinenorden angehörig, wurde Madame de Brinon zur ersten Leiterin des von der morganatischen Gemahlin des Königs gegründeten Instituts „Maison Royale de Saint-Louis" in Saint-Cyr bei Versailles, einer Erziehungsanstalt für verarmte Adelige, insbesondere für verwaiste Töchter von Offizieren. Nach dem Zerwürfnis mit Madame de Maintenon und der Vertreibung aus Saint-Cyr wirkte Marie de Brinon ab 1686 bis zu ihrem Tod (1701) in Maubuisson, wobei sie wohl die neuen pädagogischen Impulse von Saint-Cyr einbrachte. Über sie liefen aber auch wichtige französische Kontakte Leibniz' wie seine Korrespondenz mit dem Bischof von Meaux, Jacques Bénigne Bossuet und andere gelehrte Diskussionen[20]. Es herrschte also im Kloster sicherlich nicht nur eine mondäne Sozialibität, wie dies manche Briefe aus dem familiären Umfeld Amalias nahezulegen scheinen[21], sondern auch ein pädagogisches Ethos sowie Interesse am Verhältnis der Konfessionen und an deren „Reunion". Dieses geistige Klima mag Amalia ebenso beeindruckt haben wie die Kontakte zu Leibniz, den bereits ihr Vater an seinen Hof geholt hatte und die nun in einer irenischen Intention – heute würde man das ökumenisch nennen – auch über Maubuisson liefen. In Wien sollte sich die Beziehung zwischen der Kaiserinwitwe und dem Gelehrten erneuern, wobei hier, gleichsam eine neue Madame de Brinon, die vertraute Hofdame Charlotte von Klencke die Kontakte pflegte.

Was haben nun diese familiengeschichtlichen Details mit der Gründung des Salesianerinnenklosters im Allgemeinen und mit der Spiritualität der Stifterin und ihrem eingangs erwähnten Interesse für einen der beliebtesten jansenistischen Autoren im Besonderen zu tun?

Zum einen kann man annehmen, dass das Interesse der Kaiserinwitwe an einer guten und soliden Heranbildung junger Mädchen, verbunden mit religiöser Disziplin und Vertiefung, auf der positiven Erfahrung klösterlicher Erziehung beruht, wie sie diese selbst und vor ihr mehrere weibliche Familienmitglieder erlebt hatten und wie sie gerade in Maubuisson in den letzten Jahrzehnten des 17. Jahrhunderts gepflegt wurde. Für ihr Projekt, bei dem auch die Maison Royale von St. Cyr sowie François Fénélons Traktat über die Mädchenerziehung (1687) Pate gestanden haben mag, wählte Amalia die Salesianerinnen aus, die im Gegensatz zu den Ursulinen oder einem in Frankreich neugegründeten weiblichen Erziehungsorden, den Filles de Notre Dame, grundsätzlich kein Erziehungsorden waren, weswegen diese ihre Wahl nicht ohne Anstrengung durchgesetzt werden konnte[22]. Auch hier kamen ihre Jugenderfahrungen zum Tragen. Amalia kannte die Salesianerinnen, wie sie selbst sagte, „seit langem", wohl also aus Paris, wo das von der Ex-Königin von England Henrietta-Maria von Bourbon, Schwägerin des Winterkönigs, des Großvaters von Benedikta, 1652 auf dem Hügel von Chaillot gestiftete Kloster der Stifterin und anderen hochrangigen Damen als Rückzugsort diente. Sie kannte wohl auch das Salesianerinnenkloster in Modena, wo sie sich mit ihrer Mutter, die Herzoginwitwe Benedikte, zeitweise aufhielt, nachdem die ältere Schwester Charlotte Felizitas 1695 Herzog Rinaldo von Modena geheiratet hatte[23]. Auf das Modell Maubuisson verweist die anfängliche Rekrutierung der Pensionärinnen aus dem höfischen Umfeld der Kaiserinwitwe[24], während die Erziehung „armer" Mädchen, die Amalia als Ziel angab, erst nach einer entsprechenden Stiftung der Kaiserinwitwe (1736) realisiert werden konnte. In die Gründungsphase des Salesianerinnenklosters ist nach dem Zeugnis mehrerer Briefe auch Amalias Mutter mit ihren französischen Kontakten eingebunden[25].

Um das ganze Spektrum von Amalias Spiritualität ermessen zu können, müsste man über das Inventar ihrer Bibliothek verfügen, doch ist gerade dieses unter den Verlassenschaftsakten bisher nicht aufgetaucht[26]. Von großem Interesse ist jedoch schon der Büchernachlass ihrer Mutter, Herzogin Benedikte, die 1730 in Paris verstarb. Ein genaues Verzeichnis dieser 756 Bände wurde an die Kaiserinwitwe als einzig überlebende Tochter nach Wien gesandt, während Vermögen und Schmuck zwischen Wien und dem Herzog von Modena, Benediktes Schwiegersohn, und Vater von deren Enkelinnen, aufgeteilt wurden[27].

In der Bibliothek der verwitweten Herzogin von Braunschweig befanden sich vorwiegend religiöse Bücher, aber auch historische, literarische und naturwissenschaftliche Werke. Auf dem spirituellen Sektor ist ein Übergewicht jansenistischer Literatur klar zu erkennen. Im ganzen ge-

▲ Abb. 12: Hl. Augustinus, 18. Jahrhundert, Salesianerinnenkloster Wien

sehen ist die Bibliothek aber eine geradezu idealtypische Illustration dessen, was seit Henri Brémond als „französische Schule der Spiritualität" bezeichnet wird[28]. Es würde zu weit führen, dies im einzelnen auszuführen, doch seien, eben weil dies auch von großer Wichtigkeit für den geistigen Werdegang Amalias sein dürfte, die wichtigsten Kennzeichen dieser „französischen Spiritualität" genannt: schon Brémond hat darauf hingewiesen, dass die Grenzen zwischen jesuitischer, oratorianischer, salesianischer, jansenistischer, auch quietistischer Spiritualität durchaus fließend sein können, ja dass sich auch die alten Bettelorden diesen Strömungen keineswegs verschlossen. Den gemeinsamen Nenner bilden der starke Einfluss des Gründers des französischen Oratoriums, Pierre Bérulle (so auch auf Franz von Sales), eine große Verinnerlichung in den Frömmigkeitsformen, eine ausgeprägte eucharistische Andacht, Interesse an den Kirchenvätern sowie eine an Augustinus orientierte Sicht der *conditio humana*[29]. Ein gutes Beispiel für die spirituellen Überschneidungen stellt die Herz-Jesu-Andacht dar, die von Bérulle zu Franz von Sales, von der Salesianerin Margaretha Maria Alacoque zu den Ursulinen und den Jesuiten übergreift[30]. Ihrem vertrauten Kammerfräulein Charlotte von Klencke vermachte Wilhelmina Amalia übrigens ein *Herz Jesu mit rubin und brillanten*[31]. Auch institutionell können wechselseitige Beziehungen beobachtet werden, so etwa wenn Franz von Sales Port-Royal besucht oder Nonnen aus Port-Royal zu den Pariser Salesianerinnen versetzt werden[32].

Die theologisch-spirituelle Gemengelage, die das Bibliotheksinventar der Herzogin Benedikte kennzeichnet, dürfen wir auch bei Amalia vermuten. Der Verfasser des Nachlassinventars der Kaiserinwitwe bezeichnet ihren Bücherbestand als *nicht so gar zahlreich, es sind aber doch viele schöne französische übersetzungen der schrifften der alten kirchen vätter, und andere zur kirchen historie gehörige bücher darunter*[33]. Einen kleinen Ersatz für Amalias Inventar bietet die Liste der Bücher, die sich die Kaiserinwitwe aus dem Nachlass der Mutter nach Wien kommen ließ[34]. Darüber hinaus sind manche ihrer offenbar besonders geschätzten Bücher in den Schreiben an die erste Äbtissin der Salesianerinnen, Mère Marie Julienne La Fontaine, genannt[35], andere lassen sich aus Amalias eigenen Schriften erschließen.

Eine detaillierte Analyse der nachweislich von der Kaiserinwitwe gelesenen, exzerpierten oder rezipierten geistlichen Bücher muss einer eigenen Untersuchung vorbehalten bleiben[36]. Hier soll nur soviel festgehalten werden: ihre Spiritualität war und blieb von der Erziehung im Pariser Milieu des späten 17. Jahrhunderts geprägt[37]. Dazu gehört einmal das Interesse an der Zugänglichkeit heiliger Texte in der Landessprache. Nicht nur der eingangs erwähnte Nicolas Le Tourneux wollte die Partizipation der Gläubigen am Messopfer und deren Bibellektüre fördern[38], auch die ab 1688 erschienene Gesamtübersetzung der Heiligen Schrift durch Isaac-Louis Lemaistre de Sacy ist eng mit Port-Royal verbunden[39]. Neben der Hinführung der katholischen Gläubigen zu den liturgischen und biblischen Texten war es erklärte Absicht der Übersetzer, konversionswilligen Protestanten weiterhin die gewohnte Lektüre der Heiligen Schrift in ihrer Muttersprache zu ermöglichen[40].

Dass diese in Port-Royal in den letzten Jahrzehnten des 17. Jahrhunderts besonders präsenten Anliegen noch keineswegs in einem sich gegenseitig ausschließenden Kontrast zur jesuitischen Spiritualität standen, zeigt sich auch bei Wilhelmina Amalia. Aus der Zeit, die sie mit der Mutter bei ihrer in Modena verheirateten Schwester verbrachte, ist die Teilnahme an den vom Jesuiten Fulvio Fontana gehaltenen Exerzitien belegt[41]. Aus Benediktes Bibliothek sicherte sie sich eines der Hauptwerke des Jesuitenpredigers Paolo Segneri (1624–1694), wohl in Erinnerung an den großen Prediger und Mentor Fontanas. Während der gesamten Wiener Periode wurde Amalia, wie am Kaiserhof üblich, von Beichtvätern aus der Gesellschaft Jesu betreut (Engelbert Bischoff, Carlo Granelli, Antonio Cito). Ein von Amalia sehr geschätzter Autor war der französische Jesuit Jean Crasset (1618–1692), dessen „Dévotion du Calvaire" (erstmals 1687) sie ebenso benützte[42] wie die Meditationen, die Jean Croiset (1656–1738), ebenfalls Jesuit und wichtiger Multiplikator der Herz-Jesu-Verehrung, für die monatlichen Retraiten geschrieben hatte[43]. Von den in der Korrespondenz mit der Oberin erwähnten Autoren seien noch beispielsweise genannt: der Mauriner Jean-Paul Du Sault (1650–1724)[44], der große lothringische Benediktinergelehrte Augustin Calmet (1652–1757)[45] oder der als Gegner des Jansenismus bekannte Kardinal de Bissy (1657–1737). Besonders schätzte sie den Pariser Geistlichen Jean-Jacques Olier und dessen 1655 erstmals erschienene „Journée Chrétienne". Sie selbst modifizierte das Hauptwerk des beim Pariser Adel hoch angesehenen Gründers der Priestergemeinschaft von Saint-Sulpice für die Pensionärinnen

▼ Abb. 13: Amalia Wilhemina mit Buch, Kruzifix und Geißel, Kupferstich, Einzelblattdruck im Archiv der Salesianerinnen Wien, Frontispiz in: Antonio Cito, Tugend-Leben Wilhelminae Amaliae (Wien 1744)

▲ Abb. 14: Aufnahme Marias in den Himmel, Deckenmalerei von Giovanni Antonio Pellegrini, Salesianerinnenkirche Wien

am Rennweg[46]. Französisch blieb auch, mit wenigen Ausnahmen, die Sprache ihrer selbstverfassten geistlichen Schriften, deren textliches Verhältnis zu den Vorbildern einer genauen Untersuchung unterzogen werden müsste. Hinsichtlich einer gewissen Eklektik im spirituellen Leseverhalten und der persönlichen Frömmigkeitspraxis ist zusätzlich daran zu erinnern, dass eine solche „Breitbandspiritualität" der Praxis des kaiserlichen Hofes entsprach, wie man aus dem Auswahlverfahren für die Fasten- und Adventprediger oder auch dem Spektrum geistlicher Berater bei Kaiser Leopold I. sehen kann[47]. Der Topos eines ganz von den Jesuiten beherrschten Wiener Hofes ist wohl schon für das späte 17. und die erste Hälfte des 18. Jahrhunderts nicht mehr haltbar. Inwieweit Amalia ihr Interesse an französischer spiritueller Literatur, und insbesondere solcher jansenistischer Autoren des 17. Jahrhunderts, an andere Mitglieder der Dynastie wie ihre Schwägerin Elisabeth Christine, ihre Nichte Maria Theresia und deren Ehemann Franz Stephan weiter gab oder ob diese auf anderen Wegen zur Lektüre von Pouget, Nicole, Le Tourneux oder Duguet kamen, wird mangels expliziter Quellen wohl Spekulation bleiben[48]. Auffallend sind zum Beispiel Parallelen zwischen den geistlichen Maximen, die Franz Stephan von Lothringen in verschiedenen Schriften niederlegte, und dem spirituellen Vermächtnis von Wilhelmina Amalia, zu welcher der Kaiser ein sehr gutes Verhältnis hatte. So ließ sich die Kaiserinwitwe aus dem Nachlass der Mutter 44 Hinterglasbildchen kommen, die Einsiedler in „bußfertiger Einsamkeit" darstellten[49]. Franz Stephan nahm für sich in Wort und Bild das Sujet vom „Eremite dans le Monde" in Anspruch, das in der Tradition von Port-Royal steht[50]. Dass am Wiener Kaiserhof dem in Modena als Priester, herzoglichen Bibliothekar, Prinzenerzieher und Historiographen wirkenden Lodovico Antonio Muratori (1671–1750) so große Aufmerksamkeit geschenkt wurde, ist zweifellos in erster Linie seiner historisch begründeten Verteidigung kaiserlicher Rechte auf der Apenninen-Halbinsel geschuldet. Als er in der Summa seiner Reformschriften, der 1747 erschienenen „Regolata Divozione de' Cristiani" (deutsch als „Die Wahre Andacht des Christen" erstmals 1751 in Aschaffenburg, erneut 1760 in Wien gedruckt) die gleichen Forderungen nach volksprachlicher Liturgie erhob wie der eingangs genannte Nicolas Le Tourneux, war Amalia nicht mehr am Leben. Aber der begeisterten Rezeption, die dieses Hauptwerk der katholischen Aufklärung in Wien erfuhr, dürfte die Kaiserin-Witwe auf ihre Weise, erklärlich durch ihren geistigen Werdegang, vorgearbeitet haben.

1   Nur der Druck ist erwähnt in Hersche 1977, 49 Anm. 20.
2   Zensor war der Augustinereremit Theophil Paulle, Dekan der theologischen Fakultät. Der Druck erschien wohl 1725 beim Universitätsbuchdrucker Schilgen mit einem Vorsatzblatt, das von der im Vorjahr verfertigten Übersetzung berichtet und die von Rom im Herbst 1725 gewünschten Richtigstellungen aufführt.
3   Dies hatte schon einige Jahre zuvor die besorgte Frage Kollonitsch' gezeigt, ob etwa durch die 1717 aus den Niederlanden eingetroffenen Salesianerinnen eine „Infektionsgefahr" bestünde: ASal, A-II-1, Zirkularschreiben vom 30. November 1717. Die Gegengutachten erhalten in Rom, Archivio Segreto Vaticano (im Folgenden ASV), Archivio della Nunziatura di Vienna 61, fol. 81r–121v (davon eines fol. 121v mit Datierung 10. Februar 1725).
4   ASV, Segreteria di Stato, Germania 281, fol. 561–562, Bericht des Nuntius Girolamo Grimaldi vom 20. September 1725.
5   Mit der Zustellung des Buches betraute Wilhelmina Amalia offenbar Franz Ernst Graf Salm-Reifferscheidt, s. Rom, Archivio della Congregazione per la Dottrina della Fede (im Folgenden ACDF), S. O. C(ensura) L(ibrorum) 1724–1728, Nr. 18, fol. 236 sowie ASV, Segreteria di Stato, Memoriali e biglietti 38, Mitteilung des Heiligen Officiums vom 6. Oktober 1725. Er studierte zu diesem Zeitpunkt in Rom (ASV, Dataria Apostolica, Processi 109, fol. 37–56). Sein Vater Franz Wilhelm war Oberstallmeister der Kaiserinwitwe, seine Geschwister Leopold, Christina und Ernestine in deren Hofstaat, s. Kubiska-Pölzl 2013, 467, 453, 473.
6   ACDF, Decreta 1725, fol. 275 (12. und 27. September 1725).
7   Benedikt 1923, Benedikt 1965, Wandruszka 1959, Hersche 1971, Hersche 1977, zusammenfassend Schmal 2001.
8   Benedikt 1923, 425, 440.
9   Sie war die Tochter von Pfalzgraf Eduard von Simmern (1625–1663) und der Anna Gonzaga aus der Linie Gonzaga-Nevers (1616–1684). Das Paar lebte seit der Konversion Eduards und der anfänglich heimlichen Heirat in Paris. Die älteste Tochter Louise Marie (1647-1679) war die Gemahlin des Fürsten Karl Theodor von Salm, des späteren Aio Kaiser Josefs I.
10  Sophie Von Hannover 1885, 338.
11  Elisabeth Charlotte 1891, 145, 185–186.
12  Anna von Gonzaga wurde im Kloster Faremoutiers erzogen und zunächst dort zur Äbtissin bestimmt. Nach dem Tod ihres Gemahls und einem intensiven politischen Engagement in der Fronde hatte sie ein religiöses Erlebnis, demzufolge sie sich im letzten Jahrzehnt ihres Lebens aus der Öffentlichkeit zurückzog. Sie wurde im Pariser Karmeliterkloster des Faubourg St. Jacques bestattet, wo Jacques Bénigne Bossuet ihre Leichenrede hielt, gedruckt als: Oraison funèbre de ... Princesse Anne de Gonzague, Paris 1685 (Digitalisat auf der Website der Bibliothèque nationale de France, http://gallica.bnf.fr, Zugriff 11. November 2016), hier auch die Erziehung in Faremoutiers erwähnt. Annas ebenfalls dort erzogene Schwester Benedicte wurde Äbtissin des Benediktinerinnenklosters Avenay, wo sie jung verstarb. Bei Annas Tochter Benedikte, der Mutter Amalias, ist kein Name einer kirchlichen Institution überliefert, doch erwähnt ihre Tante Sophie die Erziehung im Kloster: Sophie Von Hannover 1885, 338. Denkbar wäre Faremoutiers nach dem Vorbild der Mutter, wahrscheinlicher ist allerdings Maubuisson, wo ihre Tante Louise Hollandine seit 1664 Äbtissin war. Auffallend ist allerdings, dass Benedikte ein Kammerfräulein aus der Familie De la Châtre nach Braunschweig mitgebracht zu haben scheint, die 1678 den hannoveranischen Diplomaten und vielfachen Hofamtsträger Wilken von Klenck(e) heiratete. Eine Tochter dieses Paares sollte Wilhelmina Amalias hochgeschätztes Kammerfräulein Charlotte von Klencke werden: Von Reden 1966, 184. Die Familie De la Châtre stellte von 1593 bis 1643 die Äbtissinnen von Faremoutiers, also auch zur Zeit, als Benediktes Mutter und deren Schwester dort erzogen wurden.
13  Leitgeb 1984, 15 wohl auf der Basis des im ASal, A-XXV erhaltenen, bis zu Druckfahnen gediehenen Werks von Coelestin Wolfsgruber (hier 2. Kapitel, 7). Bei Waach 1967 nicht erwähnt, die allerdings vorsichtig meint, die jansenistischen Kontroversen könnten Amalia während ihrer Pariser Jahre nicht entgangen sein (ebd. 18). Abjuration 1703, 108 erwähnt die Erziehung Amalias in Maubuisson und die von ihrer Mutter und Schwester gehaltenen Kontakte zum Kloster. Allerdings dürfte Benedikte sicher nicht ganz dort gelebt haben, wie das Handbuch der Kirchengeschichte (Jedin 1970, 562) meint. Cito 1744, 8 berichtet nur von einem mehrtägigen Aufenthalt Amalias zur Vorbereitung der Erstkommunion.
14  Jedin 1970, 18.
15  Elisabeth Charlotte 1891, I, 29–30, 40; Sophie Von Hannover 1885, 371–380. Liselotte überlegte sogar gelegentlich, sich ganz nach Maubuisson zurückzuziehen: Elisabeth Charlotte 1891, I, 45 (1682). Weiterer Aufenthalt in Maubuisson 1692 ebd. I, 163, aber auch häufig in Port-Royal: ebd. 128.
16  Taillis 1947, 177–178.
17  Abjuration 1703 zu Elisabeth Charlotte von Württemberg-Oels, deren Konversion wurde von einem vom jansenistenfreundlichen Erzbischof von Paris, Kardinal de Noailles, protegierten Oratorianer, Claude David, entgegengenommen.
18  Zur Pfalzgräfin Maria Elisabeth, die 1700 in Paris konvertierte und danach in Maubuisson eintrat, während ihr Bruder Gustav Samuel schon 1696 in Rom katholisch geworden war, s. Elisabeth Charlotte 1891, I, 266, Anm. 4. Dem eingangs erwähnten Jansenisten Nicolas Le Tourneux wird eine unmittelbar nach der Aufhebung des Edikts von Nantes anonym erschienene einschlägige Schrift zugeordnet: Lettre d'un ecclésiastique à quelques personnes de la religion prétendue réformée pour les exciter à rentrer dans l'Église catholique (Paris 1686).
19  Peper 2010; zur Gräfin Ogilvy, einer von der Kaiserinwitwe protegierten Konvertitin, s. Schwerin 2013, 196 Anm. 219 und 220. S. auch ASal, Briefschatulle der Kaiserin Wilhelmina Amalia, Bündel 5, 13. April 1732 erwähnt die Kaiserinwitwe den Tod der Gräfin Schwerin, die ihr offenbar nahestand. Ebd. Bündel 3, 7. Dezember 1721, Fürsorge für schwedische Konvertiten. Ebd. Bündel 5, 24. Juli 1732 betr. eine schlesische Konversionskandidatin.
20  Vgl. http://www.uni-muenster.de/Leibniz/DatenII2/II2_B.pdf Nr. 113 und ff. ad indicem (Zugriff 15. November 2016). S. auch Elisabeth Charlotte 1891, I, 164.
21  Sophie Von Hannover 1885, 378: „...(die Äbtissin) se divertit de la simplicité de ses religieuses..." und vertreibt sich die Zeit mit Malen (Louise Hollandine hatte bei Gerrit van Honthorst Unterricht genommen). Die von ihr gemalten Familienbilder sowie andere Familienporträts gingen übrigens zumindest teilweise aus der Erbschaft der Benedikte von Braunschweig an Wilhelmina Amalia über, die sie sich ausdrücklich wünschte (Liste in Nachlassakten der Benedikte; Bündel in Wien, Österreichisches Staatsarchiv, Haus-, Hof- und Staatsarchiv (im Folgenden HHStA), Familienakten 81), davon kam wieder einiges an die besondere Vertraute Amalias, die Hofdame von Klencke, und später auf dem Erbweg in den Klenckeschen Familiensitz Hämelschenburg: Vgl. Von Reden 1966 und den Beitrag von Cassidy Geiger in diesem Band.
22  Waach 1967, 27–28. S. zum Beispiel den Brief Wilhelmina Amalias an die Oberin mère Julienne vom 27. November 1718 in ASal, Briefschatulle Wilhelmina Amalia, Bündel 1.
23  In Paris gab es zur Zeit von Amalias Aufenthalt mehrere Klöster der Visitandines: die beiden bereits in den 1620er-Jahren gegründeten und in der Stadt gelegenen (rue Saint-Antoine, rue

Saint-Jacques) sowie das von Chaillot (heute 16. Arrondissement), wohin sich die Nichte der ehemaligen Königin von England, Louise Hollandine, später Äbtissin von Maubuisson, die erste Zeit nach ihrer in Antwerpen vollzogenen Konversion zurückzog, s. Mackenzie 2007, 65. Die exilierte englische Königin Maria Beatrix, eine geborene Prinzessin von Modena (1658–1718), verbrachte ab 1689 dort viel Zeit. Zu den Beziehungen der Salesianerinnen von Modena zur Dynastie s. einen Brief Muratoris von 1713: Campori 1902, 1569, Nr. 1381.

24 ASal, Hs. 13, *Dénombrement* der Pensionärinnen.
25 ASal, Briefschatulle Wilhelmina Amalia, Bündel 1, 21. Dezember 1717, 8. Februar 1718; Bündel 2, 24. Juli 1720; Bündel 3, 13. Februar 1721. Nach dem Tod ihrer in Modena verheirateten Tochter (1710) lebte Herzogin Benedikte wieder ganz in Paris.
26 S. den Beitrag von Cassidy Geiger in diesem Band, Anm. 24. Ein Verzeichnis hatte allerdings existiert, vgl. eine Aktennotiz in Sächsisches Hauptstaatsarchiv Dresden, 10026 Geheimes Kabinett, Loc. 366, fol. 261r. Ich danke Michael Pölzl herzlich für diesen Hinweis.
27 HHStA, Familienakten 81.
28 Brémond 1916–1936.
29 Zusammenfassend zu den Autoren, die in der Definition und Umschreibung der „französischen Spiritualität" hervorgetreten sind: Krumenacker 1998.
30 Coreth 1994, 19–20.
31 HHStA, Habsburg-Lothringische Familienurkunden 1901, Testament der Kaiserinwitwe Wilhelmina Amalia.
32 Brémond 1925, 236. Über die Verbindungen Port-Royal – Franz von Sales auch ebd. 198.
33 Dresden, Sächsisches Hauptstaatsarchiv, 10026 Geheimes Kabinett, Loc. 366, fol. 300v (freundliche Mitteilung von Michael Pölzl).
34 Amalias Bücherwünsche ebenfalls in HHStA, Familienakten 81. Einige mehr zu den Sektoren Allgemeinbildung, Geschichte, Geographie gehörige Bücher aus dem Nachlass der Mutter dürfte Wilhelmina Amalia für den Unterricht der Pensionärinnen des Klosters ausgewählt haben.
35 ASal, Briefschatulle und Kopien ebd. A-I, 1a: Bücherwünsche werden meist geäußert, wenn Wilhelmina Amalia verhindert war, ins Kloster zu kommen und sich ein Buch aus ihrer dort verwahrten Bibliothek in die Hofburg bringen ließ.
36 Ein Aufsatz mit dem Arbeitstitel „Parigi-Modena-Vienna. Percorsi intellettuali e spirituali di Amalia di Braunschweig-Lüneburg" wird von mir für die *Rivista di storia e letteratura religiosa* vorbereitet (Erscheinungsdatum 2017/18).
37 Deswegen kann sie aber wohl nicht als „incorrigible francophile" bezeichnet werden, wie dies Ingrao-Thomas 2004, 121 tut.
38 Le Tourneux übersetzte auch das römische Brevier (1689) und legte eine speziell für die tägliche Andacht verfasste Übersetzung der Psalmen vor (postum erschienen 1689). 1675 erhielt er einen Preis der Académie françoise für seine Ansprache zum Thema „Martha, Martha, solicita es" (im Druck erschienen Paris 1675). Das Thema „Martha und Maria" war auch in der protestantischen Ikonographie beliebt, da es die Bedeutung der guten Werke relativierte (s. Abb. 11).
39 Isaac Lemaistre de Sacy (1613–1684) war Neffe von Antoine und Robert Arnauld sowie der Port-Royal-Nonnen Angélique und Agnès Arnauld. Vielfach wurde ihm auch die „Année Sainte" zugeschrieben (s. Benedikt 1923, 440).
40 Eine vergleichbare Absicht stand in der Mitte des 18. Jahrhunderts hinter der Übersetzung des Neuen Testaments durch Bischof Joseph Maria Thun von Gurk, später von Passau: Garms 2013.
41 Fontana 1708, unpaginiertes Widmungsschreiben an Herzog Rinaldo von Modena. HHStA Familienkorrespondenz 33/18, zwei Briefe Fontanas an Wilhelmina Amalia von 1699 und 1705.
42 Exemplar „La dévotion du Calvaire" von Jean Crasset in einer Ausgabe von 1707 in ASal, A-I-20, laut Vermerk von der Kaiserinwitwe 1727 geschenkt. ASal, Briefschatulle, Bündel 8, „Notizen und Gebete" (moderner Titel): Variationen Amalias zu der Kreuzwegandacht. Unter den von Amalia aus dem Nachlass der Mutter angeforderten Bildern auch „un Mont de Calvaire en miniature" (HHStA, Familienakten 81). Zur Kreuzverehrung bei den Habsburgern s. Coreth 1982, 38–44.
43 ASal, A-I-20, 31. November 1725 lässt sich die Kaiserinwitwe die Meditation Croisets für den Monat November schicken.
44 ASal. A I-1a, Abschriften der Briefe der Kaiserinwitwe an die Oberin, 10. August 1725.
45 Ebd., Calmets Bände sollen zum Blumenpressen verwendet werden.
46 Zu Olier s. Dictionnaire de spiritualité XI, Sp. 737–751. ASal, D–1: La Journée Chrétienne des demoiselles pensionnaires de la Visitation de S. Marie de Vienne dans la Fondation de l'Auguste Impératrice Amélie de glorieuse mémoire selon ses intentions avec des reflexions faites par elle-même. À Vienne, Kaliwoda, 1747.
47 Vgl. Garms 2010.
48 Hersche 1971; Hersche 1977, 148–152; Wandruszka 1959; Schmal 2001.
49 HHStA, Familienakten 81. Die 44 Hinterglasbildchen finden sich im Nachlassinventar Wilhelmina Amalias wieder, s. den Beitrag von Cassidy Geiger in diesem Band. „Bußfertige Einsamkeit" in einer Schrift Amalias s. Cito 1744, 480.
50 Wandruszka 1959, 164. Die möglicherweise eigenhändige Miniatur „Kaiser Franz I. Stephan als Mönch", abgebildet in: Zedinger 2000, 276. Zum jansenistischen Erzieher der lothringischen Prinzen, abbé Henri de Vence, s. Taveneaux 1960, 385.

*In der und ausser der Clausur.*
Kaiserinwitwe Wilhelmina Amalias
Appartement im Kloster am Rennweg

Maureen Cassidy-Geiger

Im Sächsischen Hauptstaatsarchiv Dresden werden bis heute bedeutende Dokumente zur Geschichte des Wiener Klosters Mariä Heimsuchung aufbewahrt. Die Existenz dieses Bestands ist auf die dynastische Verbindung zurückzuführen, die durch die Hochzeit von Erzherzogin Maria Josepha (1699–1757), der ältesten Tochter von Kaiser Joseph I. und seiner Gattin Wilhelmina Amalia, und dem zukünftigen Kurfürsten von Sachsen und König von Polen August III. (1696–1763) 1719 geknüpft wurde, im selben Jahr also, in dem die Kirche am Rennweg eingeweiht wurde[1]. Konkret handelt es sich bei genannten Archivalien um eine seltene Kopie des Inventars, das nach dem Tod der 69-jährigen Kaiserinwitwe Wilhelmina Amalia (10.4.1742) erstellt worden war, sowie um Abschriften der den Nachlass betreffenden Korrespondenz[2]. Dieser reichhaltige, posthume Einblick in eine außergewöhnliche kaiserliche Residenz kann durch eine bemerkenswerte Reihe von Augenzeugenberichten ergänzt werden, die im Sommer 1740 anlässlich des Besuchs des Enkels der Kaiserinwitwe, Kronprinz Friedrich Christian (1722–1763), ein Sohn Maria Josephas, entstanden sind[3].

### Das Nachlassinventar von 1742

Kaiserinwitwe Wilhelmina Amalia übersiedelte im Laufe der 1720er Jahre von ihrem kaiserlichen Witwensitz in der Hofburg in ein weniger prunkvolles Appartement des Konvents am Rennweg, das sich im rechten, an das Schloss Belvedere angrenzenden Flügel befand. Als erste und einzige Bewohnerin ihrer individuell ausgestatteten Raumfolge, die

◀ Abb. 15: Altar der ehemaligen Kammerkapelle der Kaiserin Wilhelmina Amalia, Salesianerinnenkloster Wien

trotz klösterlichem Erscheinungsbild vor Kunstwerken geradezu strotzte, führte sie eine zum Kaiserhof alternative, wenngleich nicht minder imperiale Lebensweise, in einer nach ihren eigenen Vorstellungen konzipierten Residenz. Die am 28. Juli 1742 abgeschlossene Inventarisierung und Schätzung ihres Besitzes war unter der Leitung ihres ehemaligen *Hof-, Schatz- und Kammerzahlmeisters* und nunmehrigen Exekutors der Verlassenschaft, Joseph Angelo de France (1691–1761), erfolgt[4]. Eine bedeutende Rolle nahm hierbei jedoch auch Kammerfräulein Charlotte von Klencke (1685–1748) ein, Wilhelmina Amalias hannoversche Vertraute und Gefährtin binnen mehr als vierzig Jahren. Klencke trat 1700 in den Hofstaat der Kaiserin und zog mit dieser in den klausurierten Konvent. Als Anerkennung für ihre Ergebenheit wurde Klencke eine großzügige Pension gewährt, zudem erhielt sie Diamantschmuck und eine Serie von Porträts von Wilhelmina Amalia und ihrer Familie[5].

Bei den Dresdener Archivalien handelt es sich genau genommen um eine Sammlung von Dokumenten, die vor und nach dem Tod Wilhelmina Amalias im April 1742 entstanden sind; manche auf Deutsch, manche auf Französisch, der Hofsprache, verfasst. Dieser Bestand beinhaltet auch eine Ergänzung zu ihrem Testament, das, unterzeichnet und datiert den 27. März 1742, an Königin Maria Josepha adressiert war, der ältesten Tochter, die – trotz des neuen kaiserlichen Status' ihrer Schwester – faktisch für die Aufteilung der Hinterlassenschaft zuständig war[6]. Dieses Kodizill wies die Testamentsvollstrecker an, die bedürftigsten Mitglieder des Hofstaats durch Pensionen zu versorgen, unter diesen auch Klencke: *la Klenk n'aiant rien d'elle meme, et m'aiant servie quarante deux ans avec un attachement fort grand, et qui a eu tout ma confiance; je vous la recomande très-particulierement, et autant qu'il m'est possible*[7]. Während viele der Hauptempfänger namentlich genannt und die Beträge, mit denen diese bedacht wurden, genau verezeichnet sind, sollte Klencke den Obersthofmeister Wilhelmina Amalias, Fürst Emanuel von Lichtenstein, bei der Versorgung der Dienerschaft beraten[8]. Um die Auszahlung dieser kleinen und großen Pensionen zu sichern sowie alle Schulden begleichen zu können, sollte ein Großteil der Hinterlassenschaft der Kaiserinwitwe veräußert werden[9].

Ein Nachlassinventar wurde angelegt, das sowohl die Räume im Kloster mit der gesamten Einrichtung, wie auch alles, was in der Hofburg zurückgeblieben war, umfasst. Bedeutende Gegenstände, besonders selten oder kostbar, wurden in der Randspalte mit der Anmerkung *NB.* (*Note Bene*) oder sogar *NB.NB.* versehen. Ob diese Objekte für die kaiserliche Familie vorgesehen waren oder für Mitglieder des Hofes, ist unklar. Weitere Dokumente in Dresden beziehen sich auf die Aufteilung einzelner Besitztümer zwischen den beiden Töchtern, namentlich Wilhelmina Amalias Sammlung von Meissener Porzellan, die ihr vom König und der Königin von Polen geschenkt worden war, wie auch bemerkenswerte Porträts von Rosalba Carriera, Franz von Stampart und Louise Hollandine von der Pfalz, Äbtissin von Maubuison[10].

Die Inventarisierung von 1742 berücksichtigte nur die Räumlichkeiten und den Besitz der Kaiserinwitwe, und umfasste folglich weder die Kirche noch den monastischen Teil des Gebäudekomplexes. Sie begann im ersten Obergeschoß beim offiziellen Treppenhaus, erfolgte zunächst in den öffentlichen Räumen (*Ausser der Clausur*) – etwa in dem sogenannten *Spiegelcabinet* und der Kammerkapelle – und wurde dann auf der anderen Seite eines langen Gangs in den privaten Räumen (*In der Clausur*) fortgesetzt – im Schlafzimmer, in Antikammer und Empfangsräumen, in der Bibliothek sowie in einem *de facto Porzellanzimmer*. Um die Inventur zu erleichtern, waren einige der Objekte des Hofburg-Appartements (*Burg*) zuvor in den Konvent überstellt worden, darunter auch eine große Sammlung von zerbrechlicher asiatischer Keramik, die in den Raum mit Meissener Porzellan verbracht worden war[11].

Das Inventar fährt im Erdgeschoß fort, in den zum Garten hin orientierten sogenannten Sommerzimmern, bevor es räumlich versetzt die Hinterlassenschaft im Paradeappartement der *Burg* verzeichnet, das etwa ein weiteres *Spiegelzimmer*, die *Parade Schlaffcammer* und ein *Tapezerey Gewölbe* umfasste. Während sich gerahmte Werke auf Papier unter den Einrichtungsgegenständen des Klosters finden, wurden Ölgemälde und Stickbilder aus beiden Appartements zusammen erfasst und in einem Anhang zum Inventar verzeichnet, wobei Marginalien auf die Räume verweisen, in denen sich diese Objekte ursprünglich befanden. Es scheint, als ob alle beweglichen Bilder zerstreut wurden, so auch die halbfigurigen Evangelistenbilder von Giovanni Antonio Pellegrini, mit *N.B.* markiert, die sich einst formal und ikonografisch perfekt in die Bibliothek fügten (siehe den Beitrag von Gernot Mayer in diesem Band).

Das Nachlassinventar endet mit Auflistungen von einfachem Tafelgeschirr, Leuchtern und Musikinstrumenten. Das Silbergeschirr aus beiden Appartements wurde ebenso in einer Aufstellung zusammengefasst, ohne Schätzung. Tatsächlich wurden nur die kostbaren Gegenstände, die sich im Schlafgemach des Klosterappartements von Wilhelmina Amalia befanden, mit Schätzungen versehen. Trotz der illustren Provenienz kann ein Großteil der Stücke heute nicht mit Sicherheit zurückverfolgt oder identifiziert werden, mit Ausnahme des Klencke-Vermächtnisses in Schloss Hämelschenburg und dem Meissener Porzellan, das an verschiedenen Orten in Deutschland, hauptsächlich in München, sowie in Wien, aufgefunden wurde[12]. Es ist bemerkenswert, dass keines der Meissen-Objekte mit *N.B.* markiert wurde.

Die Innendekoration und -ausstattung von Wilhelmina Amalias Klosterappartement, wie sie im Inventar von 1742 beschrieben sind, entsprechen einem europäischen Stil royaler Prägung, der im späten 17. Jahrhundert begründet wurde und bis in die 1720er, als der Residenzflügel des Klosters vollendet wurde, aktuell blieb[13]. Diesem Geschmack entsprechend waren die Bezüge der Lehnstühle, der Stühle ohne Armlehnen oder Hocker farblich mit den Wandbespannungen und den Vorhängen abgestimmt. (Diejenigen, denen es zustand, nahmen den bequemeren Lehnstuhl, während sich Personen von niederem Rang auf Hocker setzten mussten, wobei es den Meisten ohnehin nur erlaubt war, in Gegenwart einer Person von Rang zu stehen). Eine sogenannte Triade (Konsoltisch und gerahmter Spiegel, flankiert von einem Paar *gueridons* als Leuchter) war ein Charakteristikum vieler Räume[14].

Wilhelmina Amalias Paradezimmer im ersten Geschoß (*Ausser der Clausur*) waren schwarz ausgestattet, ein Verweis sowohl auf ihren Witwenstand als auch auf ihren Hang zu einer monastischen Lebensweise. Die Wände des *Spiegelzimmers* und der Antikammern werden folglich mit schwarzer Seide und schwarzen Bordüren und die Sitzmöbel mit schwarzen Stoffen oder Leder bespannt beschrieben. In Hinblick auf das klösterliche Umfeld mag die Existenz eines sogenannten *Spiegelzimmers* überraschen, vor allem aber irritiert die Situierung am Eingang zur Kammerkapelle der Kaiserinwitwe und der zugehörigen Sakristei. Es sind jedoch keine Spiegel im *Spiegelzimmer* verzeichnet, das sonst mit exotischen Mobiliar versehen war: mit schwarzen Lackmöbeln, einem Konsoltisch mit Boullemarketerie und passendem Schachbrett, und vier großen Gefäßen aus blauweißem asiatischen Porzellan, alle jeweils mit *N.B.* markiert[15]. Im Unterschied dazu verfügte das *Spiegelzimmer* in der Burg über einen großen Spiegel und eine Serie von Boulle-Möbel[16]. Ein typischeres und dem Zeitgeschmack entsprechendes *Spiegelzimmer* ist in Schloss Favorite bei Rastatt auf uns gekommen, wo sowohl die Wände als auch die Decke mit hunderten kleinen und großen Spiegeln dekoriert sind[17].

Wilhelmina Amalias Schlafkammer im Kloster hatte repräsentativen Charakter, obgleich diese als privater Raum *in der Clausur* unmittelbar neben den Zellen der Klosterfrauen gelegen war, den Garten und das Belvedere überblickend. Während die Antikammer ebenso wie auch das *Schlaffzimmer* in der *Burg* mit kaiserlichem Violett ausgekleidet war, werden die Wandbespannungen, sowie Baldachin, Bettvorhänge und Möbelbezüge der Konvent-Schlafkammer als *aschfarben* beschrieben, womit möglicherweise *gris de lin* gemeint ist, ein blasses Violett mit leicht imperialen Charakter. Bei den Textilien handelte es sich um ein Fabrikat aus Seide und Wolle, *Camelot* genannt, mit weißen Bordüren, und um einen reinen Baumwollstoff, *Concent*. Die Möbel dieses Raums waren entweder aus Nussbaumholz oder schwarzen Lack gefertigt, zudem zierten hier Dutzende kleinformatige, gerahmte Drucke die Wände[18]. Ferner befanden sich hier Devotionalien, darunter etwa ein Elfenbeinkruzifix, das ihr von ihrer Tochter Königin Maria Josepha geschenkt worden war, und ein Betstuhl aus Nussbaumholz.

Die Schlafkammer beinhaltete, gleich einer Kunstkammer oder einem Preziosensaal, auch hunderte Sammlerstücke[19]. Viele wurden als *indianisch* bezeichnet, was sich sowohl auf japanische, chinesische oder aus dem übrigen Asien stammende Objekte, aber ebenso auf europäische Produkte mit asiatischem Aussehen beziehen kann; und viele wurden mit einem *NB.* oder *NB.NB.* versehen. Darunter etwa ein japanisches Lackkabinett, ein chinesischer Koromandellack-Wandschirm, ein Tisch mit Marmorplatte, *ein veritable indianischer Thee Service* in einem Lederfutteral, verschiedene große und kleine Lackarbeiten, und ein neapolitanisches *Nachtzeug* aus Schildpatt und Perlmutt, möglicherweise ein Geschenk von ihrer Enkeltochter, Königin Maria Amalia von Neapel[20]. Hier befanden sich ferner Dutzende Kunstkammerobjekte, von wertvollen Medaillen, *galanteries* und Schmuckstücken, bis zu Elfenbein- und Steinschneidearbeiten, sogenannte Trapani-Werke aus Korallen, Handarbeiten, Werke aus Chagrinleder, sowie preziöse oder exotische Devotionalien[21]. Die kostbarsten Objekte wurden zur Sicherheit *in einem braunen mit vergoldeten Meßing beschlagenen Trüchel von fein englischer arbeit* aufbewahrt und einzeln auf Werte zwischen acht und 2.400 fl. geschätzt, wobei nur etwa zwanzig von ihnen mit *NB.* markiert wurden.

Auch der große Vorraum vor der Bibliothek, Wilhelmina Amalias faktisches *Porzellanzimmer*, verfügte über *ashfarben(e)* Wandbespannungen, das darin befindliche *canapé* war mit *gros de Tour* bezogen. An den Wänden hingen 44 Hinterglasbilder mit Miniaturdarstellungen von Eremiten, mit *NB.NB.* bezeichnet, ein Salvator Mundi und eine Muttergottes von Rosalba, beide mit *NB.*, sowie acht weitere Gemälde religiösen Inhalts, ebenfalls mit *NB.* markiert. Das Porzellan war offensichtlich nicht zu sehen, da es in zwei großen Schränken untergebracht war. Während die Herkunft der als *japanisch* oder *chinesisch* bezeichneten asiatischen Keramik unbekannt ist, handelt es sich bei dem Meissener Porzellan um Geschenke, die die Kaiserinwitwe anlässlich der Familienzusammenkünfte in Neuhaus (Jindřichův Hradec) 1737, in St. Pölten 1738 und in Wien 1740 erhalten hatte. Entsprechen manche Objekte wiederverwendetem Meissen-Bestand, der bereits von König August II. für sein berühmtes Japanisches Palais in Dresden beauftragt worden war, wurden andere hingegen speziell für die Kaiserinwitwe angepasst oder eigens für diese angefertigt. Der König hatte ein Vorrecht auf die Erzeugnisse der 1710 gegründeten königlichen Porzellan-Manufaktur, diese dienten als begehrte Geschenke für Monarchen, Minister und Mitglieder der kö-

▼ Abb. 16: Mandelkrähe, Porzellanmanufaktur Meissen, Modell von Johann Joachim Kändler, 1735 (München, Residenz)

▲ Abb. 17: Neptun-Aufsatz und Muschelbecken von einem Tischbrunnen: Porzellanmanufaktur Meißen, um 1732, Modell von Gottlob Kirchner, aus den Königlichen Sammlungen des Hauses Wittelsbach (Bayerisches Nationalmuseum München)

▼ Abb. 18: Toilettegarnitur der Kaiserin Wilhelmina Amalia, Porzellanmanufaktur Meissen, um 1735 (München, Residenz)

▲ Abb. 19: Heilige Matthäus, Bartholomäus und Philipp, Altargarnitur der Kaiserin Wilhelmina Amalia, Porzellanmanufaktur Meissen, Modell von Johann Joachim Kändler, ca. 1737–1740, Wien (KHM-Museumsverband)

niglichen Familie. Das Meissen-Porzellan in den Schränken umfasst verschiedenen Vasensatz, vier große Vögel – ursprünglich Teil des Auftrags für das Japanische Palais (Abb. 16) –, ein Schreibservice, Geschirr mit türkisem Fond, einen skulpturalen Tischbrunnen mit Becken (Abb. 17), fünf kleine vergoldete Heiligenstatuetten, fünf kleine Tiere – ursprünglich entworfen für einen Tafelaufsatz – und ein 29-teiliges Toilette-Service mit türkisem Fond, das der Kaiserin von ihrem Enkelsohn an ihrem Namenstag im Juli 1740 geschenkt worden war (Abb. 18). Die Meissener Altargarnitur, die ihr 1740 zum selben Anlass verehrt wurde, fehlt im Inventar, offensichtlich da sie bereits vor 1742 in den Besitz von Kaiserin Elisabeth Christine übergegangen war (Abb. 19, 20)[22]. Die Porzellanleuchter, Apothekergefäße und der *flaschenkeller* mit eckigen Porzellanflaschen für süße Weine

▶ Abb. 20: Weihwasserkessel, Altargarnitur der Kaiserin Wilhelmina Amalia, Porzellanmanufaktur Meissen, 1737–1740 (Bayerisches Nationalmuseum, Ernst Schneider Sammlung in Schloss Lustheim)

oder Liköre könnten aus der lokalen DuPaquier-Manufaktur stammen[23].

Die Bibliothek selbst verfügte über einfachen blauen Stoff an Wänden und Sitzmöbel, Nussbaumholz Mobiliar, einigen Gegenständen aus Porzellan, sowie Büchern, die separat inventarisiert wurden[24]. Die Wände des großen und kleinen *parlatorios*, sowie die des *Communionzimmers* waren mit schwarzen Textilien bespannt, während das Oratorium grau (oder *gris de lin*) tapeziert war. Einige mit *NB.* markierte Gemälde hingen im *Communionzimmer*. Ein Kruzifix aus Trapani, wie es im *Oratorio* genannt wird, wurde 1761 in der Geistlichen Schatzkammer in Wien inventarisiert, ist jedoch heute verloren[25].

Eines der beiden Sommerzimmer im Erdgeschoß verfügte über Wandbespannungen und Vorhänge in kaiserlichem Violett und war mit Nussbaumholz-Stühlen, schwarzen Lackmöbeln und einem *pietre-dure* Kabinett aus dem Medici-*Opificio* in Florenz ausgestattet. In dem anderen befanden sich graue (oder *gris de lin*) Wand- und Möbelbespannungen, ein Tagesbett, ein seltenes weißes Lackkabinett und zwei bemerkenswerte, mit *NB.* markierte Tische, einer mit Säulen und geschnitzten Adlern als Stützen der Marmorplatte, der andere mit Boullemarketerie. In diesen Räumen hingen die bedeutendsten Gemälde, im Inventar jeweils mit *NB.* oder *NB.NB.* bezeichnet, zudem stand hier ein kleiner Altar aus Ebenholz und Edelsteinen.

## Augenzeugenberichte aus dem Jahr 1740

Wilhelmina Amalias körperlich behinderter 17-jähriger Enkelsohn, Kurprinz Friedrich Christian, verbrachte 1740, nach einer zweijährigen Odyssee durch Italien, auf seinem Rückweg nach Dresden zwei Monate in Wien. Als eifriger Tagebuchschreiber notierte er auf Französisch täglich seine Aktivitäten[26]. Sein Oberhofmeister, Joseph Anton Graf Wackerbarth-Salmour, führte ebenfalls ein Journal in französischer Sprache, und sandte seine Berichte regelmäßig nach Dresden[27]. Infolgedessen verfügen wir über zwei parallel entstandene Dokumentationen des Aufenthalts des Kurprinzen in Wien, die Einblicke in das Leben im Konvent und Informationen zu Ausstattung und Funktion der Räume und des Gartens bieten[28]. Inkognito als *Comte de Lusace* reisend, erreichte der Kurprinz die Stadt am 23. Juni 1740 und verließ diese am 31. August, nur Wochen vor dem Tod von Kaiser Karl VI. (1711–1740). Bei Graf Wackerbarth in der Krugerstrasse 10 wohnend, wurde er von der kaiserlichen Familie herzlich aufgenommen und mit allen Ehren des Hofes empfangen.

Der Kurprinz hatte bereits an den Familienzusammenkünften in Neuhaus 1737 und St. Pölten 1738 teilgenommen und korrespondierte mit seiner Großmutter seit seiner frühen Kindheit, wie auch während seiner Reise durch Italien[29]. Liebevoll und wohlwollend besorgt mahnte sie ihn stets wegen seiner Ernährung, seiner Frömmigkeit oder seiner Perücke. 1740 war sie gebrechlich und verließ das Kloster nur für ärztliche Behandlungen. Der Kurprinz besuchte sie regelmäßig am Rennweg, zum Mittagessen, zur Messe, zur Konversation oder zum Kartenspiel (*Troissept*). Bemerkenswerterweise hatte er nicht nur zu den öffentlichen Bereichen und ihren privaten Räumlichkeiten Zugang, sondern durfte als Mann sogar die von den Nonnen bewohnte Klausur betreten und zu den Pensionärinnen, die im Konvent erzogen wurden. Ob Graf Wackerbarth bei allen diesen Gelegenheiten anwesend war, ist unklar. Obgleich er berichtet, zur Tafel bei Wilhelmina Amalia im kleinen Damenkreis am 25. und 27. August eingeladen gewesen zu sein, findet sich im Tagebuch des Kurprinzen keine Bestätigung für eine Präsenz von anderen Männern.[30]

Die ersten Besuche Friedrich Christians im Konvent inkludierten mehrere Besichtigungstouren durch die verschiedenen Bereiche des Baukomplexes, beginnend mit der Raumfolge seiner Großmutter in der Klausur am 24. Juni:

> *S.M.I. me fit entrer dans la Clausure, et me conduisit d'abord dans son apartment en haut, savoir ses Chambres ou Elle se tient ordinairement Sa bibliotheque qui consiste la plus part en livres de pieté, […] Je vis ensuite la petite chapelle, ou S.M. entend la messe quand elle est incommode, une autre petite Chappelle ou Elle peut entendre la S<sup>te</sup>. Messe etant au lit, La Chapelle de S. Franc. De Sales, et la Chapelle de S. Jean Nepomucene. J'allai aussi voir L'Infermerie […]*[31].

Wackerbarths Bericht bestätigt: *Elle fut ensuite au Couvent de S.M<sup>te</sup>. l'Imperatrice Amalie, et y resta jusque vers les huit heures, occupé a voir la Bibliotheque, plusieurs Chapelles, et la meilleure partie du Couvent*[32]. Am nächsten Tag wurden dem Kurprinzen die Räumlichkeiten des Erdgeschoßes gezeigt, das *Noviciat*, das Refektorium, der Rekreationsraum und die Sommerzimmer, wobei er in letzteren – dem Inventar von 1742 entsprechend – die Qualität der Gemäldeausstattung bemerkte:

> *J'eus l'honneur de diner dans la Clauture à l'apartement d'en bas. […] Elle me fit aussi la grace de me garder à diner avec Elle apres quoi j'eus occasion de voir une partie du Couvent savoir le Noviciat, le Refectoire, la Chambre de recreation et l'apartement à plein pied de S.M. qui est tres beau et orné de talbeaux des meilleurs maitre. Il y en a ce pendant plusieurs modernes. J'eus l'honneur de faire la partie de troissept à S.M. L'Imperatrice, meme que la Princesse Oesterhasi et la Mad<sup>e</sup>. de Klenck*[33].

Zwei Tage später besah er den Chor, die Küche der Nonnen, den *Cour des poulets* sowie den Schulraum der mit Handarbeit beschäftigten Pensionärinnen, und folgerte:

> *Je puis bien dire que à ce qui me paroit ce Couvent est le plus magnifique que les Barberine de Rome. L'Eglise du Couvent est fort belle et d'une juste grandeur. Elle est fort bien proportionée et il n'y a que trois Autels, et deux Confessionaure* [34].

Es wurde zur Gewohnheit, dass der junge Mann an Messen oder Vespern in der Klosterkirche teilnahm, darauf im Refektorium oder in Wilhelmina Amalias Appartement speiste, um sich dann mit seiner Großmutter zu unterreden oder eine Partie *Troissept* mit deren Hofdamen zu spielen[35]. Er wurde zum Fest der Heimsuchung Mariä am 2. Juli eingeladen, als das Kloster im Speziellen den Damen des Wiener Hofes offen stand. Ferner war er am 8. August bei einer sonst rein weiblichen Theateraufführung zugegen, bei der neun Pensionärinnen männliche Rollen spielten und der Kurprinz Fräulein von Klencke beim Abhalten einer Lotterie half. Der Kurprinz war von König August III. und Königin Maria Josepha mit der offiziellen Geschenkübergabe der Meissener Altargarnitur und des Toilette-Services betraut worden, die anlässlich des Namenstages von Wilhelmina Amalia am 10. Juli erfolgte:

> *Je me rendis donc à 9. Heures et ½ au Couvent de S.M. Im$^{ple}$. Et allai en droiture dans les chambres d'enbas de L'Imperatrice et lorsqu'on nous avertit qu'il etoit tems pour la Messe chantée, je me rendis au Choeus des Religieuses pour y assister.*
> 
> *S.M. L'Imperatrice ordonnait que je vienne en haut et j'eus l'honneur de la feliciter sur un si grand jour tant en mon nom propre qu'en celui de LL.MM. mes tres chers Pere et Mere, et de tous mes chers frères et soeurs en nous recommandant tous à l'honneur de ces graces Maternelles.*
> 
> *S.M. recut ma tres humble veneration, et soumission avec une bonté inexprimable comme aussi le petit present de Reliques que j'ai pris la liberté de mettre à Ses pieds. Ces reliques etoient une de S$^{te}$. Barbe, et de differens autres S$^{ts}$. Florentins. S.M. Imp$^{le}$. Voulut ensuite aller dans L'Apartement du dehors de la Clauture ou etoient mis en ordre toutes les porcellaines que le Roy a envoyé le jour precedent pour S.M.. L'Imperatrice en fut charmée, et m'ordonna precisement d'en remercier S.M. le Roi de Sa part […] Ces porcellaines consiste en tout ce qu'il faut pour l'ornement d'un Chappelle et les douze Apotre en statues de la hauteur d'une aune environ. Les desseins de toutes les pieces ont été fait à Rome et ceux des Apotres sont pris de statues qui se trouvent a S$^t$. Jean de Lateran de Rome. Il y a outré ces autel pour la Chappelle toute une toilette de Dame aussi de porcelaine* [36].

Bereits fünf Tage zuvor hatte der Prinz die Altargarnitur im Konvent gesehen, wie er in seinem Tagebuch am 5. Juli notierte:

> *Je dus aller dabord après la Messe au Couvent de L'Imp$^{ce}$. Amelia ma tres chere Grandmere. J'eus l'honneur y diner avec S.M.I. et ma tres chere Grandmere s'etant retirée un peu je fus voir le jardin, et me promenai à pied jusques au jardin potager, et je m'arretai à une petite Chappelle ou je m'arretai pour dire un Pater et Ave à Notre Dame de Marie Zell à laquelle cette petite Chappelle est dedié. Je vis aussi les tres belles porcellaines que LL:MM. mes Pere, et Mere ont envoyé à L'Imp$^{ce}$. Et dont S.M.I. montra un grand plaisir*[37].

Ein fragiles, mehrteiliges Geschenk aus Meissen-Porzellan in einem quasi privaten Kontext zu übergeben bot – etwa im Unterschied zu kleinen Preziosen, die bei Audienzen einfach von Hand zu Hand gingen – zahlreiche Herausforderungen: Die Einzelteile musste in Sachsen bereits sorgsam verpackt und an ihren Bestimmungsort versandt werden, rechtzeitig aus den Kisten genommen und in kunstvoll inszenierten Arrangements präsentiert werden, um den Adressaten, sobald er oder sie den jeweiligen Raum betrat, zu überwältigen[38]. Nach der offiziellen Übergabe plante die Kaiserinwitwe, für den religiös-konnotierten Anteil der Porzellan-Geschenke eigens einen Altar sowie einen Vitrinenschrank im Oratorium herzustellen zu lassen:

> *Je me rendis après onze heures au Couvent de S.M.I. ou j'eus l'honneur de diner dans l'apartement d'en haut. Le dine etant fini S.M. me parla de differentes choses dont il faut que je me souvienne a son tems. Puis on joua comme de coutume au troissept avant et après avoir été aux Vepres. Vers les cinq heures nous assistames aux Litanies que les Religieuses chanterent comme d'ordinaire les jours de fete devant le S$^t$. Sacrement, puis on donna la benediction. S.M. resta dans son Oratoire d'enhaut. Elle eut la bonté de me parler après cela d'une chose et d'autre, et de me montrer l'endroit ou elle veut placer les statues et autre choses de porcelaine qui appartiennent à la Chappelle. Ce sera sur un Autel qu'Elle fera batir expressement dans le susmentionné Oratoire à coté de la grille vers la gauche mais pour ce qui est de la Cloche et autres Statues de surplus Elle les fera mettre à une trumeau egal au premier dans l'armoire à glassé*[39].

Das profane Toilette-Service kam offenbar zu den früheren Meissen-Geschenken im Vorraum der Bibliothek, wo es in einem der Schränke 1742 inventarisiert wurde.

## Fazit

Das 1742 angelegte Inventar von Wilhelmina Amalias Räumlichkeiten im Konvent beschreibt ein Einrichtungsschema, das in die frühen 1720er Jahre zu datieren ist, als der Flügel für ihren Rückzug fertiggestellt wurde. Im Laufe der folgenden Jahre wurden Teile ihres persönlichen Besitzes aus der Hofburg in das Kloster transferiert, wohin auch neue Gegenstände und Geschenke kamen; das Mobiliar und die textile Ausstattung hingegen dürften stets beibehalten und nicht neuen Moden angepasst worden sein. Nach ihrem Tod wurden die meisten beweglichen Objekte aus der Hofburg in den Konvent verbracht, um hier inventarisiert und anschließend verteilt zu werden. Während die Abwicklung der Verlassenschaft über die Archivalien in Dresden weitgehend nachvollzogen werden kann, fehlen Belege für die Auflösung, Zerstreuung oder Veräußerung der persönlichen Gegenstände. Auch trotz der sorgsamen Inventarisierung können nur wenige dieser Objekte aus dem Besitz von Wilhelmina Amalia heute in Wien identifiziert werden, mit Ausnahme der Teile der Altar-Garnitur aus Meissener Porzellan in der *Schatzkammer*. Die Bedeutung der *Note Bene*-Anmerkungen bleibt leider weiterhin ungewiss. Dessen ungeachtet vergegenwärtigen das Inventar und die Tagebücher das einstige Aussehen des Konvents, lassen ehemalige Ausblicke aus den Fenstern und sogar Klänge nachempfinden und erfüllen derart die Klosterresidenz erneut mit Leben – jenen Ort, an den sich Wilhelmina Amalia mit ihren kostbaren Schätzen und ihren Begleiterinnen zurückzog, um ihr imperiales Dasein in Kontemplation zu beschließen.

1  Vgl. SCHNITZER 2014. Für ihre Unterstützung bedanke ich mich sehr bei Katrin Keller, Gernot Mayer, Helga Penz, Michael Pölzl, Gudrun Swoboda, Christine und Lippold von Klencke, Ilsebill Barta, Julie Emerson, Andreas Gugler, Paulus Rainer, den Salesianerinnen in Wien, den MitarbeiterInnen des Sächsischen Hauptstaatsarchivs Dresden und des Österreichischen Staatsarchivs sowie Katharina Hantschmann, Florian Kugler, Luca Pes, Karin Schnell und Friederike Ulrichs für ihre Hilfe bei der Beschaffung der Abbildungen.

2  Sächsisches Hauptstaatsarchiv Dresden (im Folgenden SHStAD), 10026, Geheimes Kabinett, Loc. 366/6, *Der verwittibt gewesenen Römischen Kayserin Amalia Wilhelmina Majt: Erb- und Verlassenschaft betr.: Anno 1742* (im Folgenden Nachlass 1742). Nach Michael Pölzl seien entsprechende Dokumente in Wien auf Anordnung Kaiser Joseph II. 1782 zerstört worden (siehe seinen Beitrag in diesem Band). Zumindest Überreste dieser Archivalien werden im Haus-, Hof- und Staatsarchiv aufbewahrt; Kopien von Dokumenten der Verlassenschaftsabhandlung existieren offenbar auch in München. Eine Transkription des Nachlassinventars wird online publiziert: http://Wellesley.academia.edu/MaureenCassidy-Geiger.

3  SHStAD, 10026, Geheimes Kabinett, Loc. 355/05, *Journal du Voyage de son Altesse Royale Monseigneur le Prince Royal de Pologne etc. Electoral de Saxe etc. Ecrit de sa Propre Main*, und 10026, Geheimes Kabinett, Loc. 769/2, *Ihrer Hoheit […] Reise von Venedig nach Wien und von da nach Dresden, betr. Ao. 1740*. Die Autorin bereitet zurzeit die Publikation einer kommentierten Transkription der Reisetagebücher vor; bis zu dieser Veröffentlichung sind diese auch auf ihrer Website zugänglich: www.comtedelusace.wordpress.com.

4  BERGHAUS 1990 (freundlicher Hinweis von Gernot Mayer).

5  Letztere verblieben im Besitz der Nachfahren von Klencke in Schloss Hämelschenburg in Emmerthal. Obwohl von der modernen Geschichtsschreibung weitgehend unbeachtet, nahm Klencke als Kammerfräulein der Kaiserinwitwe eine Schlüsselrolle ein. (Marie) Charlotte (Elisabeth) von Klencke (auch Klenk; Klenck) war von vornehmer Herkunft, gebildet und hochgeschätzt seitens des Königs und der Königin von Polen, Mr. de France sowie von Premierminister Heinrich von Brühl, mit dem sie auf Französisch und Deutsch korrespondierte (siehe etwa: Nachlass 1742, fol. 144–145v, 170 und 176r–176v). Erstmals wurden die Porträts in Hämelschenburg von Heinz-Henning von Reden mit Klencke in Verbindung gebracht (VON REDEN 1966),

wobei er das Inventar von 1742 nicht kannte, indem die Bilder folgendermaßen erwähnt sind: *Die übrigen in diesem Inventario nicht beschriebenen Portraits, welche die allerdurchl(auchtig)ste Kaiserl. Chur. Bayerische wie auch Königl. Pohl. Chur. Fürstl. Familien repräsentiren, haben Ihro Mt. die allerdurchlauchtigste frauen frauen Erbinnen der hinterlaßenen Kayserl. Cammer fräulein v. Klenk zur geschenkniß gnädigst dargegeben* (Nachlass 1742, fol. 278v). Da Charlotte von Klencke offensichtlich eine rege Briefschreiberin war, ist es sehr wahrscheinlich, dass sich noch weiteres Archivmaterial zu ihr, möglicherweise in Hannover, erhalten hat.

6  Königin Maria Josepha teilte ihrer Schwester mit, dass die Verlassenschaft betreffende Entscheidungen im Einverständnis mit von Klencke zu erfolgen haben: *de concert de la Comtesse de Klenck, comme ayant eu la confiance a parmi les Dames d'honneur de la defuncte Imperatrice le plus de connoissance de Ses affaires particulieres* […] (Nachlass 1742, fol. 139v).

7  Folglich wurde der Hofdame Esterházy, *qui n'est pas dans le besoin*, nur das Paradebett, was durchaus üblich war, und ein Schmuckstück hinterlassen (Nachlass 1742, fol. 95v.). Die Esterházy-Experten Florian Bayer, Margit Kopp und Angelika Futschek waren so freundlich, nach jeglichen Spuren dieses Bettes zu suchen, allerdings ohne Erfolg.

8  Nachlass 1742, fol. 96v–115. Das Vertrauen in Klencke wird abermals durch einen Brief an Fürst von Lichtenstein von Graf Brühl belegt: *Sie wollen mit ferner vorsorge für diese Kayserl Nachlaßenschafft und Hoffstadt nach dero besten einsicht und kenntnis der Sachen und dermahligen umstände fortzufahren belieben, die Gräfin von Klenck als der höchst seeligste Kayserin erste und vertrauteste Cammerfräulen in denen ihr besonders beywohnenden Sachen und geheimen nachrichten mit zu rathe zu nehmen, und was von hier aus beförderliches dazu beygetragen werden könne* […] (Nachlass 1742, fol. 137).

9  Auch ein während des Österreichischen Erbfolgekrieges gewährter Kredit von 20.000 fl. an König August III. wurde nun in Erinnerung gebracht (Nachlass 1742, fol. 153).

10  Nachlass 1742, fol. 424–426v.

11  Im Gespräch mit Ilsebill Barta (Hofmobiliendepot Wien) konnte geklärt werden, dass sich keine der asiatischen Keramikobjekte des Inventars heute in den Beständen der Hofburg befinden. Es wurde vorgeschlagen, dass einige der Gegenstände aus der 1718 in Wien begründeten DuPaquier-Manufaktur stammen könnten. Siehe Lessmann 2007, 110–139 und Antonin 2014, Band 1, 81–113.

12  Siehe ebd., Paulus Rainer (Kunsthistorisches Museum Wien) bestätigte, dass heute keine der Preziosen in der Kunstkammer verwahrt werden.

13  Thornton 1981. Ein passendes Vergleichsbeispiel bietet die Innenausstattung von Schloss Favorite bei Rastatt, einer Sommerresidenz, die von der ebenfalls verwitweten Zeitgenossin Wilhelmina Amalias, Markgräfin von Baden-Baden (1675–1733), etwa zeitgleich errichtet wurde. Siehe Grimm 2008.

14  Dann 2000.

15  Die Boullemarketerie, benannt nach dem in Paris ansässigen Tischler André Charles Boulle (1642–1732) und dessen spezifischen Intarsientechnik mit eingelegtem Schildpatt, Metall, Elfenbein und Perlmutt, wurde in diversen künstlerischen Zentren, so auch in Wien, praktiziert, weshalb es möglich erscheint, dass die genannten Möbel nicht aus Frankreich importiert, sondern lokal hergestellt worden waren. Ich danke den Boulle-Spezialisten Mia Jackson, Lucas Nierhaus und Susanne Käfer für deren Interesse und Input. Vgl. Ronfort 2009.

16  1742 war das Spiegelzimmer der Hofburg nur geringfügig ausgestattet: *NB. Ein großer spiegel 2 ¼ Ellen hoch und 1 ½. Ellen breit in einem Spiegelglasernen Rahm, mit Meßing vergoldeten Leisten und Eckstücken. NB. 2 gleich mit Meßing, Schildkrott und Perlmutter eingelegte tischl auf vergoldten holtzern Füßen von Bildhauer Arbeith etwas zu reparieren, 4 auch obige arth eingelegte guerdions, die spallier und sessel seynd den allhieisigen königl. hoff wiederum zugestellet worden* (Nachlass 1742, fol. 263r–263v).

17  Grimm 2008.

18  Insgesamt werden 267 gerahmte Drucke in ihren Räumen beschrieben, etwa *91. mittlere und kleine kupferstiche in braun höltzerne rahmen: seynd denen closter frauen vermacht* (Nachlass 1742, fol. 249v).

19  Nachlass 1742, fol. 249–255.

20  Aufgrund ihrer Fragilität gingen viele der in historischen Inventaren verzeichneten japanischen und chinesischen Lackarbeiten im Laufe der Zeit verloren; gleichwohl existieren noch rare Bestände in Dresden, Braunschweig und Gotha, zudem befinden sich etwa in Paris Teile von Marie Antoinettes Erbe ihrer Mutter.

21  Die zahlreichen sogenannten *Sackstizel* zählen zu einer heute beinahe unbekannten Objektkategorie: Stoffbeutel, die auf einer festen ovalen Basis aus kostbarem Metall oder Porzellan mit gelöchertem Rand angenäht sind. Da mit der Zeit die Stoffbeutel zumeist verloren gingen, werden die erhaltenen Bodenplatten oftmals als Bürstenstiel missinterpretiert. Ich danke Samuel Wittwer und Margaret Ribbert für die Erklärung dieses Begriffs.

22  Julie Emerson bereitet zurzeit eine Publikation zur Altargarnitur vor, vgl. auch Lessmann 2007 und Antonin 2014. Auch der Vasensatz aus drei gelben, zwei türkisen und zwei violetten Vasen, der Maria Amalia hinterlassen wurde und heute in München aufbewahrt wird, fehlt im Inventar, scheint jedoch in der Aufteilung des Porzellans unter den Töchtern auf.

23  Siehe Chilton 2009.

24  Das Bücherinventar ist unbekannt.

25  Zimerman 1895, XXVI (freundlicher Hinweis von Paulus Rainer). Ob das Elfenbein-Perlmutt-Kruzifix mit Montierung aus dem frühen 18. Jahrhundert oder ein Reliquiar im Konvent, beide bei Hajos 1974 (Abb. 249 und 266) abgebildet, ursprünglich aus dem Besitz der Kaiserinwitwe stammen, bleibt offen.

26  Dresden, Sächsisches Hauptstaatsarchiv (im Folgenden SHStAD), 10026, Geheimes Kabinett, Loc. 355/05.

27  Ebd., Loc. 769/2.

28  Die Präsenz des Prinzen in Wien wurde auch im *Wienerischen Diarium* erwähnt.

29  Zu den Familienzusammenkünften siehe Lessmann 2007. Die Privatkorrespondenz findet sich in: SHStAD, 12527, Fürstennachlass Friedrich Christian, 3, Briefwechsel des Kurprinzen Friedrich Christian von Sachsen mit seiner Großmutter, der Kaiserin Amalia, Witwe Kaiser Josephs I, 1731–1741.

30  Der Prinz notierte nur, dass Wackerbarth auch am 5. Juli anwesend war. SHStAD, 10026, Geheimes Kabinett, Loc. 355/05, fol. 29.

31  Ebd., fol. 11

32  SHStAD, 10026, Geheimes Kabinett, Loc. 769/2, fol. 48.

33  Ebd., Loc. 355/05, fol. 13v.

34  Ebd, fol. 16–17.

35  Zweimal verlor er große Summen an seine Großmutter bei *Troissept*; Siehe die Transkription seiner Privat-Kasse in Cassidy-Geiger 2015.

36  SHStAD, 10026, Geheimes Kabinett, Loc. 355/05, fol. 35v–39v.

37  Ebd, fol. 28v–29.

38  Die Reaktion der Empfänger ist in Briefen und manchmal auch in gedruckten Beschreibungen dokumentiert; siehe Maureen Cassidy-Geiger, Porcelain and Prestige: Princely Gifts and White Gold from Meissen, in: Cassidy-Geiger 2007, 2–23.

39  SHStAD, 10026, Geheimes Kabinett, Loc. 355/05, fol. 95–96. Es scheint, als sei dieses Projekt mit dem Tod von Karl VI. aufgegeben und die Porzellan-Garnitur an dessen Witwe weiter geschenkt worden; siehe Lessmann 2007.

Ces Fleurs que de son Sang arrose le Sauveur
Croissent près de la Croix pour orner notre Coeur.

# Ein einzigartiges Beispiel geistlicher Freundschaft. Johanna Franziska von Chantal und Franz von Sales

Herbert Winklehner OSFS

*Gott, so scheint es mir, hat mich Ihnen gegeben; dies wird mir mit jeder Stunde mehr zur Gewissheit*[1]. Das waren die ersten Worte, die Franz von Sales (1567–1622) am 26. April 1604 an Johanna Franziska von Chantal (1572–1641) schrieb. Es folgte eine in der Kirchengeschichte einzigartige geistliche Freundschaft, in der sich beide gegenseitig auf ihrem Weg zur Heiligkeit unterstützten. Wer waren diese beiden Heiligen?

## Johanna Franziska von Chantal

Am 23. Jänner 1572 wurde Johanna Franziska als zweite Tochter des burgundischen Parlamentspräsidenten Bénigne Frémyot (1538–1612) und seiner Frau Marguerite (†1573) in Dijon, der Hauptstadt von Burgund, geboren. Bei der Geburt ihres Bruders André (1573–1641) starb ihre Mutter. In ihrer Jugend erlebte sie die Auseinandersetzungen zwischen den protestantischen Hugenotten und den Katholiken. Sie machte kein Hehl daraus, dass sie von der Lehre des französischen Reformators Johannes Calvin (1509–1564) nichts wissen wollte. Als Ehemann kam für sie nur ein Katholik in Frage. Diesen fand sie in Christoph Rabutin, Baron von Chantal (1563–1601), den sie am 29. Dezember 1592 in der Schlosskapelle der Chantals in Bourbilly heiratete. Ihre ersten Ehejahre waren davon geprägt, dass Christoph monatelang in Paris weilte, um dort seinen Soldatendienst zu tun. Während der Abwesenheit ihres Mannes entwickelte sie sich zur umsichtigen Schlossherrin,

◄ Abb. 21: Christus am Kreuz, hl. Franz von Sales und Heimsuchungsschwestern, Salesianerinnenkloster Wien

die das wirtschaftlich heruntergekommene Anwesen in geordnete Bahnen lenkte. Außerdem wurde sie Mutter. Die ersten beiden Kinder starben gleich nach der Geburt, vier weitere Kinder überlebten: Celsus-Benignus (1596–1627), Marie-Aimée (1598–1617), Franziska (1599–1684) und Charlotte (1601–1610). Neben der Kindererziehung und der Verwaltung des Schlosses widmete sie sich der Fürsorge für die Armen der Umgebung, weshalb sie bald nur noch die „gute Dame von Bourbilly"[2] genannt wurde. Als 1601 die Tochter Charlotte zur Welt kam, entschloss sich Christoph, seinen Dienst in Paris zu beenden, um ganz für seine Familie da zu sein. Kurz nach seiner Rückkehr wurde er bei einer Jagd versehentlich getroffen und erlag einige Tage später seinen Verletzungen. Johanna Franziska stürzte in eine tiefe Depression. Sie suchte Rat bei einem Priester, der ihre Situation durch zahlreiche Gebets- und Bußübungen weiter verschlimmerte. Im Frühjahr 1604 wurde Johanna Franziska von ihrem Vater nach Dijon eingeladen, um sich bei ihm während der Fastenzeit zu erholen. Dort, in der Sainte-Chapelle kam es am 5. März 1604 zur ersten Begegnung mit Franz von Sales, dem Fürstbischof von Genf.

## Franz von Sales

Der älteste Sohn von Françoise (1552–1610) und François de Boisy (1522–1601), der Herren von Schloss Sales in Thorens, südlich des Genfer Sees, wurde am 21. August 1567 geboren. Sein Vater tat alles, um ihn zu einem würdigen Nachfolger heranzubilden. So kam Franz von Sales in das Collège Clermont nach Paris. Der behütete Sohn hatte bis dahin sehr wohl von den Auseinandersetzungen der Calviner mit der katholischen Kirche gehört. Immerhin befand sich die Stadt Genf, die Hochburg des Calvinismus, ganz in der Nähe seines Heimatortes. Dennoch war für ihn das Leben in der Großstadt eine ganz neue Erfahrung. Hier wurde heftig darüber diskutiert, welche theologische Sichtweise die richtige sei. Ein Thema stach dabei heraus: die Lehre von der Prädestination. Die theologischen Argumente waren natürlich sehr viel komplizierter, für den jugendlichen Franz von Sales konzentrierte sich die Frage allerdings nur auf eine: Hat Gott mich für den Himmel oder für die Hölle vorgesehen? Franz von Sales merkte an sich selbst, dass sein Bemühen, ein guter Christ zu sein, oft an seiner eigenen Schwäche scheiterte. So wuchs in ihm die Überzeugung, dass Gott ihn verdammt habe. Diese Erkenntnis stürzte ihn in eine tiefe „Krise der Frömmigkeit"[3], die bis Mitte Januar 1587 dauerte. Vor der Marienstatute in der Kapelle Saint-Etienne-des-Gres kam er schließlich zu jener Erkenntnis, durch die seine Krise „wie Krusten von Aussatz"[4] von ihm abfiel: Gott ist die Liebe. Egal, wozu Gott ihn bestimmt habe, es wird immer das Beste sein, denn ein Gott, der die Liebe ist, kann nur das Beste für den Menschen wollen. Am Ende seiner Krise steht das salesianische Gottesbild – Gott ist Liebe – und der salesianische Optimismus: Alles, was Gott will, ist Ausdruck seiner Liebe und daher gut[5].

Mit dieser Erkenntnis zog Franz von Sales 1588 zum Studium der Rechtswissenschaften an die Universität von Padua. Der Wunsch, Priester zu werden, wurde in ihm immer drängender, wohl wissend, dass dies den Vorstellungen seines Vaters ganz und gar nicht entsprach.

1591 promovierte er zum Doktor des kirchlichen und weltlichen Rechtes. Zurück auf Schloss Sales hatte der Vater bereits alles für seine weitere Laufbahn als Rechtsanwalt vorbereitet: eine Bibliothek und eine zukünftige Ehefrau. Franz ließ sich noch in die Anwaltskammer des Herzogtums Savoyen aufnehmen, dann jedoch bekannte er, dass er Priester werden wolle. Sein Vater ließ sich jedoch erst umstimmen, als der Bischof der Diözese Genf-Annecy, Claude de Granier (1538–1602), selbst eingriff und dem Vater mitteilen ließ, dass er seinen Sohn zum Dompropst, also zu seinem Stellvertreter ernennen wolle. Am 18. Dezember 1593 wurde Franz von Sales in der Kathedrale von Annecy zum Priester geweiht. Einige Tage später folgte seine Einsetzung zum Dompropst. Seine *Antrittsrede*[6] erregte bereits großes Aufsehen: Den Calvinismus, und vor allem dessen Hochburg, die Stadt Genf, könne man nicht mit Waffengewalt, sondern nur mit den Waffen des Gebetes und der Liebe erobern.

Seine ersten Priesterjahre standen ganz im Zeichen dieser Eroberung. Der Dompropst meldete sich freiwillig, um in das von den Calvinern besetzte Gebiet der Diözese – das Chablais – zu gehen, um die Bevölkerung für den katholischen Glauben zurückzugewinnen. Nach vier Jahren konnte er seinem Bischof melden, dass die Menschen des Chablais bis auf wenige Ausnahmen wieder katholisch wären. Der Herzog von Savoyen, Karl Emanuel I. (1562–1630), nannte Franz von Sales den „Apostel des Chablais"[7]. Sein Bischof schickte ihn nach Rom, damit er zum Koadjutor mit Nachfolgerecht ernannt werde. Dies geschah im Frühjahr 1599. 1602 sandte ihn sein Bischof zu einer diplomatischen Mission nach Paris. Dort lernte Franz von Sales den Kreis um Barbe Acarie (1566–1618) kennen, eine Gruppe von Christen, die ein gutes christlichen Leben führen, aber nicht ins Kloster gehen wollten oder konnten. Durch sie erkannte Franz von Sales die hohe Bedeutung der geistlichen Begleitung und begann einzelnen Menschen mit seinem Rat beizustehen.

Auf dem Rückweg von Paris erfuhr er vom Tod seines Bischofs Claude de Granier. Als Franz von Sales in Annecy ankam, wurde er bereits als neuer Bischof empfangen. Die Bischofsweihe fand am 8. Dezember 1602 in seiner Heimatstadt in Thorens statt. Als Bischof wollte Franz von Sales ganz für die Menschen seiner Diözese da sein. Der Spruch auf seinem Bischofswappen zeugt von seinem ungebrochenen Optimismus: „Non excidet" – „er wird nicht verloren gehen"[8], wenn er voll und ganz auf Gott vertraut, der die Liebe ist.

Franz von Sales begann sofort, die Reformen des Trienter Konzils (1545–1563) voranzutreiben. Er setzte dabei vor allem auf die Bildung. Er sorgte für ein gutes Schulsystem, verpflichtete seine Priester zum regelmäßigen Katechismusunterricht für Kinder und Jugendliche. Für die Erwachsenen gründete er 1606 die Académie Florimontane, ein Erwachsenenbildungswerk, in dem die neuesten wissenschaftlichen Erkenntnisse in ihren Zusammenhängen mit der christlichen Lehre diskutiert wurden. Er predigte so viel und so oft er dazu Gelegenheit hatte – er selbst schätzte die Zahl seiner Predigten auf „3000 bis 4000"[9] – und kümmerte sich um einzelne Christinnen und Christen, die ihn um seine geistliche Begleitung baten. 1604 nahm er die Einladung des neu ernannten Erzbischofs von Bourges, André Frémyot (1573–1641), an, in Dijon die Fastenpredigten zu halten, nicht ahnend, dass diese Entscheidung sein Leben verändern wird.

▲ Abb. 22: Hl. Johanna Franziska von Chantal, um 1700, Salesianerinnenkloster Wien

▲ Abb. 23: Hl. Franz von Sales, um 1700, Salesianerinnenkloster Wien

## Franz von Sales und Johanna Franziska von Chantal

Als Bischof Franz von Sales am 5. März 1604 die Kanzel zur Fastenpredigt betrat, fiel ihm sofort die Dame im Witwenkleid auf, die seinen Worten lauschte. Gleich nach der Predigt erkundigte sich Franz von Sales bei seinem Bischofskollegen nach dieser Frau. Dieser sagte ihm freudestrahlend, dass es sich um seine Schwester Johanna Franziska handle. So begegneten sich Franz von Sales und Johanna Franziska von Chantal zum ersten Mal. Im Laufe der weiteren Treffen schüttete die Baronin dem Bischof ihr Herz aus. Erstmals erlebte sie einen Menschen, der ihr wirklich zuhörte. Johanna Franziska fühlte sich endlich ernst genommen und so bat sie ihn, ihr geistlicher Begleiter zu werden.

Zwischen den beiden entwickelte sich ein reger Briefkontakt. Franz von Sales half Johanna Franziska ihr Leben als Mutter von vier Kindern, als Verwalterin zweier Schlösser und als Witwe, die ihren Ehemann so früh verloren hatte, wieder in den Griff zu bekommen. Er verstand es ausgezeichnet, ihr mit seinem Rat zur Seite zu stehen, ohne sie zu überfordern. *Alles aus Liebe tun und nichts aus Zwang!*[10] stand als Motto über dieser geistlichen Begleitung. Die Frömmigkeit ist für den Menschen da, nicht der Mensch für die Frömmigkeit. Wird Frömmigkeit zur Belastung, dann muss die Frömmigkeit geändert werden, nicht das Leben.

Diese Art der geistlichen Begleitung tat vielen Frauen und Männern gut, die sich dem Bischof anvertrauten. Als eine seiner Verwandten, nämlich Louise de Châtel, Frau von Charmoisy (1587–1645), ihre Briefe, die sie vom Bischof erhalten hatte, dem Jesuiten Jean Fourier (ca. 1560–1636) zeigte, regte dieser Franz von Sales dazu an, daraus ein Buch zu machen, damit die ganze Welt davon profitiere. So erschien Anfang 1609 die erste Ausgabe der *Anleitung zum frommen Leben (Philothea)*[11]. Dieses Buch, das noch heute zu den zehn meist gelesenen Büchern der christlichen Weltliteratur zählt, machte Franz von Sales schlagartig berühmt. Es verbreitete sich in Windeseile in ganz Europa, ja der ganzen Welt.

Franz von Sales wollte zunächst nicht, dass Johanna Franziska von Chantal ihrem Wunsch nachgab, die Welt zu verlassen und in ein Kloster zu gehen. Wie in der *Philothea* beschrieben, war er davon überzeugt, dass jeder Mensch, dort wo er lebt und arbeitet, ein vollkommenes christliches Leben führen kann. So empfahl er ihr, nicht weiter von einem anderen Leben zu träumen, sondern sich voll und ganz auf das Leben einzulassen, in das Gott sie gestellt hat. Dies tat Johanna Franziska, ihre Sehnsucht nach dem Ordensleben konnte sie jedoch nicht abschütteln. Als ihre Familie begann, sich um einen neuen Ehemann für sie umzusehen, verweigerte sie dies mit Nachdruck und ritzte sich als äußeres Zeichen den Namen „Jesus" auf ihre Brust. Als Franz von Sales davon erfuhr, meinte er, es wäre besser gewesen, sie hätte den Namen Jesus in ihr Herz geschrieben[12]. Ihm wurde dadurch jedoch bewusst, dass ihre Sehnsucht nach einem Ordensleben nicht versiegte. So begann er darin den Willen Gottes zu erkennen. Bei den Exerzitien, die Johanna 1607 auf Schloss Sales machte, besprachen sie dann zum ersten Mal, wie so ein Leben im Kloster aussehen könnte. Franz von Sales berichtete ihr von seiner Idee, in Annecy eine neue Ordensgemeinschaft zu errichten, in der Frauen wie „Marta und Maria"[13] einerseits den Armen und Kranken dienen, andererseits zu Füßen des Herrn sitzen und seinen Worten lauschen. Als Johanna Franziska das hörte, war sie überzeugt, dass dies der von Gott für sie bestimmte Weg war. Allerdings konnte dieser Weg erst beschritten werden, wenn ihre Kinder versorgt wären.

Einige äußere Ereignisse beschleunigten diesen Weg: 1609 heiratete ihre älteste Tochter Marie-Aimée den jüngsten Bruder des Franz von Sales, Bernhard von Sales (1582–1617). Im Januar 1610 starb ihre jüngste Tochter Charlotte. Ihr Sohn Celsus-Benignus könnte in die Obhut seines Großvaters kommen und am französischen Königshof erzogen werden. Blieb also nur noch die Tochter Franziska. Diese könnte bis zu ihrer Volljährigkeit mit ihr ins Kloster ziehen. Dieser Plan wurde umgesetzt. Johanna Franziska von Chantal verließ ihre Heimat Burgund und begann am 6. Juni 1610 zusammen mit drei weiteren Frauen ihr Ordensleben im bescheidenen „Haus der Galerie" am Ufer des Sees von Annecy[14]. Die Ordensgemeinschaft der Schwestern von der Heimsuchung Mariens war gegründet.

Die Zahl der Nonnen nahm sehr rasch zu. 1615 sollte ein zweites Kloster in Lyon errichtet werden. Da dieses Kloster außerhalb der Diözese Genf-Annecy lag, musste dafür die päpstliche Anerkennung eingeholt werden. Rom verlangte, dass die Ordensfrauen ihre apostolische Tätigkeit nach Außen, also die Pflege der Armen und Kranken, aufgeben und ein klassischer Klausurorden werden. Die beiden Ordensgründer sahen darin den Ausdruck des Willens Gottes und veränderten die Ordensregeln, die 1618 die päpstliche Anerkennung erhielten.

Die Frage nach dem Willen Gottes spielte im Denken des heiligen Franz von Sales seit seiner Krise von Paris eine zentrale Rolle. Noch bevor er die *Anleitung zum frommen Leben* schrieb, fasste er den Plan einer theologischen Schrift über die Gottesliebe. Im Juli 1616 wurde sein theologisches Hauptwerk schließlich veröffentlicht: die *Abhandlung über die Gottesliebe* (*Theotimus*)[15]. Im Wesentlichen geht es in diesem Werk darum, dass Gott die Liebe ist, den Menschen mit unendlicher Liebe liebt und nichts sehnlicher wünscht, als dass der Mensch auf diese Liebe aus freien Stücken mit seiner Liebe antwortet.

Nach Abschluss des *Theotimus* fühlte Franz von Sales mehr und mehr seine Kräfte nachlassen. Er erreichte, dass sein Bruder Jean-Francois von Sales (1578–1635) sein bischöflicher Koadjutor mit dem Recht auf Nachfolge werde und ihn in seinem Bischofsamt unterstützte. Er selbst sehnte sich nach einem Einsiedlerleben, in dem er Gott und den Nächsten „mit meinem Rosenkranz und meiner Feder"[16] dienen könne. Johanna Franziska von Chantal bereitete er in Exerzitien darauf vor, dass sie sich von ihm loslösen müsse, um den Orden der Heimsuchung Mariens im Falle seines Todes allein weiterführen zu können.

Am 28. Dezember 1622 erlag Franz von Sales im Alter von nur fünfundfünfzig Jahren im Heimsuchungskloster von Lyon den Folgen eines Schlaganfalls.

## Nach dem Tod des heiligen Franz von Sales

Der Tod ihres Seelenfreundes versetzte Johanna Franziska von Chantal einen tiefen Schock. Ihr war jedoch bewusst, dass sie sich um das Erbe des verstorbenen Bischofs kümmern musste. Dies tat sie in den folgenden neunzehn Jahren, die sie noch leben sollte. Sie begann sich um den Seligsprechungsprozess zu bemühen und sicherte sämtliche Schriften, die von ihm erhalten waren. Sie veröffentlichte die *Geistlichen Gespräche*[17], die Franz von Sales mit den Schwestern der Heimsuchung geführt hatte, seine *Predigten*[18] und einen Großteil seiner *Briefe*[19], auch jene, die er an sie geschrieben hatte. Ihre eigenen Briefe an ihn verbrannte sie bis auf wenige Ausnahmen eigenhändig.

Im Seligsprechungsprozess war sie die Hauptzeugin und 1632 wurde in ihrem Beisein der Sarg geöffnet, wo die Unversehrtheit seines Leichnams festgestellt wurde.

Ihre Hauptaufgabe bestand jedoch darin, die jungen Klöster der Heimsuchung zu festigen und neue Klöster zu errichten. 1622 existierten bereits dreizehn Klöster, sie selbst sollte noch vierundsiebzig weitere gründen. Das erforderte die Herausgabe der *Ordensregeln*[20], die Erarbeitung eines Buches der *Gebräuche*[21], in dem das praktische Verhalten der Schwestern geregelt wurde, und vor allem das *Geistliche Di-*

*rektorium*²². Diese kleine Schrift, die Franz von Sales für die Schwestern der Heimsuchung verfasste, stellt das Herz der salesianischen Spiritualität dar, das Leben in der Gegenwart des liebenden Gottes bei all unserem Tun und in all unseren Begegnungen.

Ihr persönlicher Glaubensweg war in den letzten Jahren ihres Lebens trotz des äußeren Erfolges des Heimsuchungsordens und der Wertschätzung vieler Menschen, die ihren Rat einholen, von vielen Zweifeln und geistlichen Trockenzeiten geprägt. Dies hing damit zusammen, dass sie eine Reihe von Schicksalsschlägen verkraften musste. Es starb nicht nur Franz von Sales, sie trug fast alle ihre Kinder zu Grabe, dazu eine Reihe von Mitschwestern, die ihr in den ersten Jahren der Heimsuchung eine wesentliche Stütze waren, schließlich starb noch ihr Bruder André, der Erzbischof von Bourges. 1641 starb Johanna Franziska von Chantal im Kreis ihrer Mitschwestern im Heimsuchungskloster von Moulins. Sie befand sich ebenso wie Franz von Sales auf der Rückreise nach Annecy. Dort wurde sie neben ihrem geistlichen Begleiter und Freund im Kloster der Heimsuchung bestattet.

## Vollendung

Johanna Franziska von Chantal wurde 1767 heiliggesprochen. Sie ist die Schutzpatronin für eine glückliche Geburt. Ihr liturgischer Gedenktag ist der 12. August.

1665 wurde Franz von Sales heiliggesprochen. 1869 wurde er zum Patron der Gehörlosen erklärt, 1877 zum Kirchenlehrer erhoben und 1923 stellte man ihn als Patron den Schriftstellern und Journalisten zur Seite. Sein liturgischer Gedenktag ist der 24. Jänner.

Der Wunsch, den Franz von Sales am 1. November 1604 in einem Brief an Johanna Franziska von Chantal zum Ausdruck brachte, scheint sich erfüllt zu haben:

*Beten Sie für mich, meine liebe Tochter, damit wir uns einst mit allen Heiligen im Himmel wiedersehen. Mein Wunsch, Sie zu lieben und von Ihnen geliebt zu werden, hat kein geringeres Maß als die Ewigkeit. Diese möge Jesus in seiner Liebe und Güte uns geben. Amen*²³.

---

1  FRANZ VON SALES 5, 1963, 43.
2  RAVIER 2012, 141.
3  LAJEUNIE 1982, 52.
4  Ebd 57.
5  WINKLEHNER 2009, 226–229.
6  FRANZ VON SALES 10, 1979, 383–390.
7  LAJEUNIE 1982, 201.
8  WINKLEHNER 2009, 265.
9  LAJEUNIE 1982, 364.
10  FRANZ VON SALES 5, 1963, 58.
11  FRANZ VON SALES 1, 1959.
12  FRANZ VON SALES 5, 1963, 89–90.
13  FRANZ VON SALES 7, 1971, 19.
14  RAVIER 2012, 84.
15  FRANZ VON SALES 3, 1957 und 4, 1960.
16  LAJEUNIE 1982, 577.
17  FRANZ VON SALES 2, 1958.
18  FRANZ VON SALES 9, 1977.
19  FRANZ VON SALES 5, 1963, 6, 1966, 7, 1971 und 8, 1973.
20  REGELN 1931.
21  RAVIER 2012, 120.
22  FRANZ VON SALES 12, 1983, 402–415.
23  FRANZ VON SALES 5, 1963, 70.

# Der Orden von der Heimsuchung Mariens. Grundlagen, Entwicklung, Struktur

GISELA FLECKENSTEIN OFS

Salesianerinnen, Orden von der Heimsuchung Mariens, Visitantinnen oder Heimsuchungsschwestern? Die Schwestern des Ordo Visitationis Beatae Mariae Virginis (OVM), die ihren Ursprung in Savoyen haben, sind unter verschiedenen Namen bekannt. „Heimsuchung" steht biblisch für die Begegnung von Maria und Elisabeth, die im Lukasevangelium (Lk 1,39–56) überliefert ist. Kurz nach der Verheißung der Geburt des Gottessohnes durch den Engel Gabriel besucht Maria ihre Verwandte Elisabeth, die bei der Begrüßung vom Heiligen Geist erfüllt wird und Maria und ihr Kind preist. Maria stimmt daraufhin einen Lobgesang, das „Magnificat", an. Nach dieser Begebenheit wurde der Orden von der Heimsuchung Mariens benannt, der Anfang des 17. Jahrhunderts in Frankreich gegründet wurde und bis heute besteht.

## Idee und Gründung

Gegründet wurde die Gemeinschaft in Annecy, einer ostfranzösischen Stadt etwa vierzig Kilometer südlich von Genf und ab 1444 Hauptstadt des Herzogtums Savoyen. Mit der Hinwendung der Stadt Genf zum Calvinismus wurde Annecy ein Zentralort der Gegenreformation. Das Genfer Domkapitel residierte ab 1533 in Annecy und 1568 wurde auch der Bischofssitz dorthin verlegt. 1860 trat der italienische König Savoyen an Frankreich ab und Annecy, die Wiege des Ordens der Heimsuchungsschwestern, wurde Hauptstadt des Départements Haute-Savoie[1].
Franz von Sales war von 1602 bis 1622 Bischof von Genf. Am Abend des 6. Juni 1610, am Fest der Heiligsten Dreifaltigkeit, gründete er in einem am Stadtrand von Annecy gelegenen Haus eine neue Ordensgemeinschaft für Frauen mit einfachen Gelübden und ohne Klausur. Mitgründerin war Johanna Franziska Frémyot de Chantal (1572–1641). Die ersten beiden Schwestern waren Jeanne-Charlotte de Bréchard, Tochter eines adeligen Grundbesitzers, und Jacqueline Favre, Tochter des Parlamentspräsidenten von Savoyen. Anna Jakobine Coste schloss sich ihnen als Dienerin an[2]. Die Gemeinschaft erhielt den Namen „Orden der Heimsuchung Mariens". Dem waren andere Überlegungen vorausgegangen, die mehr auf die beabsichtigte Tätigkeit der Gemeinschaft ausgerichtet waren, so „Töchter der heiligen Martha" oder „Oblatinnen von der Heiligen Jungfrau Maria". Nach einem Jahr legten die drei ersten Heimsuchungsschwestern die einfache Profess ab[3].

1613 lag ein Entwurf der Konstitutionen vor, die die Ausrichtung der Kongregation näher ausführten. Hauptzweck der neuen Gemeinschaft sollte die Übung der göttlichen Liebe sein. Das Besondere gegenüber den bis dahin etablierten Frauenorden war, dass auch ältere und kränkliche Frauen und Witwen eintreten konnten, die sich zu einem klösterlichen Leben berufen fühlten. Die Frauen sollten an keine feierlichen Gelübde und strenge Ordensregeln gebunden sein, sondern Freiraum für die tätige Liebe haben. Kontemplation und Gebet wurden der gleiche Stellenwert zugemessen wie der Besuch von Armen und Kranken. Dafür musste das Kloster verlassen werden, weshalb keine Klausurbestimmungen vorgesehen waren.

Die Krankenpflege war nicht der Hauptzweck der Gemeinschaft, vielmehr wurde der Dienst an den Kranken als eine geistliche Übung der meist aus gehobenen Schichten stammenden Schwestern verstanden[4]. Die Ordensgründer sahen auch ein Apostolat im Sprechzimmer vor. Frauen sollten das Kloster für Zusammenkünfte und auf der Suche nach Rat und Begleitung betreten und sich auch – wenn sie es wünschten – eine Zeitlang ins Kloster zurückziehen können[5]. Das seit den 1960er Jahren bestehende Angebot

◄ Abb. 24: Übergabe der Ordensegel durch den hl. Franz von Sales an Johanna Franziska von Chantal, Umkreis Martino Altomonte (?), Seitenaltarbild, Salesianerinnenkirche Wien

„Kloster auf Zeit" wurde hier schon im 17. Jahrhundert verwirklicht[6].

Die Ordensgründer wurden mit ihrer innovativen Idee bereits 1616 „ausgebremst". Als nämlich in der Diözese Lyon eine Niederlassung der jungen Kongregation gegründet werden sollte, verlangte der dortige Bischof eine klassische kontemplativ-klausurierte Gemeinschaft. Das eigentliche Gründungsideal wurde später von Vinzenz von Paul wieder aufgegriffen, der es in der 1633 gegründeten Gemeinschaft der Barmherzigen Schwestern bzw. den Töchtern der christlichen Liebe realisierte. Die Barmherzigen Schwestern legen nur ein zeitlich begrenztes einfaches Versprechen ab, welches regelmäßig erneuert werden muss, und verzichteten für ihre Flexibilität auf den Status eines Ordens[7].

Franz von Sales war zu seiner Ordensgründung in Rom inspiriert worden, wo er eine Gruppe von Frauen kennengelernt hatte, die im Gebet und in der Sorge um die Armen und Kranken Gott dienen wollten[8]. Diese karitative Gemeinschaft war 1425 um die verheiratete Adelige und Mutter von sechs Kindern Francesca Romana (1384–1440) im römischen Vorort Tor de' Specchi entstanden. Francesca Romana, die die Gemeinschaft der Olivetaner-Oblatinnen gründete, trat als Witwe dort ein und wurde als Mystikerin und Ordensgründerin 1608 durch Papst Paul V. heiliggesprochen[9].

Die Heimsuchungsschwestern haben einen Gründer und eine Gründerin[10]. Franz von Sales lernte 1604 in Dijon die Baronin Johanna Franziska Frémyot von Chantal kennen. Sie war Witwe und Mutter von vier Kindern. Ihren Ehemann verlor sie 1601 durch einen tragischen Jagdunfall. Mit ihr entwickelte er die Idee für die Gründung einer neuen Gemeinschaft nach dem römischen Vorbild. Baronin von Chantal, die ein geistliches Leben suchte, war zu alt für den Eintritt in eine bestehende monastische Gemeinschaft und die strenge Klausur stand ihrem angestrebten karitativen Wirken entgegen.

In der neuen Ordensgemeinschaft sollte das Hauptwerk von Franz von Sales, die „Introduction à la vie dévote" von 1608, eine praktische Umsetzung erfahren. Seine „Anleitung zum frommen Leben", auch unter dem Titel „Philothea" bekannt, war ein christlicher Bestseller und erklärt ganz praktisch, wie Menschen im Alltag und im Beruf ihr Christsein verwirklichen können. Ohne eine strenge Klausur, ohne ein starres und für die Nonnen oft unverständliches Chorgebet, ohne strenges Fasten und harte Bußübungen und Kasteiungen sollte ein Leben der praktischen Demut und Nächstenliebe möglich sein. Das Heimsuchungskloster war als ein solches Haus des Gebets, als tiefe Quelle geistlichen Lebens und des Apostolats im Dienst der Wiederherstellung der christlichen Gesellschaft gedacht.

Die erste Niederlassung am Rande von Annecy wurde bald zu eng für die wachsende Gemeinschaft. Im Oktober 1612 erwog man deshalb den Umzug in ein Haus innerhalb der Stadtmauern, 1614 wurde der Bau eines Klosters mit einer Kirche geplant und die Grundsteinlegung fand am 18. September 1614 statt. Stifterin war Margherita von Savoyen, die Tochter des Herzogs Carlo Emanuele I. und Witwe des Herzogs von Mantua, Francesco Gonzaga. Die Klausur, die ursprünglich so nicht auf dem Plan stand, wurde am 16. Oktober 1618 geschlossen[11]. Was war passiert?

## Religiöse Gemeinschaft – jetzt doch ein Orden

Ein erstes Projekt zur Gründung eines weiteren Hauses war 1613 gescheitert, doch im Januar 1615 gelang Mutter Johanna Franziska von Chantal mit drei Professen von Annecy die Errichtung einer zweiten Niederlassung der Gemeinschaft in Lyon. Es war die erste in Frankreich. Der Erzbischof von Lyon, Denis-Simon de Marquemont (1572–1626, Kardinal seit 1626), „ein erklärter Gegner klausurfreier Lebensweise"[12], meinte, dass das Projekt der Kongregation aus kirchenrechtlicher Sicht in eine Sackgasse münden würde. Er hielt seine Beobachtungen in einem „Memoriale" vom 20. Januar 1616 fest.

Als Kongregation mit einfachen Gelübden und gemilderter Klausur (die Schwestern durften die Klausur verlassen, aber Weltleute sie nicht betreten) waren die Heimsuchungsschwestern nicht päpstlich anerkannt und damit im Verständnis der Zeit keine richtigen Nonnen. Die nachtridentinische Gesetzgebung hatte für geistliche Frauengemeinschaften mit ewiger Profess die strenge, päpstliche Klausur durchgesetzt. Die feierlichen Gelübde der Armut, des Gehorsams und der Ehelosigkeit hatten – wie für Männer der Empfang der höheren Weihen – einen hohen Grad der Verbindlichkeit für das Individuum und versperrten der Ordensfrau eine Rückkehr ins laizistische Leben. Das Gelübde der Ehelosigkeit machte eine spätere Heirat unmöglich und das Armutsgelübde bewirkte, dass das Vermögen unumkehrbar dem Orden zufiel. Eine feierliche Profess bedeutete quasi einen „bürgerlichen Tod", während mit einfachen Gelübden eine Rückkehr ins bürgerliche Leben möglich war. Die strengen Bestimmungen der päpstlichen Klausur sollte Nonnen den Rahmen für ein solches Leben in Weltabkehr geben.

Der Lyoner Bischof schrieb den Heimsuchungsschwestern die Regel des heiligen Augustinus vor und stellte sie vor die eigentlich schon feststehende Entscheidung, als einfache

Kongregation auf die Diözese beschränkt zu bleiben oder ein richtiger Orden mit strenger Klausur zu werden[13]. Damit war es mit der apostolischen Kranken- und Armenpflege außerhalb des Klosters vorbei. Franz von Sales und Johanna Franziska von Chantal entschieden sich für eine Ordensgründung mit päpstlicher Klausur und feierlichen Gelübden. Trotz der Klausur behielt man aber das Privileg, das Kleine Offizium zu beten anstatt des vollständigen Chorgebets. Es gab nicht das in anderen Klöstern übliche nächtliche Stundengebet. So konnte auch weiterhin Frauen mit schwacher Gesundheit ein kontemplatives Leben ermöglicht werden. Am 23. April 1618 wurde der Orden durch Papst Paul V. bestätigt. Nach den Konstitutionen ist jedes Kloster selbstständig, aber der Jurisdiktion des Ortsbischofs unterstellt. Es gibt keine zentrale Leitung des Ordens, also keine Generaloberin, aber auch keinen Männerorden, von dem die Heimsuchungsschwestern abhängig wären. Die einzelnen Klöster sollten aber immer eine Verbindung zum Gründungskloster in Annecy halten[14].

## Die innere Struktur des Ordens

Die approbierten Konstitutionen wurden 1618 erlassen. Die Schwestern eines Klosters waren in drei Klassen unterteilt, und zwar in Chorschwestern, beigesellte (assoziierte) Schwestern, die den Chorschwestern gleichgestellt, aber vom Gesang des Marianischen Offiziums dispensiert waren, und Laienschwestern, welche die Arbeit in Haus und Garten besorgten. Hinzu kamen Ausgeh-, Tor- oder Windenschwestern, die nicht an die Klausur gebunden waren. Die Ausgehschwestern legten Versprechen ab und erhielten anstatt des sonst üblichen schwarzen einen weißen Schleier wie die Novizinnen, von denen sie sich durch das Tragen eines silbernen Kreuzes an einer Halskette unterschieden. Mit den klausurierten Schwestern hatten sie keinen direkten Kontakt.

Die Konstitutionen begrenzten die Zahl der Mitglieder eines Klosters auf 33 Religiosen, von denen zwanzig Chorschwestern, neun Assoziierte und vier Torschwestern sein sollten. Diese Zahl wurde aber oft überschritten[15]. Die Oberin wurde von allen in geheimer Wahl für jeweils drei Jahre gewählt. Eine anschließende Wiederwahl war möglich, eine weitere Wiederwahl war nach einem Interim von mindestens drei Jahren erlaubt. Die gewählte Oberin schlägt dem Kapitel der Schwestern eine Assistentin und die Koadjutorinnen zur Wahl vor. Diese können zweimal, mit Dispens des Heiligen Stuhles auch dreimal in ein Amt wiedergewählt werden[16].

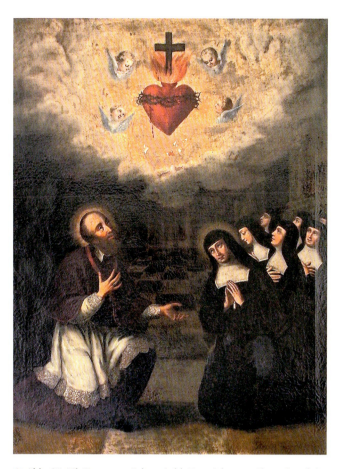

▲ Abb. 25: Hl. Franz von Sales mit hl. Franziska von Chantal und den ersten Heimsuchungsschwestern unter dem Zeichen des Ordens, Salesianerinnenkloster Wien

Die verschiedenen Klassen von Mitgliedern, die einzelnen Aufgaben und Ämter innerhalb eines Klosters sowie die spirituell-liturgische Ausrichtung des Ordens fanden auch Ausdruck in den Klosterbauten der Salesianerinnen und deren künstlerischer Ausgestaltung. Die Errichtung eines Heimsuchungsklosters, zu dem fast immer auch eine Gartenanlage gehörte, war eine durchaus anspruchsvolle und kostspielige Bauaufgabe[17]. Auch von außen sollte eine Kirche als dem Orden zugehörig erkennbar sein. So wurden als ikonographische Elemente gerne Darstellungen der Ordensgründer, die Devise "Vive Jésus" oder das Ordenswappen (Herz Jesu) gewählt[18]. Das Wappen zeigt in einem goldenen Feld ein rotes, durch zwei Pfeile kreuzweise durchbohrtes Herz mit den Monogrammen von Jesus und Maria, gekrönt von einem schwarzen Kreuz, welches mit einer Dornenkrone umgeben ist (Abb. 25).

Die Innenausstattung besonders der Kirche mit Gemälden, liturgischem Gerät und Paramenten wurde von Wohltätern gestiftet, die auch Erwähnung in den Zirkularschreiben fanden[19]. Neugründungen von Heimsuchungsklöstern erfolgten im 19. Jahrhundert oft in ehemaligen Stiften und Klöstern, die in der Säkularisation aufgehoben worden waren. Das dürfte mit ein Grund sein, dass sich der Orden der Salesianerinnen im deutschen Sprachraum vor allem im südlichen Bereich mit Schwerpunkt in Bayern und Österreich verbreitet hat.

## Salesianische Tradition

Nach dem Tod des Bischofs und Gründers Franz von Sales am 28. Dezember 1622 war es die Aufgabe der Gründerin Johanna Franziska von Chantal, den salesianischen Geist lebendig zu erhalten und weiter zu entwickeln, zumal der Orden rasch wuchs. 1628 erschienen die von Johanna Franziska von Chantal herausgegebenen „Coutumier et Directoire pour les soeurs religieuses de la Visitation de Sainte Marie", eine ausführliche Anweisung über das geistliche und häusliche Leben der Heimsuchungsschwestern. Eine neue Fassung der "Coutumier", des Buchs der Gebräuche, erschien 1637 in Paris.

Vorausgegangen war die französische Klerusversammlung von 1635, bei der einige Bischöfe ihre Sorge um die einheitliche Observanz des Ordens und die Verbindung der Klöster untereinander äußerten. Es gelang der Gründerin, die Einsetzung einer Generaloberin zu vermeiden und die Selbstständigkeit der Klöster zu erhalten. Die Einheitlichkeit des Ordenslebens in den verschiedenen Niederlassungen sollte durch die Einsetzung eines Apostolischen Visitators gewährleistet werden, der beim Papst erbeten wurde. Unterstützung erhielt die Gründerin durch den Benediktiner und Erzbischof von Sens, Octave de Saint-Lary de Bellegarde (1587/88–1646), durch Vinzenz von Paul (1581–1660) und durch den Diplomaten und Priester Noël Brûlart de Sillery (1577–1640). Letztlich gelang es Franziska von Chantal, eine zentrale Leitung zu verhindern, indem jedes Kloster unter einer Oberin selbstständig blieb, aber unter bischöfliche Jurisdiktion gestellt wurde[20]. Gemeinsam waren allen Klöstern die Regel, die Konstitutionen und die Spiritualität. Der Vernetzung der Klöster und dem Austausch untereinander dienten Korrespondenzen und Zirkularschreiben, die gut überliefert sind, was eine Besonderheit des Ordens ist[21]. Die *Lettres circulaires* waren schon in den „Coutumier" von 1628 vorgeschrieben. Ein- bis zweimal im Jahr musste den anderen Klöstern über außerordentliche Segnungen und Gnaden, die Gott der Gemeinschaft zukommen ließ, Mitteilung gemacht werden. Dabei sollte Weltliches und Geistliches gleichermaßen berücksichtigt werden[22]. Die Rundbriefe wurden zunächst handschriftlich verfasst, später gedruckt. Alle begannen mit der für die Heimsuchungsschwestern typisch gewordenen Anrufung „Vive Jésus" und wurden in Französisch, lange Zeit die gemeinsame Ordenssprache, verfasst[23]. Im Wiener Kloster wurde bis 1919 die Chronik in Französisch und erst danach in Deutsch geschrieben[24]. Die Rundschreiben bilden eine erstrangige Quelle für die Geschichte des Ordens im 17. und 18. Jahrhundert, auch das Wiener Salesianerinnenarchiv enthält einen Band mit Zirkularen von 1716/1720–1788[25]. Von Johanna Franziska von Chantal ist ein reichhaltiger Briefwechsel überliefert. Auch aus ihren anderen Schriften geht viel über ihre Auffassung vom religiösen Leben und über den salesianischen Geist der Gründung hervor. Daraus lässt sich das kontemplative Leben der Salesianerinnen begründen, welches frei war von übertriebener Strenge bei den Fasten- und Bußübungen[26].

Françoise Madeleine de Chaugy (1611–1680), die 1630 Profess ablegte, war Nichte, Sekretärin und Biographin der Ordensgründerin. Sie verfasste ein mehrbändiges Lebensbild von Mutter Johanna Franziska von Chantal, das unter dem Titel „Vie de la bienheureuse mère Jeanne-Françoise Frémyot de Chantal. Fondatrice de l´ordre de la visitation Sainte-Marie" 1689 erstmals gedruckt wurde und zahlreiche Übersetzungen, Auflagen und eine Neuedition erlebte[27]. Eine geplante allgemeine Geschichte des Ordens, mit der der gelehrte Jesuit Claude-François Ménestrier (1631–1705) von der Oberin des Klosters Saint-Denis beauftragt wurde, blieb ein unvollständiges Manuskript. Beeindruckend ist aber das von Ménestrier erstellte Konzept „Projet de l´histoire de l´ordre de la Visitation" von 1701, in dem er auf die bereits vorhandenen zahlreichen Quellen und Schriften über den noch jungen Orden hinweist[28]. Die Geschichtsschreibung über die Heimsuchungsschwestern war stets eng verbunden mit der jeweiligen Sichtweise auf die Gründer des Ordens[29]. Jedes Kloster war aufgrund der „Coutumier" verpflichtet, Annalen bzw. eine Chronik zu führen und ein Archiv zu unterhalten. Die relativ gute archivische Überlieferung führte – vor allem in Frankreich – zu einer umfangreichen wissenschaftlichen Beschäftigung mit dem Orden unter verschiedenen Gesichtspunkten, doch bis heute gibt es, auch aufgrund der Komplexität der Quellen und bedingt durch die Selbstständigkeit der Klöster, keine Gesamtgeschichte des Ordens[30].

In den ersten Jahrzehnten ihres Bestehens mussten die Salesianerinnen auch Eingriffe in ihre Spiritualität hinnehmen. Mutter Chaugys Versuch einer mystischen Ausrichtung des Ordens scheiterte am Widerstand des Fürstbischofs von Genf-Annecy Jean d´ Arenthon d´ Alex (Bischof 1661–1695). Kirchlicherseits befürchtete man Einflüsse des Jansenismus und des Quietismus auf die Heimsuchungsklöster. Jansenistische Tendenzen sollten durch eine

Intensivierung des Verhältnisses zum Jesuitenorden eingedämmt werden, waren aber nicht gänzlich zu unterbinden. Zu einem Zentrum jansenistischer Spiritualität, dem Zisterzienserinnenkloster Port-Royal bei Versailles, bestanden Beziehungen, nachdem Mutter Louise Eugenie de Fontaine († 1694)[31] dort als provisorische Oberin eingesetzt wurde, um eine Klosterreform durchzuführen. Jansenistisches Gedankengut war in mehreren französischen Heimsuchungsklöstern verbreitet, was zu Konflikten mit Bischöfen führte[32]. Am Ende des 17. Jahrhunderts wurde durch die Einführung der Herz-Jesu-Verehrung bei den Salesianerinnen ein Gegenpol zur jansenistischen Frömmigkeit geschaffen. Die Verbreitung des Herz-Jesu-Kultes begann in den 1670er Jahren durch den französischen Priester und Ordensgründer Jean Eudes (1601–1680). In den ihm nahestehenden Ordensgemeinschaften wurde ab 1672 das Fest des heiligsten Herzens Jesu am 20. Oktober auch in der Liturgie gefeiert (Votivmesse)[33]. Bei den Heimsuchungsschwestern wurde die Herz-Jesu-Verehrung besonders durch Schwester Marguerite-Marie Alacoque (1647–1680, Abb. 26) gefördert, die 1671 in das Kloster in Paray-le-Monial eintrat und es zum „Epizentrum" der Verbreitung des Herz-Jesu-Kultes machte. In ihren Visionen, die sie ab 1673 durch mehrere Jahre erlebte, erfuhr sie die Beauftragung Christi, sich für die Verehrung seines göttlichen Herzens einzusetzen und ihr jeden ersten Freitag im Monat und den zweiten Freitag nach dem Fronleichnamsfest zu widmen. Innerhalb des Ordens wurde die Herz-Jesu-Verehrung durch die Zirkularschreiben bekannt gemacht[34] und von den Jesuiten, die meist ihre Seelsorger waren, gefördert, so auch vom Beichtvater von Marguerite-Marie Alacoque, dem Jesuiten Jean Croiset (1656–1738). Eine besondere Förderung erfuhr der Kult durch Papst Clemens XIII., der das Herz-Jesu-Fest 1765 offiziell gestattete[35]. Pius IX. führte das Fest 1856 auf Bitten der französischen Bischöfe für die ganze Kirche ein. Im 18. Jahrhundert wurden die Heimsuchungsklöster beliebte Einrichtungen für die Erziehung der weiblichen Jugend aus höheren Gesellschaftsschichten. Die Ordensgründer hatten einen regulären Schulunterricht und Lehrbetrieb im Kloster nicht vorgesehen, doch sie hatten die Möglichkeit geschaffen, dass Töchter aus adeligen oder großbürgerlichen Familien für einige Jahre in einem Konvent erzogen werden konnten. Jedem Kloster war es erlaubt, vier bis fünf Mädchen aufzunehmen, sie mit einem besonderen religiösen Gewand, dem „kleinen Habit", zu bekleiden und wie in einem Konvikt auf eine spätere Ordenslaufbahn vorzubereiten. Das Ziel der Ausbildung stieß bei den Familien nicht immer auf Gegenliebe, die ihre Töchter diese Ausbildung abbrechen ließen, um sie doch zu verheiraten. Auf dem Er-

▲ Abb. 26: Hl. Marguerite-Marie Alacoque, Kelchfuß, Salesianerinnenkloster Wien

ziehungssektor gab es zudem große Konkurrenz durch Schulorden wie die Ursulinen. Nicht zuletzt war die Mädchenerziehung eine Einnahmequelle für die Heimsuchungsschwestern, die, da ihnen die ursprünglich geplante externe Tätigkeit durch die Klausur verwehrt war, ein Einkommen unter Einhaltung der Klausurbestimmungen finden mussten. Im Verlauf des 18. Jahrhunderts wurde daher die Schul- und Erziehungstätigkeit ausgebaut, die zu einem Markenzeichen des Ordens wurde. Die Salesianerinnen begannen, nach dem Vorbild der Ursulinen, Pensionate einzurichten. 1730 bestanden rund zwanzig Einrichtungen, bis zum Vorabend der französischen Revolution verdoppelte sich die Anzahl. Die Klöster widmeten sich nun der Erziehung (adeliger) Mädchen und unterhielten eigene Pensionate, wofür in der Regel bauliche Umgestaltungen erfolgen mussten. Herausragend war das Wiener Kloster, welches auf Wunsch der Witwe Kaiser Josephs I., Amalia Wilhelmina begründet wurde, die 1716 Heimsuchungsschwestern aus Brüssel nach Wien berief. Auch Madrid (1749) und Lissabon (1784) waren Gründungen auf Wunsch der Herrscherhäuser[36].

## Entwicklung des Ordens im 17. und 18. Jahrhundert

Die Heimsuchungsschwestern erfuhren zwischen 1610 und 1641 eine bemerkenswert rasche Verbreitung. Zu Lebzeiten von Franz von Sales wurden 13 Klöster gegründet und im Todesjahr von Johanna Franziska von Chantal bestanden bereits 87 Niederlassungen. Auch das Ableben der Gründer tat der weiteren Verbreitung des Ordens keinen Abbruch. Zwischen 1641 und 1650 entstanden 33 weitere Klöster, 15 zwischen 1651 und 1660, neun zwischen 1661 und 1670, zwei zwischen 1671 und 1680 und jeweils drei in den beiden nächsten Dezennien bis 1700. Hauptverbreitungsgebiet war Frankreich. Von den 149 Klöstern im ersten Jahrhundert der Gründung lagen 115 in Frankreich, fünf in Savoyen, acht in Lothringen, der Grafschaft Venaissin und der Franche-Comté[37]. Außerhalb Frankreichs wurde in Aosta 1630 das erste italienische Kloster gegründet sowie ein Kloster in Freiburg (Schweiz). Von Freiburg aus kamen die Salesianerinnen 1667 nach München. In Warschau gab es seit 1654 einen Konvent und belgische Schwestern aus Brüssel kamen 1717 nach Wien[38]. Die Gründungen erfolgten immer dann, wenn ein Kloster genügend Personal hatte, um eine neue Niederlassung zu besiedeln. Ein besonderes Zentrum war Lyon, wo von 1617 bis 1646 insgesamt 141 Schwestern zum Konvent gehörten. Von hier aus wurden nicht nur Klöster in ganz Frankreich gegründet, sondern sogar noch zwei weitere in Lyon selbst (1627 und 1641). Neue Klöster wurden dort errichtet, wo es einen entsprechenden Bedarf gab, Berufungen zu erwarten waren und ein geistlicher Rektor und Wohltäter zur Verfügung standen[39]. Bald zog sich ein dichtes Netz von Klöstern über Frankreich. Eine besondere Rolle spielten bei den Gründungen die „Mutterklöster" Annecy, Lyon und Paris[40].

Roger Devos hat das soziale Umfeld für die Rekrutierung von neuen Mitgliedern anhand der beiden Klöster in Annecy untersucht. Im ersten Kloster gehörten 55,3% der Mitglieder zum ärmeren Adel (Amtsadel) und 44,6% zum gehobenen Bürgertum, im zweiten Kloster 35,2% zum Adel und 64,7% zum Bürgertum[41]. Diese soziale Schichtung entsprach auch den ökonomischen Bedürfnissen in der Gründungszeit eines Klosters. Am Beginn einer Gründung stand in der Regel eine Dame von Rang, die ihren Namen mit einem guten Zweck verbinden und Schutz für das Alter haben wollte. Sie stellte das Grundstück, ein Haus und die ersten Mittel zum Bau eines Klosters zur Verfügung. Frauen, die in das Kloster eintreten wollten, mussten eine Mitgift mitbringen. In Frankreich war die maximale Höhe der Mitgift durch eine Deklaration Ludwigs XIV. vom 28. April 1693 festgelegt: 500 Livres als Leibrente oder 8.000 Livres als Kapital plus entsprechende Kosten für die Einkleidung. Für Savoyen gab es 1702 eigene Regelungen. Davor war die Zahlung einer Mitgift nicht fest geregelt und in der Regel abhängig von den Möglichkeiten der Familie. In jedem Fall zu erstatten waren das Kostgeld, die Kosten für Einkleidung, Profess und die Aussteuer. Die von den Heimsuchungsschwestern geforderte Mitgift lag im Durchschnitt unter den Kosten anderer französischer Klöster in den Städten und war auch geringer als die Mittel, die für die Verheiratung sowohl adeliger wie bürgerlicher Töchter aufzubringen waren[42]. Auch diese Überlegungen begründeten den Erfolg der Verbreitung der Salesianerinnen. Darüber hinaus bot der Orden auch Frauen im fortgeschrittenen Alter Aufnahmemöglichkeiten, die es bei anderen Gemeinschaften nicht gab. Die Gründung von Heimsuchungsklöstern setzte in den Anfangszeiten ein städtisches Umfeld voraus, denn nur dort gab es genügend Kandidatinnen, die die geforderten Ressourcen aufbringen konnten.

## In der Französischen Revolution

Durch ein Dekret der Verfassungsgebenden Nationalversammlung wurden am 13. Februar 1790 in Frankreich alle Orden mit feierlichen Gelübden, die weder in der Krankenpflege noch im Unterrichtswesen tätig waren, aufgelöst. Den Mitgliedern der Orden war es freigestellt, ihre Klöster zu verlassen und auf Antrag eine staatliche Pension zu beziehen oder sich in weiter zur Verfügung stehenden Häusern zusammenzuschließen. Viele Nonnen erklärten die Treue zu ihren Gelübden und konnten vorerst in den sequestrierten (beschlagnahmten) Klöstern verbleiben.

Die Heimsuchungsschwestern mussten zwischen April und September 1790 den Besuch von Kommissaren über sich ergehen lassen, die ihre Erklärung entgegennahmen und ein Güterverzeichnis der Häuser erstellten. Die Gefahr für die Klöster war damit nicht vorbei. Die Superioren wandten sich deshalb direkt an die Gesetzgebende Versammlung, um sie von der Nützlichkeit der Heimsuchungsklöster zu überzeugen. Sie betonten die Erziehungstätigkeit der Schwestern, die im Sinne der Gleichheit und der Vaterlandsliebe erfolge, sowie die Möglichkeit für Witwen und für Kranke, sich in eines der Klöster zurückzuziehen zu können. Die Chorschwestern erhielten jährlich eine Pension von 700 Livres, die Laienschwestern 350. Die Pensionen wurden ab Januar 1791 mehr oder weniger unregelmäßig ausgezahlt. Durch die 1791 verabschiedete Zivilkonstitution des Klerus gerieten die Heimsuchungsschwestern in weitere Konflikte. Sie lehnten die Jurisdiktion der konstitutionellen, nicht mehr an Rom gebundenen Bischöfe ab, ihre Kirchen stellten sie den Eidverweigerern zur Verfügung. Dieser Zustand währte nicht lange, weil die Kirchen ab April 1791 aufgrund eines Dekrets des Departements für die öffentliche Nutzung geschlossen wurden[43].

Im August 1792 wurden von der Gesetzgebenden Versammlung alle Klöster aufgelöst[44]. Im gleichen Jahr wurde das Leben der Heimsuchungsschwestern sogar Gegenstand einer die revolutionären Ziele unterstützenden Oper, der zweiaktigen Komödie „Les Visitandines" von Louis-Benoît Picard mit der Musik von François Devienne (1759–1803). Diese äußerst erfolgreiche komische Oper, die 1792 in Paris uraufgeführt wurde, gab einen vermeintlichen Einblick in das Klosterleben der Heimsuchungsschwestern. Nicht Unterdrückung herrschte dort, sondern Kurzweil. Ironisch geschildert wurden die menschlichen Schwächen und die Unerfahrenheit der Klosterfrauen[45].

1792 war der Niedergang der Heimsuchungsschwestern in Frankreich nicht mehr aufzuhalten. Ab Oktober 1792 wurden alle Konvente sukzessive aufgelöst und die Klöster zum Verkauf angeboten. Die Salesianerinnen mussten „in die Gesellschaft" zurückkehren und erhielten eine Pension zwischen 500 und 700 Livres. Ein Teil der Schwestern fand Aufnahme in ihren Familien, einige lebten in ziviler Kleidung in kleinen Gruppen zusammen und einige wählten das Exil. Die Heimsuchungsklöster in Rom, Freiburg, Solothurn, Wien, Madrid und Lissabon nahmen kleine Gruppen der französischen Schwestern auf.

Besonders wichtig für die Geschichte der Wiener Salesianerinnen war das erste Lyoner Kloster (das zweite des Ordens und das erste in Frankreich). Die Schwestern verließen im Februar 1793 Frankreich und eröffneten mit Unterstützung des Wiener Heimsuchungsklosters eine neue Niederlassung im italienischen Mantua (1793–1796). Als die Revolutionstruppen dorthin vordrangen, kamen sie nach einer wahren Odyssee über Gurk (1797) in Österreich und Krumau und Wittingau (1797–1800) in Böhmen über Wien schließlich nach Venedig, wo sie 1801 ein Kloster gründeten, welches 1913 nach Treviso verlegt wurde. Die Lyoner Schwestern besaßen als Reliquie das Herz des heiligen Franz von Sales. Einen in ihrem Besitz befindlichen Hut des Heiligen schenkten sie aus Dankbarkeit dem Wiener Kloster (Abb. 27)[46].

Die Ordensleute waren zwar formal nicht an den von der Zivilkonstitution für den Klerus geforderten Eid gebunden und auch nicht an den seit dem 14. August 1792 geforderten Eid der „Gleichheit und Brüderlichkeit", doch die lokalen Behörden machten oft die Auszahlung der staatlichen Pensionen davon abhängig und appellierten an den Bürgersinn. Dies führte bei den Heimsuchungsschwestern ebenso zu Spaltungen wie beim Weltklerus. Rom hatte die Eidleistung nicht verboten und viele Priester vollzogen sie ohne Gewissenskonflikte. Jacques-André Émery (1732–1811), Ex-Generalsuperior der Sulpiziner, leistete die geforderten Solidaritätseide auf die Republik und ermutigte auch andere dazu, weil der Gottesdienst und das kirchliche Leben nicht vollkommen aufhören sollten. Die ins Exil gegangenen Bischöfe und ihre Emissäre in Frankreich lehnten dies energisch ab. Mit Dekret vom 29.12.1793 wurden allen Ex-Religiosen, die ihre Pensionszahlungen weiterhin erhalten wollten, zur Eidleistung verpflichtet. Viele Heimsuchungsschwestern, die den geforderten Eid vom 14. August 1792 nicht leisteten, wurden unter dem Terrorregime der Revolution gefangen genommen, aber nach dem Sturz Robespierres am 27. Juli 1794 wieder frei gelassen. Nicht alle überstanden diese Zeit lebend. Sr. Jeanne Briol wurde am 7. Juli 1794 in Bordeaux von einer Militärkommission zusammen mit sechs anderen Ordensfrauen zum Tode verurteilt und hingerichtet, weil sie mit eidverweigernden Priestern in Verbindung standen. Sr. Leclerc di Glatigny[47] aus dem Kloster St. Denis und Sr. Agathe-Elizabeth Ragot aus dem Kloster Bourges wurden in Paris zum Tode verurteilt und durch die Guillotine am 12. und 21. März 1794 hingerichtet. Am Ende des 18. Jahrhunderts bestanden noch etwa dreißig Heimsuchungsklöster. Diese waren zerstreut über Italien, Deutschland, Schweiz, Österreich, Polen und Spanien. Viele Klöster litten auch unter den Revolutionskriegen. Zahlreiche Schwestern lebten im Geheimen, konnten aber nach dem Ende der revolutionären Wirren ihr klösterliches Leben wieder aufnehmen und so die Grundlage für einen Neuanfang im 19. Jahrhundert legen[48].

▼ Abb. 27: Hut des hl Franz von Sales, Salesianerinnenkloster Wien

## Wiederaufnahme der Tätigkeiten nach der Revolution und Verbreitung des Ordens

Nach dem Ende der französischen Terrorherrschaft im Juli 1794 fanden sich an mehreren Orten wieder Heimsuchungsschwestern ein, um ein religiöses Leben zu beginnen. In Rouen mieteten sie ein Haus, trugen noch zivile Kleidung und richteten wieder ein kleines Pensionat ein. In Orléans wurden sie von Bischof Étienne-Alexandre Bernier unterstützt und in Orléans wurde 1803 zuerst wieder das Ordenskleid getragen und die Regel beobachtet. Unter der Voraussetzung, sich der Erziehung der Jugend zu widmen, wurde der Orden der Heimsuchung Mariens 1806 in Frankreich wieder zugelassen, was zur Wiedererrichtung zahlreicher Klöster führte.

Die Situation änderte sich mit der Restauration der Bourbonen. Bis 1870/1880 setzte in Frankreich auch eine verstärkte Entwicklung neuer Frauengemeinschaften ein. Zahlreiche Kongregationen, die sich dem Unterricht und der Krankenpflege widmeten, wurden gegründet und breiteten sich aus. Trotzdem wurden in dieser Zeit Heimsuchungsklöster wieder- bzw. neu errichtet. Bis zum Vorabend der Französischen Revolution hatte es 120 Klöster des Ordens in Frankreich gegeben, im ausgehenden 19. Jahrhundert waren es wieder 64.

Im 19. Jahrhundert verbreitete sich der Orden auch über die Grenzen Europas hinaus. Besonders zu erwähnen ist 1799 die erste Niederlassung in Georgetown (Washington) durch den späteren Erzbischof von Baltimore P. Leonard Neale SJ (1746–1817). Die Gemeinschaft widmete sich der Erziehung der weiblichen Jugend und gehörte offiziell ab 1816 zum Orden der Heimsuchungsschwestern. Es kamen zwei Schwestern aus Frankreich und eine aus Freiburg in der Schweiz hinzu, was der Auftakt zu einer weiteren Verbreitung war. Zeitweise gab es im 19./20 Jahrhundert 24 Klöster in Nordamerika. Von Annecy aus wurde 1910 ein Kloster in Kanada gegründet. Zwei weitere entstanden dort 1922 (Lévis) und 1959 (La Pocatière). Zu Beginn des 20. Jahrhunderts wurden vier Klöster in Mexiko errichtet. Die erste Gründung in Südamerika, in Montevideo (Uruguay), erfolgte 1856 von Mailand aus. 1876 entstand ein zweites Kloster in Buenos Aires, und es folgten weitere 16 Gründungen in verschiedenen Ländern bis ins 20. Jahrhundert[49].

Zwischen 1880 und 1904 erfuhren die neu gegründeten Kongregationen und auch der Orden von der Heimsuchung Mariens in Frankreich weitere staatliche Repressalien. In den Gesetzen zur Trennung von Kirche und Staat („Loi combes") wurde den Klöstern die Unterrichtstätigkeit untersagt und die Pensionate mussten geschlossen werden.

Für die französischen Klöster bedeutete dies, dass sie wieder ihre ursprüngliche Berufung zum kontemplativen Leben in den Vordergrund stellten[50]. Weitere Einschränkungen brachte die Zeit des Ersten Weltkriegs, als viele Schwestern des Ordens Zuflucht in Klöstern in Belgien, Luxemburg, Italien und Spanien suchten[51].

## Die spirituelle Ausstrahlung der Heimsuchungsschwestern

Die Heimsuchungsschwestern erfuhren in ihrer Spiritualität und in ihrer Bekanntheit zweifellos einen Aufschwung mit der Selig- (28. Dezember 1661) und Heiligsprechung (19. April 1665) des Gründers Franz von Sales, wovon vor allem die Klöster Annecy und Paris profitierten, die diese Feste gebührend feierten und die Anlässe dazu benutzten, sein Gedankengut zu verbreiten und seine Verehrung zu befördern. Nicht zuletzt geschah dies durch die barocke Neugestaltung der Klosterkirche in Annecy[52] mit den Grablegen der heiligen Johanna Franziska von Chantal und des heiligen Franz von Sales, der 1623 nach Annecy überführt worden war. Annecy wurde so Ziel von Pilgerfahrten. Das Kloster wurde in Folge der Revolution aufgelöst und erst Ende 1822 wieder begründet. Dort – am Ort mit den Reliquien der Ordensgründer – wurde eine neue Kirche und ein neues Kloster errichtet[53]. Seit 1909 gibt es eine eigene Basilika[54].

Es gibt keinen Unterschied zwischen der salesianischen Spiritulität und der Spiritualität der Heimsuchungsschwestern. Grundlegend sind zwei Schriften von Franz von Sales. In seinem 1609 erschienenen Buch „Anleitung zum frommen Leben" erklärt er, wie Menschen ihr Christsein im Alltag verwirklichen können und er zeigt für jeden Stand einen eigenen Weg. Es sollen Weltleute nicht wie Ordensleute leben und Ordensleute nicht wie Weltleute. Hinzu kommt sein 1616 veröffentlichtes mystisches theologisches Hauptwerk „Abhandlung über die Gottesliebe" oder „Theotismus". Glaube, Hoffnung und Liebe sind die Säulen christlichen Lebens[55].

Die Heimsuchungsschwestern sind bis heute von einer salesianischen Spiritualität geprägt. Das heißt Leben in der Gegenwart des liebenden Gottes, der das Leben lebenswert macht und es begleitet. Sie leben geprägt von einem „salesianischen Optimismus", der sich auf die Hingabe an den Willen Gottes gründet. Die Heimsuchungsschwestern gründen ihr Leben auf einer Mystik des Herzens; Gott will im Herzen der Menschen wohnen und wer sein Herz für Gott öffnet, wird die Liebe Gottes erfahren. Und nicht zu-

▲ Abb. 28: Thesenblatt, Totenerweckung durch den hl. Franz von Sales, Schabkunst, nach Bartolomeo Altomonte, 1720, Salesianerinnenkloster Wien

letzt heißt es, Gott im Alltag leben. Auf dem Weg der kleinen Tugenden gilt es, voran zu gehen. Gott verlangt meist keine großen Leistungen, aber tägliche Gelegenheiten, ihm tugendhaft zu dienen: „Demut, Sanftmut, Gleichmut, Herzlichkeit, Geduld, Sorgfalt, Ertragen unserer und der anderen Fehler, Höflichkeit, Hilfsbereitschaft, Milde, Bescheidenheit, Aufrichtigkeit, Vertrauen"[56].

## Deutschland und Österreich

Die in Preußen gelegenen Klöster waren vom Kulturkampf betroffen und mussten ins Exil. Die Schwestern von Koblenz-Moselweiß gingen von 1878 bis 1888 ins böhmische Chotieschau, um dann wieder nach Koblenz zurückzukehren[57]. Die Schwestern der Klöster in Höxter an der Weser (gegr. 1857 von Pielenhofen und seit 1861 in Mülheim an der Möhne) und Münster kehrten nicht mehr in ihr Haus zurück[58].

Im 20. Jahrhundert gab es in Deutschland zeitweise neun Heimsuchungsklöster: Beuerberg (gegr. 1846 von Dietramszell, bis 2014), Dietramszell (gegr. 1831, 1667 gegr. in München, dann ab 1783 Indersdorf), Koblenz-Moselweiß (gegr. 1863 von Beuerberg, bis 1986)[59], Niedernfels (1954–1997), Obermarchtal (gegr. 1919 von Chotieschau), Oberroning (gegr. 1863 von Pielenhofen, bis 2015), Pielenhofen (1838–2010), Uedem (gegr. 1894 von Wien)[60], und Zangberg (gegr. 1862 von Dietramszell). Diese Klöster bildeten die Deutsche Föderation, der sich schon 1965 die drei österreichischen Klöster Wien, Thurnfeld in Tirol (gegr. 1858 von Beuerberg) und Gleink (gegr. 1832 von Wien, bis 1977) anschlossen[61]. Durch die Apostolische Konstitution Sponsa Christi, die Papst Pius XII. 1950 erlassen hatte, wurde den selbstständigen kontemplativen Frauenklöstern desselben Ordens der Zusammenschluss zu Föderationen empfohlen. Ziel war die gegenseitige geistige, personelle und materielle Unterstützung[62].

Die deutschsprachigen Gründungen pflegten verschiedene Tätigkeitsgebiete des Ordens. Ein Schwerpunkt war die höhere Mädchenbildung, die im Nationalsozialismus Einschränkungen erfahren hatte. In der Zeit des Zweiten Weltkriegs waren in der Mehrzahl der Klöster Lazarette untergebracht. Der Verbund der Heimsuchungsschwestern war stets so stark, dass man sich in Krisenzeiten beistand. So fanden die vertriebenen Schwestern aus Gleink (Österreich) und Chotieschau (Böhmen) im Krieg Unterkunft in Beuerberg. Die großen Klostergebäude standen auch, besonders nach dem zahlenmäßigen Rückgang der Schwestern, auch anderen Einrichtungen zur Verfügung, so für Müttergenesungs- oder Seniorenerholungsheime und Schulen, die zum Teil in anderer Trägerschaft weitergeführt wurden. Die Deutsch-Österreichische Föderation bot für die selbstständigen Klöster Vorteile. Das Kloster auf Schloss Niedernfels musste 1997 aus finanziellen und aus Altersgründen schließen. Die 1955 eröffnete Volksschule mit Internat und das 1972 eröffnete Tagesheim für Mädchen und Jungen wurde von der Katholischen Jugendfürsorge der Erzdiözese München und Freising e. V. in ihre Trägerschaft übernommen, die Schwestern fanden Aufnahme in Klöstern der Föderation[63]. Freie Räumlichkeiten werden in der Regel vermietet.

Die deutschsprachige Föderation der Schwestern der Heimsuchung besteht 2017 aus acht Klöstern bzw. Gemeinschaften in den Ländern Deutschland (4), Österreich (2), Kroatien (1) und Tschechien (1). In den Klöstern Dietramszell, Kroměříž, Thurnfeld, Uedem, Untermarchtal, Wien, Zagreb (gegr. 1947) und Zangberg (gegr. 1862 von Dietramszell) leben ca. 100 Schwestern[64].

Weltweit leben und wirken aktuell ca. 2500 Schwestern der Heimsuchung in etwa 155 Klöstern auf vier Kontinenten: Asien (eine Gemeinschaft im Libanon, die „Hoffnung" auf eine Gründung in Südkorea); Afrika (Burundi, Ruanda, Kongo); Nordamerika (Kanada, USA, Mexiko); Mittelamerika (Guatemala, Panama, Dominikanische Republik); Südamerika (Kolumbien, Ecuador, Peru, Brasilien, Paraguay, Uruguay, Chile, Argentinien); Europa (Deutschland, Österreich, Kroatien, Tschechien, Polen, Ungarn, England, Irland, Spanien, Portugal, Italien, Frankreich, Belgien, Schweiz)[65].

## Leben heute

Mit ihrer innovativen Gründungsidee füllten die Heimsuchungsschwestern eine Lücke zwischen den traditionellen Frauenorden mit Klausur, die mehr oder weniger den neuen an sie gestellten Anforderungen entsprachen, und den reformierten Orden, wie etwa den in der Mitte des 15. Jahrhunderts entstandenen Karmelitinnen, die eine robuste Gesundheit und einen heroischen Geist forderten[66]. Das anvisierte Ordensleben zwischen Milde und Strenge der Regel im klösterlichen Alltag blieb wohl ein Ideal. Die Praxis zeigte einen Ausschlag in die strengere, aszetische Richtung und damit eine Angleichung an das nachtridentinische Ideal weiblichen Ordenslebens kontemplativer Ausrichtung, welches nicht in der ursprünglichen Absicht der Gründer stand[67]. Die vom Gründer angedachte moderne Form der Kongregation konnte nicht umgesetzt werden. Doch die Heimsuchungsschwestern verschlossen sich Neuerungen nicht. Schon 1955 hatten sie ihre Statuten überarbeitet, vor allem hinsichtlich der Bildung von Föderationen und Konföderationen. Nach dem Zweiten Vatikanischen Konzil wurden die *Consuetudines* (Gebräuche) überarbeitet und den jeweiligen Bedingungen der Länder angepasst, in denen die Heimsuchungsschwestern lebten. Den Schwestern wurde auch erlaubt, Einzelexerzitanten (maximal fünf zur gleichen Zeit) in die Klöster aufzunehmen und ihr liturgisches Leben mit Laien zu teilen[68]. Gemäß dem Konzil erfuhren die Konstitutionen eine Überarbeitung und wurden 1989 von Rom approbiert[69]. Wie bei anderen klausurierten Orden wurde, in Folge des Zweiten Vatikanischen Konzils, die Unterteilung der Schwestern in verschiedene Klassen bzw. Ränge aufgehoben und das Marienoffizium durch das in der Volkssprache gebetete Brevier ersetzt und die Klausur den modernen Lebensbedingungen angepasst. Die Gitter in den Sprechzimmern wurden weniger oder ganz abgeschafft, doch die Klausur weiterhin beibehalten. Die neuen Konstitutionen stellten besonders das Ideal eines kontemplativen Lebens nach dem ursprünglichen Geist der Gründer in den Mittelpunkt, aber bei „gleichzeitiger Annäherung an die heutige Welt"[70]. In Frankreich wechselten die Heimsuchungsschwestern nach dem Konzil zum Teil von einem schwarzen zu einem beigefarbenen Ordenskleid mit dunkelbraunem Schleier[71]. Die übrigen Schwestern tragen seither einen schwarzen Habit mit weißem Kragen und weißem Halsausschnitt. Auf die steife, weiße Kopfhülle wird seit der im Zug des Zweiten Vatikanischen Konzil geänderten Kleiderordnung – die Ordenskleidung sollte an die jeweiligen Gegebenheiten des Landes angepasst werden – verzichtet. Das einfache Ordenskleid, das seit 1970 getragen wird, knüpft an die Ordenstradition an. Geblieben ist das von Franz von Sales entworfene Professkreuz, das jede Schwester trägt[72].

Der Orden der Heimsuchungsschwestern blieb von den Berufungskrisen im ausgehenden 20. Jahrhundert nicht verschont und vor allem in Frankreich und den Vereinigten Staaten mussten viele Klöster aufgegeben werden. Nur in Südamerika und einigen afrikanischen Staaten gab es weitere Berufungen[73]. Weltweit gab es 1982 insgesamt 165 Klöster, 1995 leicht erhöht 171 Klöster und 2002 noch 160 Klöster, wobei der Schwerpunkt mit durchschnittlich 30 Klöster in Europa lag[74]. Eine Übersicht über alle Klöster im Internet gibt mit Stand 2017 insgesamt 159 Klöster an[75]. Heute sind die Heimsuchungsschwestern Teil der salesianischen Familie[76].

Die Klöster im deutschen Sprachraum verzeichnen rapide sinkende Mitgliederzahlen und in den vergangenen Jahren wurden mehrere Klöster aufgegeben. Die Heimsuchungsschwestern verstehen heute – über 400 Jahre nach ihrer Gründung – ihr Leben immer noch aus den Anfängen. Ihre wesentlichen Ziele fassen sie in ihrem Leitbild zusammen: „Wir Schwestern von der Heimsuchung Mariens leben eine Spiritualität der Begegnung, die in der biblischen Begegnung von Maria und Elisabet (Lk 1,39–56) wurzelt. Wir möchten Antwort geben auf die Beziehungslosigkeit, Sprachlosigkeit und Einsamkeit unserer Zeit. Wir leben dies vor allem aus der Begegnung mit Gott, unserer Mitte und Quelle. Wir leben dies in der Begegnung mit Mitschwestern, Mitarbeiterinnen und Mitarbeitern, Mitmenschen, Kirche und Welt nach dem Vorbild unserer Gründer Franz von Sales und Johanna Franziska von Chantal"[77].

1 ALBERT 1993, 696–697.
2 HEIMBUCHER 1987, 642.
3 DEVOS–DE SPIRITO 2003, 160.
4 BRAUN–BIERI HENKEL 2003, 315.
5 DEVOS–DE SPIRITO 2003, 160.
6 JUNGCLAUSSEN 1997, 144.
7 FRANK 2005, 304–306.
8 DEVOS–DE SPIRITO 2003, 160.
9 VON BROCKHUSEN 1995, 30.
10 Siehe den Beitrag von Herbert Winklehner OSFS in diesem Band.
11 DEVOS–DE SPIRITO 2003, 161.
12 WENDLANDT 1924, 265.
13 DEVOS–DE SPIRITO 2003, 161.
14 Ebd., 162.
15 LECOMTE 2013, 17; HEIMBUCHER 1997, 646.
16 DEVOS–DE SPIRITO 2003, 162.
17 LECOMTE 2013 beschreibt diese für die französischen Klöster des 17. und 18. Jahrhunderts.
18 Ebd., 22 f.
19 PICAUD–FOISSELON 2011, 162–165 (Kloster Wien).
20 DEVOS–DE SPIRITO 2003, 163.
21 DOMPNIER–JULIA 2001, 10f., 22f. Heute finden sich die *Lettre circulaire* im Internet, vgl. http://vistation-lourdes.webnode.fr/ lettre-circulaire (4.1.2017).
22 DOMPNIER 2001, 278–279.
23 Ebd., 287–289.
24 Wien, ASal, Hs. 7/2, Annalen, 2. Teil, ab pag. 204. Einträge ab Kapitel XLV, 1919–1925, in Deutsch: *Mit Zustimmung der hochverehrten Würdigen Mutter Marie de Chantal de Dániel-Vargyas und der Ratsschwestern werden die Annalen von nun an in deutscher Sprache geschrieben.*
25 Wien, ASal, A-II-13a, *Circulaires*.
26 DEVOS–DE SPIRITO 2003, 163.
27 DOMPNIER–JULIA 2001, 16–19.
28 MÉNESTRIER 1701; DOMPNIER–JULIA 2001, 26 f.
29 Ebd., 21.
30 DOMPNIER–JULIA 2001, 22, 27–29. In dem Band befindet sich eine umfangreiche Bibliographie (554–597).
31 DU PLESSIS 1696.
32 DEVOS–DE SPIRITO 2003, 167.
33 FRANK 1995, 977.
34 Ebd., 467–472.
35 DEVOS–DE SPIRITO 2003, 168.
36 Ebd.
37 Ebd., 163.
38 WENDLANDT 1924, 267.
39 DEVOS–DE SPIRITO 2003, 164.
40 JULIA 2001. Vgl. dort besonders die Karten 171–176.
41 DEVOS–DE SPIRITO 2003, 164.
42 Ebd.,165–166.
43 Ebd., 171.
44 AUBERT 1985, 25–26.
45 BOURDIN 2001, 227–229.
46 DEVOS–DE SPIRITO 2003, 172; 175 F.; RODRÍGUEZ 2008, 42–64, 76.
47 BOURDIN 2001, 251.
48 DEVOS–DE SPIRITO 2003, 172.
49 DEVOS–DE SPIRITO 2003, 173F.
50 BRAUN–BIERI HENKEL 2003, 314.
51 DEVOS–DE SPIRITO 2003, 174.
52 Ebd., 166.
53 Ebd., 173.
54 ALBERT 1993, 696.
55 DEVOS–DE SPIRITO 2003, 176–179.
56 Vgl. Homepage der Schwestern der Heimsuchung Mariens. Deutschsprachige Föderation: Salesianische Spiritualität: http://www.franz-sales-verlag.de/ovm/spiritualitaet/index.html (4.1.2017).
57 FESTSCHRIFT KOBLENZ 1913, 51–61.
58 HEIMBUCHER 1987, 644.
59 FESTSCHRIFT KOBLENZ 1913, 1f. Erste Oberin war Maria Regis Dopfer (1803–1867), welche – eingetreten in Dietramszell – bereits die bayerischen Klöster Pielenhofen und Beuerberg mitbegründet hatte. Vgl. DOPFER 1868, 5–7.
60 FESTSCHRIFT UEDEM 1994, 4.
61 SINNIGEN 1933, 232–234; Vgl. die Webseiten der deutschsprachigen Föderation der Heimsuchungsschwestern (wie Anm. 57).
62 LUISI 1976, 1438.
63 Vgl. http://www.niedernfels.de/ueber-uns/geschichte.html (4.1.2017).
64 Vgl. http://www.franz-sales-verlag.de/ovm/foederation/index.html (4.1.2017).
65 Vgl. http://www.franz-sales-verlag.de/ovm/weltweit/index.html (4.1.2017).
66 DEVOS–DE SPIRITO 2003, 160.
67 BRAUN–BIERI HENKEL 2003, 320F.
68 DEVOS–DE SPIRITO 2003, 179.
69 BRAUN–BIERI HENKEL 2003, 314.
70 Ebd., 323.
71 Ebd., 367.
72 ROCCA 2000, 491.
73 DEVOS–DE SPIRITO 2003, 179.
74 Ebd., 177.
75 Vgl. Les monastères de la Visitation dans le monde: http://www.lavisitation-metz.fr (4.1.2017).
76 Im Laufe der Jahrhunderte entstanden verschiedene Männer- und Frauengemeinschaften, die sich die salesianische Spiritualität zu eigen machten: 1637 Bonalisten (nicht mehr existent), 1682 Heimsuchung von Gent, 1838 Missionare des hl. Franz von Sales, 1848 Salesianer Don Boscos, 1872 Don Bosco Schwestern, 1876 Salesianische Mitarbeiterinnen und Mitarbeiter, 1868 Oblatinnen des hl. Franz von Sales, 1872 Oblaten des hl. Franz von Sales, 1872 Töchter des hl. Franz von Sales von Lugo, 1872 Töchter des hl. Franz von Sales, 1876 Priester des hl. Franz von Sales, 1876 Söhne des hl. Franz von Sales, 1885 Salesianerinnen vom Heiligsten Herzen, 1889 Salesianische Missionarinnen der Unbefleckten Jungfrau Maria, 1948 Säkularinstitut des hl. Franz von Sales. Vgl. Stammbaum der salesianischen Familie auf: http://www.franz-sales-verlag.de/familie (4.1.2017).
77 Vgl. Leitbild der Schwestern der Heimsuchung Mariens. Deutschsprachige Föderation auf: http://www.franz-sales-verlag.de/ovm/orden/index.html (4.1.2017).

# Der Konvent und das Pensionat des Wiener Heimsuchungsklosters von der Gründung bis zum Tod der Stifterin im Jahre 1742

CHRISTINE SCHNEIDER

Das Wiener Heimsuchungskloster wurde 1717 von Kaiserin Amalia Wilhelmina, der Witwe Josephs I. gegründet[1]. Die vorliegende Darstellung zu den Anfängen der Wiener Salesianerinnen basiert auf den sogenannten *Circulaires*, in welchen die Oberinnen den anderen Heimsuchungsklöstern regelmäßig über geistliche und weltliche Angelegenheiten ihres Konvents berichteten[2]. Beginnend mit der Reise der Nonnen aus den spanischen Niederlanden (heute Belgien) nach Wien wird die Gründung des neuen Konvents ausführlich geschildert. Im Mittelpunkt steht dabei die verehrte Stifterin, insbesondere ihre Frömmigkeit und ihre Großzügigkeit gegenüber den Klosterfrauen. In den späteren Jahrgängen werden die gedruckten Totenbriefe der Schwestern den *Circulaires* beigefügt[3]. Im Folgenden soll auf die Gründung und personelle Entwicklung des Konvents sowie die Geschichte des Pensionats zu Lebzeiten der Kaiserin Amalia Wilhelmina eingegangen werden[4].

## Die Gründung des Wiener Heimsuchungsklosters

Die Entstehungsgeschichte des eigenen Konvents ist für nachfolgende Generationen von Nonnen und Mönchen ein Instrument der Identitätsstiftung[5]. Die Etablierung einer neuen Niederlassung ist darüber hinaus für den gesamten Orden, die betreffende Diözese und eine Stadt bzw. Region bedeutsam. Im Falle des Wiener Heimsuchungsklosters

◀ Abb. 29: Votivbild mit Heimsuchungsschwestern und Stiftungsfräulein, 18. Jahrhundert, Salesianerinnenkloster Wien

kommt die prominente Person der Stifterin hinzu. Folgerichtig nimmt die „Nacherzählung der Gründungsgeschichte" in der hausinternen Historiografie von Klöstern breiten Raum ein[6]. In Wien bestanden vor der Einführung der Salesianerinnen acht Frauenkonvente. Die drei Augustiner Chorfrauenstifte St. Laurenz, St. Agnes zur Himmelpforte und St. Jakob auf der Hülben waren mittelalterliche Gründungen. 1582 stiftete Königin Elisabeth, die Witwe Karls IX. von Frankreich und Tochter Kaiser Maximilians II., das Klarissenkloster St. Maria, Königin der Engel („Königinkloster"). Seit 1628 bestand ein Konvent der Unbeschuhten Karmelitinnen, der dem hl. Joseph geweiht war („Siebenbüchnerinnen"). 1625 stiftete Kaiserin Eleonora, die Gattin Ferdinands II., ein weiteres Klarissenkloster, St. Nikola, 1660 wurden die Ursulinen in Wien ansässig. Die Elisabethinen, die sich der Pflege armer und kranker Frauen widmeten, kamen 1709 von Graz nach Wien[7].

1717 wurden die Salesianerinnen von Kaiserin Amalia Wilhelmina nach Wien berufen. Das Wiener Heimsuchungskloster war bei seiner Gründung die 152. Niederlassung des Ordens[8]. Amalia Wilhelmina, die den Orden der Heimsuchung Mariae aus Frankreich und Modena kannte, bat den Erzbischof von Mechelen (Belgien)[9] um einen *entwurf* für ein Klostergebäude und um sieben Klosterfrauen, die alle Untertanen ihres Schwagers Kaiser Karl VI. sein mussten. Die Kaiserin erkundigte sich auch nach den Kosten für den Unterhalt dieser Nonnen. Der Erzbischof besprach sich daraufhin mit der Oberin des Brüsseler Heimsuchungsklosters Marie Juliane La Fontaine, wobei er ihr zunächst weder den Standort des neuen Klosters noch den Namen der Stifterin nennen durfte. Er verlangte, dass Marie Juliane selbst nach Wien gehen müsse, da sie als einzige der in Frage kommenden Nonnen der deutschen Sprache mächtig wäre. Die Oberin erwiderte, dass ihr Haus nicht alle benötigten Schwestern bereitstellen könne. Daraufhin wandte sich der Erzbischof an das Heimsuchungskloster in Mons (Belgien), wo ebenfalls zwei Nonnen für Wien bestimmt wurden. Nachdem die Personalangelegenheiten geklärt waren, gab sich Kaiserin Amalia Wilhelmina auch offiziell als Stifterin zu erkennen und kaufte einige Grundstücke am Rennweg, im heutigen dritten Wiener Gemeindebezirk. Die Kaiserin schickte Geld nach Brüssel, damit die Schwestern für ihre Reise mit Kleidern, Wäsche, Büchern und anderen Notwendigkeiten versorgt wären. Des Weiteren sandte sie einen kaiserlichen Reisepass und den Konsens des Bischofs von Wien. Marie Juliane La Fontaine wurde zur Gründungsoberin des Wiener Klosters ernannt und Marie Claire Ciremans zu ihrer Assistentin. Aus dem Brüsseler Kloster kamen, neben diesen beiden, die Schwester Marie Victoire Locquet d'Homberg, die Novizin Maria Magdalena de la Grua sowie die Laienschwester Marie Albertine de Lannois. Der Konvent in Mons stellte die Ökonomin Marie Florence de Broide und die Novizenmeisterin Catharine Theresia du Beron[10]. Die Grundsteinlegung für das zukünftige Wiener Kloster hatte am 13. Mai 1717, zwei Monate bevor die zukünftigen Bewohnerinnen ihre Heimat verließen, stattgefunden[11].

Der hl. Franz von Sales verlangt von seinen Nonnen, dass sie aus Gehorsam dazu bereit sein müssen, Gott an allen Orten zu dienen, wohin sie von ihren Oberen gesandt werden. Auch künftige Ehefrauen müssten ihre Eltern und ihr Vaterland verlassen, um einen ihnen unbekannten Ehemann zu heiraten. Daher könne man auch von den Schwestern verlangen, die Bequemlichkeit ihres Klosters zu verlassen[12]. Im „Buch von den Ordensgebräuchen" finden sich konkrete Anweisungen für reisende Nonnen. Sie sollen ihre Ordensregel, die Konstitutionen sowie das Buch der Ordensgebräuche mit sich führen und auch während der Reise so viel als möglich die Ordensregel beachten. In Wirtshäusern und Herbergen müssen die Klosterfrauen ein eigenes Zimmer haben, wo sie auch Besucherinnen empfangen dürfen. Die Schwestern sollen von einem *ehrbaren und bescheidenen* Geistlichen begleitet werden, der jedoch ihr Zimmer nicht betreten darf[13].

Die dreiwöchige Reise von Brüssel nach Wien begann am 6. Juli 1717 um 5 Uhr morgens, nachdem die Nonnen die hl. Messe gehört und kommuniziert hatten. Die Messe las Herr Bolenger, der vom Erzbischof dazu bestimmt worden war, die Schwestern als Beichtvater und Prediger nach Wien zu begleiten[14]. Die Klosterfrauen fuhren in zwei Kutschen, der Beichtvater ritt auf einem Pferd. In ihrer ersten *Circulaire* schildert die Oberin Marie Juliane ausführlich die Beschwerlichkeit, aber auch die Höhepunkte ihrer Reise. Wenn möglich nächtigten die Schwestern in Frauenklöstern. Bei ihrer zweiten Übernachtung in Maastricht waren die Nonnen jedoch gezwungen ein Wirtshaus aufzusuchen. Auf der Weiterreise brach kurz vor Köln ein Wagenrad, sodass sie im Haus eines Schneiders eine provisorische Unterkunft fanden. Der päpstliche Nuntius in Köln sandte den Nonnen zwei Kutschen, damit sie unterschiedliche Kirchen besuchen und die dortigen Reliquien verehren konnten, darunter die Gebeine der hl. Ursula und ihrer Gefährtinnen. Nach ihrem Aufenthalt in Köln erreichte die Reisegesellschaft nach vier Tagen Frankfurt, wo sie eine zweitägige Rast einlegte, um sich von den Strapazen der Reise zu erholen. Von Frankfurt nach München war der schwierigste Teil der Reise, da die Gegend nun gebirgiger wurde und die Kutschen sich als wenig geeignet erwiesen. Nach einem Besuch bei den Ursulinen in Kitzingen war der Aufenthalt im Münchener Heimsuchungskloster sicherlich ein Höhepunkt der Reise. Über Altötting fuhren die Klosterfrauen bis nach Linz, wo sie allerdings von einer Einladung bei den dortigen Ursulinen zu spät erfuhren. Die letzte Übernachtung erfolgte im Kloster der Englischen Fräulein in St. Pölten[15].

Am Nachmittag des 28. Juli 1717 erreichten die Salesianerinnen das Schloss Schönbrunn, wo sie von Amalia Wilhelmina und ihren Töchtern empfangen wurden. Die Klosterfrauen wurden drei Tage lang *herrlich tractiert*, bevor sie am 31. Juli in der Früh von der Obersthofmeistein Katharina Gräfin von Caraffa und drei Kammerfräulein in drei Hofwägen zu den Karmelitinnen („Siebenbüchnerinnen") gebracht wurden, wo die Kaiserin und ihre Töchter schon auf die Nonnen warteten. Nach einem gemeinsamen Mittagessen und der Vesper, die von der Hofmusik gestaltet wurde, besichtigte die Kaiserin gemeinsam mit den Klosterfrauen die Baustelle ihres zukünftigen Klosters. Danach begab man sich in das Gartenpalais des Grafen Paar, wo für die Schwestern eine Wohnung und eine kleine Kapelle vorbereitet worden war. Die Kaiserin hatte schon den Altar schmücken lassen und ein Priester wartete, um die Nonnen zu segnen. Amalia Wilhelmina führte die Schwestern durch die Kapelle in den Chor und versperrte anschließend persönlich die Pforte. Nach einem Te Deum führte die Kaiserin die Nonnen in ihre Zellen[16].

In jeder Zelle befanden sich ein Bett, ein Tisch, ein Sessel sowie ein Betstuhl aus Nussbaumholz, dazu ein Weihwasserkessel aus Zinn, ein Bild des hl Franz von Sales und zwei gerahmte Kupferstiche. Die Kaiserin selbst hatte für jede Klosterfrau ein Handwaschbecken und einen Wachsleuchter

▲ Abb. 30: Plan der Salesianerinnenkirche mit anschließendem Trakt in Schnitt und Ansicht (Archiv der Salesianerinnen in Wien)

samt Wachsstock in die Zelle stellen lassen. Die Schwestern verfügten über so viele Küchenutensilien *als vor eine große haushaltung vonnöthen*. Da sich die Küche außerhalb der Wohnung befand, stellte Amalia Wilhelmina eine Köchin an. Auch die Kapelle der Nonnen war vollständig mit Vasa sacra und Paramenten von bester Qualität ausgestattet[17]. Am Neujahrstag 1718 erhielt der Konvent erstmalig die jährlichen Zinsen des Stiftungskapitals (3000 fl.) ausbezahlt und konnte damit eine selbstständige Wirtschaftsführung beginnen. Die Kaiserin schickte den Nonnen regelmäßig Pasteten, Konfekt *und ander dergleichen gute dinge*. Zu Ostern 1718 erhielten sie etliche Schinken, geselchte Rinderzungen, Lammfleisch, Eier und Brot[18]. Von Zeit zu Zeit besichtigte Amalia Wilhelmina gemeinsam mit der Oberin, der Assistentin und der Ökonomin die Baustelle der Kirche und des Klostergebäudes[19]. Amalia Wilhelmina bezog schon im Gartenpalais ein Appartement und lebte immer wieder für einige Tage bei den Nonnen. Sie trachtete danach, durch ihre Anwesenheit bei den Gottesdiensten, im Refektorium und bei den Rekreationsstunden nicht die Ordnung und die Ruhe der Klostergemeinschaft zu stören. Ein Höhepunkt war der erste Besuch von Kardinal Kollonitsch am Fest des hl. Laurentius, dem Jahrestag seiner Ernennung zum Erzbischof von Wien[20]. Neben dem Beichtvater Monsieur Bolonger, der mit den Klosterfrauen aus Brüssel gekommen war, wirkte seit 1720 Joseph von Braitenbücher, Dompropst von St. Stephan, als geistlicher Vater[21]. Der Konvent wurde, ebenso wie der Kaiserhof, von den Jesuiten geistlich betreut[22]. Die ersten Salesianerinnen, fünf Chorschwestern, eine Novizin und eine Laienschwester, lebten 21 Monate im Gartenpalais des Grafen Paar[23]. Marie Juliane La Fontaine, die erste Oberin des Wiener Heimsuchungsklosters, wurde im Fürstentum Lüneburg (Deutschland) geboren. Ihr Vater war ein französischer Edelmann, der im Heer des Herzogs Georg Wilhelm von Braunschweig-Lüneburg diente. Ihre Mutter, eine Lutheranerin, starb sehr früh. Marie Juliane erhielt eine adelige Erziehung und unternahm mit ihrer Ziehmutter zahlreiche Reisen, unter anderem an den Wiener Hof. Im Alter von 26 Jahren trat sie in das Heimsuchungskloster von Brüssel ein, wo sie am 27. Juni 1702 Profess ablegte. Nachdem sie vierzehn Jahre lang als Kostmeisterin tätig gewesen war, wurde Marie Juliane zur Oberin gewählt. Nach zwei Jahren im Amt übernahm sie die Leitung des neugegründeten Wiener Konvents[24]. Die erste Assistentin des Wiener Salesianerinnenklosters war Marie Claire Ciremans. Sie stammte aus Brüssel und war im Pensionat des dortigen Heimsuchungsklosters erzogen worden. Im Alter von 18 Jahren trat sie in den Konvent ein. In Wien war sie 18 Jahre lang als Assistentin die rechte Hand der Oberin. Daneben arbeitete sie wie schon in ihrem Mutterhaus als Kleidermeisterin und Sakristanin[25].

Marie Florence de Broide kam als junges Mädchen zur Erziehung in das Heimsuchungskloster von Mons, wo sie auch in den Orden eintrat. Wegen ihres besonderen Talents für Wirtschaftsangelegenheiten wurde sie als Ökonomin und Pförtnerin für die neue Wiener Niederlassung ausgewählt. Sie starb 1740 im Alter von 82 Jahren[26]. Catherine Therese du Beron stammte aus einer vornehmen Familie in Lille (Frankreich) und wurde zunächst in der Abtei von Marquette und dann im Heimsuchungskloster von Mons erzogen, wo sie am 4. Mai 1690 Profess ablegte. In Wien war sie zunächst Novizenmeisterin und nach dem Tod der Gründungsoberin die zweite Oberin des Hauses[27].

Marie Magdeleine de la Grua war die erste Chorschwester, die in Wien ihre Profess ablegte. Sie wurde in Brüssel als Tochter des Prinzen von Grua geboren. Ihre Mutter war eine ihrem Gemahl nicht ebenbürtige Spanierin, die sich nach dem frühen Tod ihres Gatten mit ihrer Tochter in das Brüsseler Heimsuchungskloster zurückzog. Später begab sie sich in das Ursulinenkloster von Brüssel, in dessen Pensionat ihre Tochter erzogen wurde. Marie Magdeleine schlug eine sehr vorteilhafte Ehe mit ihrem Verwandten, dem sizilianischen Prinzen de Carini, aus und begann ihr Noviziat im Heimsuchungskloster von Brüssel, wo sie am 19. März 1717 eingekleidet wurde. Ihre Profess erfolgte am 28. April 1718 in Anwesenheit dreier Kaiserinnen in Wien[28]. Sie war ab 1739 für sechs Jahre die dritte Oberin des Wiener Heimsuchungsklosters. In ihrem Nachruf wird auch ihre schöne Singstimme gepriesen[29].

Zwei Schwestern kehrten wieder nach Brüssel in ihr Professkloster zurück. Die Laienschwester Marie Albertine de Lannois verließ Wien im Jahr 1722[30]. Die Chorschwester Marie Victoire Locquet d'Homberg übte in Wien die Klosterämter der Assistentin, Ökonomin und Pförtnerin aus. 1740 kehrte auch sie in ihr Mutterhaus nach Brüssel zurück[31].

Aus den Quellen geht nicht hervor, nach welchen Gesichtspunkten die Nonnen für das Wiener Heimsuchungskloster ausgewählt wurden und mit welchen Gefühlen die Schwestern ihr Professkloster verließen. In einer fremden Stadt einen neuen Konvent zu gründen, bedeutete ein persönliches Wagnis, bot aber auch Karrieremöglichkeiten. Für mehr als drei Jahrzehnte wechselten die Belgierinnen Marie Juliane La Fontaine, Catherine Therese du Beron, Marie Magdeleine de la Grua sowie Charlotte de Leyen[32] einander als Oberinnen des Wiener Heimsuchungsklosters ab. Erst 1755 übernahm mit der in Ungarn gebürtigen Marie Joseph Gratz eine in Wien eingekleidete Nonne die Führung des Konvents[33].

Am 13. Mai 1719 erfolgte der feierliche Einzug der Salesianerinnen in ihr neues Kloster am Rennweg und die Grundsteinlegung der Kirche. Der 13. Mai war der Jahrestag der Eröffnung des Grabes der Ordensstifterin Jeanne-Francoise Fremiot de Chantal und der Geburtstag der späteren Kaiserin Maria Theresia, der Nichte der Stifterin[34].

▼ Abb. 31: Totenbild der Gründungsoberin Marie Juliane La Fontaine, 1733, Salesianerinnenkloster Wien

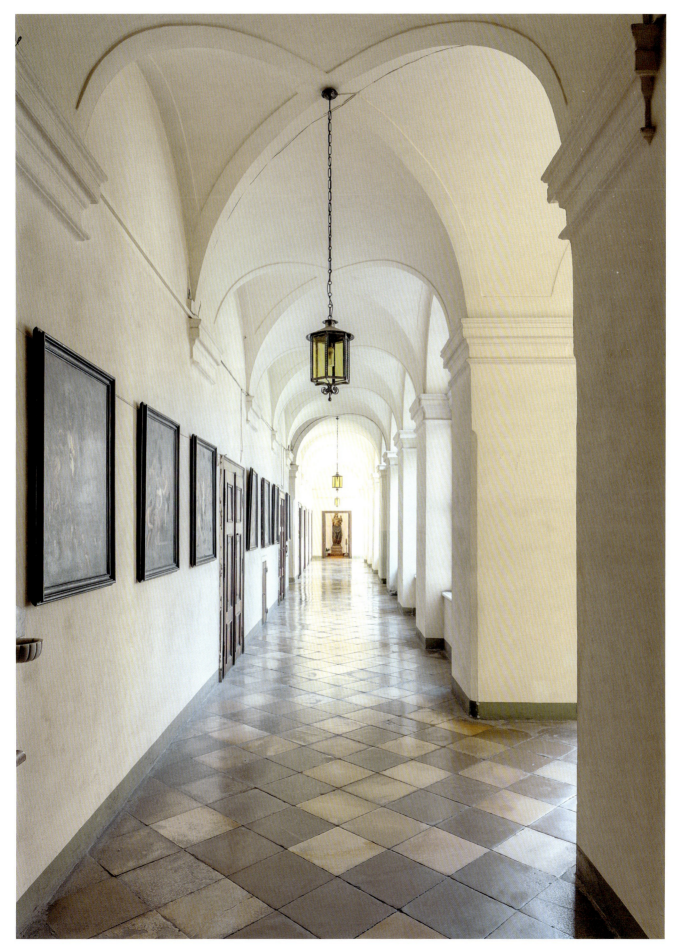

▲ Abb. 32: Kreuzgang, Blick in Richtung St. Jacques Kapelle, Salesianerinnenkloster Wien

Am Morgen des Festtags holten wurden die Heimsuchungsschwestern von Amalia Wilhelmina und ihren Töchtern aus dem Gartenpalais des Grafen von Paar abgeholt. Auf dem halben Weg in das neue Kloster am Rennweg waren am Wienfluss vier Zelte aufgebaut worden, wo der Erzbischof von Wien eine Litanei abhielt. Zahlreiche Geistliche und Hofbedienstete begleiteten die Kaiserin und die Nonnen in einer feierlichen Prozession in die festlich geschmückte Klosterkirche. An der Klosterpforte überreichte Amalia Wilhelmina dem Erzbischof von Wien die Stiftungsurkunde, der Oberin Marie Juliane übergab sie den Schlüssel zum Kloster. In der Klosterkirche wurden eine feierliche Vesper und eine Litanei abgehalten und der Segen erteilt. Damit war diese *herrliche Solemnitet [...] bey welcher ein sehr großer zulauff des adels und gemeinen volkes sich eingefunden* beendet.

Nach den kirchlichen Feierlichkeiten wurden die weiblichen Gäste in das Refektorium geführt, wo die Kaiserin Konfekt, Pomeranzen und Gefrorenes reichen ließ. Nachdem die Besucherinnen das Gebäude verlassen hatten, führte Amalia Wilhelmina die Klosterfrauen persönlich durch das Haus und speiste mit ihnen zu Abend, bevor sie in die Hofburg zurückkehrte. Am nächsten Tag in der Früh kam die Kaiserin mit ihren Töchtern und ihrem Hofstaat wieder in die Klosterkirche, um die Predigt von Pater Franz Peickhart SJ zu hören. Er sprach *mit einer wunderwürdigen beredtsambkeit* über das *heilige Werk*, das Amalia Wilhelmina mit der Gründung des Wiener Heimsuchungsklosters vollbracht hatte. Denn der Standort des neuen Klosters wäre damit von einem *lustgarten* in einen *andachtsorth* verwandelt worden. Der Prälat des Benediktinerklosters von Kleinmariazell hielt das Hochamt und die Vesper, die von Amalia Wilhelminas Hofmusik begleitet wurde. Auch am nächsten Tag wurden die Nonnen von der Hoftafel bekocht, und einige adelige Damen erhielten die Erlaubnis, mit den Nonnen im Refektorium zu speisen[35].

Nachdem die Feierlichkeiten beendet waren, genossen die Nonnen die Ruhe und Einsamkeit ihres *cher & charmant monastere*. Wenn nicht der Lärm der Arbeiter wäre, könnte man meinen, alleine auf der Welt zu sein, schrieb die Oberin[36]. Denn die Bauarbeiten gingen auch nach dem Einzug der Nonnen weiter. In den *Circulaires* werden die Innenausstattung von Kirche und Klostergebäude detailliert beschrieben. Die Zellen der Klosterfrauen beschreibt die Oberin als so *charmant*, wie man sich nur vorstellen könne. Besonders reizvoll sei der Ausblick in den großen Garten mit seinen Bäumen[37]. Nach Meinung der Nonnen war ihr Kloster eines der schönsten des gesamten Ordens[38]. Am 6. Juni 1728 erfolgte die Einweihung der Klosterkirche durch Kardinal Kollonitsch, den Erzbischof von Wien. Amalia Wilhelmina bestimmte dieses Datum, weil am 6. Juni 1610 das erste Heimsuchungskloster in Annency (Frankreich) gegründet worden war[39]. 1732 erhielt der Konvent drei schöne Krankenzimmer. In einem abgelegenen Gebäudetrakt wurden Räume eingerichtet, worin Kostkinder, die an den Pocken erkrankten waren, isoliert werden konnten. An Wirtschaftsräumen kamen eine Backstube und eine Waschküche hinzu. Auch die Ausgehschwestern erhielten schöne Wohnräume mit einem kleinen Garten außerhalb der Klausur. Wegen der Abgeschiedenheit des Klosters hatte die Kaiserin Quartiere für die Klosterdienstboten, den Gärtner und den Mesner errichten lassen[40]. Auch die Innenausstattung von Kirche und Kloster wurde laufend fortgesetzt. Im familiären und höfischen Umfeld der Stifterin fanden sich zahlreiche adelige Wohltäter. So vermachte die Obersthofmeisterin Amalia Wilhelminas dem Konvent testamentarisch 300 fl. für einen Messkelch[41]. Die Familien der Kostkinder unterstützten das Kloster ebenfalls mit Geld und Lebensmitteln[42]. Im Vergleich zu anderen vergleichbaren Klostergründungen war der Anfang des Wiener Heimsuchungsklosters sehr privilegiert[43]. Die fremden Klosterfrauen genossen den Schutz und das Wohlwollen ihrer Stifterin, die sie materiell bestens versorgte und auch einen Arzt für den Konvent anstellte[44].

Die französischsprachigen Klosterfrauen hatten allerdings beträchtliche Verständigungsprobleme innerhalb und außerhalb ihres Konvents. Die Oberin Marie Juliane La Fontaine war die Einzige der Gründerinnen, die Deutsch sprach. Sie musste neben ihrem Amt als Oberin für das gesamte Kloster Übersetzungsdienste leisten[45]. Auch im Totenbrief einer der ersten einheimischen Schwestern ist von sprachbedingten Schwierigkeiten mit den französischsprachigen Mitschwestern zu lesen[46]. Das Problem der Übersetzungen beschäftigte die Nonnen noch mehr als ein Jahrzehnt später. Die geistlichen Schriften der Ordensstifterin Jeanne-Francoise Fremiot de Chantal wurden von einer jungen Nonne ins Deutsche übersetzt. Die Korrekturen übernahmen Pater Steyrer SJ und die Oberin Marie Juliane[47]. Bei dieser sprachbegabten Klosterfrau, deren Name in der *Circulaire* nicht genannt wird, handelte es sich um Amelie Elizabeth Ruell, die erste Novizin des Wiener Heimsuchungsklosters[48].

## Die personelle Entwicklung des Konvents

Die Heimsuchungsklöster sollen nach dem Willen ihres Stifters nicht mehr als 33 Mitglieder haben, davon vier Laienschwestern[49]. Über die Anzahl der Schwestern und Kostkinder im Wiener Konvent geben die *Circulaires* Auskunft, wobei die Laienschwestern nur selten erwähnt werden. Die den *Circulaires* beigefügten Totenbriefe enthalten die einzigen biografischen Informationen über die Klosterfrauen und dienen im Folgenden der Analyse der personellen Entwicklung des Konvents. Wie oben erwähnt kamen 1717 fünf belgische Klosterfrauen, eine Novizin und eine Laienschwester nach Wien und begründeten im Gartenpalais des Grafen Paar den Wiener Heimsuchungskonvent[50]. Am 26. September 1718 wurde die 17-jährige Wienerin Elisabeth Magdalena Ruell als erste Novizin eingekleidet. Zu Ehren der Stifterin erhielt sie den Klosternamen Amelie. Die kirchlichen Feierlichkeiten, bei denen zwei Kaiserinnen und vier Erzherzoginnen anwesend waren, leitete der Erzbischof von Wien. Die Einkleidungszeremonien wurden in deutscher Sprache vorgenommen. Lediglich der Klosterbeichtvater Monsieur Bolenger predigte auf Französisch[51]. Ihre Profess legte Schwester Amelie am 27. September 1719 schon im neuerbauten Kloster am Rennweg ab[52]. Wie oben erwähnt übersetzte Schwester Amelie geistliche Schriften aus dem Französischen ins Deutsche. Vor ihrem Tod arbeitete sie an den *Philotea* des hl. Franz von Sales. Sie hatte in ihrem Ordensleben unterschiedliche Klosterämter inne, zuletzt das der Archivarin[53]. Am 29. Jänner 1719 wurde mit Marie Elisabeth Schmid eine weitere Novizin eingekleidet. Sie übte vierzig Jahre lang das Amt der Sakristanin aus[54]. In ihrer *Circulaire* vom 27. Juli 1720 konnte die Oberin berichten, dass ihr Konvent aus sieben Professschwestern bestand und sechs Pensionärinnen betreute[55].

Nachdem einige junge einheimische Schwestern aufgenommen worden waren, benötigte der Konvent auch zusätzlich erfahrene Klosterfrauen, um in der jungen Gemeinschaft Stabilität zu gewährleisten. 1721 kamen Marie Catherine de Bodeck als Ökonomin und Charlotte de Leyen, die große Erfahrung in der Erziehung adeliger Kinder hatte, nach Wien[56]. Marie Catherines Nichte Elisabeth Therese de Bodeck trat 1733 in den Konvent ein und bekleidete, wie ihre Tante, das Klosteramt der Ökonomin. Ab 1758 stand sie dem Konvent als Oberin vor[57]. Charlotte de Leyen stammte aus dem Heimsuchungskloster in Straßburg. In Wien war sie 26 Jahre lang Kostmeisterin und sechs Jahre lang Oberin[58].

In den nächsten Jahren legten zwei weitere Schwestern ihre Gelübde ab. Marie Joseph Gratz, die fünfte Professe des Wiener Heimsuchungsklosters, stammte aus Ungarn. Ihre Eltern standen im Dienst der Stifterin Amalia Wilhelmina[59]. Vor ihrer Wahl zur Oberin im Jahre 1755 übte sie die Klosterämter der Sakristanin, Assistentin und Pensionatsleiterin aus. In ihrem Nachruf wird besonders ihr künstlerisches Talent gelobt[60]. Marie Christine de Vinantz wurde in Brüssel geboren. Ihr Vater, der Vicomte de Vinantz, kam in Diensten von Kaiser Karl VI. nach Wien. Seine Gattin, welche die Salesianerinnen aus Brüssel kannte, besuchte das neue Wiener Heimsuchungskloster häufig gemeinsam mit ihrer Tochter. Die Freundschaft mit Schwester Marie Victoire d'Homberg und die Lektüre von *De imitatione Christi* des Thomas von Kempen bewogen Marie Christine dazu, im Alter von 25 Jahren in den Konvent einzutreten. In ihrem Totenbrief steht zu lesen, dass es ihr zu Anfang ihres Klosterlebens nicht leichtgefallen sei, das angenehme Leben einer adeligen Dame gegen die Strenge des Ordens einzutauschen. Ihr Charakter wird als liebenswert und fröhlichen beschrieben, was die gemeinschaftlichen Rekreationsstunden des Konvents besonders angenehm gestaltete. Auch in den zwei Jahrzehnten, in denen sie an Rheumatismus und anderen schmerzhaften Krankheiten litt, verlor sie ihren Humor nicht[61].

Obwohl einige Novizinnen eingekleidet wurden, klagte die Oberin in ihrer *Circulaire* von 1723, dass sie in den sechs Jahren seit der Klostergründung zwar einige Kandidatinnen gehabt hätten, die jedoch nicht in den für sie fremden und französischsprachigen Salesianerinnenorden eingetreten wären[62]. 1727 zählte man schon 20 Professnonnen, drei Chorschwesternovizinnen, eine Laienschwesterkandidatin und 21 Pensionärinnen[63]. 1727 wurde Marie Henriette Plekner eingekleidet. Sie war die Tochter und die Schwester eines Chirurgen und übte im Kloster das Amt der Krankenwärterin aus[64].

1734 klagte die Oberin wieder über Nachwuchsmangel. Bisher sei keine Internatsschülerin in den Orden eingetreten, was man ihnen aber nicht verübeln könne, da Ordensberufungen von Gott kämen. Generell hätte ihr Konvent kein Glück mit den Novizinnen. Eine hätte im Jahr zuvor das Kloster aus gesundheitlichen Gründen verlassen müssen. Eine andere Kandidatin stellte sich als charakterlich ungeeignet heraus. Die zwei verbleibenden Novizinnen, die im Heimsuchungskloster von Straßburg erzogen worden waren, seien aber vielversprechend[65]. Diese beiden Novizinnen wurden am 15. September 1733 eingekleidet. Marie Amelie de Naigle stammte aus einer Familie englischer Katholiken. Sie hatte früh ihre Mutter verloren und ihr Vater war in die Dienste des Königs von Frankreich getreten. Seine fünfjährige Tochter gab er in das Pensionat des Straßburger Heimsuchungskloster. Schwester Amelie starb 1740 im Alter von 22 Jahren an einer ansteckenden Krankheit, der auch sieben andere Nonnen des Wiener Klosters zum Opfer fielen[66].

Die Hoffnung der Oberin, dass Schülerinnen des hauseigenen Pensionats in den Konvent eintreten würden, erfüllte sich in den darauf folgenden Jahren mit der Einkleidung der Schwestern Amelie Alexis Gräfin Oppersdorff und Gabrielle Gräfin Ogiluy[67]. Kaiserin Amalia Wilhelmina war die Taufpatin der Novizin Amelie Alexis gewesen und hatte ihr auch den ersten Platz der kaiserlichen Stiftsfräulein verliehen[68]. Auch Witwen schlossen sich der geistlichen Frauengemeinschaft in Wien an. Jeanne Francoise Galauner stammte aus einer sehr frommen Familie aus Bayern. Obwohl sie schon sehr früh eine Neigung für das Ordensleben verspürte, verheiratete sie sich nach den Wünschen ihrer Eltern. Als ihr Ehemann 18 Monate nach der Hochzeit starb, trat die junge Witwe in den Wiener Heimsuchungskonvent ein. In ihrem Amt als Pförtnerin war sie besonders mildtätig gegen die Armen[69].

Nachdem die belgischen Gründerinnen verstorben waren, wurden in den 1760er Jahren Schwestern aus französischen Heimsuchungsklöstern nach Wien berufen[70]. Mit ihnen sollte der „französische Geist" des Konvents erneuert werden und die *Demoiselles Pensionnaires* sollten Französischunterricht von muttersprachlichen Erzieherinnen erhalten[71]. Eine tiefgreifende Veränderung erfuhr die personelle Zusammensetzung des Konvents, als die Salesianerinnen 1782 acht Nonnen aus aufgehobenen Klöstern aufnahmen[72].

## Laienschwestern (*soeurs domestiques*) und Einkaufsschwestern (*soeurs tourriéres*)

Während Chorschwestern alle Stundengebete in den Chorzeiten verrichteten und das Pensionat führten, erledigten die Laienschwestern die häuslichen Arbeiten. Zu jenen belgischen Klosterfrauen, die 1717 das Wiener Heimsuchungskloster begründeten, zählte auch die Laienschwester Marie Albertine de Lannois, die jedoch schon 1722 in ihr Professkloster nach Brüssel zurückkehrte[73]. In den ersten Jahren des Wiener Heimsuchungsklosters wurden zwar laufend Chorschwestern eingekleidet, aber es war schwierig, einheimische Mädchen und Frauen zu finden, die sich als Laienschwestern oder Einkaufsschwestern einem fremden und französischsprachigen Orden anschließen wollten. Daher unterstützte auch die Mutter der Chorschwester Marie Elisabeth Schmidin den Konvent, der noch keine Ausgehschwestern hatte[74]. Erst im April 1723 konnte eine Laienschwester in das Noviziat aufgenommen werden. Marie Therese van Wingarden stammte aus den spanischen Niederlanden und war als Dienstmädchen der Vicomtesse de Vinantz nach Wien gekommen. Gemeinsam mit der Tochter ihrer Dienstherrin, der Chorschwester Marie Christine de Vinantz, trat sie in den Konvent ein[75]. In ihrer *Circulaire* vom 16. April 1723 klagte die Wiener Oberin, dass ihr Kloster dringend auch eine erfahrene Laienschwester benötige, welche zukünftige einheimische Laienschwesterkandidatinnen in ihre Amtsplichten einführen könne[76]. Diese erfahrene Laienschwester war Marie Angelique Joret aus dem Heimsuchungskloster in Mons. Sie kam am 3. Mai 1723 gemeinsam ihrer Nichte Marie Agnes Joret und der Einkaufsschwester Marie Adrienne Gabriel nach Wien[77]. Erst vier Jahre später begann die erste einheimische Laienschwester, Marie Francoise Vendlin, ihr Noviziat. Sie entstammte einer armen Familie aus Bockfließ in Niederösterreich und war im Kloster als Köchin tätig[78].

Da die Salesianerinnen in strenger Klausur lebten, benötigten sie für ihre Kontakte zur Außenwelt sogenannte Einkaufs- oder Ausgehschwestern (*soeurs tourriéres*). Diese trugen keinen Habit, sondern weltliche Kleidung *wie andere ehrbare weibs=bilder ihrem Herkommen und Stand gemäß*. Sie durchliefen ein zweijähriges Noviziat und legten dann einfache Gelübde (*obligation*) ab[79]. Die *soeurs tourriéres* erledigten alle Arbeiten, die mit Kontakten zur Außenwelt verbunden waren. Sie machten Dienst an der Pforte und reinigten nach Anweisung der Sakristanin die Kirche[80]. 1732 berichtet die Oberin, dass die Ausgehschwestern schöne Wohnräume mit einem kleinen Garten außerhalb der Klausur erhalten hätten[81]. Die erste Ausgehschwester des Wiener Klosters war Marie Adrienne Gabriel, die gemeinsam mit der oben erwähnten Laienschwester Marie Agnes Joret im Jahre 1725 aus dem Heimsuchungskloster in Mons nach Wien kam[82]. Erst im Jahre 1738 legte die erste einheimische Ausgehschwester, Elisabeth Marie Kaveck, ihre *obligation* ab[83].

## Das Pensionat des Wiener Heimsuchungsklosters

Da es sich bei den Salesianerinnen um einen kontemplativen Orden handelt, sollten die Heimsuchungsklöster höchstens vier Mädchen im Alter von zehn bis zwölf Jahren zur Erziehung aufnehmen. Wenn man kleinere Kinder aufnahm, musste zumindest gewährleistet sein, dass diese die Ordnung des Klosters nicht störten. Die Pensionärinnen sollten *so viel es möglich, geistlich zu werden geneigt seyn, oder*

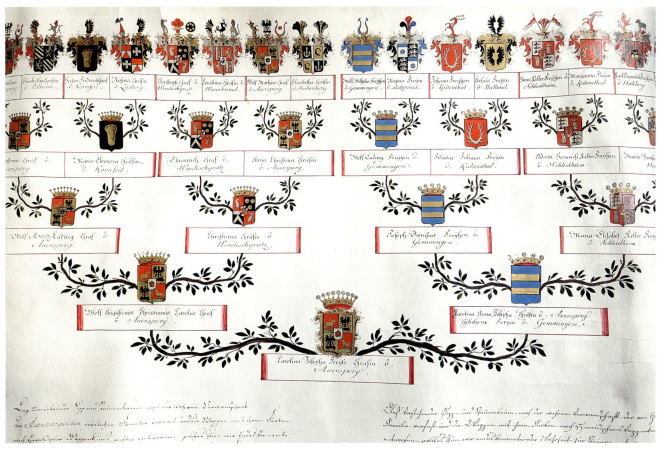

▲ Abb. 33: Ahnentafel des Stiftungsfräuleins Maria Theresia Gräfin von Auersperg, ca. 1738 (Archiv der Salesianerinnen in Wien)

*doch dieses der wunsch und verlangen ihrer eltern seyn*[84]. Im Alter von 15 Jahren traten die Schülerinnen entweder in das Noviziat ein oder kehrten zu ihren Familien zurück. Grundsätzlich sollten Heimsuchungsklöster, sofern es ihnen möglich war, auf eine Erziehungstätigkeit verzichten. Kaiserin Amalia Wilhelmina beabsichtigte jedoch in dem von ihr gestifteten Wiener Heimsuchungskloster ein Pensionat für bedürftige adelige Mädchen einzurichten. Daher erwirkte sie 1722 ein päpstliches Dekret, in welchem den Wiener Salesianerinnen gestattet wurde, über die Bestimmungen ihres Ordens hinaus, *nach ihrer geistlichen obrigkeit gutbefinden*, Mädchen in ihr Pensionat aufzunehmen[85].

Zu Beginn des 18. Jahrhunderts wurden adelige Kinder in aller Regel von Privatlehrern zu Hause unterrichtet. Knaben erhielten in den von den Jesuiten dominierten Gymnasien und Universitäten eine weiterführende Ausbildung[86]. Eine höhere Mädchenbildung war im frühneuzeitlichen Schulsystem nicht vorgesehen. Kontemplative Frauenklöster nahmen vereinzelt Mädchen zur Erziehung auf[87]. Erst die gegenreformatorischen Lehrorden der Ursulinen und Englischen Fräulein (Congregatio Jesu) boten in ihren Internaten eine höhere Bildung für Mädchen, die nicht in einen Orden eintreten wollten[88]. Die Ursulinen waren seit 1660 in Wien ansässig[89]. Ein Besuch der Kaiserin Amalia Wilhelmina im Wiener Ursulinenkloster ist quellenmäßig belegt. Am Festtag der hl. Ursula (21. Oktober) 1731 wohnte Amalia Wilhelmina dem Hochamt in der Klosterkirche bei. Nach dem Mittagessen im Refektorium empfing die Kaiserin im Zimmer der Oberin das Kostfräulein Elisabeth von Ritterich, die darum bat, als Chorschwester in den Konvent des Wiener Heimsuchungsklosters aufgenommen zu werden. Die Kaiserin gab der Kandidatin die *gnädigste Hoffnung*, betonte allerdings, dass sie grundsätzlich keinen Einfluss darauf nähme, welche Kandidatinnen die Kapitularinnen aufnahmen oder ablehnten[90]. Elisabeth von Ritterich wurde am 21. Juni 1732 mit dem Klosternamen Marie Ignace eingekleidet[91].

Nach ihrer Ankunft in Wien bezogen die belgischen Salesianerinnen am 31. Juli 1717 eine provisorische Wohnung im Gartenpalais des Grafen Paar, wo am 18. Jänner 1718 die erste Kostschülerin aufgenommen wurde[92]. Bis zur offiziellen Übersiedelung in das neue Klostergebäude am Rennweg kamen fünf weitere Mädchen hinzu[93]. 1727 besuchten schon 21 Kinder das Internat des Heimsuchungsklosters[94]. Eine wichtige Quelle für die soziale Herkunft der Schülerinnen ist das Pensionärinnenverzeichnis[95], worin die Namen der Kostfräulein in der Reihenfolge ihres Eintritts aufgelistet werden. Sehr häufig werden der Name des späteren Ehemannes, das Kloster oder Damenstift, in welches sie eintraten, oder der Vermerk „Hofdame" angeführt. In einigen Fällen wird ein weiterer Name erwähnt, vermutlich jener Person, die das Kind in das Kloster gebracht hatte. Aus dem Pensionärinnenverzeichnis ist zu entnehmen, wie viele Kinder pro Jahr in die Schule eintraten, aber nicht, welches Alter sie hatten und wie lange sie blieben. Neben den eigentlichen Kostfräulein und den unten erwähnten drei kaiserlichen Stiftungsfräulein wurden einige Mädchen kostenlos unterrichtet. Am 22. Oktober 1723 beschloss der Konvent in einer Kapitelsitzung, Henriette Böhm, die zwölfjährige Tochter eines schwedischen Konvertiten, *par charité et au frais de la maison* in das Pensionat aufzunehmen[96].

Oft wurden leibliche Schwestern gemeinsam zu den Salesianerinnen zur Erziehung gegeben. Einige Adelsfamilien blieben dem Pensionat des Wiener Heimsuchungsklosters über Jahrzehnte treu. Dorothea Gräfin von Ogiluy kam 1726 im Alter von 12 Jahren als Schülerin zu den Salesianerinnen[97] und wurde am 7. August 1735 mit dem Klosternamen Marie Gabrielle eingekleidet[98]. Ungefähr ein Jahr nach ihrer Einkleidung traten ihre beiden jüngeren Schwestern Maria Anna Walpurga[99] und Wilhelmine gemeinsam in das Internat ein. Maria Anna Walpurga heiratete 1748 Prokop Grafen von Kolowrat-Krakowsky. Wilhelmine ehelichte Leopold Stefan Graf Palffy. Eine weitere Schwester, Maria Theresia, vermählte sich 1739 mit Johann Adolf Graf von Kaunitz[100]. In der nächsten Generation besuchten drei Nichten der Schwester Marie Gabrielle das Pensionat der Salesianerinnen. Josepha von Kaunitz und ihre jüngeren Cousinen Walpurga und Antonia von Kolowrat traten 1758 bzw. 1771 in das Pensionat ein[101].

Offensichtlich wurden Kinder aus dem sozialen Umfeld des Klosters und des Kaiserhofs bei der Aufnahme in das Pensionat bevorzugt. Im Gegenzug war die Erziehung bei den Salesianerinnen eine gute Voraussetzung für eine Karriere als Hofdame. Judith Gräfin von Brandeis trat 1727 in das Pensionat der Salesianerinnen ein. Sie war ab 1750 Hofdame der Kaiserin Maria Theresia und später Erzieherin der Erzherzoginnen Maria Karolina und Maria Antonia, der späteren Königin Marie Antoinette von Frankreich[102]. Zu Lebzeiten Amalia Wilhelminas traten drei Pensionärinnen als Novizinnen in den Wiener Heimsuchungskonvent ein. Amelie Gräfin Oppersdorff kam 1727 im Alter von 7 Jahren als Schülerin zu den Salesianerinnen und wurde im Alter von 15 Jahren eingekleidet[103]. Dorothea Gräfin von Ogiluy trat 1726 im Alter von 12 Jahren als kaiserliches Stiftsfräulein in das Internat ein[104] und wurde am 7. August 1735 mit dem Klosternamen Marie Gabrielle eingekleidet[105]. Antoinette Gräfin von Wallis trat als dritte Pensionärin in den Konvent ein[106].

Im Jahre 1736 stiftete Kaiserin Amalia Wilhelmina im Pensionat des Wiener Heimsuchungsklosters drei zusätzliche Kostplätze für die sogenannten *kaiserlichen Stiftungsfräulein*. Die Bewerberinnen wurden von Amalia Wilhelmina persönlich und in ihrer Nachfolge von der jeweiligen Landesfürstin ausgesucht. Das Direktorium der Stiftung bestand aus dem Erzbischof von Wien, dem niederösterreichischen Landmarschall sowie dem Oberstkofmeister Amalia Wilhelminas, Graf von Paar. Diesem Direktorium oblag die Verwaltung des Stiftungsvermögens. Alle Stiftsfräulein mussten väterlicherseits aus den österreichischen Erblanden stammen, körperlich und geistig gesund und zwischen sechs und acht Jahren alt sein. Ihre *wahrhaffige* Armut und hohe adelige Abstammung waren schriftlich nachzuweisen. Die Mädchen sollten bis zu ihrem vollendeten 18. Lebensjahr im Kloster bleiben, den *kleinen habit* tragen und während ihrer Internatszeit das Kloster niemals verlassen. Als einzige Ausnahme gestattete Amalia Wilhelmina ärztlich verordnete Kuren und Badereisen. Die unerlaubte Ausdehnung einer solchen Abwesenheit konnte den Verlust des Stiftsplatzes bedeuten[107].

Amalia Wilhelmina stiftete ein Kapital von 18.000 fl., das bei einer fünfprozentigen Verzinsung jährlich 900 fl. abwarf. Für jedes der drei kaiserlichen Stiftsfräulein war ein jährlicher Unterhalt von 300 fl. vorgesehen. Wenn ein Stiftsfräulein im Alter von 18 Jahren das Pensionat verließ, wurde ihre Stelle sechs Monate lang nicht nachbesetzt. Während dieser Zeit fielen 150 fl. an Zinsen an, die vom Kloster für die *Ausstaffierung* der nächsten Kandidatin verwendet wurden. Denn jedes Mädchen erhielt, neben Kost und Unterricht, ein Bett mit Vorhängen, einen großen Kasten, zwei Sessel, Tischwäsche, Essgeschirr, Tageskleidung, Strümpfe, Schuhe und einen Schlafrock[108]. Weitere 10.000 fl. stiftete Amalia Wilhelmina für die Mitgiften der Stiftsfräulein. Bei ihrem Austritt erhielt jedes Mädchen 3.000 fl. als Mitgift für eine Eheschließung oder den Eintritt in ein Kloster. Mädchen, die unverheiratet blieben, erhielten ihre Mitgift bei Erreichung der Volljährigkeit ausbezahlt. Wenn ein Stiftsfräulein starb, wurde das Begräbnis aus ihrer Mitgift finanziert[109].

Amalia Wilhelmina erließ auch eine *Ordnung für die Kayserlichen Stiftungs Fräulein in dem Kloster der Heimsuchung Marie in Wienn*, welche Einblicke in den Alltag der Schülerinnen erlaubt. Die Intention der Stifterin war es, den Kindern eine *wahrhafftig christliche auferziehung zu verschaffen*, um sie von dem *gift* und den *eitelkeiten der welt*, wofür besonders die Jugend anfällig sei, zu bewahren. Gottesdienste, Gebete und Andachtsübungen waren zentrale Punkte des Pensionatslebens. Die Schülerinnen wurden zur Ehrerbietung gegenüber allen Klosterfrauen, insbesondere ihren Lehrerinnen, ermahnt. Während der Unterrichtsstunden und wenn sie im Kloster *herum gehen*, mussten sie schweigen, um die Ordnung und die Ruhe des Konvents nicht zu stören. Daher war es ihnen auch verboten, die Zellen, Krankenzimmer und Arbeitsräume der Schwestern ohne Erlaubnis ihrer Erzieherinnen zu betreten. Ebenso wie die Nonnen durften auch die Kostfräulein ihre BesucherInnen nur im Parlatorium und in Anwesenheit einer Begleitperson empfangen. Ausnahmen galten für die Eltern und nahe Verwandte. Die Kaiserin ermahnte die Pensionärinnen, dass ihnen diese Anordnung nicht lästig fallen solle. Denn auch in ihren Elternhäusern dürften junge Mädchen keine Besuche ohne Anstandsdame empfangen. Die Stiftsfräulein durften ohne Erlaubnis keine Bücher besitzen oder Geschenke annehmen. Alle Briefe, die sie schrieben oder empfingen, wurden von den Kostmeisterinnen gelesen[110].

Die Stiftsfräulein standen im Sommer um halb sieben, im Winter um sieben Uhr auf. Nach dem gemeinsamen Morgengebet wurden sie von den Kostmeisterinnen gekämmt und angekleidet. Darauf folgten eine erste Lesestunde und das Frühstück, währenddessen sich die Mädchen *erlustigen* durften. Danach begaben sie sich schweigend in den Chor zur hl. Messe. Während des Gottesdienstes sollten jene, die schon lesen konnten, den *in ihren büchern bemerkten übungen nachkommen*. Die kleineren Kinder beteten den Rosenkranz. Nach der Messe gingen sie in ihr Lehrzimmer, um Französisch und Deutsch schreiben zu lernen. Beim Mittagessen um elf Uhr hielt eine Schülerin ungefähr eine Viertelstunde lang eine Tischlesung. Im Anschluss an eine Rekreationsstunde folgte der Nachmittagsunterricht in Französisch, Deutsch und Latein Lesen, Rechnen und Handarbeiten. Während der Jause durften sich die Kinder wieder *erlustigen*. Der Rest des Nachmittags war dem Katechismusunterricht und Handarbeiten gewidmet. Nach dem Abendessen um sechs Uhr genossen die Kinder in ihrem Zimmer oder im Garten etwas Freizeit. Nach dem gemeinsamen Nachtgebet gingen die Schülerinnen um neun Uhr zu Bett[111]. Während der mitternächtlichen Mette kontrollierte eine Kostmeisterin, ob alle Fräulein schlafen gegangen waren[112]. Die strikte Tagesordnung, die Klausur und die Briefzensur verweisen auf den klösterlichen Charakter des Pensionats.

Zu Lebzeiten Amalia Wilhelminas wurden drei Mädchen in die kaiserliche Stiftung aufgenommen. Das erste kaiserliche Stiftsfräulein war die zehnjährige Maria Theresia Gräfin von Auersperg[113]. Im Alter von 18 Jahren verließ sie im August 1746 das Kloster und heiratete *ensuite* Johann Wilhelm Maximilian Graf von Nesselrode-Reichenstein[114]. Am 9. Februar 1737 trat Maria Anna Theresia von Oppersdorff in die kaiserliche Stiftung ein. Sie verließ das Pensionat am 1. Februar 1744 und heiratete *ensuite* einen Grafen Troyer[115]. Bei Maria Anna Theresia von Oppersdorff ist die Verbindung zum Heimsuchungskloster und zum Kaiserhof besonders evident. Ihre Schwester Amelie war schon 1727 im Alter von sieben Jahren in das Pensionat der Salesianerinnen gekommen. Am 7. Februar 1735 wurde sie im Alter von 15 Jahren eingekleidet, ohne jemals das Kloster verlassen zu haben[116]. Ihr Vater, Johann Rudolf Graf von Oppersdorff, war Oberster Hofstäbelmeister von Kaiser Karl VI.[117]. Am 21. Juli 1738 wurde Maria Theresia von Scherffenberg als drittes kaiserliches Stiftsfräulein aufgenommen. Sie blieb bis zum Jahre 1750 im Pensionat und heiratete einen Baron Riedach. Ihre Großmutter[118] war Oberstofmeisterin der Erzherzogin Magdalena gewesen[119].

Am 10. April 1742 starb Kaiserin Amalia Wilhelmina in ihrem Schlafzimmer innerhalb der Klausur ihres Klosters. Sie wurde in der Klostergruft beigesetzt. 31 Ordensfrauen und 24 Kostkinder und Pensionärinnen trauerten um ihre Stifterin und Wohltäterin[120].

1. Zur Person der Stifterin und zur Gründung des Wiener Heimsuchungsklosters aus der Perspektive des Kaiserhofs siehe den Beitrag von Michael Pölzl in diesem Band.
2. Im Buch der Ordensgebräuche wird verlangt, dass die Heimsuchungsklöster einander ein- oder zweimal im Jahr schreiben. Damit soll die *einigkeit* und *gleichförmigkeit* innerhalb des Ordens gefördert werden, Buch Deren Ordens=Gebräuchen 1727, 90–93.
3. Zur Quellengattung der klösterlichen Totenbriefe (Totenroteln) siehe das Standardwerk Hirtner 2014.
4. Siehe Peters 1967, 9–70.
5. Zum Beispiel einer Klostergründung aus der Perspektive einer Konventchronik siehe Schneider 2015.
6. Die folgende Darstellung basiert auf dem Bericht der Gründungsoberin Marie Juliane La Fontaine, ASal, Hs.A-II-13a, *Circulaire* vom 30.11.1717, [pag. 1–9]. Im Konventbuch findet sich eine deutschsprachige Zusammenfassung, vermutlich verfasst von einer Nonne im späten 18. Jahrhundert, ASal, Hs.1, *Livre du Couvent*, pag. 22–43.
7. Für einen kurzen Überblick zu den einzelnen Klöstern vgl. die entsprechenden Artikel im Österreichischen Klosterportal http://kulturgueter.kath-orden.at/klosterportal (Stand 17.1.2017).
8. Zur Gründung der Heimsuchungsklöster in München und Amberg siehe ausführlich Muggenthaler 1894, Stadl 2015.
9. Thomas Philippe Wallrad d'Hénin-Liétard d'Alsace-Boussu de Chimay (1679–1759) war seit 1716 Erzbischof von Mechelen. In seiner Diözese befanden sich die Heimsuchungsklöster von Brüssel und Mons.
10. ASal, Hs.1, *Livre du Couvent*, pag. 22–24.
11. Peters 1967, 29.
12. Franz von Sales, Kurtzer Begrif des Innerlichen Geistes deren Ordens-Schwestern von der Heimsuchung Mariae, welchen der Heilige Franciscus von Sales Bischof zu Genf als deren Stifter erkläret (Wien 1728) 27f.
13. Buch Deren Ordens=Gebräuchen 1727, 6.
14. Er war bis 1722 Beichtvater des Wiener Heimsuchungsklosters und starb 1728 in Rom, Peters 1967, 38.
15. ASal, Hs.A-II-13a, *Circulaire* vom 30.11.1717, [3–6]; Peters 1967, 38–43.
16. ASal, Hs.1, *Livre du Couvent*, pag. 25f.
17. Siehe den Beitrag von Eva Voglhuber in diesem Band.
18. Ebd., pag. 26f.
19. ASal, Hs.A-II-13a, *Circulaire* vom 27.7.1720, pag. 9.
20. ASal, Hs.A-II-13a, *Circulaire* vom 30.11.1717, [pag. 9f.]
21. ASal, Hs.11, Personalkatalog, unpaginiert.
22. ASal, Hs.A-II-13a, *Circulaire* vom 30.11.1717, [pag. 8].
23. ASal, Hs.1, *Livre du Couvent*, pag. 27
24. Peters 1967, 33; ASal, Hs.A-II-13a, *Circulaire* vom 1.4.1734, Totenbrief [pag. 9].
25. ASal, Hs.A-II-13a, *Circulaire* vom 2.2.1745, pag. 6f.
26. Ebd., pag 5.
27. ASal, Hs.A-II-13a, *Circulaire* vom 24.6.1758, pag. 1–7.
28. Die Kaiserinwitwen Eleonora Magdalena und Amalia Wilhelmina sowie die regierende Kaiserin Elisabeth Christine.
29. ASal, Hs.A-II-13a, *Circulaire* vom 8.1.1755, Totenbrief, pag 5–8.
30. ASal, Hs.1, *Livre du Couvent*, pag. 293.
31. Ebd., pag. 285–287.
32. Sie war 1721 aus dem Straßburger Heimsuchungskloster nach Wien gekommen: ASal, Hs.A-II-13a, *Circulaire* vom 16.4.1723, [pag. 11].
33. ASal, Hs.11, Personalkatalog, unpaginiert.
34. Eine ausführliche Beschreibung der Grundsteinlegung findet sich in ASal, Hs.1, *Livre du Couvent*, pag. 34–41.
35. ASal, Hs.1, *Livre du Couvent*, pag. 28–32.
36. ASal, Hs.A-II-13a, *Circulaire* vom 27.7.1720, pag. 23.
37. Ebd., pag. 26.
38. Ebd., pag. 3.
39. ASal, Hs.A-II-13a, *Circulaire* vom 2.1.1729, [pag. 3].
40. Ebd., 31.1.1732, [pag. 1f.].
41. Ebd., 7.1.1727, [pag. 9].
42. ASal, Hs.1, *Livre du Couvent*, pag. 33.
43. Bis dato konnten in den Quellen keine Hinweise für Proteste gegen ein weiteres Kloster von Seiten der Stadt gefunden werden, wie sie für andere Klostergründungen typisch sind. Zu den Widerständen gegen die Einführung der Salesianerinnen 1667 in München siehe Bary 1980, 200–203. Zu den vielfältigen Schwierigkeiten, denen sich die Innsbrucker und Brunecker Ursulinen bei der Gründung ihrer Konvente gegenüber sahen vgl. ausführlich Schneider 2012, 71–76.
44. ASal, Hs.A-II-13a, *Circulaire* vom 27.7.1720, pag. 33.
45. Ebd., 1.4.1734, Totenbrief [pag. 12].
46. Ebd., 1.3.1782, pag 10.
47. ASal, Hs.A-II-13a, *Circulaire* vom 2.1.1729, [pag. 4f.].
48. Ebd., 2.2.1745, Totenbrief, pag. 7f.
49. Regulen 1739, 60–64.
50. Alle stammen aus den Heimsuchungsklöstern in Brüssel und Mons.
51. ASal, Hs.A-II-13a, *Circulaire* vom 27.7.1720, pag. 8.
52. ASal, Hs.11, Personalkatalog, unpaginiert.
53. ASal, Hs.A-II-13a, *Circulaire* vom 20.4.1742, pag. 3f.
54. Ebd., 30.6.1759, [pag. 1].
55. Ebd., 27.7.1720, pag. 34.
56. Ebd., 16.4.1723, [11].
57. Ebd., 1.3.1783, pag 13; ASal, Hs.11, Personalstand, unpaginiert.
58. ASal, Hs.A-II-13a, *Circulaire* vom 16.12.1752, [pag. 1].
59. Ein Dominik Gratz ist von 1715 bis 1718 als *Frauenzimmer Tafeldecker* im Hofstaat von Amalia Wilhelmina nachzuweisen, Kubiska-Scharl–Pölzl 2013, 590.
60. ASal, Hs.A-II-13a, *Circulaire* vom 16.5.1775, pag. 11f.
61. Ebd., 17.12.1769, pag. 17f.
62. Ebd., 16.4.1723, [pag. 14].
63. Ebd., 7.1.1727, [pag. 11].
64. Ebd., 20.4.1742, pag. 8f.
65. Ebd., 1.4.1734, [pag. 4].
66. Ebd., 2.2.1745, pag. 9f.
67. Zu ihnen als Internatsschülerinnen siehe unten.
68. ASal, Hs.A-II-13a, *Circulaire* vom 10.9.1779, pag. 6–11.
69. Ebd., 1.3.1782, Totenbrief, pag. 1f.
70. ASal, Hs.5, *Livre Extraits Batistaire*, pag. 33–37.
71. ASal, Hs.A-II-13a, *Circulaire* vom 9.12.1755, pag. 3.
72. Von den Wiener Frauenklöstern entgingen nur die Ursulinen, die Salesianerinnen und die Elisabethinen, da sie sich der Mädchenerziehung bzw. der Krankenpflege widmeten, den josephinischen Klosteraufhebungen.
73. ASal, Hs.1, *Livre du Couvent*, pag. 293.
74. ASal, Hs.5, *Livre Extraits Bapistaire*, pag. 9.
75. ASal, Hs.A-II-13a, *Circulaire* vom 1.10.1759, Totenbrief [pag. 1].
76. Ebd., 16.4.1723, [pag. 12].
77. Ebd., 1.5.1782, Totenbrief, pag. 30f.
78. Ebd., 1.12.1956, [1]; ASal, Hs.11, Personalkatalog, unpaginiert.
79. Regulen 1739, 149–152.
80. Buch Deren Ordens=Gebräuchen 1727, 85–87.
81. ASal, Hs.A-II-13a, *Circulaire* vom 31.1.1732, [pag. 2].
82. Ebd., 1.9.1784, Totenbrief, pag. 7–10.
83. Ebd., 10.10.1779, pag. 12; ASal, Hs.11, Personalkatalog, unpaginiert.
84. Buch Deren Ordens=Gebräuchen 1727, 21f.
85. Gemeint ist der Erzbischof von Wien, ASal, D-2, Stiftungsurkunde der Kaiserin Amalia Wilhelmina von 1736 September 20, Punkt 14.

86  Zu einem kurzen Überblick über die männlichen und weiblichen Schulorden im frühneuzeitlichen Österreich siehe ENGELBRECHT 3 1984, 24–40.
87  Für Hinweise auf diese Fragestellung wäre die Auswertung von adeligen Familienarchiven notwendig, vgl. SCHNEIDER 2014, 69–72.
88  Zum Schulalltag in den frühneuzeitlichen Frauenklöstern siehe ausführlich RUTZ 2006, 319–381.
89  Zu den Schulen der Wiener Ursulinen vgl. SCHNEIDER 2005, 73–93.
90  Ursulinenarchiv Wien, Klosterchronik Bd. 2, 253f.
91  ASal, Hs.4, *Livre du Noviciat*, unpaginiert.
92  ASal, Hs.13, *Dénombrement des Demoiselles Pensionnaires*, unpaginiert, Nr. 1.
93  Ebd.
94  ASal, Hs.A-II-13a, *Circulaire* vom 7.1.1727, [pag. 11].
95  ASal, Hs.13, *Dénombrement des Demoiselles Pensionnaires*, unpaginiert, Nr. 1 bis 6.
96  ASal, Hs.3, *Livre de Chapitre*, pag. 5.
97  ASal, Hs.13, *Dénombrement des Demoiselles Dénombrees*, unpaginiert, Nr. 42.
98  ASal, Hs.5, *Livre Extraits Bapistaire*, pag. 23.
99  Nach WURZBACH 21 (1870), 46: Anna Margaretha.
100 ASal, Hs.13, *Dénombrement des Demoiselles Pensionnaires*, unpaginiert, Nr. 78 und 79. Die drei Schwestern waren die Töchter von Hermann Karl von Ogiluy (1679–1751), Generalfeldmarschall und Kommandant von Prag. Seine Witwe Esther Anna geb. Gräfin von Weltz war Obersthofmeisterin der Königin Maria Josepha von Sachsen, der Tochter Amalia Wilhelminas, WURZBACH 21(1870), 46.
101 ASal, Hs.13, *Dénombrement des Demoiselles Pensionnaires*, unpaginiert, Nr. 155, 186 und 287.
102 Ebd., Nr. 43; KUBISKA-SCHARL–PÖLZL 2013, 546.
103 ASal, Hs.5, *Livre Extraits Bapistaire*, pag. 22.
104 ASal, Hs.13, *Dénombrement des Demoiselles Pensionnaires*, unpaginiert, Nr. 42.
105 ASal, Hs.5, *Livre Extraits Bapistaire*, pag. 23.
106 ASal, Hs.13, *Dénombrement des Demoiselles Pensionnaires*, unpaginiert, Nr. 88. 107 ASal, D-2, Stiftungsurkunde der Kaiserin Amalia Wilhelmina, 20. September 1736. 108 ASal, Hs.33, *Répertoire des Contracts*, pag. 39f.
109 ASal, D-2, Stiftungsurkunde der Kaiserin Amalia Wilhelmina, 20. September 1736.
110 ASal, A-II-19, *Ordnung für die Kayserlichen Stiftungs Fräulein in dem Kloster der Heimsuchung Marie in Wienn*, unpaginiert, Kap.1–21.
111 Ebd., *Tags=Ordnung für die kayserlichen Stifftungsfräulen*.
112 Ebd., *Tags=Ordnung für die Meisterinen*.
113 Die Tochter von Georg Sigismund Graf von Auersperg und Maria Anna Theresia von Auersperg, ASal, D-3, *Les Généalogies des Demoiselles Impériales*, Ahnentafel Auersperg. 114 ASal, Hs.13, *Dénombrement des Demoiselles Pensionnaires*, unpaginiert, Nr. 73; WISSGRILL 1794, 251.
115 ASal, D-3, *Les Généalogies des Demoiselles Impériales*, Ahnentafel Oppersdorff; ASal, Hs.13, *Dénombrement des Demoiselles Pensionnaires*, unpaginiert, Nr. 82.
116 ASal, Hs.13, *Dénombrement des Demoiselles Pensionnaires*, unpaginiert, Nr. 40.
117 KUBISKA-SCHARL–PÖLZL 2013, 657.
118 Franziska Eleonora Gräfin Scherffenberg, geb. Lamberg war von 1717 bis 1740 Obersthofmeisterin der Erzherzogin Magdalena, der Tochter Kaiser Leopolds I. Erzherzogin Magdalena war die Schwägerin von Amalia Wilhelmina; Kubiska-Scharl–Pölzl 2013, 690.
119 ASal, Hs.13, *Dénombrement des Demoiselles Pensionnaires*, unpaginiert, Nr. 85; ASal, D-3, *Les Généalogies des Demoiselles Impériales*, Ahnentafel Scherffenberg.
120 ASal, Hs.A-II-13a, *Circulaire* vom 10.4.1742, [pag. 8].

# Kloster, Kaiserhaus und Adel.
# Die Salesianerinnen am Rennweg und der habsburgische Hof

Peter Wiesflecker

Einem Diktum zufolge, das auch Eingang in die vor einem halben Jahrhundert anlässlich des 250-Jahrjubiläums des Heimsuchungsklosters erschienene Festschrift gefunden hat, wurden die Salesianerinnen am Rennweg in Teilen der Wiener Gesellschaft mitunter etwas maliziös als „die vornehmen Damen vom Rennweg" bezeichnet[1]. Das Jubiläum des Jahres 1967 fiel in die unmittelbare zeitliche Nähe des kurz zuvor zu Ende gegangenen Zweiten Vatikanischen Konzils, dessen Reformen für ein zeitgemäßes Ordensleben naturgemäß auch am Rennweg an jene Traditionen und Usancen rühren und sie in Frage stellten mussten, die über alle politischen und gesellschaftlichen Brüche in den Jahrzehnten davor kultiviert und bewahrt worden waren.

„Jüngere Schwestern erleben in den großen Änderungen, die sich bei unserem Orden anbahnen, die Kontingenz aller irdischen Dinge und freuen sich, im Zusammenbrechen alter Formen deren zeitbedingten Charakter aufleuchten zu sehen – auf den man ruhig verzichten kann, weil er nichts mehr mit der Substanz unseres Ordens zu tun hat. Für ältere Schwestern mit statischer, konservativer Wesensart bedeutet dieses Zusammenbrechen jedoch: den Boden unter den Füßen verlieren. Denn ihre Füße sind nur an *einen* Boden gewöhnt – jeder andere dünkt ihnen ein Abgrund. Doch siehe da, auch sie sind bereit, dieses Wagnis des Abgrundes zu leisten, sich den Wünschen der Kirche abstrichslos und um jeden Preis zu fügen"[2], hielt ein Mitglied des Konvents in seinem mit „An eine Freundin unseres Wiener Heimsuchungsklosters" übertitelten Essay, das einen Einblick in Struktur, Alltag und Selbstverständnis einer geistlichen Frauengemeinschaft Mitte der 1960er Jahre zu geben versuchte, fest und bot auch eine Erklärung für diese oben zitierte Wahrnehmung des Konventes in Teilen der Wiener Öffentlichkeit:

„Manchmal haben wir uns den Kopf zerbrochen, woher das wohl kommen mag. Vielleicht trägt der kaiserliche Klosterbau dazu bei, vielleicht auch unsere Alt-Zöglinge aus Adelskreisen, die gerne von ihrer Pensionatszeit erzählen und dadurch bei ihren zahlreichen Bekannten die Assoziation „Adel – Heimsuchung" gestiftet haben mögen. Gewisse Gebräuche die es zwar heute nicht mehr gibt, aber vor etwa 10 oder 15 Jahren noch gegeben hat und an „alte Zeiten" erinnern, mögen auch hier hereinspielen. … [Der] alte Mesner, der mit viel Würde und blütenweißen Handschuhen dem Maiprediger die Kanzeltür öffnete, wobei Energie sich mit Grandezza mischte. Vorne, an der rechten Wand des Presbyteriums … ein schwarzes Gitter, und dahinter … ein Chorgesang seltsam fern klingender Frauenstimmen. Darüber ein Sonnenstrahl, sich im Gold barocker Verzierung spielerisch brechend. Da ruhte etwas vom Geist einer großen Vergangenheit. … So mögen „die vornehmen Damen" erklärt sein. Gewiss früher gab es immer einige Schwestern aus Adelskreisen bei uns – wie übrigens in den meisten alten Orden. Heute [1967] haben wir nur eine einzige …, während wir anderen völlig zusammengewürfelt sind, aus nahezu allen sozialen Schichten und völlig unterschiedlicher Bildung"[3].

Wenn hier aus dieser Innensicht monastischer Existenz der unmittelbaren postkonziliaren Wendezeit der 1960er Jahre etwas ausführlicher zitiert wurde, so nicht nur, weil der Text als solcher bereits ein historisches Zeitzeugnis ist und daran erinnert, dass Ordensgemeinschaften in diesen Jahren insgesamt und geistliche Frauengemeinschaften im Besonderen vor große Herausforderungen gestellt waren. Ge-

◄ Abb. 34: Kaiserin Carolina Augusta (1792–1873), Witwe Kaiser Franz I. von Österreich, Öl auf Leinwand, 1857, Salesianerinnenkloster Wien

rade geistliche Niederlassungen mit großer Tradition, Gründungen, die unter besonderen Auspizien oder dank kaiserlicher oder hochadeliger Patronanz erfolgt waren, Standorte, die auf eine wirkmächtige Geschichte verweisen konnten oder durch Jahrhunderte Teil eines höfischen Bezugsystems waren und daher einen (zumindest teil-)aristokratischen Charakter besaßen, waren nicht selten mit der Außensicht konfrontiert, auch nach dem Ende des alten Europa in gewisser Weise „die Welt von gestern" fortgeschrieben zu haben oder sogar nach wie vor fortzuschreiben und *manches Mal unter dem Motto der Frömmigkeit doch den Lebensstil des Adeligen Damenstifts von anno dazumal* zu pflegen, wie der Grazer Bischof Johann Weber Mitte der 1970er Jahre in anderem Zusammenhang einmal pointiert-warnend feststellen sollte[4]. Zugleich setzt der Text eine Reihe von Bezugspunkten, die in Folge streiflichtartig in den Beziehungen des Heimsuchungsklosters zum Wiener Hof und seiner Hofgesellschaft beleuchtet werden sollen.

Trotz der – insbesondere heutzutage feststellbaren – Wahrnehmung von Kloster als für viele fremden und abgeschlossenen Ort von Disziplin und Observanz, war eine geistliche Niederlassung zu keiner Zeit eine sog. „totale Institution" im Sinn eines „geschlossenen Hauses", sondern stets Teil eines mitunter sogar weitgespannten und vor allem differenzierten Beziehungs- und Kommunikationsgeflechts, das die jeweilige Kommunität in ihrer Gesamtheit und ihre einzelnen Mitglieder mit der Welt außerhalb der Klausurmauer verband.

Diese Verbindungslinien *extra clausuram* waren nicht allein dadurch bedingt, dass Fragen der Verwaltung und Wirtschaftsführung die Kommunikation mit „der Welt" naturgemäß erforderlich machten, sondern jeder Konvent war stets in das jeweilige politische, soziale und gesellschaftliche Bezugsystem eingebunden, seine Mitglieder agierten als Teile davon, selbst dann, wenn sie ihr Kloster bis zu ihrem Tod nicht mehr verließen, wie Christine Schneider am Beispiel einer adeligen Ordensfrau der Barockzeit gezeigt hat[5].

Diese Kommunikation- und Kontaktpflege schloss im Besonderen die politisch und gesellschaftlich relevanten Gruppen ein und damit den Hof und die höfische Gesellschaft. Auf die enge Verbindung von höfischem und kirchlichem Zeremoniell für den Wiener Hof der Barockzeit bis hinein in die josephinische Ära hat die Wiener Kirchenhistorikerin Elisabeth Kovács mehrfach hingewiesen[6]. Wichtiger Teil des habsburgischen Selbstverständnisses im Sinn der Pietas Austriaca und des zeremoniellen höfischen Alltags waren jedoch nicht nur die Beachtung des kirchlichen Festkalenders und die kirchlich-religiöse Umrahmung dynastischer Ereignisse wie Geburten, Hochzeiten, Todesfälle, Jubiläen oder Friedensschlüsse, sondern auch der Kontakt zu geistlichen Niederlassungen in und auch fernab der Residenzstadt[7]. Diese spielten im höfischen Itinerar eine besondere Rolle; und dies nicht nur aus logistischen Gründen, da Klöster aufgrund ihrer Ausstattung – der Hinweis auf die sog. „Kaiserzimmer" insbesondere in den österreichischen Prälatenklöstern mag hier genügen – bei Hofreisen die notwendige Infrastruktur boten, um den Regenten und dessen Entourage standesgemäß aufnehmen zu können[8], sondern auch, um die Verbindung zwischen Dynastie und Kirche im Sinn habsburgischer Frömmigkeit zu betonen. Selbst streng kontemplative Gemeinschaften mit strikten Klausurbestimmungen bildeten hier keine Ausnahme, wie unter anderem das Beispiel der Karmelitinnen in St. Pölten zeigt, die mehrfach End- oder zumindest Nebenziel höfischer Reisen der Barockzeit waren. 1738 war das Kloster als jener Ort bestimmt worden, in dem die Kaiserinwitwe Amalia Wilhelmina ihre sächsischen Enkel anlässlich der Brautfahrt der Prinzessin Maria Amalia nach Neapel empfing.

Zu jenen zahlreichen Wiener Kirchen und Klöstern, die der Hof traditionell im Rahmen öffentlicher Gottesdienste mit großem Zeremoniell und zumeist großem Gefolge besuchte, gehörte auch das Kloster der Salesianerinnen am Rennweg. Dies galt insbesondere für die Regierungszeit Karls VI.[9]. Die Regierungszeit Maria Theresias war bereits durch eine – verhaltene – schrittweise Reduktion des kirchlichen Zeremoniells gekennzeichnet, die sich nach dem Tod des kaiserlichen Gemahls Franz Stephan im August 1765 massiv verstärkte. Hatte es 1738 bei Hof an 123 Tagen zeremonielle Akte mit religiöser Konnotation gegeben, darunter öffentliche Gottesdienste in zahlreichen Wiener Männer- und Frauenklöstern sowie im Stift Klosterneuburg, so waren es 1758 immerhin noch Feierlichkeiten an 120 Tagen[10]. Für 1767 sind nur noch 48 und für 1774 nur noch 34 Tage verzeichnet[11]. 1738 besuchte der Hof Gottesdienste in 39 Kirchen und Kommunitäten in der Residenzstadt sowie im nahen Klosterneuburg, Mödling und Laxenburg, darunter auch in mehreren Niederlassungen weiblicher Gemeinschaften, u. a. im Königinnenkloster, in St. Ursula, bei den sog. Himmelpfortnerinnen, den Karmelitinnen und bei den Salesianerinnen am Rennweg[12]. 1758 waren es außer dem Stiftungsfest in Klosterneuburg noch 30 Kirchen und Klöster in Wien, in denen die kaiserliche Familie öffentlich am Gottesdienst teilnahm. Unter den besuchten Frauenkonventen scheint auch das Heimsuchungskloster am Rennweg auf[13]. Mit dem zunehmenden Rückzug der verwitweten Regentin aus der Öffentlichkeit nach 1765 entfiel der Besuch öffentlicher Gottesdienste in geistlichen Häusern nahezu gänzlich. Dies galt insbesondere für Niederlassungen von Frauenorden. 1767 zählte der Rennweg – wie im Übrigen auch alle anderen Wiener Frauenklöster – nicht mehr zu jenen Kirchen, in denen der Mitregent Kaiser Joseph II. öffentlich den Gottesdienst besuchte. Zeremonielle Akte dieser Art wurden nicht nur stark eingeschränkt, sondern zunehmend auf die Sakralräume in der Residenz (Hofkapelle, Kammerkapelle, St. Augustin) sowie auf einige wenige Standorte beschränkt, ehe sie weitestgehend abkamen[14].

## Das Kloster als Teil des höfischen Netzwerks

Jede Klostergründung, die auf Initiative eines Mitglieds einer regierenden Hauses erfolgt war, bedeutete im Regelfall nicht nur eine gesicherte finanzielle Grundausstattung, die ein standesgemäßes geistliches Leben ermöglichte, sondern auch ein besonderes Prestige. Denn die dynastische Patronanz war durchaus Garant dafür, dass der neuen Niederlassung von der politischen und gesellschaftlichen Elite ein besonderes Interesse entgegengebracht wurde; und dies konnte der künftigen Entwicklung nur förderlich sein. Ein solcher Konvent verfügte daher von Anfang an über die notwendigen relevanten Verbindungen, die ihm entsprechende Kontakte erschlossen, ihn in das gesellschaftliche Netzwerk einbanden und so weitere finanzielle und auch personelle Ressourcen eröffneten.

Anders als im Fall des Wiener Ursulinenkonvents, wo die Witwe Kaiser Ferdinands III., Eleonore Gonzaga, 1660 die Gründung zwar initiiert und für eine gewisse Grundausstattung gesorgt hatte, die Gründungsphase bis hin zum Kirchenbau jedoch erst nach mehr als einem Jahrzehnt abgeschlossen werden konnte, erfolgte das Entree der Salesianerinnen in Wien unter gänzlich anderen und wesentlich günstigeren Bedingungen.

Der kaiserlichen Gründerin lag an einer raschen Umsetzung der Gründung[15]. Der Grundsteinlegung am 13. Mai 1717 folgten bereits zwei Jahre später die Einweihung der Klosterkirche und der Bezug des Klostergebäudes. Sowohl die Grundsteinlegung wie die Einweihung der Klosterkirche waren von großem Zeremoniell begleitet und als höfischer Akt im Stil der Pietas Austriaca organisiert und inszeniert[16]. Dazu kam, dass Amalia Wilhelmina ihre Gründung mit einem bedeutenden Stiftungskapital finanziell gut abgesichert hatte und auch in Folge zur weiteren Ausstattung von Kirche und Kloster beitrug, wie unter anderem an den Paramenten abzulesen ist, die sie, ihre Töchter und weitere Mitglieder der kaiserlichen Familie dem Kloster stifteten[17]. Da diesen ein eigener Beitrag gewidmet ist[18], können wir uns hier auf den knappen Hinweis beschränken, dass etwa der sog. Weihnachtsornat aus den Brautkleidern von Amalia Wilhelminas nach Sachsen und Bayern verheirateten Töchtern, den Erzherzoginnen Maria Josepha und Maria Amalia, angefertigt wurde[19].

Grundsteinlegung und Kirchenweihe hatten im Gefolge der Kaiserin und ihrer Töchter auch die Spitzen der habsburgischen Hofgesellschaft mit der neuen Gemeinschaft bekannt gemacht[20]. In den ersten Tagen nach Bezug des Gebäudes sollen Oberin und Konvent bis zu 400 Besucher pro Tag empfangen haben[21]. Der Hof orientierte sich dabei an der Dynastie. Deren besonderes Wohlwollen war nicht nur durch die Gründung evident. Ihr Interesse galt auch Ereignissen im Konvent. Allein die Anwesenheit der drei ranghöchsten Damen des Herrscherhauses bei der ersten Profess eines Mitglieds der neuen Niederlassung hatte dies deutlich gemacht. Als Marie Madeleine de la Grua, die als Novizin zur Gründungskommunität gehörte, am 28. April 1718 ihre Gelübde ablegte, waren neben Kaiserin Amalia Wilhelmina auch Kaiserin Elisabeth Christine, die Gemahlin Karls VI., und dessen Mutter, die verwitwete Kaiserin Eleonore Magdalena, unter den Gästen[22].

In der Wahrnehmung und im Bewusstsein höfischer Kreise sollte sich der Konvent vor allem durch das Pensionat für junge adelige Damen, das die kaiserliche Gründerin als Grundauftrag formuliert hatte, im Besonderen verankern. Diesen sollten eine standesgemäße Erziehung und höfische Bildung vermittelt werden, insbesondere solchen, deren finanzieller Hintergrund beschränkt war[23], spricht die Kaiserin doch in der (provisorischen) Stiftungsurkunde davon, *un établissement pour l' éducation et assistance du moins de quelques pauvres filles* (eine Anstalt zur Erziehung und Pflege von wenigstens einigen armen Mädchen [aus adeliger Familie]) gründen zu wollen[24].

Die Mädchen, die uns im Verzeichnis der Pensionärinnen entgegentreten, beschreiben den Kreis der habsburgischen Hofaristokratie[25]. Dies ist nicht nur in den Randglossen der Eintragungen im 1770 angelegten, sog. *Dénombrement des Demoiselles Pensionaires* abzulesen[26]. Allein schon die Zahl von fast 500 Damen des habsburgischen Adels, die das Verzeichnis für den Zeitraum von 1718 bis 1793, also dem ersten Dreiviertejahrhundert seines Bestandes, auflistet, verdeutlicht das Netzwerk, das das Heimsuchungskloster mit den Spitzen der höfischen Gesellschaft verband.

Vorerst mögen für die junge, unter kaiserlicher Patronanz erfolgte Gründung jene Verbindungen von besonderer Bedeutung gewesen sein, die Pensionärinnen mitbrachten, die aus dem unmittelbaren familiären Umfeld hochrangiger

Würdenträger in Kirche und vor allem bei Hof stammten, wie die 1724 aufgenommene Nichte des ersten Wiener Fürsterzbischofs Sigismund Kardinal Graf von Kollonitz[27] oder die am 21. Juli 1738 ins Haus gekommene und zudem mit einem kaiserlichen Stiftsplatz ausgezeichnete Maria Theresia Gräfin Schärffenberg, deren Großmutter die Obersthofmeister von Erzherzogin Magdalena, der Schwester Karls VI., war[28]. Seit 1728 zählte das Pensionat mit Josepha Gräfin Khuen eine Nichte einer der Hofdamen der kaiserlichen Stifterin zu seinen Zöglingen[29]. Einige Jahre später (1735) finden wir ihre ebenfalls aus Tiroler Adel stammende Cousine Maria Anna Gräfin Wolkenstein als Pensionärin am Rennweg[30].

Josepha Gräfin Khuen (1721–1784, Abb. 35), die 1739 die Gemahlin des steirischen Fideikommissherrn auf Burg Feistritz Ignaz Graf Attems wurde, ist ein gutes Beispiel für jene Verbindungen, die zwischen Kloster, Pensionat, einzelnen Familien und dem habsburgischen Hof entstehen konnten. Sie selbst war die Nichte einer kaiserlichen Hof-

▼ Abb. 35: Josepha Gräfin von Attems, geb. Gräfin Khuen (1721–1784), die Nichte einer Hofdame der Kaiserin Amalia Wilhelmina, kam 1728 ins Pensionat an den Rennweg und wurde später Obersthofmeisterin von Erzherzogin Elisabeth, einer Tochter Maria Theresias. Auch drei ihrer Töchter besuchten das Pensionat am Rennweg (Fotografie eines Ölbildes von Martin van Meyens, Steiermärkisches Landesarchiv).

dame und wurde später die Obersthofmeisterin von Erzherzogin Maria Elisabeth, einer der Töchter Maria Theresias. Ihre älteste Tochter Josepha (1740–1802) besuchte seit April 1747 das Pensionat[31] und wurde später Hofdame Maria Theresias. Deren Schwester Juliane (1741–1802) kam 1750 ins Pensionat am Rennweg[32] und wurde ebenfalls Hofdame, vorerst bei Maria Theresia, später bei deren ältester Tochter Erzherzogin Maria Anna. Und schließlich erhielt ab September 1752 noch eine dritte Attems-Schwester – Maria Anna (1743–1789) – ihre Ausbildung im Heimsuchungskloster[33]. Sie wurde in Folge durch einen Stiftsplatz im Prager Damenstift am Hradschin versorgt.

Josepha Gräfin Attems-Khuen war nicht die einzige der frühen Pensionärinnen des Rennwegs, die eine Funktion in der unmittelbaren Umgebung der kaiserlichen Familie übernahm. Judith Gräfin Brandis, die 1727 zur Ausbildung an den Rennweg gekommen war[34], wurde vorerst Hofdame und schließlich Erzieherin (sog. Aja) der jüngeren Töchter Maria Theresias, darunter der späteren französischen Königin Marie Antoinette[35]. Im Jahr vor ihr war Walburga Gräfin Trauttmansdorff ins Heimsuchungskloster gekommen[36], die später auf ein ähnliches höfisches Curriculum vorweisen konnte. Als verehelichte Gräfin Lerchenfeld oblag ihr ebenfalls die Ausbildung der kaiserlichen Kinder, darunter jene der nachmaligen Königin Marie Caroline beider Sizilien[37].

Ein Blick auf die Pensionärinnen des 18. Jahrhunderts zeigt eine breite geographische Streuung, die alle Erbländer umfasst. Damen aus den Ländern der Stephanskrone sind ebenso vertreten wie solche aus Böhmen und Schlesien. Auch die Vorlande fehlen nicht, ebenso wenig die innerösterreichischen Erbländer oder die österreichischen Kernländer ob und unter der Enns. Junge Damen aus den Familien Pálffy, Battyhány, Esterházy, Nádasdy, Trauttmansdorff, Lobkowicz, Clary und Aldringen, Schwarzenberg, Kinsky, Khevenhüller, Dietrichstein, Daun, Kolowrat, Starhemberg, Herberstein, Attems, Auersperg, Lodron, Althann, Sinzendorf, Fünfkirchen, Lamberg, Brandis, Breunner, Proskau, Inzaghi oder Oppersdorf seien hier stellvertretend angeführt, ohne dabei Anspruch auf Vollständigkeit zu erheben. Die Ausbildung junger adeliger Damen in geistlichen Häusern wie im Heimsuchungskloster war kein Novum. Sogenannte Kostfräulein fanden sich nicht nur in jenen Konventen, deren konkretes Apostolat die Mädchenerziehung war, wie etwa bei den Ursulinen[38], sondern auch in Niederlassungen der alten Orden, wie dem (vor) 1020 gegründeten steirischen Benediktinerinnenstift Göß. Die Intentionen waren durchaus unterschiedlich. Nicht immer ging es dabei um die Vermittlung einer standesgemäßen adelig-höfischen

Ausbildung, die mit Erreichen des frühen Erwachsenenalters abgeschlossen war, sondern es wurde – zum Teil bereits bei der Aufnahme als Kostfräulein – durchaus die Möglichkeit eines späteren Eintritts in die Gemeinschaft ins Auge gefasst. Der Kreis der Kostfräulein in Konventen außerhalb der Residenzstadt beschränkte sich geographisch zumeist auf den Adel des jeweiligen Erblandes. Größere geographische Kreise erschlossen die Ursulinen in der habsburgischen Hauptstadt. Hier fanden sich Zöglinge aus den verschiedenen Kronländern, wobei verwandtschaftliche Beziehungen zu einzelnen Konventualinnen für die Wahl des Wiener Standorts mitbestimmend gewesen sein dürften[39].

Der Bedarf an Erziehungs- und Ausbildungsplätzen für junge adelige Damen war groß, auch da sich die Gewichte, die man einer solchen Ausbildung zumaß, verschoben hatten. An die Stelle einer Einführung in ein mögliches späteres geistliches Leben, trat nunmehr – insbesondere durch die Gründung der Lehrorden – eine Ausbildung, die jene Fertigkeiten vermittelte, über die eine junge Dame aus gutem Haus verfügen sollte, um „in der Welt" ein standesgemäßes Placement, sprich durch eine Ehe oder im Hofdienst, zu finden.

Die personellen Ressourcen der alten Orden und der Schulorden der frühen Neuzeit waren allerdings begrenzt. Die Berufung der Salesianerinnen nach Wien durch die Kaiserinwitwe erfolgte daher auch unter den Auspizien, Familien der habsburgischen Aristokratie weitere Möglichkeiten einer standesgemäßen Ausbildung ihrer Töchter zu erschließen. Kostenfreie Stiftungsplätze, wie sie bei den Wiener Ursulinen in Form der „kaiserlichen Kostkinder" bestanden, deren Aufenthalt vom Hof bezahlt wurde[40], und durch die Stiftung von 1736 auch im Pensionat des Heimsuchungsklosters eingerichtet wurden, waren als Unterstützung für jene adelige Familien gedacht, deren finanzieller Hintergrund bescheidener war.

Dieser Umstand und der Hinweis in der Gründungsurkunde, ein Institut zu schaffen, in dem adelige *pauvres filles* ihre Ausbildung erhalten sollten, soll jedoch nicht zur Annahme verleiten, die Mehrzahl der Familien, deren Töchter Pensionärinnen am Rennweg waren, hätten insgesamt nur über stark eingeschränkte finanzielle Möglichkeiten zur deren Ausbildung verfügt. Im Gegenteil: Ein Blick in das Verzeichnis der Zöglinge zeigt, dass sich die kaiserliche Gründung sehr rasch als jene Einrichtung etabliert hatte, in der überwiegend die Töchter der habsburgischen Hofgesellschaft eine standesgemäße Ausbildung erhielten, weitestgehend unabhängig von den finanziellen Ressourcen ihres Elternhauses. Deutlich wird dies insbesondere daran, dass bereits in den ersten Jahren nach Etablierung des Instituts Töchter aus Familien im Heimsuchungskloster ausgebildet wurden, die zu den Spitzen der Hofgesellschaft zählten, wie Eleonore Prinzessin Lobkowicz, die Tochter des Chefs der jüngeren Linie des Hauses Fürst Georg Christian und nachmalige Gemahlin des Herzogs Karl d'Ursel, die am 3. November 1726 ins Pensionat gekommen war[41]. Einige Jahre später (1738) zählte wiederum ein Mitglied dieser Familie, Prinzessin Elisabeth Lobkowicz, die Tochter des Familienchefs Philipp Fürst von Lobkowicz, zu den Zöglingen[42]. 1765 finden wir unter den neuen Pensionärinnen dieses Jahres Ernestine Prinzessin Schwarzenberg, Tochter des Krumauer Majoratsherrn und Familienchefs Joseph Fürst Schwarzenberg und seiner Gemahlin Maria Theresia Prinzessin von und zu Liechtenstein[43], zwei Jahre vor ihr die Schwestern Christina und Amalia Schönborn, Großnichten des Kardinals Damian Hugo Graf Schönborn und des einstigen Trierer Kurfürsten Franz Georg Graf Schönborn[44]. Im Juli 1773 kam Teresa Prinzessin Poniatowska, die Nichte des polnischen Königs Stanislaus II. Poniatowski, an den Rennweg[45].

Dass leibliche Schwestern gleichzeitig im Institut waren, war im Übrigen durchaus üblich. Neben den beiden Gräfinnen Schönborn und den drei bereits in anderem Zusammenhang genannten Schwestern Attems, deren Mutter seinerzeit ebenfalls am Rennweg erzogen worden war, können weitere Beispiele angeführt werden. Mitunter kamen verwandte Zöglinge ähnlichen Alters sogar am gleichen Tag ins Pensionat, wie Louise und Wilhelmine de Chellen am 1. Juli 1748[46], die Schwestern Schönborn 1763, Charlotte und Johanna Lodron am 4. Juli 1746[47] oder drei Gräfinnen Clary am 9. November 1772[48].

Zu diesem Zeitpunkt hatte sich der Kreis der Pensionärinnen geweitet, doch nach wie vor waren junge Damen, deren Familien nicht zur (klassischen) Hofgesellschaft gehörten, sondern zum landgesessenen, niederen Adel oder der nobilitierten Bürokratie, die Ausnahmen im Haus. Diesem Segment können Pensionärinnen aus der Familie des Staatsministers Bartenstein[49], der in Niederösterreich begüterten und dort zu den Landständen zählenden Familie Doblhoff, deren Töchter ab 1741 unter den Zöglingen aufscheinen[50], und den Familien Suttner[51] oder Hopfher von Brendt[52] zugeordnet werden.

Die Salesianerinnen am Rennweg zählten neben den Elisabethinen und den Ursulinen zu jenen Wiener Frauenkonventen, deren Bestand durch die Reformen des aufgeklärten Staatskirchentums nicht gefährdet war; im Unterschied zu zahlreichen anderen Konventen, darunter solchen mit großer Tradition und langer Geschichte, wie dem von Erzherzogin Elisabeth, der Witwe König Karls IX. von Frankreich, gegründeten sog. Königinnenkloster der Klarissen in

Wien, dem Reichsstift Göß in der Steiermark oder dem Benediktinerinnenstift St. Georgen am Längsee in Kärnten. Die Sichtweise des Josephinismus bestimmte in den Jahrzehnten danach nicht nur das offizielle staatliche Kirchen- und Ordensbild, sondern auch die Bewertung monastischen Lebens durch die einzelnen habsburgischen Agnaten. Niederlassungen mit einem konkreten Apostolat in der Krankenpflege, der Erziehung oder dem Unterricht galten auch lange nach Joseph II. als förderungswürdige „nützliche" Einrichtungen, während kontemplative Gemeinschaften *doch gar nichts für ihre Nebenmenschen thun*, wie Erzherzog Johann 1843 nach einem Besuch des Gmundner Karmels notieren sollte[53]. Ein Lehrorden hingegen wie *die guten Ursulinerinnen* wäre, so hatte er schon 1826 gegenüber seiner späteren Frau Anna Plochl festgehalten, *ein nützliches Kloster*[54].

Das Heimsuchungskloster nahm in der Wahrnehmung des Hofes selbst unter Joseph II. eine Ausnahmestellung ein, die in Randglossen zur Klostergeschichte sichtbar wird. So hatte der Kaiser den Rennweg als jenen Ort bestimmt, an dem die junge württembergische Prinzessin Elisabeth die Zeit vor ihrer Heirat (1788, Abb. 36) mit dem österreichischen Erbprinzen und späteren Kaiser Franz II./I. verbrachte, um für ihre künftige Stellung als erste Dame des Hauses abschließend profiliert zu werden. Zur Erinnerung an ihren Aufenthalt stiftete die Braut zwei Ornate[55].

Offizielle Besuche des Regenten oder von Mitgliedern seines Hauses in einzelnen geistlichen Niederlassungen gehörten seit Joseph II. nur noch im Ausnahmefall zum höfischen Itinerar. Fanden sie statt, so zumeist als ein eher peripherer Programmpunkt des Reiseprogramms bei offiziellen Besuchen in den Kronländern. Nach dem Ausgleich von 1867 sah das höfische Zeremoniell unter Kaiser Franz Joseph nur noch zwei fixe religiös konnotierte Akte vor: die Fußwaschungszeremonie, die das Kaiserpaar am Gründonnerstag vollzog, und die Fronleichnamsprozession in der Wiener Innenstadt, an der der Monarch mit großem Gefolge teilnahm und die zugleich das Ordensfest der Monarchie war und noch einmal an die Verbindung von Thron und Altar erinnerte[56].

Die Kontakte habsburgischer Dynasten zu geistlichen Niederlassungen verlagerten sich weitestgehend ins Private und wurden zum Ausdruck des individuellen religiösen Profils. Dieses war – allein schon, da die Dynastie in den letzten Jahrzehnten der Donaumonarchie mehrere Dutzend Mitglieder umfasste – höchst unterschiedlich. Zu jenen Mitgliedern des Kaiserhauses, die sich dem Heimsuchungskloster am Rennweg verbunden fühlten, zählte die vierte Gemahlin Kaiser Franz I., die bayerische Prinzessin Carolina Augusta (1792–1873, Abb. 34). Im Archiv der Salesianerinnen wird eine Reihe von Briefen der seit 1835 verwitweten Kaiserin verwahrt, die Zeugnisse der besonderen Verbindung zwischen ihr und der Kommunität sind[57]. In der Gemäldesammlung des Klosters findet sich ein Gemälde Carolina Augustas, das diese dem Konvent gewidmet hatte[58], und in den Sammlungen sind weitere Objekte, die auf die besondere Beziehung der Kaiserin zum Rennweg schließen lassen, unter anderem ein Aquarell, das sie in ihren letzten Jahren zeigt[59] und – als Kuriosum – ein Nähzeug und Sachet, die Erzherzog Carl Ludwig, der Bruder Kaiser Franz Josephs, nach ihrem Tod den Salesianerinnen als Erinnerungsstücke hatte zukommen lassen[60].

Die Kaiserin zählte zu jenen Mitgliedern ihres Hauses, die zu Klöstern engeren Kontakt hielten. Dies galt nicht nur für traditionsreiche Gemeinschaften, sondern auch für solche, die in der Residenzstadt erstmals Fuß fassten, wie die Barmherzigen Schwestern nach der Regel des hl. Vinzenz von Paul. Diese berief die Kaiserin 1832 nach Wien und förderte deren erste Niederlassung in Wien-Gumpendorf[61].

▼ Abb. 36: Prinzessin Elisabeth von Württemberg (1767–1790), die 1788 die erste Gemahlin des österreichischen Erbprinzen und späteren Kaiser Franz II./I. wurde, verbrachte die letzten Monate vor ihrer Heirat zu Ausbildungszwecken am Rennweg (Steiermärkisches Landesarchiv).

▲ Abb. 37: Gräfin Marie Bombelles, Ordensname Sr. Marie de Sales (1819–1885) war ab 1859 Chorschwester bei den Salesianerinnen (Archiv der Salesianerinnen in Wien)

Zu jenen Dynastinnen, die zum Teil selbst aus dem Kaiserhaus stammten oder zumindest zu dessen engerem Verwandtenkreis gehörten und die dem Heimsuchungskloster stark verbunden waren, zählten auch die Damen der seit 1830 im österreichischen Exil lebenden französischen Bourbonen. Eine Beziehung zur Kommunität am Rennweg hatte sich schon im ausgehenden 18. Jahrhundert ergeben, als Madame Royale – wie der Titel der Tochter Ludwigs XVI. lautete – 1795 im Austausch gegen französische Offiziere in der Heimat ihrer Mutter Marie Antoinette Aufnahme gefunden hatte. Der Wiener Hof wies der jungen französischen Prinzessin das Schloss Belvedere als Aufenthaltsort zu[62]. Beziehungen zum nahen Heimsuchungskloster ergaben sich aus dem Umstand, dass dort Salesianerinnen aus Frankreich Aufnahme gefunden hatten[63], mit denen die Prinzessin nun in Kontakt trat und so den Konvent näher kennenlernte.

Die Verbindung zwischen den Bourbonen und dem Rennweg setzte sich auch in der nächsten Generation fort und fokussierte sich im Besonderen in der Person von Sœur Marie de Sales de Bombelles (1819–1885, Abb. 37)[64]. Marie Gräfin Bombelles stammte aus einer französischen Emigrantenfamilie, die in den Dienst des österreichischen Hofes getreten war und über besondere Verbindung zur kaiserlichen Familie verfügte. Ihr Vater Carl Graf Bombelles (1785–1856) war nicht nur der Obersthofmeister Kaiser Ferdinands I., sondern auch – als deren dritter Gemahl – in geheimer Ehe mit Erzherzogin Marie Louise, der Witwe Napoleons und Herzogin von Parma verheiratet gewesen. Auch andere Mitglieder der Familie nahmen Spitzenpositionen am habsburgischen Hof ein. Carls Bruder Ludwig war Erzieher (sog. Ajo) Kaiser Franz Josephs, Maries Cousin Carl wurde später der Obersthofmeister von Kronprinz Rudolph.

Erzherzogin Marie Therese, die Gemahlin des französischen Thronprätendenten Henri, der im österreichischen Exil den Namen und Titel Graf von Chambord führte, unterhielt mit der gleichaltrigen Marie Bombelles eine rege Korrespondenz, da sich die beiden seit ihrer Jugend kannten[65]. Ebenfalls zu Maries häufigen Korrespondenzpartnerinnen zählte Marie Thereses Schwester Marie Beatrix, die nach ihrer gescheiterten Ehe mit einem spanischen Infanten – das Paar lebte getrennt – als Gast im Kloster der Grazer Karmelitinnen lebte. Zwischen dem Rennweg und dem Karmel in der Grazer Grabenstraße wurden zahlreiche Briefe gewechselt. Marie de Sales Bombelles versorgte die Infantin mit geistlicher Lektüre und salesianischer Literatur, die diese mitunter an ihr bekannte Kommunitäten in Italien weitergab, Marie Beatrix sah in der Ordensfrau auch eine geistliche Begleiterin, die sie daher an Ereignissen in ihrem familiären Umfeld teilnehmen ließ, wie einem Brief zu entnehmen ist, den sie im Oktober 1884 an Marie de Sales richtete, um ihr von der Eheschließung der Eltern der späteren Kaiserin Zita, des verwitweten des Herzogs von Parma und der portugiesischen Infantin Maria Antonia, zu berichten[66].

Wie die an sie gerichteten Briefe im Archiv des Heimsuchungsklosters zeigen, war Marie de Sales auch Korrespondenzpartnerin weiterer Mitglieder des Kaiserhauses. Erzherzogin Maria, die Gemahlin des in Wien populären Erzherzog Rainer und Tochter Erzherzog Karls, zählte ebenso dazu wie deren Nichten, die Töchter Erzherzog Albrechts, Maria Theresia, seit 1865 die Gemahlin eines württembergischen Prinzen, und die 1867 tragisch verstorbene Erzherzogin Mathilde[67].

Im letzten Jahrzehnt der Donaumonarchie sollten sich die Kontakte einzelner Mitglieder der Dynastie zum Konvent am Rennweg noch einmal verstärken. Der Grund war, dass die Kommunität erneut ein ehemaliges Mitglied der Hofgesellschaft in seinen Reihen zählte. 1904 hatte Elisabeth Gräfin Coudenhove (1860–1932) dort ihre Gelübde abgelegt⁶⁸. Bis zu ihrem Klostereintritt war die Gräfin in Hofdiensten gestanden, vorerst als Erzieherin und dann als Kammervorsteherin von Erzherzogin Elisabeth Marie, dem einzigen Kind des verstorbenen Kronprinzen. Nach der Heirat der Kaiserenkelin mit Otto Fürst Windisch-Graetz schied die Gräfin aus dem Hofdienst aus und trat unter dem Namen Sœur Françoise de Chantal am Rennweg ein. Ihr einstiger Schützling, der in den folgenden Jahrzehnten durch sein Privatleben für Aufsehen und Irritation sorgen sollte, blieb ihr zeitlebens im Besonderen verbunden. Der radikale Bruch, den Elisabeth Windisch-Graetz schlussendlich als „rote Erzherzogin" mit Familie und Herkunft vollzog, galt nicht für ihre Beziehung zur Ordensfrau am Rennweg. Elisabeth Coudenhove war einer jener wenigen Menschen in Elisabeths Leben, für den sie Sympathie und tiefe Zuneigung empfand⁶⁹. In ihrem Testament bedachte sie die Salesianerinnen am Rennweg *in dankbarer Erinnerung an die ihr Mutterstelle vertretende Erzieherin Elisabeth Gräfin Coudenhove* mit einem Geldlegat in jener Höhe, das sie auch für den Karmel Mayerling, den Sterbeort ihres Vaters, vorgesehen hatte⁷⁰.

Elisabeth Coudenhoves Stellung im Haushalt der jungen Kaiserenkelin hatte sie zwangsläufig mit anderen Mitgliedern der engeren kaiserlichen Familie in Kontakt gebracht. Manche in dieser Zeit geknüpfte Verbindung setzte sich auch nach ihrem Klostereintritt fort, u. a. zu Erzherzogin Marie Valerie. Als die jüngste Tochter Kaiser Franz Josephs 1915 ihre Silberhochzeit feierte, reihten sich auch die Salesianerinnen unter die Gratulanten ein und sandten ein im Haus angefertigtes Gemälde als Präsent, für das sich die Erzherzogin in einem Brief an Sœur Françoise de Chantal bedankte, *ganz besonders … aber für die vielen Gebete und für Kommunionen*⁷¹.

Die Kontaktpflege zum Hof umfasste auch offizielle Ereignisse wie etwa das 60-jährige Regierungsjubiläum des Kaisers im Jahr 1908, zu dem der Konvent und das Pensionat Franz Joseph ihre Huldigung darbrachten, für die der Monarch Sœur Françoise de Chantal, die diese initiiert hatte, dem Konvent und den Zöglingen mit einem Telegramm, das sein Generaladjutant Eduard Graf Paar in seinem Auftrag an das Heimsuchungskloster richtete, danken ließ⁷².

Kloster und Hofgesellschaft verband demnach bis zum Ende der Monarchie und sogar in den Jahrzehnten danach⁷³ ein enges Beziehungsgeflecht, das nicht nur das Kaiserhaus und verwandte Agnaten wie die exilierten Bourbonen, die bayerischen Wittelsbacher – so verbrachte Prinzessin Hildegund von Bayern (1881–1948), eine der jüngeren Töchter König Ludwigs III. eine Zeit im Pensionat⁷⁴ –, und das sächsische und portugiesische Königshaus⁷⁵ umfasste, sondern insbesondere zahlreiche Familien des habsburgischen Adels.

Abzulesen ist dies auch an einer Reihe von Stiftungen zugunsten des Klosters, u. a. von Mitgliedern der Familien Kinsky⁷⁶, Schaffgotsch⁷⁷, Esterházy⁷⁸, Poniatowski⁷⁹ und Coudenhove⁸⁰, aber insbesondere auch an Widmungen, mit denen seit dem ausgehenden 18. Jahrhundert⁸¹ und im Laufe des 19. Jahrhunderts weitere Stiftsplätze im Pensionat geschaffen worden waren. Seit 1796 bestand eine weitere Fräuleinstiftung, die Michaela von Schongre, geb. von Cristiani, die im Dezember dieses Jahres ihre Profess im Heimsuchungskloster ablegte⁸², unmittelbar vor ihrem Eintritt errichtet hatte⁸³ und die bis in die 1920er Jahre bestand haben sollte. Seit 1837 existierte eine durch die herzogliche Familie Arenberg errichtete Pensionatsstiftung⁸⁴. Einen weiteren Stiftsplatz errichtete Gräfin Marie Anna Esterházy, geb. Gräfin Weissenwolf, durch letztwillige Verfügung im Jahr 1866. Die Stiftung wurde 1867 umgesetzt⁸⁵. Das Nominationsrecht für diesen Freiplatz stand der Kaiserin zu⁸⁶. 1872 wurde durch die Familie von Vegh die letzte *Fräuleinstiftung* für das Pensionat des Heimsuchungsklosters errichtet⁸⁷.

Zu diesem Zeitpunkt hatte sich das Angebot an Unterrichts- und Erziehungsinstituten für junge Damen der ersten und zweiten Gesellschaft, also für Angehörige des alten Geburtsadels und der neuadeligen Kreise aus Militär und Verwaltung, stark geweitet. Hatte die habsburgische Residenzstadt des 18. Jahrhunderts mit den Ursulinen in der Inneren Stadt und den Salesianerinnen am Rennweg zwei Kommunitäten mit explizitem Apostolat der Mädchenerziehung besessen, so war das Angebot im Laufe des 19. Jahrhunderts größer geworden. Alte und neue Gemeinschaften mit gleicher oder ähnlicher Ausrichtung ließen sich in und um Wien nieder⁸⁸. Seit 1868 gab es am Rennweg mit dem Sacré Coeur ein dem Pensionat im Heimsuchungskloster ähnliches Institut, das zu Beginn der 1890er Jahre eine Erweiterung seines Angebots durch die Niederlassung in Pressbaum erfuhr und sich auch an die Mitglieder der Hofgesellschaft richtete.

Parallel dazu weitete sich auch das Ausbildungsangebot in den Hauptstädten der einzelnen Kronländer. Zum klassischen Schulorden der Ursulinen, die u. a. in Graz, Klagenfurt, Linz und Innsbruck Konvente besaßen, den Englischen Fräulein, die seit 1707 in St. Pölten eine Niederlassung zur Ausbildung von Mädchen, darunter sechs Kostplätze für Mitglieder der niederösterreichischen Stände, unterhielten, traten weitere von geistlichen Gemeinschaften getragene Ausbildungsinstitute. Auch das Curriculum war nunmehr ein anderes, denn an die Stelle der Unterweisung in die adelig-höfischen Lebenskultur, wie man sie jungen Damen über das Ancien Regime hinaus vermittelt hatte, um sie für die Aufgaben einer adeligen Ehefrau oder den Dienst bei Hof zu profilieren, trat nun eine schulische Ausbildung, die auch in der Konkurrenz mit anderen (öffentlichen) Mädchenschulen bestehen konnte und zunehmend Möglichkeiten und Notwendigkeit einer Erwerbstätigkeit einschloss. Bezeichnenderweise führte das einstige Pensionat des Heimsuchungsklosters im ausklingenden 19. Jahrhundert die Bezeichnung einer *Privat-Mädchen-Lehr- und Erziehungsanstalt für die weibliche Jugend höherer Stände*[89]. Diese lautete in den letzten Jahren seines Bestandes zeitbedingt *Privat-Lehr- und Erziehungsanstalt für die weibliche Jugend gebildeter Stände*[90].

Nach wie vor von Bedeutung für den Stellenwert des Pensionats und dessen Wahrnehmung in der Gesellschaft waren nicht nur der familiäre Hintergrund der einzelnen Pensionärinnen, sondern auch die Kontakte, die diese während ihrer Schul- und Ausbildungszeit knüpften und die Teil des ihres persönlichen Netzwerkes wurden. Ottilie Gräfin Coreth, vor der Jahrhundertwende für einige Jahre Zögling am Rennweg, fasste dies mit Blick auf einen längeren Aufenthalt im ihr weitestgehend unbekannten Graz und ihr Entrée in die dortige Gesellschaft, bei dem ihr eine Schwester ihres Schwagers Ladislaus Batthyány behilflich war, so zusammen: *Sie war ja auch im Wiener Salesianerkloster erzogen worden und das war ein großer Anknüpfungspunkt*[91].

## Die „vornehmen Damen vom Rennweg"

Der Eintritt adeliger Frauen in eine geistliche Gemeinschaft war bis in das Zeitalter des aufgeklärten Absolutismus nicht ausschließlich dadurch motiviert, ein Leben nach den evangelischen Räten führen zu wollen, denn das Kloster war neben der Ehe oder dem Hofdienst eine Möglichkeit standesgemäßer Versorgung. Diese wurde durch das Staatskirchentum unter Maria Theresia und insbesondere durch die josephinischen Klosteraufhebungen stark eingeschränkt. Schon der aufgeklärte Staat theresianischer Prägung hatte die Klostereintritte reglementiert und insbesondere die Höhe der Mitgift, die bei Eintritt entrichtet werden musste, beschränkt.

Maria Theresia hatte allerdings mit der Errichtung von Damenstiften eine neue Form standesgemäßer Versorgung für adelige Damen ihrer Erbländer geschaffen. Als Beispiel dienten ihr die Kanonissenstifte im Reich. 1755 gründete sie am Hradschin ein adeliges Damenstift, dem eine Erzherzogin als Äbtissin vorstand. 1765 folgte die Gründung eines Damenstiftes in Innsbruck, an dessen Spitze ebenfalls eine Erzherzogin als Äbtissin stehen sollte. Mit dem seit 1697 in Brünn bestehenden adeligen Damenstift „Maria Schul", dem 1763 errichteten herzoglich Savoyschen Damenstift in Wien, den kaiserlichen Gründungen in Prag und Innsbruck sowie den unter Joseph II. gegründeten und überwiegend aus dem Vermögen aufgehobenen Frauenklöster dotierten Damenstiften in Graz, Laibach, Klagenfurt und Görz sowie einigen weiteren privaten Stiftungen dieser Art standen bis zum Ende der Monarchie mehrere Dutzende Stiftsplätze zur Verfügung, die Damen des alten Adels ein standesgemäßes Auskommen garantierten[92]. In Wien, Prag, Innsbruck, Brünn und Graz beinhaltete die Präbende neben einer jährlichen Dotation auch eine Wohnung in einem eigenen Stiftsgebäude. Angehörige des Kärntner, Krainer und Görzer Damenstifts erhielten nur die Präbende. Die Verleihung eines Stiftsplatzes war an eine Ahnenprobe und überwiegend an die Zugehörigkeit zu den Landständen des betreffenden Erblandes gebunden. Ein Austritt war jederzeit möglich. Den Alltag der Residenzstiftsdamen kennzeichneten gewisse klösterliche Elemente, wie die Verpflichtung zum Gebet, Gottesdienstbesuche, dezente dunkle Kleidung usw. Nicht residierende Stiftsdamen hatten Gebetsverpflichtungen zu übernehmen,

Unter den Pensionärinnen des Heimsuchungsklosters der ersten Generationen finden wir immer wieder Damen, die später in ein Damenstift aufgenommen wurden. Barbara Gräfin Trauttmansdorff, seit 1742 im Pensionat, wurde Stiftsdame in Prag[93]. Stiftsdamen wurden auch die einige Jahre nach ihr zur Ausbildung an den Rennweg gekommenen Gräfinnen Marie Thürheim[94] und Marie Agnes Marzini[95] oder Pensionärinnen der dritten Generation wie Notburga Gräfin Breunner[96], Ernestine Gräfin Colloredo[97] oder Aloisia Gräfin Trauttmansdorf[98], die ins Innsbrucker Damenstift aufgenommen wurde.

Einige der jungen Damen, die in den ersten Jahrzehnten am Rennweg ausgebildet worden waren, entschlossen sich zu einem Eintritt in ein Kloster. Colette Gräfin Althann[99], seit April 1744 am Rennweg, trat später ins steirische Kloster Göß ein. Eine andere Pensionärin des Jahres 1747 wurde Ursuline[100]. Louise de Chellen[101], seit Juli 1748 gemeinsam mit ihrer Schwester Wilhelmine am Rennweg, trat später bei den Englischen Fräulein in St. Pölten ein, ihre Schwester in den Benediktinerorden[102]. Marie Antonia Gräfin Gleispach, die 1752 einen kaiserlichen Stiftsplatz erhalten hatte, wurde später Mitglied des Grazer Elisabethinenkonvents[103]. Für diesen Orden hatte sie vor ihr bereits eine Pensionärin des Jahres 1728, die Tochter eines habsburgischen Hofbeamten entschieden[104].

Zu den Zöglingen der ersten Generation, die sich später zu einem Klostereintritt entschlossen, gehörte auch Amalie

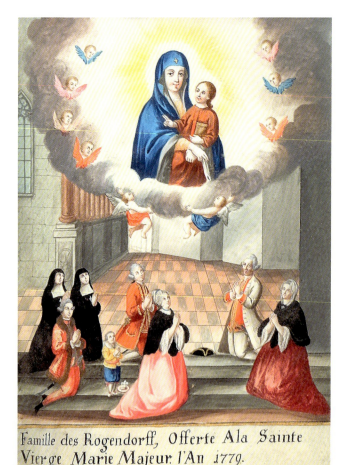

▲ Abb. 38: Votivbild der gräflichen Familie Roggendorf aus dem Jahr 1779. Das Bild zeigt die Eltern Franz und Maria Barbara Roggendorf, die zwei Töchter, die Mitglied des Rennweger Konvents waren, einen Sohn sowie eine weitere Tochter mit deren Ehemann und Sohn (Salesianerinnenkloster Wien).

Gräfin Oppersdorf, die 1727 ins Heimsuchungskloster gekommen war[105]. Sie trat als erster hauseigener Zögling in das Heimsuchungskloster ein und legte 1736 dort ihre Profess ab[106]. Ebenfalls aus diesem Kreis stammte Antonia Gräfin Wallis, seit 1739 im Pensionat[107], die 1752 ihre Profess am Rennweg ablegen sollte[108]. Einige Jahre später (1758) trat mit Charlotte Josephine Gräfin Wallis ein weiteres Mitglied ihrer Familie am Rennweg ein[109]. Aus deren Professkleid wurde 1763 ein Ornat hergestellt, der sich bis heute erhalten hat[110]. Die aufwändig hergestellten Kleider der Kandidatinnen, die bei der Einkleidung und Profess getragen wurden, waren Teil ihrer Ausstattung und wurden, ebenso wie Hofroben, zumeist zu liturgischen Gewändern umgearbeitet[111].

Zu den rund 90 Chorschwestern der ersten einhundert Jahre des Heimsuchungsklosters zählten eine Reihe von Damen aus adeligem Haus. Neben Mitgliedern des niederen Land- und Beamtenadels finden wir ab der Mitte des 18. Jahrhundert eine Reihe von Ordensfrauen aus Familien der Hofgesellschaft, darunter Prinzessin Charlotte Lobkowicz (Profess 1777)[112] aus der jüngeren Linie dieses Fürstenhauses, Maria Anna Gräfin Kinsky, die nach kurzer Ehe verwitwet, 1772 ihre Profess ablegte[113], zwei Gräfinnen Lamberg[114] sowie Mitglieder der gräflichen Familien Breunner[115], Trauttmansdorff[116], Welsersheimb[117], Roggendorf (Abb. 38)[118] oder Sternberg[119]. Einige von ihnen standen dem Konvent später auch als Oberinnen vor, so M. Marie Julienne Trauttmansdorff, die erstmals 1796 zur Oberin gewählt wurde[120], M. Victoire Xavier Sternberg[121] oder M. Louise Angelique Welsersheimb[122].

Auch im 19. und im frühen 20. Jahrhundert zählte der Konvent am Rennweg stets einige Mitglieder der alten Geburtsaristokratie in seinen Reihen, wenngleich der soziale Hintergrund der Konventualinnen insgesamt breit gestreut war. Neben der großen Zahl an Chorschwestern bürgerlicher Herkunft finden wir Angehörige der Hofgesellschaft, von denen wir zwei exponierte Vertreterinnen – Marie Bombelles und Elisabeth Coudenhove – bereits genannt haben. Außer diesen beiden verfügten auch einige andere über durchaus interessante Verbindungen zu den Spitzen in Staat und Kirche. Elisabeth Coudenhoves Cousine Mathilde (Ordensname: Marguerite), die 1885 am Rennweg eingetreten war[123] und 1897 sowie 1906 zur Oberin gewählt werden sollte[124], war die Schwester des böhmischen Statt-

V. † J.

Pensionnat de la Visitation Ste. Marie de Vienne.

BULLETIN

30 HELLER 30 1898 30

du 2<sup>d</sup> Semestre de l'année 1899.

Mademoiselle Elsa Comtesse Auersperg.

| | | | |
|---|---|---|---|
| Instruction religieuse | Très bien. | Lecture française | Bien. |
| Histoire sainte | Très bien. | Grammaire | Bien. |
| Calligraphie | " | Exercice sur la grammaire | Bien. |
| Calcul | Bien. | Orthographe | Bien. |
| Lecture allemande | " | Composition de style | Satisfaisant. |
| Enseignement d'observation | " | Langue anglaise | Assez bien. |
| Grammaire | " | Langue hongroise | " |
| Exercice sur la grammaire | " | Piano | Assez bien. |
| Orthographe | Bien. | Danse | Très bien. |
| Style | Bien. | Santé | Bonne. |
| Littérature | Satisfaisant. | Conduite | Très bonne. |
| Histoire universelle | Bien. | Prix obtenus. | |
| Géographie | Bien. | 1er mois Conduite. | |
| Histoire naturelle | Bien. | 2d mois Diligence. | |
| Physique | Bien. | 3e mois Conduite. | |
| Dessin | Bien. | 4e mois " | |
| Ouvrage à l'aiguille | Très bien. | 5e mois " | |

Sr Marie de Chantal Daniel de la Visitation Ste. Marie.

D. S. B.

L'imprimerie de Rodolphe Brzezowsky & fils à Vienne. 2505.95.

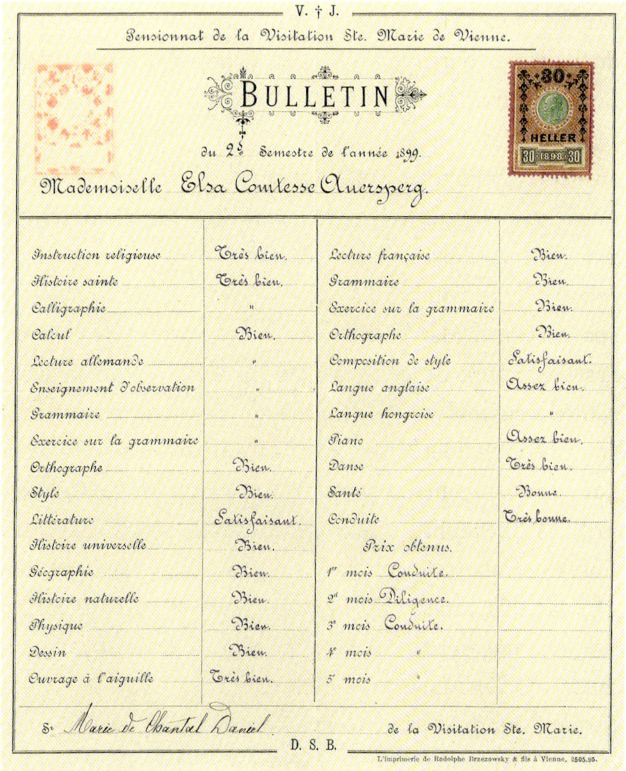

◀ Abb. 39: Schulzeugnis für Elsa Gräfin Auersperg (1881–1954), die von 1888 bis 1899 das Pensionat am Rennweg besuchte. Ihre Großtante Theresia Gräfin Auersperg gehörte seit 1860 als Sr. Anne Marie dem Konvent an und war von 1891 bis 1894 dessen Oberin (Steiermärkisches Landesarchiv).

▶ Abb. 40: Sterbebildchen von Marie Marguerite Coudenhove (1850–1907), Oberin des Heimsuchungsklosters 1897–1903 und 1906–1907 (Steiermärkisches Landesarchiv).

halters Karl Graf Coudenhove. Ihr jüngerer Bruder Max war mit einer Tochter des Ministerpräsidenten Taaffe verheiratet. Wilhelmine (Ordensname: Francoise) Gräfin Attems[125], seit 1840 Ordensfrau am Rennweg, war die Schwester des Seckauer Fürstbischofs Ottokar Maria Graf Attems. Elisabeth (Ordensname: Pauline) Gräfin Strachwitz[126], Theresia (Ordensname: Anne Marie) Gräfin Auersperg[127] oder die Schwestern Mathilde (Ordensname: Marguerite)[128] und Anna (Ordensname: Marie Valborge/Walburga)[129] Gräfinnen Tige beschreiben nicht nur den Kreis altadeliger Konventualinnen, sondern ein Blick auf ihr unmittelbares familiäres Umfeld zeigt zugleich die im Laufe des 19. Jahrhundert stark veränderte und in manchen sogar zunehmend prekär werdende Lebenswirklichkeit altadeliger Familien. Die beiden Gräfinnen Tige hatten sich als bereits über 40-jährige zum Ordenseintritt entschlossen. Ihre drei Schwestern blieben unverheiratet und wurden Stiftsdamen des Herzoglich Savoyschen Damenstiftes in Wien. Auch die Schwestern von Pauline Strachwitz blieben alle unverheiratet. Eine von ihnen war Ursuline in Breslau, zwei andere waren als Stiftsdamen versorgt, die vierte wurde Hofdame einer österreichischen Erzherzogin, die einen fürstlichen deutschen Standesherrn geheiratet hatte. Die Familie der Oberin Auersperg erhoffte sich durch Präbenden in einem innerösterreichischen Damenstift eine Versorgung der beiden Großnichten, die zur Jahrhundertwende im Pensionat am Rennweg ihre Schulzeit verbracht hatten[130]. Andere Konventualinnen der letzten Jahrzehnte vor und unmittelbar nach dem Ersten Weltkrieg verwiesen auf die sog. zweite Gesellschaft der Donaumonarchie. Bertha (Ordensname: Marie Josephe) von Spaun, die seit 1899 dem Konvent angehörte[131], stammte aus einer 1721 in den Reichsritterstand erhobenen Familie, deren konkrete Lebenswelt jedoch die der bürgerlichen und neuadeligen Offiziers- und Beamtenfamilien ihrer Zeit war. Kamilla (Ordensname: Marie Ignace) Friedländer von Malheim, die als fast 50-jährige 1903 ihre Profess abgelegt hatte[132], war die Tochter eines 1889 nobilitierten Genremalers und war vor ihrem Ordenseintritt selbst als Malerin tätig gewesen. Ebenfalls aus (ehemaligen) österreichischem Beamtenadel stammte die spätere Soeur Margaretha von Ottenfeld[133], die allerdings erst 1938 ihre Gelübde ablegen sollte. Auch in die Zwischenkriegszeit war der Eintritt der aus ungarischem Adel stammenden Soeur Anne Marie Lónyay gefallen[134], deren Familienname an die zweite Ehe der verwitweten Kronprinzessin Stephanie mit Elemer Graf (seit 1917) Fürst Lónyay erinnert. Ebenfalls aus ungarischem Adel stammte M. Marie Chantal de Daniel-Vargyas[135], die seit 1892 dem Konvent angehörte und ihm dreimal als Oberin vorstand, zuletzt in den Jahren von 1925 bis 1928.

Struktur und Geschichte der Kommunität am Rennweg, deren Gründung unter besonderen Auspizien und mit kaiserlicher Patronanz erfolgt war, bieten der wissenschaftlichen Forschung ein breites Feld an unterschiedlichen Forschungsansätzen und Fragestellungen, unter anderem zur Sozialstruktur des Konvents und des Pensionats oder zur Entwicklung und Veränderung der dort vermittelten Ausbildungscurricula. Auf den einen oder anderen Aspekt, an dem sich höfische Netzwerke ablesen lassen, sollte hier zumindest andeutungsweise hingewiesen und diese streiflichtartig in der Geschichte dieser geistlichen Frauengemeinschaft gespiegelt werden.

Selbst im 21. Jahrhundert wird man nicht nur historische Bezüge, sondern auch einen aktuellen Bezug des "Klosters der Kaiserin" zur Welt des alten Österreich und zum Haus Habsburg herstellen können. Ehrenpräsident des „Vereins der Freunde des Salesianerinnenklosters" ist neben Oberin M. Gratia Baier Karl von Habsburg, der Enkel des letzten österreichischen Kaisers und derzeitige Chef des Hauses. Er ist auch Großmeister des habsburgischen St. Georgs-Ordens, der dem Heimsuchungskloster am Rennweg ebenfalls in besonderer Weise verbunden ist.

1 WAACH 1967, 133.
2 Ebd., 140–141.
3 Ebd., 133–134.
4 Diözesanarchiv Graz, Kloster St. Gabriel, K. 1.
5 SCHNEIDER 2014.
6 Vgl. dazu insbesondere KOVÁCS 1979 mit weiterführender Literatur.
7 KOVÁCS 1979, 125.
8 WIESFLECKER 2017.
9 Vgl. dazu KOVÁCS 1979, 125–126, insbesondere auch Anm. 61, deren Darstellung auf den Zeremonialakten des Jahres 1738 beruht.
10 Vgl. dazu KOVÁCS 1979, 128, insb. Anm. 69.
11 Vgl. ebd., 132, insb. Anm. 84.
12 Ebd., 125–126, Anm. 61.
13 Ebd., 128, Anm. 69.
14 Vgl. dazu die Angaben bei KOVÁCS 1979, 132, Anm. 84, über die von Joseph II. 1767 und 1774 besuchten Kirchen und Klöster Wiens.
15 WAACH 1967, 52.
16 Ebd., 55 und 58.
17 Ebd., 60–61. Vgl. dazu KUNSTSCHÄTZE 1967, Nr. 1, 2, 5, 6, 13.
18 Siehe den Beitrag von Eva Voglhuber in diesem Band.
19 KUNSTSCHÄTZE 1967, Nr. 2.
20 Zur Grundsteinlegung und den Einweihungsfeierlichkeiten vgl. WAACH 1967, 30–31 sowie 54–57.
21 Ebd., 58.
22 Ebd., 35.
23 Ebd., 26–27.
24 Ebd., 26.
25 Folgende genealogische Reihenwerke wurden für diesen Beitrag verwendet: neben dem Gothaischen Hofkalender, dem Gothaischen Taschenbüchern der gräflichen und freiherrlichen Häuser, dem Genealogischen Handbuch des Adels (1951–2015) auch das Brünner Genealogische Taschenbuch (1880–1893), das Taschenbuch der adeligen Häuser Österreichs (1905–1913) und das Wiener Genealogische Taschenbuch (1926–1937).
26 ASal, Hs. 13.

| | | | |
|---|---|---|---|
| 27 | Ebd., Nr. 29. | 76 | ASal, A-VII-QL. |
| 28 | Ebd., Nr. 85. | 77 | ASal, A-VII-1. |
| 29 | Ebd., Nr. 45. | 78 | ASal, A-VII-4. |
| 30 | Ebd., Nr. 71. | 79 | ASal, A-IX-2. |
| 31 | Ebd., Nr. 126. | 80 | ASal, A-IX-11. |
| 32 | Ebd., Nr. 145. | 81 | ASal, B-XV über die Stiftungen von 1772, 1777 und 1781. |
| 33 | Ebd., Nr. 159. | 82 | ASal, Hs 11, Nr. 76. |
| 34 | Ebd., Nr. 43. | 83 | ASal, B-XVIII und B-XIX. |
| 35 | Corti 1950, 14, 19 und 25. | 84 | ASal, B-XXIII. |
| 36 | ASal, Hs 13, Nr. 36. | 85 | ASal, B-XX. |
| 37 | Corti 1950, 19, 21, 40, 44, 51, 62–63, 66–68, 70. | 86 | Mayrhofer–Pace 1905, 148. |
| 38 | Vgl. grundsätzlich zur adeligen Mädchenerziehung in Klöstern Schneider 2005, 73–94. | 87 | ASal, B-XXI. |
| 39 | Ebd., 84–85. | 88 | Vgl. dazu die Zusammenstellung bei Sohn-Kronthaler 2016, 80–83. |
| 40 | Ebd., 90. | 89 | Diözesanschematismus der Erzdiözese Wien 1899, 308. |
| 41 | ASal, Hs 13, Nr. 38. | 90 | Diözesanschematismus der Erzdiözese Wien 1927, 330. Hervorhebung durch den Autor. |
| 42 | Ebd., Nr. 80. | | |
| 43 | Ebd., Nr. 236. | 91 | StLA, ASG, K. 46, Erinnerungen von D. Magdalena Coreth OSB, Manuskript, undatiert [nach 1951], 37. |
| 44 | Ebd., Nr. 226 und 227. | | |
| 45 | Ebd., Nr. 328. | 92 | Ein Überblick bei Mayrhofer–Pace 1905, 145–147. |
| 46 | Ebd., Nr. 135 und 136. | 93 | ASal, Hs 13, Nr. 101. |
| 47 | Ebd., Nr. 121 und 122. | 94 | Ebd., Nr. 107. |
| 48 | Ebd., Nr. 304–306. Weitere Beispiele u. a. 248 und 249 sowie 254 und 255. | 95 | Ebd., Nr. 120. |
| | | 96 | Ebd., Nr. 149. |
| 49 | Ebd., Nr. 76, 99 und 146. | 97 | Ebd., Nr. 152. |
| 50 | Ebd., Nr. 89. Vgl. auch Nr. 93, 293 und 294. | 98 | Ebd., Nr. 160. |
| 51 | Ebd., Nr. 169 und 170. | 99 | ASal, Hs 13, Nr. 105. |
| 52 | Ebd., Nr. 165. | 100 | Ebd., Nr. 128. |
| 53 | Steiermärkisches Landesarchiv (im Folgenden StLA), A. Meran, K. 129, H. 1, Abschrift II des Tagebuches, Eintragung vom 10. Mai 1843. | 101 | Ebd., Nr. 135. |
| | | 102 | Ebd., Nr. 136. |
| | | 103 | Ebd., Nr. 153. |
| 54 | StLA, A. Meran, K. 125, H. 1, Abschrift der Korrespondenzen von Erzherzog Johann mit Anna Plochl, Schreiben vom 25. November 1826. | 104 | Ebd., Nr. 48. |
| | | 105 | Ebd., Nr. 40. |
| | | 106 | ASal, Hs 11, Nr. 20. |
| 55 | Kunstschätze 1967, Nr. 12. | 107 | ASal, Hs 13, Nr. 88. |
| 56 | Coreth 1982. | 108 | ASal, Hs 11, Nr. 32. |
| 57 | Vgl. dazu den Bestand im ASal, A-II-14, sowie die Eintragungen in den Annalen des Klosters, ASal, Hs 7/1, pag. 444–452, insbesondere 447–452. | 109 | Ebd., Nr. 33. |
| | | 110 | Kunstschätze 1967, Nr. 10. |
| | | 111 | Vgl. dazu Wiesflecker 2015. |
| 58 | Kunstschätze 1967, Nr. 24. | 112 | ASal, Hs 11, Nr. 53. |
| 59 | Ebd., Nr. 71. | 113 | Ebd., Nr. 49. |
| 60 | Ebd., Nr. 72. | 114 | Ebd., Nr. 59 und 71. |
| 61 | Sohn-Kronthaler 2016, 83. | 115 | Ebd., Nr. 29. |
| 62 | Fux 1988 69. | 116 | Ebd., Nr. 45. |
| 63 | Ebd., 67–68. | 117 | Ebd., Nr. 73. |
| 64 | ASal, Hs 11, Nr. 155. | 118 | Ebd., Nr. 56 und 57. |
| 65 | Vgl. dazu die Briefe in ASal, A-II-12. | 119 | Ebd., Nr. 82. |
| 66 | Ebd. | 120 | Ebd., darin Verzeichnis der Oberinnen, Nr. 9. 121 Ebd., darin Verzeichnis der Oberinnen, Nr. 13. 122 Ebd., darin Verzeichnis der Oberinnen, Nr. 15. 123 Ebd., Nr. 189. |
| 67 | Vgl. dazu die Briefe in ASal, A-II-12. | | |
| 68 | ASal, Hs 11, Nr. 223. | | |
| 69 | Windisch-Graetz 1988, 420–421; Weissensteiner 1982, 56–57. | | |
| | | 124 | Ebd., darin Verzeichnis der Oberinnen, Nr. 21. |
| 70 | Weissensteiner 1982, 219. | 125 | Ebd., Nr. 135. Zu ihr StLA, A. Pallavicino, K. 26, H. 38. |
| 71 | ASal, C-VI, Brief von Erzherzogin Marie Valerie vom 30. Juli 1915. | 126 | ASal, Hs 11, Nr. 161. |
| | | 127 | Ebd., 160. Zu ihr Preinfalk 2006, 173 und 536. |
| 72 | ASal, A-II-17, Telegramm des Grafen Paar vom 2. Dezember 1908. | 128 | ASal, Hs 11, Nr. 166. |
| | | 129 | Ebd., Nr. 167. |
| 73 | Vgl. dazu auch die mit *Erinnerungen an das Kaiserhaus* übertitelte Sammlung in ASal, C- XIV nebst Briefen der Erzieherin der Kinder des letzten Kaiserpaares und späteren Hofdame Kaiserin Zitas Gräfin Schmissing-Kerssenbrock. | 130 | Vgl. dazu den umfangreichen Schriftwechsel in StLA, A. Auersperg, K. 3. |
| | | 131 | ASal, Hs 11, Nr. 211. |
| | | 132 | Ebd., Nr. 219. |
| | | 133 | Ebd., Nr. 274. |
| 74 | Vgl. dazu ASal, C-X, in dem ein Porträt der Prinzessin mit dem Hinweis verwahrt wird, dass diese *in unserem Heim gewohnt hat*. | 134 | Ebd., Nr. 242. |
| | | 135 | Ebd., Nr. 203; Waach 1967, 168–169. |
| 75 | Vgl. dazu ASal, C-VI. | | |

# Die Visitation des Klosters der Salesianerinnen durch Erzbischof Vinzenz Eduard Milde im Jahr 1846

JOHANN WEISSENSTEINER

Wenn die äußere Geschichte des Klosters der Salesianerinnen in Wien von seiner Gründung im Jahr 1717 bis 1873, also über mehr als eineinhalb Jahrhunderte, in vielen Einzelheiten bekannt ist, so ist diese Tatsache nicht zuletzt dem Vorliegen einer für diesen Zeitraum penibel geführten Klosterchronik zu verdanken. Freilich zeigt schon der erste Blick in diese *Annales de ce monastere de la visitationSainte Marie de Vienne en Autriche fondée en MDCCXVII*[1], dass die Chronik nicht schon im Jahr 1717 begonnen wurde, sondern erst gut 140 Jahre später erstellt wurde. Unmittelbarer Anlass für die Anlegung bzw. die dann fortlaufende Führung der Chronik war die Visitation des Klosters durch Erzbischof Vinzenz Eduard Milde am 16. und 17. April 1846[2].

Noch zu Lebzeiten des Stifters der Salesianerinnen war entschieden worden, für die einzelnen Niederlassungen des Ordens keine übergeordnete Ordensinstanz einzurichten, sondern sie nur der Aufsicht des jeweiligen Diözesanbischofs zu unterstellen. Dieser sollte zu diesem Zweck auch einen Priester seiner Diözese als geistlichen Vater der jeweiligen Niederlassung der Salesianerinnen bestimmen.

Nach den ältesten Konstitutionen sollte der Bischof bzw. Erzbischof von Wien[3] bzw. der Geistliche Vater das Kloster jährlich visitieren[4]. Tatsächlich kam (Erz)Bischof Kollonitz erstmals 1717[5] zur Visitation des Klosters und hielt in den nächsten Jahren jährlich eine Visitation ab. Im Jahr 1725 ließ er diese erstmals mit dem Hinweis, eine Visitation sei nicht nötig, aus[6]. Schließlich entwickelte sich, wie sich aus den entsprechenden Eintragungen in der Chronik ergibt, ein Turnus von drei Jahren für die Abhaltung der Bischofsvisitation. Erst nach 1790 erfolgte die Visitation der Salesianerinnen durch den Wiener Erzbischof in größeren Jahresabständen.

◀ Abb. 41: Fürsterzbischof Vinzenz Eduard Milde, Gemälde von Friedrich Krepp, nach 1832, Erzbischöfliches Palais Wien

Der Grund dafür liegt wohl in dem Umstand, dass in dieser Zeit die Diözesanbischöfe als „Quasigeneräle" der noch belassenen Orden, denen jeder Kontakt mit einer ausländischen Ordensinstanz verboten war, fungierten und entsprechend deutlich mehr Visitationen durchführen mussten.

Vinzenz Eduard Milde, von 1832 bis 1853 Erzbischof von Wien, visitierte in den Jahren 1836[7] und 1846[8] – also in einem Abstand von zehn Jahren – persönlich das Kloster der Salesianerinnen am Rennweg. Zur Visitation des Jahres 1846, die am 16. und 17. April durchgeführt wurde, haben sich im bischöflichen Archiv die Beantwortung der vor der Visitation vom Erzbischof der Oberin schriftlich vorgelegten Fragen, die während der Visitation vom Domherrn Franz Kohlgruber protokollierten Aussagen der einzelnen Schwestern und das Konzept des Schlussberichtes des Erzbischofs über die Visitation 1846 erhalten[9]. Sie sollen im Folgenden wiedergegeben bzw. zusammengefasst werden.

*1. Fragen, auf welche die wohlehrwürdige Frau Oberin bei der von Seiner fürstlichen Gnaden, dem hochwürdigsten, hochgeborenen Herrn Fürst Erzbischof vorzunemenden kanonischen Visitation gewissenhaft schriftlich zu antworten hat:*

*1) Herrscht in dem Kloster der wahre fromme Geist des heiligen Ordens? Und wird die heilige Ordensregel genau und gewissenhaft beobachtet?*

> *1) Mit gewissenhafter Bestimmtheit kann ich versichern, daß der fromme milde Geist unseres Ordens durch die Gnade Gottes in dem Kloster herrschet und täglich zunimmt. Die heilige Ordensregel wird genau und gewissenhaft beobachtet.*

*2) Welche Andachtsübungen und Gebethe sind für Alle oder für Einzelne vorgeschrieben? Wie oft gehen die Chor- und Layenschwestern, die Novizinnen, Kandidatinnen und die Tourieres zur heiligen Beicht und Kommunion?*

> *2) Die durch unsere heiligen Satzungen vorgeschriebenen Andachtsübungen und Gebethe sind folgende:*

*1. für die Chorschwestern das Offizium der seligsten Jungfrau Maria, welches nach den bestimmten Tagzeiten im Chor und zwar lateinisch gesungen wird, die Metten psalmodiert, nur an hohen Festtagen gesungen. Das hl. Officium für die Verstorbenen zweimal im Monat.*

*2. für die Soeurs Associées und Laienschwestern täglich 29 Pater und Ave und ein Credo.*

*3. für die Soeurs Tourières der hl. Rosenkranz täglich als ObligationsGebeth. Außer der Anhörung des heiligsten Meßopfers sind uns noch eine Stunde Betrachtung in der Früh und eine halbe Stunde nach der Komplet und Litaney der seligsten Jungfrau angeordnet.*

*Die Chor-, Associé- und Laienschwestern und Novizinnen gehen die Woche zweymal zur heil. Beicht und Kommunion. Die Sr. Tourières und die Kandidatinnen einmal, auch empfangen sie die hl. Kommunion an allen Fest- und Aposteltagen.*

3) Welche sind die gewöhnlichen und die außerordentlichen Beichtväter?

*3) Unser gewöhnlicher Herr Beichtvater ist der hochwürdige Herr Pater Alois Tropler[10]. Die außerordentlichen Beichtväter sind unser hochwürdiger geistlicher Vater Herr Prelat Zenner[11], Se. Hochwürden Herr Consistorial-Rath Horny[12], Se. Hochwürden Herr Schmitmayer[13].*

4) Wird die Klausur genau beobachtet?

*4) Die Klausur wird mit größter Strenge und Genauigkeit beobachtet.*

5) Wird das heilige Gelübde der Armuth beobachet? Hat keine der Schwestern ein besonderes Privat-Eigenthum? Wird die Kleidung vollständig in natura verabreicht?

*5) Das heilige Gelübde der Armuth wird genau beobachtet. Weder die Oberin, noch eine Schwester hat irgendein Privat-Eigenthum, weder in Händen, noch zur Aufbewahrung bei der Oberin, welches beydes gegen das 3te und 4te Kapitel unserer hl. Regel und gegen die 5te Satzung wäre. Die Kleidung unserer Schwestern wird ihnen, dem 4ten Kapitel unserer hl. Regel gemäß in natura, fertig und sauber im Kloster gearbeitet, verabreicht.*

6) Erweisen alle nach ihren Gelübden der Frau Oberin willige Folgsamkeit und gewissenhaften Gehorsam?

*6) Ich kann mit frohem Herzen versichern, daß ich immer einen freudigen Gehorsam in der frommen Gemeinde bemerkt habe.*

7) Herrschet Liebe, Einigkeit, Nachsicht und Verträglichkeit? Ist keine der Plauderey, Zanksucht, Unverträglichkeit schuldig?

*7) Liebe, Eintracht, Nachsicht und Verträglichkeit herrschet im Hause des Herrn, wozu besonders die genaue Beobachtung des hl. Stillschweigens viel beiträgt. Nur von 2 Chor- und 2 Laienschwestern wäre mehr Demuth und Bescheidenheit im Urtheilen und Reden zu wünschen.*

8) Wird das Chorgebeth und die anderen gemeinschaftlichen Gebethe zur bestimmten Stunde mit Andacht zu Gottes Ehre verrichtet?

*8) Das hl. Chorgebeth und alle anderen gemeinschaftlichen Gebethe werden ununterbrochen zur festgesetzten Stunde mit inniger Andacht und Liebe verrichtet.*

9) Werden jährlich Exercitien gehalten und worin bestehen sie?

*9) Die jährlichen Exerzitien, welche in einer gänzlichen Zurückgezogenheit für die Chorschwestern von 10, für die Layenschwester von 8, und für die Tourières von 5 Tagen bestehen, werden genau nach der Vorschrift des hl. Stifters gehalten.*

10) Kommt niemand in das Kloster, der die Ruhe oder den Frieden stört, der den frommen Ordensgeist vermindert oder sonst nachtheilig einwirkt?

*10) Es kommt niemand in das Kloster oder in das Sprechzimmer, der eine Störung des hl. Friedens oder der hl. Stille verursachen könnte, auch werden die Besuche im Sprechzimmer immer seltener.*

11) Welche Bücher werden vorzüglich gelesen?

*11) Die Schriften des hl. Augustinus, hl. Hieronymus, hl. Bernardus, hl. Bonaventura, hl. Franz von Sales, hl. Chantal, Ludwig von Granada, P. Nouet, P. Berthier, P. Dugnese, P. Avrillon, P. du Pont, Thomas a Kempis sind unsere gewöhnlichen Lese- und Betrachtungs-Bücher.*

12) Wer hat die Aufsicht der jüngeren Schwestern, die Leitung der Novizinnen, der Sr. Tourières und Kandidatinnen?

*Novizen-Meisterin ist unsere vielgeliebte Soeur Louise Francoise Mihes. Auch ist ihr die geistliche Leitung der Srs. Tourières anvertraut.*

13) Wer hat die Aufsicht und Leitung der Kostfräulein? Worin besteht die Tagesordnung, Beschäftigung, der Unterricht, Verpflegung derselben?

*13) Unsere liebe Soeur Louise Xavier de Pilat ist erste Meisterin des Pensionats.*

14) Wer besorgt die Haus-Oeconomie? Und wer die äußeren Geschäfte des Klosters?

*14) Die Haus Ökonomie besorgt unsere liebe Soeur Anne Louise Macher mit großer Liebe und Treue, die äußeren Geschäfte Herr Doctor von Seilern[14].*

15) Worin besteht die gewöhnliche Kost und worin jene an besonderen Festen und Fast-Tagen?

*15. Die Beantwortung dieser Frage ist ausführlich in der Beilage enthalten.*

16) Wie ist für die Kranken oder durch Alter untauglichen Individuen gesorgt?

*16) Kranke und alte Schwestern werden mit herzlicher, ehrfurchtsvoller Liebe gepflegt. Die Oberin besucht sie gewöhnlich des Tages 2 mahl. In schweren Krankheiten öfter und bleibt bei ihnen so lange es ihre übrigen Berufs-Pflichten erlauben.*

17) Welche Individuen zeichnen sich besonders durch Frömmigkeit, genaue Befolgung der heiligen Ordens-Regel oder durch besondere Geschicklichkeit aus?

17) Die Schwestern, welche sich durch eine gründliche, practische, dem Geiste unseres heiligen Stifters angemessene Frömmigkeit auszeichnen, sind folgende:

1. Soeur Marie EmanuelleGöttelmann. Jubilaire.
2. Soeur Louise Kostka Janka.
3. Soeur Anne Louise Macher.
4. Soeur Charlotte Therese de Vegh.
5. Soeur Marie Antoinette Ott.
6. Soeur Louise Françoise Mihes.
7. Soeur Louise Xavier de Pilat.
8. Soeur Louise Antoinette de Prétantsch.
9. Soeur Françoise Augustine d'Attems.
10. Soeur Marie Françoise de Pilat.
11. Soeur Françoise de Sales de Gächter.

Und unter den Laienschwestern:1. Soeur Louise Floriane Riemel. Jubilaire
2. Soeur Marie Gertrude Fink.
3. Soeur Marie MechtildeTinti.
4. Soeur Marie Vincent Marhold. Sehr geschickt.

18) Welche Besserungs- oder Strafmittel werden in besonderen Fällen angewendet?

18) Bis jetzt haben noch immer mütterliche Ermahnungen genügt. Doch sind in besonderen Fällen schon die Beraubung einer heiligen Communion oder einzelne Gebethe zur Buße angewendet worden. Für größere Übertretungen sind in unserem Coutumier die näheren Anordnungen mit großer Bestimmtheit angegeben.

19) Was hat die wohlehrwürdige Frau Oberin besonders zu wünschen oder zu beklagen? Was sollte nach ihrer Meinung eingeführt oder abgestellt werden?

19) Ich wünsche sehr, daß an dem Vorabende des Festes unseres heiligen Stifters, als den 28. Jenner, und am Vorabende des Festes unserer heiligen Stifterin ihre Litaneyen gesungen würden. Ich glaube, es wäre sehr nothwendig, daß sich einige Schwestern an die der Oberin so feierlich in der 29. Constitution erteilten Freiheit, das Beste des Klosters zu fördern, erinnern, dies würde sie von so manchen unnützen Worten abhalten. – Die Erneuerungen der Kapellen, Anordnungen, welche zur Beförderung der Gesundheit getroffen werden, sind wohl keine Neuerungen zu nennen. – Soeur Marie de Chantal Mihes, Supérieure Dieu soit beni!

Beilage: Tags- und Stundenordnung der Schwestern

Die Schwestern stehen um 5 Uhr auf, versammeln sich um 1/2 6 Uhr im Chor zur Betrachtung, um 1/2 7 Uhr wird die Prim gesungen, wornach sie zu ihren ämtlichen Arbeiten gehen.

Um 8 Uhr wird Terz und Sext gesungen, worauf die Convent-Messe gehört, Non und Gewissens-Erforschung folgt. Die Schwestern begeben sich dann wieder in ihre Ämter und zu ihren gewöhnlichen Verrichtungen.

▲ Abb. 42: Der Gute Hirte, Salesianerinnenkloster Wien

Um 10 Uhr ist das Mittagessen, darauf die Recreation folgt, während welcher die Schwestern für ihre Ämter arbeiten.

Um 12 Uhr wird der Gehorsam gegeben, dann ist Stillschweigen bis 3 Uhr. Die Schwestern verfügen sich zu ihren Arbeiten bis 2 Uhr, wo sie eine halbe Stunde geistliche Lesung machen.

Um 3 Uhr ist die Vesper, worauf die Assemblée folgt, in welcher die Schwestern arbeiten, etwas erbauliches von ihrer Lesung vortragen und dann 1/2 Stunde Betrachtung gemacht wird.

Um 6 Uhr das Abendessen, dann die Recréation.

Um 8 Uhr wird Epistel und Evangelium gelesen, wenn eines für den anderen Tag ist, oder eine andere geistliche Vorlesung gehalten.

Um 1/2 9 Uhr wird der Gehorsam gegeben und dann fängt das große Stillschweigen an.

Um 3/4 auf 9 Uhr wird die Metten und Laudes gesagt, worauf das Nachtgebeth und Gewissens-Erforschung folgt; die Schwestern begeben sich sodann in ihre Zellen, es wird dann ein Zeichen gegeben, daß alle ihre Lichter auslöschen, und dann wird die Visite bey jeder einzelnen Schwester gemacht, damit alle um 10 Uhr zu Bette sind.

Die Novizinnen und Candidatinnen folgen die Tages-Ordnung mit der Gemeinde; so auch die keinen Schwestern.

Nach der Visitation der Klosterkirche wurden die einzelnen Nonnen der Reihe nach vom Domherrn Franz Kohlgruber befragt und wurden ihre Aussagen protokolliert.
Beginnend mit der dem Ordenseintritt nach ältesten Schwester wurden 43 Chorschwestern befragt; diese waren die Schwestern Maria Emanuela Göttelmann, Theresia Emanuela von Homburg, Aloisia Stanislaa Steinhofer, Anna Philippina Hetzer, Aloisa Amalia von Schmettau, Maria Magdalena Baumann, Maria Bernarda Baumann, Aloisia Kostka Janku, Maria Angelika Alexander, Maria Elisabeth Schintzel, Karoline Theresa von Wegh, Maria Antonia Ott, Maria Augustina Meidl, Anna Aloisia Macher, Franziska Theresa Birly, Henrika Augustina Paganica, Franziska Chantal Poccorni, Aloisia Franziska Mihes, Aloisia Xaveria von Pilat, Franziska Leopoldine Höfling, Theresia Ernestina Putz, Aloisia Paulina Gersteck, Aloisia Henrika Henn, Aloisia Paulina, Aloisia Henrika, Maria Felicitas Merkle, Maria Josefa von Posauner, Maria Raphaela Patscher, Aloisia Antonia Prelausch, Maria Gonzaga von Zerboni, Franziska Augustina von Attems, Maria Franziska von Pilat, Franziska Magdalena Berchet, Anna Rosalia Albrecht, Franziska Salesia von Gächter, Cäcilia Chantal Audrith, Maria Agnes Pfaff, Maria Michaela de Stadion, Maria Stephanie Schuhmacher und Maria Candida Witzenberger. Danach erfolgte die Befragung der 16 Laienschwestern: Aloisia Floriana Riemel[15], Franziska Josefa Pflock, Maria Aloisia Weiner, Maria Martha Bodtensteiner, Maria Notburga Reichersdorfer[16], Josefa Augustina Wunsch, Maria Gertrud Fink, Aloisia Katharina Lehmer, Maria Anna Josefa Wallner, Maria Mechtildis Fink, Maria Stanislaa Paar, Maria Katharina Polt, Maria Dorothea Prantner, Aloisia Margareta Frissnegg, Maria Lucia Trestler, Maria Agatha Berger und Marie Claire Rudolph.
Dazu kamen noch die beiden Touriores Maria Vincentia Marhold und Maria Salesia Raninger.
Nach der Befragung der Schwestern *wurde das ganze Kloster in Augenschein genommen und alles in gutem Bauzustande, reinlich und ordentlich gefunden.* Dann wurde die Oberin gerufen und dieser *im Allgemeinen die höchste Zufriedenheit über ihre bisherige Regierung zu erkennen gegeben.*
Tatsächlich leiteten fast zwei Drittel der Schwestern ihre Aussagen mit der Feststellung *ich bin (sehr) vergnügt und habe keine Beschwerde* ein. Besonders wurde die Oberin von ihren Schwestern wegen ihre Sorge für die alten und kranken Schwestern gelobt. Einzelne Kritikpunkte waren die Tatsache, dass fast die Hälfte der Schwestern nicht beim ordentlichen Beichtvater, sondern beim außerordentlichen Beichtvater bzw. bei einem von diesem bestellten Vertreter beichteten und dass die zahlreichen Besuche, die zu den Zöglingen des Klosters kamen – 1846 betrug ihre Zahl 42 – das Klosterleben beeinträchtigten.

Auf diese Punkte ging dann auch Erzbischof Milde in seinem Schlussbericht vom 21. April 1846 über die Visitation besonders ein:

*An die wohlehrwürdige Frau Oberin des Klosters der Salesianerinnen zu Maria Heimsuchung in Wien.*

*Ich lobe und preise Gott, der Mich mit Seiner Gnade unterstützet und mir die Freude gegeben hat, das Kloster der Mir lieben Gemeinde des hl. Franz von Sales persönlich zu visitiren.*

*Der Anfang einer jeden Visitation erfüllet Mein Herz als Bischof mit banger Besorgniß, aber groß ist Meine Freude, wenn Ich am Ende derselben Mich von der wahren Frömmigkeit, der genauen Beobachtung der Ordensregel, von der Liebe und Einigkeit der einzelnen Glieder überzeuget habe.*

*Dieses ist in diesem Augenblicke der Fall. Mit innigster Freude spreche Ich Meine Zufriedenheit über den inneren Geist und den äußeren Zustand des Klosters aus. Ich lobe und preise Gott, der durch Seine Gnade den Geist des großen Stifters in dieser Gemeinde erhalten hat.*

*Ich habe Mich überzeugt, daß die heilige Ordensregel beobachtet wird und daß Friede, Einigkeit und Liebe in dem Kloster herrschend sind. Indem Ich Gott dafür danke, bitte Ich Ihn, von dem jede gute Gabe kommt, zugleich, daß Er diese Gemeinde beschütze und wachsen lasse an Frömmigkeit und Liebe, an Gnade bey Gott und den Menschen. Gott gebe, daß Alle, die sich durch heilige Gelübde Seinem Dienste geweiht haben, diese treu und gewissenhaft bis an das Ende ihres Lebens erfüllen und auf dem schmalen Wege wandeln, der sie zum Himmel führt, wo sie einst den Lohn empfangen werden, den Jesus Christus uns erworben hat.*

*Da wir Menschen auf dieser Erde auf dem Weg der Vollkommenheit nie still stehen, sondern stets fortschreiten sollen und da ich die Mir anvertraute Gemeinde herzlich liebe, also wünschen muß, daß auch kleine Gebrechen verbessert und das Gute stets vermehrt werde, so ist es Meine Pflicht, in dieser Hinsicht Meine Wünsche auszusprechen und auf die Mir bekannt gewordenen Wünsche der Gemeinde, insofern sie mit der heiligen Regel übereinstimmen, zu gewähren.*

*Weßwegen Ich offenherzig nachfolgende Bemerkungen ausspreche und folgende Anordnungen treffe:*

*1. Da durch den zu häufigen Besuch fremder Damen die Ordnung des Hauses gefährdet wird und die erste Meisterin des Pensionates zu sehr in Anspruch genommen wird, so werde ich in Zukunft nur den in dem erhaltenen Verzeichnisse als Verwandte oder Bekannte der Zöglinge verzeichneten Personen eine Eintrittskarte ertheilen. – Sollte eine Elevin austreten, so ist dieses anzuzeigen, damit ihre Verwandten oder Bekannten in dem Ver-*

zeichnisse gelöscht werden können, wogegen bey dem Eintritte einer neuen die Verwandten derselben anzuzeigen sind.

*2.* Da in dem 20. Kapitel der Constitutionen vorgeschrieben wird, daß nur 4 Mahl des Jahres oder in einzelnen besonderen Fällen gestattet sey, bey einem außerordentlichen Beichtvater die heilige Beicht zu verrichten und daß hiezu allzeit die Erlaubniß der Oberin erforderlich sey, so soll diese Vorschrift der heiligen Regel in Zukunft beobachtet werden und außer den Quatemberzeiten hat jede, welche einem außerordentlichen Beichtvater beichten will, die Erlaubniß bey der Frau Oberin anzusuchen, welche diese nur, wenn wichtige Gründe vorhanden sind, ertheilen wird. Es ist sowohl für die Einigkeit des Hauses, als für die Gleichheit des Geistes von Wichtigkeit, daß keine einzelne Klosterfrau sich der Leitung des ordentlichen Beichtvaters ganz und für immer entziehe.

*3.* Da es in einzelnen Fällen nothwendig ist, daß die Sakristanin in der Kirche nachsehen könne, so will Ich gestatten, daß dieses unter folgenden Bedingnissen geschehen dürfe:

*a)* der Eintritt kann nur in sehr wichtigen Fällen, wenn niemand in der Kirche ist und die Kirchthüren geschlossen sind, stattfinden.

*b)* in diesem Falle müssen alle Schlüsseln von allen Eingängen in die Kirche in den Händen der Oberin seyn.

*c)* die Sakristanin darf nicht allein, sondern allzeit nur in Begleitung der Oberin selbst oder im Falle der Verhinderung derselben, einer Assistentin und der Ökonomin die Kirche betreten.

*4.* Ich ertheile die Erlaubniß, daß nach dem Wunsche der Frau Oberin am Vorabende des hl. Ordensstifters und am Vorabend der hl. Stifterin die Litaneyen von denselben gesungen werden dürfen.

*5.* Da die Erfüllung der Stiftungen eine Gewissenspflicht für ewige Zeiten ist und die vorhandenen einzelnen Stiftbriefe in Verlust gerathen können, so sollen alle Stiftbriefe in ein ordentliches festgebundenes Protocoll wörtlich eingeschrieben und die neuerrichteten in Zukunft eingetragen werden. Ebenso ist dafür zu sorgen, daß die bereits angeordnete Aufzeichnung der Geschichte des Klosters, d. h. der jährlichen Ereignisse, fleißig und ordentlich geschehe, da dieses oft in späterer Zeit nicht nur sehr interessant, sondern zugleich sehr wichtig ist.

*6.* Die Oberin hat dafür zu sorgen, daß die Tourières durch die Pforte ein- und ausgehen, da es nicht anständig und sogar nicht zuläßlich ist, daß dieselben durch die Winde hineinkommen.

Ich bin sehr zufrieden, daß die Pforte ordentlich verwahret wird; nur wiederhole Ich meinen bereits früher gegebenen Auftrag, daß keine bey der Pforte länger als durch zwei Jahre belassen werde.

*7.* Mit der Einrichtung des Noviziats habe Ich allen Grund zufrieden zu seyn. Ich wünsche und bitte Gott, daß die gegenwärtige vollkommen entsprechende Novizenmeisterin, die Sr. Louise Françoise, in ihren Bemühungen von Gott gesegnet werde.

*8.* Ebenso bitte Ich Gott, daß die Sr. Louise Xavière, welcher die Leitung des so wichtigen Institutes der Jugend anvertraut ist, die Früchte ihrer frommen Bemühungen in reichlichem Maße wahrnehmen und sich derselben lange erfreuen möge.

*9.* In der Ökonomie fand ich kein Gebrechen, im Gegentheile eine gute Ordnung und große Sparsamkeit, so daß keine Verminderung der Ausgaben leicht möglich scheinet. Das Bedenken, ob die beyden Haussätze per 6000 und 12000 fl. gesetzlich sichergestellet sind, ist durch die nachträglich erhaltene Aufklärung gehoben.

*10.* Endlich wiederhole Ich die bereits bey Meiner ersten Visitation gegebene Ermahnung, daß Novizinnen zu Hausgeschäften nicht verwendet werden sollen, damit sie während des Noviziat-Jahres nicht durch äußere Geschäfte zerstreut werden, sondern sich ganz der inneren Bildung ihres Geistes widmen und sich zu ihrem heiligen Berufe vollkommen vorbereiten können. Mit großer Freude und mit Dank gegen Gott habe Ich wahrgenommen, daß die gegenwärtige Frau Oberin Marie de Chantal dem 25. Capitel der heiligen Regel mit der Gnade Gottes in ihrem schweren und wichtigen Amte entspricht, weswegen Ich Gott bitte, daß Er dieselbe erhalte und segne, ihr Kraft in schweren und Trost in traurigen Stunden gewähre und sie einst mit ihren lieben Schwestern Theil nehmen lasse an dem Lohne derjenigen, welche ihr Tagwerk auf Erden glücklich vollendet haben. Gott erleuchte alle, damit sie stets erkennen, was zu ihrem Seelenheile ist. Gott stärke alle, damit sie fest bleiben im Guten! Gott segne Alle, damit sie Gutes wirken solange es Tag ist und einst ernten, was sie gesäet haben!

*Die Gnade Gottes und der Friede unseres Herrn Jesu Christi sey mit Allen.*

*Aus Meinem Palais in Wien am 21. April 1846.*

*Vincenz Eduard*

Das vom Erzbischof verlangte Verzeichnis der Zöglinge der Salesianerinnen und deren Verwandten wurde umgehend erstellt:

*Verzeichnis der Verwandten oder in sonstiger Eigenschaft zum Besuche unserer Zöglinge beauftragter Damen*

| Name der Zöglinge | Namen und Charakter der Damen | In welcher Eigenschaft sie kommen | Ort ihres gewöhnlichen Aufenthalts |
|---|---|---|---|
| Gräfin Hatzfeldt | Gräfin Coudenhove-Löwenstern samt Tochter | Tante | Wien |
| | Gräfin Marie Coudenhove, Stiftsdame | Cousine | Wien |
| | Gräfin Sophie Coudenhove, Hofdame I. M. der Kaiserin-Mutter | Cousine | Wien |
| | Freiin von Linden samt Tochter | Im Auftrage des abwesenden Vaters | Wien |
| | Gräfin Nostitz-Hatzfeldt, nebst zwei Töchter | Tante | Berlin |
| Freiin Lazaroni aus Laibach | Freiin Lazarini-Brandis samt Tochter | Tante | Laibach |
| | Gräfin Emma Stürgkh | Tante | Grätz |
| | Gräfin Welserheimb-Szápáry samt 2 Töchtern | Tante | Linz |
| | Freiing Eveline Lazarini | Nichte | Wien |
| Gräfin Wallis | Gräfin Wallis-Batthyany samt Tochter | Mutter | Güns |
| | Freiin Puteani-Wallis | Schwester | Pesth |
| | Gräfin d'Orsay-Wallis | Schwester | Güns |
| | Gräfin Josephine Wallis Hofdame Ihrer Majestät der Kaiserin | Tante | Wien |
| Fräulein Pongratz | Gräfin Csáky-Lazansky | Im Namen des abwesenden Vaters | Budethin |
| | Frau von Barcss-Pongratz | Schwester | Kö-Poruba |
| | Fräulein Gabriele Pongratz | Schwester | Kö-Poaruba |
| | Fräulein Helene Pongratz | Schwester | Kö-Poruba |
| Freiin Giovanelli | Freiin Giovanelli-Buol | Mutter | Wien |
| | Freiin Buol-Giovanelli nebst zwei Töchtern | Tante | Wien |
| Gräfin Jerningham | Gräfin Jerningham-Strassoldo mit 2 Töchtern | Mutter | Wien |
| | Gräfin Strassoldo-Herberth | Großmutter | Görz |
| | Gräfin Isabella Strassoldo, Hofdame Ihrer k.k. Hoheit, der Vicekönigin | Tante | Mailan |
| Gräfin Eszterhazy | Gräfin Eszterhazy-Schröffl | Mutter | Preßburg |
| | Fürstin Ruspoli-Eszterhazy | Schwester | Rom |
| | Freiin Lo-Presti-Eszterhazy sammt-Tochter | Schwester | Pesth |
| | Gräfin Eszterhazy-Sigray sammt Tochter | Tante | Wien |
| | Gräfin Stephanie Eszterhazy | Cousine | Wien |
| | Gräfin Josephine Eszterhazy | Tante | Wien |
| | Gräfin Louise Praschma, Hofdame Ihrer Majestät der Kaiserin-Mutter | Cousine | Wien |
| Gräfin Khevenhüller | Gräfin Khevenhüller-Taxis, nebst 2 Töchter | Mutter | Linz |
| | Gräfin Khevenhüller-Breuner, nebst Tochter | Schwägerin | Linz |

|  |  |  |  |
|---|---|---|---|
|  | Freiin Brenner-Münch nebst 2 Töchterin | Im Auftrage der Mutter | Wien |
| Gräfin Auersperg | Gräfin Auersperg-Horvath mit 2 Töchtern | Mutter | Grätz |
|  | Gräfin Josephine Khuen Gräfin Anna Khuen Beide Stiftsdamen | Tanten | Brünn |
| Fräulein Skerlicz | Frau von Skerliczsammt Tochter | Mutter | Steinamanger |
|  | Gräfin Sigray-Jezensyk | Tante | Güns |
|  | Gräfin Amalie Sigray | Tante | Güns |
|  | Gräfin Saint Marsan-Sigraysammt Tochter | Tante | Turin |
|  | Freiin Houszard-Stürmer sammt Tochter | Im Auftrag der Mutter | Wien |
| Miss Holmes | MistrissRutter-Holmes | Tante | Schloss Walchen |
|  | Freiin von Weichs nebst 2 Töchtern | Wohlthäterin | Schloss Walchen |
|  | Gräfin Eszterhazy-Lichtenstein | Wohlthäterin | Wien |
| Freiin von Beust | Freiin Beust-Schaffogtsch | Mutter | Rzezow |
|  | Gräfin Schaffgotsch-Skrbensky | Großmutter | Brünn |
|  | Freiin Louise Skrbensky, Oberin des Damenstiftes | Großtante | Brünn |
|  | Gräfin Caroline Schaffgotsch, Stiftsdame | Tante | Wien |
|  | Gräfin Schaffgotsch-Pejacsevich nebst Tochter | Tante | Brünn |
|  | Gräfin Schaffgotsch-Revney | Tante | Brünn |
|  | Gräfin Schaffgotsch-Stillfried nebst ihrer Schwester und 3 Töchtern | Tante | Wildschütz |
|  | Gräfin Kinsky-Schaffgotsch nebst 2 Töchtern | Tante | Wildschütz |
| Freiin Norman | Freiin Norman sammt zwei Töchtern | Mutter | Wien |
| Gräfin Daun | Gräfin Locatelli-Münchhausen | Großmutter | Immendorf |
|  | Gräfin Locatelli-Königsegg mit 2 Töchtern | Tante | Immendorf |
|  | Gräfin Haugwitz-Daun mit 2 Töchtern | Tante | Wien |
|  | Gräfin Daun-Kápy | Tante | Wien |
| Freiin Lazarini aus Grätz | Freiin Lazarini-Consalvi nebst vier Töchern | Stiefmutter | Grätz |
|  | Gräfin Wagensperg-Steinach | Großmutter | Grätz |
|  | Gräfin Braida-Wagensperg | Tante | Wien |
|  | Gräfin Coreth-Wagenspergsammt zwei Töchtern | Tante | Grätz |
|  | Gräfin Frank-Wagenspergsammt zwei Töchtern | Tante | Grätz |
| Gräfin Pongrácz | Gräfin Pongrácz-Pallasthy nebst zwei Töchtern | Mutter | Presburg |
|  | Gräfin Schmidegg-Quabec | Tante | Wien |
| Gräfin Coronini | Gräfin Coronini-Marsciano | Tante | Wien |
|  | Freiin Degracia-Woronieckasammt Tochter | Tante | Wien |
|  | Freiin Degrazia | Großmutter | Görz |

| | | | |
|---|---|---|---|
| Gräfin Seilern | Gräfin Seilern-Krosigk nebst drei Töchtern | Mutter | Wien |
| Gräfin Palffy | Gräfin Hoyos-Erdödyi nebst Tochter | Tante | Oedenburg |
| | Gräfin Malvina Erdödyi | Tante | Florenz |
| | Freiin Mesnil-Czindery | Tante | Güns |
| | Gräfin Erdödyi-Batthanyi | Tante | Steinamanger |
| | Gräfin Eszterházy-Bezobrazov-sammt Tochter | Im Auftrag des oft abwesenden Vaters | Wien |
| Gräfin Erdödyi | Freiin Badenfeld-Erdödyi mit Töchtern | Tante | Wien |
| | Gräfin Wrbna-Erdödyi mit vier Enkelinnen | Großtante | Wien |
| | Gräfin Schmidegg-Chamare mit 2 Töchtern | Tante | Agram |
| | Gräfin Alexandrine Erdödyi | Schwester | Agram |
| | Frau von Rubido-Erdödyi | Schwester | Agram |
| Gräfin von Berchtoldt | Gräfin Berchtoldt-Strachansammt Tochter | Mutter | Mailand |
| | Gräfin Berchtoldt-Huszar | Großmutter | Wien |
| | Gräfin Chotek-Berchtoldt | Tante | Wien |
| | Gräfin Nemes-Berchtoldt mit vier Töchtern | Tante | Stuhlweissenburg |
| | Freiin von Schlieben | Im Auftrage der Mutter | Wien |
| Gräfin Zichy | Gräfin Szechenyi, verwitwete Zichy-Seilern sammt Tochter | Mutter | Pesth |
| | Gräfin Festetics-Zichy | Schwester | Güns |
| | Gräfin Hoyos-Zichy nebst zwei Töchtern | Schwester | Wien |
| | Gräfin Hunyady-Zichy nebst zwei Töchtern | Schwester | Wien |
| | Gräfin Szechenyi-Zichy nebst drei Töchtern | Tante | Wien |
| Gräfin Montecuccoli | Gräfin Montecuccoli-Lazansky-sammt Tochter | Mutter | Wien |
| | Gräfin Montecuccoli-Loen | Großmutter | Wien |
| | Gräfin Natalie Montecuccoli, Stiftsdame | Tante | Wien |
| | Gräfin Montecuccoli-Oettingen nebst 2 Töchtern | Tante | Mailand |
| | Gräfin Montecuccoli-Tinti nebst 2 Töchtern | Tante | Ungarn |
| | Freiin Weissenbach, verwitwete Lazansky-Trautmannsdorf | Großmutter | Josephstadt |
| | Gräfin Ernestine Lazansky, Stiftsdame | Tante | Prag |
| | Gräfin Lazansky-Pirenzi | Tante | Prag |
| Fräulein Hübner | Frau von Hübner nebst Tochter | Großmutter | Wien |
| | Frau von Rösner-Hübner | Tante | Wien |
| Freiin von Wodniansky | Freiin Julie Wodniansky | Tante | Wien |
| | Gräfin Anna Hardegg | Tante | Grußbach |
| | Gräfin Louise Hardegg | Tante | Kremsier |

| | | | |
|---|---|---|---|
| | *Freiin Post-Hardegg nebst 2 Töchtern* | *Tante* | *Kremsier* |
| | *Gräfin Hardegg-Wrbna nebst drei Töchtern* | *Tante* | *Wien* |
| | *Gräfin Hardegg-Choisent nebst 2 Töchtern und ihrer Nichte, Gräfin Nyáry* | *Tante* | *Wien* |
| *Gräfin Marescalchi* | *Gräfin Elisabeth Marescalchi (5 Jahre alt)* | *Schwester* | *Wien* |
| | *Miss Catherine O'Mahony* | *deren Begleiterin* | *Wien* |
| | *Gräfin Marescalchi-Brignoli* | *Großmutter* | *Rom* |
| | *Herzogin Dalberg-Brignoli* | *Großtante* | *Wien* |
| | *Gräfin Arco-Marescalchi nebst Tochter* | *Tante* | *München* |
| | *Gräfin Caraman-Pange mit 2 Nichten* | *TanteSchwestern* | *Paris* |
| | *Gräfin de la TourZahony-Pange nebst Tochter* | *Tante* | *Paris* |
| | *Fürstin Schwarzenberg-Liechtenstein nebst Tochter* | *Im Auftrage des öfters abwesenden Vaters* | *Wien* |
| *Fräulein Lichtenau* | *Freiin Hackenau-Hartenfels* | *Großmutter* | |
| | *Gräfin Pongrácz-Hackenau nebst Tochter* | *Tante* | *Nedecz* |
| | *Frau von Eysselt-Hackenau* | *Großtante* | *Wien* |
| | *Frau von Kuyssel-Hackenau* | *Großtante* | *Wien* |
| *Gräfin Lanthieri* | *Freiin Adelstein, verwitwete LanthieriCoronini nebst 2 Töchtern* | *Großmutter* | *Wien* |
| | *Gräfin Lanthieri-Baronio* | *Mutter* | *Görz* |
| *Gräfin Wurmbrand* | *Gräfin Széchényi-Wurmbrand* | *Großmutter* | *Wien* |
| | *Gräfin Praschma-Wurmbrand* | *Tante* | *Wien* |
| | *Gräfin Fuchs-Wurmbrand nebst Tochter* | *Tante* | *Wien* |
| | *Gräfin Fünfkirchen-Wurmbrand nebst 2 Töchtern* | *Tante* | *Innsbruck* |
| | *Gräfin Wurmbrand-Nostitz* | *Tante* | *Böhmen* |
| | *Gräfin Wurmbrand-Teleky nebst Tochter* | *Tante* | *Böhmen* |
| | *Gräfin Zichy-Széchényi nebst Tochter* | *Tante* | *Pesth* |
| *Gräfin Norman* | *Gräfin Norman-Seilern* | *Stiefmutter* | *Sitzenthal* |
| | *Gräfin Zichy-Demblin* | *Tante* | *Wien* |
| | *Gräfin Zichy-Königsegg* | *Tante* | *Presburg* |
| | *Gräfin Walburga Revay* | *Im Auftrage der Großmutter* | *Presburg* |
| *Freiin Gorizutti* | *Freiin André* | *Großmutter* | *Grätz* |
| | *Freiin Egger-André nebst Tochter* | *Tante* | *Wien* |

Wir haben in dieses Verzeichniß die Namen aller uns bekannten Verwandten unserer Zöglinge, sowie jener Damen aufgenommen, die im Auftrage abwesender Ältern zu kommen pflegen, die wir daher ohne Beleidigung derselben nicht ausschließen könnten. Sollten sich in der Folge uns unbekannte Anverwandte mit gleichem Rechte, oder solche Damen melden, die das Pensionat in der Absicht, Kinder hereinzugeben, zu sehen verlangten, so werden wir deren Namen mit der demüthigen Bitte um ihren Einlaß jederzeit einzusenden nicht *ermangeln, sowie die Eintrittsscheine für Angehörige ausgetretener Zöglinge als fernerhin ungültig anzugeben.*

Diese Besuchsregelung hatte bis an den Beginn des 20. Jahrhunderts Geltung.

Auch der Auftrag des Erzbischofs, *daß die bereits angeordnete Aufzeichnung der Geschichte des Klosters, d. h. der jährlichen Ereignisse, fleißig und ordentlich geschehe* – ähnliche Vorschriften hatte er schon 1827 als Bischof von Leitzmeritz und 1832 als Erzbischof von Wien für die Pfarren erlassen[17] – wurde nun umgehend erfüllt: noch im Mai 1846 begann die gewesene Oberin Schwester Aloisia Franziska Mihes, unterstützt von einer anderen Schwester, mit dem (Nach)Schreiben der Annalen des Klosters, eine wahrlich große Aufgabe[18].

1 ASal, Hs. 7/1, *Annales*.
2 Die entsprechenden Visitationsakten sind im Diözesesanarchiv Wien (im Folgenden DAW), Bestand Präsidialia, Frauenorden, M 1: Salesianerinnen, Zl. 3902, Stück 1/40 überliefert.
3 Die Diözese Wien wurde mit 1. Juni 1722 zur Erzdiözese erhoben, im Februar 1723 empfing der bisherige Bischof Sigismund von Kollonitz das Pallium.
4 Buch deren Ordens=Gebräuchen 1727, 129: „Die Oberinnen seyn im Gewissen schuldig, jährlich von denen Hochwürdigsten Bischöfen oder Geistlichen Vätern die Visitation, oder Geistliche Untersuchung, sorgfältig zu verschaffen".
5 ASal, Hs. 7/1, *Annales*, pag. 13.
6 Ebd. pag. 60.
7 Vgl. DAW, Präsidialia M 1: Salesianerinnen 1836, St. 1/13; ASal, Hs. 7/1, *Annales*, pag. 342.
8 DAW, Präsidialia M 1: Salesianerinnen 1846, St. 1/40; ASal, Hs. 7/1, *Annales*, pag. 365.
9 Zur Visitation von 1836 liegen die Aussagen der Schwestern, eine vollständige Personaltabelle, der Lehr- und Stundenplan, eine Aufstellung des Dienstpersonals, die Hausordnung und eine Übersicht über das Einkommen des Klosters vor.
10 P. Alois Tropler OFMCap, geboren 1799 in Bratislava (Pressburg), 1820 Profess bei den Kapuzinern in Buda, Priesterweihe 1822 in Ofen. Seit 1839 Prediger bei den Kapuzinern in Wien, vom 12. September 1844 bis zu seinem Abgang als Guardian nach Wiener Neustadt (1854) außerordentlicher Beichtvater der Salesianerinnen.
11 Franz Zenner (1794–1861), Priester der Erzdiözese Wien, seit 1830 geistlicher Vater der Salesianerinnen, gestorben als Weihbischof der Erzdiözese Wien am 29. Oktober 1861.
12 Leopold Maximilian Horny (1792–1857), seit 1. Dezember 1823 außerordentlicher Beichtvater der Salesianerinnen.
13 Franz Schmidmayer (1801–1883), Weltpriester der Erzdiözese Wien, 1836 bis 1848 Kuratbeneficiat an der Pfarre St. Peter in Wien, vom 22. Oktober 1840 bis zum 11. Jänner 1848 außerordentlicher Beichtvater der Salesianerinnen.
14 Tatsächlich Dr. Johann Kaspar von Seiller (die Oberin verwechselte den Namen mit der bekannten Adelsfamilie von Seilern), seit 1842 Kurator des Klosters der Salesianerinnen, von 1851 bis 1861 Bürgermeister von Wien; vgl. ASal, Hs. 7/1, *Annales*, pag. 356, wo schon zu seiner Ernennung im Jahr 1842 die Angabe „qui fut aussi Bourgmaitre de Vienne" zu finden ist. Diese Aussage ist nur durch den Umstand, dass die Chronik erst ab 1846 nachträglich geschrieben wurde, zu erklären.
15 Sie konnte nicht schreiben und unterfertigte mit drei Kreuzen, ihre Unterfertigung wurde vom erzbischöflichen Zeremoniär Eduard Angerer bestätigt.
16 Wie Anm. 15.
17 Vgl. Holtstiege 1969, 18–21, 29–31.
18 Vgl. die Aussagen dazu in ASal, Hs. 7/1, *Annales*, pag. 366 und 400 (Nachruf auf Sr. Aloisia Franziska Mihes, gestorben am 11. September 1856).

*Unter fremden Dächern wohnt Ihr Frauenchor*[1].
# Das Salesianerinnenkloster als „Benediktinerinnenabtei" und Exilort im Zweiten Weltkrieg

PETER WIESFLECKER

Nach 23 Jahren fiel nun wieder eine grosse feierliche Klausurtür hinter uns in Schloss, hielt Pudentiana Heberle, Chorfrau der steirischen Benediktinerinnenabtei St. Gabriel/Bertholdstein[2], Anfang April 1942 in ihrer *Kleinen Chronik* fest[3], die hektographiert an ihre Mitschwestern ging, die zu diesem Zeitpunkt bereits auf rund ein Dutzend Flucht- und Exilorte verteilt waren.

Am 28. März 1942 war sie als Begleitung ihrer Äbtissin Benedikta Schwarzenberg und einiger weiterer Konventualinnen von Fehring aus per Bahn in Wien und schließlich am nahen Rennweg eingetroffen, wo die Gruppe von der Oberin – wie Heberle schrieb – *mit grenzenloser Liebe* empfangen und in jenen Teil des Salesianerinnenklosters geleitet wurde, der fortan diesen Benediktinerinnen als Aufenthaltsort und *Abtei* dienen sollte, wie auch die Rennweger Hauschronik festhielt[4].

Wenn beide Chroniken davon sprechen, dass der Rennweg zwischen Ende März 1942 und Ende August 1945 Sitz einer Abtei war, so war dies auch formal richtig, denn der Besitz der Bertholdsteiner Benediktinerinnen war zwar bereits am 27. Juni 1941 *mit dem Ziele der späteren Enteignung beschlagnahmt* und unter Zwangsverwaltung gestellt worden[5], die Kommunität als solche mit dem Status einer Abtei im Verband der Beuroner Kongregation blieb jedoch auch im Exil bestehen[6].

Binnen eines Vierteljahrhunderts hatte die Gemeinschaft ihren Sitz bereits zum zweiten Mal aufgeben müssen. 1888 im Prager Vorort Smihov als erste Frauengemeinschaft der Beuroner Kongregation gegründet, hatte sie im Jahr darauf ihr monastisches Leben mit einer Gründungskommunität, die der Nonnberg gestellt hatte, aufgenommen. Im Frühjahr 1919 war die Abtei von Prag auf die alte, südoststeirische und mit Hilfe der Familien Schwarzenberg und Esterházy erworbene Grenzburg Bertholdstein übertragen worden, da – zumindest nach Meinung des Konvents – die politische Lage in der neugegründeten tschechoslowakischen Republik mit ihrem klaren laizistischen Profil für geistliche Gemeinschaften wenig günstig schien[7]. In den folgenden Jahren hatte der Konvent, der bei seiner Übersiedelung rund 100 Mitglieder zählte, den neuen, in seinem Kern mittelalterlichen Standort als Kloster adaptiert und ein landwirtschaftliches Mustergut aufgebaut. Mitte der 1930er-Jahre erreichte die Gemeinschaft mit fast 120 Mitgliedern ihren Höchststand. Seit 1922 stand die altösterreichische Aristokratin Benedikta Schwarzenberg, 1865 als Marie Prinzessin zu Schwarzenberg geboren und 1892 in St. Gabriel eingetreten, dem Konvent als zweite Äbtissin vor. Spätestens seit 1940 hatten kirchliche Stellen Schwarzenberg wiederholt auf eine mögliche Enteignung hingewiesen. Seit Spätsommer 1940 lebten bereits 37 Ursulinen aus Graz im Kloster. Vorerst hoffte Schwarzenberg, im Ernstfall ihren Konvent auf einzelne Standorte in der Steiermark aufteilen zu können. Dank der Kontakte zur steirischen Aristokratie wurde Schloss Reitenau als Fluchtkloster für einen Teil der Kommunität adaptiert[8]. Eleonore Bardeau-Salm auf Schloss Kornberg hatte bereits acht Ordensfrauen aufgenommen und die Familie Gudenus bot an, auf ihrem Schloss Thannhausen klausurierten Raum für 18 Konventualinnen zu schaffen. Darüber hinaus nahm Schwarzenberg Kontakt zu außersteirischen Kommunitäten auf, um ein mögliches Unterkommen zu prüfen. Zu diesen gehörten auch die Salesi-

◀ Abb. 43: Blick in das Refektorium des Salesianerinnenklosters im Jahr 1942 (Archiv St. Gabriel).

▲ Abb. 44: Die Aufnahme zeigt eine Laienschwester der Bertholdsteiner Benediktinerinnen vor den Trümmern eines durch Bombentreffer am 13. Februar 1945 zerstörten Gebäudetraktes des Heimsuchungsklosters (Archiv St. Gabriel).

anerinnen am Rennweg. Die Äbtissin hoffte, den Konvent bei einer Ausweisung aus der Steiermark zur Gänze in Wien unterbringen zu können. Daher beschied sie Anfragen und Angebote von Gemeinschaften außerhalb Wiens vorerst abschlägig.

Am 23. März 1942 wurde die im Jahr davor ausgesprochene Enteignung schlagend und eine knappe Wochenfrist zum Verlassen der Abtei gesetzt. Den Ordensfrauen war nur die Mitnahme persönlicher Kleidung und Wäsche gestattet. Jene unter ihnen, die *im Reichsgau Steiermark beheimatet waren und hier ihre engsten Angehörige (Eltern und Geschwister)* hatten, war es erlaubt, bei diesen *in Zivilkleidung Aufenthalt zu nehmen*[9]. Die Äbtissin entschloss sich, mit allen Konventualinnen ins Exil zu gehen. Bis Kriegsende sollte der Konvent auf insgesamt 14 Standorte in Wien, Nieder- und Oberösterreich sowie Deutschland aufgeteilt sein[10]. Schwarzenberg selbst nahm mit einer kleinen Gruppe am Rennweg Aufenthalt.

Dort waren bereits am 26. März 1942 sechs Konventualinnen eingetroffen, um die Vorbereitungen zu treffen. Zu diesen hatte die einstige Hofdame der Kaiserinmutter Erzherzogin Maria Josepha, Johanna Thun-Hohenstein, sowie zwei Chorfrauen mit zeitlichen Gelübden gehört; eine von ihnen – Cäcilia Fischer – sollte 1963 die vierte Äbtissin von St. Gabriel werden. Äbtissin Schwarzenberg wurde von der Infirmarin Magdalena Coreth, die zwischen 1897 und 1901 die Bürger- und Fortbildungsschule bei den Salesianerinnen besucht hatte[11], der vormaligen Novizenmeisterin und nunmehrigen Abteisekretärin Pudentiana Heberle sowie zwei weiteren Chorfrauen und einer Laienschwester begleitet[12].

Den Zusammenhalt der Kommunität hoffte die bereits kranke Äbtissin auch dadurch zu stärken, dass jedem Exilort Abschriften der von ihr gehaltenen geistlichen Konferenzen zugingen. Der Abteisekretärin oblag es, die einzelnen Gruppen durch ihre hektographierten Berichte über Alltag und Ereignisse, die sie erhielt, zusätzlich zu informieren. Persönlichen Kontakt hielt die „Abtei" vor allem durch die Besuche der Verantwortlichen, die für die einzelnen Niederlassungen ernannt worden waren, und durch die Infirmarin Magdalena Coreth, die als solche in Wien viel unterwegs war und darüber hinaus auch brieflich im Kontakt zu ihren Mitschwestern stand. Von ihr haben sich eine Reihe kleinerer Handzettel erhalten, mit denen sie Nachrichten und mitunter sogar eine Aufbesserung des Speisezettels zukommen ließ, wie im Sommer 1944, als sie einer Mitschwester schrieb: *Sende hier ein Packl Zwiebel; es ist von Fr[au] Stefana für Fr[au] Josefa*[13].

Die erste Zeit am Rennweg war davon geprägt, den Alltag zu strukturieren. Der Tag begann mit der Frühmesse, der man am Chor beiwohnte, ein *riesiger Raum, wenig Licht, vorn zum Altar ein schwarzer Vorhang wie in Prag*. Dem Gottesdienst folgte die Krankenkommunion[14]. Das Zimmer der Äbtissin

▼ Abb. 45: Äbtissin Benedikta Schwarzenberg und vier Chorfrauen ihrer Kommunität im Garten des Salesianerinnenklosters im August 1942 (Archiv St. Gabriel).

war ein, so lesen wir bei Dom. Pudentiana, *ganz nah dem Chor und der Pforte befindl[icher] hocher* [sic!] *gewölbter* Raum, der *unser Chor und unsere „Abtei" ist, denn wir beten das Offizium fast immer gemeinsam, ausser Matutin und Laudes, das nicht auf der Abtei sondern in unseren Zimmern oben im 2. Stock gebetet wird.* Über die Ausstattung berichtete sie:

> *Auf der Abtei wie überhaupt im ganzen Haus auf den Gängen und riesigen Treppenabsätzen hängt ein frommes Bild neben dem andern, viele kl[eine] Altäre, zum Teil alte Stücke und Statuen, im Ganzen hochbarock.*

Das Essen wurde mit den Salesianerinnen gemeinsam eingenommen.

> *Um 5 Uhr wurden wir zum Abendtisch geholt ins Refectorium. Es ist ein langer rechteckiger Raum, mit schönen grossen bibl[ischen] Bildern z. B. Jakobsbrunnen, Elias mit dem Engel … usw. Auf der rückwärtigen Seite ein Riesenbild: Flucht nach Ägypten, wie die Muttergottes eben unter einem Baum ein Piknik* [sic!] *macht für den hl. Josef und das Jesulein und ein Engel serviert – sehr anregend für Geist und Appetit. Auf den beiden Seiten auf Podien Plätze von Frauen und Schwestern, nacheinander, und auf der Stirnseite der Tisch der Würdigen Mutter: am einen Ende sitzt sie, am andern die M[utter] Assistentin. … An Fasttagen beten sie Ave Maria und kurzes Gebet, sonst lateinisches Tischgebet wie wir. Lesung zuerst ein Kapitel ihrer Regel, dann Fuss des Kreuzes von Faber oder Homilien von Pfarrer Hoppe. Mäuschenstill während Tisch. Sehr schöne gleichmässige Zeremonien bei jedem Auftragen eines neuen Brettes der 2 Tischdienerinnen*[15].

Der Tag schloss für die Benediktinerinnen mit dem Abendsegen auf der Abtei.

In der ersten Zeit gab es eine Reihe von Besuchen, darunter am Abend des Ostersonntags (5. April) überraschend Kardinal Innitzer, den Oberin und Äbtissin an der Klausurtür empfingen und in die Klausur geleiteten[16]. Auch die Vertreterinnen aus den einzelnen Standorten meldeten sich zur ersten Berichterstattung. Ein Leben mit strenger Kontemplation und dem gewohnten monastischen Curriculum Beuroner Prägung, das seinen Ausdruck vor allem im feierlichen Chorgebet fand, war hier – auch angesichts der Zahl der Konventualinnen – nur eingeschränkt möglich. Eine *stattliche Vesper mit erstklassiger Scola*, wie am Ostermontag, da genug Kantorinnen zur Verfügung standen, war daher die Ausnahme[17].

Der Gesang bei den Festgottesdiensten in der Klosterkirche fand nur selten Gnade vor den geschulten Ohren Beuroner Provenienz. Zwar attestierte die Chronistin am Herz Jesu Fest, dass es

> *schon einen ganz eigenen liturgischen Charme [hat] … dieses Fest in einem Haus der Heimsuchung zu feiern. … Vor dem Hochamt ist im Chor Friedenskuss. … Dann war Generalabsolution wie bei uns, die gilt aber für alle im Haus Anwesenden und so konnten wir alle unsere Culpen abladen, denn ach! auch in Wien ist das Glas zerbrechlich und die Zellenwände nicht aus Erz.*

Dem *instrumentierten Hochamt* dieses Tages, *auf dem Kirchenchor von einem kunstbeflissenen Chor gesungen*, konnte sie weniger abgewinnen.

> *Die Violinen und Celloeinlagen waren ja noch fromm, aber als es dann anging mit den Primadonnen – das war arg. Das Credo auf eine so tanzfrohe Melodie und im Galopp gesungen war etwas ganz Neues, zu schweigen vom Gloria, das war „wirklich in der Höhe" Es stahl sich auf die Lippen: Herr verzeihe ihnen, denn sie wissen nicht – wie sie singen!"*[18]

Nach den ersten Wochen konkretisierte sich der Alltag weiter, bei dem man sich am Tagesablauf der Gastgeberinnen orientierte. Man stand um fünf Uhr auf, besuchte um sechs Uhr die Messe. Um 8.30 Uhr fand die sog. *Conventmesse* statt, um 10 Uhr bereits der *Mittagstisch* (an Fasttagen erst um 11 Uhr). Die Rekreation war um 12 Uhr angesetzt, freitags die Culpa. Daran schlossen sich *gleich Vesper und Complet* an. Danach gab es den *langen Arbeitsnachmittag*, während dem auch Besuchs- und Gebetszeiten vorgesehen waren. *Chor ganz frei zum Beten ½ 4 – 5, 7 – 8 nachmittags*, lautete der handschriftliche Vermerk auf einer Sommerordnung, die für die Zeit *von Ostern an bis St. Michael* galt. Nach dieser wurde zwischen 14.30 und 15 Uhr die Jause eigenommen. Um 17 Uhr fand die Matutin gemeinsam mit der Äbtissin statt, die Laudes nach der Abendrekreation[19].

Die Mitarbeit im Kloster bestimmte den Alltag für jene, die nicht mit speziellen Aufgaben betraut waren. *Nach dem Frühstück Kartoffelschälen. Es ist nämlich immer viel zu tun; für 100 Soldaten und Kommunität von 50 zu kochen bei so wenig Arbeitskräften, da helfen wir soviel wir können*, berichtete die Abteisekretärin. *Ich saß neben der 88jährigen Schwester, die einst [der Bertholdsteiner Infirmarin] Frau Magdalena Physik gegeben hatte*[20]. Auch an der Gartenarbeit beteiligten sich die Bertholdsteiner Gäste, selbst die Infirmarin. *Manchen Tag arbeite ich hier im Gemüsegarten (Unkraut, Erde umstechen etc.)*, schrieb sie im Juli 1942 ihrer einstigen Noviziatsgefährtin Augustina Glatzel[21].

Die ersten Wochen waren auch dadurch gekennzeichnet, dass die Gruppen für die einzelnen Filialen neu zusammengestellt wurden bzw. neue Standorte wie etwa Neukloster bei Wiener Neustadt hinzukamen. *7–8 Schwestern können sie gut dort brauchen*, hielt Dom. Pudentiana fest und verriet im Gegenzug, was die Konventualinnen, von denen einige bis dahin am Rennweg gelebt hatten, erwartete: *3 Küh, 3 Schwein, 3 Ziegen, auch Bibliothek zur Benützung und wöchentli-*

*che Conferenz*. Um die Entsendung zur Versorgung der sechs Patres an diesen Standort hatte der Erzbischof von Wien ersucht. *Sie haben einen vorbildlichen und heroischen Kopfsprung ins Wasser gemacht*, befand die Abteisekretärin über ihre Mitschwestern[22].

Nur die wenigsten Konventualinnen waren auf Gebieten eingesetzt, bei denen sie an bisherige Erfahrungen in Haus- und Landwirtschaft anschließen konnten, von jenen im Kunstatelier, der Paramentik oder der Mitarbeit an wissenschaftlichen Projekten ganz zu schweigen.

> *Die lieben Besuche aus den Filialen erzählen von ihrer neuen Tätigkeit. Wir staunen. ... Aber nun stelle man sich vor: eine Mitschwester in einem Saal Schwerverwundeter, eine andere in einem Saal leichterer Fälle, aber umso „lebhafter", wieder eine andere unter 30 gefangenen Russen u.s.w.; da könnt einem schon der Schlaf vergehen in Gedanken an all die Strapazen Tag und Nacht*[23].

Demgegenüber war der Rennweg (noch) eine monastische Oase. Der Aufenthalt machte die kleine Schar an Benediktinerinnen zunehmend mit der Haus- und Festtradition der Salesianerinnen vertraut. Am 1. Mai fand sich vor der Tür der Äbtissin

> *ein Maibaum, geschmückt mit selbstgemachten Devotionalien der ehrwürdigen Salesianerinnen, Rosenkränze, Agnus Dei, Herz-Jesuscapuliere, Leinwandreliquien in verschiedenen Seidensäckchen von der hl. Marg[uerite] Alcoque [sic!], ein ganzer Tisch voll. ... Das ist Sitte so und zur caritas hat jede eine ziemlich grosse Schale Honig von den eigenen Bienen. Im Haus ist Recreationstag, d. h. freie Unterhaltung einen halben Tag lang*[24].

Einige Wochen später war in den Berichten an die Filialen zu lesen, eine Mitschwester habe

> *neulich einmal an einer Tür in den Garten eine Glastafel entdeckt: geistlicher Glückshafen. Es sind da in einem Kästchen wie an unserer schwarzen Tafel kleine Holzscheibchen mit Nummern. Da zieht man eins und findet dann auf der Tafel eine entsprechende Ziffer mit Armen Seelen, die durch zuviel Reden büssen müssen etc. Frau Adalberta hat uns eingestanden, dass sie schon längst in diesem Glückshafen Nummern gezogen hat, ehe wir sie entdeckt haben. Frau Praxedes zieht mit Vorliebe, ich habe auch schon 3mal gezogen: für die Seelen, die dem Trunk ergeben waren*[25].

Zumindest die Grundstrukturen des monastischen Alltags beizubehalten, war für jede einzelne Konventualin in dieser Zeit eine Herausforderung. Im Besonderen war die jeweilige Hausoberin gefordert, galt es doch die notwendige Balance zwischen dem konkreten Alltag und jenen Bestimmungen zu finden, die die „Abtei" für unerlässlich hielt. Schon bald zeigte sich, dass Adaptionen notwendig waren und jede Exilgemeinschaft ihre eigenen Aufgaben und daher ihre eigenen Bedürfnisse hatte, die dem monastischen Tagesablauf mitunter entgegenstanden. Manche Frage ließ sich leicht lösen. *Das Einschränken der Briefe* gelte nur, so ließ Heberle ihre Mitschwester Augustina Glatzel in Beuron wissen,

> *für ganz spezielle Fälle, aber nie für die [im] Beuroner [Exil lebenden Konventualinnen], denn die freuen ... [die Äbtissin] immer ganz besonders und nur weil H[ochwürdige] M[utter] weiss, wie wenig Zeit Sie alle haben, animiert sie nicht noch mehr zu schreiben .... Aber alles, was kommt, wird immer mit Freude begrüsst, da ist dann Hochw. Mutter ganz vertieft, da ist gar nichts zu wollen, selbst wenn ein Flieger käme und eine Bombe werfen wollte, die ging eher durch den Beuroner Brief als H. M. mit ungelesenem Brief in den Luftschutzkeller*[26].

Andere Fragen über die Erlaubtheit eines vereinfachten monastischen Alltags waren schwieriger zu lösen und die Äbtissin empfahl das notwendige Augenmaß. Kapitelsekretärin Heberle setzte allerdings noch hinzu:

> *Grad wir Nonnen als die Konservativen müssen nicht schnell mit solchen Sachen aufräumen, es liegt viel Prinzipielles in solchen Sachen, die unsere Stifter eingesetzt haben. Wenn unsere Zeit sowas nicht mehr versteht – umso wichtiger, dass sie noch existieren. Es sagte einmal jemand sehr richtig: Das, was nicht mehr <u>zeitgemäß</u> ist, ist meistens grad das, was die Zeit sehr notwendig brauchen würde. Darüber könnte man Bände schreiben, aber lesen würden es die ja auch nicht, die es lesen sollten. Gott sei Dank haben wir mehr die Aufgabe des Hütens und Bewahrens. Verfechten sollen es die Berufenen*[27].

Seit Herbst war der Alltag in der „Abtei" auch von der Krebserkrankung der Äbtissin gekennzeichnet. Knapp nach Jahresbeginn 1943 musste sie in eine Wiener Privatklinik überstellt werden, da eine Operation notwendig wurde[28]. Mitte Jänner berichtete die Infirmarin Magdalena Coreth zwar ihrer bei den Elisabethinnen auf der Landstraße untergebrachten Mitschwester Marcelina Korb, *H. M. ist relativ entschieden besser; täglich ist uns ein Fortschritt, ... auch Appetit stellt sich ein, ... ist oft heiter und viel ruhiger, hat auch Gottlob weniger Schmerzen*[29], doch bereits acht Tage später teilte sie Dom. Marcellina mit, *H. M. immer knapp vor dem „<u>sterbend sein</u>", unsere Mitschw[estern] Besuche strengen sie sehr an, weil sie sich aus dem Schlaf reissen muss*[30]. Über sich selbst konnte die Infirmarin allerdings ihrer Mitschwester berichten: <u>*Mir geht es sehr gut, lese viel und habe im Inneren trotz Allem so eine Ruhe*</u>[31]. *... Mir hilft Gott wahrlich wunderbar, physisch, moralisch. Bin so ruhig und habe keine Nerven [= Nervosität]. Kann gut schlafen und essen und was wichtiger ist auch beten*[32]. Anfang Februar 1943 war klar, dass mit dem baldigen Ableben der Äbtissin zu rechnen sei. *H. M. noch nicht im Sterben, aber Vorstufe davon.*

▲ Abb. 46 und 47: Bei der Alltagsarbeit: eine Schwester aus dem Konvent von St. Gabriel bei der Gartenarbeit (Archiv St. Gabriel), eine Benedikinerin und eine Salesianerin in der Paramentenstickerei (Archiv der Salesianerinnen in Wien).

*Jetzt sehr ruhig und friedlich*, lautete die kurze Mitteilung, die Mitschwestern bei den Elisabethinnen am 1. Februar 1943 vom Rennweg erreichte[33].

Benedikta Schwarzenberg starb am 15. Februar 1943. Einem Requiem in der Kirche des Salesianerinnenkloster, dem Kardinal Innitzer vorstand, folgte am 18. Februar 1943 die Beisetzung am Hietzinger Friedhof, die der Abtpräses der Beuroner Kongregation Raphael Molitor leitete. Zur Trauerfeier trafen auch Konventualinnen aus jenen Exilorten ein, die außerhalb Wiens lagen[34].

Zwei Tage nach der Beerdigung versammelten sich 43 wahlberechtigte Konventualinnen im Wiener Schottenstift zur Wahl einer neuen Äbtissin. Sieben weitere Konventmitglieder wählten mit Stimmdelegation. Der Wahl tags darauf (21. Februar 1943) ging ein Proskrutinium voraus. Bei diesem entfielen bereits 33 Stimmen auf die bisherige Subpriorin Maria Rosa Fritsch-Cronenwald (1898–1954), die Tochter einer geadelten Wiener Offiziersfamilie und Urenkelin des Wiener Bürgermeisters Cajetan Felder, die 1925 nach St. Gabriel gekommen war[35]. Die eigentliche Wahl fand zwei Stunden später statt. Fritsch erreichte dabei bereits im ersten Wahlgang 49 von 50 Stimmen und damit die Höchstzahl an möglichen Stimmen, da eine Selbstwahl untersagt war[36]. Am 24. Februar 1943 fand im Schottstift die Weihe der neuen Äbtissin statt[37].

Nach ihrer Wahl übersiedelte die neue Äbtissin nicht auf den Rennweg, sondern blieb im Kloster der Barmherzigen Schwestern in der Gumpendorferstraße, das als ihr Sitz und zumindest im übertragenen Sinn und unausgesprochen „Abtei" war. *Rennweg bleibt vorderhand Freistaat, wie H. M. sagte*, teilte die in der Kommunikation mit den einzelnen Standorten unermüdliche Kapitelsekretärin Heberle am 3. März 1943 Subpriorin Agnes Mayr in Beuron mit. *Es wird dann überlegt, wo Zentrum ist, jedenfalls nicht Änderung vor der B[euron] Reise*[38].

An den Bestimmungen der strengen Klausur, die elementarer Bestandteil des monastischen Selbstverständnisses ihrer Gemeinschaft war, hatte Äbtissin Schwarzenberg für ihre Person auch im Exil festgehalten und daher den Rennweg nur im Ausnahmefall verlassen. Besuche der Äbtissin in den einzelnen Niederlassungen hatte sie nicht vorgesehen. Die Kommunikation mit den einzelnen Niederlassungen erfolgte durch Besuche der Hausoberinnen und Konventualinnen am Rennweg bzw. durch Korrespondenzen und schriftliche Konferenzen, die vom Heimsuchungskloster allen Standorten zugingen. An der schriftlichen Form der Kontaktpflege hielt auch ihre Nachfolgerin Äbtissin Fritsch fest. Da sie Kapitel und Konferenzen *nicht in gewohnter Weise halten* konnte, sollten *Ordensbrauch und St. Gabrieler Haususanz auch „an den Flüssen Babylons" nach Möglichkeit* geübt werden, wie sie zu Beginn der Fastenzeit 1943 mit Blick auf das Babylonische Exil des Volkes Israel ihrem Konvent schrieb:

> *Sitzen wir wirklich an den Flüssen Babels? Ja und nein. Ja, weil wir fern von daheim sind, aus unserem Rahmen herausgebrochen, näher der Welt und den uns schon fremd gewordenen Weltgetriebe. Und doch sitzen wir nicht an den Flüssen Babels, da wir unter den geistlichen Dächern anderer Klöster weilen dürfen, Gott zum Hausgenossen haben und Mitbrüder, Schwestern zur beseelten Umgebung, gottgeweihte Menschen, die dem gleichen König Kriegsdienst leisten. Wir brauchen also nicht weinen und Wehklagen wie jene an Babylons Gewässern. Gewiss, wir dürfen nicht festen Fuss fassen, nicht heimisch werden in einer Welt, die nicht die unsrige ist. Eine zarte Discretio, Unterscheidung, ist unumgänglich notwendig, sodass wir bei aller Einpassung in Raum und Umgebung uns bewusst bleiben, was unser ist*[39].

Kontakt zu ihrem Konvent hielt sich aber auch durch ihre Besuche in den einzelnen Niederlassungen. 1943 und 1944 reiste sie nach Beuron, um die in Deutschland lebenden Mitschwestern zu besuchen. Am Rennweg, der einstigen Zentrale, verblieben fünf Chorfrauen und eine Laienschwester, unter ihnen die Infirmarin Magdalena Coreth und die für die wirtschaftlichen Angelegenheiten der Kommunität zuständige Cellerarin Adalberta Martinec. Coreth schrieb im Jänner 1944 ihrer Schwester, der verwitweten Fürstin Batthyány, sie selbst sei *ein Herumlaufer von einer unserer Gruppen zur anderen; so sehe ich alle*. Besonderen Kontakt hielt sie auch zur Äbtissin, die nach wie vor im Spital der Barmherzigen Schwestern in der Gumpendorferstraße wohnte. *Dorthin fahre ich sehr oft*, ließ sie ihre Schwester wissen. Am Rennweg selbst gehe es ihr und ihren Mitschwestern gut, *materiell sorgt der liebe Gott für uns; wir haben weder Kälte noch Hunger und sind alle gesund*[40]. Schwarzenbergs Kapitelsekretärin Pudentiana Heberle, die ebenfalls im Heimsuchungskloster geblieben war, tat sich etwas schwerer damit, dass dieses nicht mehr Sitz ihrer Abtei war. Für die *Renntiere*, wie sie sich und ihre am Rennweg verbliebenen Mitschwestern nannte, hing *der Futterkorb der Nachrichten jetzt ebenso hoch* wie anderswo und *wir hören eben was uns teuerste Hochw. Mutter bei ihren … Besuchen erzählt*[41]. Nach wie vor hielt sie jedoch daran fest, die verstreute Kommunität an den Ereignissen in den einzelnen Niederlassungen teilhaben zu lassen[42]. Diese Kontaktpflege lässt heute auch einen Einblick in den Kriegsalltag in den unterschiedlichen Niederlassungen zu, wobei trotz der Schwere der Zeit auch Humoresken nicht ausblieben, die ebenfalls an die zerstreute Kommunität mitgeteilt wurden, wie jene über Dom. Dorothea Forstner, die ab Dezember 1943 im Kloster der Dienerinnen vom Heiligsten Herzen Jesu in Ober St. Veit ihr Quartier hatte:

> *Mit vielen Koffern und Schachteln, sodass die Schwester entsetzt fragte: „Ja wollen Sie denn ganz bei uns bleiben?", dann aber diese … Frage … ergänzte: „Nun im Frühjahr, wenn Sie wieder kränker werden, werden Sie ja wieder ins Krankenhaus zurückkehren!"*[43]

Pudentiana Heberle, nach den Worten ihrer Mitschwester und Hausgenossin Magdalena Coreth das *liebende Bindeglied von allen Stationen*[44], hielt bis wenige Tage vor ihrem Tod Ende November 1944 die Verbindung zwischen den einzelnen Exilorten aufrecht, wenngleich dies zunehmend schwieriger wurde. Die Hausgemeinschaft am Rennweg hatte sich erneut vergrößert. Ende Oktober 1944 berichtete sie, dem Kloster *seien 30 Priesterfamilien (unierte Ruthenen)* avisiert worden. Als Unterkunft müssten ihnen, da unter anderem *schon Denkmalschutz, Ukrainer … im Haus seien*, Klausurbereiche zugewiesen werden.

> *Noch hat man kein Stroh für die Steinböden. In der Küche kochen sie sich. … Sie können sich denken, was das nun auf einmal offene Haus, …, dann diese 130 Personen, die überall herumgehen können, hier für ein Leben nach sich zieht. Jetzt wird es wirklich kriegsmäßig. Dabei dauern einen ja diese heimatlosen armen Flüchtlinge und niemand weiss, wann er dasselbe Los teilt und dann auch froh ist, ein Dach über sich zu bekommen*[45].

Tags darauf erlebte das Kloster den Einzug der ruthenischen Flüchtlinge. *Eben 2 Uhr kommen die Ruthenen an. 2 laut heulende Kinder sind die 1. Fanfaren*, lautete ihr der Chronik dieses Tages handschriftlich hinzugefügter Beisatz[46]. Am Folgetage berichtete sie bereits ausführlich von den neuen Gästen:

> *Von weitem schallten durch die Kreuzgänge die schweren Schritte, Stimmengewirr, der Bass der Männer, sehr würdige Priester, 12 an der Zahl, die im Vorchor, Matratze an Matratze, ihre Lager haben. Dann Frauen und Kinder, 2 kleine Mäderl … sind grad am meisten hörbar aus dem Zug, sie weinen und schreien. Ach man muss es wohl verstehen: unterwegs in Ungarn wurde die ganze Schar von Fliegern bombardiert, 32 kamen um, auch die Mutter der 2 Kleinen. Nun haben die Leute die Waislein mitgenommen*[47].

*Wie belebt die stille Clausur am Rennweg nun ist, das wissen die lieben Mitschwestern schon*, heißt es am 4. November, *aber alle Tage gibt es wieder neue Scenen. Die Luftangriffe häuften sich.*

▲ Abb. 48: Der Salesianerinnenkonvent kurz nach dem Zweiten Weltkrieg: Sitzend die Chorschwestern, stehend mit schwarzem Schleier in anderer Form die Außenschwestern, mit weißem Schleier und Kreuz die Laienschwestern, ohne Kreuz die Novizinnen, im Vordergrund rechts knieend eine Postulantin (Archiv der Salesianerinnen in Wien).

Die Schutzsuchenden aus der Umgebung, die Ordensfrauen aus dem Haus und die Flüchtlinge ergaben im Luftschutzkeller ein *eigenartiges Bild*, wie die Chorfrau festhielt.
*Nun also diese alle sind da unten versammelt. Man hielt am 1. Freitag die Herzjesuandacht unten; dann setzten die Ruthenen ein mit ihren prachtvollen slavischen Chorälen und anderen Liedern. Ein Beten und Singen, das alles Bombengetöse übertönte*[48].
Am nächsten Tag lesen wir:
> *Neben uns ein Volltreffer, im Garten einige Bomben, die aber stecken blieben. Am Dach schon etwas Feuer, doch der Wind ging anders und es konnte gleich gelöscht werden. Es geschah sonst nicht am Haus.*

Zur gleichen Zeit war auch die Gumpendorferstraße, wo die Äbtissin ihren Sitz hatte, bombardiert worden.
> *Das Lazarett ist nicht getroffen, aber der Teil des so schönen Hauses, wo Hochw. Mutter wohnt, Trümmer. … Hochw. Mutter konnte sonst wegen dem Herzen nie in den Keller und hatte ein sicheres Plätzchen. Nur an diesem Tag war sie zum einzigsten und ersten mal im Keller. Wäre sie an jenem Plätzchen gesessen, wäre sie jetzt in der Ewigkeit*[49].

Für die erste Zeit wurde das Salesianerinnenkloster wieder Sitz der Äbtissin, da diese nach dem Bombardement ihres Quartiers in der Gumpendorferstraße am Rennweg geblieben war. Ihr stets schon prekärer Gesundheitszustand ließ dies angetan sein. Ihre *Besserung* gehe *millimeterweise vorwärts*, schrieb sie am 21. November 1944 vom Rennweg aus an ihre Konventualinnen und gab ihnen zugleich einen kurzen Bericht über die vergangenen Tage, in denen es wiederholt Bombenalarm gegeben hatte:
> *Der 18. [November] war für uns … äusserst bewegt. Der Angriff spielte sich hier ab. Doch Gottes Schutz ließ drei Bomben nur in unserem Garten landen und eine, die in der Nähe des Stalles explodierte, verursachte nur große Luftdruckschäden, die Dachziegel kamen partienweise herunter, viele Fenster, Türen usw. wurden zertrümmert. Besonders der Kreuzgang sieht ohne Fenster traurig aus. In der Nacht hörten wir immer wieder Explosionen, … die mit Donnergekrach das Haus erzittern ließen. … Der 19. ds. M. brachte abermals einen großen Angriff, der sich aber weiter entfernt entlud. Wohl bekamen wir wieder drei Bomben in unserem Garten und unsere Umgebung ebenfalls. Von Zeit zu Zeit, jetzt aber schon seltener, hört man Explosionen oder Sprengungen*[50].

In ihrem Weihnachtsbrief wenige Wochen später wies die Äbtissin ihren Konvent auf die eigentliche Dimension des

Festes hin, das man nun *zum dritten Mal im Exil* beging und sich – wie sie schrieb –

> *im tiefsten Dunkel der Nacht vollzieht. … Ist ja doch das undurchdringlich dunkle Geschehen der Zeit uns allen irgendwie näher gekommen denn je. Sei es in den furchtbar zugerichteten Soldaten in den Lazaretten, deren Pflege die größten Anforderungen an unsere physischen und psychischen Kräfte stellt; sei es, daß wir durch Luftangriffe Schweres und Schwerstes erlebten; sei es, daß wir den Verlust uns Nahestehender beklagen; sei es, daß Leid und Schmerzen der ganzen Menschheit fühlbarer als sonst auf uns lastet*[51].

Zunehmend wurde die Kommunikation mit den außerhalb Wiens liegenden Stationen schwieriger, da der Postverkehr immer wieder unterbrochen war. Ein Beuroner Briefsendung vom 3. Dezember 1944 langte am Rennweg erst 18 Tage später ein, ein am gleichen Tag abgesandtes Paket immerhin binnen Wochenfrist. Am 5. Jänner 1945 wandte sich die Infirmarin im Auftrag der Äbtissin an die Konventualinnen in Beuron, um mitzuteilen, dass man dank der eingetroffenen Post *ganz im Bilde sei* und kein Anlass zur Sorge über den Gesundheitszustand der Äbtissin bestehe, die sich zur Pflege nach wie vor am Rennweg befand[52].

Der absehbare militärische Zusammenbruch und die näher rückende Front machten es notwendig, Vorbereitungen für den Fall zu treffen, dass Exilorte auf Dauer verlassen werden mussten. Mitte Februar 1945 teilte die am Rennweg sitzende und für wirtschaftliche Belange zuständige Cellerarin mit, *es wäre wohl zu raten, etwas für jede [Konventualin von den zu Beginn des Exils jeder einzelnen ausgehändigten Sparbüchern] zu beheben, damit sie eine Kleinigkeit in bar bei sich haben, eben jede einzelne*[53]. Die Anweisung folgte wenige Tage nach einem Bombenangriff, der auch das Kloster der Salesianerinnen schwer getroffen hatte. *Der 13. Feber war für uns ein böser Tag*, schrieb Cellerarin Martinec knapp zwei Wochen später nach Beuron.

> *Unsere … Gastgeberinnen haben unersetzliche Verluste erlitten. Zwei Trakte des majestätischen Baues liegen in Schutt und Trümmern. Dazu gerade die lebensnotwendigsten Räume wie Küche, Refektorium, Bügelzimmer usw. Der Kreuzgarten bietet ein unsagbar trauriges Bild. Da ist nun mal alles hin …. Die wunderschöne Josefskapelle war bereits im November ein Opfer eines Langzeitzünders. Am 21. ds. Monats … wurde … die Vorderfront des Gebäudes fürchterlich zugerichtet*[54].

▼ Abb. 49: Blick in das Mädchenpensionat (Archiv der Salesianerinnen in Wien).

Eine andere Schwester berichtete über die ersten Tagen nach dem Bombardement:

> Jetzt kann man hier an allen Ecken und Enden helfen: Schutt-Räumen, das viele gebombte, gesplitterte Holz sammeln, Ziegel-Aufschichten, den verschütteten Brunnen ausgraben, im Garten Ziegel, Steine, Glasscherben sammeln; im Gemeindezimmer ist jetzt Refektorium; da helfe ich zuerst, dann in die Sacristei, manchmal dazwischen Kartoffel-Schälen in einer unbeschreiblichen Notküche, ein winziger Herd, neulich … wuschen die Schwestern die ganze Nacht unsere Wäsche, weil man nichts mehr zum Anziehen hatte, i. e. die Salesianerinnen, getrocknet wurde diese Wäsche im Sacré Coeur, da unsere Dachböden nicht mehr danach sind …[55].

Seinen Höhepunkt erreichte das Kriegsgeschehen in den Apriltagen.

> Für uns war wohl die furchtbarste Nacht vom Weißen Sonntag auf den Montag. Wir lebten volle zehn Tage im Keller mit kleineren Aufstiegen ans Tageslicht. Doch mußten wir häufig wieder schleunigst hinuntersteigen. Wir waren ja in der Feuerlinie. In dieser Nacht bekamen wir starke Treffer, die die zwei neu errichteten Mauern – seit der Verbombung neu errichtet – niederlegten. Wir dachten nicht anders als, daß es nun um uns geschehen sei. Aber Gott Dank, niemanden ist was passiert[56].

Eine Woche später vermeldete man vom Rennweg und aus der Wiener Innenstadt, trotz sowjetischer Besatzung, bereits eine gewisse Normalität:

> Hier scheint es mir, daß doch alles langsam besser wird. Die Straßen schauen schon ganz anders aus als in den ersten Tagen nach den Kämpfen. Es ist fast zum Staunen. Allerdings werden alle Leute, die halbwegs fähig sind, auf der Straße zu Aufräumearbeiten hopp genommen. Man begreift es schließlich. So widerfuhr dies zwar ungerechterweise dem hochw. Herrn Futterknecht als er zu uns celebrieren kommen wollte. Viele gehen daher lahm und haben Fatschen an den Händen. Schlaumayer hat es immer gegeben … Uns geht es soweit gut[57].

Bald nach Kriegsende war das Seckauer Ordinariat namens der abwesenden Gemeinschaft bei der Landesregierung vorstellig geworden, um die ersten Schritte zur Rückstellung des enteigneten Besitzes zu unternehmen. Die unsichere politische Lage und insbesondere die sowjetische Besatzungsmacht sprachen für eine Rückkehr des Konvents nach Bertholdstein. Ende Mai forderte der Seckauer Dompropst Puchas die Schwestern auf, *sobald als möglich eine Gesandtschaft nach Bertholdstein zu schicken*, wie vom Rennweg den Mitschwestern in Baumgartenberg berichtet wurde[58]. Anfang Juni trafen die ersten Konventualinnen in Bertholdstein ein, um die Lage zu sondieren. Der Landesregierung teilten sie mit, sie würden, *weil sie ansonsten keine Unterkunft haben, ihr Klostergebäude … wieder beziehen*[59]. Eine baldige Heimkehr stand im Raum, zumindest war eine gewisse Ungeduld zu verspüren. *Die anderen Orden pilgern alle nach ihren Klöstern*, berichtete eine Konventualin nach Baumgartenberg[60].

Im Juli 1945 wandte sich die Äbtissin schließlich mit einem grundsätzlichen Schreiben an ihren Konvent, das die Frage der Rückkehr nach Bertholdstein aufgriff. Sie musste ihren Mitschwestern mitteilen, dass sie die *nächstliegende Frage …: „Wann darf ich heimfahren?" … nicht beantworten* könne. *Da wird uns wohl die Situation den Willen Gottes zeigen*, schrieb sie. Zuvor jedoch hatte sie ihrer Gemeinschaft – mit Blick auf das Kapitel der Benediktusregel über die „Reisen der Brüder" – mitgeteilt, wie mit den Erfahrungen des Exils künftig umgegangen werden sollte:

> Das eine betone ich heute schon scharf: Niemand darf aus der Exilzeit Liebloses über die Mitschwestern seiner ehemaligen Gruppe den anderen erzählen oder Anstößiges, weltlich Leichtes, das er gehört oder gesehen. Wir alle sind noch keine Heiligen, niemand ist schon ganz vollkommen. Wenn man aber enger als sonst beisammen wohnte und ausschließlich in einem kleinen Kreise lebte, so spürt man die Reibungsmöglichkeiten mehr als sonst. Das konnte schwer werden, aber kein großes Unglück – jedoch davon zu reden wäre unrecht, ja sündhaft. Und wir alle, und einige besonders, haben Verhältnisse kennen gelernt, die uns im Frieden unseres Klosters verborgen geblieben wären. Wir haben hie und da in unserer Exilsumgebung Befremdendes gesehen, von den Lazarettbetrieben usw. gar nicht zu reden. Sich mit seinen Erfahrungen zu brüsten, das und jenes zum Besten zu geben, usw. ist ebenso verboten. Daß uns aber das Wertvolle, Interessante und auch Humorvolle nicht entgehe, dafür sollen die allgemeinen Rekreationen sorgen. Das ist das Erste in dieser Hinsicht, das ich allgemein sagen will. Über alles andere wird noch oft und oft gesprochen werden müssen[61].

Für Bertholdstein wurde von der Landesregierung ein Verwalter bestellt, der in Abstimmung mit dem Konvent die Geschäfte führte. Im Dezember 1945 teilte die Landesregierung dem Ordinariat mit, dass die Wiedereinsetzung der Abtei in den früheren Rechtszustand erfolgt sei, bis zur gesetzlichen Regelung jedoch noch das Land Steiermark Eigentümer bleibe[62]. Am 7. Mai 1946 fertigte die Landesregierung ein Schreiben an die Äbtissin aus, dass die Verwaltung des *Landesgutes Pertlstein* mit Stichtag vom 1. Mai 1946 an die Abtei übergehe. Damit endete auch die Tätigkeit des bisherigen Verwalters[63]. Mit Rückstellungsbescheid der Finanzlandesdirektion vom 6. November 1947 wurde die Liegenschaft mit ihrem Inventar zurückgestellt[64].

Die Monate nach Kriegsende bis hinein in den Winter hatte man genützt, um das Kloster einigermaßen zu adaptieren, sodass das monastische Leben wieder aufgenommen werden konnte und zugleich auch die Versorgung des Konvents über den ersten Nachkriegswinter hinaus sicherzustellen, denn nach ihrer Rückkehr hatte Adalberta Martinic gegenüber der Landesregierung festgehalten, die *Felder* [seien] *ausserordentlich schlecht bebaut … und demzufolge der anfallende Ertrag stark zurückgegangen*[65].

Der Großteil des Konventes war in der Zwischenzeit bereits nach Bertholstein zurückgekehrt, die ersten der in Wien lebenden Frauen und Schwestern schon Ende Juni und Anfang Juli. Ein Militärkonvoi von 30 britischen Fahrzeugen brachte Ende August die restlichen Heimkehrerinnen aus dem Raum Wien in die Steiermark. Den Heimweg trat man vom Rennweg aus an. Dazu berichtet die Chronik der Salesianerinnen:

*Am 29. [August] die große Abreise. … Am 28. sammelten sich alle bei uns von den verschiedenen Stationen … auch die Kranken. … Am 28. wurde das Gepäck, das bei uns aufgestapelt war, in 30 englische Camions verladen. Um 5 Uhr früh fuhren sie fort. Sie schrieben dann sehr vergnügt von der Reise, wie ritterlich und sorgsam sie die Engländer bis nach Bertholdstein geleiteten*[66].

1 Archiv der Abtei St. Gabriel im Steiermärkischen Landesarchiv (im Folgenden ASG), K. 4/3, Abschrift eines Schreibens des Sekkauer Fürstbischofs Ferdinand Pawlikowski an Äbtissin Maria Rosa Fritsch-Cronenwald vom 11.3.1943.
2 Zur Geschichte der Benediktinerinnen von St. Gabriel v. a. WAGNER-HÖHER 2008; WIESFLECKER 2015; zusammenfassend: HÖFER 2000 und WIESFLECKER 2009.
3 ASG, K. 4/7, Bericht von Pudentiana Heberle mit *Kleine Chronik vom Tag der Ankunft bei den Salesianerinnen* überschrieben.
4 Ein Auszug aus der Chronik des Salesianerinnenklosters mit einem kurzen Bericht über die Ankunft der Benediktinerinnen findet sich bei WAGNER-HÖHER 2008, 355, Anm. 69.
5 Steiermärkisches Landesarchiv (im Folgenden StLA), Landtafel, Einlagezahl 1034 sowie Urkundensammlung 3845/1941.
6 Zur Geschichte der Benediktinerinnen von St. Gabriel in der NS-Zeit zusammenfassend WIESFLECKER 2014.
7 WIESFLECKER 2015, 114–122.
8 ALLMER 2010, 637–655.
9 StLA, Landesregierung. Zl. 354-B-16/1945, Abschrift des Schreibens der Geheimen Staatspolizei, Staatspolizeistelle Graz, Zl. II B r 200/40 vom 10. März 1942 an Äbtissin Maria Benedikta Schwarzenberg.
10 In Wien fanden die Ordensfrauen außer am Rennweg in den Niederlassungen der Elisabethinnen (Wien, Landstraße), der Barmherzige Schwestern (Wien, Gumpendorferstraße), der Ursulinen (Wien, Gentzgasse), der Borromäerinnen (Wien, Gentzgasse, Greisenasyl), der Dienerinnen des Hl. Herzens Jesu (Wien, St. Veit) und der Schwestern vom Armen Kinde Jesu (Wien, Döbling) Aufnahme. Andere Gruppen kamen im Sacré Coeur in Pressbaum bei Wien, in der Stiftspfarre Neukloster in Wiener Neustadt, in den Niederlassungen der Schwestern vom Guten Hirten in Wiener Neudorf und Baumgartenberg (Perg, Oberösterreich), in der Erzabtei Beuron sowie in der Zisterzienserinnenabtei Lichtenthal (Baden-Baden) und beim Caritas-Verband in Freiburg unter. Vgl. dazu: ASG, K. 4 bis K. 6 sowie WIESFLECKER 2015, 140–141.
11 Zu Magdalena Coreth vgl. WIESFLECKER 2015a, 541–580, hier 549.
12 Vgl. dazu den Auszug aus der Chronik des Salesianerinnenkloster bei WAGNER-HÖHER 2008, 355.
13 ASG, K. 4/5, Schreiben von Magdalena Coreth an Marcellina Korb vom 29.6.1944.
14 ASG, K. 4/7, Chronik vom 29.3.1942.
15 ASG, K. 4/7, Bericht von Pudentiana Heberle mit *Kleine Chronik vom Tag der Ankunft bei den Salesianerinnen* überschrieben.
16 Ebd., Chronik vom 5.4.1942.
17 Ebd., 6.4.1942.
18 Ebd., Bericht über den Zeitraum vom 9. bis 17. Juni 1942.
19 Ebd., Chronik vom 16.4.1942 sowie beiliegend eine *Sommerordnung* (April 1942).
20 Ebd., Chronik vom 6.4.1942.
21 Ebd., Schreiben von Magdalena Coreth an Augustina Glatzel vom 8.7.1942.
22 Ebd., Chronik vom 15.4.1942.
23 Ebd., 14.4.1942.
24 Ebd., 1.5.1942.
25 Ebd., 26.6.1942.
26 ASG, K. 4/5, Schreiben von Pudentiana Heberle an Augustina Glatzel vom 24.6.1942.
27 Ebd., Schreiben von Pudentiana Heberle an Augustina Glatzel vom 24.6.1942.
28 ASG, K. 4/7, Chronik vom 7.1.1943.
29 ASG, K. 4/5, Schreiben von Magdalena Coreth an Marcellina Korb vom 15.1.1943.
30 Ebd., Schreiben von Magdalena Coreth an Marcellina Korb vom 23.1.1943. 31 Ebd., Schreiben von Magdalena Coreth an Marcellina Korb vom 15.1.1943. 32 Ebd., 23.1.1943.
33 Ebd., 1.2.1943.
34 ASG, K. 4/7, Chronik vom 22. 2. 1943.
35 Zu ihr WIESFLECKER 2015, 143–144 mit weiterführenden Angaben zu ihrer Familie und zu ihrer Biographie vor ihrem Klostereintritt.
36 ASG, K. 24, H. 111-3-1 (Wahlakten).
37 Ebd. Zu Wahl und Weihe siehe auch ASG, K. 4/7, Chronik vom 21. und 24.2.1943 sowie K. 4/3 mit weiteren Unterlagen zu Wahl und Weihe.
38 ASG, K. 4/5, Schreiben von Pudentiana Heberle an Agnes Mayr vom 3.3.1943.
39 ASG, K. 4/7, Fastenkapitel 1943.
40 Ebd., Schreiben von Magdalena Coreth an Maria Theresia Batthyány vom 25.1.1944.
41 Ebd., Chronik vom 13.3.1943.
42 Ebd., darin die für Beuron bestimmten Mitteilungen über die Lage am Rennweg (5.11.1944), Wiener Neudorf und Gumpendorferstraße (vom 7.11.1944), das Ursulinenkloster in der Gentzgasse (8.11.1944) und Wiener Neudorf (8.11.1944).
43 ASG, K. 4/5, Schreiben von Pudentiana Heberle an Agnes Mayr vom 11.12.1943.
44 Ebd., Schreiben von Magdalena Coreth an Agnes Mayr vom 17.12.1944.
45 ASG, K. 4/7, Chronik vom 28.10.1944.
46 Ebd., 29.10.1944.
47 Ebd., 30.10.1944.
48 Ebd., 4.11.1944.
49 Ebd., 5.11.1944.
50 ASG, K. 4/7, Chronik vom 21.11.1944.
51 Ebd., Weihnachtsbrief 1944 (datiert mit „Weihnachten 1944").
52 ASG, K. 4/5, Schreiben von Magdalena Coreth an Agnes Mayr vom 5.1.1945.
53 Ebd., Schreiben von Adalberta Martinec an Agnes Mayr vom 18.2.1945.
54 Ebd., Schreiben von Adalberta Martinec an Agnes Mayr vom 25.2.1945.
55 Ebd., Schreiben von Scholastica Esterházy an Agnes Mayr vom 25.2.1945. 56 Ebd., Schreiben von Adalberta Martinec an Fides Martinec vom 20.2.1945. 57 Ebd., Schreiben von Adalberta Martinec an Fides Martinec vom 26.2.1945.
58 Ebd., Schreiben von Scholastica Esterházy an die in Baumgartenberg lebenden „Mitschwestern" vom 3.6.1945.
59 StLA, Landesregierung, 354 B-16/1945, Schreiben von Adalberta Martinec an die Provisorische Steiermärkische Landesregierung vom 9 6.1945. Vgl. dazu WIESFLECKER 2015, 144–146.
60 ASG, K. 4/5, Schreiben von Scholastica Esterházy an die in Baumgartenberg lebenden „Mitschwestern" vom 17.6.1945.
61 ASG, K. 4/7, Schreiben von Äbtissin Maria Rosa Fritsch-Cronenwald an ihren Konvent von Juli 1945 (datiert mit: *Wien, Juli 1945*).
62 StLA, Landesregierung, 354 B-16/1945, Abschrift des Schreibens der Abt. 2 der Steiermärkischen Landesregierung an das Ordinariat vom 7.12.1945, Zl. 2-354 B 16/5-1945.
63 StLA, Landesregierung, 354 B-16/1945, Schreiben der Steiermärkischen Landesregierung an Äbtissin Fritsch-Cronenwald vom 7.5.1946, Zl. 31/II/ P1/1-1946.
64 StLA, Landtafel Einlagezahl 1034 und Urkundensammlung 4217/1947 (Rückstellungsbescheid vom 6. 11. 1947).
65 StLA, Landesregierung, 354 B-16/1945, Schreiben von Adalberta Martinic an die Provisorische Steiermärkische Landesregierung vom 30.6.1945
66 Zit. nach WAGNER-HÖHER 2008, 355 sowie ebd. Anm. 69. Im Jänner 1946 kamen schließlich die Konventualinnen aus Beuron zurück und am 12. August 1946 die Chorfrau Mirjam Prager aus dem belgischen Exil. Vgl. dazu WIESFLECKER 2015, 146.

# Die Kirche zur Heimsuchung Marias. Ein Sakralraum zwischen kaiserlicher Repräsentation und salesianischer Spiritualität

Herbert Karner

## Die Baugeschichte

Lediglich vier Monate nach dem Ankauf des Grundstücks am Rennweg durch die Kaiserinwitwe wurde am 13. Mai 1717 der Grundstein zum Kirchenbau gelegt. Es handelte sich dabei nicht bloß um einen repräsentativen, formellen Akt, vielmehr waren zu diesem Zeitpunkt die Planungen für Kirche und Klosterbau bereits weit entwickelt. Alle im Klosterarchiv erhaltenen Pläne zeigen die Kirche hinsichtlich Position innerhalb der Klosteranlage und auch hinsichtlich der Grundrissstruktur als festgelegt. Ihre nach Norden ausgerichtete, prächtige Fassade dominiert mittig den Ehrenhof, der den Zugang zu Kloster und Kirche von der öffentlichen Straße auf Distanz hält.

In den Annalen des Klosters wurde zur Grundsteinlegung vermerkt, dass zu diesem Zeitpunkt der Grundriss des gesamten Komplexes schon abgesteckt und die ovale Grundrissform der Kirche sichtbar gewesen wäre: *On avait tracé les fondaments de tout le batiment sur le terrain, où ilo devait etre construit, et déjà on y voyait la place d´une vaste église à figure ovale ...*[1]. Als Architekt der Kirche gilt wie für die gesamte Klosteranlage der in der Urkunde der Grundsteinlegung genannte Donato Felice Allio: *durch dieses Gottes-Hauses Baumeistern Donaten Felix Allio*[2]. Es wird aber in den folgenden Ausführungen kurz zu diskutieren sein, ob nicht beim Aufbau der Kirchenfassade ein weiterer Fachmann mit einbezogen wurde.

Als nach zwei Jahren Bauzeit, am 13. Mai 1719, die Nonnen einen fertiggestellten Teil des Klosters beziehen konnten, wurde im Rahmen des Festaktes der (gleichfalls noch in Bau befindliche) Kirchenraum erstmals geweiht. Die Klosterannalen halten einen zu diesem Zeitpunkt noch sehr prekären Bauzustand fest: Die Kirche war noch nicht überdacht und würde erst nach Abschluss der Bauarbeiten über eine Kuppel und über Räume für fünf Altäre verfügen, von denen aber erst drei fertig wären[3]. Das Fehlen der Verdachung wird in ursächlichem Zusammenhang mit dem noch unfertigen Kuppelbau gestanden haben.

Die wenigen Quellen machen deutlich, dass – obwohl sich die Kirche erst in Bau befand – der Stifterin und den Nonnen die Altarblätter von Anfang an ein Anliegen waren und schon geplant wurden, noch lange bevor der Fortschritt auf der Baustelle ernsthaft dafür Anlass gegeben hätte. So ist ein mit 17. Oktober 1718 datiertes Schreiben, also knapp eineinhalb Jahre nach der Grundsteinlegung, erhalten, in dem die Stifterin Amalia Wilhelmina der Mutter Oberin notwendige Entscheidungen über Altarbilder delegiert. Sie überlässt den Nonnen die Entscheidung über ihren Vorschlag über die künftige Hängung von zwei wichtigen Seitenaltarbildern: Soll links vom Hochaltar – also in der ersten Seitenkapelle auf der Epistelseite – das Altarblatt mit dem „Hl. Franz von Sales" untergebracht werden und an der anderen, gegenüberliegenden Seite wahlweise eine „Kreuzabnahme" oder „die Jünger von Emmaus"[4]?

Erst ab 1725, als der Bau des Klosters weitgehend abgeschlossen werden konnte, scheint sich der Fokus auf die Fertigstellung der Kirche gelegt zu haben. Alle baubezüglichen Schriftdokumente geben ab diesem Jahr nur noch Auskunft über deren Bau und Ausstattung. So hat im März des Jahres der Bauverwalter Karl Joseph Graf von Paar bei der kaiserlichen Hofkammer *vierhundert Zenten unterschiedli-*

◀ Abb. 50: Salesianerinnenkirche Wien, Einblick gegen Südwesten, Chorjoch mit Hochaltar und anschließende Seitenkapelle

*chen Eisens* angefordert[5], das vermutlich für den Kuppelbau benötigt wurde. Denn in den Klosterannalen wird darauf hingewiesen, dass im Oktober das Mauerwerk zur Gänze abgeschlossen und das Kreuz über der Kuppel hochgezogen war: *Deux ans plus tard seulement l'église, c'est à dire la maçonnerie fut entièrement achevée …on mit la croix sur le Dôme au mois d'octobre de l'année 1725*[6].

Über die Enthüllung des Hochaltars am 25. Dezember 1726 findet sich im Wienerischen Diarium in dessen erster Ausgabe des Jahres 1727 ein interessanter Bericht, der hier zur Gänze wiedergegeben werden soll:

> „Ihre Majestät […] Amalia Wilhelmina aber verfügten sich in dero Froen Closter zu den Salesianerinen am Rennweg um einige Tage in demselben zu verweilen. In dieser aldasigen Kirche am letzt verwichenen H. Christ Tag zu gemeiner Anschauung der kostbare Hohe Altar, so Ihre Majestät aus höchst presilicher Gottes Forcht haben aufrichten lassen, zum ersten Mal entdecket: und wird so wol an der Seltenheit und Kostbarkeit derer Marmor Steine die großmütige Freygebigkeit ihrer Verwittibten Majestät bewundert als an der Bau Kunst und arbeit dieses Altars die sonderbare Artigkeit und vortreffliche Geschicklichkeit des Herrn Anton Beduzzi, welcher Vorsteher und Baumeister gewesen, sehr gerühmt"[7].

Die Involvierung des seit gut 30 Jahren in Wien ansässigen und in vielen wichtigen Bau- und Ausstattungsprojekten der Zeit involvierten Bolognesen Antonio Beduzzi[8] zeigt das hohe bau- und ausstattungskünstlerische Niveau, auf dem die Kaiserinwitwe ihre Stiftung angesiedelt wissen wollte. Der bemerkenswerte Umstand, dass er in Verbindung mit dem Projekt am Rennweg nicht nur als Entwerfer des Hochaltars, sondern auch in nicht näher spezifizierten Funktionen als „Vorsteher und Baumeister" genannt ist, wurde in der Fachliteratur noch nicht zur Kenntnis genommen und wird uns im Folgenden noch beschäftigen.

Wenige Monate nach der Enthüllung des Hochaltars, im April 1727, gibt das Wienerische Diarium bekannt, dass der berühmte Maler Antonio Pellegrini aus Venedig nach Wien gekommen wäre, um im Auftrag der Kaiserinwitwe die Kuppel der Salesianerinnenkirche auszumalen. Ungewöhnlich ist der chronologische Ablauf der Kirchenausstattung, die üblicherweise von oben nach unten bewerkstelligt wird, also mit der Deckenmalerei beginnt, danach mit der Behandlung der Wände (Marmor, Stuck, etc.) fortgesetzt und zuletzt mit der Einstellung des Mobiliars (Altäre, Bänke, etc.) abgeschlossen wird. In der Kirche am Rennweg war hingegen zumindest schon der Hochaltar aufgestellt, bevor die Freskomalerei in Angriff genommen wurde.

Bereits im Herbst desselben Jahres, am 25. Oktober, konnte das Kuppelfresko den Klosterfrauen präsentiert werden: „Verwichenen Montag ist die von dem berühmten Herrn Anton Pellegrini, von Geburt ein Venetianer, verfertigte und nunmehr völlig in Stand gebrachte sehr herrliche Kuppel in der Kirchen deren Closter-Frauen Salesianerinen eröffnet und also zum Ersten Mal denen Augen zur Bewunderung des kunstreichen Pensels entdecket worden"[9].

Wahrscheinlich wurde über die Wintermonate, jedenfalls aber im Frühjahr weitergearbeitet, um mit der Marmorierung und Gliederung der Innenwände sowie der Aufstellung der Seitenaltäre die Einrichtung des Sakralraums zu einem Ende zu bringen. Auch ist zu vermuten, dass die Gestaltung der Kirchenhauptfassade erst in diesem allerletzten Zeitraum abgeschlossen wurde. Am 6. Juni des Folgejahres 1728 schließlich wurde die Kirche mit allen Altären endgültig geweiht[10].

## Die Kirchenfassade

Die braun lavierte Repräsentationszeichnung des Donato Felice Allio (Abb. 51)[11], die in die Anfangszeit des Projekts, also mit 1717 zu datieren ist, zeigt den wohl ältesten Entwurf für die Kirchenfassade. Die Hauptstruktur ist hier festgelegt und blieb auch für die Ausführung verbindlich. Nach außen tritt die Kirche nur durch die Fassade und die überragende Kuppel in Erscheinung, der eigentliche Baukörper ist vollkommen in den Klosterkomplex integriert und liegt exakt auf dessen Hauptachse. Kuppel und Fassade bilden eine ungewöhnlich eng geschlossene Einheit, die Auskunft über die grundrissliche Beschaffenheit (Abb. 52) des Sakralbaus gibt. Das Hauptgeschoss der Kirchenfassade ist in die Geschoßproportionen der flankierenden Flügel eingetaktet. So sind die Fensterachsen jenen des Erd- und Obergeschoßes angeglichen und das Gebälk entspricht dem abschließenden Mezzaningeschoß. Diese auch für die ausgeführte Fassade verbindlich gebliebene Konkordanz ist dem Umstand geschuldet, dass die beiden Seitenachsen der Kirchenfassade strukturell nicht zum Sakralbau gehören, sondern zu dem beidseits anschließenden Klosterflügel. Der Grundriss zeigt die Funktionszugehörigkeit der beiden Achsen deutlich.

Ausgebildet ist die Fassade traditionell als zweigeschossige Ädikula korinthischer Ordnung. Dem schmalen Eingangsjoch ist die Mittelachse des dreiachsigen Hauptgeschosses vorgeblendet, der eine Ädikula mit Dreiecksgiebel und flankierende Voluten aufgesetzt ist. Das breite, von Doppelpilastern gerahmte Zentrum ist den Seitenachsen vorgesetzt,

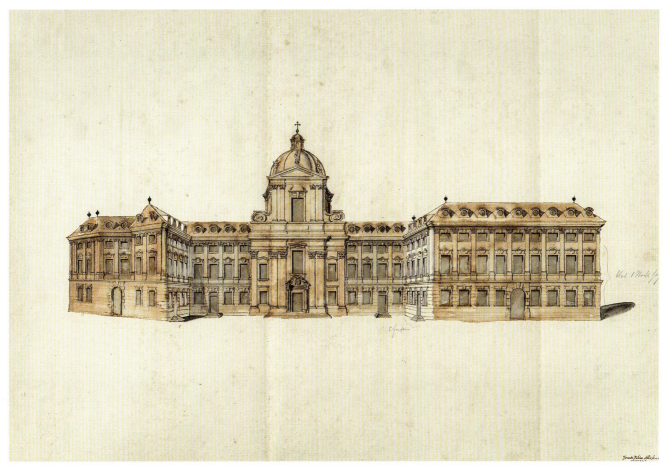

▲ Abb. 51: Repräsentationsansicht des Salesianerinnenklosters Wien, Donato Felice Allio, Federzeichnung laviert, 1717 (Archiv der Salesianerinnen in Wien)

▼ Abb. 52: Kirchengrundriss, Ausschnitt aus dem Plan von Gottfried Pockh, um 1730 (Archiv der Salesianerinnen in Wien)

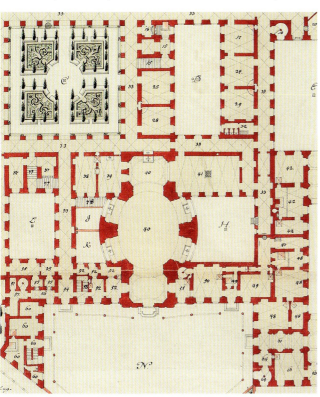

was eine Verkröpfung von Architrav und Fries zur Folge hat. Um die Gruppe von Portal und hohem Fenster im zentralen Feld unterzubringen, musste Allio Architrav und Fries aussparen. Diese problematische Lösung, die auch noch für den 1724 publizierten Kupferstich[12] von Salomon Kleiner und Johann August Corvinus (Abb. 80, S. 166) Gültigkeit hatte, war wahrscheinlich gemeinsam mit dem Mangel an dekorativen Elementen Anlass für eine Planungskorrektur, die auf eine Verdichtung des Dekorationsapparates (und damit gleichzeitig auf eine Verringerung der sichtbaren Mauerfläche) abzielte[13]. Diese Korrektur wird erst mit dem Beginn des Aufbaus der Fassade ab etwa 1725 getätigt worden sein und lässt sich auf der ausgeführten Fassade (Abb. 53) gut ablesen: Der markant gestufte Architrav zieht sich samt Fries über die Mittelachse, und – besonders deutlich – die zentrale Portal-Fenster-Gruppe ist zu einer skulptural definierten Einheit mittels subtilen konvex/konkav gedrehten Elementen aufgewertet. Das Portal ist leicht ausgerundet, mit einer schräg gestellten Sprenggiebelädikula, die eine gleichfalls leicht konvex ausgeformte Blendbalustrade unterhalb des Fensters überschneidet. Besonders raffiniert kommt dieses Spiel an der Giebelbekrönung

▲ Abb. 53: Salesianerinnenkirche Wien

des Fensters zum Ausdruck, indem die sanfte konvexe Wölbung durch einen nach hinten, also konkav gezogenen Segmentbogen konterkariert wird. Der mittig zwischen die beiden Bewegungsläufe gesetzte Seraphim verdeutlicht die solcherart entstandene räumliche Spannung.

Diese bei der Ausführung der Fassade erfolgte Planänderung war für Géza Hajós in seiner Analyse von 1968 Anlass, die Beteiligung des Joseph Emanuel Fischer von Erlach an den Planungsläufen am Rennweg anzunehmen. Er stützte diese Zuschreibung auf ein im Klosterarchiv aufbewahrtes Schriftdokument, ein Brief von Kaiser Joseph II. vom 12. Mai 1782, in dem er ein Ansuchen des Klosters, vor der Klosterfassade ein Gebäude errichten zu dürfen, zurückwies. Er argumentierte unter anderem, dass die Fassade vom Architekten Fischer stamme[14].

Der ausgewiesene Beduzzi-Kenner Wilhelm Georg Rizzi hat auf Basis der Kenntnis der komplexen Planungsgeschichte des barocken Ausbaus von Stift Klosterneuburg, wo die Abgrenzung der Planungsanteile von Donato Felice Allio und Joseph Emanuel Fischer von Erlach lange Diskussionsgegenstand der architekturhistorischen Forschung war, dieser vermuteten Planungsbeteiligung Fischers am Rennweg eine klare Absage erteilt[15]. Er bringt dabei nur recht allgemein die heutige „Kenntnis des künstlerischen Umfeldes von Antonio Beduzzi" ins Spiel. Bedenkt man die gesicherte Präsenz von Antonio Beduzzi an der Baustelle der Salesianerinnenkirche im Jahr 1726 und die Nennung seiner Person nicht nur als Entwerfer des Hochaltars, sondern auch als nicht näher definierter „Vorsteher und Baumeister", dann wird man zweifellos dem Hinweis Rizzis folgend zukünftig eine umfassendere Rolle Beduzzis für das Salesianerinnenkloster zu diskutieren haben.

## Der Sakralraum und seine Spezifika

Die mächtig aufragende Kirchenfassade, die straßenseitig mit der hinter ihr aufstrebenden Kuppel optisch zu einer Einheit geschlossen ist, strahlt eine Monumentalität aus, die nur schwer mit einem Frauenorden in Verbindung zu bringen ist, deren Mitglieder ein Leben in Stille und Abgeschiedenheit suchen. Man sieht sich also veranlasst, diesen Umstand mit einem auf Repräsentation abzielenden Habitus zu erklären, der sich aus der kaiserlichen Auftraggeberschaft ergibt. Dieses Spannungsverhältnis von Wirkung und Funktion erschließt sich auch – auf besonders auffällige Weise – aus der Struktur des Sakralraums und seiner architekturhistorischen Auffälligkeiten, die im Folgenden kurz angesprochen werden sollen.

Die Kirchenbeschreibung des P. Antonio Cito, Jesuit und Beichtvater der Kaiserinwitwe, spricht einige dieser die Spezifika des Innenraumes an:

„Vor allem liesse sich aber Amalia angelegen seyn, die Kirche an gebührender Zierde nichts ermangeln zu lassen. Das Gefäß derselben kommt mit der Kupel überein und ist eyförmig gestaltet, vier und fünfzig Werk-Schuhe Wienerischer Maß lang und zwey und vierzig breit; die Länge aber der gantzen Kirche enthält im Lichten hundert und zwey Werkschuhe und die völlige Breite fünf und sechzig. Nebst der Gewölbung für dem Hochaltar befinden sich darinnen auf jeder Seite derer noch zwey, zusammen viere, für Seiten-Altäre, welche jedoch nur in zweyen vollkömlich aufgerichtet worden, dann die Kloster-Jungfrauen dieses Ordens haben ihrer Gewohnheit nach niemals mehr als drey Altäre in ihren Kirchen. Woferne es aber nöthig wäre, die anderen zwey

Seiten-Altäre auch zu verfertigen, könnte es umso leichter geschehen, als die Altarbläter schon würklich aufgemachet, auch darzu die oberen Theile bereit sind. Bey dem Hoch-Altar, dessen jede aus denen allda angebrachten Säulen von einem Stuk ausgearbeitet ist, befindet sich durchaus der feinste Marmel; die zwey Seiten-Altäre aber sind theils von wahrem, theils von nachgemachtem Marmel oder so genannter marmelierter Arbeit wie dann auch die ganze übrige Kirche. Und indeme dabey alle Auszierungen derer Pfeiler, die Kron-Gesimse, Gips-Werke, Fußgestelle derer Säulen und mehr anderes von einem sehr kunstreichen Meister vergoldet worden, finden die Augen aller und jeder, die in diese Kirche kommen, gleich bey erstem Anblik ihr Vergnügen. Die Kuppel, so mit der Kirche eine sehr künstliche Gleichmässigkeit hat, ist völlig mit Kupfer bedeket und inwendig von dem berühmten Meister Anton Pellegrini, welchen die Kaiserin zu diesem Ende von Venedig beruffen lassen, mit Oelfarben gemahlet worden. Die sich bey denen Altären befindliche auch übrige Gemälde seynd nicht minder von vortreflichen Meistern und ist überhaupt diese Kirche so wol gerahten, daß sie billig eine derer herzlichsten und künstlichsten aus denen, die man in Wien antrift, genant werden mag, wie dann in der That die sich in gedachter Weltberühmter Hauptstadt einfindende Fremde dieselbe unter andere so viele Seltenheiten rechnen, welche daselbst mit Vergnügen zu betrachten vorkommen"[16].

Der Hauptraum ist als längsovale Rotunde ausgebildet und wird von einer mächtigen Tambourkuppel erhöht (Abb. 54). In der Längsachse sind mit Chor- und Emporenjoch zwei im Grundriss vollkommen analoge Raumeinheiten angefügt. Vier diagonal angelegte Seitenkapellen sind gleichsam aus dem ovalen Mauerring herausgeschnitten, der dadurch auf sechs kräftige Mauerpfeiler reduziert ist. Anders als die beiden angefügten Joche, die sich als selbstständige, mit flachen Hängekuppeln überwölbte Räume definieren, sind die Seitenkapellen also Teil der ovalen Hauptstruktur. Das äußert sich auch darin, dass sich ihre Wölbungen lediglich aus den Laibungen der Arkadenbögen über den Wandpfeilern mit jeweils einem zusätzlichen schmalen und leicht abgesetzten Tonnenstreifen zusammensetzen, die die eigentlichen Altarräume ausformen.

Die ungewöhnliche diagonale Anordnung der vier Abseiten bringt den Verzicht einer queraxialen Ausrichtung des Raumkörpers mit sich. Damit bleiben die Raumenergien

▼ Abb. 54: Salesianerinnenkirche Wien, Einblick von der Orgelempore gegen Südosten

auf die Längsachse konzentriert, was als ein essentielles Charakteristikum der Wiener Heimsuchungskirche zu gelten hat. Im Aufriss ist sie streng und klar organisiert. Die kräftigen, dem ovalen Grundriss folgenden Wandpfeiler sind stirn- wie kapellenseitig mit Doppelpilastern korinthischer Ordnung belegt, welche die Pfeilerkanten fest umschließen, was wiederum den Eindruck besonderer Massivität der Mauerpfeiler verstärkt. Sie tragen das Gebälk, das auch über die Kapellenwände gezogen ist. Dessen abschließendes, den gesamten Kirchenraum ohne Verkröpfung über den Pilasterpfeilern durchlaufendes Kranzgesims sorgt für eine deutliche horizontale Zäsur zwischen dem aufgehenden Mauerwerk darunter und den darüber lastenden Arkadenbögen und pendentifartigen Mauerzwickeln[17], die gemeinsam den hohen Kuppeltambour tragen[18]. Klar und nobel zurückhaltend wurden die Farben der Marmorierung des Ovals wie der Anräume gesetzt: rötlich die Pilaster und Pfeiler (mit gelblichen Akzenten an den Piedestalen), rosa und grau-violett die Wände.

Die angesprochene Betonung der Nord-Süd verlaufenden Längsachse, die auf eine gestalterische Verdichtung hin zum Chor hinausläuft, äußert sich zu allererst in der baustrukturellen Zuordnung der Anräume. Die sechs, den Hauptraum umfassenden Arkadenbögen sind zwar alle gleich hoch, aber ungleich breit. Da die Öffnungen zu den Emporen- und Chorjochen an der Längsachse deutlich breiter als jene zu den vier Kapellenräumen sind, mussten auch die Bögen an der Längsachse entsprechend breiter und (bei gleichbleibender Höhe) gedrückter gezogen werden[19].

Auch in der Differenzierung der Altararchitektur lässt sich der längsaxiale Zug nach vorne festmachen. So sind die Altarblätter im ersten, eingangsnahen Kapellenpaar (Schlüsselübergabe an Petrus, von Antonio Pellegrini, um 1727 (Abb. 55), bzw. Noli me tangere, von Julie Mihes-Primisser, 1856) nicht architektonisch mittels Ädikula, sondern mit flacher Retabelrahmung und Rundbogengiebel eingefasst[20]. Die beiden chornahen Altäre (Beweinung Christi, 1719, von Victor Honoré Janssens, Abb. 56, bzw. Übergabe der Ordensregeln durch Franz von Sales an Johanna Franziska von Chantal, um 1719, wahrscheinlich Umkreis Martino Altomonte, Abb. 24. S. 58) sind hingegen als flach an die Wand gestellte Säulenädikulen mit hohem Auszug zwi-

▼ Abb. 55: Salesianerinnenkirche Wien, Altarblatt Schlüsselübergabe an Petrus, Antonio Pellegrini, um 1727

▼ Abb. 56: Salesianerinnenkirche Wien, Altarblatt Beweinung Christi, Victor Honoré Janssens, 1719

▲ Abb. 57: Salesianerinnenkirche Wien, Hochaltar (Antonio Beduzzi, 1726) mit Altarblatt Heimsuchung Mariens (Antonio Bellucci, 1719)

schen Sprenggiebelstücken gestaltet. Architektonisch hochrangig ist lediglich der von Antonio Beduzzi entworfene Hochaltar (Abb. 57) mit umfassendem Instrumentarium. Das Altarblatt der Heimsuchung Marias ist in einen dreidimensionalen Altarkörper integriert, gebildet aus gekuppelten Vollsäulen vor Wandvorlagen, kielbogigem und reich dekoriertem Giebel, eingefasst von steil gegen den Raum gestellten Sprenggiebelstücken. Vermutlich lässt sich diese Hierarchisierung der Altarformen mit dem oben zitierten Hinweis des P. Antonio Cito erklären, dass es in den Kirchen der Salesianerinnen üblich wäre, nur drei Altäre zu haben. Zwar müsste diese Feststellung erst durch Vergleich verifiziert werden, als Erklärung für die architektonisch stark reduzierte Gestaltung der eingangsnahen Altäre scheint sie aber überzeugend. Mit dieser Lösung scheint man die Bruchstelle zwischen einem speziellen liturgischen Bedürfnis des Ordens einerseits und der Gestaltungsnotwendigkeit andererseits überspielt zu haben, die sich aus der architektonischen Raumstruktur ergeben hat.

Und schließlich lassen sich die Rangunterschiede der Anräume auch im Medium der Quadraturmalerei erkennen. Sind die Gewölbeflächen der Diagonalkapellen (Bogenlaibungen und Tonnenstücke) ausschließlich mit goldfarbigen stucco finto-Motiven und kleinen polychromen Blumenvasen bemalt, so sind die Hängekuppeln über der Orgelempore (Abb. 58) und des Chores identisch mit Quadratur- und Figuralmalerei aufgewertet. Bemalt sind sie mit jeweils einer zweizonigen Scheinarchitektur – unten weiß gehaltene Eckverkleidungen aus Voluten, Gesimsen und Zahnschnittdekor, überwölbt von gold-ockerfarbener und kassettierter Kuppelschale, die zum Himmel geöffnet ist. Putten, Blumenvasen und Fruchtgirlanden bevölkern die untere Zone, über der Himmelsöffnung präsentiert sich jeweils eine unterschiedlich auszudeutende Gruppe von Personifikationen bzw. Engeln und Putten (im Chor in sehr schlechtem Erhaltungszustand)[21]. Die Quadraturmalerei verrät eine erstklassige bolognesische Handschrift, die an einen der im benachbarten Belvedere des Prinzen Eugen tätigen, aus Bologna stammenden Quadraturisten, Gaetano Fanti oder Marcantonio Chiarini, bzw. wenn nicht sogar an den auch als Architekturmaler tätigen Antonio Beduzzi denken lässt[22]. Über solche Zuschreibungsüberlegungen hinaus gilt es aber vor allem festzuhalten, dass die Ornament- und Architekturmalerei in der Salesianerinnenkirche

▼ Abb. 58: Salesianerinnenkirche Wien, Deckenmalereien über der Orgelempore, Versammlung der drei theologischen Tugenden, Jakob van Schuppen (?)

nicht bloß beliebige Dekoration ist, sondern aktiv in die plurimediale Umsetzung des raumprogrammatischen Konzeptes gemeinsam mit der Großarchitektur und der Mikroarchitektur (Altäre) eingebunden ist.

## Die Kirche im Kontext der Ordensarchitektur

Der Versuch, den historischen Platz des Sakralraumes am Rennweg zu definieren, veranlasst in einem ersten Schritt, seine Kompatibilität mit anderen Kirchen des Ordens zu erkunden. Eine entsprechende länderübergreifende Studie gibt es nicht, zur Verfügung stehen aber eine Untersuchung zu den französischen Kloster- und Kirchenanlagen der Salesianerinnen[23] und eine weitere, die in Ansätzen die Kunsttätigkeit des Ordens im deutschsprachigen Raum[24] zusammenfasst. Daraus lassen sich immerhin allgemeine Tendenzen erkennen, die zeigen, dass der Zentralbau als Kirchentyp im Baugeschehen des Ordens sehr verbreitet war. Von den drei Ordenskirchen, die bis Mitte des 18. Jahrhunderts im süddeutsch-österreichischen Raum errichtet wurden, waren zwei als Zentralbauten konzipiert worden: Neben dem Wiener Bau war es die St. Anna-Kirche in München, die von 1732 bis 1735 nach Plänen von Johann Baptist Gunetzrainer als quadratischer Zentralraum mit Hängekuppel und kurzen Querarmen errichtet und von Cosmas Damian Asam freskiert wurde[25]. Lediglich die dem Hl. Augustinus geweihte Ordenskirche in Amberg, errichtet 1757–1760, ist als dreijochiger Langhausbau geplant und ausgeführt worden[26]. In der französischen Baukultur der Salesianerinnen zeichnen sich vor allem die Gotteshäuser Sainte-Marie in Paris und die Chapelle de la Visitation in Nancy als exquisite Zentralbauten aus[27].

Von besonderem Interesse für eine Verortung des Wiener Zentralbaus in der Baukultur der Salesianerinnen wäre zweifellos auch eine umfassende Kenntnis der Typologie der italienischen Visitationskirchen. Die Gründerin des Wiener Klosters, Kaiserinwitwe Amalia Wilhelmina, kannte das Kloster in Modena persönlich, weil sie sich knapp zwei Jahre vor ihrer Ankunft in Wien 1699 im benachbarten Herzogspalast aufgehalten hatte[28]. Nicht unterschätzt werden sollte auch die Einflussnahme des planenden Architekten Donato Felice Allio, der der lombardischen Bautradition verhaftet war. So ist die Kirche S. Maria della Visitatione in Mailand als überkuppelter Zentralbau auf quadratischem Grundriss mit kurzen Querarmen und tiefem Chorjoch ausgewiesen[29]. Und auch die 1670 vollendete Chiesa della Visitazione in Turin ist dem Modell des quadratischen und überkuppelten Zentralraums verpflichtet, erweitert um drei apsidenartige Anräume und ein tiefes Chorjoch[30].

Wenngleich zu gegebenem Anlass nur wenige Daten und Verweise gegeben werden können, scheinen sie doch ausreichend repräsentativ zu sein, um eine typologische Tendenz, eine Vorliebe des Ordens für Zentralräume erkennen zu können, die sich wahrscheinlich daraus erklären lässt, dass der Zentralbau als vollkommene, in sich geschlossene Form als Metapher der Vollkommenheit Marias verstanden wurde. Diese Tradition wurde bei der Wiener Kirche aufgegriffen, wenngleich sie mit der ungewöhnlichen strengen längsovalen Ausrichtung isoliert in dieser Tradition zu stehen scheint[31].

## Die Kirche im Kontext der Wiener Sakralarchitektur

Wenn also die grundsätzliche Entscheidung der Bauverantwortlichen für einen Zentralraum mit einiger Sicherheit ordensbedingt war, so muss die Verwendung des längsovalen Modells in engem Zusammenhang mit Wiener Vorgaben gesehen werden.

Es ist bemerkenswert, dass in der Überblicksliteratur zur österreichischen Barockarchitektur die Salesianerinnenkirche kaum Erwähnung findet. Lediglich in einer von Hellmut Lorenz verfassten Entwicklungsgeschichte wird kurz auf ihre Beziehung zu mehr oder weniger rezenten Ovalkuppelkirchen in Wien hingewiesen und nahm damit Bezug auf zwei ältere und unterschiedlich groß angelegte Studien, die sich mit dieser Gruppe von Sakralbauten beschäftigen[32]. Zu ihr gehören neben der Serviten- und der Piaristenkirche vorrangig die Karlskirche (1717–1735) des Johann Bernhard Fischer von Erlach und die entwicklungsgeschichtlich weit wichtigere Peterskirche (1702/03–1712) von Gabriele Montani und Lukas von Hildebrandt. Mit der Salesianerinnenkirche verbindet die beiden die Grundform der längsovalen Rotunde, doch wird diese in beiden Fällen – im Gegensatz zur Kirche am Rennweg – von zwei einander kreuzenden Achsen überlagert. Neben der durch Chorjoch und Eingangsjoch prolongierten Längsachse verfügen beide über eine ausgeprägte, in unterschiedlichem Ausmaß den ovalen Mauerkranz durchbrechende Querachse und zeichnen sich in den Diagonalachsen durch subordinierte Kapellen mit Emporen aus[33].

Trotz dieser typologischen Differenzen gibt es eine an das Grundmodell der Rotunde gebundene Eigenschaft, welche die Salesianerinnenkirche gerade von der Peterskirche übernommen hat. Bereits Elisabeth Mahl hat die Verwandtschaft mit der Peterskirche allgemein in der Übernahme des ovalen Kuppeltambours (in Proportion, Gliederung und Form der Fenster und den Bogenöffnungen) wahrgenommen. Im Besonderen aber sei sie der Peterskirche „durch die massive Gewichtigkeit ihrer raumbegrenzenden Pfeiler und Wandstücke verbunden. Diese lastende kubische Wirkung erhält im Fall der Salesianerinnenkirche sogar noch eine Steigerung durch den Verzicht auf jegliche ornamentale Ausstattung"[34].

Zu einem ähnlichen Ergebnis, wenngleich in wesentlich breiterem Kontext eingebettet, kommt Ulrich Fürst in seiner Bewertung der Wiener Peterskirche als absichtsvoll an der *gravitas romana* und damit an Bauten der römisch-kaiserlichen Antike orientiert[35]. Die „Romanitas" als ein Bekenntnis zu einer römisch-kaiserlichen Haltung war jedenfalls seit Kaiser Ferdinand I. ein wesentliches Moment in der Repräsentationsstrategie der Hasburgischen Dynastie. Spätestens seit Leopold I. wurde sie in die Konzeption kaiserlicher Architektur integriert und spielte für die Planungen der Wiener Peterskirche, ein Votivbau Kaiser Leopolds I., eine entscheidende Rolle, was Ulrich Fürst detailliert und reich an Argumenten darlegt. Dabei greift Fürst auch die enge Beziehung zur Salesianerinnenkirche auf und notiert trotz der angesprochenen typengeschichtlichen Unterschiede: „Dennoch machen die Einzelheiten und vor allem die gestalterische Grundhaltung, das hoch aufgerichtete Raumbild und die Massivität der Formen, unmittelbar sinnfällig, dass das architektonische Vorbild für die Salesianerinnenkirche St. Peter in Wien ist. Nicht mehr die Römische, sondern die Wiener Peterskirche ist der Bezugspunkt für den Kirchenbau der verwittweten Kaiserin. Die Gründe dafür liegen auf der Hand: St. Peter war ein Projekt ihres kaiserlichen Schwiegervaters, dessen Patronanz 1705 auf sie und ihren kaiserlichen Gemahl übergegangen ist. St. Peter wurde in ihrem Beisein feierlich eröffnet und war der wichtigste Kirchenbau, der während ihrer kurzen Regierungszeit in Wien verwirklicht worden ist. Der Bezug zur Peterskirche machte unmittelbar deutlich, dass Amalie Wilhelmine auch an ihrem Witwensitz ostentative Frömmigkeit und kaiserlichen Anspruch verbinden wollte"[36].

Zu diesen beiden von Fürst genannten Komponenten kommt mit der spezifischen, vom Heimsuchungsorden gelebten Frömmigkeit eine weitere hinzu. In Zusammenhang mit der monumentalen Fassade wurde bereits auf das Spannungsverhältnis zwischen der ursächlichen Funktion der Kirche eines kontemplativen Ordens und der hoch repräsentativen Wirkung der Fassade hingewiesen. Noch deutlicher sichtbar wird diese Ambivalenz in der Konfiguration des Raumarchitektur, in welcher der Anspruch auf die römische Tradition der Kaiserfamilie dokumentiert ist. Die Spiritualität des Frauenkonvents wird im Gegenzug über die Ikonographie in den kühlen und herrschaftlichen Raum eingespielt. Wie Werner Telesko in seinem Beitrag zum ikonographischen Programm in diesem Band darlegt, gibt es im Bild-Bereich (Deckenmalerei und Altarblätter) wesentliche Elemente, die auf die entsprechenden Notwendigkeiten des Nonnenklosters reagieren und ein Vorwissen des Besuchers über die Beschaffenheit salesianischer Spiritualität voraussetzen.

Bei der oben angesprochenen Anzahl der Seitenaltäre wird die Bruchstelle zwischen Architektur und salesianischem Bedürnis vielleicht am deutlichsten: Die Raumstruktur ist auf die Einstellung von fünf Seitenaltären angelegt, der Orden fand aber üblicherweise, so hat es uns P. Cito übermittelt, liturgisches Auslangen mit drei Altären.

1 ASal, Hs. 7/1, *Annales*, pag. 27; Hajós 1974, 217 (Auszug 4).
2 ASal, A-I-6a (Bericht über die feierliche Grundsteinlegung des Klosters); Peters 1967, 29– 31; Hajós 1968, 230 (Regest 4).
3 ASal, Hs. 7/1, *Annales*, pag. 41: *Le 13me Mai 1719 l'on bénit premièrement l'église quoiqu'elle n'était pas encore couverte … pour vous donner quelques idées de la situation de notre monastere, nous dirons que notre Èglise lorsqu'elle sera achevée, sera faite en Dôme, il y a place pour cinq autels, trois sont déjà achevés. Le tableau du Maitre Autel est une Visitation peinte en Angleterre, qui coute 1000 fl d'allemagne* (zit. nach Hajós 1974, 217 (Auszug 11).
4 ASal, Schatulle mit Schriften der Kaiserin: *ma chere mere il faut presentement donner les derniers ordres pour vos autels, ainsi je vous prie de me dire sincerement de quel coté vous voulez l`autel de st. françois des sales, le coté gauche de grand autel est celui où la fenetre de chœur donne, dites moi aussi, mais sans compliment si vous aimez mieux à l`autre autel une descente de croix, ou les disciples d`emmaüs comme vous avez presentement un cruzifix, ou meme autre chose … j`ai parlé au C. de Paar pour les cloches elles ne pourront pas etre dans le chœur, mais auprés de la porte qui est à coté de la grille du chœur …*; zit. nach Hajós 1974, 217 (Auszug 9).
5 Wien, Hofkammerarchiv, Niederösterreichische Herrschaftsakten, Wien 61/b, 37; Hajós 218, Nr. 16. Ein Zentner entspricht einem österreichischen Pfund (1 Pfund = 0,56 kg).
6 ASal, Hs. 7/1, *Annales*, pag. 57; zit. nach Hajós 1974, 218 (Auszug 17).
7 Wienerisches Diarium 1727, Nr. 1; zit. nach Hajós 1974, 218 (Auszug 18).
8 Zu Antonio Beduzzi (1675 Bologna – 1735 Wien) siehe: Rizzi 1986; sowie: Artisti Italiani, https://www.uibk.ac.at/aia/ beduzzi_antonio.htm (4.1.2017).
9 Wienerisches Diarium 1727, Nr. 86; zit. nach Hajós 1974, 218 (Auszug 23).
10 ASal, Hs. 71/1, *Annales*, pag. 65; zit. nach Hajós 1974, 219 (Auszug 25).
11 ASal, Plansammlung, Mappe 6 („unrichtige Pläne"), anfänglich geplante Hauptansicht der Gesamtanlage, lavierte Federzeichnung auf Papier, 66 x 45,3 cm, Signatur: „Donato Felice Allio fecit, et invenit." Siehe auch Hajós 1974, 203.
12 Kupferstich „Kloster und Kirchen des Ordens-Frauen des S. Franisci de Sales", gez. von Salomon Kleiner, in Kupfer gestochen von Johann August Corvinus, in: Kleiner–Pfeffel 1724.
13 Die Dominanz der Mauerfläche gegenüber der kleinen und isoliert wirkenden Fenster- und Portalöffnungen, wie sie der Stich von Kleiner und Corvinus zeigt, übertreibt das bei Allios Fassadenplan wirksame Verhältnis gewaltig und muss daher als nicht planungsgetreu eingestuft werden.
14 ASal, A-XV-1g: *… l`ordre de la facade établie autrefois par l'Architecte Fischer …*; Hajós 1968, 224, 231 (Regest 22) sowie Hajós 1974, 211–212.
15 Rizzi 1995, 268.
16 Cito 1744, 76–79.
17 „Konstruktiv handelt es sich um Ausschnitte aus dem senkrecht aufgehenden Mauerwerk der Rotunde, anschaulich wirken diese Gebilde aber wie Pendentifs einer Tambourkuppel", so Ulrich Fürst zu der vergleichbaren Lösung in der Wiener Peterskirche; siehe Fürst 2002, 145.
18 Kraft 1950, 148, beschreibt diese streng additive, auf gewisse Weise unbarocke Gestaltung recht anschaulich: „Es ist, als hätte jemand den fertigen Grundriss zur Ausführung übernommen, dem die barocken Elemente darin im tiefsten zuwider waren, und er hätte nun in der Aufrissgestaltung alles daran gesetzt, sie zu unterdrücken und nicht zur Wirkung kommen zu lassen: der Raum entwickelt sich ohne Übergreifungen in klar abgesetzten horizontalen Schichten nach oben."
19 Aus diesem Grund ist es auch nicht ganz korrekt, davon zu sprechen, dass der Hauptraum von „einem Kranz gleichwertiger Nebenräume umgeben" wäre, so etwa Mahl 1967, 94, oder von einem „Kranz von gleichförmigen Arkaden", so Fürst 2002, 190.
20 Zu diesen und den im Folgenden genannten Altarblättern siehe den Beitrag von Werner Telesko in diesem Band.
21 Zur ikonografischen Ausdeutung der beiden Darstellungen siehe den Beitrag von Werner Telesko in diesem Band.
22 Knall Brskovsky 1984, 219–220 vermutet als Quadraturisten eher Hippolyto Sconzani, der häufig mit Beduzzi zusammengearbeitet hat und dessen Formen die auch hier zu findende „größere Weichheit und Plastizität" gab. Als Figurenmaler der beiden Fresken wird in der Literatur Jacob van Schuppen vermutet; siehe Heinz 1972, 272 und Hajós 1974, 230.
23 Lecomte 2013.
24 Stadl 2005.
25 Stadl 2005, 26–169; Bushart / Rupprecht 1986, 299, V 15.
26 Stadl 2005, 183–197.
27 Lecomte 2013, bes. 203 mit den Grundrissen nahezu aller Ordenskirchen.
28 Siehe dazu den Beitrag von Gernot Mayer in diesem Band.
29 Das aufwändige Projekt, das in Plänen erhalten ist und von Filippo Cagnola begonnen wurde, ist in vereinfachter Form 1717 von Maria Quarantino fortgeführt; siehe Grassi 1966, 276–279.
30 Tamburini 1968; siehe kurz auch den Beitrag von Werner Telesko in diesem Band.
31 Die grundrissliche Konzeption der Wiener Salesianerinnenkirche (bei abweichender Gewölbelösung) hat bemerkenswerter Weise in der Piaristenkirche Johannes der Täufer im mährischen Kremsier eine Nachfolge gefunden. Errichtet wurde sie 1739–1768 nach Entwurf des Ignaz Joseph Cyrani von Bolleshaus und freskiert von Jan Jiří Etgens. Siehe Krsek– Kudělka–Stehlík–Válka 1996, 308–309 (siehe dort Grundriss); Jirka 1971, 261; Mahl 1961, 22.
32 Lorenz 1994, 42; Kraft 1950; Wiek 1988.
33 Die Ergebnisse der kleinen Studie von Wiek 1988, 3, können – jedenfalls was die Salesianerinnenkirche betrifft – nur sehr bedingt nachvollzogen werden: „Vom Grundriss her kann die Salesianerinnenkirche als Reduktion der Peterskirche, vom Aufriss des Zentralraums her als Reduktion der Karlskirche gelten."
34 Mahl 1967, 100–102.
35 Fürst 2002, 133–194.
36 Ebd., 190–191.

# Die Ausstattung der Salesianerinnenkirche mit Deckenmalereien und Altarbildern
## Überlegungen zum ikonografischen Programm

WERNER TELESKO

Die architektonische Gestaltung der Wiener Salesianerinnenkirche mit ihrer leicht differierenden Höhe der Arkadenöffnungen von Vorhalle, Chor und Seitenkapellen verleiht dem Oval des Hauptraumes den Charakter, „von einem Kranz gleichwertiger Nebenräume umgeben zu sein"[1] (Abb. 60). Das Kuppeloval erhält aus dieser Perspektive eine besondere Stellung und Auszeichnung. Diesem Umstand sowie dem Faktum, dass die Klosteranlage sowohl den Bedürfnissen des Ordens Rechnung zu tragen hatte als auch Residenz eines (verwitweten) Mitglieds des Kaiserhauses war, wird im Folgenden in Bezug auf die Programmatik der Kirche Augenmerk zu schenken sein. Dabei wird auch die Frage, in welcher Weise die Stifterin Amalia Wilhelmine mit der Konzeption von Deckenmalereien und Altarausstattung in eine unmittelbare Verbindung zu bringen ist, eine wichtige Rolle spielen.

In diesem Zusammenhang ist es wichtig, sich die Chronologie der künstlerischen Ausstattung in Erinnerung zu rufen, da erst 1727 – also lange nach dem Einzug der Salesianerinnen[2] in die Klosteranlage am 13. Mai 1719[3] – die Kuppelmalereien in der dafür eher seltenen Technik der Ölmalerei durch den berühmten und weitgereisten venezianischen Maler Antonio Pellegrini (1675–1741) ausgeführt wurden[4]. Susanne Stadl mutmaßt in ihrer Untersuchung zur Kunsttätigkeit der Salesianerinnen im deutschsprachigen Raum, dass die Kaiserin zuerst Rücksicht auf die Wünsche der Nonnen nach einer raschen baulichen Fertigstellung des Klosters genommen haben dürfte und die für die Anfertigung der Deckenbilder der Kirche notwendigen Mittel noch nicht verfügbar gewesen seien[5].

Die Programmatik der Kirche muss dabei – wie bei den anderen Anlagen des Ordens – unter Einbeziehung der Fassade analysiert werden, zeigt doch jene des Wiener Gotteshauses auf der Giebelspitze Maria, flankiert von den Heiligen Augustinus (links) und Franz von Sales[6] (rechts). Damit sind die Hauptheiligen der Gemeinschaft der Salesianerinnen und zugleich Protagonisten der Ordensregel angesprochen – ein Gesichtspunkt, der im Inneren mit dem vorderen epistelseitigen Altarbild und dem prominenten Thema der Übergabe der Regel durch den hl. Franz von Sales an Johanna Franziska von Chantal[7] entsprechend vertieft wird. Die Statue Marias an der Fassade bildet zugleich das Präludium der marianischen Ikonografie, die im Kircheninneren mit dem Hochaltarbild der Heimsuchung Marias (Abb. 59) und den Deckenmalereien Pellegrinis zwei gewichtige Akzente erhalten sollte.

Die Ausführungen einer im Jahr 1727 in St. Peter in Wien gehaltenen Predigt von P. Lucas à S. Nicolao mit dem Titel *Marianisch-Salesische Bundes-Zeichen. Das ist: Maria, am Tag ihrer Reinigung erscheinend im Tempel Gottes* […] unterstreichen die Bedeutung Marias sowie der Heiligen Franz von Sales und Augustinus[8]. Der Gründer der Salesianerinnen erscheint hier in den gesamten Kosmos der Heilsgeschichte eingebettet, und der Autor dieser Predigt hebt den Bezug zwischen Christus und Petrus einerseits sowie zwischen Franz von Sales und dessen Kirche in Genf andererseits hervor.

Ein Schreiben Amalia Wilhelmines an die Oberin hinsichtlich deren Wünsche nach der Anordnung der Seitenaltarbilder vom 17. Oktober 1718 scheint jene Sichtweise zu

◀ Abb. 59: Salesianerinnenkirche Wien, Hochaltarbild Heimsuchung Mariens, Ölgemälde von Antonio Bellucci

▲ Abb. 60: Salesianerinnenkirche Wien, Froschperspektive auf sämtliche Deckenmalereien

▲ Abb. 61: Salesianerinnenkirche Wien, Deckenmalereien über dem Chor, Gruppe betender Engel, Jakob van Schuppen (?)

unterstützen, dass sich die Programmatik der Kirche praktisch ausschließlich an den Ordensnotwendigkeiten – ohne jede kaiserlichen bzw. habsburgischen Anteile[9] – zu orientieren hatte: […] *ainsi je vous prie de me dire sincerement dequel coté vous voulez l'autel de st. françois de sales, le coté gauche de grand autel est celui où la fenetre de chœur donne, dites moi aussi, mais sans compliment si vous aimez mieux à l'autre autel une descente de croix, ou les disciples d'emmaüs comme vous avez presentement un crucifix, ou meme autre chose* […][10]. In der *Circulaire* der Wiener Salesianerinnen vom 7. Jänner 1727 wird nicht ohne Grund dezidiert auf den erfahrenen Kunstgeschmack von Amalia Wilhelmine Bezug genommen, wenn es dort heißt: […] *S.M.* [scil. Amalia Wilhelmine] *en à choisi les couleurs Elle même; Elle à naturellement le goût fort delicat pour toutes sortes d'ouvrages;* […][11].

Trotz der fixen Regulative, die als genereller Teil der ikonografischen Programme des Salesianerinnenordens angesprochen werden können und auf die in den folgenden Ausführungen zurückzukommen sein wird, scheint ein gewisser Spielraum für die Gestaltung der Ausstattung existiert zu haben. Ansonsten wäre die an die Oberin gerichtete Frage der Stifterin nach Anordnung und Platzierung der Altäre und Themen in der Kirche in dem zitierten Schreiben vom 17. Oktober 1718 in diesem Zusammenhang nicht verständlich.

Die malerische Ausstattung des Kircheninneren unterstreicht den Charakter einer strengen, auf die Hauptachse der Kirche konzentrierten Ausmalung mit Deckenmalereien, sind doch die Gewölbefelder der vier Altarnischen fast ausschließlich mit Rosetten, Ornamenten und floralen Elementen dekoriert, während die das Programm eigentlich konstituierende figurale Ausstattung die Gewölbe von Empore, längsovaler Kuppel und Chor umfasst. Das Fresko des Platzlgewölbes über der Orgelempore (Abb. 58, S. 130), das gemäß der Ikonologie barocker Dekorationen zumeist im Sinne von Einstimmung und Vorbereitung zu lesen ist, trägt diesem prinzipiellen Gesichtspunkt mit einer – in der Literatur – durchwegs als Versammlung der drei theologischen bzw. göttlichen Tugenden (nach 1 Kor 13,13) apostrophierten Gruppe[12] Rechnung. Diese ist zusammengedrängt auf Wolken platziert und erscheint im Durchblick einer Scheinarchitektur mit Kassettengewölbe, die an allen Seiten von einer Brüstung umgeben ist, die je vier Puttenpaare mit zentralen Blumenkörben zeigt. Die Personifikation des „Glaubens" mit einem Gewand in Lila und einem gelben Umhang hält in der Rechten Kelch mit Hostie, während sie mit der Linken das geöffnete Buch des Evangeliums (*FEDE / EVAN- / GILIVM* [sic!]) und ein Kreuz hält. Die Figur zu ihrer Rechten im lila-grünen Gewand präsentiert ebenfalls ein Buch und ist in die Betrachtung der Leidenswerkzeuge vertieft, die von zwei Putten präsentiert werden. Somit kann diese Personifikation nicht als jene der „Hoffnung" angesprochen werden. Dies trifft auch auf die weibliche Figur ganz rechts zu, die hingelagert liegt, himmelwärts blickt und die Linke an ihre Brust drückt, während ihre Rechte eine Lilie hält. Das beigefügte Lamm sowie der Putto (mit Taube und Zwirnknäuel) weisen sie als Sanftmut, Unschuld (Lamm) bzw. Frau in der Versenkung zu Gott sowie auf der Suche nach Gott auf, was einerseits durch die himmelwärts fliegende Taube und andererseits den Faden des Knäuels, der bereits eine bestimmte Richtungssuche impliziert, angezeigt wird. Diese Deutung wird unterstrichen durch den Putto, der hinter dem Buch der Personifikation des Glaubens aufragt und Herz sowie Kerze hält, womit die Liebe zu Gott in Bezug auf persönliche Andacht (Herz) sowie den Gottesdienst (Kerze) zum Ausdruck gebracht erscheint.

Die typenmäßige Ausformung der hier wiedergegebenen Personifikationen entspricht nicht den seit Cesare Ripas *Iconologia* (Erstauflage 1593, 1603 erstmals illustriert erschienen) gebräuchlichen Mustern: Bei Ripa repräsentiert nämlich der Zwirnknäuel als Attribut einer allerdings männlichen Personifikation das Nachdenken (*pensiero*)[13]. Während die mittig platzierte Figur *en face* und mit breit geöffneten Armen die Glaubensinhalte vertritt, erfüllen die sie flankierenden Personifikationen die gleichsam meditative Seite der Frömmigkeit (links) sowie die himmelwärts gerichtete Sehnsucht nach Gott (rechts). Im Emporenfresko wird somit nicht die ikonografisch standardisierte Trias der theologischen Tugenden verbildlicht[14], sondern vielmehr eine den spezifischen Notwendigkeiten eines kontemplativen Frauenkonvents angepasste Gruppe, die einen deutlichen Schwerpunkt in der Versenkung in Gott und der Betrachtung des Leidens Christi besitzt.

Thematisch weitaus unspezifischer ist hingegen das stark zerstörte – und hypothetisch ebenfalls Jakob van Schuppen (1670–1751) zugeschriebene[15] – Fresko des Chorgewölbes (Abb. 61), das hinsichtlich der rahmenden Funktion von Brüstung und Scheingewölbe nach den gleichen Prinzipien wie das Emporenfresko aufgebaut ist. Es zeigt aber nicht „Maria in der Engelsglorie"[16], sondern eine Gruppe kleinerer und größerer Engel, die in ihren anbetenden Haltungen auf das Kruzifix im Auszug des Hochaltars bezogen werden können.

Die zwei kleineren Freskenfelder von Empore und Chor schließen die flächenmäßig umfangreicheren und durch den Tambour gleichsam entrückten Malereien Pellegrinis ein (Abb. 99, S. 207). Seine Autorschaft wird durch eine *Circulaire* der Wiener Salesianerinnen vom 7. Jänner 1727 als Werk des italienischen Freskanten, der am 26. April in Wien eintraf, bestätigt: […] *la voute du Dome sera peinte par un excellente Peintre, qui est maintenant à Rome* […][17]. Die Entscheidung für Pellegrini dürfte die Kaiserinwitwe getroffen haben, ist doch im *Wienerischen Diarium* vom 26. April 1727 zu lesen: *Vor einigen Tagen langete allhier an der berühmte Mahler Herr Anton Pellegrini, ein Venetianer welcher auf ihrer Majestät* […] *Amalia* […] *Befehl die Cupul in derer Salesianerinen* [sic!] *Closter-Kirchen zu mahlen ausdrucklich beruffen worden*[18]. Bereits am 25. Oktober 1727 konnte in der gleichen Zeitung von der am 10. Oktober des Jahres getätigten Vollendung der Kuppelmalereien Pellegrinis berichtet werden[19]. Die Schlussweihe der Kirche und der Altäre fand am 6. Juni 1728[20] – nach einer ersten (Teil-)Weihe des Gotteshauses am 13. Mai 1719 (mit drei bereits fertig gestellten Altären)[21] – statt.

Die Malereien der längsovalen Kuppel fügen sich – trotz ihrer relativ späten Fertigstellung – sowohl hinsichtlich ihrer figuralen Disposition als auch in Bezug auf die gewählte Ikonografie harmonisch in das Gesamtkonzept ein: Der inhaltliche Hauptakzent mit der in den Himmel aufgenommenen Maria und Gottvater sowie Christus befindet sich auf der dem Chor zugewendeten Seite der längsovalen Kuppel (Abb. 62). Gottvater, Christus und Maria bilden hier die Eckpunkte eines gleichseitigen Dreiecks[22]. Maria agiert genau in der Achse des Hochaltarbildes mit der *visitatio*, während der auf das Kreuz weisende auferstandene Christus inhaltlich zur Verehrung des Kreuzes durch die anbetenden Engel im Gewölbe des Chors[23] überleitet. In der den Malereien zugrundeliegenden Konzeption wurde somit offensichtlich versucht, trotz aller Differenzen in der künstlerischen Ausgestaltung von Empore, längsovaler Kuppel und Chor eine leitende Sinnachse transparent zu machen, welche imstande war, die ikonografischen Hauptmomente zu einer schlüssigen christologischen *und* marianischen Programmatik zu vereinigen. Unter diesem Gesichtspunkt ist George Knox Recht zu geben, der angesichts von Pellegrinis Werk von der Verbildlichung eines umfassenden „Triumph of Faith"[24] spricht: Denn in diesem Sinn fungiert das Emporenfresko als ein die wesentlichen Eigenschaften des Glaubens vermittelndes Präludium einer Heilsgeschichte, die ab der längsovalen Kuppel Richtung Chor zu einer lebendigen Erzählung gewandelt wird. Personeller Ausgangspunkt für diese narrative Dramatisierung ist Maria als Ordenspatronin, deren Aufnahme in den Himmel und Empfang durch die Trinität eine dramaturgische Steigerung

▲ Abb. 62: Salesianerinnenkirche Wien, Deckenmalereien in der Hauptkuppel, Dreifaltigkeit und Maria, Giovanni Antonio Pellegrini

möglich und notwendig machen. Diese findet wesentlich auf der Basis einer ausgeprägten, zum Teil geradezu expressiven Anwendung von Gesten statt, da Christus mit seiner Linken auf Maria weist, während seine Rechte nicht nur auf das ihm zugeordnete Kreuz, sondern in der Verlängerung ebenso auf Personen des Alten Bundes (Moses) zeigt (Abb. 63). Die Rechte Gottvaters hingegen deutet auf Christus, wodurch das raffinierte, deiktisch unterlegte Figurengeflecht, welches das gesamte Oval dominiert, seinen inhaltlichen Höhepunkt findet. Bereits Pellegrinis Altarbild der Heiligen Dreifaltigkeit für die Dresdner Kirche SS. Trinitatis (1724)[25] weist deutlich diese Struktur aufeinander verweisender Gesten der drei göttlichen Personen auf.

Die charakteristische Dreieckskomposition findet sich auch in Johann Michael Rottmayrs Ausmalungen der Salzburger Dreifaltigkeitskirche (1697) und der Wiener Peterskirche (1714)[26]. Allerdings steht hier die Krönung Marias im Zentrum und die – im Verhältnis zur Salesianerinnenkirche – wesentlich zahlreicheren Figuren befinden sich auf Wolkenringen, die durchgehend kompakter gestaltet sind. Bei Pellegrini tritt stattdessen die Spannung zwischen den Handlungsträgern – am greifbarsten bei Maria, die von Gottvater und Christus aufgenommen wird, – deutlicher zutage.

Der umfassende, weit über die im Barock übliche Form einer *assumptio Mariae* hinausgehende Charakter der Konzeption der Kuppelmalereien wird auch daran deutlich, dass unmittelbar über dem Hauptgesims die vier Evangelisten – zum Teil im Inspirationsgestus – auftreten, deren in den Vordergrund gerückte Funktion hier primär als eine der Zeugenschaft und Vermittlung der Heilsgeschichte zu interpretieren ist. Nicht immer kann klar unterschieden werden, ob es sich bei Pellegrinis Figuren um inhaltlich motivierte Gestaltungen handelt oder aber um Schöpfungen, die primär dessen virtuoses Talent in der Demonstration von Verkürzungen bei Figuren zur Schau stellen sollen. Der direkt unter der in den Himmel aufgenommenen Maria positionierte Engel (als Attribut des Evangelisten Matthäus), der sich kopfüber über eine Scheinbrüstung beugt, verbindet die von Pellegrini raffiniert wiedergegebene Verkürzung des Körpers mit der erfolglosen Suche im leeren Grab Marias (Abb. 64). Letztlich agieren praktisch alle Personen der äußersten Zone des Kuppelovals angesichts des dramatischen Heilsgeschehens wie in Ekstase erregt. Viele der dargestellten Gestalten sind zudem nicht einfach zu identifizieren, und bei zumindest zwei Figuren unterhalb der Gruppe Gottvaters scheint es durchaus zweifelhaft, ob

▲ Abb. 63: Salesianerinnenkirche Wien, Deckenmalereien in der Hauptkuppel, Christus auf das Kreuz weisend, Vertreter des Alten und Neuen Bundes, Giovanni Antonio Pellegrini

▼ Abb. 64: Salesianerinnenkirche Wien, Deckenmalereien in der Hauptkuppel, Evangelistensymbole an der Scheinbrüstung, Giovanni Antonio Pellegrini

hier überhaupt Heilige – und nicht vielleicht eher – Personifikationen in Bezug auf den hl. Franz von Sales bzw. generelle christliche Eigenschaften gemeint sind: Dies betrifft konkret die weiblichen Figuren mit Lamm („Sanftmut") und Spiegel („Weisheit")[27]. Pellegrini scheint es aber prinzipiell weniger um eine Vollständigkeit bzw. um eine eindeutige Benennbarkeit aller seiner Figuren gegangen zu sein. Diese trifft – jenseits der bereits genannten Personen – nur auf den Nährvater Joseph, Johannes den Täufer, Petrus und den Erzengel Michael zu. Vielmehr stehen bei ihm aufeinander verweisende Figurengruppen, aussagekräftige Physiognomien und die großen Linien der Heilsgeschichte im Fokus. Das Interesse an einer übersichtlichen Strukturierung äußert sich wesentlich darin, dass etwa zentrale Abschnitte der Geschichte des Alten Bundes vorwiegend auf der emporenseitigen Kuppelhälfte anzutreffen sind – wie etwa Moses, David mit der Harfe sowie Judith[28] und Holofernes. Die knapp über einer Scheinbrüstung kauernden Stammeltern Adam und Eva demonstrieren in ihrer Haltung zugleich Schuldbewusstsein und Erlösungshoffnung (Abb. 101, S. 208). Im Gegensatz zur Ausführung zeigt der in der Stuttgarter Staatsgalerie befindliche Modello (1725?)[29] die Figuren deutlich zusammengedrängter und die Evangelisten sowie David und Moses auf der einen Seite, während sich auf der gegenüberliegenden Hälfte die Stammeltern und andere Figuren befinden. Gottvater ist in dieser Ölskizze stärker abgerückt und in der Nähe der Geisttaube gezeigt. Die spürbare kompositionelle und inhaltliche Klärung des *concetto* blieb somit der endgültigen Ausführung der Malereien in der Kuppel selbst vorbehalten, geht man nicht davon aus, dass ein weiterer Modello dem Stuttgarter Werk folgte. Ein zweiter, allerdings schwächerer Ölentwurf (1727?), dessen Rolle im Werkprozess nach wie vor weitgehend unklar ist, hat sich in den Sammlungen des Benediktinerstiftes Melk erhalten[30].

Wir haben es bei Pellegrinis Kuppelmalereien somit nicht mit einem explizit marianischen Programm zu tun, sondern der zentrale Angelpunkt der Konzeption wie der gesamten malerischen Ausstattung der Kirche besteht vielmehr in der Sichtbarmachung der zentralen Rolle Marias im Rahmen der Heilsgeschichte und der Grundlagen des katholischen Glaubens, wodurch ihre Bedeutung im Heilswerk erst wirklich zur Geltung kommen sollte. Dieser Aspekt wird auch in der malerischen Ausstattung des Chors deutlich, die im Hochaltarbild Antonio Belluccis (1654–1726) mit der 1719 gemalten Darstellung der Heimsuchung Marias (als Teil der von Antonio Beduzzi [1675–1735] im Jahr 1726 geschaffenen Altararchitektur)[31] einen prominenten Akzent aufweist (Abb. 59). Ergänzt wird das zentrale Marienfest des Ordens an den Seitenwänden des Altarraumes unter den Oratorien durch zwei querformatige – von Jakob van Schuppen signierte – Ölbilder (vor 1727) mit der Verkündigung an Maria (evangelienseitig) und der Geburt Christi (epistelseitig)[32]. (Abb. 65 und 66) Die Heimsuchung als Leitmotiv des Ordens, der aus diesem Grund auch die Bezeichnung „Orden von der Heimsuchung Mariens" trägt, wird dieser Konzeption zufolge in eine Trias der zentralen Stationen des Lebens Marias bzw. der Kindheitsgeschichte Jesu eingeordnet.

Die Ausführungen zum inhaltlichen Charakter der malerischen Ausstattung der Salesianerinnenkirche sind auch vor dem Hintergrund zu betrachten, dass der Orden wohl wie kein zweiter bestimmte thematische Vorgaben für die künstlerischen Dekorationen machte, die in der Regel mit geringen Variationen zur Anwendung kamen. Dies unterstreicht ein Vergleich der Wiener Ordenskirche mit der von Gottfried Bernhard Götz (1708–1774) im Jahr 1758 ausgemalten Salesianerinnenkirche St. Augustinus in Amberg[33]. Hier kann für das Fresko über der Orgelempore durch den entsprechenden Vertrag belegt werden, dass die drei theologischen Tugenden die inhaltliche Grundkonzeption zu bilden hatten – ordensspezifisch ergänzt durch die Szene, wie Johanna Franziska von Chantal der Name „Jesu" auf ihre Brust gebrannt wird[34]. Auch in der Münchner Salesianerinnenkirche St. Anna (1735), die eine im letzten Krieg zerstörte Freskenausstattung von Cosmas Damian Asam aufwies, wurden im Hauptfresko die theologischen Tugenden (mit Agnes und dem Lamm als ihrem Attribut) in einen reichen Heiligenhimmel integriert und auffällig betont wiedergegeben[35]. Noch im fortgeschrittenen 18. Jahrhundert ist diese Vorliebe für die Visualisierung der theologischen Tugenden in Kirchendekorationen des Ordens anzutreffen, etwa in der Chiesa della Visitazione in Turin, deren Architektur um 1670 vollendet wurde. In den sechziger Jahren des 18. Jahrhunderts wurde das Innere von Michele Antonio Milocco (zwischen 1686 und 1690–1772) mit den Kuppelfresken (Verklärung des hl. Franz von Sales im Heiligenhimmel) und vier Pendentifs (theologische Tugenden, ergänzt um eine weitere Personifikation mit hochgehaltenem Herzen) ausgemalt[36].

Ein essentieller Bestandteil des am Leben des Franz von Sales und der Johanna Franziska von Chantal orientierten Hauptfreskos in Amberg ist die Begebenheit der Überreichung der Ordensregel, die in Wien das Thema eines Seitenaltarbildes bildet. Der 6. Juni 1610 als Datum dieses Ereignisses, als Johanna Franziska und zwei weitere Frauen in den neu gegründeten Orden der Salesianerinnen eintraten, markiert zugleich das Fest der Hl. Dreifaltigkeit, woraus die grundlegende Bedeutung der Trinität für die Salesianerinnen resultiert, die in den Malereien der Ovalkuppel der Wiener Kirche auch deutlich zutage tritt. Im Datum des 6. Juni ist somit gleichsam der christliche Festkalender mit der salesianischen Ordensgeschichte unauflöslich verschränkt. Diese Bedeutung der Trinität wird auch in der Ausmalung in Amberg deutlich, da im Vertrag vom Freskanten Götz gefordert wurde, dass dieser im Chorfresko die Dreifaltigkeit mit anbetenden Engeln malen solle[37]. Somit kommt hier genau jener thematische Aspekt zur Geltung, der in Wien auf das Sujet der das Kreuz des Hochaltars verehrenden Engel im Chor konzentriert ist. Eine vergleichbare Bedeutung besitzen in Amberg und Wien die Apostel und Evangelisten als Zeugen des Glaubens: In Amberg sind sie zudem um Kirchenlehrer erweitert[38]. Nicht ohne Grund spielen in Amberg auch die drei theologischen Tugenden eine zentrale Rolle, da sie im Fresko oberhalb der Orgelempore malerisch umgesetzt wurden[39].

Die Vergleiche zwischen den Ausstattungen in Wien, München und Amberg zeigen somit, dass über einen längeren Zeitraum seitens des Ordens strenge und immer wiederkehrende ikonografische Regulative vorgegeben waren, die mit einer gewissen Variationsbreite auch umgesetzt wurden. Hinsichtlich der grundsätzlichen Alternative zwischen einem stärker heilsgeschichtlich orientierten Programm und einem Konzept, das wesentlich auf der Visualisierung der Heiligen des Ordens fußt, entschied man sich in Wien

▼ Abb. 65: Salesianerinnenkirche Wien, Verkündigung an Maria, Jakob van Schuppen, Altarraum (evangelienseitig)

▼ Abb. 66: Salesianerinnenkirche Wien, Geburt Christi, Jakob van Schuppen, Altarraum (epistelseitig)

eindeutig für die erste Variante, ohne allerdings den zweiten Aspekt gänzlich zu vernachlässigen, der thematisch in der Übergabe der Ordensregel in Gestalt eines Seitenaltarbildes Berücksichtigung fand.

Ein besonderer Konnex zwischen den Salesianerinnen und der Habsburgerdynastie ergibt sich vor allem durch die Verehrung des als Heiliger Savoyens verstandenen hl. Franz von Sales, dem in Wien besonders in der Paulanerkirche und Peterskirche – vor allem durch in Wien ansässige Savoyarden – ein spezieller Kult zuteilwurde. Dies schlug sich vor allem in einer intensiven Predigttätigkeit zu Ehren des hl. Franz von Sales, aber auch in Kirchenausstattungen, nieder[40]. Die Beziehungen zwischen den Erblanden und Savoyen bildeten somit bereits vor der Ankunft der Salesianerinnen in Wien eine wichtige Grundlage der Wertschätzung des Ordensgründers.

In der Salesianerinnenkirche sind die Themenfelder der Deckenmalereien grundsätzlich in enger Beziehung zu den Sujets der Altarbilder zu verstehen. Es ist bei den Altargemälden insofern eine den Deckenmalereien analoge Steigerung vom Eingangsbereich zum Chor hin zu konstatieren, wenn man den Umstand berücksichtigt, dass der Hochaltar und die beiden vorderen Seitenaltäre reicher als die beiden anderen Altäre ausgestattet sind[41]. Auf dem epistelseitigen vorderen Altarbild (wahrscheinlich aus dem Umkreis Martino Altomontes, um 1719)[42] ist die Ordensgründung im verbreiteten Typus der Übergabe der Regel durch Franz von Sales an Johanna Franziska von Chantal (Abb. 24, S. 58) wiedergegeben. Möglicherweise war noch vor der Weihe des Hochaltars dort vorübergehend dieses Altarbild der Regelübergabe angebracht, wie aus der *Circulaire* vom 27. Juli 1720[43] hervorgehen dürfte: […] *qu'on elevoit au Grand Autel un tableau de notre Digne Mere de Chantal* […][44].

Das evangelienseitig platzierte, gegenüber befindliche und von Victor Honoré Janssens (1658–1736) signierte Altargemälde[45] zeigt Maria und andere Figuren, die um den vom Kreuz abgenommenen Christus trauern (Abb. 67). Die beiden genannten Altarbilder wurden nach dem Oktober 1718 bestellt und waren im Jahr 1719 vollendet[46]. Den zentralen inhaltlichen Aspekten dieser beiden Altarbilder entsprechen auch die monochromen Malereien in den Leibungen der Arkadenbögen, die sich evangelienseitig mit dem Schweißtuch der Veronika und den *Arma Christi* auf die Passion beziehen. Auf der gegenüberliegenden Seite flankieren bischöfliche Insignien ein von der Dornenkrone eingeschlossenes und von Pfeilen durchbohrt gegebenes Herz (mit Christusmonogramm und mittlerem *M* für Maria), das Wappen der Salesianerinnen[47], das hier allerdings seitenverkehrt wiedergegeben ist (Abb. 68).

▲ Abb. 67: Salesianerinnenkirche Wien, Altar mit dem Ölgemälde der Pietà von Victor Honoré Janssens

Die beiden eingangsseitigen Altarbilder stellen die Schlüsselübergabe durch Christus an Petrus[48] von Antonio Pellegrini (um 1727) (Abb. 69) sowie das *Noli me tangere* von Jules Mihes-Primisser (1856) dar[49]. Letzteres Werk könnte ein nicht mehr überliefertes Altarbild Pellegrinis ersetzt haben[50]. Auch der Malerin Rosalba Carriera (1675–1757) berichtete der Italiener von seinen beiden Altarbildern für die Kirche[51].

Das eingangs zitierte Schreiben der Kaiserinwitwe an die Oberin vom 17. Oktober 1718 zeigt allerdings, dass eine gewisse Flexibilität hinsichtlich der Positionierung und der Ikonografie der Altarbilder der Kirche existiert haben muss, die es von vornherein ausschließt, von einem fixen und seit längerem feststehenden Konzept in Bezug auf die Ikonologie der Kirche zu sprechen.

Zweckmäßiger ist es daher, im Rahmen einer Gesamtbetrachtung von den grundlegenden Anknüpfungspunkten der salesianischen Frömmigkeit auszugehen, die sich vor allem aufgrund der zahlreichen Predigten zu Ehren des hl. Franz von Sales aufdrängen. Hier ist es auffällig, dass bei den entsprechenden Predigttexten häufig von der Dreifaltigkeit, mithin von einem der zentralen Leitmotive der malerischen Ausstattung, die Rede ist, so etwa in Wilhelm Vorsters SJ Predigt *Geheimnuß-volle dann Ein- und dreyfaltige Heiligkeit: Das ist H. Franciscus von Sales* […] (Wien 1708)[52]. Die Trinität wird dabei darüber hinaus in den drei bedeutenden savoyischen Heiligen Victor, Amadeus und Eugenius verwirklicht gesehen. Auch die vom Franziskaner Mauritius Steizinger verfasste und in der Wiener Peterskirche vorgetragene Predigt *Cherub sapiens pro defensione offensi Honoris Sanctissimae Trinitatis. Franciscus von Sales* […] (Wien 1714)[53] ist dem hl. Bischof als engagiertem Verteidiger der Dreifaltigkeit gewidmet. Dieser Anspruch kann auch aus Texten des hl. Franz von Sales selbst abgeleitet werden: In einer in Annecy am 21. März 1595 gehaltenen Predigt wendete sich der Heilige vehement gegen Irrlehren, welche die Trinität leugneten[54].

Im Rahmen einer Verherrlichung des hl. Franz von Sales lag es letztlich nahe, den Namen des Heiligen als Ausgangspunkt für exegetische Ausführungen von Predigten zu verwenden und diesen in Bezug zum bekannten Jesuswort *Vos estis sal terrae* (Mt 5, 13) zu setzen. Dies geschieht in Joseph Holzners OP Predigt *Savoyische Gold-Tinctur Oder: Himmlisches Magisterium, Gott deß heiligen Geistes in dem wundersamen leben Francisci de Sales* […] (o. O. 1711)[55], ähnlich in der Predigt von Gregorius Fri[t]z mit dem Titel *Ein Mann der Saltz hat. Der Heilige Franciscus von Sales* […] (Wien 1714)[56], in der ebenfalls das zitierte Motto nach Mt 5, 13 Verwendung fand. Letztere beide Predigten wurden in der Wiener Paulanerkirche, einem Wiener Zentrum der Verehrung des hl. Franz von Sales, gehalten. Bereits in einer Lobrede auf den Heiligen von Fridericus Casimirus Wolff SJ, *Granum Salis sive S. Franciscus de Salis Gebennensis Episcopus* […] (Prag 1669), findet sich diese auffällige Beziehung zwischen dem Heiligen und dem evangelischen „Salz der Erde". Eine wesentliche Basis besitzt diese Anspielung im Messformular, in dem die entsprechende Evangelienperikope zum Fest des hl. Franz von Sales gelesen wird. Die Quellenlage hinsichtlich der den Ordensgründer behandelnden Wiener Predigten ist im konkreten Fall so dicht, dass bis 1766[57] zahlreiche Predigttexte unterschiedlichster Ordensvertreter in Bezug auf Leben und Frömmigkeit des Gründers der Salesianerinnen nachweisbar sind. Allegorische Bezüge zwischen dem Namen des Heiligen und der Heilsgeschichte sind ebenfalls anzutreffen, wenn etwa in einer Predigt des be-

▼ Abb. 68: Salesianerinnenkirche Wien, monochrome Malereien in den epistelseitigen Arkadenleibungen

▲ Abb. 69: Salesianerinnenkirche Wien, Altar mit dem Ölgemälde der Schlüsselübergabe durch Christus an den hl. Petrus, Giovanni Antonio Pellegrini

reits zitierten Oratorianers Gregorius Fri[t]z mit dem Titel *Der im Geist und Eyfer Eliae neu-erweckte Creutz-Held. Der Heilige Franciscus Salesius* […] (Wien 1716), gehalten bei den Paulanern in Wien, eine unmittelbare Relation zwischen *Salesius* und *Salus* als dem *Heyl der Welt* propagiert wird.

Die vielfältigen heilsgeschichtlichen Bezüge, die in diesen Predigten auf der Basis einer Thematisierung von Leben und Werk des Gründers der Salesianerinnen ausgespannt werden, liefern jedoch keine so stringenten Grundlagen, dass daraus eine unmittelbare literarische Basis für die Konzeption der Ausstattung der Kirche abgeleitet werden könnte. Die genannten Predigten offenbaren zugleich, dass wesentliche Bereiche der Spiritualität des hl. Franz von Sales und des von ihm gegründeten Ordens auf Verinnerlichung, die Erfüllung des Tugendkanons, die Beziehung zwischen Gott und Mensch sowie die vielfältigen Facetten der Liebe Gottes angelegt sind[58] – alles Sachverhalte, die naturgemäß wirkungsvoller in Emblemzyklen[59] als in großen Ausstattungsprogrammen realisiert werden konnten. Das entsprechende Referenzwerk bildet in diesem Zusammenhang Adrien Gambarts *La vie symbolique de bienheureux François de Sales, evesque* [sic!] *et prince de Genève* […] (Paris 1664), das – zum Zweck der Vorbereitung für die Heiligsprechung des Bischofs (1665) – reich mit Emblemen, die sich auf die verschiedenen Stationen des Heiligenlebens beziehen, ausgestattet ist[60]. Emblematische Motive in diesem Traktat sind keine ausschließliche Erfindung Gambarts, sondern finden sich auch in Texten des hl. Franz von Sales, dessen Spiritualität deswegen auch ein „emblematischer Habitus"[61] zugesprochen wurde. Die auffällige – und nicht nur in der Wiener Kirche zu konstatierende – Betonung der christlichen Eigenschaften im Fresko über der Orgelempore hat sicher in den im bekannten Traktat des Heiligen über die Gottesliebe (*Traité de l'Amour de Dieu* [Lyon 1616]) in das Zentrum seiner Ordensgründung gestellten Tugenden Liebe, Demut und Sanftmut[62] wichtige Ausgangspunkte. Nach dem Verständnis des hl. Franz von Sales kann die Umgestaltung des menschlichen Lebens in der Nachfolge Christi nur als ständiger Prozess der Verinnerlichung erreicht werden, was naturgemäß im Kontext einer hochbarocken Ausmalung nur schwer angemessen zu veranschaulichen war.

Einfacher ist die Marienfrömmigkeit als ikonografischer Ansatzpunkt: Dieser widmete der hl. Franz von Sales in seinen Predigten weiten Raum – vor allem in Bezug auf die *Immaculata*, die in den Himmel aufgenommene Maria und die *visitatio*[63]. Dabei konzentrierte er sich weniger auf die Person Marias allein als vielmehr auf die Gottesmutter in Beziehung zu Christus und dessen Erlösungstat am Kreuz[64]. In seinen Predigten vom 8. Dezember 1608 sah er etwa den Ursprung Marias in der Herrlichkeit des dreifaltigen Gottes[65]. Auch Antonio Pellegrinis Kuppelmalereien sind in ihrem Konzept weniger durch eine ausschließliche Konzentration auf den marianischen Aspekt gekennzeichnet als vielmehr durch eine charakteristische Verschränkung der *assumptio Mariae* mit heilsgeschichtlichen und christologischen Elementen. In durchaus verwandter Weise fand eine solche Konzeption in Franz Anton Maulbertschs (1724–1796) Fresko der Hauptkuppel der Wiener Piaristenkirche (1752) als „metaphysische Interpretation der Marienauffahrt"[66] im Sinne einer Verbindung der Marienaufnahme mit der Erhöhung des Kreuzes Realisierung. Die entsprechende Basis für die Integration der Passionsaspekte liefern in der Salesianerinnenkirche das Seitenaltarblatt mit dem vom Kreuz abgenommenen Christus, das Chorfresko mit den das Kreuz des Hochaltars anbetenden Engeln sowie der bereits erwähnte starke Akzent auf dem Kreuz Christi in den Kuppelmalereien Pellegrinis. Alle diese Elemente in ihrem engen Zusammenhang mit der Marienthematik können aber vom Betrachter nicht mithilfe visuell deutlich gemachter Verbindungen und Verweise gelesen werden. Die mächtige, mit Pilastern dekorierte „kubische Einheit"[67] der Pfeilerarchitektur, die den Kirchenraum in seiner strengen Erscheinung wesentlich konstituiert, das den Raum zum Tambour hin abschließende mächtige Konsolgesims und das eigentliche Kuppelgesims strukturieren die Anordnung der plastischen und malerischen Teile der Kirchenausstattung zu einem wesentlichen Teil. Die sinnstiftende Kombination der einzelnen Elemente des Programms erfordert vom heutigen Besucher ein Vorwissen um die grundlegenden Zusammenhänge und Ziele salesianischer Spiritualität.

Der Kirchenraum der Wiener Salesianerinnen ist aufgrund seiner spezifisch ordensimmanenten Funktion als einer zu verstehen, dessen Öffentlichkeitscharakter naturgemäß stark begrenzt war. Das Ziel der entsprechenden Programmatik der Ausstattung war deshalb kaum auf eine propagandistische (oder gar triumphale) Außenwirkung angelegt, sondern fußte – trotz der kaiserlichen Gründung des Konvents – auf einer sparsam, aber wirkungsvoll eingesetzten spirituellen Rückversicherung auf der Basis einer Visualisierung ordenseigener Grundlagen des Glaubens. Aus dieser Perspektive heraus war die entsprechende Konzeption darauf angelegt, den marianischen Aspekt, der einen wesentlichen Teil der Frömmigkeit des Ordens bildet, mit dem Heilswirken Christi, das Franz von Sales zufolge in engem Zusammenhang mit der Person Marias gesehen werden muss, und der Gründungsgeschichte des Ordens (Regelübergabe) zu verbinden. Der die Trias der theologischen Tugenden überformende salesianische Tugendkanon im Fresko der Orgelempore fasst Grundlagen und Ziele des Ordenslebens im traditionsmächtigen Schema von Personifikationen des Glaubens und der Gottesliebe – sowohl im Sinne eines Präludiums als auch einer Summe – und bildet in dieser Form einen deutlichen künstlerischen und inhaltlichen Gegenpol zur Dramatisierung des Heilsgeschehens in Pellegrinis Kuppelmalereien (Abb. 14, S. 39). Ihr Hauptakzent mit der in den Himmel aufgenommenen Maria wird im Hochaltarbild Belluccis mit der Heimsuchung Mariens in das zentrale marianische Geheimnis des Ordens übergeführt, in dem sich Marienfrömmigkeit und Ordensspiritualität unauflöslich verschränken.

---

1   Mahl 1967, 94; Stadl 2005, 171.
2   Zur Geschichte und Zielsetzung des Ordens: Heimbucher 1965, 641–646.
3   Dieser fand genau zwei Jahre nach der Grundsteinlegung des Klosters am 13. Mai 1717 statt (vgl. ASal, A-I-6a: handschriftliche unpaginierte *Relation de la solemnité avec laquelle a été pose la première pierre du monastère de l'Ordre de la Visitation*, praktisch textgleich in: ASal, Hs. 1, *Livre du Couvent*, Bd. 1 (1717–1823), pag. 16–21, 33–43.
4   Hajós 1974, 228–230; Koller-Serentschy 2003 (mit Bericht über die Restaurierung der Kuppelmalereien); Stadl 2005, 175.
5   Stadl 2005, 175f.
6   Zusammenfassend zum Ordensgründer: Wolf 1998.
7   Grundlegend zum Verhältnis zwischen Franz von Sales und Johanna Franziska von Chantal: Manning 2006.
8   Stadl 2005, 176f. Im Titelkupfer der Publikation *Lehr-Geist- und Eiffer-volle Send-Schreiben vom H. Francisco von Sales […]* (Linz/D. 1754) wird Franz von Sales mit Herzattribut und Mitra gleichsam als „zweiter" hl. Augustinus präsentiert.

9   Knox 1995, 195, führt den in Pellegrinis Malereien auffällig platzierten Adler des hl. Evangelisten Johannes als Hinweis für den imperialen Charakter des Auftrags der Kirchenausmalung an.
10  ASal, Schatulle mit Schriften der Kaiserin (*Lettres de l'Impératice Amélie à la Réverende Mère, Supérieure du Couvent de la Visitation* [Fasz. 1]), vgl. Hajós 1968, 230, Nr. 8; Hajós 1974, 217, Nr. 9; vgl. Stadl 2005, 177.
11  ASal, A-II-13a, *Circulaire* vom 7. Jänner 1727, o. S.
12  Hajós 1974, 229f. (mit Problemen der Zuordnung der Putten zu ihren Attributen); Stadl 2005, 177.
13  Mandowsky 1970, 389f.; Okayama 1992, 314.
14  Eine deutliche Orientierung an der traditionellen Ikonografie der drei theologischen Tugenden zeigt etwa das Leinwandbild Antonio Belluccis (1697–1704) für das Stadtpalais Liechtenstein in Wien; vgl. Reuss 1998, 258–261, Nr. 13, Abb. 22.
15  Heinz 1972, 274, Anm. 19; Hajós 1974, 230.
16  Stadl 2005, 177.
17  ASal, A-II-13a, *Circulaire* vom 7. Jänner 1727, o. S., vgl. Stadl 2005, 179.
18  *Wienerisches Diarium*, 26. Oktober 1727, Nr. 34, pag. 7; vgl. Hajós 1974, 218, Nr. 20; 230; Koller–Serentschy 2003, 420; Stadl 2005, 178.
19  Hajós 1968, 231, Nr. 18; Hajós 1974, 218, Nr. 23 (*Wienerisches Diarium*, 25. Oktober 1727, Nr. 86, pag. 7); Bettagno 1998, 226 (zur Chronologie [mit Quellen]); Koller–Serentschy 2003, 420; Stadl 2005, 178; neuerdings zum Wiener Aufenthalt Pellegrinis: Kazlepka 2013.
20  Hajós 1968, 223.
21  ASal, Hs. 7/1: *Annales de ce monastère de la Visitation Sainte Marie de Vienne en Autriche fondé en 1717*, Bd. I, Kap. 1, § 2, pag. 41 [mit Bezug auf die entsprechende *Circulaire*]; vgl. Hajós 1968, 221, 230, Nr. 10.
22  Hajós 1974, 228.
23  In der *Circulaire* vom 7. Jänner 1727 (ASal, A-II-13a, o. S.) wird das Sujet recht allgemein als […] *une Gloire remplie d'Anges, qui sont en admiration* […] beschrieben.
24  Knox 1995, 195; Stadl 2005, 178, Anm. 522.
25  Vgl. Meier 2015, 111–113, Taf. 9.
26  Hubala 1981, Nr. F 8, 18, Abb. 236, 237.
27  Der kristalline und unbefleckte Spiegel als (letztlich aus der Mariensymbolik abgeleitete) Metapher für die Reinheit des Heiligen tritt in der Predigt von Jacobus Antonius Zanollo mit dem Titel *Crystalliner Spiegel auß Savoyen, oder: Scheinbahres Tugend-Leben deß glorwürdigen Bischoffen und Fürsten zu Genff, Heil. Francisci de Sales* (Wien 1710) [Welzig 1989, 57, Nr. 104] deutlich hervor. In der malerischen Ausstattung der Salesianerinnenkirche ist er auch in der über dem Hochaltar befindlichen Arkadenleibung des Chorgewölbes nachweisbar.
28  Auf Judith als alttestamentliches Vorbild der Kaiserinwitwe wird auch in der an Anspielungen auf den Alten Bund überaus reichen Leichenpredigt auf Amalia Wilhelmine von Franciscus Peikhart SJ (*Leich- und Lob-Rede Wilhelminae Amaliae* […] [Wien 1742] 12 [Klosterneuburg, Stiftsbibliothek, Bk III 19 28]) Bezug genommen.
29  Knox 1995, 194f., 256, P.390, pl. 160; Bettagno 1998, 202f., Nr. 52; Stadl 2005, Abb. 27.
30  Knox 1995, 195, fig. 161; Koller–Serentschy 2003, 425, Abb. 8 (hier um 1725 datiert).
31  Hajós 1968, 223, 230f., Nr. 15; Hajós 1974, 232, 218, Nr. 18 (Enthüllung des Hochaltars am 25. Dezember 1726 [mit Quellenhinweis auf das *Wienerische Diarium*]).
32  Hajós 1974, 236f., Abb. 220, 221.
33  Isphording 1989, 453–460; Stadl 2005, 183–197.
34  Stadl 2005, 188f.
35  Stadl 2005, 75, 105, 107.
36  Tamburini 1968, 179–185.
37  Isphording 1989, 455; Stadl 2005, 196.
38  Stadl 2005, 196f.
39  Isphording 1989, 456; Stadl 2005, 188f., Abb. 33.
40  Patzak 1979; Stadl 2005, 24; vgl. hier das Seitenaltarblatt Johann Michael Rottmayrs, Der hl. Franz von Sales erweckt einen ertrunkenen Knaben zum Leben, 1714 (Hubala 1981, Nr. G 181, Abb. 235).
41  Hajós 1974, 232.
42  Ebd. 233, Abb. 215; vgl. Koller 1970, 66, Anm. 82, mit dem Hinweis, dass das Gemälde von einem Schüler Peter Strudels stammen müsse.
43  ASal, A-II-13a, *Circulaire* vom 27. Juli 1720, pag. 14, vgl. Stadl 2005, 92, Anm. 255.
44  In der gleichen *Circulaire* ist allerdings wenig später (pag. 23) von der *visitatio* als […] *Tableau du Grand Autel* […] die Rede, ebenso wie vom Gemälde der Regelübergabe als […] *l'un des Autels d'a côtez* […] (pag. 23). Die Kosten für das Hochaltarbild werden darin mit 1000 Gulden (pag. 23), für das Seitenaltarbild des hl. Franz von Sales mit 700 Gulden (pag. 14) beziffert.
45  Hajós 1974, 233, Abb. 217.
46  Hajós 1974, 233.
47  Den Ursprung besitzt dieses Wappen in der dem hl. Franz von Sales zuteil gewordenen Vision vom Herzen Jesu, wie sie etwa in Thesenblättern auftritt; vgl. Schemmel 2001, 158f., Nr. 57; 326f., Nr. 137.
48  Vgl. Koller–Serentschy 2003, 419. Der entsprechende Modello befindet sich in der Walpole Gallery in London; vgl. Bettagno 1998, 205f., Nr. 54.
49  Hajós 1974, 233, Abb. 216; Knox 1995, 195, 263, P.486, pl. 162.
50  Knox 1995, 198. Vgl. den Beitrag von Manfred Koller in diesem Band (Anm. 40).
51  Zava Boccazzi 1998, 83.
52  Welzig 1989, 46, Nr. 82.
53  Welzig 1989, 85f., Nr. 158.
54  Franz Von Sales 9, 2002, 70f.
55  Welzig 1989, 64, Nr. 117.
56  Welzig 1989, 85, Nr. 157.
57  Welzig 1989, 632f., Nr. 1261.
58  So wird etwa der in der Salesianerinnenkirche im Kontext des Emporenfreskos höchst bedeutsamen Taube und der ihr zugeordneten Eigenschaften in Bezug auf eine geistliche Seele eine ausführliche Behandlung zuteil: *Die wahre geistliche Gespräch* [sic!] *des Heiligen Francisci von Sales* […], Wien 1741, 144–172; vgl. hier auch: *Lebe Jesu. Kurtzer Begrif* [sic!] *des Innerlichen Geistes deren Ordens-Schwestern von der Heimsuchung Mariae* […], Wien 1728. Die Liebe als zentrales Postulat des Heiligen erfährt wohl die tiefste Ausdeutung in der Predigt von Franciscus Xaverius Brean SJ, *Die Lieb im Harnisch. Das ist H. Franciscus von Sales* […] (Wien 1709), die der Jesuit in der Wiener Paulanerkirche hielt.
59  Vgl. Guiderdoni-Bruslé 2002.
60  Vgl. Stopp 2006; Chorpenning 2012.
61  Stopp 1969 (1997).
62  Vgl. Lajeunie 1975, 588.
63  Pauels 1957, 121f.
64  Z.B. die Predigten zum Fest der Aufnahme Marias in den Himmel vom 15. August 1602 (Franz Von Sales 9, 2002, 102–121) und vom 15. August 1618 (François De Sales 1897, 178–191, bzw. Franz Von Sales 9, 2002, 279–289); grundsätzlich: Pauels 1957, 120; Lajeunie 1975, 465.
65  Pauels 1957, 120.
66  Gerke 1966, 54, Abb. 56.
67  Mahl 1961, 22.

# Das Heimsuchungskloster.
# Architektur und Raumkonzept

Herbert Karner

Der von Leander Anguissola und Jacob Marinoni 1706 publizierte Stadtplan von Wien (Abb. 71)[1] macht die vorteilhafte Lage des Grundstücks deutlich, auf dem elf Jahre später mit dem Bau des Residenzklosters der Salesianerinnen begonnen werden sollte. Die ausgedehnten Parzellenflächen am „Rennweg", der Ausfallstraße in der südöstlichen Vorstadt, wurden nach der Belagerung durch die Osmanen von 1683 von einer Reihe von Adeligen und wohlhabenden Bürgern angekauft, um darauf Gartenanlagen, teilweise mit Sommerpalästen oder Lusthäusern, zu errichten. Im stadtnahen Zwickel zwischen Rennweg und „Heugasse" (heute: Prinz-Eugen-Straße) legte Heinrich Franz Graf Mansfeld Fürst Fondi einen großen Garten mit dem 1694–1704 errichteten Sommerpalais (heute Palais Schwarzenberg) an (Plan: Nr. 19). Auf dem daran anschließenden Gartenareal des Prinzen Eugen von Savoyen plante zu dieser Zeit Lukas von Hildebrandt bereits einen Garten mit Gebäuden, bevor Jahre später das heutige Belvedere errichtet wurde (Plan: Nr. 20)[2]. Das dritte und deutlich kleinere Gartengrundstück gehörte zum Zeitpunkt der Planaufnahme noch dem Wiener Bürgermeister Jakob Tepser, der es 1706 an den Grafen Franziskus von Quarient verkaufte (Plan: Nr. 21). Zweifellos war diese hochadelige Nachbarschaft mit ein Grund, dass die Kaiserinwitwe Amalia Wilhelmina im Jänner 1717 das Grundstück von der Witwe des verstorbenen Grafen Quarient erwarb, um darauf Kloster und Residenz zu errichten[3]. In der Hauptsache wird aber die ruhige und abgelegene Position des Grundstücks entscheidend gewesen sein. Der Biograph (und Beichtvater) der Kaiserinwitwe, P. Antonio Cito SJ weist auch explizit darauf hin:

„Nachdeme Amalia nun diesfalls zuverlässig gesicheret ware, erkaufte sie in der Vor-Stadt auf dem Rennweg benamset, wo die Luft frey und sehr gut ist, einen ziemlich grossen angenehm gelegenen Garten und liesse unverzüglich zu graben anfangen, damit die Grundfeste diese Gebäudes, so von dem berühmten Baumeister Donat Allio angegeben, also gleich gelegt werden könten"[4].

Beides, der schnelle Baubeginn und die Nennung des italienischen Baumeisters Donato Felice Allio durch P. Antonio Cito, werden durch weitere Quellen (Schriftdokumente und Planzeichnungen) bestätigt[5]. Bereits Monate vor dem Ankauf, nämlich am 26. Oktober 1716, hat sich die Kaiserinwitwe brieflich an den Erzbischof von Mechelen (Malines) in den österreichischen Niederlanden mit der Bitte gewandt, Informationen über den Raumbedarf des dortigen Salesianerinnenklosters zu geben, aber auch zu gegebenem Zeitpunkt Klosterschwestern zur Besiedelung des von ihr in Wien geplanten Klosters zu schicken. Aufgabe dieser Nonnen sollte künftig die Erziehung armer Mädchen adeliger Abstammung sein[6]. Die Grundsteinlegung fand in feierlichem Rahmen unter Beteiligung des gesamten Kaiserhofes am 13. Mai 1717 statt[7]. Zu deren Memoria wurde eine Gründungsurkunde in deutscher und lateinischer Sprache ausgegeben, die den verantwortlichen Architekten sehr klar mit *dieses Gotteshauses Baumeistern Donatus Felix Allio* nennt[8]. Die Klosterannalen berichten, dass noch im selben Jahr knapp 300 Arbeiter an der Baustelle beschäftigt waren, was auf einen sehr zügigen Baufortschritt schließen lässt[9]. Exakt zwei Jahre später, am 13. Mai 1719, berichten die Quellen von einer ersten Weihe der noch unvollendeten Kirche und dem feierlichen Einzug der ersten, aus den österreichischen Niederlanden gekommenen Nonnen[10]. In welchem Ausmaß das Kloster zu diesem Zeitpunkt tatsächlich schon angemessen bewohnbar und für die ordensspezifischen Abläufe nutzbar war, kann aus den Dokumenten nicht eruiert werden. Auch geben sie über Baudetails, etwaige Verzögerungen an der Baustelle oder auch notwendige Umplanungen nicht ausreichend Auskunft, um ein

◀ Abb. 70: Salesianerinnenkloster Wien, Kreuzgartenhof, Blick gegen Nordwesten auf die Kirchenkuppel

▲ Abb. 71: Stadtplan von Wien (Ausschnitt), von Leander Anguissola/Jacob Marinoni (Wien Museum)

klares Bild von den baulichen Vorgängen zu entwickeln. Die Ordensannalen informieren lediglich im April 1718 über eine Intervention der Nonnen bezüglich einer Veränderung der Größe des Nonnenchors seitlich des Kirchenchors. 1723 lässt die Kaiserinwitwe die Nonnen entscheiden, ob die Fertigstellung der Kirche forciert oder aber die *muraille de clôture* errichtet werden soll[11], wobei unklar bleibt, welche Mauern in Bezug auf die Klausur angesprochen waren[12]. Die Entscheidung fiel jedenfalls zu Gunsten des Wohnbereichs der Nonnen, was als Indiz für eine zumindest in Teilen noch unzulängliche Wohnsituation zu werten ist. Die letzte bekannte Niederschrift einer den Bau des Klosters betreffenden Information stammt aus dem Jahr 1725, nach der die Nonnen verschiedene Handwerker bezahlten. Es handelte sich dabei um *charpentiers, serrariers, vitriers et autres ouvriers*[13], also Tischler, Schlosser, Glaser und andere Handwerksleute, die üblicherweise erst nach Abschluss des Rohbaus tätig werden. Man darf deshalb davon ausgehen, dass mit dem Jahr 1725 der Klosterbau schon weitgehend abgeschlossen war, handeln doch alle weiteren im Klosterarchiv aufbewahrten Schriftdokumente ausschließlich von der Kirche und deren Fertigstellung[14]. Der bauliche Feinschliff zur Sicherstellung der Wohnqualität zog sich vermutlich noch länger hin.

## Donato Felice Allio (auch: d'Allio) – Architekt und Baumeister

1677 in Scaria im Val Intelvi geboren, machte Allio zu Hause die Ausbildung zum Maurer, bevor er um 1698 in die Residenzstadt Wien kam, die schon seit Langem ein großer Anziehungspunkt für die sogenannten „Comaschi", Künstler, Baumeister und Handwerker aus dem Gebiet des Como-Sees zwischen der Lombardei und dem Tessin, war. Beim Bau der Piaristenkirche in Wien absolvierte er 1701 sein Polierjahr, in der Folge war er als bürgerlicher Maurermeister und ab 1711 auch im Fortifikationsbau tätig. Mehrfach trat Allio als Gutachter auf, so etwa 1725 in Buda zur Beurteilung der Pläne für das Arsenal oder 1729 im Stift Melk zur Beurteilung der Bibliothekseinwölbung. Zunehmend auch für den Adel als Baumeister und Architekt beschäftigt, erhielt er 1717 mit der Planung des Residenzklosters am Rennweg seinen ersten Großauftrag, dem ein weiterer bedeutender Auftrag, jener zur Planung des spätbarocken, 1730 begonnenen Neubaus des Stiftes Klosterneuburg folgte[15]. 1761 starb Allio in Wien[16].

## Die Plandokumente

Das zur Verfügung stehende Planmaterial ist zwar unvollkommen und weist Lücken in der Darstellung wichtiger Planungsphasen auf, es erlaubt aber dennoch gemeinsam mit den Schriftquellen, die Eckdaten der Entstehungsgeschichte der Anlage darzustellen. Das Planmaterial befindet sich – wie auch die schriftlichen Dokumente – ausnahmslos im Klosterarchiv am Rennweg. Mit diesen Dokumenten haben sich bislang Elisabeth Mahl in ihrer Dissertation (1961) über den Architekten Donato Felice Allio[17] und Géza Hajós mit einer Studie zur Baugeschichte des Salesianerinnenklosters (1968) und einer kunsttopographischen Darstellung des Klosters (samt der Planungs- und Baugeschichte) auseinandergesetzt[18].
Zwei Pläne der Sammlung des Klosterarchivs sind vom Architekten Donato Felice Allio signiert. Der erste ist ein Grundriss der Kloster- und Residenzanlage samt der sich weit in den Süden erstreckenden, zunehmend schmaler werdenden Gartenanlage (Abb. 72)[19], signiert rechts unten

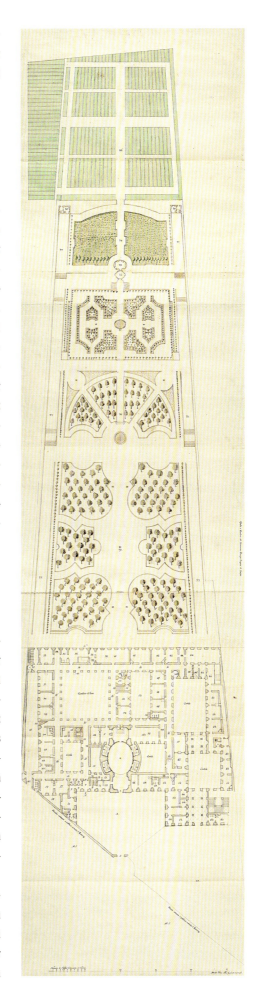

◀ Abb. 72: Grundrissplan von Kloster und Garten, Donato Felice Allio, ca. 1720 (Archiv der Salesianerinnen in Wien)

mit *Donato Felice Allio fecit et invenit*. Als Maßstab diente das Wiener Klafter (*Mesura di Klafter Cinquanta di Vienna*)[20]. Die Zeichnung gibt recht anschaulich den äußerst unvorteilhaften Zuschnitt des Grundstücks wieder: Nordseitig (unten) extrem abgeschrägt durch den Verlauf des Rennwegs (*Strada comune, e publica; nomata il Rennweg*) und nach Süden sich kontinuierlich verjüngend. Zusätzlich war der Verlauf der Westgrenze durch die Grundstücksmauer des Belvedere von Prinz Eugen (*Quello è Giardino del Serenissimo Prencipe Eugenio di Savoya*) markiert. Die Aufgabe, in dieses unregelmäßige, gerade im nordseitigen Abschnitt hin zum Rennweg ausgeprägt asymmetrische Viereck einen geordneten Klosterkomplex zu integrieren, der seine Wirksamkeit zur Straße hin entfalten konnte, war die größte Herausforderung an den planenden Architekten. Die Gliederung des sachte bergan steigenden Gartens mit unterschiedlicher Anordnung der Beete und der Bepflanzung wurde weitestgehend von der ursprünglichen Gartenanlage des verstorbenen Grafen von Quarient übernommen[21]. Man kann vermuten, dass Allio diese vorhandene Gartenstruktur bis auf weiteres übernahm, weil die vorrangige Bauaufgabe die Errichtung von Kirche und Residenzkloster war. Der südlichste (oberste) Gartenabschnitt ist deutlich abgesetzt und nur mit schematischer, unbepflanzter Parzellengliederung wiedergegeben, was sich aus dem Verkauf dieses Gartenabschnittes im März 1720 an Prinz Eugen von Savoyen erklärt – womit auch ein *terminus post quem* für die Entstehung des Planes gegeben ist. Vielleicht abgesehen von kleineren, unwesentlichen Abweichungen gibt er, 1720 oder kurz danach entstanden, wohl den unbekannten Approbationsplan von 1717 weitgehend getreu wieder. Die planimetrische Hauptstruktur, die Entwicklung der Höfe und Trakte, die unten noch in einem eigenen Kapitel ausführlicher besprochen wird, war für die Ausführung verbindlich: Der zentrale Kirchenbau und die seitlich wie rückwärtig (südseitig) situierten Höfe bilden die in Umfang und Kubatur beachtlichen Kernräume, um welche die Klostertrakte rechtwinkelig angelegt sind. Die nach Westen anschließende Residenz der Kaiserinwitwe definiert sich über zwei große, in der vertikalen Achse leicht verschobene Höfe.

Zwei weitere, aus der Frühphase der Planungen (1716/1717) stammende Grundrisspläne im Klosterarchiv, die Erdgeschoß und Obergeschoß des Klosters sehr detailliert zeigen, erfassen die Residenz hingegen nur in ihren Umrisslinien[22]. Das führt zur berechtigten Annahme, dass anfänglich – und wahrscheinlich auch noch zum Zeitpunkt der Grundsteinlegung am 13. Mai 1717 – keine konkrete Detailplanung für die Residenz existierte[23]. Als vordringliche Bauaufgabe wurde demnach die Errichtung von Kirche und Kloster gesehen.

Wie eingangs erwähnt findet sich in der Plansammlung des Klosters ein zweiter von Allio signierter Plan: *Donato Felice Allio fecit, et invenit*. Es handelt sich dabei um eine schöne, braun lavierte Repräsentationszeichnung (Abb. 51, S. 125)[24], die die gesamte straßenseitige Hauptansicht perspektivisch in leichter Untersicht, also von einem real nicht vorhandenen Standpunkt aus und losgelöst von den topographisch engen Verhältnissen (Rennweg, Straßenmauer etc.) präsentiert. Das führt zu einer idealisierenden und monumentalisierenden Darstellung des Ehrenhofs und seiner Gestaltung, weshalb das Blatt vermutlich offiziell zur Vorlage vor der Gründerin, der Kaiserin Amalia Wilhelmina, diente. Es ist Teil derselben, ersten Planungsstufe wie der Gebäudegrundriss auf dem Grundstücksplan (Abb. 72), mit dessen Ehrenhof-Anlage der Fassadenriss vollkommen übereinstimmt. Der Haupttrakt des dreiseitig eingefassten Ehrenhofes wird von der mächtigen Kirchenfassade zentriert, deren unterer zweigeschoßiger Abschnitt präzise mit der Höhe der flankierenden dreigeschoßigen Fassaden abgestimmt ist, und deren Ädikula-Aufsatz samt der dahinter mächtig hochgezogenen Kuppel die gesamte Anlage dominiert. Der Haupttrakt flankiert die Kirchenfassade mit beidseitig vier Achsen, wie sie auch im Gleichmaß die Seitentrakte des Ehrenhofs besitzen. Entscheidend für die homogene und schlossartige Wirkung des Baukomplexes ist das einheitliche Fassadenschema, das von den beiden kurzen, im rechten Winkel zueinander stehenden, direkt an den Rennweg grenzenden Flügeln über die Front des Haupttraktes und die zwei Fronten der ostseitigen Residenz gezogen ist: Über genutetem Erdgeschoß verklammert eine ionische Monumentalordnung das Haupt- und das darüber liegende Mezzaningeschoß. Eine zusätzlich wirkungsvolle Erhöhung versuchte Allio mit der Rhythmisierung der Dachflächen mittels Lukarnen zu erreichen.

Diese Planungsstufe – mit einheitlich dreigeschoßigen und palastartig fassadierten Trakten – nahm auch Salomon Kleiner für seine von Johann August Corvinus gestochene und 1724 publizierte Ansicht des Residenzklosters zur Vorlage (Abb. 80, S. 166)[25]. Zu diesem Zeitpunkt musste aber bereits ein entscheidender Planungswechsel stattgefunden haben. Denn zur (1725 weitgehend zu Ende gebrachten) Ausführung gelangte eine abgespeckte Version, die den alle straßenseitigen Trakte umfassenden fürstlichen Anspruch deutlich reduzierte. Die Dreigeschoßigkeit und die mit ihr verbundene Kolossalordnung wurde nur am Haupttrakt beibehalten, die beiden seitlich vorgeschobenen Trakte, von denen der rechte (westliche) die fürstliche Residenz war, wurden zwar an der Ehrenhofseite um je eine Achse erweitert, insgesamt jedoch um ein Stockwerk reduziert, was ei-

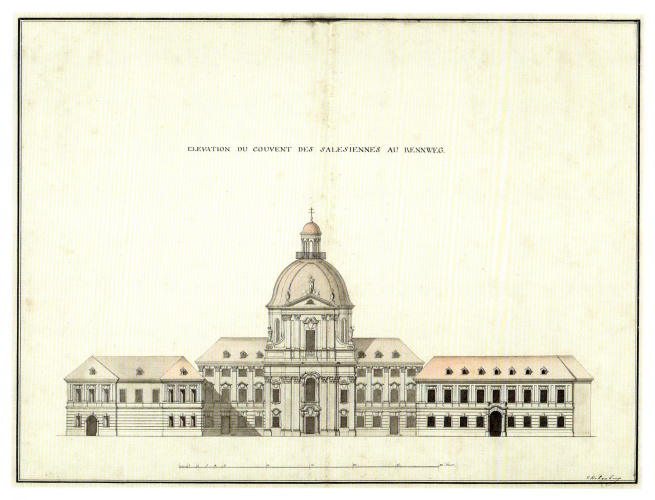

▲ Abb. 73: Aufrisszeichnung der Hauptfassaden, Johann Ferdinand Hetzendorf von Hohenberg (Archiv der Salesianerinnen in Wien)

ne deutliche Differenzierung der Gebäudeteile zur Folge hatte (Abb. 73)[26]. Mit dieser Hierarchisierung war eine Vereinfachung der Fassadengliederung verbunden, so wurden die Fassaden im Piano Nobile nur mehr mit einfachen Putzrahmen und geraden Fensterverdachungen geordnet.

## Autorschaft der Planungen

Géza Hajós stellte die Autorenschaft Allios für diesen Planwechsel und die damit verbundene letztgültige, zur Ausführung gekommene Version sehr entschieden in Frage[27]. Nicht nur, dass der Planwechsel Auswirkungen auf die Durchformung der Kirchenfassade hatte, die er mit einem Eingriff des jüngeren Fischer von Erlach zu erklären versuchte[28]. Hajós konstatierte aber auch in den Fassaden- und Stockwerksänderungen der Kloster- und Residenztrakte einen Bruch mit dem anfänglichen Konzept, der nicht von Allio selbst vollzogen worden sein könne. Eine entsprechende Einflussnahme könnte doch, so Hajós, dem Maurerpolier unter Allio, *Gotfrid Pockh*, dem verdienstvollen Zeichner wichtiger und noch zu behandelnder Bestandspläne, zugeschrieben werden.

Warum dieser Konzeptwechsel nicht ein- und derselben Person zugetraut werden könne, wurde allerdings nicht weiter argumentiert. Sehen wir uns diesen Wechsel, der weniger struktureller als vielmehr semantischer Natur war, näher an. Die Preisgabe des fürstlichen Momentums der monumentalen Palastfassade, deren Mittelrisalit gewissermaßen die Kirchenfassade sein sollte, äußerte sich in der Reduktion auf eine Ehrenhofanlage, deren Fassaden hierarchisch deutlich differenziert wurden. Dies ist insofern bemerkenswert, als lediglich die sakrale Hauptfassade auf fürstlichem Niveau verblieb, die Residenz der Kaiserinwitwe an der westlichen (rechten) Flanke hingegen zu einem Gebäude „zweiter Ordnung" herabgestuft wurde. Doch das scheint nur eine Frage des richtig verstandenen „Decorums", der Angemessenheit gewesen zu sein. Ganz abgesehen davon, dass auch finanzielle Gründe für die Vereinfachung der Bauanlage eine Rolle gespielt haben könnten[29], hatte die Entwicklung vom anfänglichen Residenzkloster hin zu einem Kloster mit Seitenresidenz eine Entsprechung bzw. wesentliche Voraussetzung in einer veränderten Lebenshaltung der Gründerin Amalia Wilhelmina. Die final gefundene architektonische Lösung erscheint als eine dem Dienst an Gott und der Fokussierung auf das Leben im Kloster wesentlich angemessenere Formulierung als das prächtige Konzept, das Allio zunächst im Bewusstsein eines Auftrags aus der kaiserlichen Familie entworfen hat. Und es ist kein Grund zu entdecken, Donato Felice Allio diese künstlerische Flexibilität nicht zuzutrauen.

Dazu ist noch ein weiteres – bautechnisches – Argument ins Treffen zu führen, das verdeutlicht, dass die Planänderung keinesfalls einen allzu tiefen Einschnitt in die Gesamtkonzeption der Bauanlage bedeutete. Betraf doch die Reduktion von drei auf zwei Geschoße nur die vorderen, den Ehrenhof ausbildenden Seitentrakte. Alle anderen Trakte des Klosters und der Residenz waren von Anfang an zweigeschoßig geplant und wurden solcherart auch errichtet. Deutlich macht diese Tatsache eine farbig lavierte Zeichnung (Abb. 30, S. 73)[30], die in der rechten Hälfte einen Aufriss von Kirchen- und dreigeschoßiger Haupttraktfassade und in der linken Hälfte einen Querschnitt des Sakralraums mit auf gleicher Höhe geschnittenem, dreigeschoßigem Korridorflügel zeigt. Im Vergleich mit dem Grundriss von ca. 1720 (Abb. 72) kann der zweiachsig und zweigeschoßig dazwischen sitzende Bauteil dem Quertrakt, in den der Chor der Kirche integriert ist, zugeordnet werden. Mit dieser Zeichnung, die wahrscheinlich von Donato Felice Allio aus der Zeit um 1720 stammt, haben wir den Beweis in Händen, dass die rückwärtigen Trakte von Anfang an nur zweigeschoßig geplant waren. Der dreigeschoßige Korridorflügel führt zur rückwärtigen Treppenanlage und ist notwendig, um den beiden Obergeschoßen des Haupttrakts Zu- und Abgang zu ermöglichen. Das mächtige Zwerchhaus am Dach des zweigeschoßigen Nordflügels des Kreuzgartenhofes (Abb. 70) ist der Licht gebende Auslauf des obersten Korridors.

## Kloster und Residenz: Typologie und Raumkonzept

P. Antonio Cito schreibt in seiner Biographie der Kaiserinwitwe Amalia Wilhelmina von der allgemeinen Meinung über die Klosteranlage,

„daß dieses das prächtigste Kloster seye, so der Orden der Heimsuchung Maria in ganz Europa eigen hat. Die tieffen Grundfeste desselben, das dicke Gemäure und die starken nach guter Baukunst geschlossenen Wölbungen verheissen diesem Gebäu auf viele Jahrhunderte Daurung. Es haben die sich darinnen befindliche hohe, breite und liechte mit viereckigen Werksteinen bepflasterte Gänge etwas ausnehmend meisterliches an sich. Die Thüren seynd durchaus und sogar auch die Fußböden in denen Zimmern derer Kloster-Jungfrauen von hartem Holz. Der Garten, welcher sehr groß ist, begreiffet unter anderen vier anmutige Wäldlein in sich. Übrigens nimmt man in dem ganzen Bezirk dieses geistlichen Gebäudes in allen Dingen eine solche Ordnung und Reinigkeit wahr, daß andurch, wer immer hinein gehet, auferbauet und zur Andacht bewogen wird"[31]. Der Autor benutzte demnach das Klostergebäude mit seiner Struktur als eine Metapher für das „geistliche Gebäude", also die spirituelle Verfasstheit des Ordens mit ihrer Ordnung und Reinheit. Mit der Nennung der Grundfesten, der Gemäuer, Gewölbe, Gänge, Türen, Fußböden und des Gartens, der unter anderem vier Abschnitte mit Baumbewuchs in sich vereint, rekurriert der Jesuit zweifellos auf das ordensspezifische Memorialsystem der „Loci", in dem Architektur und ihre Bestandteile eine wichtige mnemotechnische Grundlage für die spirituelle Versenkung sind. Der französische Jesuit Louis Richeôme handelte sie 1611 beispielhaft in seinem Buch „La peinture spirituelle" anhand der Räume und des mehrteilig angelegten Gartens des ersten römischen Noviziates der Gesellschaft Jesu San Andrea al Quirinale ab[32].

Die Behauptung, das Wiener Kloster wäre das prächtigste des Heimsuchungsordens in ganz Europa, kann an dieser Stelle nicht überprüft werden[33]. Es hat internationale Kontaktaufnahmen von Seiten der Gründerin gegeben – mit dem offensichtlichen Ziel, zumindest den räumlichen Bedarf eines derartigen Klosters und damit verbunden raumtypologische Konstanten, die sich im Lauf des 17. und frühen 18. Jahrhunderts in den Klöstern des Heimsuchungsordens entwickelt und bewährt hatten, zu eruieren. So erbat Amalia Wilhelmina in ihrem bereits angesprochenen Brief vom 26. Oktober 1716 an den Bischof von Mechelen (neben der Entsendung von Nonnen) auch Informationen über Anzahl und Art der Räumlichkeiten, die zusätzlich zu den Wohnzellen im Klausurbereich notwendig wären[34]. In dieselbe Kerbe schlägt der Hinweis, dem Gernot Mayer in seinem Beitrag in diesem Band nachging, wonach Amalia Wilhelmina Informationen auch vom Heimsuchungskloster in Modena bezog, das sie durch einen längeren Aufenthalt in der italienischen Stadt mit großer Sicherheit persönlich kannte[35]. Diese beiden Hinweise machen es trotz ihrer Knappheit sehr wahrscheinlich, dass Donato Felice Allio genaue Vorgaben zu Struktur und Aufbau des Konvents zu berücksichtigen hatte. Neu und in bestehenden Klosteranlagen des Ordens noch nicht zu finden, war die architekto-

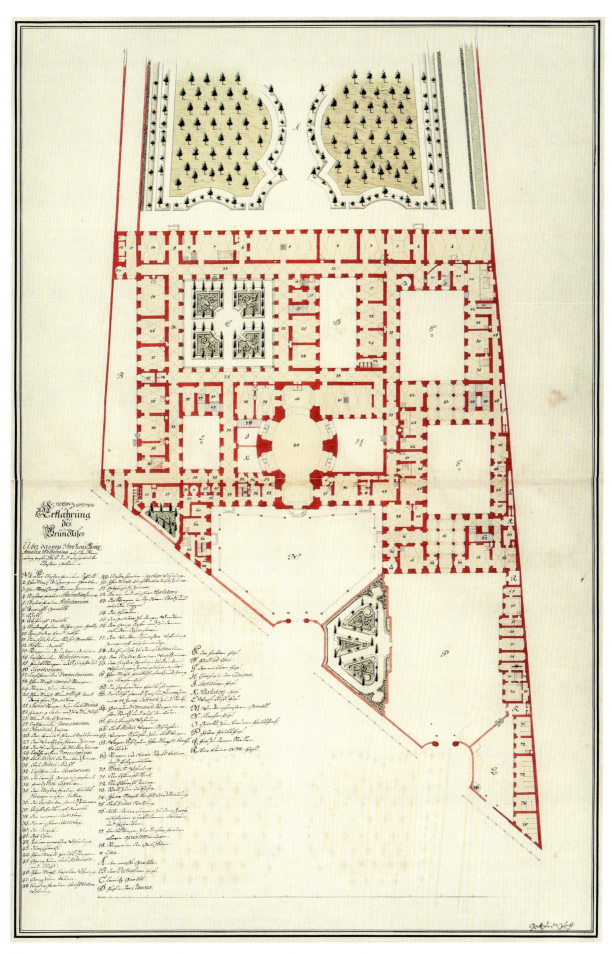

▲ Abb. 74: Grundriss Erdgeschoß, Gottfried Pockh, um 1730 (Archiv der Salesianerinnen in Wien)

nische Aufgabe, eine hochrangige Residenz zu integrieren. Es gibt bekanntermaßen berühmte Vorbilder für die Kombination von Kloster und Residenz, die alle in mehr oder weniger engem Zusammenhang mit der habsburgischen Residenzkultur stehen. Der frühneuzeitliche Urtypus ist mit dem Escorial in der Nähe von Madrid zu benennen, dessen Errichtung ab 1564 der Sohn Karls V., König Philipp II., initiiert hatte[36]. In Madrid gründete Margarete von Österreich, Gattin von Philipp III., im Jahr 1611 das Real Monasterio de la Encarnación (Kloster der Augustinerinnen, mit direktem Zugang vom königlichen Alcázar). Und ihre Tochter, Anne d'Autriche, verheiratet mit dem französischen König Ludwig XIII., gründete 1624 mit Val-de-Grâce in Paris ein Benediktinerinnenkloster, das ab den 1640er Jahren ausgebaut und mit einer Residenz als Witwensitz für Anne erweitert werden sollte[37]. Auch in Wien gab es bereits einige Klostergründungen entweder durch eine Habsburgerin und oder durch zwei italienische Kaiserinwitwen (teilweise mit selbstständigen Wohneinheiten im Kloster) im späten 16. Jahrhundert und in der ersten Hälfte des 17. Jahrhunderts[38]. Die Entscheidung von Amalia Wilhelmina, am Rennweg als Fundatorin tätig zu werden, basierte also auf einer mit dem Haus Habsburg in Verbindung stehenden Tradition.

Für die Analyse der strukturellen Gegebenheiten des Klosters am Rennweg ist aus diesen deutlich älteren Klöstern allerdings keine Hilfestellung zu ziehen. Erhellend und von großem Wert sind hingegen jene Grundrisspläne, die Gottfried Pockh, Maurerpolier unter Donato Felice Allio, um 1730, unmittelbar nach Fertigstellung der Anlage, von den zwei Kellergeschoßen, dem Erdgeschoß (Abb. 74) und dem Hauptgeschoß (Abb. 79, S. 164)[39] zeichnete. Die Pläne sind mit genauen Angaben der Raumfunktionen versehen und ermöglichen damit exemplarisch, die interne Organisation des Heimsuchungsklosters und auch das räumliche Ineinandergreifen von Kloster und Residenz in seinem ursprünglichen Zustand zu definieren[40].

Im Gegensatz zu den großen Klosterresidenzen wie der genannte El Escorial oder dem nach Plänen des Donato Felice Allio ab 1730 unter Kaiser Karl VI. in Angriff genommenen, aber unvollendet gebliebenen Ausbaus des Augustiner Chorherrenstifts in Klosterneuburg verfügt das Kloster am Wiener Rennweg nicht über eine gleichmäßige und symmetrische, um einen zentralen Kirchenbau entwickelte Struktur der Höfe und Trakte. Die Kirche am Rennweg ist zwar das zwischen Kloster und Residenz gleichgeschaltete, semantische Zentrum mit der den vorgelagerten Ehrenhof dominierenden Fassade, nicht aber das strukturelle, von dem aus sich der Gesamtgrundriss entwickelt. Denn aus der mittigen Platzierung der Kirche an den Ehrenhof resultierte notwendigerweise die Asymmetrie des Komplexes auf der zur Verfügung stehenden, schräg angelegten Baufläche. Die Notwendigkeit einer (von der Bauherrin intendierten?) würdevollen Repräsentationswirkung einerseits und die wenig idealen Bedingungen des Grundstücks andererseits sind demnach die Determinanten für die ungleichmäßige Ausformung der Gesamtanlage des Baus. Letztere setzt sich – abgesehen vom zur Straße ausgerichteten Ehrenhof – aus insgesamt sieben Höfen von ungleicher Größe zusammen, deren historische Benennung sehr klar die Funktionseinheiten des Klosters und weniger deutlich jene der Residenz angibt. Es wird sich aber an der Raumaufteilung in beiden Geschoßen zeigen, dass diese Funktionseinheiten realiter nicht immer klar getrennt, sondern mehrfach ineinander verschoben waren.

Zuerst ist der klar definierte Kirchenbereich zu nennen. Zwei an Größe sehr unterschiedliche Höfe sind dem ovalen Hauptraum der Kirche an beiden Seiten vorgelagert: der ostseitige selbst durch eine Mauer getrennt in einen – wir folgen dem Erdgeschoßplan von Gottfried Pockh (Abb. 74) – *Sakristei Hof* (I) und *Parlatori Hof* (K), und der westseitige Hof (H), benannt als *Chorhof in der Klausur*. Gemeinsam mit den Räumen, die um diese Höfe gruppiert sind, definieren sie deutlich den zur Kirche gehörenden Bereich. So ist der Chor der Kirche an der Ostseite im Erdgeschoß von der inneren (38) und äußeren (39) Sakristei und darüber im Obergeschoß (Abb. 79, S. 164) von den Räumen für die Kirchenornate (37) und dem Oratorium der Hofdamen (36) eingefasst; und westlich vom Nonnenchor (41) im Erdgeschoß und darüber dem *Oratorium in die Kirchen* (34) sowie dem Kapitelsaal (33). Seitlich war eine kleine Kapelle angelegt (32), die dem – kurz davor, nämlich im Jahr 1729, heiliggesprochenen – hl. Johannes Nepomuk geweiht war[41].

Das ehrenhofseitige Emporenjoch der Kirche wird östlich in beiden Geschoßen von einer Reihe kleiner Sprechzimmer flankiert, unten die *inn- und äußeren Parlatory* (52) und im Obergeschoß *Die Parlatory* (48). Damit ist jener Bereich angesprochen, in dem die Kommunikation der zurückgezogen in der Klausur lebenden Nonnen mit der Außenwelt stattfand. An der westlichen Seite findet sich im Erdgeschoß ein kleiner, für den Erzbischof reservierter Raum (51), das Tafelzimmer des Beichtvaters von Amalia Wilhelmina (50) und die Wohnung des für die Klosterfrauen zuständigen Kaplans (49). Im Unterschied zu diesen gemischten Funktionen (Kloster und Residenz) ist das Obergeschoß dieses kurzen Trakts ausschließlich der Residenz der Kaiserin zugeordnet: die *Kammer Kapelle außer der Klausur* (52) mit entsprechenden An- und Vorräumen (51, 53, 54, 58).

Östlich an den Bereich der Kirche schließt der *Wasch-Küchl Hof* (L) an und markiert den Dienstboten- und den Krankenbereich, zu dem auch die zwei kurzen, im rechten Winkel zueinander stehenden und unmittelbar an den Rennweg stoßenden Flügel zählen. In diesen sind in beiden Stockwerken nahezu durchgehend die *Der Klosterfrauen Bedienten Wohnungen zweymal aufeinander* (60) sowie *Der Windten Schwestern Wohnung zweymal aufeinander* (57), denen auch das kleine dreieckige Gärtchen am Rennweg (M) zur Benutzung offen stand. Dieser Bereich der außerhalb der Klausur lebenden Winden- oder Ausgehschwestern und der Dienstboten stößt unmittelbar an die Pforte des Klosters (34). Der *Wasch-Küchl Hof* wird an beiden Längsseiten in beiden Geschoßen von Korridoren begleitet, über die ostseitig im Erdgeschoß drei geräumige Apothekerzimmer (36) und darüber im Obergeschoß drei Krankenzimmer (40) betretbar sind. An der südlichen Schmalseite wird dieser Hof von der Hauptstiege des Klosters begrenzt – auf dem Plan des Erdgeschoßes *Hauptstiegen zur Klosterfrauen oberen Apartamenten* (77) und jenem des Obergeschoßes *Haupt Stiegen in die Clausur* (38) benannt. Das Treppenhaus befindet sich also an der Gelenkstelle zwischen der Krankenabteilung und dem strengen Klausurbereich, der sich um die beiden rückwärtigen Höfe, das große quadratische *Kreutz Gartl* (C) und den schmalen längsrechteckigen *Hof in der Clausur* (D) erstreckt. Am Ostende des die beiden Höfe nach Norden begrenzenden Korridors (33) (Abb. 32, S. 75) ist eine kleine Kapelle (34) untergebracht, die der Verehrung des Herzen Jesu – ein wichtiger Bestandteil der salesianischen Spiritualität – geweiht war[42].

Dieser Korridor ist einer von vier, die den Kreuzgarten-Hof, als einzigen von allen Höfen, allseitig umgürten. An den östlichen reihen sich der *Kostfreülein Dormitorium* (17), das Tafelzimmer des Kammerfräuleins der Kaiserin, Marie Charlotte von Klencke (26) und das Zimmer der Wirtschafterin (27). Der schmale Klausurhof ist westlich wie östlich gesäumt von einem Noviziatszimmer (25), zwei Dormitorien (29) und einem Refektorium (14) der *Kostfreülein*. Auch das Zimmer der *Würdigen Fr. Mutter* (28) ist in diesen Zimmerverband integriert, getrennt von Kirchenchor wie Nonnenchor (41) lediglich durch den verlängerten Kreuzgang. Der lange, zum Garten ausgerichtete Südflügel umfasst Speisekammer (10), Küche (7), Refektorium (5) und das *Klosterfrauen Recreationszimmer* (4). Unterbrochen wird diese Reihe von Räumen mit klösterlichen Funktionen von zwei Sommerzimmern (3) für die Stifterin, um dann an der Südwestecke mit einem Schulraum für die Novizinnen (1) abzuschließen. Im Obergeschoß sind die beiden, den Kreuzgarten-Hof westlich wie östlich einfassenden Flügel sowie der Südflügel bis knapp zum Ende des schmalen Klausurhofs dem Kloster zugeordnet, sie beherbergen ausnahmslos die 41 Klausurzimmer der Nonnen, die sogenannten *Zelten von der Klosterfrauen in der Zahl ein und Vierzig* (17)[43].

## Veränderungen nach dem Tod der Stifterin

Wir sind nicht informiert über die Verwendung der Trakte und Räume in der Residenz nach dem Tod von deren Bewohnerin, der Kaiserinwitwe Amalia Wilhemina im Jahr 1742. Es ist aber anzunehmen, dass deren sukzessive Einbeziehung in den klösterlichen Betrieb erfolgte. Ein im Klosterarchiv erhaltener Grundrissplan von 1786 (Abb. 75)[44], den der kaiserliche Hofarchitekt Johann Ferdinand Hetzendorf von Hohenberg im Zuge kleinerer Umbauarbeiten anfertigte, gibt aber erhellenden Aufschluss.

So war aus den beiden Sommerzimmern der Kaiserin im gartenseitigen Südflügel der Versammlungsraum der Nonnen, die *Chambre de l'Asemblée des Religieuses* (17) geworden. Der Unterrichtsraum der Klosterfräulein (Abb. 74: 1) und die nach Norden angrenzende Mundküche der Kaiserinwitwe samt der Wohnung des Mundkochs (Abb. 74: 20–22) und des Leibarztes (Abb. 74: 30, 31) mutierten gemeinsam zur Krankenstation, die ursprünglich im Obergeschoß des Wirtschaftsflügels, also ganz im Osten am *Wasch-Küchl Hof* (Abb. 79, S. 164: 40), untergebracht war.

Ein als Noviziat bezeichnetes (und mit einem Altar ausgestattetes) Zimmer befindet sich nun im Südflügel anstelle des ursprünglichen Rekreationszimmers der Nonnen im Anschluss an das Refektorium (Abb. 75: 16). Die Bezeichnung des südwestlichen Klosterhofs als *Cour du Noviciat* (Abb. 75: 39) lässt auf die wohl unveränderte Lage der Schlafräume der Novizinnen in der Klausur des Obergeschoßes schließen.

Der Plan des Hetzendorf von Hohenberg vermerkt im Erdgeschoß der ehemaligen Residenz vorrangig Lager- und Wirtschaftsräume, doch lassen die Benennungen der beiden Residenzhöfe auf eine – zumindest für den größeren Teil gültige – Verwendung der Obergeschoßräume für die Ausbildung der aufgenommenen Mädchen schließen. Der südliche Hof ist nun die *Cour de la petite Classe* (Abb. 75: 40)[45] und der nördliche die *Cour de la grande Classe* (Abb. 75: 41). Der zum Rennweg hin ausgerichtete, mit der Einfahrt in die Residenz versehene Nordtrakt beherbergt am Ende des 18. Jahrhunderts Wohnungen von Angestellten wie des Sakristans, des Gärtners und des Pförtners.

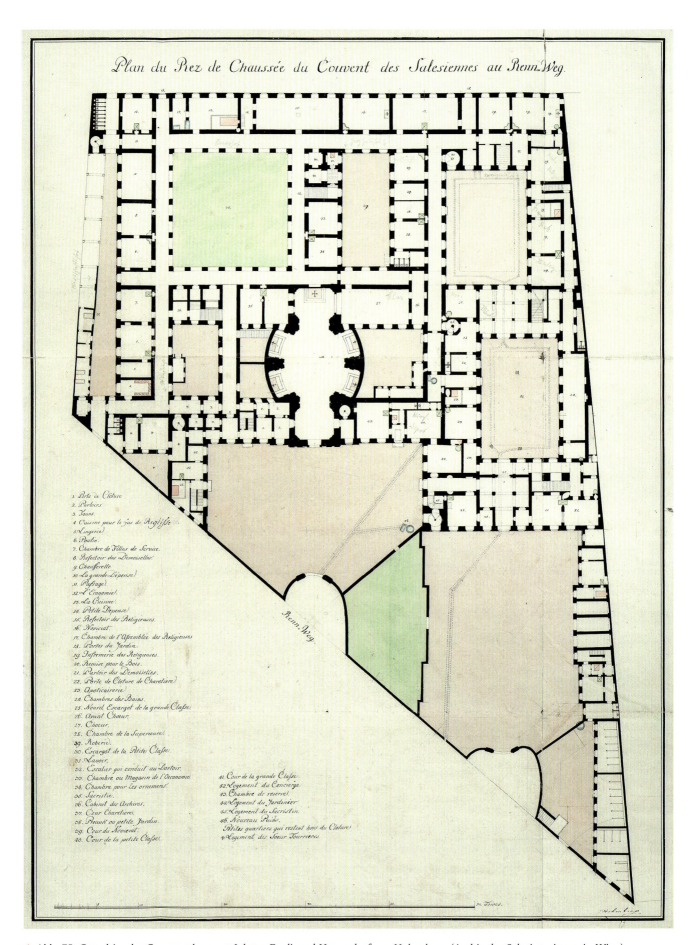

▲ Abb. 75: Grundriss der Gesamtanlage von Johann Ferdinand Hetzendorf von Hohenberg (Archiv der Salesianerinnen in Wien)

▲ Abb. 76: Salesianerinnenkloster Wien, Nonnenchor

## Zu einzelnen ausgewählten Räumen im Kloster

Der südöstliche Hof des Klosters umfasst den in der Grundfläche mit sieben mal sieben Achsen quadratisch angelegten und hierarchisch bedeutungsvollsten Freiraum. Umgürtet vom Kreuzgang und eingefasst von schlichten, zweigeschoßigen Fassaden, die im Erdgeschoß mit durchlaufenden, rundbogigen und verglasten Arkaden auf breiten Mauerpfeilern geöffnet sind, bietet er den Raum für den **Kreuzgarten**. Auf dem Grundrissplan von Gottfried Pockh (Abb. 74: C) war der Garten ausgezeichnet mit vier Beeten mit Buschbewuchs und einer Umfassung mittels kleiner Bäume. Die jeweils inneren Ecken der Beete waren konkav ausgespart, was eine kreisrunde Zentrierung der Mitte ermöglichte. Dort befand sich – und befindet sich heute noch – eine weiß gefasste Kreuzigungsgruppe, die vom in Wien in der 1. Hälfte des 18. Jahrhunderts tätigen, aus dem böhmischen Leitmeritz stammenden Bildhauer Ignaz Christoph Mader in Stein gehauen wurde (Abb.70). Sie ist rückseitig signiert mit „I.C.M." und datiert mit „1746". Über einem Felsenhügel ist das Kreuz mit dem Corpus Christi aufgerichtet, das von der Figur der Maria Magdalena um-

armt wird. Die Gruppe wurde im zweiten Weltkrieg schwer beschädigt und 1949/50 wieder instand gesetzt[46].

Der **Nonnenchor** (Abb. 76) ist ein heller und großer Raum über längsrechteckigem Grundriss und ist an seiner östlichen Schmalseite segmentbogig zum Kirchenchor geöffnet, wobei die breite Öffnung vergittert ist. Überwölbt von einer flachen Tonne mit Stichkappen öffnet er sich nordseitig in vier Fensterachsen zum Chorhof. An beiden Längsseiten befindet sich ein durchlaufendes, wohl bauzeitliches Chorgestühl.

Das **Refektorium** (Abb. 88, S. 189) ist als langgestreckter Saal im Erdgeschoß des gartenseitigen Südtrakts annähernd zentral angelegt. Architektonisch betont ist es durch fünf tief ausgerundete, von Kalotten abgeschlossene Fensternischen sowie durch ein Spiegelgewölbe über rhythmischem Stichkappenkranz[47].

**Das Versammlungszimmer** (Assemblée) (Abb. 86, S. 180), das genau genommen aus zwei annähernd quadratischen, durch eine breite segmentbogige Öffnung der Zwischenmauer zusammengelegten Räumen besteht, ist auf dem Grundrissplan des Erdgeschoßes von Gottfried Pockh (Abb. 74: 3) als *Ihro May(estät) zwey Sommer Zimmer* ausgewiesen. Dass diese Zimmer zu Lebzeiten der Bauherrin

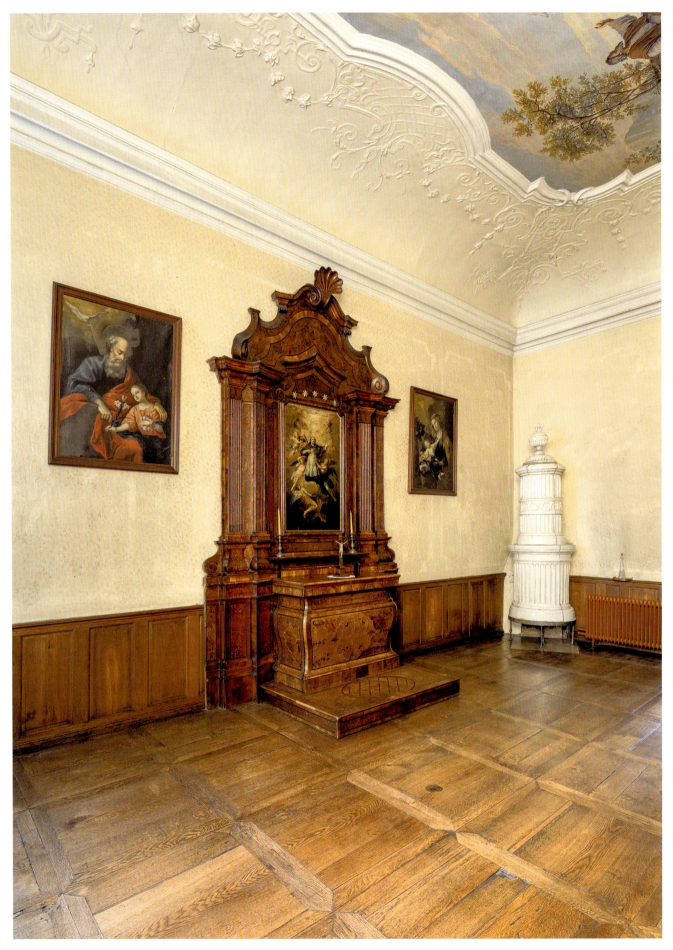
▲ Abb. 77: Salesianerinnenkloster Wien, Kinderoratorium, im Obergeschoß, ostseitig zum Kirchenchor ausgerichtet

▲ Abb. 78: Salesianerinnenkloster Wien, Kapitelsaal, im Obergeschoß über dem Nonnenchor situiert

auch tatsächlich als Sommerzimmer (mit einem unmittelbar anschließenden Ausgang in den Garten) benutzt wurden, ist mehrfach dokumentiert[48]. Als *Chambre de l'Asemblée des Religieuses* ist es, wie oben bereits ausgeführt, auf dem Grundrissplan des Hetzendorf von Hohenberg verzeichnet (Abb. 75: 17). Vermutlich um dieser neuen Funktion gerecht zu werden, wurden beide Zimmer zusammengelegt. Der geometrisch sehr klare und vornehm gezeichnete Bandlwerk-Stuck an den Muldengewölben stammt aus der Bauzeit, die unterschiedlichen Ausformungen verdeutlichen die ursprünglich getrennte Existenz der beiden Räume[49].

Im Obergeschoß: Das **Kinderoratorium** (Abb. 77) wurde im ursprünglichen Oratorium der Hofdamen (Abb. 79, S. 164: 36) untergebracht. Seiner Funktion gemäß ist der Raum – genauso wie sein westseitiges Pendant (34) – in den Zwickel zwischen Chor und ovalem Hauptraum der Kirche eingefügt, weshalb er sich zweiseitig mit vergitterten Fenstern zum Sakralraum öffnet. Das Spiegelgewölbe ist mit Bandlwerk-Stuck und einem zentralen, Elias in der Wüste darstellenden Deckengemälde ausgestattet, das (zur Gänze?) in nachbarocker Zeit, wohl im 19. Jahrhundert, geschaffen wurde. Mittig an der Ostwand ist ein Altar aus intarsiertem Holz aufgestellt, dessen Formen – gekuppelte und schräggestellte Pilasterpaare mit eingeschwungenen Gebälkstücken, bekrönt von einem gebrochenem Volutengiebel – eine Entstehungszeit erkennen lassen, die der Bauzeit des Klosters entspricht. Das ebenfalls um 1730 zu datierende Altarblatt zeigt die Aufnahme des hl. Johannes Nepomuk in den Himmel[50].

Da in den Anfangsjahren des Klosters im Obergeschoß neben dem Kapitelsaal (Abb. 79, S. 164: 33) eine kleine Kapelle *S. Joanni Nepomucensi* (Abb. 79, S. 164: 32) existierte, darf angenommen werden, dass der Altar – und damit das Patrozinium – zu einem unbekannten Zeitpunkt nach dem Tod von Amalia Wilhelmina in das (funktionslos gewordene) Oratorium der Hofdamen transferiert wurde.

Der **Kapitelsaal** (Abb. 78), ein annähernd quadratischer Saal mit Flachdecke, ist im Obergeschoß über dem Nonnenchor (Abb. 79, S. 164: 33) situiert. Zwischen zwei Türen an der Ostwand, die in das zweite zum Kirchenraum geöffnete Oratorium (34)[51] führen, ist ein fein intarsierter, breiter und flacher Holzaltar in schlichten Formen eingestellt. Das Altarblatt zeigt die Anbetung der Hirten und ist signiert mit „Pe V. L." (Peter van Lynt) und datiert mit „1633"[52].

1. Wien Museum, HMW 105980-001. Leander Anguissola und Jacobo Marinoni, Plan der Stadt Wien mit Vorstädten, 1706. Der Plan entstand unmittelbar nach Errichtung des Linienwalls, des äußeren Befestigungsringes von Wien.
2. Seeger 2004, 185–189.
3. ASal, Hs.7/1, Annales, pag. 30.
4. Cito 1744, 62–63.
5. Eine detaillierte Auseinandersetzung mit den zur Verfügung stehenden Schrift- und Planquellen erfolgte bislang durch Hajós 1968 und Hajós 1974. Das in diesem Beitrag entwickelte baugeschichtliche Gerüst folgt weitestgehend diesen beiden Studien.
6. Zur Stiftung siehe Peters 1967, 24–31; Hajós 1974, 201 sowie die Beiträge von Michael Pölzl und Christine Schneider in diesem Band.
7. ASal, Hs.7/1, Annales, pag. 27; Hajós 1968, 230, Regest 3; Peters 1967, 29–31; Mahl 1967, 74–75.
8. ASal, A-I-6a (Bericht über die feierliche Grundsteinlegung des Klosters); Peters 1967, 29–31; Hajós 1968, 230 (Regest 4).
9. ASal, Hs.7/1, Annales, pag. 39; zit. nach Hajós 1968, 230 (Regest 5).
10. ASal, Hs.7/1, Annales, pag. 41; zit. nach Hajós 1968, 230 (Regest 10).
11. ASal, Hs.7/1, Annales, pag. 57; zit. nach Hajós 1968, 230 (Regest 13): *Notre incomparable Fondatrice … laissa à nos sœurs le choix de faire la muraille de clôture ou d`achevée l`église. … Elles choisirent de se mettre en clôture.*
12. Hajós 1968, 222 interpretiert sie als „Umfassungsmauern" der Klausur.
13. Hajós 1974, 218 (Auszug 15).
14. Zur Kirche, ihrer Baugeschichte und Raumanalyse siehe den Beitrag von Herbert Karner in diesem Band.
15. Allios Pläne wurden wenig später infolge der Aufwertung des Klosters zu einer Residenz Kaiser Karls VI. auf imperiale Weise modifiziert. Zur komplexen spätbarocken Planungs-und Baugeschichte von Klosterneuburg siehe zusammenfassend Lorenz 1999.
16. Zu Donato Felice Allio siehe Artisti Italiani, https://www.uibk.ac.at/aia/allio_donato felice.htm (4.1.2017); Pauker 1907.
17. Mahl 1961; die Baugeschichte essayistisch zusammenfassend auch Mahl 1967.
18. Hajós 1968, Hajós 1974.
19. ASal, Mappe 6 („unrichtige Pläne"), Aquarellierte Federzeichnung, Grundrissplan von Kloster und Gartenanlage, 180 x 45,5 cm, signiert *Donato Felice Allio fecit et invenit.*
20. Ein Wiener Klafter entspricht einer Länge von 1,896 m.
21. Siehe zum Vergleich: ASal, Rolle 1; Gartengrundriss (vor Erbauung des Klosters), Federzeichnung auf Papier, 346 x 52 cm, unsigniert, aber beschriftet: *plan de notre terrain avant qu'on a bati le Monastère*; abgebildet bei Hajós 1974, 202, Abb. 189.
22. ASal, Mappe 6 („unrichtige Pläne"), 2 Grundrisspläne des Klosters (Erd- und Obergeschoß), Federzeichnungen auf Leinenpapier, 52 x 72,5 cm, unsigniert und undatiert (vermutlich Allio 1717). Erdgeschoßplan abgebildet bei Hajós 1968, Abb. 200.
23. Für das Fehlen konkreter Planungen spricht auch, dass die Kaiserinwitwe in einem weiteren, im Dezember 1717 (also Monate nach der Grundsteinlegung) verfassten Brief an den Bischof von Mechelen auf sehr unbestimmte Art und Weise darauf hingewiesen hat, dass sie beabsichtige, in einem Teil des Klosters Wohnung zu nehmen; siehe Hajós 1968, 220, 230 (Regest 6).
24. ASal, Mappe 6 („unrichtige Pläne"), anfänglich geplante Hauptansicht der Gesamtanlage, lavierte Federzeichnung auf Papier, 66 x 45,3 cm, Signatur *Donato Felice Allio fecit, et invenit.* Siehe auch Hajós 1974, 203.
25. Kupferstich *Kloster und Kirchen des Ordens-Frauen des S. Franisci de Sales*, gez. von Salomon Kleiner, in Kupfer gestochen von Johann August Corvinus, in: Kleiner-Pfeffel 1724.
26. ASal, Mappe 5 („richtige Pläne"), Aufrisszeichnung der ausgeführten Hauptfassaden, lavierte Federzeichnung auf Papier, 56 x 42,8 cm, beschriftet *Elevation du Convent des Salesiennes au Rennweg*, signiert *v. Hohenberg*.
27. Hajós 1968, 223–229.
28. Siehe dazu ausführlich im Beitrag von Herbert Karner in diesem Band.
29. Hajós 1974, 211 beruft sich dabei auf eine „klösterliche Tradition", die von finanziellen Gründen für die Planänderung spricht. An anderer Stelle hingegen war für den Autor (Hajós 1968, 223) „die Ursache dieser Planänderung der Wunsch des Ordens nach einfacherer Ausführung des Klosterkomplexes, entsprechend den Klosterregeln."
30. ASal, Ledermappe, Kirche mit anschließenden Trakten in Aufriss und Schnitt, lavierte Federzeichnung auf Papier, 35,4 x 34 cm, unsigniert und undatiert.
31. Cito 1744, 75–76.
32. Richeôme 1611; siehe Behrmann 2011.
33. Ein Vergleich mit den französischen Anlagen in Frankreich, soweit sie von Laurent Lecomte dargestellt wurden, zeigt prima vista keine einsichtigen Analogien; siehe Lecomte 2013.
34. ASal, A-II-13a *Circulaires* [Vorsatzblätter], […] *mais presentement je me dispose à batir un convent à cette intention dans un des faubourgs de vienne, … il serait bon aussi à ce qu'il me semble de savoir de combien de chambres et desquelles sortes elles ont besoin outre les cellules*; zit. nach Hajós 1968, 229 (Regest 1).
35. Siehe den Beitrag von Gernot Mayer in diesem Band.
36. Von der Osten-Sacken 1979; Kamen 2010.
37. Zu den (beschränkten) Interpretationsmöglichkeiten der Vorbildhaftigkeit von Val-de-Grâce für das Wiener Salesianerinnenkloster, die über einen typengeschichtlichen Zusammenhang hinausgehen, siehe den Beitrag von Gernot Mayer in diesem Band.
38. Auch dazu informativ und zusammenfassend der Beitrag von Gernot Mayer in diesem Band.
39. ASal, Ledermappe, Grundrisspläne von Erdgeschoß und Obergeschoß, Aquarellierte Zeichnungen auf Papier, 92 x 62 cm bzw. 92,1 x 61,4 cm, beide signiert *Gotfrid Pockh*.
40. Die detaillierte Transkription der Raumlegenden siehe bei Hajós 1974, 215–216. Auf dem Umstand, dass Pockh diese Pläne gezeichnet und auch signiert hat, gründet Géza Hajós seine Annahme, dass Pockh bei der Umsetzung der – bereits angesprochenen – Konzeptänderung eine wichtige Rolle spielte.
41. Der Orden hat mit der Einrichtung dieser Kapelle sehr unmittelbar auf die Kanonisierung des neuen Heiligen reagiert. Mit dem Jahr 1729 ist gleichzeitig ein *terminus post quem* für die Datierung der Pläne des Gottfried Pockh gegeben.
42. Heute wird der Raum St. Jacques-Kapelle genannt. Der Anlass dafür war die Aufstellung der 1784 vom aufgehobenen Wiener Augustinerinnen-Kloster St. Jakob auf der Hülben hierher überführten überlebensgroßen Marienstatue. Siehe Hajós 1974, 245 (dort weiterführende Literatur), Abb. 246, 247. Zur Marienstatue siehe den Beitrag von Markus Santner in diesem Band.
43. Der nach Westen anschließende, um zwei Höfe gruppierte Residenzflügel wird im Beitrag von Gernot Mayer in diesem Band analysiert.
44. ASal, Mappe 5 („richtige Pläne"), Grundriss der Gesamtanlage, Federzeichnung auf Papier, 54,6 x 72 cm, beschriftet: *Plan du Rez de Chaussée des Salesiennes au Rennweg*, signiert: *Hohenberg*. Zur Datierung des Plans siehe Hajós 1974, 213, 216, 220.

45 Der Architekt vergaß offensichtlich, die Nummer 40 in den Grundriss des Hofes einzuschreiben. Die in der Legende des Plans aber enthaltene Nummer kann auf Grund der Zahlenabfolge auf dem Plan nur diesem Hof zugeordnet werden.
46 DENKMALPFLEGEARBEIT 1950, 119, Abb. 145–146.
47 Zur Bildausstattung des Refektoriums siehe den Beitrag von Helmut Halb in diesem Band.
48 Siehe dazu den Beitrag von Gernot Mayer in diesem Band.
49 Zur Bild-Ausstattung des Versammlungsraumes (heute auch Gemeindezimmer genannt) siehe den Beitrag von Helmut Halb in diesem Band.
50 HAJÓS 1974, 250. Hajós datiert das Altarblatt zwischen 1730 und 1740.
51 Heute dient der Raum als „inneres Kapitel".
52 HAJÓS 1974, 249.

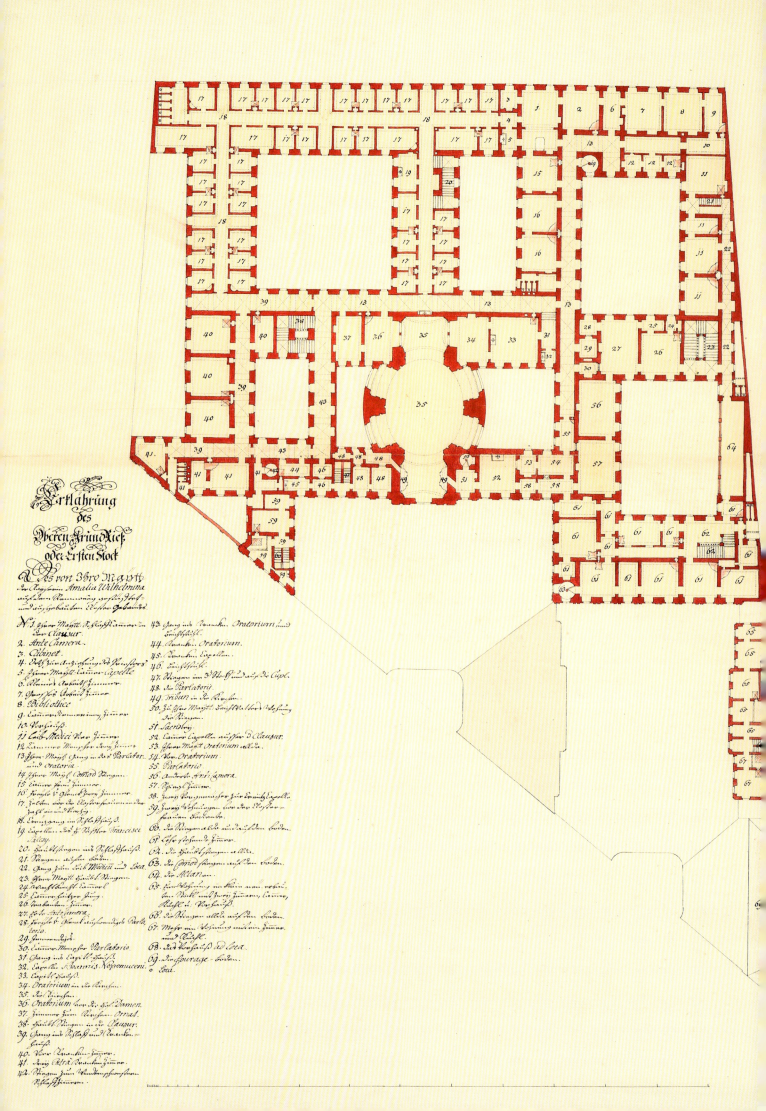

# Kloster/Residenz: Ein Ort des Rückzugs, ein Ort der Repräsentation?
## Zur Ambiguität der Residenz von Kaiserinwitwe Wilhelmina Amalia am Rennweg

GERNOT MAYER

Der Jesuitenpater Antonio Cito (1744) lässt keine Zweifel daran aufkommen, weshalb sich Kaiserinwitwe Wilhelmina Amalia[1] dazu entschlossen hat, an dem von ihr 1717 gestifteten Kloster der Salesianerinnen einen eigenen Residenztrakt errichten zu lassen: „Demnach die Kaiserin sich zu einem vollkömmlich einsamen Leben entschlossen hatte, liesse sie sich denn, wie erwehnet worden, innerhalb des von ihr gestifteten Klosters eine Wohnung zubereiten"[2]. Die Klosterresidenz sei folglich als Rückzugsort entworfen worden, für die nach einer monastischen Lebensweise strebenden Witwe. Diese Darstellung Citos, des ehemaligen Beichtvaters der Bauherrin, wurde bislang kaum hinterfragt; folglich der Klosterbau stets als Klause der frommen Stifterin verstanden.
Seitens der Forschung erfuhr der Witwensitz bislang nur wenig Beachtung und wurde bloß im Zusammenhang mit der Geschichte des Konvent- und Kirchenbaus behandelt[3]. Als imperiale Residenz ist er jedoch auch dem Corpus habsburgischer Palastarchitektur[4] zuzurechnen und soll im Folgenden unter diesem Gesichtspunkt näher untersucht werden. Im Zentrum der Analyse steht die Ambivalenz dieses Bauwerks zwischen Repräsentation und Rückzug. Ziel ist es, die ehemalige Nutzung und architektonische Organisation dieses Gebäudes zu klären, Raumfolgen, deren Disposition und Funktion zu rekonstruieren.
Trotz der offensichtlichen Tendenzen zur panegyrischen Stilisierung Wilhelmina Amalias zum Tugendideal und trotz des bisweilen hagiografischen Tonfalls, stellt Antonio Citos Text hierbei eine fundamentale Quelle für uns dar. Bei der Lektüre Citos ist allerdings zu beachten, dass sein „Tugend-Leben" weniger der Biografik als der frühneuzeitlichen Textgattung des Witwenspiegels zuzurechnen ist und dementsprechend primär erbaulich-didaktische Intentionen verfolgt[5]. Neben diesem Dokument können weitere Zeugnisse – etwa ein Brief von Giovanna Carriera oder die Aufzeichnungen von Kurprinz Friedrich Christian – herangezogen, und gemeinsam mit einem rezent wiederaufgefundenen Nachlassinventar[6] in Hinblick auf den Residenzbau ausgewertet werden. Die wohl bedeutendste Quelle für die Geschichte der Klosterresidenz stellen jedoch die auf uns gekommenen Planzeichnungen dar, die bis heute im Archiv der Salesianerinnen aufbewahrt werden. Die zum Teil detailliert beschrifteten Grundrisse erlauben unmittelbare Rückschlüsse auf Funktion und zeremonielle Nutzung des Residenzbaus und geben entscheidende Hinweise für die Klärung bislang offener Fragen.

## Der Außenbau

Als am 13. Mai 1717 der Grundstein für das Kloster Mariä Heimsuchung am Rennweg gelegt wurde, dürfte bei der Stifterin bereits die Idee gereift gewesen sein, sich innerhalb dieses Konventbaus Räumlichkeiten für den eigenen Gebrauch einrichten zu lassen[7]. Ob sie allerdings auch von Beginn an plante, hier dauerhaft ihren Witwensitz zu nehmen, ist unklar. 1719 konnten die aus den Österreichischen Niederlanden berufenen Klosterfrauen bereits einen Teil des Neubaus beziehen, kurz darauf werden auch erstmals die Zimmer Wilhelmina Amalias (*mes chambres*[8]) erwähnt. Die Arbeiten zogen sich jedoch noch bis etwa 1730, wobei der Westtrakt – die Klosterresidenz der Kaiserin – offenbar erst in der letzten Bauphase vollendet wurde[9].

◀ Abb. 79: Grundriss Obergeschoß, Gottfried Pockh, um 1730 (Archiv der Salesianerinnen in Wien)

So wie auf dem 1724 datierten Kupferstich Salomon Kleiners (Abb. 80), der das Kloster noch in einem idealisierten Zustand nach den ursprünglichen Entwürfen Donato Felice Allios zeigt, mag sich auch heute der Gebäudekomplex am Rennweg auf den ersten Blick als eine Einheit präsentieren. Eine nähere Betrachtung offenbart jedoch rasch, dass der rechte Flügel über einen separaten Zugang verfügt und vom übrigen Bau durch eine Mauer abgetrennt ist. Der Eindruck der Separierung zwischen den Gebäudeteilen wird verstärkt, wenn man den Baukomplex nicht wie Salomon Kleiner von einem erhöhten Standpunkt aus überblickt, sondern konsekutiv erfasst, etwa indem man den Rennweg stadtauswärts entlang geht. In diesem Fall tritt zunächst der Zugang zum Westtrakt mit seinem prachtvollen schmiedeeisernerem Gittertor (Abb. 133, S. 246) in Erscheinung, das dahinter liegende Gebäude wird als vollkommen autonom aufgefasst und kann erst in Folge – nach einigen weiteren Schritten – mit Kirche und Kloster in Verbindung gebracht werden kann.

Bereits diese kurze Betrachtung des Außenbaus weist auf ein wesentliches Charakteristikum des Baukomplexes hin: Seine Ambivalenz zwischen Einheit und Zwiegestalt[10]. Die abgesonderte Einfahrt und die trennende Mauer betonen die Differenz der Bauteile und suggerieren, dass diese auch im Inneren voneinander geschieden sind. Die einheitliche Fassadenwirkung und der Verzicht auf eine markante architektonische Auszeichnung des Residenztraktes – etwa durch eine risalitartige Betonung der Mittelachse, Balkon oder Bauplastik – unterstreichen hingegen die Zusammengehörigkeit dieses Bauteils zum Kloster. Heute wird der rechte Trakt von der Universität für Musik und darstellende Kunst genutzt[11], jegliche internen Verbindungen zum Kloster wurden längst vermauert. Um zu verstehen, wie das Verhältnis zwischen den genannten Bauteilen ursprünglich konzipiert war, muss das historische Planmaterial herangezogen werden.

## Die Grundrisse

In den frühesten Plänen für den Neubau ist der westliche Trakt zwar bereits durch Außenmauern angegeben, allerdings noch ohne Binnengliederung[12]. Die Tatsache, dass die Disposition der Appartements zu diesem Zeitpunkt (um

▼ Abb. 80: Salomon Kleiner/Johann August Corvinus, Vedute mit erster Planungsstufe des Klosters, 1724, kolorierter Kupferstich (Archiv der Salesianerinnen in Wien)

1717) noch nicht festgelegt war, verdeutlicht, dass die Aufmerksamkeit des Architekten – und die seiner Auftraggeberin[13] – zunächst dem östlichen Flügel und folglich der Unterbringung der Klosterfrauen galt. Bei dem nachfolgenden Grundriss des Gebäudekomplexes – wohl 1720[14] entstanden und von Donato Felice Allio signiert – ist die Raumeinteilung des Westtraktes zwar in manchem Detail noch offen gelassen, dass dieser Gebäudeteil aber bereits für Wilhelmina Amalia bestimmt war, steht außer Frage: Ein imposantes Treppenhaus – westlich der ersten Einfahrt – markiert den Rang der Auftraggeberin und den imperialen Anspruch ihrer Residenz. In dieser Planungsphase war offenbar beabsichtigt, eben an dieser Stelle im *piano nobile*, direkt hinter der Hauptfassade, ein Prunkappartement für die Kaiserinwitwe einzurichten. Dementsprechend zeigen die Pläne Allios vier große Räume, die der am Wiener Hof üblichen Raumfolge entsprechend als Rittersaal, erste Antekammer, zweite Antekammer und Audienzsaal zu interpretieren sind[15]. In diesem Entwurfsstadium scheinen zudem zwei weitere Räume – wohl Schlafkammer und Retirade – die Raumfolge fortzuführen und derart das herrschaftliche Appartement zu vervollständigen[16]. Verwirklicht wurden diese Pläne allerdings nicht. Der tatsächlich realisierte Residenztrakt weist erhebliche Abweichungen von den ursprünglichen Entwürfen auf. So wurde der rechte Flügel um eine Achse in der Tiefe erweitert, verlor in seiner Höhenerstreckung hingegen ein Geschoß. Das Konzept des Paradeappartements hinter der Hauptfassade wurde aufgegeben: das große Treppenhaus wanderte in den Quertrakt zwischen den beiden Höfen und mit ihm wurde auch die repräsentative Raumfolge zurück versetzt. Nachvollziehbar werden diese Veränderungen durch den Vergleich mit einem *Gotfrid Pockh* signierten Plansatz (Abb. 74, S. 155 und 79). Diese um 1730 zu datierenden Grundrisse[17] sind von höchster Bedeutung für die Analyse der ehemaligen Gestalt und Organisation der Residenz, weisen sie doch ausführliche Legenden auf, die auf die ehemaligen Raumfunktionen schließen lassen. Diese Angaben dürften keine Idealvorstellung wiedergeben, sondern die tatsächliche Nutzung der Räume dokumentieren; so werden etwa jene Räume, die anstelle des ursprünglich konzipierten Appartements zum Rennweg errichtet wurden (Nr. 61), ganz unverhohlen als *Lehr stehende Zimmer* bezeichnet. Während diese Raumflucht demnach um 1730 keine Funktion hatte, kann das tatsächlich ausgeführte und benutzte Paradeappartement dank der genannten Grundrisslegenden exakt lokalisiert und die ehemalige zeremonielle Wegführung rekonstruiert werden: Waren das Portal am Rennweg, der Vorhof und die erste Durchfahrt passiert, führte ein Prunk-

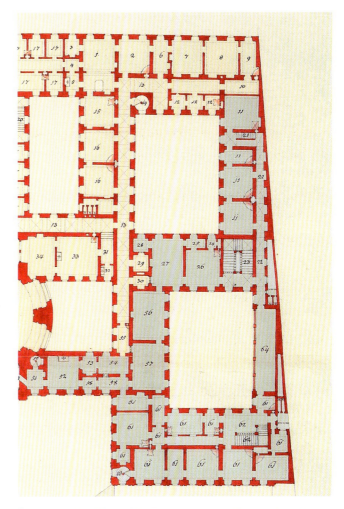

▲ Abb. 81: Detail aus Abb. 79, vom Verfasser blau markiert der Bereich außerhalb der Klausur

treppenhaus – *Ihrer Maytt. Haubt-Stiegen* (Abb. 79: 23) – in der zweiten Durchfahrt in das erste Obergeschoß. Hier folgte auf den Rittersaal – *Trabanten-Zimmer* (26) – die *Erste Ante Camera* (27). Nach einem Bruch in der Enfilade betrat man die *Anderte Anti Camera* (56) und das als Audienzzimmer zu interpretierende *Spiegl Zimmer* (57). Im Gegensatz zu den ersten Plänen bricht hier die Raumfolge ab und es fehlen weitere Räume, die als Schlafkammer oder Retirade genutzt hätten werden können. Das Fehlen dieser Zimmer bezeugt, dass das genannte Appartement ausschließlich repräsentative Zwecke zu erfüllen hatte und bei Audienzen oder hochrangigen Besuchen benutzt, nicht aber im eigentlichen Sinn bewohnt wurde.

Als tatsächliche Wohnung diente Wilhelmina Amalia ein zweites Appartement, das sich entlang der Gartenfassade des Westtraktes erstreckte. Diese Räume schlossen unmittelbar an den Klausurbereich an oder befanden sich bereits in diesem: ein offenes Problem, auf das noch näher einzugehen ist. Die Bezeichnung für den größten Raum dieses Appartements mit angeschlossenem Alkoven lautet in der

Legende des Pockh-Plans (Abb. 79, Ausschnitt Abb. 81) jedenfalls *Ihrer Maytt. Schlaff Cammer in der Clausur* (1). Die Wohneinheit wurde durch ein *Cabinet* (3) und *Ihrer Maytt. Cammer Capelle* (5) sowie einer Antekammer (2) ergänzt. Ebenfalls dieser Raumfolge sind auch die Räume *Kleines Arbeith Zimmer* (6), *Grosses Arbeith Zimmer* (7) und *Bibliothec* (8) zuzurechnen, die westlich der ersten Antekammer vorgelagert waren.

Als „drittes Appartement" der Kaiserinwitwe fungierten ferner die Sommerzimmer im Parterre (Abb. 74, S. 155). Die zwischen klösterlichem Rekreationsraum (4) und der Klosterschule (1) gelegenen Räume, dienten offenbar einer weitgehend privaten Nutzung und boten der Kaiserin Zugang zu dem ausgedehnten Garten (2).

Die Auswertung der Grundrisse weist folglich auf drei Raumfolgen im Westtrakt hin, die von Wilhelmina Amalia genutzt wurden. Der französischen Architekturterminologie folgend könnten sie als *Appartement de parade*, *Appartement privé* und *Appartement de société* bezeichnet werden.

## Zeitgenössische Beschreibungen

Zeitgenössische Beschreibungen des Klosters bestätigen die Auswertung des Planmaterials. In Antonio Citos „Tugend-Leben", der 1744 erschienenen Lebensbeschreibung der Kaiserinwitwe, sind ebenfalls drei Wohneinheiten Wilhelmina Amalias fassbar. Von dem eingangs zitierten gartenseitigen Appartement abgesehen[18], nennt Cito auch die Sommerzimmer – „erwehnte Wohnung, und gerade unter dieser zu ebener Erde an dem Garten eine kleinere"[19] – sowie ein Paradeappartement der Kaiserin:

> „Nebst der für sie innerhalb des Klosters verfertigten Wohnung, in welcher sie sich denn gemeiniglich aufgehalten, und endlichen verstorben ist, wurde noch eine andere ausserhalb, jedoch unmittelbar an die erste angebaut. Diese Wohnung ausser des Klosters ist groß und herrlich, hat drey Höfe, Stallungen, Wagen-Schupfen und verschiedene abgetheilte Gemächer für die Hofbediente, und in des Klosters Diensten sich befindliche Leute"[20].

Nach Cito sei dieses prachtvolle Appartement von der Kaiserinwitwe jedoch kaum genutzt worden; sie hätte das Leben in den Klostergemächern bevorzugt und die Paraderäume gar nur ein einziges Mal, 1740, bewohnt:

> „Die Kaiserin liesse diesen Pallast, um allenfalls samt einem Theil ihres Hof-Gefolges darinnen wohnen zu können, aufbauen; es ware ihr aber nachgehends das Leben unter ihren Kloster-Jungfrauen so angenehm, daß sie sich nur ein eintzig mal, und zwar im Jahr tausend sieben hundert und vierzig, mit harter Mühe entschlossen, diese äusseren Zimmere zu beziehen, in welchen sie sich vier oder fünf Wochen von darumen aufgehalten hat, weil unter denen Kloster-Jungfrauen ihrer so viele an hitzigen Krankheiten darnider lagen, daß sogar die gewöhnlichen Tagzeiten auf ihrem Chore kaum gesungen werden konten"[21].

In Analogie zu Citos Darstellung ist bereits in den frühesten Grundrissen Amalias Wohnung innerhalb der Klausur einzeichnet. In Allios ersten Plänen ist etwa die Schlafkammer mit Alkoven eindeutig zu identifizieren, während das Paradeappartement tatsächlich erst später und in abgeänderter Form verwirklicht wurde. Auch scheint es, bedenkt man die Verlagerung der repräsentativen Räumlichkeiten und den Verzicht auf Schlafkammer und Retirade in diesem Appartement, dass für die Kaiserinwitwe der dem Rennweg zugewandte Palastteil im Laufe der Planungen an Bedeutung verloren hat. Die von Cito (im Sinne Amalias Bescheidenheit) vorgebrachte Annahme, sie habe das „groß[e] und herrlich[e]" Appartement nur ein einziges Mal bewohnt, überrascht insofern wenig, als diese Raumfolge, wie bereits dargelegt, ausschließlich repräsentative Aufgaben zu erfüllen hatte.

Ambivalent sind Citos Angaben hinsichtlich einer selbstgewählten „Klausurierung" der Kaiserinwitwe. Zum einen legt er großen Wert darauf, zwischen der Wohnung Amalias „außerhalb" und „innerhalb" des Klosters (sprich der Klausur) zu unterscheiden, andererseits weist er selbst darauf hin, dass die Stifterin in dem Kloster "zwar nicht als eine Kloster-Frau" lebte „wol aber auf eine solche Weise"[22]. Die gartenseitige Wohnung wurde nach Cito „unmittelbar an das allgemeine Schlaf-Zimmer derer Kloster-Jungfrauen gebauet, aus welchem dieselben durch eine mit denen Zimmeren der Kaiserin gemeinsame Thür sich zu ihr verfügen konten"[23]. Auf den ersten Blick geben die Pläne keine Auskunft darüber, ob sich diese Raumfolge tatsächlich zur Gänze innerhalb der Klausur befand, da eine klar markierte Grenze zwischen Kloster und „Welt" nicht zu erkennen ist. Citos Bericht aus den letzten Lebensjahren der Kaiserin – nachdem sich diese zu einem vollständig monastischen Leben nach strengsten Klausurvorschriften entschieden haben soll – verhilft hier zu einem besseren Verständnis:

> „Da sie ihren Obersten Hofmeister, den Beichtvatter, oder sonst jemand, kommen liesse, begabe sie sich in ihr eigenes Red-Zimmer, woraus man in eines ihrer äusseren Wohnung sahe, und daselbst redete sie mit ihnen durch ein zwischen beeden Zimmeren sich befindlich eisernes Gatter. Sie liesse keinen, obschon aus denen

Vertrautesten ihrer Hofbedienten zu sich in das Kloster hinein gehen, es seye dann, daß es einiger ihr zugestossenen Unpäßlichkeit, oder anderer Ursachen halber unumgänglich nöthig gewesen seye. Auf solche Weise beichtete und empfienge sie das Hochwürdigste, bis auf die letzten zwey Jahre vor ihrem Tod, fast allzeit in einer wohl eingerichteten Kapelle, welche zwar in der äusseren Wohnung ist, doch aber mit der inneren durch ein eisernes Gatter Gemeinschaft hat: also daß die Kaiserin bey solchem Gatter inwendig die Beicht ablegte, und der Beichtvatter diese ausserhalb anhörete. Um aber das Hochwürdigste zu empfangen, liesse sie sich von der Oberen der Kloster-Jungfrauen einen Schlüssel geben, womit sie ein kleines mitten in erwehntem Gatter sich befindliches Thürlein eröfnen konte"[24].

Kann diese Darstellung auch nicht bis ins letzte Detail auf den Grundrissen nachvollzogen werden, bietet sie doch entscheidende Hinweise. So dürfte das erwähnte „Red-Zimmer" Amalias mit dem *Parlatorium* (55) der Pockh-Pläne (Abb. 79) zu identifizieren sein, denn von diesem Raum aus konnte die Kaiserinwitwe tatsächlich in die „äussere Wohnung", konkret das Spiegelzimmer (57) sehen und durch ein Gitter mit Besuchern kommunizieren. Bei genauer Betrachtung des Grundrisses ist eben an dieser Stelle auch eine Markierung zu erkennen, die offenbar das bei Cito erwähnte „eiserne Gatter" symbolisieren soll. Dasselbe Zeichen scheint auch zwischen dem *Cammer-Menscher*[25] *Parlatorio* (30) und der Ersten Antekammer (27) auf, sowie zwischen dem „auswendigen" (28) und „inwendigen" (29) Sprechzimmer von Kammerfräulein Klencke, wodurch der Verlauf der Klausurgrenze nun weitgehend rekonstruiert werden kann (Abb. 81). Ausgesprochen komplex erweist sich diesbezüglich jedoch die Situation rund um die *Cammer Capelle ausser der Clausur* (52), wie auch der oben zitierte Bericht Antonio Citos belegt: Um hier unter Wahrung von Klausurvorschriften die Kommunion empfangen oder die Beichte ablegen zu können, war offenbar ein beträchtlicher Aufwand von Nöten. Die problematische Raumdisposition – bereits die Entfernung zwischen der Klosterwohnung und der im Palastteil gelegenen Kammerkapelle erscheint unzweckmäßig – lässt darauf schließen, dass während der Planungsphase noch an keine „Klausurierung" der Bauherrin gedacht war[26]. Ob es zu einer solchen im engeren Sinn überhaupt jemals kam, ist grundsätzlich zu bezweifeln. Nach Cito jedenfalls habe Wilhelmina Amalia „das Ziel ihres sehnlichen Verlangens, sich in diesem geistlichen Gemäure eingeschlossen zu sehen"[27] bereits 1722 verwirklicht, nachdem sie ihre beiden Töchter verheiratet hatte. Damals habe sie sich in das Kloster zurückgezogen, „um daselbst bis zu dem Tod das Leben in Einsamkeit zuzubringen"[28]. Nur noch selten habe sie von nun an das Kloster verlassen, nur „wenn sie etwa einiger Andacht, oder auch anderer Geziemlichkeiten halber, in der Stadt erscheinen wollte"[29], so etwa zu Weihnachten und Pfingsten, zu Geburts- und Namenstagen des Kaisers und der Kaiserin oder um andere Frauenklöster zu besuchen[30].

Entgegen Citos Darstellung, der zufolge – wie im Übrigen auch die Klosterannalen vermelden[31] – der Rückzug der Stifterin bereits 1722 erfolgt sei, bekräftigen Notizen des Wienerischen Diariums, dass Wilhelmina Amalia ihre Klosterwohnung in den ersten Jahren offenbar nur zeitweilig nutzte. So habe die Kaiserinwitwe etwa am 9. September 1723 im Salesianerinnenkloster gespeist, sei daraufhin aber wieder in die kaiserliche Burg gefahren „um den Winter hindurch alda zu residiren"[32]. Am 26. Dezember 1725 sei sie in den Konvent gefahren, „alwo sie auch bis auf dem Neuen Jahres-Abend zu verbleiben gesinnet seynd"[33]; am 21. April 1726 habe sie sich „wieder auf einige Tag in Dero Frauen-Closter am Rennweg"[34] begeben und auch noch Anfang Jänner 1730 sei sie hierhin allein, „um in demselben sich einige Zeit aufzuhalten"[35]. Neben den kurzfristigen Aufenthalten in ihrem Kloster[36] finden wir Wilhelmina Amalia in diesen Jahren in der Hofburg, wo sie zeitlebens ihr Witwenappartement behielt[37], oder etwa in der Favorita[38]. Auch Schloss Schönbrunn, über das sie seit 1712 verfügte, wurde erst 1728 von Amalia an Kaiser Karl VI. abgetreten[39] und kommt als zeitweiliger Aufenthaltsort in diesen Jahren theoretisch noch in Frage[40].

Von einer weltabgewandten Abgeschiedenheit kann auch in den folgenden Jahren, als sich die Kaiserinwitwe dauerhaft am Rennweg niederließ, keine Rede sein. Immer wieder empfing Wilhelmina Amalia in ihrer Klosterresidenz Besuch, besonders häufig waren hier etwa Erzherzogin Maria Magdalena oder Kaiserin Elisabeth Christine zu Gast[41]. Ein derartiger Besuch in der Klosterresidenz findet auch in einer der faszinierendsten Schilderungen des Heimsuchungskonvents Erwähnung. Giovanna Carriera, die Schwester der berühmten Malerin Rosalba Carriera, berichtet in einem Brief an ihre Mutter 1730 vom Aussehen des Klosterbaus, aber auch vom Leben innerhalb seiner Mauern. Grundlage ihrer bemerkenswerten Darstellung ist eine gemeinsam mit ihrer Schwester Rosalba unternommene Besichtigung des Konvents, zurzeit als Wilhelmina Amalia eben Erzherzogin Maria Magdalena in ihrer Residenz am Rennweg empfing[42]:

> „[…] wir erreichten den Konvent, oder das Kloster besser gesagt, der Salesianerinnen, kurz vor der Ankunft der Kaiserin Amalia mit deren Schwägerin Erzherzogin

Magdalena, der sie ein üppiges Mittagsmahl gab. Wir gingen nach ihrem Gefolge, das aus 14 oder 18 Damen, alle in Hofkleid, die einen schwarz, die anderen bunt, mit wunderschönen Spitzen und strahlenden Brillanten, die einen in frischer Jugend, die anderen in fortgeschrittenem Alter, was nichts daran ändert, dass es Freude macht, sie zu betrachten, derart elegant und geschmückt wie sie waren. […]
Eine der Damen der Kaiserin, genannt Sorga[43], war so freundlich uns zu geleiten und sich um uns zu kümmern. Diese blieb absichtlich in einem Gang stehen, durch den ihre Majestäten passieren mussten, um in den Chor zu gelangen und dort die Predigt und die Messe mit Musik zu hören. Sie reichten uns freundlich die Hand zum Kuss und fügten dieser Gnade manche Frage bezüglich der Porträts hinzu, die unsere Schwester gerade macht. Diese erhielt noch weitere Freundlichkeiten von mehreren der Damen, die sie am Hof gesehen hatten. Nach all dem geleitete uns die genannte Dame, um das Kloster zu besehen, das ausnehmend schön und bequem ist. Der wunderschöne und herrliche Palast des Prinzen Eugen, den wir noch nicht gesehen haben, und dessen großer und anmutiger Garten, bilden die Kulisse, und selbst von dem eigenen [Garten des Klosters], der nicht klein ist, kann ich ihnen nicht genügend sagen, wie schön er ist.

Abgesehen von diesem gibt es auch einen inneren Garten, den die Zellen in schöner Architektur umfassen. Die Gänge sind hoch und schön. Jenseits der eigenen Räume haben sie ein ausreichendes Refektorium gemeinsam, wo [an diesem Tag] ihre Majestäten speisten, weshalb die Klosterfrauen bereits zuvor mittaggegessen hatten. Ein großer Raum, um sich zu unterhalten, ein weiterer ähnlicher für Kapitelsitzungen, zwei für die Pensionärinnen, eine schöne Küche und jetzt eben bauen sie eine Infirmerie. Von den Nebenräumen und anderen Örtlichkeiten spreche ich nicht, da wir sie nicht gesehen haben, aber sie sind vielleicht genauso groß wie der Konvent; denn eben das ist so wunderbar hier, dass es ein unter- und ein oberirdisches Wien gibt. Die Kaiserin hat zwei Appartements: Eines im ersten Stock, das ganz in schwarz eingerichtet ist, mit allen Porträts der Herrscherhäuser Bayern und Sachsen, alle lebenden sowie bereits verstorbenen Fürsten und Fürstinnen, Bildnisse deren Betrachtung große Freude bereiten; das andere [Appartement] war oberhalb, wie ein Rückzugsort, möbliert mit einem gräulichen (*beretina*) Stoff und geistlicher Druckgrafik. Neben diesem gibt es eine Kapelle, wo man ein großes Stück des heiligen Kreuzes und andere Reliquien verbunden mit kostbaren Steinen aufbewahrt. Die Räume von Frau Klenck, ihrer ersten Hofdame, waren mit karmesinrotem (*cremisi*) Damast, Porträts und manchem anderen Bild ausgestattet. Außerhalb des Klosters gibt es ein weiteres Appartement von fünf oder sechs Räumen, mit dem Saal der Wachen und der Kapelle, die mit einem Chor in die Kirche abschließt. Eine wunderschöne Treppe führt zu diesem, mit schwarzem Damast, vielen Porträts und ihrem Baldachin ausgestatteten Appartement […]"[44].

Dieses heitere Bild des Klosters – man fühlt sich beinahe an die luftigen Pastelle Rosalbas erinnert – mit prachtvollen Gärten und eleganten Hofdamen, zeigt Aspekte des Lebens in diesem Bauwerk auf, die weder die spröden Grundrisszeichnungen noch Citos tendenziöses „Tugend-Leben" vermitteln können. Ergänzt kann dieses Bild durch Tagebucheintragen von Kurprinz Friedrich Christian von Sachsen werden, der im Sommer 1740 für mehrere Wochen in Wien weilte und seine Großmutter, Wilhelmina Amalia, mehrfach besuchte. Friedrich Christian wurde damals ohne weiteres in den Klausurbereich eingelassen, wo ihn die Kaiserinwitwe durch das gesamte Kloster führte: er sah mehrere Kapellen – die Kammerkapelle in Klausur sowie die Kapellen der hll. Johannes von Nepomuk und Franz von Sales –, die Infirmerie[45], ferner das Noviziat und das Refektorium sowie die Sommerzimmer[46]. Bei einer anderen Gelegenheit wurden ihm weitere Räumlichkeiten, etwa jene der Pensionärinnen gezeigt[47]. Er berichtet auch mehrfach davon, selbst im Nonnenchor der Messe beigewohnt zu haben[48]. Er speiste mit der Kaiserin im „unteren Appartement"[49] – wohl den Sommerzimmern – oder auch gemeinsam mit den Erzherzoginnen Maria Anna und Maria Magdalena im Refektorium der Klosterfrauen. Bei dieser Gelegenheit war die Klausur nach Friedrich Christians Bericht für sämtliche Hofdamen aufgehoben[50]. Selbst wenige Jahre vor ihrem Tod scheint Wilhelmina Amalia demnach am gesellschaftlichen Leben regen Anteil genommen und regelmäßig Gäste empfangen zu haben. Von einer strengen – und vor allem einer dauerhaften – Klausurierung der Kaiserin darf in Anbetracht dieser Notizen jedenfalls nicht ausgegangen werden.

Nach dem Tod Amalias am 10. April 1742 erfolgte die Inventarisierung ihrer Güter in der Hofburg und der Klosterresidenz, wobei das Nachlassinventar und die zahlreich erhaltenen Dokumente zur Verlassenschaft weitere Rückschlüsse auf die ehemalige Gestalt und Organisation des Gebäudekomplexes am Rennweg zulassen[51]. Durch die raumweise Inventarisierung, die unter Leitung von Joseph Angelo de France bis zum 28. Juli 1742 erfolgte[52], können die einzelnen Appartements und deren Situierung abermals nachvollzogen werden, zudem werden Veränderungen erkennbar, die das Gebäude im Laufe der Jahre offenbar erfahren hatte.

Das Inventar beginnt im Paradeappartement *außer der Clausur* mit Erster und Zweiter Antekammer (27, 56)[53], dem Raum vor dem kleinen Parlatorium (28) sowie dem Spiegelsaal (57), und führt über einen Annex- und Vorraum (58) in die Kammerkapelle (52) bis hin zur Sakristei (51)[54]. Bemerkenswerterweise folgen nun ein *Vorzimmer an der Schlaff Cammer* und eine *Schlaff Cammer*[55]: Raumbezeichnungen, die in der Legende der Pockh-Pläne nicht aufscheinen und die – entgegen den bisherigen Ausführungen – vermuten lassen, dass es (zumindest in den späteren Jahren) auch im Bereich des Paradeappartements eine Übernachtungsmöglichkeit gab. Möglicherweise wurde diese erst anlässlich der bei Cito erwähnten Epidemie im Kloster 1740 (s. o.) geschaffen und dafür das Oratorium und Vororatorium (53, 54) adaptiert. Da die *Schlaff Cammer* und das zugehörige Vorzimmer laut Nachlassinventar weitgehend leer standen, ist jedenfalls anzunehmen, dass diese Räume kaum genutzt wurden[56].

Die Inventarisierung setzte *in der Clausur* fort, begann hier zunächst mit der *ante Camera vor dem Schlaff Zimmer* (2), dem *Schlaff Zimmer* (1) und dem *Cabinet neben dem Schlaff Zimmer* (3), um dann das *Zimmer rechter hand am vorbemelten ante Camera* (6), das *Zimmer vor der Bibliothek* (7), die Bibliothek (8), und das *Garde Robbe zimmer* (9) zu erfassen[57]. Nach weiteren Räumlichkeiten im Klausurbereich dieser Etage – dem großen Parlatorium (55), dem *communion zimmer* (30?), dem kleinen Parlatorium (29) und dem Oratorium zur Kirche (34) – nennt das Inventar die beiden ebenerdig gelegenen Sommerzimmer[58].

Die bislang untersuchten zeitgenössischen Berichte und Dokumente liefern entscheidende Hinweise zur einstigen Ausstattung der drei Raumfolgen Wilhelmina Amalias und zeigen auf, wie kostbar und luxuriös die Klosterresidenz zum Teil eingerichtet war. Heute ist von der einstigen Pracht nicht viel erhalten geblieben: Neben der originalen Ausstattung sind zum Teil auch die ursprünglichen Raumgrenzen[59] verschwunden und mit der Kaisertreppe (Abb. 82) verlor das Gebäude 1910 eines seiner repräsentativsten Elemente[60]. Vor Ort erinnern nur noch die vereinzelt erhaltenen Stuckdecken an die barocke Vorgeschichte dieses Traktes. Der Stuck verweist teils auf die ehemalige Funktion der Räume – so finden sich in einem der Sommerzimmer Papageien in den Stuckdekorationen wieder – teils markiert er deren Rang. In diesem Sinn ist etwa das Schlafgemach mit Alkoven durch die reiche Stuckdekoration aus

▲ Abb. 82: Ehemalige Kaisertreppe des Salesianerinnenklosters, Fotografie, Anfang 20. Jahrhundert (Archiv der Salesianerinnen in Wien)

Bandelwerk, Gitterfüllungen, Maskerons und Girlanden als ranghöchster Raum des Klausurappartements ausgewiesen[61].

Dem Nachlassinventar zufolge waren die Räume dieses Appartements am kostbarsten eingerichtet – hier befanden sich die meisten Preziosen, von Porzellan- bis zu Lackarbeiten[62]. Die Schlafkammer und zwei weitere Räume waren mit aschfarbenen Wandbespannungen versehen, wie auch schon Giovanna Carriera vermerkte, die hier eine *stofa beretina*, also einen gräulichen Stoff an den Wänden sah. Die Antekammer verfügte laut Inventar hingegen über *violet blauwollene Spallier*[63] und die Bibliothek hatte *blauen concent*[64] an den Wänden. Die darunter liegenden Sommerzimmer waren mit einem *Spallier von purpur Farbe*[65] bzw. einer aschfarbenen Wandbespannung ausgestattet[66]. Dem Bericht Friedrich Christians zufolge haben hier Gemälde von bedeutenden Meistern die Wände geziert[67], was durch das Inventar von 1742 bestätigt werden kann, das in den beiden Räumen zahlreiche Bilder nennt, u. a. Frucht- und Geflügelstücke von Franz Werner Tamm, eine Skizze der Rubensschule, ein Blumen- und ein Fruchtstück Jan Davidszoon de Heem, zwei Landschaften mit alttestamentarischen Szenen von Paul Bril und Frans Francken, eine Muttergottes von Carlo Dolci, eine Caritas von Antonio Bellucci, oder eine Heilige Familie und eine Flucht nach Ägypten von Abraham (?) Janssens[68].

In den Klausurappartements sah Giovanna Carriera 1730 *stampe di pietà*, also religiöse Druckgrafik, an den Wänden, was sich mit Padre Citos Darstellung[69], aber auch mit dem Nachlassinventar deckt, das in Schlafkammer, Kabinett, Antekammer und dessen Vorraum insgesamt 267 (!) Kupferstiche verzeichnet[70].

▲ Abb. 83: Hl. Franz von Sales, Antonio Pellegrini (Bayerische Staatsgemäldesammlung – Alte Pinakothek München)

Friedrich Christian notierte, dass die Bibliothek seiner Großmutter vor allem mit religiösen Büchern bestückt war und auch sehr rare Bände umfasste[71]. Durch Cito wissen wir, dass Wilhelmina Amalia insbesondere die Kirchenväter bzw. Kirchenlehrer gelesen, Johannes Chrysostomos, Augustinus und Bernhard von Clairvaux fast vollständig gekannt hat[72]. Diese Vorliebe schlug sich offenbar auch in der Dekoration ihrer Bibliothek nieder. So befanden sich laut Nachlassinventar in diesem Raum – womöglich als Teil der wandfesten Ausstattung – *11 von Pellegrini gemahlte Bilder vorstellend die Evangelisten und Kirchen Lehrer in halber Statur* […][73]. Fünf dieser bislang als verloren geltenden „moltissimi quadri"[74] Antonio Pellegrinis können nun mit Sopraportenbildern der Münchener Residenz (Konferenzzimmer der „Reichen Zimmer") identifiziert werden[75]. Von den vier großen Kirchenvätern abgesehen – der Raumfunktion der Bibliothek entsprechend alle mit oder vor Büchern dargestellt – ist bezeichnenderweise auch Franz von Sales (Abb. 83) Teil dieser Serie. So wie diese Gemälde kamen offenbar auch vier Pastelle von Rosalba Carriera, der Schwägerin Pellegrinis, über das Erbe von Erzherzogin Maria Amalia nach Bayern und befinden sich heute in unmittelbarer Nähe zu den genannten Sopraporten im sogenannten Puille-Kabinett der Münchener Residenz[76]. Rosalba Carriera schuf neben diesen Porträts auch weitere Werke für Wilhelmina Amalia, etwa Darstellungen des hl. Petrus und der hl. Maria Magdalena, die im Nachlassinventar im Raum vor der Bibliothek genannt werden[77]. Während ihres Wienaufenthalts 1730 dürfte sie zudem ihre Auftraggeberin im Anfertigen von Pastellen unterrichtet haben, worauf eine eigenhändige, heute im Klosterarchiv aufbewahrte Arbeit Wilhelmina Amalias hinweist (Abb. 84). Dieses kleine Marienbild, das den Klosterfrauen kurze Zeit nach Carrieras Abreise geschenkt wurde, orientiert sich eindeutig am Stil Rosalbas und ist womöglich unter deren Anleitung entstanden[78].

Aus den bisherigen Ausführungen wird ersichtlich, dass die Räumlichkeiten der gartenseitig gelegenen Appartements von Wilhelmina Amalia reich ausgestattet waren und über farbige bzw. graue Wandbespannungen verfügten. Im deutlichen Kontrast dazu gab sich die wesentlich leichter zugängliche, repräsentative Raumfolge außerhalb der Klausur durch den schwarzen Damast an den Wänden eindeutig als Witwenappartement zu erkennen. Die schwarze Wandbespannung – die hier sowohl Giovanna Carriera als auch das Nachlassinventar dokumentieren – entspricht der Konvention für Raumausstattungen von Witwen am kaiserlichen Hof[79] und ist folglich weniger als Ausdruck individueller Trauer, denn als normiertes Standeszeichen zu verstehen. So schreibt Karl Ludwig von Pöllnitz über Amalias Appartement in der Hofburg: „Das Zimmer dieser Fürstin ist nach der Gewohnheit des Kayserlichen Hofes mit schwartzen Sammet behängt, weil es der Brauch so mit sich bringt, daß die Kayserlichen Wittwen die Trauer niemahls ablegen dürffen"[80].

Dieser feine Unterschied zwischen den Raumfolgen in und außer dem Klausurbereich ist bezeichnend für die Ambiguität der gesamten Klosterresidenz, und versinnbildlicht

▼ Abb. 84: Marienbild, eigenhändige Arbeit von Kaiserin Wilhelmina Amalia, um 1730, Salesianerinnenkloster Wien

zugleich die Doppelgestalt[81] Wilhelmina Amalias: Wird sie durch das Paradeappartement in erster Linie als verwitwete Gattin Kaiser Josephs I. – in dieser Rolle empfing sie hier schließlich auch hohe Gäste – repräsentiert, so steht das Klausurappartement vielmehr für eine von dieser Rolle weitgehend losgelösten Person. Die Ambivalenz zwischen Repräsentation und Rückzug spiegelt sich auch in der Ikonografie der Raumausstattungen wider: Zierten die Wände des Prunkappartements laut Giovanna Carriera vorwiegend Porträts[82], die den Stand und die dynastischen Verbindungen der Kaiserin illustrierten, befanden sich im Klausurappartement in erster Linie religiöse Darstellungen, die Amalias Frömmigkeit und religiösem Empfinden entsprechen. Die multifunktionalen Ansprüche, die die Bauherrin an ihre Klosterresidenz stellte, bei deren Realisierung sowohl Rahmenbedingungen des kaiserlichen Zeremoniells wie die Klausurvorschriften zu beachten waren, führten zu einer höchst komplexen Lösung. Inwiefern diese – wie von Hajós betont wurde[83] – tatsächlich einzigartig ist, soll im Folgenden geklärt werden, indem möglichen Vorbildern und Parallelphänomenen nachgegangen wird.

## Typologische Vorbilder

Obgleich Amalias Schwiegermutter Eleonore Magdalena von Pfalz-Neuburg (1655–1720), die Kaiserinwitwe nach Leopold I., zu einer geradezu radikalen Frömmigkeit neigte, stiftete sie weder ein Kloster noch zog sie sich nach dem Tod ihres Mannes in ein solches zurück[84]. Scheidet sie somit als Inspirationsquelle aus, kommen in Wien nur Kaiserinwitwen früherer Generation als Vorbild in Frage[85]: Eleonora Gonzaga II. (1630–1686), die mehrere Konvente, darunter das Ursulinenkloster in Wien stiftete, allerdings in keinem von diesen residierte[86], vor allem aber Eleonora Gonzaga I. (1598–1655), die Witwe nach Ferdinand II. Sie berief 1629 erstmals die Unbeschuhten Karmelitinnen nach Wien und gründete für sie das Frauenkloster St. Joseph am Salzgries, das auch unter dem Namen Siebenbüchnerinnenkloster bekannt ist[87]. Direkt an dieses Gebäude angrenzend hatte sich Eleonora eine Wohnung einrichten lassen, die offenbar von ihrem Stiefsohn Kaiser Ferdinand III. finanziert wurde[88]. Es handelte sich um keinen eigenständigen Palast, sondern nur um einzelne Räume, die vom Wiener Salzamt angemietet wurden[89]. Wie viel Zeit hier Eleonora verbrachte – ihr offizieller Witwensitz befand sich in der Stallburg[90] – ist ebenso unklar, wie das Aussehen dieser Eremitage und deren etwaige Anbindung an das Kloster.

Ebenfalls aus der Dynastie der Gonzaga stammte Anna Caterina (1566–1621), Gattin von Erzherzog Ferdinand II. von Tirol, zugleich Tante der eben genannten Eleonora I. Sie stiftete als Witwe 1606 ein Doppelkloster in Innsbruck: eine Niederlassung der Servitinnen sowie ein daran angrenzendes Regelhaus – eine Art Damenstift – für Laien, in das sie 1612 (ebenso wie ihre Tochter Maria) eintrat und das sie unter dem Namen Anna Juliana als Oberin leitete[91]. Wenngleich es sich bei ihr um keine Kaiserinwitwe handelt und ihre Stiftung im fernen Tirol angesiedelt ist, könnte Anna Caterina vorbildhaft auf Wilhelmina Amalia gewirkt haben, erschien schließlich gerade 1711 – also im selben Jahr, in dem Amalia zur Witwe wurde – in Wien deren Lebensbeschreibung „Ertz-Hertzogliche Tugend-Zierde deß Durchleuchtigsten Ertz-Hauß von Oesterreich", die (typologisch Citos „Tugend-Leben" verwandt) als trostspendende „Gebrauchsanweisung" für Witwen fungierte. In dieser Schrift tritt Anna Caterina nicht nur als bedeutende Stifterin auf, sondern bemerkenswerterweise gar als (unter göttlichem Beistand wirkende) Architektin[92].

Bei allen bisher genannten Fällen – dem Ursulinen-, Karmelitinnen- und Servitinnenkloster – wurden von den Fundatorinnen jeweils Frauenorden berufen, die zu diesem Zeitpunkt über keine Niederlassung in Österreich verfügten. Dieser Innovationsfaktor spielte offenbar auch bei Wilhelmina Amalias Stiftung eine entscheidende Rolle, so hatte sie, nach Citos Bericht, ursprünglich die Intention, ein Karmelitinnenkloster in Wien zu gründen, da es aber ein solches (seit Eleonora I.) bereits gab, habe sie sich für den hier unbekannten Salesianerinnenorden entschieden[93]. Die „Klosterresidenzen" – so man sie derart bezeichnen möchte – von Eleonora I. und Anna Caterina Gonzaga sind leider nicht erhalten und auch über Quellen kaum zu rekonstruieren. Etwas konkretere Vorstellungen gewinnen wir aus Dokumenten zu der Residenz Erzherzogin Elisabeths bei dem ebenfalls nicht mehr existenten Wiener Königinkloster. Elisabeth (1554–1592) – durch ihre Ehe mit Karl IX. verwitwete Königin von Frankreich – hatte 1581 in Wien das Klarissenkloster „St. Maria, Königin der Engeln" begründet, das ihr zugleich als Witwensitz dienen sollte. Die Stifterin residierte aber nicht in dem Klostergebäude selbst, sondern seit 1583 in dem direkt an dieses anschließende Pögelsche Freihaus[94]. Diese Residenz hatte einen separaten, zur Dorotheagasse hin orientierten Zugang, war über den Gebäudekomplex des Konvents aber auch mit der kaiserlichen Stallburg verbunden[95].

Etwa zeitgleich zu Elisabeths Stiftung entschied sich deren Mutter, Maria von Spanien (1528–1603), Kaiserinwitwe nach Maximilian II., in ihre Heimat zurückzukehren und in

Madrid in das Kloster der Descalzas Reales einzutreten. Dieser Bau, eine Stiftung von Johanna von Spanien (1559), hatte ähnlich dem Wiener Salesianerinnenkloster multifunktionalen Charakter: Er diente als Klarissenkonvent, als Mädchenschule und als königliche Residenz. In ihrer wegweisenden Studie „The Empress, the Queen and the Nun" legt Magdalena Sánchez dar, dass der Eintritt Kaiserin Marias in Las Descalzas Reales – und gleiches gilt auch für andere Habsburgerinnen in diesem Kloster – nicht mit einem Rückzug aus dem öffentlichen oder politischen Leben gleichzusetzen ist[96], und zeigt auf, welch verzerrtes Frauenbild zeitgenössische Quellen in dieser Hinsicht tradieren[97]. Sie sieht hinter diesem Schritt primär den Wunsch nach einem selbstbestimmten Leben[98], sowie die tiefe Verbundenheit mit einer spezifisch (spanisch-)habsburgischen Tradition[99]. Inbegriff dieser Tradition, zugleich architektonischer Prototyp für die Verschränkung von Kloster und Residenz schlechthin, ist zweifelsfrei das Escorial-Projekt von Philipp II.

Anne d'Autriche (1601–1666), Tochter von Philipp III. von Spanien und Margarete von Österreich[100], scheint diesen Typus mit ihrer Pariser Klostergründung Val-de-Grâce nach Frankreich übertragen zu haben[101]. Bereits 1624, folglich noch zu Lebzeiten ihres Ehemanns Ludwig XIII. von Frankreich, hatte Anne den Grundstein für ein kleines Benediktinerinnenkloster gelegt, in dem sie sich ein Appartement einrichten ließ, in das sie sich regelmäßig zurückziehen konnte[102]. Die lange kinderlos gebliebene Königin gelobte, im Fall der Geburt eines Thronfolgers, dem Kloster eine neue Kirche zu errichten. Nicht unmittelbar nachdem sie 1638 den erhofften Dauphin – den späteren Ludwig XIV. – zur Welt gebracht hatte, sondern erst nach dem Tod ihres Mannes 1644 realisierte sie dieses Versprechen, nun jedoch unter veränderten Vorzeichen: Es galt nicht nur, die Klosteranlage zu erweitern und eine neue Kirche zu erbauen, Val-de-Grâce sollte nach ersten Ideen auch zum Witwensitz für Anne d'Autriche werden. François Mansart lieferte die Pläne für ein Projekt, das noch mehrere Architekten beschäftigen sollte und selbst 1666, als Anne verstarb, nur teilweise verwirklicht war (Abb. 85)[103].

Vieles spricht dafür, dass Wilhelmina Amalia Val-de-Grâce vor Augen hatte, als sie Donato Felice Allio mit der Planung ihrer Klostergründung betraute. Es steht jedenfalls außer Frage, dass sie diesen Bau aus eigener Anschauung kann-

▼ Abb. 85: Kloster Val-de-Grâce, Kupferstich, um 1668 (Bibliothèque Nationale de France, Paris)

te[104]. Mehrfach wurde bereits auf die formalen Ähnlichkeiten hingewiesen, die zwischen dem Pariser und dem Wiener Gebäudekomplex bestehen[105], wobei sich die Analogien im Grunde auf die ehrenhofartige Anlage, die Kuppel und die Gesamtwirkung der Kirchenfassade „à l'italienne" beschränken. Entscheidender erscheint für uns jedoch die Frage, inwiefern Val-de-Grâce auch hinsichtlich Organisation und Funktion Wilhelmina Amalia als Vorbild dienen konnte. Die ersten Pläne Mansarts sahen einen vom Kloster ausgesonderten, die Kirche linkerhand flankierenden Palasttrakt vor, der über zwei Appartements verfügen sollte: ein kleines aus drei Räumen und ein großes, zur Kapelle der hl. Anna hin orientiertes[106]. Die gewaltigen Pläne Mansarts für einen „Escorial parisien"[107] wurden allerdings niemals realisiert, denn Anne d'Autriche entschied sich, auch weiterhin im Louvre zu residieren. Dessen ungeachtet ließ sie sich ein neues und größeres Appartement im nordöstlichen Eckpavillon des Klosterbaus einrichten, das ihr offenbar als eine Art Eremitage für kürzere Aufenthalte diente[108]. Vor allem die Orientierung dieses Appartements zum ausgedehnten Garten kann als Analogie zu Amalias Klosterwohnung verstanden werden[109].

So wie das mögliche Vorbild Val-de-Grâce mit einer Lebensstation von Wilhelmina Amalia verbunden ist – ihrer in Frankreich verbrachten Kindheit und Jugend – so basiert auch ein weiteres Modell auf der Biografie der Kaiserin: das Salesianerinnenkloster in Modena. Belegt wird die Vorbildfunktion dieses Gebäudes durch eine Bemerkung Ludovico Muratoris, auf die Laura Conforti jüngst hingewiesen hat. Muratori schrieb zu dem genannten Kloster in Modena, dass dieses derart gelungen sei, „dass in unseren Zeiten die kaiserliche Hoheit Amalia von Braunschweig, Witwe von Joseph I. […], als sie eines in Wien gründen wollte, da sie jenes in Modena gut kannte, dorthin schicken ließ, um alle Maße zu nehmen, und nach diesem Modell ihr eigenes zu errichten"[110]. Das von Laura Martinozzi (1639–1687), der Ehefrau Alfonso IV. von Modena, gegründete Kloster befand sich im Garten des Palazzo Ducale und war mit diesem direkt verbunden[111]. Muratoris Bemerkung scheint insofern nicht frei erfunden zu sein, als sich Wilhelmina Amalia, bevor sie 1699 nach Wien kam, für knapp zwei Jahre in Modena aufhielt[112], wo ihre Schwester Charlotte seit ihrer Heirat mit Rinaldo III. d'Este 1696 residierte. Konnte Amalia der unmittelbar neben dem herzoglichen Palast gelegene Konvent folglich nicht entgangen sein, bleibt unklar, welchen Einfluss das Modeneser Kloster auf ihre eigene Stiftung ausübte: Nach der Auflösung des Konvents im 19. Jahrhundert wurde das Gebäude teils zerstört bzw. für die hier nun untergebrachte *Caserma Montecuccoli* adaptiert, so-

dass auf eine etwaige Verwandtschaft zu dem Wiener Bau kaum rückgeschlossen werden kann[113].

## Fazit

Durch die Autopsie der Grundrisse und durch die Auswertung zeitgenössischer Beschreibungen können die Appartements Wilhelmina Amalias in ihrer Klosterresidenz exakt lokalisiert, Nutzung und Funktion dieser Räume weitgehend rekonstruiert werden. Bereits das Vorhandensein mehrerer Raumfolgen, vor allem aber die klare Trennung zwischen Zeremonial- und Wohnräumen erscheint – etwa im Vergleich zur Wiener Hofburg – äußerst ungewöhnlich[114]. Die Aufteilung in *Appartement de parade* und *Appartement privé* erinnert eher an die französische Brautradition, an die auch die Schlafkammer *à alcove* denken lässt. Wenngleich diese bemerkenswerte Organisation des Gebäudes gewiss als eine Folge der architektonischen Verschränkung von Kloster und Residenz zu verstehen ist, konnten keine unmittelbaren Vorbilder ausgemacht werden. Selbst die Modellfunktion des typlogisch verwandten und formal vergleichbaren Baukomplexes von Val-de-Grâce musste bei genauerer Betrachtung relativiert werden, diente dieser – wenn auch ursprünglich dafür geplant – doch niemals als königliche Residenz. Dieses Merkmal unterscheidet Amalias Palasttrakt auch erheblich von den Kaisersälen oder Kaisertrakten, die insbesondere in der Barockzeit in Klöstern errichtet wurden[115].

Erschwert wird die Suche nach typlogischen Vorbildern dadurch, dass viele der denkbaren Modelle heute nicht mehr existieren, vor allem aber kaum erforscht sind: Die Frage nach Disposition, Organisation und Funktion von Witwenappartements innerhalb von Klöstern wurde bislang nicht gestellt. Auffallend ist jedenfalls, dass bei keiner der besprochenen Klosterresidenzen eine vergleichbare Lösung mit zwei Appartements inner- und außerhalb der Klausur dokumentiert ist. Wenngleich Wilhelmina Amalia durch ihre Klostergründung in eine lange Reihe fürstlicher Stifterinnen zu stellen ist und auf einer etablierten habsburgischen Tradition aufbauen konnte, stellt ihr Heimsuchungskonvent somit eine durchaus eigenwillige Lösung dar: ein Sonderfall, der keinem etablierten Schema, sondern einer spezifisch für die Ansprüche der Bauherrin entwickelten Konzeption entspricht[116].

Amalias Palast sollte variabel der Einkehr und Meditation sowie der herrschaftlichen Repräsentation dienen; standesgemäß ihren Rang, zugleich aber – und möglicherweise nicht minder repräsentativ – ihre *Modestia* zur Schau stellen. Die schlussendlich gefundene Lösung ist Produkt einer wechselvollen Planungs- und Nutzungsgeschichte des Gebäudes, innerhalb der – bedenkt man etwa den Verzicht auf die ursprünglich konzipierte Kolossalpilasterordnung – der weltliche Charakter der Residenz zunehmend in den Hintergrund zu treten scheint. Fungierte die Klosterwohnung in den ersten Jahren nur als zeitweiliger Rückzugsort oder Eremitage für geistliche Übungen, wurde sie – offenbar nicht zuletzt auch aufgrund der Verschlechterung von Amalias Gesundheitszustand[117] – ab den 1730er Jahren zum dauerhaften Wohnsitz. Für ihre zeremoniellen und gesellschaftlichen Verpflichtungen standen der Kaiserinwitwe das Paradeappartement sowie die ebenerdigen Sommerzimmer zur Verfügung, wobei Amalia hier – abseits der Machtsphäre des Kaiserhofes – stets eigenständig agieren konnte. Im Vergleich zu ihrem Witwenappartement in der Hofburg bot ihr die außerhalb der Stadt gelegene Residenz am Rennweg folglich ein ungleich größeres Maß an Autonomie, aber auch an Privatheit[118]. Befand sich das Klausurappartement auch hinter der (architektonisch kaum artikulierten) Grenze zwischen Kloster und Welt, lebte Wilhelmina Amalia doch stets nach selbsterwählten und selbstkonstruierten Klausurvorschriften, die nach Bedarf aufgehoben oder streng eingehalten werden konnten. Diese fiktionale Klausur verleiht Amalias Eremitage den Charakter eines Zwischenraums – nicht Kloster, nicht Residenz –, eine Heterotopie [119], die zwar als Gegenwelt zum höfischen Alltag konzipiert, niemals zur Einsiedelei wurde.

1 Zu Wilhelmina Amalia – auch Amalia Wilhelmina und weitere Schreibweisen sind im Gebrauch – siehe LEITGEB 1984; MRAZ 1996; PÖLZL 2016, sowie den Beitrag von Michael Pölzl in diesem Band.
2 CITO 1744, 84.
3 Zur Baugeschichte des Konvents siehe MAHL 1967; HAJÓS 1968; HAJÓS 1974.
4 Einen Überblick über die habsburgischen Residenzen bietet POLLEROSS 1998.
5 Zum Witwenspiegel siehe WIEDEMANN 2001; KRUSE 2007, 159–163.
6 An dieser Stelle sei Maureen Cassidy-Geiger herzlich dafür gedankt, dass sie mir Digitalisate sowohl des Tagebuchs von Kurprinz Friedrich Christian als auch des Nachlassinventars aus dem Dresdner Hauptstaatsarchiv zur Verfügung gestellt hat. Zu beiden Quellen im Detail siehe den Beitrag von Cassidy-Geiger in diesem Band.
7 Im Dezember 1717 schrieb Wilhelmina Amalia: *[…] me reservant pourtant une place pour y faire bastir un logement pour ceux que ie voudray y avoir quand ie voudray estre dans le couvent au dedans du quelle ie me reserve aussi quelques chambres […]*, 29.12.1717, zitiert nach LEITGEB 1984, 271.
8 Vgl. HAJÓS 1974, 217.
9 Zur Baugeschichte des Klosters siehe den Beitrag von Herbert Karner in diesem Band.
10 Vgl. zur „Zweiheit Residenz-Kloster" HAJÓS 1968, 225–226.
11 Siehe den Beitrag von Stefan Weiss in diesem Band.
12 Siehe HAJÓS 1974, 203, Abb. 190.
13 So schrieb Wilhelmina Amalia etwa 1719: *[…] ie suis fort occupee a disposer tout pour vostre entree dans vostre couvent […]*, ASal, Kasten A, Schatulle mit Briefen der Stifterin, *Résolutions et lettres*, Brief vom 4.4.1719. Um den Klosterbau möglichst rasch verwirklicht zu sehen, verschob sie die Realisierung ihrer Residenz, vgl.: *Sa Majesté […] qui a bien voulu faire retarder le Bâtiment de son à-partement pour faire achever le nôtre*, ASal, A-II-13a, *Circulaire* vom 31.1.1732.
14 Siehe HAJÓS 1974, 205.
15 Zu den Raumfolgen in der Wiener Hofburg und deren zeremoniellen Nutzung siehe u.a. BENEDIK 1997; GRAF 1997; KARNER 2009; KARNER 2014b. Da sich keine Quellen – Zeremonialakten oder Protokolle – erhalten haben, die die zeremonielle Nutzung des Witwensitzes am Rennweg dokumentieren, kann nur von der Wiener Hofburg und anderen kaiserlichen Palästen auf die Klosterresidenz rückgeschlossen werden.
16 Für diese Annahme spricht auch die räumliche Nähe zwischen Schlafkammer und Kammerkapelle.
17 Vgl. HAJÓS 1974, 207.
18 Die Beschreibung dieses Appartements bei CITO 1744, 85 kann am Pockh-Grundriss folgendermaßen nachvollzogen werden: „Die gantze Wohnung bestunde in einem Schlaf-Gemach [1], einem kleinen Zimmer [3], einem Vor-gemach [2], und zwey anderen Zimmeren, derer eines zu ihren Büchern [8], das andere zum Speisen [7], wenn sie sich wol befande, und im Fall der Noht jemand darinnen anzuhören, gewidmet ware".
19 CITO 1744, 85.
20 Ebd., 81–82.
21 Ebd., 82–83.
22 Ebd., 88.
23 Ebd., 84–85.
24 CITO 1744, 94–95. Die hier geschilderten Vorkehrungen entsprechen gängigen Klausurvorschriften, deren Einhaltung und Handhabung jedoch von Kloster zu Kloster variieren konnten. Zum Umgang mit der Klausur in einem anderen Wiener Frauenkloster dieser Zeit siehe SCHNEIDER 2010.
25 Kammerdienerinnen.
26 Amalia verfügte allerdings auch über eine Kapelle in ihrem Klausurappartement.
27 CITO 1744, 86.
28 Ebd., 86.
29 Ebd., 87.
30 Ebd., 98.
31 *Le 25. De Novembre 1722 Sa Majesté […] exécuta le généreux projet de ce retirer en ce Monastère […] pour passer dans la solitude et la retraite le reste de ses jours, uniquement occupée à s'unir avec Dieu!*, ASal, Hs. 7/1, *Annales*, pag. 54, siehe auch ebd. 136.
32 Wienerisches Diarium vom 11.9.1723, Nr. 73, 5.
33 Wienerisches Diarium vom 29.12.1725, Nr. 104, 7.
34 Wienerisches Diarium vom 24.4.1726, Nr. 33, 7.
35 Wienerisches Diarium vom 7.1.1730, Nr. 2, 7.
36 Mraz bezeichnet diese Aufenthalte als „Klosterleben auf Zeit", die Amalia mit einem „aktiven Leben mit Berufs- und Standespflichten" verband, MRAZ 1996, 78.
37 Küchelbecker berichtet diesbezüglich: „Allhier [am Rennweg] haben Dieselben nunmehro auch zugleich ein Gebäude zu Dero Residenz anlegen lassen, in welchen Dieselben nunmehro die meiste Zeit wohnen, ohnerachtet Dieselben Dero ordentliche Residenz in der Kayserlichen Burg haben […] Im übrigen aber sind Dieselben dennoch allezeit in der Kayserlichen Burg anzutreffen, so offt nehmlich an Dero Hofe eine Solennität vorfället, oder ein Ambassadeur oder Gesandte bey Denenselben Audienz hat, und was dergleichen mehr etwan seyn mag", KÜCHELBECKER 1730, 153–154. Zu den Witwenappartements in der Hofburg siehe MADER-KRATKY 2016.
38 Wienerisches Diarium vom 25.6.1732, Nr. 51, 7: „Ihre Majestät die Verwittibte Röm. Kaiserin Amalia Wilhelmina, wie auch Ihre Durchl. Maria Theresia, Infantin zu Hispanien und Ertz-Hertzogin zu Oesterreich, halten sich immer in dem Kaiserl. Sommer-Pallast Favorita in der Vor-Stadt auf, und belustigen Sich bey dermaliger angenehmen Zeit in bester Gesundheit dann und wann mit Spatzieren-gehen in dem daselbstigen Garten."
39 RASCHAUER 1960, 104.
40 Längere Aufenthalte in den Sommermonaten in Schloss Schönbrunn können nur bis 1722 über das Wienerische Diarium nachvollzogen werden. Vgl. dazu auch IBY-KOLLER 2007, 72.
41 So berichtet etwa das Wienerische Diarium von einem dieser Besuche am 28. Februar 1730: „Ihre Majestät die Regierende Röm. Kaiserin aber in Begleitung Ihrer Durchl. der Leopoldinischen Ertz-Hertzogin Maria Magdalena gaben eine Visita Allerhöchstgedacht Ihro Majestät der Verwittibten Kaiserin in Dero Frauen-Closter am Rennweg […]", Wienerisches Diarium vom 1. März 1730, 7.
42 Der Brief ist undatiert, kann aber nicht vor März 1730 entstanden sein. Das Wienerische Diarium nennt mehrere Besuche von Erzherzogin Maria Magdalena bei Wilhelmina Amalia im Frühjahr dieses Jahres; möglicherweise kann der bei Giovanna Carriera geschilderte Besuch mit jenem vom 25. April anlässlich des Namenstages der Kaiserinwitwe (Wienerisches Diarium vom 3.5.1730, Nr. 35, 6) identifiziert werden.
43 Gemeint ist offenbar Elisabeth Sorgo, die 1727 bis 1737 im Hofkalender als Kammerdienerin der Kaiserinwitwe geführt wird, siehe KUBISKA-SCHARL–PÖLZL 2013, 475, 703.
44 Giovanna Carriera aus Wien an ihre Mutter in Venedig, Frühjahr 1730. Übersetzt vom Autor nach dem italienischem Original in: SANI 1985, Bd. 2, 513–515.
45 Dresden, Sächsisches Hauptstaatsarchiv (im Folgenden SHStAD), Geheimes Kabinett, 355/05, fol. 11 (24.6.1740).
46 *Elle me fit aussi la Grace de me garder à diner avec Elle apres quoi j'eus occasion de voir une partie du Couvent savoir le noviciat, le Refectoire, la Chambre de recreation et l'apartement d à plein pied de S.M. […]*, 25.6.1740, SHStAD, Geheimes Kabinett, 355/05, fol. 13v.

47 […] *j'eus occasion de voir l'apres midi une partie du Couvent savoir le Choeur des Religieuses, le Cour des poulets, l'apartement des jeunes demoiselles qui sont en education dans ce couvent*, 27.6.1740, SHStAD, Geheimes Kabinett, 355/05, fol. 15v.

48 […] *tems pour la Messe chanté, je me rendis au Choeur des Religieuses pour y asister*, 10.7.1740, SHStAD, Geheimes Kabinett, 355/05, fol. 35v; Siehe zudem Eintrag vom 2.7.1740, fol. 23.

49 […] *me rendis au Couvent de l'Imperatrice Amelie avec laquelle j'eus l'honneur de diner dans la Clauture à l'apartement d'en bas*, 25.6.174, SHStAD, Geheimes Kabinett, 355/05, fol. 12v.

50 […] *l'honneur de diner avec S. M. I. en Compagnie de Mesdames les Archiduchesses Marianne et Magdelaine dans le refectoire des religieuses. Comme le couvent c'est à dire la Clauture etoit ouverte ce jour la pour toutes les Dames de la Cour aussi bien que de la Ville il y en eut un tres grand nombre, et elle assisterent toutes à la table. Ce furent les Religieuses qui servirent à table*, 2.7.1740, SHStAD, Geheimes Kabinett, 355/05, fol. 23v.

51 SHStAD, Geheimes Kabinett, 366/6. Zu diesem Quellenbestand siehe auch ANTONIN 2014, Bd. 1, 95–109.

52 SHStAD, Geheimes Kabinett, 366/6, fol. 246–280.

53 Die nachfolgenden Zahlen entsprechen erneut den Beschriftungen der Pockh-Pläne.

54 SHStAD, Geheimes Kabinett, 366/6, fol. 247–248v.

55 Ebd., fol. 248v.

56 Vielleicht wurden sie tatsächlich – wie von Cito dargelegt – nur ein einziges Mal bewohnt, CITO 1744, 83.

57 SHStAD, Geheimes Kabinett, 366/6, fol. 248v –261.

58 Ebd., fol. 261–263.

59 So sind etwa die ursprünglich getrennten Sommerzimmer inzwischen zu einem Raum zusammengefasst, wie auch Trabantenstube und erste Antekammer des Paradeappartements, die heute als Konzertsaal dienen. Zu diesem Umbau siehe zuletzt KOLLER 2016, 130–133.

60 Die Treppe wurde 1910 abgebrochen, verkauft und in das Schloss Neuaigen übertragen, HAJÓS 1974, 214.

61 Ferner weisen die angrenzende ehemalige Antikammer sowie zweite Antekammer und Spiegelsaal des früheren Paradeappartements Stuckdecken auf.

62 Siehe dazu im Detail den Beitrag von Cassidy-Geiger in diesem Band.

63 SHStAD, Geheimes Kabinett, 366/6, fol. 248v.

64 Ebd., fol. 260v.

65 Ebd., fol. 262.

66 Allein Giovanna Carriera spricht von einer schwarzen Einrichtung der Sommerzimmer und nennt hier – im Unterschied zum Nachlassinventar – zahlreiche Porträts, was mit Veränderungen nach 1730 oder schlicht einem Irrtum Giovannas erklärt werden könnte.

67 […] *qui est tres beau et orné de tableaux de meilleurs maitres. Il y en a cependant plusieurs modernes*, SHStAD, Geheimes Kabinett, 355/05, fol. 13v.

68 SHStAD, Geheimes Kabinett, 366/6, fol. 274v –276.

69 „Ihr Schlaf-gemach, und das Vorzimmer waren mit Kupfer-stichen in höltzernen, weder geschnitzt noch vergoldeten Rahmen, wie sie die Kloster-Jungfrauen zu haben pflegen, ausgezieret, unter welchen Kupfer-stichen mit grossen Buchstaben geschriebene in gleichen Rahmen gefasste Lehr-sprüche aus denen heiligen Vättern sich vermenget befanden", CITO 1744, 95–96.

70 In der Antekammer *73 mittere und kleine Kupferstich* (fol. 249), im Schlafzimmer *91 mittlere und kleine kupferstiche* (fol. 249v), in dem *Cabinet neben dem schlaffzimmer […] 52 mittere und kleine kupfer stiche* (fol. 255r), *In dem zimmer rechter hand am vorbemelten ante camera in der clausur […] 51. Kupfer stich* (fol. 255v), SHStAD, Geheimes Kabinett, 366/6. Siehe dazu den Beitrag von Werner Telesko über die Sammlung der Thesenblätter in diesem Band.

71 […] *sa bibliotheque qui consiste la plus part en livres de pieté, mais il y a aussi quelque autre livre rare comme par exemple la Guerre sainte ecrite en vieux françois avec le françois moderne à coté*, 24.6.1740, SHStAD, Geheimes Kabinett, 355/05, fol. 11.

72 CITO 1744, 99. Eben diese drei Kirchenlehrer empfiehlt auch Franz von Sales zur Lektüre, vgl. FRANÇOIS DE SALES 1676, 621.

73 SHStAD, Geheimes Kabinett, 366/6, fol. 271v.

74 Nach Mariette schuf Pellegrini „moltissimi quadri per la libreria che la M. S. tenea nello stesso monastero", MARIETTE 1857, 94 vgl. dazu KNOX 1995, 198.

75 Es handelt sich um die Gemälde: Bayerische Staatsgemäldesammlungen Inv.Nr. 1813, 1814, 1815, 1816, 1817; abgebildet bei KNOX 1995 Abb. 138–142.

76 Es handelt sich um das im Nachlassinventar genannte Porträt von Kaiserin Elisabeth Christine (fol. 277) sowie den *3 Modenesische[n] Prinzessinnen von der Rosalba gemahlt*, SHStAD, Geheimes Kabinett, 366/6, fol. 278; folglich um das Bildnis der Schwägerin (Residenz München Gw 332) und der Nichten von Wilhelmina Amalia: Enrichetta (Residenz München Gw 329), Benedetta (Residenz München Gw 335) und Anna Amalia d'Este (Residenz München Gw 331), die allesamt mit weiteren Pastellen Ende des 18. Jahrhunderts in die von Charles-Pierre Puille entworfene Wandvertäfelung des Kabinetts integriert wurden. Die genannten vier Bildnisse werden als *4 Portraits mit pastel, von Rosalba gemahlt* in einem weiteren Dokument genannt, das die Aufteilung von Kunstgegenständen zwischen Dresden und München behandelt, und diese vier Gemälde dem Erbe von Maria Amalia zurechnet, s. SHStAD, Geheimes Kabinett, 366/6, fol. 425. Da die in dem „Puille-Kabinett" ebenfalls aufscheinenden Porträts von Wilhelmina Amalia und deren Tochter Kurfürstin Maria Josepha weder in diesem Verzeichnis noch im Nachlassinventar behandelt werden, bleibt deren Provenienz unklar. Möglicherweise gelangten sie als Geschenke an den Münchener Hof; vgl. dazu SANI 2007, 266. Für ihre freundliche Hilfestellung bei den Recherchen sei an dieser Stelle Andreas Plackinger (Bayerische Staatsgemäldesammlungen, München) und Mirjam Brandt (Bayerische Schlösserverwaltung, München) gedankt.

77 SHStAD, Geheimes Kabinett, 366/6. fol. 270v.

78 Die rückseitige Beschriftung des Bildes lautet: *Cette Image a ésté Faite les propres mains de S. M. L'Impératrice Amalie nôtre Auguste Fondatrice qui a eu la Clemence de nous en faire present l'an 1731.*

79 Dass die Farbe schwarz die Witwenappartements vollkommen dominierte, zeigt etwa die Beschreibung des Appartements von Elisabeth Christine in der Hofburg durch Graf Bentinck (1749): *L'Impératrice étoit assise dans un fauteuil noir au fond de la chambre sous un Dai noir, devant une table couverte de noir, la chambre comme tout le reste de l'appartement tendu de velours noir*, zitiert nach BEER 1871, 29.

80 PÖLLNITZ 1739, 34.

81 Mraz spricht von einer „Doppelfunktion" Amalias „als Klosterfrau und Kaiserin", MRAZ 1996, 78.

82 Die Porträts wurden getrennt von der übrigen Ausstattung inventarisiert und zwar gemeinsam mit Bildnissen aus der Hofburg, weshalb eine genaue Lokalisierung der einzelnen Bilder auf Basis dieser Quelle nicht erfolgen kann. Da jedoch die Räume des Klausurappartements und die Sommerzimmer reich mit Kupferstichen oder Gemälden mit anderen Sujets ausgestattet waren, sich hier zudem zahlreiche Schränke befanden, scheint es plausibel, dass die meisten Porträts im Paradeappartement hingen.

83 „Die Aufgabe, ein Kloster mit einer Residenz eines Mitgliedes des Kaiserhauses zu bauen, wurde in Österreich in dieser Form zum erstenmal gestellt", HAJÓS 1968, 225.

84 Zu Eleonore Magdalena siehe zuletzt SCHMID 2016.

85 Zu den Kaiserinwitwen am Wiener Hof siehe PÖLZL 2012. Erweitert man den Kreis möglicher Ideengeberinnen, ist vor allem auf

das zeitnahe Beispiel von Maria Antonia Josepha von Montecuccoli hinzuweisen. In deren Auftrag wurde 1707–1712 das Karmelitinnenkloster in St. Pölten errichtet, in dem die verwitwete Fürstin auch ihren eigenen Wohnsitz einrichten ließ. 1738 und 1739 sind Besuche Wilhelmina Amalias in diesem Kloster dokumentiert, vgl. PRÜLLER 1991, 126–130.

86 Zu Eleonora Gonzaga II s. FIEDLER 1986, JEITLER 2015, SCHNETTGER 2016 (hier auch zu Eleonora I.). Einen guten Überblick über die habsburgischen Bauherrinnen der Frühen Neuzeit bietet POLLEROSS 2013.

87 Vgl. CORETH 1961.

88 „So richtete Kaiser Ferdinand III. seiner Stiefmutter, ‚in allergehorsamsten respect', auf deren ausdrücklichen Wunsch hin, eine Wohnung in der Nähe des vor ihr gestifteten Klosters in Wien ein", BUES 1994, 330.

89 HASSMANN 2004, 490–491; BITTNER 2006, 63. Es scheint, als habe Eleonora jedoch zunächst geplant, hier einen eigenständigen Palast als Witwensitz errichten zu lassen; siehe HASSMANN 2004, 487–488.

90 Vgl. KARNER 2014a, 305.

91 Zu Anna Caterina siehe TADDEI 2005 (hier zu den Stiftungen S. 238–240).

92 TUGEND-ZIERDE 1711, 142. Vgl. dazu auch POLLEROSS 2015, 311.

93 „Die Barfüsser-Carmeliter-Kloster-Jungfrauen bezeugen, sie hätten öfters von dieser Kaiserin selbsten sagen gehöret, daß sie ein Kloster ihres Ordens würde gestiftet haben, wenn sie nicht schon in Wien gewesen wären", CITO 1744, 61.

94 ASCHENBRENNER 2011, 30.

95 Vgl. HOLZSCHUH-HOFER 2014, 312.

96 SÁNCHEZ 1998, 85.

97 "The historical image of Empress María, Margaret of Austria, and Margaret of the Cross has in large part been shaped by men whose purpose was to create a devotional and idealized picture of these Habsburg women. This picture, presented in eulogies and biographies written after the women's deaths, set up the Habsburg women as examples of feminine virtue and proper behavior for aristocratic women. Such an account of these royal women does not correspond to the reality of their lives; that is, the authors portrayed only select facets of their lives, facets that corresponded to the picture those men wished to portray [...]", SÁNCHEZ 1998, 61. Obgleich dieser Befund auf der Situation Spaniens um 1600 basiert, trifft er auch hundert Jahre später für das Milieu des Wiener Kaiserhofs zu.

98 SÁNCHEZ 1998, 137.

99 Ebd., 145.

100 Königin Margarete wiederum gründete 1611 das Real Monasterio de la Encarnación in Madrid.

101 Vgl. TÖNNESMANN 2004, 209; SMITH 1964, 106, Anm. 11.

102 MIGNOT 2013, 222; GADY 2009, 299.

103 Zu den Plänen Mansarts siehe BRAHAM 1963 und SMITH 1964.

104 Wilhelmina Amalia verbrachte insgesamt 14 Jahre ihrer Kindheit und Jugend in Frankreich, wohin sie mit ihrer aus Paris stammenden Mutter Benedicte Henriette gekommen war; s. LEITGEB 1984, 14 sowie den Beitrag von Elisabeth Garms-Cornides in diesem Band. Ihr soziales Netzwerk führt direkt zu dem Umkreis der französischen Hocharistokratie und dem königlichen Kloster Val-de-Grâce. So war ihre nahe Verwandte Liselotte von der Pfalz die Schwiegertochter von Anne d'Autriche. Der Großvater mütterlicherseits, Eduard von der Pfalz, war 1663 in Val-de-Grâce bestattet worden. Dessen Schwester, Louise Hollandine (1622–1709) war Äbtissin im Zisterzienserinnenkloster Maubuisson, in dem Wilhelmina Amalia erzogen wurde. Dass die französische Verwandtschaft zeitlebens für Amalia von Bedeutung blieb, veranschaulichen nicht nur Porträts in ihrem Nachlass, sondern auch Gemälde der genannten Großtante Louise Hollandine, einer Schülerin Gerard van Honthorsts: eine 1654 datierte Verkündigung (fol. 270v) sowie ein Porträt der Schwester Amalias, Charlotte (fol. 278), vgl. SHStAD, Geheimes Kabinett, 366/6.

105 MAHL 1967, 83 und 89; LEITGEB 1984, 265.

106 GADY 2009, 306. Smith vermutet, dass das kleinere Appartement entweder für eine Hofdame oder für Ludwig XIV. vorgesehen war, nicht für Anne selbst; SMITH 1964, 106.

107 MIGNOT 2013, 223.

108 MIGNOT 1994, 51–53; GADY 2009, 316.

109 Auch das ältere, 1644/45 entstandene Appartement von Anne d'Autriche war bereits dem Garten zugewandt, s. MIGNOT 1994, 39.

110 Ludovico Muratori, Delle Antichità Estensi, Modena 1740, 590; zitiert und vom Autor aus dem Italienischen übersetzt nach CONFORTI 2013, 194–195.

111 Laura Martinozzi kannte den Orden aus ihrer Zeit in Frankreich. Sie begünstigte die Salesianerinnen in Aix und gründete auch in Reggio Emilia eine Ordensniederlassung. Siehe CONFORTI 2013, 195. Zu dem Kloster in Modena siehe LEONELLI 1981, DOTTI MESSORI 2007.

112 LEITGEB 1984, 48.

113 Da Ansichten des Gebäudes (auch vor diesen Veränderungen) keinerlei Ähnlichkeiten zu der Fassadengestaltung des Klosters am Rennweg aufweisen, dürften sich die bei Muratori genannten Analogien auf die Grundrissformation beziehen.

114 In der Wiener Hofburg gab es zwar die Differenzierung zwischen „äußeren" und „inneren" Gemächern, diese waren aber unmittelbar miteinander verbunden. Vgl. KALOUSEK 2016, 324.

115 Siehe zu diesen etwa POLLEROSS 1985.

116 Diese Lösung ist durchaus mit den Schriften von Franz von Sales zu vereinbaren, verwies dieser doch mehrfach darauf, dass Spiritualität und Mystik auch außerhalb der Klausur gelebt und erfahren werden können. Einer jungen Dame riet er etwa, ein Leben zwischen Kloster und Welt zu führen: "Il faudra donc chercher une sorte de vie, qui ne soit ny mondaine, ny religieuse, & qui n'ait ny les dangers du monde, ny les contraintes de la Religion", FRANÇOIS DE SALES 1676, 585–586.

117 Immer wieder ist von „incomoditées" der Kaiserin die Rede, die ihren Lebensabend offenbar entscheidend prägten.

118 Hierbei kam gewiss auch dem Garten, dem sich die Klosterwohnung zuwendet, als Ort des Rückzugs und der Rekreation eine besondere Bedeutung zu. Zu einem vom Geist von Franz von Sales inspirierten Beispiel des spirituellen Rückzugs in den Garten siehe CONAN 2003, 98–103.

119 Auch Jennifer Germann wies bereits für Val-de-Grâce auf Foucaults Heterotopie-Konzept hin, siehe GERMANN 2003, 55.

# Die Bildausstattung der Innenräume und ihre Funktion im klösterlichen Leben

Helmut Halb

## Bildausstattung und Bildfunktion – Eine Annäherung

Wenn im Zusammenhang mit dem Salesianerinnenkloster am Rennweg in Wien trotz seiner prominenten Lage in unmittelbarer Nachbarschaft zum Schloss Belvedere von einem von der Kunstgeschichtsschreibung lange vernachlässigten Hauptwerk des Wiener Barock gesprochen wird[1], so gilt diese Feststellung umso mehr für die Aufarbeitung der bildlichen Ausstattung der Klosterräumlichkeiten. Die bisherige Forschung konzentrierte sich hauptsächlich auf die Dekoration und Einrichtung der Klosterkirche mit ihren Fresken und Altarbildern[2], die Gemälde in den Räumen des Konvents wurden hingegen meistens ausgeklammert. Die Österreichische Kunsttopographie liefert eine überblicksmäßige Auflistung der Gemälde in den Innenräumen[3]. Eine umfassende Aufarbeitung des Bildbestandes des Wiener Salesianerinnenklosters fehlt bislang allerdings. Dies ist jedoch eine Aufgabe, welche – und das sei an dieser Stelle vorausgeschickt – der folgende kurze Beitrag ebenfalls nicht erfüllen kann. Doch ist das gar nicht seine eigentliche Intention. Auch wenn es unter Zuhilfenahme von bisher noch wenig untersuchtem Quellenmaterial aus dem Klosterarchiv[4] oder dem Nachlass der Stifterin Wilhelmina Amalia[5] in einigen Fällen gelingen mag, etwas Licht ins Dunkel von Provenienz-, Künstler- und Datierungsfragen zu bringen oder diese zumindest neu zur Diskussion zu stellen, soll das Hauptaugenmerk vielmehr auf die Funktion und Bedeutung, welche die Bilder im alltäglichen Leben der Ordensschwestern einnehmen, gelegt werden. Ebenso stellt sich die Frage, ob es einen Zusammenhang zwischen den im Kloster vorhandenen Gemälden und der jeweiligen Raumfunktion gibt. Die Konstruktion eines solchen Zusammenhangs kann und wird dabei in den meisten Fällen allerdings nicht glücken. Zu willkürlich scheinen die zahlreichen Gemälde in den Gängen, Zimmern und Sälen des weitläufigen Gebäudekomplexes verteilt zu sein. So hängen Werke unterschiedlicher Gattungen, wie Porträts, biblische Historien oder Heiligendarstellungen, die augenscheinlich von verschiedenen Künstlern aus verschiedenen Epochen stammen und inhaltlich meist keinen Bezug aufeinander nehmen, in vielen Zimmern des Klosters Seite an Seite. Es scheint so, als hätte ein konkreter Ausstattungsplan nie existiert[6]. Und doch gibt es zwei Räume, in denen die Bilder offenbar weit weniger zufällig platziert wurden. Im Gemeindezimmer und im Refektorium nehmen die Gemälde sowohl wechselseitig Bezug aufeinander als auch auf die Funktion der Räume, in denen sie sich befinden. Lassen sich also doch Hinweise auf eine gewollte und geplante Ausstattung finden und wenn ja, erfüllen die Bilder zumindest in jenen beiden Räumlichkeiten des Gebäudekomplexes konkrete Funktionen im klösterlichen Leben? Der folgende Beitrag kann als Versuch einer Annäherung an diese Fragestellung verstanden werden.

## Eine Versammlung der Ahnfrauen des Klosters – Die barocken Porträts im Gemeindezimmer

An der Südseite im Erdgeschoß der Klosteranlage befindet sich ein großer Saal, das sogenannte Gemeindezimmer, auch Assemblée genannt (Abb. 86)[7]. Der Saal wird von den Ordensschwestern als Versammlungsraum genutzt. Betritt man den Raum, erblickt man an jener Stirnwand des Saa-

◀ Abb. 86: Salesianerinnenkloster Wien, Assemblée (Gemeindezimmer), im Erdgeschoß des Südtraktes des Klosters

les, die dem Eingang am nächsten liegt, eine Reihe von Porträts. Den prominentesten Platz in der Mitte nimmt dabei das größte dieser Gemälde ein, das Bildnis der Stifterin des Wiener Salesianerinnenklosters (Abb. 3, S. 18). Wilhelmina Amalia (1673–1742), seit 1711 Witwe Kaiser Josephs I. (1678–1711), ist ganzfigurig und mittig auf einer seichten Raumbühne stehend dargestellt. Das lange, bis zum Boden reichende schwarze Kleid mit weißen Spitzenärmeln sowie der schwarze Schleier verweisen auf ihren Witwenstand. Die Kaiserin blickt dem Betrachter frontal und mit leicht angedeutetem Lächeln entgegen. Ihr rechter Arm liegt gerade am Körper an, mit ihrem linken Arm stützt sie sich auf einem etwa hüfthohen hölzernen Tisch ab, worauf sich auf einem samtenen Kissen die Krone des Heiligen Römischen Reichs befindet[8]. Links im Bildvordergrund erkennt man als Assistenzfigur einen schwarz-weiß gefleckten, auf dem Boden sitzenden Hund mit einem breiten ledernen Halsband, auf dem die goldenen Buchstaben „R" und „I" zu lesen sind. Der Kopf des Hundes ist in strengem Profil dargestellt und sein Blick richtet sich nach rechts oben zur Krone auf dem Tisch neben der Kaiserin. Bis auf den aus hellen, leicht marmorierten Holzdielen oder Steinplatten bestehenden Fußboden ist die gesamte Szene in eher dunkle, zurückhaltende Farben getaucht. Vor allem der Hintergrund erscheint äußerst dunkel. Ein rötlich-bräunlicher Vorhang, der nur schemenhaft erkennbar ist, breitet sich hinter der Figur der Kaiserin quer über den oberen Bildbereich aus. Dahinter ist eine Art Nische zu sehen, in der sich ein nicht eindeutig definierbarer Gegenstand befindet[9]. Das schwarze Witwenkleid der Kaiserin hebt sich kaum von dem dunklen Hintergrund ab. Alleine die weißen Spitzenärmel und das helle Inkarnat Wilhelmina Amalias im Gesicht, am Dekolleté sowie an den Armen kontrastieren mit der Kulisse dahinter.

In den Dokumenten des Archivs des Wiener Klosters findet sich eine sehr frühe Erwähnung dieses Porträts. Bereits in der ersten *Circulaire*, die von den Schwestern im Jahr 1720 verfasst wurde, wird das Gemälde recht ausführlich beschrieben: *Elle est en grand, en habit de Cour, avec Sa Mante, & la Couronne Imperiale auprès d'Elle, sur une table, & un carreau de velour* […][10]. Aus besagter Quelle erfährt man zudem, dass das Bildnis ein Geschenk der Kaiserin an das Kloster war und dass die Schwestern es offenbar unmittelbar nach Erhalt in das Gemeindezimmer brachten: *Il n'en n'est pas de même de Son Portrait, dont Elle a daigné nous faire present, & qui est aussi placé dans nôtre chambre des assemblées* […][11]. Daraus geht hervor, dass sich das Porträt der Kaiserin Wilhelmina Amalia von Beginn an im Gemeindezimmer des Klosters befunden haben muss. Es gehört somit sicherlich zu den ersten bildlichen Ausstattungsstücken der Stiftung überhaupt. Über den Künstler, der dieses großformatige Porträt geschaffen hat, schweigen die Quellen jedoch. Das Gemälde wurde lange Zeit dem aus Thüringen stammenden, ab ca. 1716 in Wien lebenden und unter anderem für den Kaiserhof tätigen Porträtmaler Johann Gottfried Auerbach (1697–1743) zugeschrieben[12]. Doch spätestens als bei der Restaurierung des Werks in den 1980er Jahren durch Manfred Koller eine Künstlersignatur samt Datierung entdeckt wurde, ist klar, dass das Bildnis der Kaiserin von Johann Kupezky (ca. 1666–1740) stammt[13]. Der aus der Gegend um Bratislava gebürtige und in Italien ausgebildete Maler Johann Kupezky übersiedelte um 1709, vermutlich durch Vermittlung eines der wohl bedeutendsten Wiener Kunstmäzene jener Zeit, Fürst Johann Adam von Liechtenstein, nach Wien. Hier erhielt er in rascher Folge zahlreiche Aufträge aus prominenten Adelskreisen sowie vom kaiserlichen Hof Josephs I.[14]. Die Bekanntschaft Wilhelmina Amalias mit Kupezky ist somit äußerst wahrscheinlich. Dieser Umstand dürfte neben der Tatsache, dass die Kaiserin Kupezkys Kunst offenbar schätzte, wohl ausschlaggebend dafür gewesen sein, dass Wilhelmina Amalia im Jahr 1719 für ihr Porträt erneut auf den bewährten und bekannten Maler zurückgriff und das Gemälde bei ihm bestellte.

Das Bildnis der Kaiserin als Witwe erscheint dem Betrachter als traditionelles barockes Herrscherinnenporträt, das in erster Linie Repräsentationszwecke zu erfüllen hat. Dabei sind vor allem die staatstragend wirkende, ganzfigurige Frontaldarstellung der Porträtierten sowie der Verweis auf die Reichskrone als Macht- und Standessymbol von Bedeutung. Gerade dieser Bezug zum Reich und zum Kaisertum verstärkt die Repräsentationsfunktion des Bildes zusätzlich. In diesem Kontext ist aber auch ein vermeintlich kleines Detail am Rande interessant. Die goldenen Buchstaben „R" und „I" auf dem Halsband des Hundes stehen ebenfalls mit der erwähnten Machtsymbolik und der damit einhergehenden Repräsentationsfunktion des Bildes in engem Zusammenhang. Derartige Buchstabenkombinationen auf Hundehalsbändern sind in der Kunstgeschichte weder neu oder unbekannt noch außergewöhnlich, sondern haben eine lange Tradition. So findet man sie in ähnlicher Weise etwa auch beim Porträt der Eleonore Gonzaga[15] oder bei den Bildnissen des Erzherzogs Maximilian Ernst[16] und der Erzherzogin Maria Anna[17]. Bedeuten die Buchstaben bei den beiden letztgenannten Gemälden jeweils die Initialen der Dargestellten, „M. E." für „Maximilian Ernst" und „M. A." für „Maria Anna", so stehen die Buchstaben „E. R." auf dem Hundehalsband beim Porträt der Eleonora Gonzaga vermutlich für „Eleonora Regina". Ähnlich dürfte es sich beim Bildnis Wilhelmina Amalias im Wiener Salesianerinnenkloster verhalten. Hier könnten die Buschstaben „R. I." als Kürzel für „Regina Imperatrix", also „Königin und Kaiserin/Herrscherin" stehen. Der starre Blick des Hundes geradewegs in Richtung der auf dem Tisch liegenden Krone bestätigt diesen Verweis auf das Kaisertum. Der Figur des Hundes kommt dabei zusätzlich die Rolle als Treuesymbol zu, was als Loyalität Wilhelmina Amalias zum Kaiserhaus[18] sowie zu ihrer Klosterstiftung am Rennweg und zum Orden der Heimsuchung Mariae selbst, mit dem sie ja auch persönlich zeitlebens untrennbar verbunden war, zu interpretieren ist. Damit erhält das Gemälde auch eine offizielle Funktion als repräsentatives Stifterbildnis[19].

Repräsentation und höfische Eleganz sind auch jene Begriffe, welche die nächsten beiden Gemälde zusammenfassend charakterisieren. An derselben Stirnwand des Gemeindezimmers, direkt neben dem großformatigen Porträt der Kaiserin, befinden sich zwei kleinere Bildnisse ihrer Töchter Maria Josepha und Maria Amalia in jugendlichem Alter. Auch diese Gemälde dürften sich schon immer im Gemeindezimmer befunden haben. An einer Stelle in der *Circulaire* vom 7. Jänner 1727 werden die Werke in Zusammenhang mit dem Bildnis Wilhelmina Amalias erstmalig erwähnt: [...] *le Portrait, que nous avons de Sa Majesté, dans nôtre Chambre des Assemblées, n'est pas plus magnifique, non plus que ceux de Leurs Altesses Sérénissimes les Archiduchesses ses Filles*[20]. Ob die Gemälde wiederum ein Geschenk Wilhelmina Amalias waren oder ob die Klostergemeinschaft sie direkt von den Erzherzoginnen erhalten hat, geht aus den Quellen nicht hervor. Das jugendliche Alter der Dargestellten lässt allerdings darauf schließen, dass die Bilder etwa gleichzeitig mit dem Porträt der Kaiserin, also um 1719/20 entstanden sind und sich daher vermutlich seit diesem Zeitpunkt im Gemeindezimmer befinden. Eine gemeinsame Entstehungsgeschichte der drei Gemälde liegt somit nahe.

Das Porträt Maria Amalias (1701–1756), der jüngeren Tochter (Abb. 5, S. 20), zeigt diese als Halbfigur in einem hochovalen Bildausschnitt vor dunklem Hintergrund[21]. Sie blickt dem Betrachter frontal entgegen. Mit den großen Augen, den glatten Gesichtszügen und den rötlichen Wangen, die sich leicht vom übrigen sehr hellen Inkarnat abheben, wirkt die Porträtierte äußerst vornehm und damenhaft. Die weiße Perücke der jungen Fürstin ist mit mehreren Edelsteinen besetzt und hinter ihrem Haupt zusammengebunden. Lediglich auf den Schultern sind rechts und links Lockensträhnen zu sehen. Maria Amalia trägt einen blauen hermelinbesetzten Mantel, der in teils bauschigen Falten ihren Oberarm auf der linken Bildseite verdeckt und jenen auf der rechten Seite freigibt. Das Blau des Mantels changiert von dunkelblau bis hellblau und schimmert dabei an manchen Stellen seidig-samtig im Licht, welches von links vorne auf die Porträtierte trifft. Unter dem Mantel wird ein äußerst edel wirkendes, goldbesticktes Kleid mit floralen Mustern und weißen Spitzen an den Dreiviertelärmeln und am weiten Dekolletee sichtbar. Um die schmale Taille und an der Brust trägt sie jeweils eine Kette aus Edelsteinen, wovon jene an der Brust derart kunstvoll ineinander verschlungen ist, dass sie die Initialen „M. A." für „Maria Amalia" ergibt. Am oberen Ende ist die Kette mit einem kleinen stilisierten Erzherzogshut versehen, welcher die genannten Initialen zusammenzuhalten scheint. Dieser korrespondiert mit jenem Erzherzogshut, der am rechten Bildrand neben der Porträtierten auf einem roten Samtkissen ruht. Durch ihre höfisch noble und vornehme Haltung, die gekonnte Wiedergabe besonders kostbar wirkender Stoffe sowie nicht zuletzt durch den doppelten Verweis auf das österreichische Erzherzogtum, erhält das Gemälde einen überaus repräsentativen und staatstragenden Charakter. Daneben ist aber, gewissermaßen als Kontrapunkt dazu, aufgrund der großen ausdrucksstarken Augen der Dargestellten und des leicht keck wirkenden Gesichtsausdrucks eine unbestreitbar individuelle Note und eine Abkehr vom repräsentativen Schematismus bemerkbar. Die Datierung des Bildes mit 1720, wie in der Literatur vorgeschlagen, erscheint plausibel[22]. Maria Amalia wäre zu diesem Zeitpunkt 19 Jahre alt gewesen, was ihrem jugendlichen Aussehen auf dem Bild durchaus entspricht. Da sie zudem als österreichische Erzherzogin dargestellt ist, ohne die Insignien des bayrischen Kurfürstentums, muss das Gemälde noch vor ihrer Hochzeit mit Karl Albrecht von Bayern im Jahr 1722[23] entstanden sein.

Was die künstlerische Handschrift betrifft, scheint das erwähnte zweite Porträt (Abb. 4, S. 20) in dieselbe Richtung wie jenes der Maria Amalia zu tendieren. Sowohl der Typus des Halbfigurenporträts als auch der Stil sind gut miteinander vergleichbar. So sind die Körperhaltung, die Form der Perücken und der schmückenden Ketten und Broschen, die Detailgenauigkeit bei der Darstellung der kostbar wirkenden Gewänder oder die Draperien der Mäntel bei beiden Porträts sehr ähnlich. Auch hier wird, vergleichbar mit dem Porträt Maria Amalias, einerseits der staatstragende, repräsentative Charakter hervorgehoben und andererseits der ganz eigene, individuelle Gesichtsausdruck der Porträtierten betont. Die Österreichische Kunsttopographie geht davon aus, dass es sich bei der Dargestellten um ein weiteres Porträt der Maria Amalia handelt, auf dem sie diesmal jedoch nicht als österreichische Erzherzogin, sondern als Kurfürstin von Bayern dargestellt ist[24]. Allerdings deutet bei dem Gemälde nichts auf die bayrische Kurfürstenwürde hin, weshalb diese Annahme bezweifelt werden muss. Vielmehr handelt es sich bei dem Bildnis mit hoher Wahrscheinlichkeit um jenes Porträt Maria Josephas (1699–1757), der um zwei Jahre älteren der beiden Töchter Wilhelmina Amalias, von dem in der weiter oben erwähnten *Circulaire* von 1727 berichtet wird[25], und die hier wie ihre Schwester als österreichische Erzherzogin dargestellt ist. Aufgrund dessen ist die in der Literatur vorgeschlagene Datierung des Gemäldes mit 1723 ebenfalls in Frage zu stellen[26]. Zu diesem Zeitpunkt war Maria Josepha bereits seit vier Jahren mit dem sächsischen Kurfürsten Friedrich August II. verheiratet[27]. Sämtliche Hinweise auf das sächsische Kurfürstentum fehlen allerdings auf dem Gemälde, weshalb es wohl noch vor ihrer Hochzeit entstanden sein muss und daher eine Datierung in das Jahr 1719 wahrscheinlicher ist. Somit ist von einer ungefähr zeitgleichen Entstehung der Porträts der beiden Schwestern auszugehen, was zusammen mit den typologischen und stilistischen Ähnlichkeiten die Vermutung nahelegt, dass es sich hierbei um denselben Maler handelt und die beiden Gemälde möglicherweise als Pendants fungieren sollten.

Über den ausführenden Künstler, der mutmaßlich der Urheber beider Porträts ist, finden sich in den Archivbeständen des Klosters jedoch keinerlei Hinweise. Die Österreichische Kunsttopographie listet das Bildnis der Maria Amalia im Gemeindezimmer des Wiener Salesianerinnenklosters als Werk des niederländischen Malers Frans van Stampart (1675–1750). Dabei wird auf die entsprechende Signatur auf der Rückseite des Gemäldes verwiesen[28]. Die Zuschreibung an van Stampart ist allerdings nicht eindeutig belegbar, denn bei der Besichtigung des Porträts vor Ort konnte die angeblich vorhandene Signatur weder auf der Rückseite noch auf der Vorderseite des Gemäldes gefunden werden. Für van Stampart spräche jedoch seine Verbindung zum Wiener Kaiserhof. Der 1675 in Antwerpen geborene Maler und Stecher kam nämlich 1698 nach Wien und trat hier als Porträtist in die Dienste Kaiser Leopolds I. Daneben war er gleichermaßen für den Klerus und diverse Adelsfamilien tätig. Auch unter Kaiser Joseph I. arbeitete van Stampart als Porträtmaler am Wiener Hof[29]. Die Bekanntschaft der Kaiserin Wilhelmina Amalia und derer beiden Töchter mit dem Antwerpener Künstler ist somit evident. Zudem dürfte die Kaiserin tatsächlich einige Gemälde van Stamparts besessen haben. Dies geht zumindest aus ihrem Nachlassinventar hervor, in dem mehrere Bilder des Künstlers angeführt sind[30]. Daneben lassen sich im stilistischen Vergleich Übereinstimmungen aber auch Unterschiede zwischen dem Bildnis Maria Amalias respektive jenem ihrer Schwester Maria Josepha und anderen Werken van Stamparts finden. Als Beispiel kann etwa die Porträtserie, die der Antwerpener Künstler in den Jahren 1713–1716 im Auftrag Friedrich Karl von Schönborns für die Ausstattung seines sich gerade im Bau befindlichen Familienschlosses in Göllersdorf malte, herangezogen werden[31], wo Stoffe und Muster der Gewänder in ähnlicher Art und Weise akribisch genau wiedergegeben sind. Besonders diese präzise Schilderung von Details gilt als Spezialität Frans van Stamparts[32]. Der Hang zur Wiedergabe individueller Züge bei den Dargestellten ist beim Antwerpener allerdings weit weniger ausgeprägt, wodurch der repräsentative Charakter bei den Göllersdorfer Bildern eindeutig überwiegt.

Dass Frans van Stampart tatsächlich für eines oder beide Porträts verantwortlich ist, bleibt demnach fraglich. Eine andere Lösung des Problems wäre womöglich ein erneuter Blick auf Johann Kupezky. Schließlich hatte der Maler die Erzherzoginnen 1709, als die Kaisertöchter noch im Kindesalter waren, schon einmal nachweislich porträtiert[33]. Es ist gut denkbar, dass sie Kupezky als jugendliche Damen noch einmal Modell gestanden haben. Diese Möglichkeit wird zusätzlich dadurch unterstützt, dass es im Nachlassinventar Wilhelmina Amalias einen Hinweis auf Johann Kupezky im Zusammenhang mit den Porträts Maria Amalias und Maria Josephas gibt. Hierin findet sich folgende interessante Stelle: *3 Portraits, worunter eines oval Ihro Mt. der Kayserin und Churfürstin zu Bayern Mariae Amaliae als Ertzhertzogin gemahlt. Eines dieser Portraits von Copezki gemahlt. 2 Portraits, eines oval und das andere von Kopezki gemahlt, Ihro Mt. die Königin in Pohlen Mariae Josephae als Ertzhertzogin gemahlt*[34]. Da offenbar mehrere Porträts der Erzherzoginnen existierten und aus dieser Passage nicht eindeutig hervorgeht, welche dieser Bildnisse letztendlich von Kupezky stammen, ist die Frage, ob es sich bei den beschriebenen Porträts tatsächlich um jene im Gemeindezimmer handelt, alleine mittels der zitierten Quelle nicht eindeutig zu beantworten. Stilistisch würden die Gemälde jedenfalls in das Oeuvre Kupezkys passen[35]. Beiden Bildern ist die für den Künstler typische gelungene Mischung aus der vom Auftraggeber geforderten Repräsentation einerseits und einem gewissen Realismus und menschlichem Individualismus in der Darstellung andererseits gemein. Kupezky schafft es praktisch in allen seinen Porträts beide sich eigentlich widersprechenden Aspekte zu verschmelzen, was sowohl bei den Bildnissen der Erzherzoginnen als auch bei jenem der Wilhelmina Amalia deutlich erkennbar ist[36]. So gesehen ist eine vorsichtige Zuschreibung der Porträts Maria Amalias und Maria Josephas an Kupezky möglich. Der Auftrag, den der Künstler im

Zeitraum zwischen 1719 und 1720 von der Kaiserinwitwe erhalten und ausgeführt hat, hätte somit nicht nur ihr eigenes, sondern auch jene Porträts ihrer beiden Töchter umfasst, welche Wilhelmina Amalia dem Kloster als eine Art Familienporträt zum Geschenk gemacht haben könnte.

Das vierte Porträt an der Stirnwand des Gemeindezimmers zeigt in einem hochovalen Bildausschnitt eine weitere weibliche Halbfigur, welche wie die Stifterin Wilhemina Amalia in Witwentracht dargestellt ist (Abb. 87). Sie trägt ein schwarzes Kleid und ihr Haupt ist von einem seidig und leicht wirkenden, durchscheinenden schwarzen Schleier bedeckt, welcher mittig am Dekolletee verknotet ist. Als einziges Schmuckstück ist unter diesem Knoten eine große Brosche oder Kette aus Edelsteinen zu sehen. Ein an der Außenseite dunkelblau schimmernder, hermelinbesetzter Mantel ist derart um die Figur drapiert, dass die Arme der Dargestellten nicht sichtbar sind. Die Dame blickt dem Betrachter im Dreiviertelprofil entgegen und ihre Lippen formen ein leichtes Lächeln, wodurch die ansonsten ernste Miene und steife Haltung etwas gelöster und freundlicher wirken. Die rötliche Backen- und Kinnpartie hebt sich farblich geringfügig vom sehr hellen Inkarnat ab, welches seinerseits mit dem dunklen, bräunlich-beigen und vollkommen ungestalteten Hintergrund kontrastiert. Dass es sich bei dem Bildnis wiederum um ein repräsentatives Herrscherporträt handelt, zeigt nicht zuletzt die Präsenz der Krone, von der ein Teil am linken Bildrand sichtbar ist.

Was die Identifizierung der dargestellten Dame als Kaiserin Elisabeth Christine von Braunschweig-Wolfenbüttel (1691–1750), der Schwägerin Wilhemina Amalias betrifft, so ist der Österreichischen Kunsttopographie zu folgen. Die charakteristischen Gesichtszüge, wie sie auch auf dem Bild im Wiener Salesianerinnenkloster zu Tage treten, sind durch zahlreiche andere Porträts der Kaiserin dokumentiert. Auch die Datierung des Gemäldes in die 1740er Jahre wird durch den wiedergegebenen Witwenstand der Kaiserin bestätigt[37]. Wesentlich uneindeutiger und problematischer ist jedoch abermals die Künstlerfrage, da es dazu keinerlei dokumentarische Hinweise in den Archivbeständen des Klosters gibt. Als Urheber dieses unsignierten Bildnisses kommen mehrere Maler in Betracht. Johann Kupezky, der Elisabeth Christine nachweislich porträtierte[38], war zu dem Zeitpunkt, als die Kaiserin in den Witwenstand trat, bereits verstorben und muss deshalb als Künstler ausscheiden[39]. Frans van Stampart und Rosalba Carriera kommen ebenfalls als ausführende Künstler in die engere Auswahl, zumal eine Stelle im Nachlassinventar Wilhemina Amalias in Zusammenhang mit mehreren Porträts Kaiser Karls VI. und Elisabeth Christines, die sich in Besitz der Kaiserin befan-

▲ Abb. 87: Kaiserin Elisabeth Christine von Braunschweig Wolfenbüttel als Witwe, Kopie (?) nach Jean-Étienne Liotard, um 1743, Salesianerinnenkloster Wien

den, dezidiert auf diese beiden Maler hinweist[40]. Als weiterer Name in der Reihe der möglichen Urheber des Porträts taucht schließlich noch Martin van Meytens beziehungsweise dessen Werkstatt auf[41]. Der in Stockholm geborene und aus einer niederländischen Künstlerfamilie stammende Martin van Meytens (1695–1770) war ab den 1730er Jahren ständig in Wien ansässig. 1732 erhielt er eine Anstellung als kaiserlicher Kammermaler unter Karl VI. und war in der Folge vorwiegend als Porträtist für das habsburgische Herrscherhaus tätig[42]. Besonders ab den 1740er Jahren, unter der Regentschaft Maria Theresias, der Tochter Elisabeth Christines, war van Meytens als vielbeschäftigter Porträtmaler zusammen mit seiner immer größer werdenden Werkstatt und Schülerschaft[43] sehr erfolgreich und avancierte zum Lieblingsporträtisten der neuen Herrscherin[44]. Martin van Meytens war also zur Entstehungszeit des Gemäldes sicherlich der gefragteste Bildnismaler am Wiener Hof. Auch sind stilistische Ähnlichkeiten zwischen anderen Werken des Malers und dem Porträt Elisabeth Christines im Wiener Salesianerinnenkloster tatsächlich nicht von der Hand zu weisen. Der höfisch-repräsentative Charakter des Bildes, die elegante Ausführung sowie die präzise Malweise sind Merkmale, die bei zahlreichen Arbeiten des Künstlers zu finden sind[45]. Eine mögliche Urheberschaft des Stockholmer Malers oder dessen großer Werkstatt scheint demnach durchaus denkbar.

Doch sollte man bei der Betrachtung des Bildes das Augenmerk auch auf einen anderen Künstler legen, der zu Beginn der Regierungszeit Maria Theresias ebenso als angesehener Porträtmaler im Umkreis des Wiener Hofs arbeitete. Der 1702 in Genf geborene, vorwiegend als Öl- und Pastellmaler tätige Jean-Etienne Liotard (1702–1789) kam auf seinen ausgedehnten Reisen quer durch Europa im Jahr 1743 erstmals in die kaiserliche Residenzstadt an der Donau. Hier sollte er die nächsten eineinhalb Jahre verbringen und in dieser kurzen Zeit bei seinen adeligen Auftraggebern beträchtliche Erfolge feiern. Er erhielt zwar keine offizielle Anstellung am Kaiserhof, wie beispielsweise van Meytens oder van Schuppen, war aber dennoch als Bildnismaler äußerst gefragt[46]. Im Gegensatz zu den offiziellen, großformatigen Staatsporträts van Meytens, in denen die Personen meist ganzfigurig vor Architekturkulissen und umgeben von Herrschaftssymbolen wiedergegeben werden, sind Liotards Bilder nicht nur vom Format her gewöhnlich kleiner, sondern sie vermitteln auch einen viel intimeren, privateren Eindruck. Liotard verzichtet weitgehend auf erzählerische Komponenten, wie Schilderungen von Insignien, großen Draperien und Möbeln, oder setzt sie nur sehr sparsam ein. Er reduziert die Darstellung in der Regel auf Halbfiguren und konzentriert sich auf die Person selbst, die den Bildraum oft fast zur Gänze auszufüllen scheint[47]. In diesem Sinne sind die meisten Bildnisse Liotards keine formellen Staatsporträts, sondern vielmehr eine Art semiprivater Schnappschüsse. Dass er wahrscheinlich gerade deswegen großen Erfolg bei seinen Auftraggebern hatte, beweist die Tatsache, dass er bei seinem ersten Wiener Aufenthalt gleich mehrere Porträts von bedeutenden Familienmitgliedern der Habsburger anfertigte, worunter sich auch eines der Kaiserinwitwe Elisabeth Christine befindet[48]. Dieses Pastell-Bildnis Liotards[49] weist deutliche Ähnlichkeiten mit dem Porträt der Kaiserinwitwe im Wiener Salesianerinnenkloster auf. Die jeweiligen Kompositionen stimmen weitgehend überein. Die Haltung der Figur, die Faltengebung des Schleiers und der Gesichtsausdruck sind praktisch ident mit dem Wiener Bild, nur der Mantel, die Brosche an der Brust sowie die Krone am linken Bildrand fehlen bei Liotards Pastell. Außerdem wird beim Porträt im Salesianerinnenkloster der Figur mehr Raum gegeben. Elisabeth Christine ist nicht so nahe an den Betrachter gerückt, wodurch mehr Platz für Draperien und Krone frei werden. Insgesamt sind die Analogien zwischen dem Pastell Liotards und dem Bildnis in Wien derart auffallend, dass sich die Frage stellt, ob es sich beim Porträt im Gemeindezimmer um eine eigenhändige Variante des Künstlers oder doch um eine Kopie nach dem Original Liotards handelt. Gegen den Genfer Künstler spricht, dass gerade seine Bilder oft kopiert wurden. Alleine vom Porträt Elisabeth Christines existieren mehrere Repliken in jeweils leicht unterschiedlichen Ausformungen[50]. Das Original Liotards, das heute in den Kunstsammlungen des Weimarer Schlossmuseums aufbewahrt wird, befand sich bis in die 1780er Jahre in der kaiserlichen Bildergalerie im Belvedere in Wien und erlangte sicherlich auch durch den Kupferstich Johann Christoph Reinspergers allgemeine Verbreitung und Bekanntheit[51]. So gesehen könnte das Porträt im Salesianerinnenkloster die Reihe der Repliken fortführen. Für Liotard als Urheber des Bildes spricht hingegen nicht nur seine Nähe zum kaiserlichen Hof, welcher ihm den Auftrag für die Ausführung eines Porträts Elisabeth Christines in mehreren Varianten erteilt haben könnte, sondern auch die hohe künstlerische Qualität des Bildes. Im Vergleich mit den anderen bekannten Versionen[52] ist es zweifellos das künstlerisch reifste. Für eine endgültige Klärung dieser Frage müssen wohl noch weitere Untersuchungen folgen.

Das letzte Porträt an jener Stirnwand des Gemeindezimmers zeigt eine als Halbfigur wiedergegebene, jugendlich wirkende Dame vor einem ungestalteten, gräulichen Hintergrund (Abb. 6, S. 21). Ihre Körperhaltung ist leicht gedreht und ihr Blick frontal auf den Betrachter gerichtet. Die junge Frau trägt ein hellblaues Kleid mit goldenen Applikationen an den Ärmeln und im Brustbereich. Ihre Arme sind unter einem wuchtig wirkenden, weißen Hermelinmantel verborgen. Als Herrschaftssymbol dient wiederum eine Krone, die am rechten Bildrand erkennbar ist. Erneut wird damit großer Wert auf herrschaftliche Repräsentation gelegt. Die Porträtierte wurde bisher als die ältere Tochter Wilhelmina Amalias, Maria Josepha, identifiziert[53]. Diese Annahme muss jedoch in Zweifel gezogen werden, denn die typischen Gesichtszüge, wie man sie von zahlreichen Porträts kennt, sowie nicht zuletzt die Krone, die aufgrund ihres Erscheinungsbildes nur die Wenzelskrone darstellen kann, lassen einzig den Schluss zu, dass es sich bei der Dame um die junge Maria Theresia (1717–1780) handeln muss[54]. Sie wird hier offenbar als frisch gekrönte Königin von Böhmen gezeigt, weshalb das Bild wohl 1743 oder unmittelbar danach entstanden sein muss. Wann und wie dieses Bild seinen Weg ins Gemeindezimmer des Salesianerinnenklosters gefunden hat, lässt sich nicht feststellen und über den Maler, der dieses Bild geschaffen hat, schweigen die Quellen ebenfalls. Im Vergleich zu den vorangegangenen Porträts liegt die künstlerische Qualität bei diesem Bildnis auf einem erkennbar niedrigeren Niveau. Die Detailschilderungen, wie etwa die Goldapplikationen am Kleid, die Schmucksteine oder die weißen Spitzen am Dekolletee, wirken zwar bemüht, sind allerdings weniger elaboriert und erreichen nicht die Meisterschaft wie sie beispielsweise beim Bildnis der Maria Amalia zu beobachten ist. Auch die Proportionen sind nicht ganz stimmig. So scheint der Kopf im Vergleich zum restlichen Körper etwas zu klein geraten zu sein. Generell erhält man fast den Eindruck, als ob Kopf und Körper zwei unterschiedliche Versatzstücke sind, die mehr oder weniger glücklich miteinander verbunden wurden. Dies nährt die Vermutung, dass Maria Theresia dem Künstler nicht Modell gesessen war, sondern dieser das Porträt aus mehreren Vorbildern zusammengesetzt hat. Diese Vorbilder könnten wiederum aus dem Umkreis Martin van Meytens und Jean-Étienne Liotards kommen. So erinnert die Körperhaltung samt Kleid und Hermelinmantel etwa an eines der zahlreichen Porträts Liotards aus der Zeit seines ersten Wiener Aufenthalts in den 1740er Jahren[55]. Der Kopf und insbesondere die Nase-Mund-Partie weisen wiederum Ähnlichkeiten zu einem Kupferstich von Philip Andreas Kilian auf, der nach einem nicht näher bekannten Gemälde van Meytens entstanden ist[56]. Es erscheint demnach ganz so, als ob das Porträt der Maria Theresia im Wiener Salesianerinnenkloster eine Amalgamierung verschiedener Vorbilder ist, dessen Urheber wohl bis auf weiteres unbekannt bleiben muss[57].

Schließlich seien noch zwei weitere Porträts an der gegenüberliegenden Stirnwand des Gemeindezimmers erwähnt. Es handelt sich um halbfigurige Darstellungen der beiden Ordensgründer. Der hl. Franz von Sales (1567–1622) ist als Bischof von Genf zu sehen (Abb. 23, S. 55). Sein Blick ist nach oben gerichtet und die Finger seiner linken Hand umfassen das Kreuz an seiner Brust. Die hl. Johanna Franziska Frémyot von Chantal (1572–1641) ist in Schwesterntracht und in andächtiger Haltung mit gefalteten Händen wiedergegeben (Abb. 22, S. 55). Beide mittelformatigen Gemälde befanden sich, gleich wie die Porträts Wilhelmina Amalias und ihrer Töchter, von Beginn an in diesem Raum. In der *Circulaire* vom 27. Juli 1720 wird nämlich bei einer Beschreibung des Gemeindezimmers eigens auf diese beiden Bilder hingewiesen: […] *l'on y voit trois beaux Tableaux, dont l'un est un Crucifix, & les deux autres de nôtre Saint Fondateur, & de nôtre Venerable Mere de Chantal* […][58]. Dabei wird kein Künstler namentlich genannt, doch scheinen zumindest die Herkunft und die Datierung der Gemälde einigermaßen sicher zu sein. Sie sollen nämlich aus dem Mutterkloster des Heimsuchungsordens in Annecy stammen: […] *ces deux dernieres pieces sont fort bien faites, & viennent de nôtre cher Monastere d'Annecy* […][59]. Man könnte demnach annehmen, dass die Porträts als eine Art Mitgift des Mutterklosters für die neue Gründung in Wien gedacht waren, sie scheinen jedoch offenbar in Besitz Wilhelmina Amalias gewesen zu sein. Die Kaiserin machte die Bilder dem Kloster dieses Mal allerdings nicht zum Geschenk, sondern stellte sie den Schwestern lediglich als Leihgabe zur Verfügung: *Sa Majesté ne fait que nous les preter, disant agreablement, qu'elle les estime trop pour nous les donner tout-a-fait*[60]. Wilhelmina Amalia schätzte die Bildnisse der beiden Ordensgründer anscheinend so sehr, dass sie sie nicht aus der Hand geben wollte. Betrachtet man nun schließlich noch einmal die Porträts Wilhelmina Amalias, ihrer Töchter Maria Amalia und Maria Josepha sowie jene der Kaiserin Elisabeth Christine und ihrer Tochter Maria Theresia, stellt man fest, dass gleich mehrere habsburgische Fürstinnen im Gemeindezimmer des Wiener Salesianerinnenklosters vertreten sind. Die grundlegende Funktion dieser Herrscherinnenporträts wurde bereits mehrfach angesprochen. Sie sollen primär der Repräsentation der dargestellten Person dienen. Doch daneben spielt vor allem die Memorialfunktion der Gemälde eine zentrale Rolle. Was den Aspekt der Erinnerung betrifft, ist die Sachlage beim Porträt der Wilhelmina Amalia eindeutig. Das Salesianerinnenstift auf dem Rennweg war ihr persönliches Lebenswerk, das sie spätestens seit ihrem Brief an den Erzbischof von Mechelen vom 26. Dezember 1716[61], in dem sie ihren Plan einer Klostergründung erstmals schriftlich formulierte, unablässig verfolgte. Zur Finanzierung des Baus und der Innenausstattung von Kirche und Kloster verwendete sie praktisch ihr gesamtes Vermögen[62], und nach dem Einzug in ihre an das Kloster angeschlossenen Privatgemächer im Jahr 1722 verließ sie diese nur noch selten, um die meiste Zeit in ihrer Stiftung verbringen zu können[63]. Sie verlegte also ihren Lebensmittelpunkt von der Hofburg ins Kloster, in welchem sie schließlich 1742 nach einer langwierigen und schweren Krankheit auch verstarb und begraben wurde[64]. Ihr Porträt im Gemeindezimmer ist somit vor allem als Erinnerungsstück an sie als Stifterin des Klosters zu betrachten. Die Schwestern sollten so auch in Zukunft ihr Andenken bewahren – und es verfehlte seine Wirkung nicht. Dies kommt etwa dadurch zum Ausdruck, dass die Schwestern schon in der bereits erwähnten *Circulaire* von 1720 auf die große Bedeutung dieses Porträts für die Klostergemeinschaft hingewiesen haben: […] *que ce nous est une extreme consolation d'avoir cette Grande Princesse devant les yeux dans toutes nos Communautez*[65]. Das Bildnis der Stifterin erhält demnach tatsächlich eine Art Memorialfunktion. Es soll die gesamte Kommunität des Klosters an die Großzügigkeit und enge Verbundenheit Wilhelmina Amalias mit dem Heimsuchungskloster am Rennweg auch über ihren Tod hinaus gemahnen. Doch wie stehen die restlichen Porträts mit dieser Memorialfunktion für die Klosterschwestern in Zusammenhang und wie sind die dargestellten herrschaftlichen Damen mit der Stiftung Wilhelmina Amalias verbunden?

Die beiden Töchter Wilhelmina Amalias standen der Klosterstiftung ihrer Mutter zeitlebens jedenfalls sehr nahe. Sie waren von Beginn an in das Projekt involviert und schon bei der Grundsteinlegung des Klosters am 13. Mai 1717 anwesend, was in der Gründungsurkunde eigens zur Sprache kommt: *Nachdeme an erstbemeltem Tag und Jahr vor Höchstbesagte Verwittibte kayserliche Majestät etc. sammt Dero beeder Erzherzoginen Maria Josepha und Amalia Durchl. Durchl. unter Begleitung Dero Hof-Staat Sich dahin erhoben, und in Höchster Person würcklich zugegen waren [...]*[66]. Zudem sollten sie nach dem Willen der Mutter im Falle ihres frühzeitigen Todes als Schutzfrauen der Stiftung fungieren und diese in ihrem Sinne weiterführen. Dies legte Wilhelmina Amalia in einem vorläufigen Stifterbrief fest, den sie noch im Jahr der Grundsteinlegung am 29. Dezember 1717 ausstellte. Hierin heißt es am Ende des Schreibens: *Et si je viens a mourir avant l'accomplissement des points icy marquez, je recommande la prompte execution de tout le reste a la pieté, & tendresse des Archiduchesses, mes tres cheres Filles, que Dieu veüille en recompenser au centuple, & assister toûjours de sa tres Sainte Grace, & leur donner sa Divine Benediction*[67]. Doch auch nachdem Maria Josepha und Maria Amalia bereits verheiratet waren und als Kurfürstinnen von Sachsen beziehungsweise Bayern schon lange nicht mehr in Wien lebten, standen sie nach wie vor in regelmäßigem brieflichen Kontakt mit dem Kloster[68]. Die Verbindung Maria Josephas und Maria Amalias zur Stiftung ihrer Mutter blieb demnach über viele Jahre hindurch dauerhaft bestehen[69].

Ein intensives Verhältnis zum Wiener Salesianerinnenkonvent pflegte auch Kaiserin Elisabeth Christine von Braunschweig-Wolfenbüttel. Wilhelmina Amalia verfügte in der endgültigen Stiftungsurkunde vom 20. September 1736, dass das Kloster nach ihrem Tod unter den Schutz ihrer Schwägerin gestellt werden soll: *Zweytens. Nach Unserem [Wilhelmina Amalias] Tod legen Wir solche Stifftung unter den Schutz der Kayserin, Unserer Hertzliebsten Frauen Schwägerin und Schwester [...]*[70]. Neben der gemeinsamen Familiengeschichte verband die beiden zudem offenbar eine tiefe Freundschaft zueinander. Es wird von regelmäßigen Besuchen Elisabeth Christines bei Wilhelmina Amalia im Kloster berichtet[71]. Gegenüber der Stiftung ihrer Schwägerin zeigte sich Elisabeth Christine außerdem überaus großzügig und trat als Wohltäterin auf. So spendete sie etwa Geldbeträge für Messgewänder oder versorgte das Kloster mit Nahrungsmitteln, was von den Klosterschwestern dankend angenommen und schriftlich festgehalten wurde: *Nous avons aussi fait faire plusieurs Chasubles, & un Ornement complet, de deux habits magnifiques que SA MAJESTÉ L'IMPERATRICE ELIZABETH Doüairiere nous fit la grace de nous donner, cette Auguste & digne Princesse nous comble de bontés: nous avons compté jusqu'a plus de deux cens florins qu'Elle nous donna en moins d'un an, & quatre-vingt ducats pour un Ornement de Chenilles, que nos Soeurs ont eu l'honneur de faire pour SA MAJESTÉ; avec cela Elle a encore donné les fournitures [...]*[72].

In derselben Stiftungsurkunde, in der Wilhelmina Amalia ihre Schwägerin zu ihrer Nachfolgerin als Schutzfrau der Klostergründung ernannte, bestimmte sie auch, dass nach Elisabeth Christines Tod *jederzeit die hiesigen Lands-Fürstinen, so lang jede leben wird, der Stifftung Schüzerinen und folgsam Ihre jeweilige Obriste Hofmeistere Con-Directores seyn* sollen[73]. Als Kaiserin Elisabeth Christine 1740 Witwe wurde, übernahm ihre älteste Tochter Maria Theresia als neue Landesfürstin die Regierungsgeschäfte ihres Vaters und trat somit gleichzeitig wohl auch ihre Schutzfrauenfunktion im Salesianerinnenkloster an. Dabei war gerade Maria Theresia besonders eng, ja sogar auf eine ganz persönliche Art und Weise mit der Stiftung Wilhelmina Amalias verbunden. Sie selbst soll darauf hingewiesen und gesagt haben: *Il faut que je m'intéresse à cette Maison; car feue ma Tante l'Impératrice Amélie m'a souvent répété que je devois l'aimer, parce qu'elle étoit née avec moi*[74]. Maria Theresia spielte damit auf die Grundsteinlegung des Klosters am 13. Mai 1717 an, dem Tag, an dem sie geboren wurde. Sie feierte sozusagen gemeinsam mit dem Kloster Geburtstag. Auch sie trat dem Kloster wohlwollend gegenüber und bedachte die Stiftung immer wieder mit Geschenken[75].

Alle fünf dargestellten Fürstinnen sind demnach mit der Geschichte des Klosters am Rennweg untrennbar verbunden. Die Herrscherinnenporträts im Gemeindezimmer des Wiener Salesianerinnenklosters sind folglich als eine Art Ahnengalerie zu betrachten, die, beginnend mit dem Bildnis der Stifterin, im Laufe der Zeit kontinuierlich angewachsen ist. Dabei sei jedoch betont, dass es keinerlei Vorschriften seitens des Ordens der Heimsuchung Mariens für die bildliche Ausstattung von Klosterräumlichkeiten wie dem Gemeindezimmer gibt. Es gibt kein festgelegtes Programm, wonach der Raum mit Porträts oder sonstigen Bildern ausgestattet werden soll[76]. Diese mit der Zeit gewachsene Ahnengalerie war sicherlich nicht in dieser Form von Beginn an geplant. Doch auch wenn solche Vorgaben nicht existieren, ist das Anbringen jener Porträts in eben diesem Raum des Klosters sicherlich kein Zufall. Dies hängt zum einen gewiss mit der speziellen Situation der Wiener Stif-

▲ Abb. 88: Salesianerinnenkloster Wien, Refektorium, im Erdgeschoß des Südtraktes des Klosters

tung zusammen, wo Generationen von Herrscherinnen eines bestimmten Hauses die Patronanz über das Kloster innehatten. Es war den adeligen Damen und den Klosterschwestern daher sicherlich ein Anliegen, einen adäquaten Platz für die Erinnerung an sie zu finden. Zum anderen muss man sich zum besseren Verständnis dieser Ahnengalerie noch einmal die Funktion des Raumes vergegenwärtigen. Das Zimmer fungiert, wie schon der französische Name *Assemblée* klar zum Ausdruck bringt, als Versammlungsraum für die Klostergemeinschaft. Im Gegensatz zum Kapitelsaal, der ebenfalls als Ort der Zusammenkunft der Schwestern dient und in dem mit dem Lesen der Kapitel der Ordensregeln oder der Wahl der Oberin durchwegs formale Versammlungen stattfinden, besitzt das Gemeindezimmer einen eher informellen Charakter. Hier trifft sich die klösterliche Gemeinschaft zu geistlichen Übungen, zum gemeinsamen Arbeiten, zu feierlichen Anlässen oder zur sogenannten Rekreation, der gemeinschaftlichen Erholung[77]. Die Klostergemeinschaft versammelt sich demnach bildlich gesprochen unter den Augen ihrer Ahn- und Schutzfrauen. Somit stehen die Repräsentations- und Memorialfunktion der Gemälde mit der Funktion des Raumes,

in dem sie sich befinden, in Relation zu einander und das Gemeindezimmer wird zum Versammlungsraum der Klostergemeinschaft im Zeichen der Erinnerung an ihre Wohltäterinnen. Schließlich wird diese weltliche Ahnengalerie noch durch eine geistliche vervollständigt. Die Bildnisse der beiden Ordensgründer, des hl. Franz von Sales und der hl. Johanna Franziska Frémyot von Chantal, schließen den Kreis der Versammlung im Gemeindezimmer, in dem sich die Klosterschwestern damals wie heute einfinden.

### Der Mensch lebt nicht von Brot allein – Materielle und spirituelle Nahrung im Refektorium

Unmittelbar neben dem Gemeindezimmer liegt das Refektorium des Wiener Salesianerinnenklosters (Abb. 88). Die schlichte Einrichtung des Speisesaals, die aus hölzernen Tischen und Bänken sowie einer erhöhten Betkanzel besteht, stammt noch aus der Erbauungszeit[78]. An der südlichen Längsseite des großen, rechteckigen Raums befinden sich die Fenster, die den Blick auf den Garten freigeben. An den übrigen Wänden sind insgesamt sechs Ölgemälde zu sehen, je eines an jeder Stirnwand und vier an der nördlichen Längsseite. Inhaltlich zeigen alle Bilder sakrale Themen, wobei fünf der Gemälde Szenen aus dem Neuen Testament schildern und eines eine Geschichte aus dem Alten Testament erzählt. Konkret handelt es sich um die Darstellungen: Christus am Kreuz, Christus in Emmaus, Christus bei Maria und Martha, Christus und die Samariterin, Elias mit dem Engel sowie Christi Versuchung durch den Teufel.

Das hochformatige Gemälde mit der Darstellung Christi am Kreuz (Abb. 89) befindet sich an einer der Stirnwände des Refektoriums, direkt über dem Tisch der Oberin[79]. Im Bildvordergrund weisen der auf dem kargen Erdboden liegende Totenschädel und die menschlichen Knochen auf die Hinrichtungsstätte Golgatha als Ort des Geschehens hin, welcher sich vor den Toren der Stadt Jerusalem befindet,

▼ Abb. 89: Christus am Kreuz, um 1719/20, Salesianerinnenkloster Wien

von der weit im Hintergrund am Horizont Gebäudeteile erkennbar sind. Dominant in der Mittelachse des Bildes ist aber der ans Kreuz genagelte Christus zu sehen. Er bildet somit sowohl das inhaltliche als auch das optische Zentrum des Gemäldes. Der düstere Hintergrund der Szene wird von der sich verdunkelnden Sonne und dichten Wolken beherrscht, ganz so wie die Sterbestunde Jesu in der Bibel beschrieben wird[80]. Von diesem Hintergrund zeichnet sich deutlich der helle, fahl und bleich wirkende Körper des sterbenden Jesus ab, der trotz der Qualen, die er erleiden musste, nicht geschunden und ausgezehrt, sondern kraftvoll und muskulös wiedergegeben ist. Der Kopf Jesu ist leicht nach links vorne geneigt und von einem strahlenden Nimbus umgeben. Seine Augen sind geschlossen, sein Mund jedoch ist leicht geöffnet und es scheint so, als ob er gerade versucht zu sprechen. Seine Adressaten könnten die beiden Figuren unterhalb des Kreuzes sein. Hier erscheint ganz links im Bild der Apostel Johannes im roten Mantel, der seinen voluminösen Körper fast vollständig umhüllt. Der Blick des Apostels ist in Richtung Christus am Kreuz gerichtet und mit seinem rechten Arm deutet er auf die in blau und weiß gekleidete, neben ihm stehende Maria. Die Mutter Jesu hat ihre Hände vor ihrem Körper wie zum Gebet gefaltet und blickt, ebenso wie der Apostel, nach oben zu Christus. Hier wird offenbar jene Interaktion zwischen dem sterbenden Christus am Kreuz, seiner Mutter Maria und dem Apostel bildlich dargestellt, welche im Johannesevangelium geschildert wird, als Jesus zu seiner Mutter sagte: „Frau, siehe, dein Sohn!" und danach zu Johannes: „Siehe, deine Mutter!"[81]. Auf der rechten Bildseite erblickt man eine weitere Figur. Es handelt sich um Maria Magdalena, die auf dem Boden kniend mit ihrem rechten Arm den Kreuzesfuß umfasst und ihren Kopf seitlich daran gelehnt hat. In edel wirkende Gewänder gekleidet und mit offenem Harr scheint sie vom Geschehen um Christus, Maria und Johannes auf der anderen Seite des Kreuzes vollkommen isoliert zu sein. Vielmehr ist sie in sich versunken und gibt sich ganz ihrem Schmerz über den Tod Christi hin.

An der gegenüberliegenden Stirnwand des Refektoriums befindet sich ein weiteres Gemälde (Abb. 90)[82]. Hier wird die Geschichte aus dem Lukasevangelium erzählt, in der zwei Jünger einige Tage nach der Kreuzigung Jesu auf ihrem Weg von Jerusalem nach Emmaus dem auferstandenen Christus begegneten, ihn aber erst erkannten, als sie zusammen das Abendmahl einnahmen[83]. Genau diese Szene, als Christus das Brot brach und den beiden Jüngern damit die Augen geöffnet wurden, ist auf dem Gemälde dargestellt. Im Zentrum des hochformatigen Bildes sitzt Christus in rotem Gewand und blauem Mantel mittig an einem

▲ Abb. 90: Christus in Emmaus, 1. Hälfte 18. Jahrhundert (?), Salesianerinnenkloster Wien

▲ Abb. 91: Christus und die Samariterin, 1. Hälfte 18. Jahrhundert (?), Salesianerinnenkloster Wien

Tisch. Rechts und links von ihm haben die beiden wie Pilger gekleideten und mit Hut und Wanderstab ausgestatteten Jünger Platz genommen. Auf dem mit einem faltigen, weißen Leintuch gedeckten Tisch befinden sich einfache Speisen und Getränke. Christus hat soeben das Brot in seine Hände genommen und in der Mitte gebrochen. Sein Blick nach oben und seine leicht geöffneten Lippen verraten, dass er offenbar gleichzeitig ein Gebet gesprochen hat. Das Erstaunen und die Erkenntnis darüber, was gerade passiert, ist den beiden Jüngern deutlich anzusehen. Der eine am linken Bildrand schlägt seine Hände vor der Brust zusammen und blickt wie erstarrt mit geöffnetem Mund auf das gebrochene Brot in den Händen Christi. Der andere Jünger auf der rechten Seite scheint nicht minder überrascht zu sein. Er streckt seinen linken Arm vom Körper weg und fasst sich mit der rechten Hand an seine Brust. Die großen Augen des Jüngers sind dabei direkt auf Christus gerichtet. Die restlichen vier Gemälde im Refektorium befinden sich an der Längsseite des Raumes. Das erste Bild (Abb. 11, S. 35)[84] zeigt jene biblische Erzählung aus dem Lukasevangelium, als Christus und seine Jünger in einem Dorf bei den Schwestern Maria und Martha aufgenommen und verpflegt

wurden[85]. Die auf dem Gemälde dargestellte Szene spielt sich in einem großzügig angelegten Innenraum ab. Die Mittelachse des Bildes wird von einer Säule definiert. Während der Raum links der Säule im Dunkeln verborgen bleibt, kann man auf der rechten Seite einen Ausblick in einen weiteren Raum dahinter erkennen, der mit einer rundbogigen Nische oder Apsis abgeschlossen wird. Hier sind zahlreiche Küchengegenstände, wie Krüge, Teller und Geschirr, sowie drei Frauen zu sehen, die um einen Tisch stehend gerade Speisen zubereiten und in ein Gespräch miteinander verwickelt sind. Es scheint reges Treiben zu herrschen. Die eigentliche Schlüsselszene der Geschichte findet aber im Vordergrund statt. Hier sticht aus dem Kreis seiner Jünger der in blau und rot gekleidete Christus hervor, welcher vor der angesprochenen Säule sitzt, den linken Zeigefinger erhoben hat und zu den beiden Frauen, die sich vor ihm befinden, spricht. Auf dem Boden zu Füßen Christi sitzt Maria, die ihm mit andächtigem Blick zuhört. Dahinter steht ihre Schwester Martha, die einerseits mit ihrer rechten Hand auf Maria am Boden zeigt und sich andererseits an Christus wendet. Es scheint sich ein Gespräch zwischen den drei Protagonisten entwickelt zu haben. Diese

Diskussion ist im Bild kompositionell sehr geschickt gelöst. Man erkennt eine Art Kreisbewegung, die beim erhobenen linken Zeigefinger Jesu beginnt, über dessen ausgestreckten rechten Arm zu Maria am Boden führt, welche wiederum das Bindeglied zu ihrer Schwester Martha dahinter bildet, die schließlich mit ihrem linken Arm den Kreis zu Christus wieder schließt.

Das nächste Gemälde im Refektorium (Abb. 91)[86] zeigt eine Geschichte aus dem Johannesevangelium, als Christus auf dem Weg nach Galiläa am Jakobsbrunnen vor der Stadt Sychar in Samarien Rast machte. Jesus, der von der langen Reise müde war, setzte sich an den Brunnen, als eine samaritische Frau kam, um Wasser zu schöpfen[87]. Genau jene Begegnung ist auf dem hochformatigen Bild dargestellt. Unter einem wolkenverhangenen Himmel ist weit im Hintergrund die Stadt mit ihren Gebäuden erkennbar. Mittig im Bildvordergrund befindet sich besagter Brunnen. Links daneben sitzt Christus, auf der rechten Seite erscheint die in kostbare Gewänder gekleidete Samariterin, welche ihre rechte Hand auf das metallene Schöpfgefäß, das auf dem steinernen Brunnen steht, gelegt hat. Gestik und Mimik der beiden verraten, dass sie miteinander im Gespräch sind.

▼ Abb. 92: Elias mit dem Engel, 1. Hälfte 18. Jahrhundert (?), Salesianerinnenkloster Wien

Die dargestellte Szene auf dem nächsten Gemälde (Abb. 92)[88] schildert eine Begebenheit aus dem Alten Testament. Im 1. Buch der Könige wird die Geschichte des Propheten Elias erzählt, der eine von Gott herbeigeführte Dürre voraussagte, die schließlich auch tatsächlich eintrat[89]. Daraufhin wurde Elias beschuldigt, selbst für die Dürre verantwortlich zu sein. Aus Angst vor Vergeltung floh Elias in die Wüste. Verzweifelt und resignierend legte er sich hin, um auf seinen Tod zu warten, als ein Engel Gottes erschien und ihn weckte. Dieser brachte ihm Brot und Wasser und rettete dem Propheten damit das Leben[90]. Auf dem Gemälde ist nun genau jener Augenblick dargestellt. Links im Bild liegt Elias auf dem Boden unter einem Baum. Sein linker Arm liegt auf einem Felsen und mit seinem rechten Arm stützt er seinen Kopf. Sein etwas erschrocken wirkender Blick richtet sich nach rechts zu einem Engel, der offenbar soeben erschienen war und den Propheten geweckt hat. Der Engel deutet mit seinem rechten Arm auf einen Laib Brot und einen Krug, die zwischen den beiden Figuren zu schweben scheinen.

Beim letzten jener Reihe von Gemälden im Refektorium (Abb. 93)[91] ist erneut eine Begebenheit aus dem Neuen Testament dargestellt. Sowohl im Lukasevangelium als auch im Evangelium nach Matthäus wird berichtet, dass Jesus 40 Tage fastend in der Wüste verbrachte. Am Ende dieser langen Zeit erschien der Teufel, um Jesus in Versuchung zu führen[92]. Auf dem Gemälde sieht man nun genau den Moment der Versuchung. Satan, erkennbar an den spitzen Ohren, Finger- und Zehennägeln sowie dem Horn auf seinem Kopf, erscheint auf der rechten Seite des Bildes. In seinen Händen hält er zwei Steine, die er Jesus darbietet. Dieser solle doch, wenn er tatsächlich Gottes Sohn ist, die Steine in Brot verwandeln, damit sein Hunger ein Ende habe[93]. Die Quellenlage zu den Gemälden im Refektorium ist äußerst dürftig. Man muss sich deshalb zumeist mit groben Datierungen und Zuschreibungsversuchen begnügen. Einzig das Kreuzigungsbild ist schriftlich dokumentiert und daher zumindest zeitlich einigermaßen sicher einzuordnen[94]. In der *Circulaire* vom 27. Juli 1720, in dem unter anderem das Refektorium beschrieben wird, heißt es: *Au dessus de la table de la Supereiure se voit un tres beau Tableau de Nôtre Seigneur en Croix, avec la Sainte Vierge, Saint Jean, & la Madelaine* […][95]. Da hiermit nur das Kreuzigungsbild gemeint sein kann, das auch heute noch seinen Platz über dem Tisch der Oberin hat, ist davon auszugehen, dass sich das Gemälde bereits von Beginn an in diesem Raum befunden hat und somit in die Entstehungszeit des Klosters vor 1720 zu datieren ist. Dem Vorschlag der Österreichischen Kunsttopographie, das Gemälde um die Mitte des 18. Jahrhunderts zu datieren, muss daher widersprochen werden[96]. Infolgedessen muss auch die Zuschreibung an einen Schüler Paul Trogers[97] bezweifelt und neu überdacht werden, da Troger zu dieser Zeit selbst erst begann, als eigenständiger Künstler in seiner Südtiroler Heimat Fuß zu fassen und sicherlich noch keine eigenen Schüler ausbildete[98]. Was die Komposition, den Stil und die voluminösen Figurentypen betrifft, erinnert das Bild an klassische italienische Vorbilder aus dem 17. Jahrhundert.

Die restlichen fünf Bilder im Refektorium bilden in mehrerlei Hinsicht eine Einheit. Zuallererst ist anzumerken, dass alle Gemälde ein annähernd gleiches, hochrechteckiges Format besitzen[99]. Diese zunächst trivial erscheinende Erkenntnis kann jedoch ein erster Hinweis darauf sein, dass die fünf Bilder zu einem Auftrag gehören und womöglich von ein und demselben Künstler stammen. Letztere Vermutung wird durch die vergleichende Betrachtung der Gemälde in Bezug auf die Komposition, die Figurentypen und den Stil erhärtet. Kompositionell sind alle Bilder gleich aufgebaut. Stets beherrschen wenige, miteinander interagierende Protagonisten die Hauptszene. Den Hintergrund bilden entweder ein Landschaftsausblick oder eine Innenraumszene mit zusätzlichen Personen, die am zentralen Geschehen allerdings nur am Rande beteiligt sind. In allen fünf Gemälden wiederholen sich immer dieselben Figuren- und Kopftypen. Vergleichbar sind hierbei beispielsweise die weiblichen Figuren von Martha, Maria und der Samariterin oder die Physiognomien der dargestellten männlichen Personen Elias, der Apostel, Satans und der Emmaus-Jünger. Insbesondere die Figur Christi ähnelt sich auf allen Bildern so sehr, dass man den Eindruck erhält, sie wurde pro Bild jeweils nur wenig variiert und wie eine einmal gefundene Schablone immer wieder verwendet. Weitere Analogien ergeben sich bei den Schilderungen der Landschaften mit den dunklen Bäumen und Wolken im Vordergrund und den helleren Ausblicken im Hintergrund. Diese sind etwa bei der Samariterin, Elias und der Versuchung Christi annähernd gleich. Alle Figuren wirken sehr voluminös, schwer, gesetzt und in sich ruhend. In den dargestellten Szenen ist kaum Bewegung vorhanden. Interaktionen zwischen den einzelnen Protagonisten finden hauptsächlich durch Blicke und kleine Gesten wie Handbewegungen statt. Diese Stilkriterien lassen erneut auf Vorbilder aus Italien, insbesondere aus der klassisch-idealistisch orientierten römisch-bolognesischen Schule des 17. Jahrhunderts schließen und sind in der erweiterten Carracci-Nachfolge, wie beispielsweise bei Carlo Maratti oder Marcantonio Franceschini zu finden[100]. So gesehen deutet vieles darauf hin, dass jene fünf Gemälde im Refektorium aus der Hand ein und desselben Künstlers

▲ Abb. 93: Christi Versuchung, 1. Hälfte 18. Jahrhundert (?), Salesianerinnenkloster Wien

stammen und möglicherweise zu einer Auftragsserie gehören könnten, die eigens für diesen Raum des Klosters bestimmt war[101]. Ob auch das Emmaus-Bild, das, wie oben skizziert, stilistisch und kompositionell in diese Reihe passt, tatsächlich zu dem postulierten Auftrag gehört und von Anfang an für das Refektorium vorgesehen war, bleibt jedoch fraglich. Auf einer historischen Aufnahme des Speisesaals aus der Zeit des Zweiten Weltkriegs ist nämlich nicht das Gemälde mit dem Emmaus-Mahl, sondern stattdessen eine Darstellung der Geburt Christi zu sehen (Abb. 43, S. 111). Ob dies nur eine vorübergehende Änderung der Bildhängung war oder die ursprüngliche Situation im Raum abbildet, lässt sich aus den vorhandenen Quellen nicht rekonstruieren. Sollte letzteres der Fall sein, wäre die hier vorgeschlagene mögliche Zugehörigkeit des Emmaus-Bildes zu den restlichen vier Gemälden als Teil eines gemeinsamen Auftrages für den Speisesaal natürlich zu überdenken. Dennoch ist es ist augenscheinlich, dass alle Gemälde im Refektorium, mit Ausnahme des Kreuzigungsbildes, nicht nur stilistisch und kompositionell zusammengehörend erscheinen, sondern vor allem inhaltlich als Einheit aufzufassen sind. Sie alle nehmen unmittelbar Bezug auf die Funktion des Raumes als Speisezimmer[102]. Ob beim Abendmahl mit den Emmausjüngern, beim Besuch Christi bei Maria und Martha, bei der Begegnung Christi mit der Samariterin am Jakobsbrunnen, beim Propheten Elias in der Wüste oder bei der Versuchung Christi durch den Teufel, ist das Thema Nahrung in die dargestellten Geschichten eingewoben und spielt eine zentrale Rolle. Dabei geht es in den Darstellungen einerseits um den materiellen Wert der Nahrung, andererseits aber auch um deren geistigen, spirituellen Wert. Beim Gemälde mit dem verzweifelten und hungernden Elias in der Wüste wird beispielsweise das Hauptaugenmerk auf die materielle Dimension der Nahrung gelegt, indem der von Gott gesandte Engel dem Propheten reale, greifbare Speisen bringt, damit dieser auch physisch wieder zu Kräften kommt. Der spirituelle Aspekt der Nahrung tritt hingegen etwa bei der Darstellung der Geschichte mit Martha und Maria zu Tage, als Martha sich bei Christus darüber beschwert, dass Maria ihr bei der Bewirtung der zahlreichen Gäste nicht zur Hand geht, sondern stattdessen nur ihm zuhört. Sie macht sich Sorgen, dass sie die ganze Arbeit alleine machen muss. Doch Christus antwortet Martha, dass nur das wirklich Notwendige zähle, nämlich das Wort Gottes, und das habe Maria erkannt[103]. Christus fordert Martha also dazu auf, es ihrer Schwester Maria gleichzutun und die weltlichen Sorgen und Nöte, wie Essen und Trinken, weniger wichtig zu nehmen, als die geistige Nahrung, die vom Wort Gottes ausgeht. Ähnlich verhält es sich bei der Begegnung zwischen Christus und der Samariterin am Brunnen. In der Erzählung wendet sich Christus an die wasserschöpfende Samariterin und fordert sie auf, ihm zu trinken zu geben. Doch die erstaunte Frau zögert, denn üblicherweise, so entgegnet sie Jesus, pflegen Juden und Samariter keinen Umgang miteinander. Doch Christus gibt ihr zu verstehen, dass, wenn sie wüsste, wer er tatsächlich ist, sie es wäre, die ihn um Wasser bitten müsste. Er, der Messias, habe kein gewöhnliches, sondern lebendiges Wasser anzubieten, nach dessen Genuss man nie wieder durstig sein werde[104]. Hier wird also ebenfalls auf den geistigen Gehalt angespielt. Auch bei den Emmaus-Jüngern steht der Akt des Speisens beim Abendmahl nur vordergründig im Mittelpunkt des Geschehens. Vielmehr dient das Brechen des Brotes lediglich als Vehikel, das zur Erkenntnis und geistigen Offenbarung der beiden Jünger führt. Besonders klar wird die Sache jedoch bei dem Gemälde mit der Versuchung Christi, als dieser dem Teufel entgegnete: „Der Mensch lebt nicht nur von Brot, sondern von jedem Wort, das aus Gottes Mund kommt"[105]. Dieses Christus-Zitat steht hier programmatisch für die spirituelle Dimension der Nahrung, auf die in den Bildern des Refektoriums wiederholt angespielt wird.

Doch nicht nur die Gemälde korrelieren inhaltlich mit der Funktion des Raumes und verweisen auf die Doppelrolle der Nahrung mit ihrer materiellen und spirituellen Komponente. Gemäß den Ordensgebräuchen der Salesianerinnen sind alle Räume des Klosters bestimmten Heiligen gewidmet und stehen unter dem Motto gewisser Glaubensgrundsätze oder Tugenden. Dabei wird dem Refektorium der hl. Bernhard von Clairvaux zugewiesen und steht unter der Devise der *Abtödtung*[106]. Nach christlicher Lehre soll die Abtötung negative Neigungen oder Einwirkungen, die von außen auf die Seelen der Menschen einströmen, unschädlich machen[107]. Diese Definition geht unter anderem auf einen Ausspruch des Apostels Paulus im Römerbrief zurück: „Wenn ihr nach dem Fleisch lebt, müsst ihr sterben; wenn ihr aber durch den Geist die (sündigen) Taten des Leibes tötet, werdet ihr leben"[108]. Es geht dabei also um die Abtötung des Leibes, einem notwendigen Entsagen jeglicher Sinnlichkeit, um dadurch seine Seele zu reinigen und nach höheren Werten streben zu können. Diese Abtötung des Leibes kann unter anderem auch durch Fasten oder gänzliche Nahrungsverweigerung geschehen[109]. Auch Augustinus, dessen Ordensregeln die Schwestern der Heimsuchung Mariens ja befolgen, äußert sich in Zusammenhang mit der Abtötung mahnend über die Nahrung: „Und während der Zweck des Essens und Trinkens die Erhaltung der Gesundheit ist, gesellt sich gleichsam als Begleiter der gefährliche Genuß hinzu und versucht oft den Vortritt zu gewinnen, daß um seinetwillen geschehe, was ich doch, wie ich behaupte und auch will, der Gesundheit wegen tue"[110]. Ein Übermaß dessen sei hingegen schädlich und es „lauern […] die Schlingen der Begierde"[111], denen es durch Enthaltsamkeit, Maßhalten und Selbstbeherrschung zu entkommen gilt.

Das Motto der Abtötung, unter dem das Refektorium gemäß den Ordensgebräuchen steht, bezieht sich demnach auf die Geringschätzung der materiellen Nahrung und stellt dieser die geistige Nahrung grundsätzlich als wertvoller gegenüber, wobei nach salesianischer Spiritualität aber immer auf einen maßvollen Mittelweg geachtet werden soll. Franz von Sales bemerkt nämlich in seiner „Philothea"[112] zum Thema Abtötung: „Gewöhnlich bewirkt ja das Fasten eine Stärkung des Geistes, eine Zähmung des Fleisches, die Übung der Tugend und eine größere Belohnung im Himmel. Außerdem ist es ein gutes Mittel, um Herr über die Gaumenlust zu bleiben, damit aber die sinnlichen Begierden und den Leib unter das Gesetz des Geistes zu bringen. […] Die Maßlosigkeit im Fasten, Geißeln, im Tragen des

Bußgürtels und anderen Kasteiungen macht bei vielen die besten Jahre unfruchtbar für den Dienst der Liebe, wie es beim hl. Bernhard geschah, der es bereute, sich zu viel kasteit zu haben. Weil sie ihren Leib früher misshandelt haben, müssen sie ihm später schmeicheln. Hätten sie nicht besser daran getan, ihn stets gleichmäßig zu behandeln, entsprechend den Aufgaben und Arbeiten, zu denen ihr Stand sie verpflichtet?"[113]. Das Fasten wird demnach als probates Mittel zur Stärkung des Geistes betrachtet. Jedoch sollte dies immer maßvoll erfolgen, um nicht ins Extreme abzudriften, wobei der hl. Bernhard, dem Heiligen, dem das Refektorium gewidmet ist, als Beispiel herangezogen wird.

Genau darauf, auf die Stärkung des Geistes und das Maßhalten, zielen auch die Verhaltensregeln der Schwestern im Refektorium ab, die ebenfalls in den Ordensgebräuchen klar geregelt sind[114]. Schon beim Eintritt in den Speisesaal wird deutlich, dass hier nicht nur Nahrung zu sich genommen wird, sondern dass das Essen vielmehr zu einer Art Andacht und spiritueller Übung wird: „Die Schwestern sollen nicht in das Refectorium gehen nur allein um zu essen, sondern Gott und der Regel zu gehorsamen, die Geistliche Lesung anzuhören, die Schulden zu sagen, die Ermahnungen anzunehmen, und die Buß-Werk zu verrichten, so alda gemeiniglich geübet werden"[115]. Erst nach besagter Lesung beginnt das Essen. Dabei soll man aber weder zu heikel noch zu gierig sein, sondern immer Maß halten: „Wann einige gar zu heiglich, oder allzu begierig im Essen wäre, solle sie im Hineingehen einen guten Vorsatz machen, und die Gnade Gottes anruffen, damit sie sich hertzhaft überwinde. Die zärtliche [die Heikle] solle betrachten die bittere Gall, welche unserem Herrn in Mitten seiner heftigsten Schmertzen dargereichet worden; die, so allzu begierig ist, solle gedenken an den Abbruch, und strenge Fasten deren Vättern in der Wüsten, und so vieler anderer Heiligen, welche so starkmütig ihre Sinnlichkeit überwunden haben"[116].

Schließlich gibt es neben den Bildern, der Widmung des Raumes und den Verhaltensregeln der Schwestern im Refektorium noch eine weitere Ebene, die das Thema der materiellen und spirituellen Nahrung aufgreift. Eine besondere Tradition des Salesianerinnenordens ist das Anschreiben diverser Sprüche aus der Bibel oder Zitate von Theologen und Kirchenvätern an die Wände der Klosterräumlichkeiten. Es ist sogar schriftlich genau festgelegt und aufgelistet, welche Sprüche in welchem Raum angebracht werden müssen[117]. Auch für das Refektorium existiert eine derartige Auflistung[118]. Die für die Wände des Speisesaals vorgesehenen Sprüche und Zitate sucht man heute jedoch vergebens. Sie haben die Zeiten nicht überdauert, waren ursprünglich aber tatsächlich vorhanden und somit Bestandteil der Raumausstattung[119]. Auch in der bereits erwähnten fotografischen Aufnahme des Refektoriums aus der Zeit des Zweiten Weltkriegs sind die Spruchtafeln noch zu erkennen (Abb. 43, S. 111). Bei den Sprüchen im Refektorium handelte es sich jedenfalls um Bibelstellen, die unmittelbar mit der Raumfunktion in Verbindung standen und sich auf das Thema Nahrung bezogen. Wiederum wurde dabei neben der materiellen auch die spirituelle Komponente angesprochen. So stand etwa an der Außenseite des Refektoriums über der Tür geschrieben: „Das gute Gewissen ist eine immerwehrende Mahlzeit"[120]. Folglich wurde man schon beim Eintreten in den Saal auf den hohen Stellenwert der geistigen Nahrung hingewiesen. Die restlichen Zitate waren an den Innenwänden des Raumes angeschrieben, nämlich „In dem Refectorio herum"[121] und lauteten beispielsweise: „Ihr esset oder trinket, oder was ihr immer thut, das thut alles zu der Ehre Gottes"[122]; oder: „Das Reich Gottes ist nicht Speis und Trank, sondern Gerechtigkeit, Fried, und Freud in dem Heiligen Geist"[123]; und ferner: „Meine Speis ist, den Willen desjenigen thun, der mich gesandet hat, und daß ich sein Werk vollziehe"[124]. Man merkt auch hier gleich die über die reine Nahrungsaufnahme hinaus gehende Bedeutung des Essens. Bei anderen Sprüchen lassen sich zudem direkte Verbindungen zu den Gemälden herstellen, sodass man fast den Eindruck bekommt, dass es sich hierbei einst um Bildunterschriften handelte. Das Christus-Zitat: „Bemühet euch nicht so viel um die Speis, welche vergehet, sondern um die jenige, welche ewig bleibet"[125] kann etwa unmittelbar auf das Gemälde mit der Geschichte von Christus, Maria und Martha bezogen werden. Genauso passt eine Stelle aus dem Buch der Weisheit zu dem Bild mit dem Propheten Elias und dem Engel: „Er hat ihnen Brod vom Himmel gegeben, welches alle Erlustigung in sich hat"[126]. Die augenfälligste, weil tatsächlich direkte Übereinstimmung zwischen Bild und Zitat ist jene Stelle aus dem Matthäusevangelium: „Der Mensch lebet nicht allein von dem Brod, sondern von jedem Wort, so da ausgehet aus dem Mund Gottes"[127]. Die Zuordnung dieses Christus-Zitats zur Darstellung der Versuchung durch Satan ist denkbar offensichtlich.

Am Ende stellt sich folglich heraus, dass das Refektorium des Wiener Salesianerinnenklosters sowohl als Ort der materiellen als auch der spirituellen Nahrung bezeichnet werden kann. Alles zielt darauf ab, die Tugenden der salesianischen Spiritualität, wie die Abtötung und das Maßhalten, entsprechend darzustellen und als Botschaft an die Schwestern zu transportieren. Diese Informationsvermittlung geschieht dabei auf mehreren Wegen und mithilfe verschiedener Medien. Eine zentrale Rolle spielen hierbei sicherlich die schriftlich festgelegten Ordenssatzungen, in denen die Widmung des Raumes, die Verhaltensregeln der Schwestern sowie das Anbringen der entsprechenden Sprüche an den Wänden vorgegeben sind. Doch daneben ist das Medium des Bildes als Informationsträger ebenso entscheidend. Die Gemälde im Refektorium fügen sich mit ihren Inhalten nämlich nahtlos in das komplexe Verweissystem ein. Sie illustrieren und verbildlichen die in den Ordenssatzungen schriftlich erläuterten Bestimmungen, veranschaulichen sie und machen sie optisch erfassbar, womit ihnen die wichtige Funktion einer visuellen Stütze bei der Inhaltsvermittlung zukommt.

Schließlich sei in diesem Zusammenhang auf eine weitere interessante Passage in den Ordenssatzungen hingewiesen, in der die Frage nach dem Stellenwert und der Funktion von Bildern sakralen Inhalts bei den Salesianerinnen beantwortet wird. Gemäß den Satzungen muss jede neu gewählte Oberin ein Glaubensbekenntnis ablegen, bei dem dezidiert der Umgang mit Bildern zur Sprache kommt. Die betreffende Stelle lautet: „Ich bekenne beständiglich, daß man die Bildnussen Christi, der Mutter Gottes allezeit Jungfrauen, und anderer lieben Heiligen haben und behalten, auch denen selbigen die Ehre und Reverenz, die ihnen gebühret, erzeigen solle"[128]. Im Glaubensbekenntnis heißt es weiter: „Ich verspreche, und schwöre wahren Gehorsam dem Papsten zu Rom, als des Heiligen Petri Obersten Apostels= Nachfolger, und Christi JESU Statthalter, dergleichen alle andere Stuk, so von denen Heiligen Canonen und allgemeinen Concilien, fürnemlich aber von dem Heiligen Tridentinischen Concilio, verordnet, aufgesetzet und erkläret seynd, dieselbige bekenne und nehme ich ungezweifelt an […]"[129]. Die Ehre, die den Bildern gebührt, spielt also auf jene Beschlüsse des Konzils von Trient aus dem Jahr 1563 an, die den Gebrauch und die Funktion sakraler Bilder in der katholischen Kirche und ihren Institutionen regelten. Demnach sollen Heiligendarstellungen angemessen verehrt werden und sakralen Bildern die Funktion der visuellen Vermittlung der Glaubensinhalte der katholischen Kirche zukommen[130]. Die Gemälde im Refektorium halten sich somit genau an diese tridentinischen Forderungen.

Die Betrachtung der vorgestellten Gemälde im Gemeindezimmer und im Refektorium des Wiener Salersianerinnenklosters zeigt, dass diese sich inhaltlich in den jeweiligen Raum einfügen. Sie haben dabei ganz bestimmte Aufgaben zu erfüllen und greifen in das klösterliche Leben ein, sei es durch die Repräsentations- und Memorialfunktion der im Laufe der Zeit gewachsenen Ahnengalerie der klösterlichen Schutzfrauen im Gemeindezimmer oder durch die Visualisierung der Ordenssatzungen im Refektorium. Zumindest in diesen beiden Räumen, insbesondere aber im Refektorium, scheint sich die bildliche Ausstattung demnach nicht, wie eingangs erwähnt, oftmals willkürlich vollzogen zu haben, sondern einem gewissen Muster gefolgt zu sein. Im Hinblick auf die einleitenden Worte bleibt am Ende festzuhalten, dass die gebotene Kürze dieses Beitrags lediglich einen flüchtigen und unvollständigen Blick auf wenige Gemälde, die sich in den Räumen hinter den Mauern des Wiener Salersianerinnenklosters befinden, erlaubt. Viele Fragen müssen offen bleiben und einige Schätze aus diesem Hauptwerk des Wiener Barock harren womöglich noch ihrer Entdeckung.

1 Mahl 1967, 73.
2 Aktuelles Beispiel dafür ist Susanne Stadls Arbeit über die Kunsttätigkeit der Salesianerinnen im deutschsprachigen Raum von 2005, vgl. Stadl 2005. Mit der Ausstattung der Kirche beschäftigen sich auch Knox' Monographie über Antonio Pellegrini, vgl. Knox 1995, 185–198 und Maganis Monographie über Antonio Bellucci, vgl. Magani 1995, 185– 186, Nr. 92. Im Zuge von Restaurierungsarbeiten in der Kirche beschäftigten sich Manfred Koller und Christoph Serentschy mit den Arbeiten Pellegrinis in der Salesianerinnenkirche, vgl. Koller-Serentschy 2003, 418–426.
3 Hajós 1974, 238–250. Hervorzuheben ist zudem die Arbeit Manfred Kollers über das Porträt der Kaiserin und Stifterin Wilhelmina Amalia im Gemeindezimmer des Klosters, vgl. Koller 1984, 353–360.
4 Gemeint sind damit in erster Linie die *Circulaires*. In diesen von den Ordensschwestern verfassten Rundschreiben finden sich oftmals auch Hinweise auf klösterliche Ausstattungsgegenstände wie Gemälde. Im Klosterarchiv sind diese Briefe in gedruckter und gebundener Form aus dem Zeitraum 1717–1788 erhalten. Vgl. ASal, A-II-13a, *Circulaires*.
5 Diese bedeutende Quelle befindet sich im Sächsischen Hauptstaatsarchiv Dresden (im Folgenden SHStAD). In dem Inventar sind unter anderem alle Gemälde aufgelistet, die sich zum Zeitpunkt des Todes Wilhelmina Amalias in ihrem Besitz in ihrer Residenz in der Hofburg und in ihrer Klosterstiftung am Rennweg befunden haben. Vgl. SHStAD, 10026 Geheimes Kabinett, Loc. 366/6, fol. 246–280. Zum Nachlassinventar siehe auch den Beitrag von Maureen Cassidy-Geiger in diesem Band.
6 Auch in den untersuchten Quellen aus dem Klosterarchiv finden sich keinerlei Hinweise darauf.
7 Der Saal besteht im Grunde eigentlich aus zwei separaten kleineren Räumen, die durch eine große Bogenöffnung architektonisch miteinander verbunden sind, vgl. Hajós 1974, 243–244.
8 Hajós 1974, 244, Nr. 6.
9 Von Koller wird der Gegenstand als eines von Genien gehaltenes Ziffernblatt einer Uhr und somit als Vanitassymbol gedeutet, vgl. Koller 1984, 357.
10 ASal, A-II-13a, *Circulaire* vom 27. Juli 1720, pag. 25.
11 Ebd., pag. 24–25.
12 Hajós 1974, 244, Nr. 6; vgl. Schulze 1992, 619; Brucher 1994, 354–355.
13 Die Signatur am linken Bildrand lautet *Joh: Kupe: fec: 1719* und wurde bei den Restaurierungsarbeiten am Gemälde entdeckt, vgl. Koller 1984, 357 (siehe auch den Beitrag von Manfred Koller in diesem Band). Interessant ist in diesem Zusammenhang, dass in der bislang unpublizierten Klostergeschichte des Predigers und Kirchenhistorikers Coelestin Wolfsgruber die besagte Signatur ebenfalls erwähnt wird. Das Werk Wolfsgrubers ist nicht datiert, entstand aber vermutlich größtenteils im ersten Viertel des 20. Jahrhunderts und wird im Archiv des Wiener Heimsuchungsklosters aufbewahrt, vgl. ASal, A-XXV, [Coelestin Wolfsgruber], Das Kloster der Salesianerinnen und seine geschichtlichen Denkwürdigkeiten (unpubl. Typoskript, o.J.) 97.
14 Safarik 2001, 21–23.
15 Gemälde von Frans Luycx, 1651, Wien, Kunsthistorisches Museum, Gemäldegalerie, Inv. Nr. 4508. Vgl. Heinz–Schütz 1976, 274, Nr. 243, Abb. 166.
16 Gemälde von Joseph Heintz d. Ä., 1604, Wien, Kunsthistorisches Museum, Gemäldegalerie, Inv. Nr. 9495. Vgl. Heinz–Schütz 1976, 129–130, Nr. 101, Farbtafel VII.
17 Gemälde von Joseph Heintz d. Ä., 1604, Wien, Kunsthistorisches Museum, Gemäldegalerie, Inv. Nr. 3133. Vgl. Heinz–Schütz 1976, 243–244, Nr. 211, Abb. 147.

18 Koller 1984, 358. Koller deutet die Buchstaben „R. I." als „Rex Iosephus" und damit als Verweis auf Kaiser Joseph I., den verstorbenen Ehemann Wilhelmina Amalias. Auch diese Möglichkeit ist in Betracht zu ziehen, da sie der Treue-Thematik nicht widerspricht. Siehe auch den Beitrag von Manfred Koller in diesem Band.
19 Koller 1984, 358.
20 ASal, A-II-13a, *Circulaire* vom 7. Jänner 1727, pag. 4.
21 Hajós 1974, 244, Nr. 8.
22 Hajós 1974, 244, Nr. 8.
23 Reifenscheid 1984, 202–203; Möckl 1988, 292–294.
24 Hajós 1974, 245, Nr. 10.
25 ASal, A-II-13a, *Circulaire* vom 7. Jänner 1727, pag. 4. Auch der Vergleich der Gesichtszüge der Porträtierten auf dem Wiener Gemälde mit einem Bildnis Maria Josephas von Rosalba Carriera in Dresden von ca. 1730 (Staatliche Kunstsammlungen Dresden, Galerie Alte Meister, Inv. Nr. Gal.-Nr. P 5.) unterstützt die Annahme, dass es sich bei der Dargestellten um Maria Josepha handelt. Vgl. dazu auch Mayer-Meintschel 1982, 350, Nr. P 5.
26 Hajós 1974, 245, Nr. 10.
27 Reifenscheid 1984, 202; Leitsch 1988, 322–323.
28 Hajós 1974, 244, Nr. 8. Die Signatur soll *Fr. Stampart fecit ad vivum A. 1720* lauten. Vgl. Kunstschätze 1967, Nr. 20.
29 Bodson 1995, 1125.
30 SHStAD, 10026 Geheimes Kabinett, Loc. 366/6, fol. 277. Zu Gemälden van Stamparts finden sich einige Einträge, jedoch nicht zum Porträt Maria Amalias.
31 Kersting 2003, 190–191. Interessant ist hierbei insbesondere der Vergleich mit den Porträts der weiblichen Mitglieder der Familie Schönborn, wie etwa Maria Theresia (Kersting 2003, 191, Abb. 3) oder Maria Anna von Schönborn (Kersting 2003, 191, Abb. 4).
32 Kersting 2003, 190.
33 Šafařík 1928, 181, Nr. 52 und Nr. 53; Safarik 2014, 60–61, Nr. 157, 157a, 157b, 157, 158a, 158b, 158c, Abb. S. 184–185. Die beiden als Pendants gedachten Gemälde Kupezkys entstanden 1709 und sind verschollen, jedoch durch Werkstattrepliken und daraus entstandene Schabkunstblätter Bernhard Vogels aus dem Jahr 1737 überliefert.
34 SHStAD, 10026 Geheimes Kabinett, Loc. 366/6, fol. 277–278.
35 Als gutes Vergleichsbeispiel eignet sich etwa Kupezkys Porträt von Elisabeth Christine von Braunschweig-Wolfenbüttel, welches zwar verschollen, aber durch Werkstattkopien überliefert ist. Safarik 2014, 33, Nr. 87 und 87a, Abb. S. 128.
36 Koller 1984, 358.
37 Hajós 1974, 244–245, Nr. 9. Auch in Wolfsgrubers Klostergeschichte wird das Bildnis der Elisabeth Christine im Gemeindezimmer erwähnt, vgl. ASal, A-XXV, [Coelestin Wolfsgruber], Das Kloster der Salesianerinnen und seine geschichtlichen Denkwürdigkeiten (unpubl. Typoskript, o.J.) 97. In anderen Dokumenten des Klosterarchivs finden sich zu diesem Gemälde keine Hinweise.
38 Safarik 2014, 33, Nr. 87 und 87a, Abb. S. 128.
39 Zudem war Kupezky bereits seit 1723 nicht mehr in Wien ansässig, vgl. SAFARIK 2001, 23.
40 Vgl. SHStAD, 10026 Geheimes Kabinett, Loc. 366/6, fol. 277.
41 Hajós 1974, 244–245, Nr. 9.
42 Lechner 2014, 9–13.
43 Ebd., 16–17. Durch die zahlreichen Aufträge, die van Meytens spätestens seit seiner Ernennung zum kaiserlichen Kammermaler erhalten hat, wurden auch seine Werkstatt und sein Schülerkreis immer größer und die Beteiligung von Schülern und Mitarbeitern an den Gemälden mit der Zeit immer häufiger. Eine Trennung zwischen eigenhändigen Werken und Schülerarbeiten ist daher oft schwierig und im Endeffekt praktisch unlösbar.

44 Lechner 2014, 13; Lisholm 1974, 134.
45 Lechner 2014, 15–16.
46 Roethlisberger–Loche 2008, 22–23.
47 Ebd., 301–302.
48 Ebd., 299 und 314–316. Während seines ersten Aufenthalts in Wien von 1743 bis 1745 fertigte er Porträts von mehreren habsburgischen Familienmitgliedern in verschiedenen Variationen an.
49 Roethlisberger–Loche 2008, 314, Cat. 117, Fig. 192.
50 Roethlisberger–Loche 2008, 315–316.
51 Ebd., 315.
52 Ebd., Fig. 198 und 199; Koschatzky 1980, 209, Nr. 34,06.
53 Hajós 1974, 244, Nr. 7. Auf der Rückseite des Gemäldes befindet sich die Aufschrift *Maria Josepha Erzherzogin geb 1699, gest 1757 vermält mit Friedrich August, Churfürst von Sachsen und König von Polen 1719*. Diese dürfte sich aber vermutlich eher auf das bereits erwähnte Porträt der Maria Josepha beziehen. Auch die Datumsangabe 1719 passt zum bereits beschriebenen Porträt der Maria Josepha.
54 Auch bei Wolfsgruber wird ein Porträt Maria Theresias im Gemeindezimmer erwähnt, womit wohl dieses gemeint sein muss, vgl. ASal, A-XXV, [Coelestin Wolfsgruber], Das Kloster der Salesianerinnen und seine geschichtlichen Denkwürdigkeiten (unpubl. Typoskript, o.J.) 97.
55 Vgl. dazu beispielsweise Roethlisberger–Loche 2008, 305, Cat. 108, Fig. 158 und 161.
56 Reinwetter 1980, 72, Nr. 08,03. Vgl. dazu auch den spiegelverkehrten Stich von Gilles Jacques Petit, der mit 1742 datiert ist. Abbildungen bei Roethlisberger–Loche 2008, 306, Fig. 164 und Lisholm 1974, 101, Nr. 62, Pl. 30.
57 Die Österreichische Kunsttopographie geht von einem österreichischen Künstler aus, vgl. Hajós 1974, 244, Nr. 7.
58 ASal, A-II-13a, *Circulaire* vom 27. Juli 1720, pag. 24.
59 Ebd., pag. 24. In Kunstschätze 1967, Nr. 15 und 16 werden die Bilder um 1700 datiert. Auch in Wolfsgrubers Klostergeschichte werden die beiden Bilder erwähnt und es wird auf ihre Herkunft aus Annecy hingewiesen, vgl. ASal, A-XXV, [Coelestin Wolfsgruber], Das Kloster der Salesianerinnen und seine geschichtlichen Denkwürdigkeiten (unpubl. Typoskript, o.J.) 97.
60 ASal, A-II-13a, *Circulaire* vom 27. Juli 1720, pag. 24.
61 Der Brief ist als handschriftliche Kopie den *Circulaires* vorangestellt, vgl. ASal, A-II-13a, *Circulaires*.
62 Cito 1744, 63 und 74–75; Küchelbecker 1732, 818–820; Peters 1967, 60; ASal, A-XXV, [Coelestin Wolfsgruber], Das Kloster der Salesianerinnen und seine geschichtlichen Denkwürdigkeiten (unpubl. Typoskript, o.J.) 65.
63 Cito 1744, 81–87.
64 Ebd., 425–467.
65 ASal, A-II-13a, *Circulaire* vom 27. Juli 1720, pag. 25.
66 ASal, A-XXVI-A1, Diplom unserer Erlauchten Stifterin über die Grundsteinlegung vom 13.5.1717, pag. 6.
67 Der Brief ist abgedruckt in den *Circulaires*, vgl. ASal, A-II-13a, *Circulaires, Extrait D'un Ecrit, fait de la propre Main de Sa Majesté l'Imperatrice Amalie, nôtre Auguste Fondatrice, pour nôtre Sûreté, en attendant la Lettre de Fondation en forme*, pag. 36–39.
68 Vgl. ASal, A-II-13a, *Circulaire* vom 9. Dezember 1755, pag. 2.
69 Besonders Maria Amalia blieb dem Orden der Heimsuchung Mariens zeitlebens eng verbunden. Dies war nicht nur auf die Wiener Niederlassung beschränkt. So förderte sie etwa als Kurfürstin von Bayern den Neubau der Salesianerinnenkirche in München. Vgl. Stadl 2005, 23.
70 ASal, D-2, Stiftungsurkunde der Kaiserin Wilhelmine Amalia (*Diplôme S*) vom 20. September 1736, pag. 5.
71 Cito 1744, 97; ASal, A-XXV, [Coelestin Wolfsgruber], Das Kloster der Salesianerinnen und seine geschichtlichen Denkwürdigkeiten (unpubl. Typoskript, o.J.) 134.
72 ASal, A-II-13a, *Circulaire* vom 2. Februar 1745, pag. 2.
73 ASal, D-2, Stiftungsurkunde der Kaiserin Wilhelmine Amalia (*Diplôme S*) vom 20. September 1736, pag. 6. Im selben Jahr bestätigte Kaiser Karl VI. in einer Urkunde den Schutz des Klosters persönlich und durch das Haus Habsburg. Dieses Dokument wird ebenfalls im Klosterarchiv aufbewahrt, vgl. ASal, D-2, Stiftungsurkunde Kaiser Karls VI. (*Diplôme T*) vom 7. Dezember 1736, pag. 4–5 und 30–31.
74 ASal, A-II-13a, *Circulaire* vom 9. Dezember 1760, pag. 3.
75 In den *Circulaires* wird mehrfach auf Besuche, Geschenke und andere Zuwendungen Maria Theresias hingewiesen. Vgl. ASal, A-II-13a, *Circulaires* vom 9. Dezember 1760, vom 2. Mai 1765 oder vom 31. März 1767.
76 An dieser Stelle sollen auch die anderen Gemälde, die sich zusätzlich zu den barocken Porträts im Raum befinden, Erwähnung finden, auf welche im Beitrag jedoch nicht näher eingegangen werden kann. Neben einem weiteren Porträt, welches die Kaiserin Karolina Augusta zeigt und aus dem 19. Jahrhundert stammt, sind außerdem mehrere Gemälde mit verschiedenen biblischen Historien im Gemeindezimmer untergebracht. Die Bilder scheinen thematisch wenig zusammenhängend, sondern vielmehr willkürlich im Raum verteilt zu sein, sodass auch deswegen wohl nicht von einer einheitlichen Planung einer bildlichen Ausstattung in diesem Raum ausgegangen werden kann. Zu den restlichen Gemälden im Gemeindezimmer vgl. Hajós 1974, 244–245.
77 Im Buch Deren Ordens=Gebräuchen aus dem Jahr 1727 sind die Ordenssatzungen zusammengefasst. Im 18. Artikel wird auf die Rekreation im Gemeindezimmer eingegangen. Vgl. Buch Deren Ordens=Gebräuchen 1727, 18. Art., 65. Zur Nutzung des Gemeindezimmers als Rekreationsraum vgl. auch ASal, A-XXV, [Coelestin Wolfsgruber], Das Kloster der Salesianerinnen und seine geschichtlichen Denkwürdigkeiten (unpubl. Typoskript, o.J.) 97.
78 Hajós 1974, 242. Auch im Klosterarchiv findet man eine frühe Beschreibung des Raums samt Einrichtung, vgl. ASal, A-II-13a, *Circulaire* vom 27. Juli 1720, pag. 24.
79 Hajós 1974, 242, Nr. 6.
80 Mt 27,45; Mk 15,33; Lk 23,44–45. Diese und alle nachfolgend zitierten Bibelstellen werden nach der Einheitsübersetzung zitiert.
81 Joh 19,26–27.
82 Hajós 1974, 242, Nr. 5.
83 Lk 24,13–35.
84 Hajós 1974, 242, Nr. 1.
85 Lk 10,38–42.
86 Hajós 1974, 242, Nr. 2.
87 Joh 4,1–26.
88 Hajós 1974, 242, Nr. 3.
89 1 Kön 17,1–7.
90 1 Kön 19,3–8.
91 Hajós 1974, 242, Nr. 4.
92 Lk 4,1–4; Mt 4,1–4.
93 Lk 4,3; Mt 4,3.
94 Die Österreichische Kunsttopographie datiert alle Gemälde im Refektorium in die 1. Hälfte des 18. Jahrhunderts, vgl. Hajós 1974, 242.
95 ASal, A-II-13a, *Circulaire* vom 27. Juli 1720, pag. 24.
96 Hajós 1974, 242, Nr. 6.
97 Ebd.
98 Kronbichler 2012, 17–18 und 92–96.
99 Hajós 1974, 242.
100 Man vergleiche beispielsweise Figurentypen und Komposition bei Annibale Carraccis Gemälde „Christus und die Samariterin", Abb. beispielsweise bei Brogi 2006, 280–281, Nr. VI.2, Abb. S.

281. Marcantonio Franceschinis themengleiches Bild zeigt ebenfalls Analogien, vgl. MILLER 2001, 217, cat. 110a, tav. XXXVII. Auffallende Ähnlichkeiten findet man auch bei den Figurentypen in Annibale Carraccis Gemälde „Christus und die Kananäerin", vgl. GINZBURG 2006, 298–299, Nr. VII.1, Abb. S. 299. Eine sehr qualitätvolle Kopie dieses Gemäldes befindet sich interessanterweise im Kapitelsaal des Wiener Salesianerinnenklosters, vgl. dazu HAJÓS 1974, 249, Nr. 1, Abb. 251. Siehe auch HEINZ 1975, 23–31 und den Beitrag von Manfred Koller in diesem Band (mit Abb.)
101 Schriftliche Aufzeichnungen für einen derartigen Auftrag existieren freilich nicht. Zudem gibt es, wie schon beim Gemeindezimmer, auch für den Speisesaal des Klosters ebenfalls keinerlei Vorschriften für eine im Vorhinein festgelegte Bildausstattung.
102 HAJÓS 1974, 242.
103 Lk 10,41–42.
104 Joh 4,4–26.
105 Mt 4,4.
106 Die Widmung des Refektoriums und eine Auflistung aller anderen Raumwidmungen findet sich auf den Seiten 11–13 des Kapitels „Die Heilige, denen die Aemter, und Cellen gewidmet seyn, deren Namen mit großen Buchstaben über die Thüren geschrieben stehen", vgl. BUCH DEREN ORDENS=GEBRÄUCHEN 1727.
107 RAITZ VON FRENZ 1957, 95.
108 Röm 8,13; RAITZ VON FRENZ 1957, 95.
109 RAITZ VON FRENZ 1957, 95.
110 Confessiones, 10. Buch, Kap. 31, AUGUSTINUS 2004, 489.
111 Ebd.
112 Die „Philothea", eigentlich „Introduction à la vie dévote", ist eine der bekanntesten Schriften des Franz von Sales und erschien erstmals 1609. Im Folgenden wird aus der deutschen Übersetzung Franz Reisingers von 1959 zitiert, vgl. FRANZ VON SALES 1959. Die „Philothea" wird in salesianischen Kreisen bisweilen auch als „Gesetzbuch" der Salesianerinnen bezeichnet, vgl. dazu STADL 2005, 135.
113 FRANZ VON SALES 1959, 164–165. Franz von Sales äußert sich im 23. Kapitel des 3. Teils seiner „Philothea" ausführlich zum Thema Abtötung.
114 BUCH DEREN ORDENS=GEBRÄUCHEN 1727, 17. Art., 62–65.
115 Ebd., 17. Art., 62.
116 BUCH DEREN ORDENS=GEBRÄUCHEN 1727, 17. Art., 63. In diesem Sinne wäre mit dem Verweis auf die Sterbestunde Jesu, als ihm am Kreuz Essig und Galle gegeben wurde, ebenso das Kreuzigungsbild über dem Tisch der Oberin in die Ikonographie des Raums einzubeziehen, auch wenn dieses nicht zur Serie der übrigen fünf Bilder gehört.
117 BUCH DEREN ORDENS=GEBRÄUCHEN 1727. Im Kapitel „Sprüche, so man in denen Amt=Zimmern, und andern Orten des Closters anschreiben solle" ist auf den Seiten 14–46 eine Auflistung aller Sprüche zu finden. Die nachfolgenden Seitenangaben beziehen sich auf dieses Kapitel.
118 BUCH DEREN ORDENS=GEBRÄUCHEN 1727, 22–23.
119 Da die Sprüche an den Wänden in der Klostergeschichte Wolfsgrubers erwähnt und zitiert werden, ist davon auszugehen, dass sie zumindest zu Beginn des 20. Jahrhunderts noch vorhanden waren. Vgl. dazu ASal, A-XXV, [Coelestin Wolfsgruber], Das Kloster der Salesianerinnen und seine geschichtlichen Denkwürdigkeiten (unpubl. Typoskript, o.J.) 96–97.
120 BUCH DEREN ORDENS=GEBRÄUCHEN 1727, 22.
121 Ebd., 23.
122 Ebd.; 1 Kor 10,31.
123 Ebd.; Röm 14,17.
124 Ebd.; Joh 4,34.
125 Ebd.; Joh 6,27.
126 Ebd.; Weish 16,20.
127 Ebd.; Mt 4, 4.
128 BUCH DEREN ORDENS=GEBRÄUCHEN 1727, 29. Art., 104.
129 Ebd.
130 BELTING 2000, 616–617; BECK–BREDEKAMP 1987, 102–103.

# Restaurierergebnisse nach 1945.
# Gemälde, Altarbilder und Kuppelmalerei

MANFRED KOLLER

Neben dem Gartenpalais Schwarzenberg und dem Belvedere des Prinzen Eugen prägt die Klosterstiftung der Kaiserinwitwe Amalia Wilhelmina mit ihrer dominanten Kirchenkuppel bis heute ein barockes Viertel im Wiener Stadtbild, das bis zur Karlskirche und zum Theresianum reicht. Für Wiederaufbau und Stadtregulierung nach 1945 gehörte die „Erhaltung geschlossener Straßen- und Platzbilder" zu den Prioritäten[1], die diesen Stadtteil bis heute bestimmen.

## Fassaden und Steinskulpturen

Große Schäden am Baukomplex der Salesianerinnen beschränkten sich zum Glück auf die Zerstörung der Südostecke des Kreuzganghofes, wo auch die szenische Steingruppe der Kreuzigung in der Hofmitte betroffen war. Der Wiederaufbau der Hoftrakte und die Restaurierungen der Kruzifixgruppe (Abb. 70, S. 148) sowie des Rennwegportals erfolgten 1949/50[2]. Bis Anfang 1945 war das damals Berlin unterstellte Denkmalamt noch im Witwentrakt am Rennweg 8 untergebracht[3]. Danach fanden seine Restaurierwerkstätten bis 1955 im Oberen und Unteren Belvedere Quartier[4]. Von Fassadenrestaurierungen nach 1945 fehlen Berichte. Bei der Instandsetzung des Kirchenäußeren 1995 fand man keine barocke Putz- und Farbsubstanz mehr, weshalb die Fassade in neutralem Weißton gestrichen wurde[5]. Von den vier Meter hohen Steinfiguren auf dem Giebel war vor allem die Immaculatafigur auf der Spitze akut gefährdet und musste abgenommen werden (Abb. 95). Die barocke Eisenarmierung hatte den Steinkern gesprengt; nach Abnahme aller alten Reparaturen blieben über 250 größere

◄ Abb. 94: Salesianerinnenkirche Wien, Anbetung des Kindes, Jakob van Schuppen, Leinwandbild während der Restaurierung, linke Chorwand

und kleinere originale Bruchstücke übrig. Um eine neue Stahlsäule mit Standplatte gelang Restaurator Nicola Vujasin der Wiederzusammenbau mit armierten Epoxidharzklebungen. Erst danach konnte die Statue als Werk Lorenzo Mattiellis erkannt werden[6].

## Paramente und Gemälde

In den 1960er Jahren wurden die wertvollen Paramente (darunter zehn vielteilige Ornate) und die Gemälde im Kloster konserviert und im Rahmen der Österreichischen Kunsttopographie systematisch inventarsiert[7]. Zum 250-jährigen Gründungsjubiläum 1967 wurden diese Textilien gemeinsam mit einer Auswahl an Gemälden, Dokumenten und Objekten erstmals im Kloster ausgestellt[8]. Unter den Barockgemälden führten die Restaurierungen in den Werkstätten des Bundesdenkmalamts[9] zur Entdeckung der kunsthistorisch bedeutendsten Gemälde: Christus und die Kananäische Frau im Kapitelsaal (Abb. 96) und das lebensgroße Porträt der Stifterin Amalia Wilhelmina im Versammlungszimmer (Abb. 3, S. 18). Das erstere konnte Günther Heinz als freie Replik Francesco Albanis nach dem verlorenen, 1594/95 entstandenen Altarbild Annibale Carraccis für die Kapelle des Palazzo Farnese in Rom bestimmen. Er zeigte an diesem und verwandten Bildern im Kunsthistorischen Museum und im Schottenstift die Wandlung vom religiösen Historienbild zum „Kontemplations- und Bekenntnisbild" auf[10]. Die Untersuchungen des Bildträgers (Netzleinwand) und der Maltechnik bestätigten eine Entstehung in Italien in der ersten Hälfte des 17. Jahrhunderts[11].

Das Bildnis der Stifterin galt zuvor als „in der Art des Johann Gottfried Auerbach um 1720" gemalt[12]. Durch die Reinigung und die dabei gefundene Signatur *Joh: Kupe: fec: 1719* ist es als Auftragswerk zur ersten Kirchweihe an den – nach 22 Jahren in Italien – von 1709 bis 1723 in Wien ge-

▲ Abb. 95: Salesianerinnenkirche Wien, Fassade mit Skulpturen nach Restaurierung

▲ Abb. 96: Christus und die Kananäische Frau, Salesianerinnenkloster Wien

schätzten Porträtmaler Johann Kupezky identifiziert, der sonst selten in Lebensgröße malte[13]. Vom Mai 1719 datiert auch der Stiftungsbrief für das Kloster, in das sich die verwitwete Kaiserin aus der Hofburg zurückzog. Der Kopf und die Hände setzen Naturstudien Kupezkys voraus[14], das Übrige war durch die Konvention vorgegeben und wurde vom Maler auf das Nötigste reduziert. Bis auf das blassrosa Inkarnat verzichtet Kupezky auf Farbe. Die Kaiserkrone neben ihrem auf einen Tisch gestützten linken Arm und das Monogramm R(ex) J(osephus) am Halsband des vor ihr sitzenden, schwarz-weiß gefleckten Hundes sind die einzigen Hinweise auf ihre Würde, aber auch auf ihre Treue als Witwe. Das schwarze Skapulier um ihre Schultern und ein steinbesetztes Brustkreuz weisen auf die Ordensgemeinschaft. Ihre würdevolle Haltung beleben die leicht bewegten Hände, die großen Augen sind nach außen gerichtet, der schmale Mund unter der kräftigen Nase bleibt im Ausdruck verhalten[15].

Erst 1989 wurden sieben große Deckenbilder des Wiener Hofmalers Peter Strudel (1660–1714) für die Hochzeit Amalia Wilhelminas 1699 mit Joseph I. in der Wiener Hofburg für den neu gewidmeten Konzertsaal der Akademie für Musik und darstellende Kunst im Noviziatshof des Klosters adaptiert (Abb. 132, S. 244). Die Ölgemälde auf Leinwand wurden nach fast 250 Jahren Deponierung vom Bundesdenkmalamt restauriert und als Leihgabe des Kunsthistorischen Museums zur Verfügung gestellt[16].

### Die Altargemälde in der Kirche

Die Altarausstattung erfolgte teilweise schon Jahre vor der Gewölbemalerei. Am 17. Oktober 1718 fragt Amalia Wilhelmina die ersten Nonnen, auf welche Seite sie den Altar ihres Ordensgründers Franz von Sales wollen, denn links vom Hochaltar wäre das Nonnenchorfenster[17]. Die Entscheidung stellt sie ihnen anheim[18]. Zur ersten Weihe, am 13. Mai 1719, war die Kirche noch nicht ganz gedeckt und für die geplanten fünf Altäre waren schon drei Altarbilder erworben, darunter der Hochaltar, eine *Visitation peint en Angleterre* um 1000 deutsche Gulden[19]. Nach dem Bericht im Wienerischen Diarium vom 25. Dezember 1726 wurde der von Antonio Beduzzi entworfene Hochaltar aber erst damals im Beisein der Stifterin und ihrer Gemeinschaft feierlich enthüllt[20]. Im September und Oktober 1725 war Pellegrini in Wien, um sich für die Kuppelausmalung der Kirche vorzubereiten und malte bei dieser Gelegenheit ein Altarbild für das Palais Collalto auf dem Platz Am Hof[21].

Erst acht Jahre nach den vorderen entstanden die hinteren Seitenaltarbilder. Die zugehörigen Aufbauten sind einfacher und haben flachere Bildnischen (vordere 40 cm, hintere 12 cm tief). Alle Bildnischen wurden mit einem bewährten Lüftungssystem gebaut[22]. Etwa zeitgleich erhielt auch die Stiftskirche von Melk ein derartiges Lüftungssystem, jedoch in Verbindung mit einer Holzverschalung hinter der Bildleinwand als Klimapuffer, der in der Salesianerinnenkirche zum Teil fehlte[23]. Bei den vorderen Altarbildern müssen die resultierenden Nachteile schon früher aufgefallen sein, da hier die Außenlüftungslöcher mit Tüchern verstopft waren. Im Zuge der jüngsten Innenrestaurierung der Kirche gelangten in den Jahren 2000 bis 2004 nach und nach die drei barocken Seitenaltarbilder der Kirche (Formate ca. 440 x 220 cm) und die beiden querformatigen Seitengemälde van Schuppens im Altarraum (Formate ca. 150 x 400 cm) zur Restaurierung ins Bundesdenkmalamt[24]. Diese großformatigen Leinwandbilder waren zuvor noch nie eingreifend restauriert worden, hatten noch die ursprünglichen Spannrahmen und keine Doublierungen. Sie zeigten aber mehrfache Altersschäden (kleinere Risse, Verzüge, Farbschollen) und zwei bis drei alte gegilbte und verschmutzte Firnislagen, die die Farb- und Lichtwirkung der Gemälde stark beeinträchtigten[25].

Das Hochaltarbild von Antonio Bellucci war nach der oben zitierten Quelle schon zur ersten Weihe Anfang Mai 1719 vorhanden, obwohl damals der Hochaltar noch gar nicht gebaut war. Der Maler hatte schon 1697 die Gemälde für vier Seitenaltäre der Stiftskirche Klosterneuburg gemalt, dann bis 1704 Plafondbilder für das Stadtpalais Liechtenstein und 1704 das Hochaltarbild der Stiftskirche Vorau. Schon für das Liechtensteinpalais schickte Bellucci sechs Plafondbilder aus Venedig nach Wien[26]. Wir dürfen annehmen, dass die Auftraggeberin zuvor eine Zeichnung und eine Ölskizze als Grundlage für den Auftrag erhielt. Die Bestellung des Hochaltarbildes schon acht Jahre vor Errichtung der Altararchitektur hängt wahrscheinlich mit der Weihe zusammen, da das Gemälde das Patrozinium der Heimsuchung Mariä darstellt. Belluccis Ereignisgemälde vergegenwärtigt im Zielbild des neuen Kirchenraumes die biblische Erzählung. Das gut erhaltene, aber stark verdunkelte Leinwandgemälde konnte an Ort und Stelle wie die Seitenaltarbilder gereinigt werden.

▼ Abb. 97: Salesianerinnenkirche Wien, Seitenaltarbild Übergabe der Ordensregel durch den hl. Franz von Sales, Ausschnitt nach Restaurierung

Die beiden quer gestreckten Leinwandbilder der Verkündigung und der Anbetung des Kindes durch Maria, Joseph und Engel sind in die Seitenwände des Hochaltarraumes eingelassen, die (wie die ganze Kirche) mit graurosa Stuckmarmor überzogen sind. Sie stammen von Jacob van Schuppen und waren wohl bei der Enthüllung von Beduzzis Hochaltar zu Weihnachten 1726 schon an ihrer Stelle, zumal sie Weihnachtsdarstellungen zeigen. Van Schuppen kam 1713 aus Paris nach Wien und erhielt hier 1725 das Angebot, die mit dem Tod Peter Strudels eingestellte kaiserliche Akademie wieder zu aktivieren[27]. Die Bilder sind nicht signiert[28], zeigen aber die für seine französische Schulung typische Klarheit und Ruhe, aber auch Trockenheit in der malerischen Ausführung. Ihre nur drei Fuß breite und deshalb beidseitig vergrößerte grobe Leinwand ist über einen hölzernen Blindrahmen gespannt, die Wand dahinter ist original mit einem zweiten Gewebe (Klimaschutz) hinterlegt[29]. Auf der rotbraunen Grundierung sind die Farben deckend, flächig aufgetragen und vor allem Gesichter und Hände sorgfältig modelliert. Diesen Realismus verstärkt die kontrastreiche Lichtführung. Firnisgilbung und Verschmutzung waren hier besonders stark, sodass die Unterschiede zur offenen Malweise und hellen Koloristik italienischer Manier bei Bellucci, Pellegrini und Altomonte erst nach Konservierung und Reinigung wieder hervortraten (Abb. 94).

Auch das Seitenaltarbild des Ordensgründers Franz von Sales auf seinem Ehrenplatz rechts vorne war unter den drei 1719 schon fertigen Gemälden (Abb. 97). Es zeigt den Genfer Bischof, wie er den von ihm berufenen ersten Ordensfrauen um Johanna Franziska von Chantal die Ordensregel übergibt. Das Bild wurde früher dem Hofmaler Peter Strudel zugeschrieben, der aber schon 1714 starb[30]. Sein Mitarbeiter an der Akademie Martino Altomonte malte zwar stilistisch und koloristisch ähnlich, doch fehlt ihm Strudels nervöser Pinselstrich und dessen Bewegtheit in der Komposition[31]. Eine signierte Vorzeichnung in der Albertina bestätigt Altomontes Autorschaft[32]. Vor einer monumentalen Bogenarchitektur mit Durchblick in den offenen Himmel sitzt Franz von Sales mit blauem Pallium vor zahlreichem Gefolge unter einem Baldachin neben einer goldtonigen Drehsäule. Die rechte Hand zum Segen erhoben übergibt er mit der linken den vor ihm auf dem teppichbelegten Stufenpodest knienden ersten Damen die Ordensregel. Bei diesen fand sich – durch eine spätere Fehldeutung der Darstellung – die einzige größere Übermalung auf den Gemälden der Kirche, bei der den knienden Frauen die hochgezogenen steifen Halskrägen übermalt und durch Halskreuze ersetzt wurden. Das etwa zeitgleiche, auf die vier Hauptfiguren konzentrierte Bild von Noel Halle in der Kirche Saint-Louis-en-l'Ile in Paris zeigt eine sehr ähnliche Komposition ohne Halskreuze[33]. Bei einer Restaurierbesprechung am 6. November 2001 konnte sich die Mutter Oberin von dem Befund selbst überzeugen und gab ihre Zustimmung zur Freilegung der ursprünglichen Version. Das Bild Altomontes trägt eine zweifache Grundierung mit rotem Ocker und Orangerosa, das Pallium des Heiligen ist über grauer Untermalung mit Ultramarinblau und Bleiweiß ausgeführt.

Das vordere linke Seitenaltarbild neben der Kanzel (Abb. 67, S. 143) stammt von Viktor-Honoré Janssens und ist signiert *V. Janssens fecit*. Es gehörte zu den schon 1719 fertigen drei Altargemälden. Der Brüsseler Maler (1664–1739) soll 1718 von Karl VI. als Hofmaler nach Wien berufen worden und hier drei Jahre geblieben sein[34]. Aus Brüssel kamen 1716 auch die ersten Ordensfrauen nach Wien. Die mit ausgebreiteten Armen klagend zum Himmel blickende Maria sitzt in blauer Kleidung unter dem schräg ins Bild gestellten Kreuz mit dem auf ihren Schoß gestützten Leichnam Christi, dessen rechte Hand Magdalena an ihr Gesicht drückt. Johannes steht die Hände ringend im blauen Überwurf hinter Maria und im Vordergrund bestaunen zwei Kinderengel die aus dem Kreuz gezogenen Nägel. Eine Kreidezeichnung der Kreuzabnahme von Janssens in der Albertina zeigt seinen Zeichenstil[35]. Vorbilder konnten der Flame Janssens und seine Auftraggeberin in der kaiserlichen Galerie bei kleineren Andachtsbildern von Rubens (1614) und Van Dyck (1618/20) finden, oder in Van Dycks querformatiger Beweinung von 1634 (jetzt München, Alte Pinakothek), gestochen von Lucas Vosterman[36]. Die Leinwand wurde erst mit Rotocker grundiert, darüber kam eine graurosa Imprimitur. Den Mantel Mariens hat Janssens mit dem „modernen" Pigment Preußischblau untermalt und erst darüber teures Ultramarinblau gelegt[37]. Der Mantel von Johannes ist mit Rotocker untermalt und mit heute ausgebleichtem Rotlack lasiert, war also ursprünglich feuriger.

Das hintere Altarbild der Ostseite mit der Schlüsselübergabe an Petrus (Abb. 69, S. 145 und Abb. 98) malte Giovanni Antonio Pellegrini (1675–1741), der von Venedig aus in zahlreiche Kunstzentren Mitteleuropas und bis London pendelte[38]. Der venezianische Schnell- und Vielmaler hielt sich um 1700 und zwischen 1725–1730 mehrmals in Wien auf. Er malte hier die Gewölbe von Salesianerinnen- (1727) und Schwarzspanierkirche (1730) und schuf für erstere und die Karlskirche Seitenaltarbilder auf Leinwand. Nach der Korrespondenz seiner Schwägerin, der Malerin Rosalba Carriera, wurde das Altarbild für die Karlskirche erst Ende

▲ Abb. 98: Salesianerinnenkirche Wien, Seitenaltarbild Schlüsselübergabe an Petrus, Giovanni Antonio Pellegrini, Apostelkopf nach Restaurierung

November 1730 aus Venedig nach Wien geschickt[39]. Aus demselben Briefwechsel geht hervor, dass die Schlüsselübergabe Petri in der Salesianerinnenkirche und auch das gegenüberliegende Altarbild mit dem Ostermorgen (Noli me tangere) im Sommer 1727 parallel zur Kuppelmalerei der Kirche vor Ort entstanden[40]. Beim Wienaufenthalt im Oktober 1725 versprach der Malervirtuose auch das (verlorene) Altarbild für die Kapelle des Palais Collalto Am Hof nach dem Modell binnen acht Tagen zu liefern, denn – so der zeitgenössische Bericht – *der Pinsel Pellegrinis ist ein Blitz*[41]. Zuvor schuf er im Frühjahr und Sommer 1725 in Dresden das Hochaltarbild der Hofkirche in Dresden und Deckenbilder im Zwinger sowie eine Schlüsselübergabe für den Hochaltar des Petridomes in Bautzen[42]. Diese Komposition konnte er in seinem Wiener Folgewerk verkleinert variieren. Eine lavierte Federzeichnung in der Albertina gehört zur Vorbereitung des Wiener Bildes[43]. Sie zeigt denselben Abschluss mit einer korbbogigen Ädikula, ist aber schmäler, rückt die Säule mit Gebälk genau hinter Christus und füllt die Himmelszone mit einer Engelgruppe. Die Zeichnung entstand demnach zwischen 1725 und 1727. Das Altarbild der Salesianerinnenkirche wurde nie von seinem originalen Blindrahmen abgenommen und ist – wie die genau auf die Altarnische Bezug nehmenden Malereiränder bestätigen – vor Ort entstanden, ohne Transport der an die 9 m² großen, nahtlosen Leinwand. Pellegrinis Leinwandbild ist wie seine Kuppelmalerei in Öltechnik alla prima, also in einem einzigen Arbeitsgang ohne Schichtenaufbau, ausgeführt. Zur skizzenhaften Schnellmalweise gehören auch spontane Eigenkorrekturen[44]. Dadurch war ein schnelles Arbeiten nass in nass und mit offenem Pinselstrich möglich, begünstigt durch eine helle lederfarbige bis graue Grundierung, die man von Oberitalien bis England nach 1700 über die seit etwa 1600 traditionelle dunkle Rotockergrundierung legte[45]. Der helle Grundton und der einschichtige, durch Ausmischung mit Bleiweiß aufgehellte Farbenauftrag bewahrten diese Gemälde vor dem Schicksal der vor 1700 nur auf rotbraunen Gründen gemalten Werke, die mit der Zeit stark nachdunkelten und heute ungewollt harte Kontraste zeigen[46]. Die in Pellegrinis Ölmalerei auf Leinwand und auf der Wand eingesetzten Pigmente sind die gleichen: Bleiweiß, Zinnoberrot, roter Farblack, Gelbocker, Neapelgelb, Grünerde, Beinschwarz und Smalteblau. Nur setzte er in der Kuppel und beim späteren Altarbild der Heilung des Gichtbrüchigen in der Karlskirche auch das „modernere" Preußischblau ein[47]. Als Bindemittel ist bleisikkativiertes Leinöl anzunehmen, wie es für die Bilder Pellegrinis und Canalettos in der National Gallery in London nachgewiesen wurde[48].

## Die Kuppelausmalung G. A. Pellegrinis in Öltechnik

Zwischen der ersten Weihe 1719 und der vorbereitenden Begutachtung des Raumes durch Pellegrini im Herbst 1725 wurde die längsovale Kuppelwölbung über dem hohen Tambour vollendet und in sieben horizontalen Streifen (den Gerüsthöhen entsprechend) mit einem Kalkputz überzogen[49]. Bei diesem Besuch könnte der Maler auch die Ölskizzen mit der Aufnahme Mariens in den Himmel (heute in Melk und Stuttgart) angefertigt haben, die üblicherweise einem Auftrag vorangingen[50]. Die Ölskizze in Stift Melk ist fast quadratisch, dunkelbraun grundiert, deutet eine kreisrunde Laterne in perspektivischer Verschiebung zum oberen Rand an und füllt fast die ganze Fläche mit Figuren ohne Einhaltung konsequenter Größenverhältnisse und Untersichten. Christus ist rechts, Gottvater links oberhalb Marias, Evangelisten sind im Vordergrund angeordnet, biblische Vorläufer fehlen offenbar[51]. Dagegen steht das hochovale Stuttgarter Bild im Format, in der inhaltlichen Komposition, vor allem aber mit seiner hellen, luftigen Farbigkeit und den Figurenproportionen der Ausführung sehr nahe. Unterschiede betreffen die weggelassene Laterne und die erst in der Ausführung erfolgte Trennung der Gestalten des Neuen Testaments (Evangelisten, Apostel) auf der Hochaltarseite und derjenigen des Alten Testaments (Adam und Eva, Moses, David) über dem Eingang[52]. Die Verteilung der Farbakzente, vor allem Rot und Blau bei Christus, Maria und Gottvater, entspricht weitgehend der fertigen Kuppelmalerei[53]. Die große Verschiedenheit der beiden kleinformatigen Ölstudien auf Leinwand wirft aber Fragen auf. Denkbar wäre, dass Pellegrini den Melker Bozzetto schon vor 1725 in Unkenntnis des Raumes malte, während der Stuttgarter Entwurf als Modello für die Ausführung diente. Bei dieser vergrößerte Pellegrini die optische Raumillusion durch Steigerung der Figurengröße von lebensgroß im Scheitel bis zu vier Meter hohen Gestalten über dem Abschlussprofil der Kuppelbasis (Abb. 99 und 100).

Am 24. April 1727 war die Ankunft des Malers wenige Tage zuvor dem Wienerischen Diarium eine Meldung wert, ebenso die Enthüllung seiner Kuppelmalerei am 25. Oktober desselben Jahres[54]. Mit der Weihe der Kirche am 6. Juni 1728 war wohl die Innenausstattung abgeschlossen, aber im Herbst dieses Jahres war Pellegrini schon wieder in Wien[55]. Am 18. Juli 1727 schrieb der Maler an seine Schwägerin Rosalba Carriera nach Venedig, dass er gut vorankomme und immer die Zustimmung der Kaiserin (!) und auch des Kaisers finde; ferner berichtet er ihr schon am 10. Oktober 1727, dass sein Werk gelungen war und großes Lob bekam. Daraus ergibt sich eine Arbeitszeit von etwa 5 Monaten für die rund 500 m² große Kuppelfläche, also durchschnittlich 100 m² pro Monat oder 3–4 m² pro Tag. Angesichts der großzügig skizzenhaften Malweise, häufig mit breitem Pinsel, ist dies durchaus glaubhaft.

Für die Malarbeiten wurde wohl ein Hängegerüst für eine Plattform in Höhe des Kranzgesimses vorbereitet. Den schon länger karbonatisierten Verputz der Kuppel tränkte Pellegrini für eine gleichmäßig saugende Oberfläche mit tierischem Leim vor. Dann trug er zwei Lagen einer hellgrauen Ölfarbe als farbig neutralen Malgrund auf, in den sich bei der raschen Primamalerei unbedeckt gebliebene Stellen unauffällig einfügen konnten. Wie hier scheint Pellegrini seine Wandmalereien immer in dieser äußerst rationalisierten Öltechnik ausgeführt zu haben, die nicht nur in Italien eine lange Tradition hat[56]. Trotzdem ist in allen bis-

▲ Abb. 99: Salesianerinnenkirche Wien, Gesamtansicht der Deckenmalereien in der Hauptkuppel von Giovanni Antonio Pellegrini

herigen Publikationen zu Pellegrini irrtümlich immer von Freskomalerei die Rede[57]. Auf diese hellgraue Grundierung legte der Maler – wohl nach einer summarischen Unterzeichnung der Hauptfiguren (mit weißer Kreide oder weißem Pinsel) großflächig hellblaue Himmels- und graurosa Wolkenpartien an und malte dann vermutlich von oben nach unten die Figuren- und Figurengruppen mit unglaublicher Sicherheit der Pinselführung (offenbar ohne Kartonverwendung), wobei er Ausdruck und Details zumeist nur skizzenhaft andeutete[58]. Der Nachweis von Harzanteilen in der Ölfarbe (wahrscheinlich Venezianerterpentin) verbesserte sowohl die Trocknung als auch den fließenden Farbauftrag, der häufig nass in nass erfolgte.

Die Hauptschäden der vor 1998 nie restaurierten Kuppel entstanden durch lokale Spannungen zwischen Ölfarbe und Raumklima, vor allem aber durch Wasserinfiltration infolge Dachschäden 1944/45. Diese löse die Leimgrundierung und bildete mit dem Oberflächenschmutz auf einem Fünftel der Fläche hellgraue bis dunkelbraune Abrinnfahnen

▶ Abb. 100: Salesianerinnenkirche Wien, Figurengruppe an der Kuppelbasis

▲ Abb. 101: Salesianerinnenkirche Wien, Deckenmalereien in der Hauptkuppel, Adam und Eva, von Giovanni Antonio Pellegrini

und Schleier (Abb. 101 und 102). 1996 fanden mit einem Gerüstturm erste Untersuchungen und Probearbeiten statt, denen 2000/01 ein vollständiges Plateaugerüst folgte. Die Leimfahnen ließen sich durch schwach alkalische Gele schonend lösen, die Festigung von Farbschollen wurde durch Wärmeeinsatz unterstützt. Obwohl die ursprüngliche Malerei keinen Firnis trug, entschloss man sich zu einem Firnisabschluss mit einem dosiert aufgetragenen Acrylfirnis, als Schutz und zum Glanzausgleich der wiedergewonnenen leuchtenden Farbwirkung[59].

◄ Abb. 102: Salesianerinnenkirche Wien, Kuppelmalerei von Giovanni Antonio Pellegrini, Kopf Adams vor Restaurierung

1 Frey 1947, 3–24.
2 Denkmalpflegearbeit 1950, 106–120, Abb. 145/46 (Kreuzgruppe vor- und nach Restaurierung).
3 Koller 1995a, 125–146, Abb.124.
4 Koller 2004, 454–471, Abb.537.
5 Tätigkeitsbericht 1995, 479–480, Abb. 584.
6 Koller 1995b, 535; Vujasin–Koller 2008/09, 193–199.
7 Hájos 1974, 201–284, darin Dora Heinz, Paramente, 263–280.
8 Kunstschätze 1967.
9 Von 1967 bis 1972 gelangten insgesamt 14 Barockgemälde (darunter 9 Kreuzwegbilder) in die Restaurierateliers des Bundesdenkmalamtes, deren Zustands- und Maßnahmenberichte unter W 4786-4788, 5187/88 und 5249-5257 archiviert sind.
10 Heinz 1975, 23–31.
11 Koller 1975, 32–33.
12 Hájos 1974, 244f., Abb.245; Kunstschätze 1967, Nr. 19.
13 Vgl. den ersten Werkkatalog Šafařík 1928, zuletzt Safarik 2001. Siehe den Beitrag von Helmut Halb in diesem Band.
14 Siehe die weiße Unterzeichnung auf der rotbraun grundierten Leinwand auf dem Selbstbildnis in Prag 1709–11, Šafařík 1928, Frontispiz.
15 Koller 1984b, 353–360.
16 Koller 2016, 124–133. Geplant war eine Gemäldeausstattung aus dem reichen Depotbestand für vier Räume, aber nur der Konzertsaal konnte realisiert werden.
17 Zur Baugeschichte der Kirche siehe den Beitrag von Herbert Karner in diesem Band.
18 Hájos 1974, 217, Dok. 9; vgl. den Beitrag von Werner Telesko über die Ausstattung der Salesianerinnenkirche in diesem Band, Anm. 10 (mit Quellennachweis).
19 Hájos 1974, Dok. 11. Bellucci war von 1708–1713 und 1719 in London tätig: Knox 1998, 39–62; zur Transportfrage schweigen die Quellen. Für eines seiner Seitenaltarbilder in Klosterneuburg erhielt Bellucci 1697 rund 500 Gulden.
20 Hájos 1974, 218, Dok. 18.
21 Kazlepka 2013, 167–173.
22 In der unteren Mitte der Altarnischen führen 10 x 10 cm große Luftschächte in ganzer Mauerstärke von 90 cm nach außen, im Scheitel verbinden Luftschächte die Altarnischen zum Kirchenraum.
23 Koller 1980, 187–120, Abb. 88; Koller–Vigl 2005, 77–92.
24 Dokumentationen, Berichte und Zustandsfotos im Archiv der Abteilung für Konservierung und Restaurierung im Bundesdenkmalamt in Wien (im Folgenden AKons), W 9185, 9287, 9384 und 9507/08. Farbanalysen sind nach den Laborberichten von Dr. Hubert Paschinger (ebenda) zitiert.
25 Die barocken Seitenaltarbilder wurden in den Werkstätten des Bundesdenkmalamts unter Mitwirkung von Amtsrestaurator Mag. Michael Vigl von den freiberuflichen Gemäldespezialisten Mag. Irmgard Kaffl und Mag. Ion Buliga konserviert und gereinigt. Nur kleine Fehlstellen benötigten lokale Retuschen. Vor dem Wiedereinbau erhielten die Altarnischen eine Bretterwand aus Nadelholz als seit der Barockzeit bewährte Klimapuffer. Alle Restaurier- und Laborberichte befinden sich im AKons, W9185 (Pellegrini), W 9287 (Altomonte), W 9384 (Janssens) und W 9507/08 (Schuppen). Das Hochaltarbild von Bellucci wurde in situ behandelt.
26 d'Arais 1964, 99–109 (teilweise überholt); Reuss 1998, 96.
27 Schreiden 1982, 17. Die Bilder in der Salesianerinnenkirche fehlen in Schreidens Werkverzeichnis.
28 Vgl. dagegen Hájos 1974, 236f. (mit dem Hinweis auf die Signatur van Schuppens).
29 Koller–Vigl 2005, Abb. 16.
30 Hájos 1974, Abb. 215.
31 Koller 1993, 104.
32 Aurenhammer 1965, 77, Kat. 305 (Feder, laviert, 305 x144 mm).
33 Braunfels 1974, Abb. S.323.
34 Wurzbach 1906, 752, mit Abbildung einer ganz ähnlichen Signatur. Wurzbachs Angabe zum Hofmaler wird nicht bestätigt bei Haupt 2007, 526. Von Janssens wurden bisher keine anderen Gemälde in Wien bekannt.
35 Wien, Graphische Sammlung Albertina, Inv. 10318, unsigniert, aus der Sammlung Herzog Alberts von Sachsen-Teschen.
36 Wheelock–Barnes–Held 1990, Kat. 98.
37 Vgl. Paschinger–Richard–Koller 2004/5, 40–42 und 56–58.
38 Lucchese 2015.
39 Knox 1995, 200f., nach Sani 1985, 530 f.
40 Sani 1985, 473. Das seitdem verschollene Bild wurde 1856 durch ein Bild der Oberin Julie Mihes-Primisser ersetzt: Dehio 1993, 66.
41 Kazlepka 2013, 171 f. Auch Pellegrinis Rosenkranzbild in St. Mang in Füssen entstand auf der Durchreise 1721 in einer Woche und am gleichen Ort malte er in elf Tagen ein Altarbild für Kloster Ettal: Steinweg 1932, 360.
42 Knox 1995, 181–185.
43 Graphische Sammlung Albertina, Wien, Inv.1764, Feder laviert, 34,1 x 21,8 cm (1727–1730).
44 Koller 1984a, 278, 381.
45 Koller–Serentschy 2003, 418–426, Abb. 5/6 (Farbschliff-Vergleich).
46 Z.B. Altarbilder von Joachim Sandrart in der Schotten- und Michaelerkirche, Wien 1., Koller 1984a, 352f.
47 Alle Farbanalysen erfolgten durch das naturwissenschaftliche Labor des Bundesdenkmalamtes (Dr. Hubert Paschinger, Dr. Helmut Richard), Berichte im AKons. Zum Wandel der Blaupigmente im 17./18. Jahrhundert siehe Schreiner 1995, 57–66.
48 Analyses 1985/1993.
49 Koller–Serentschy 2003, Abb. 3.
50 Koller 1990, 303–309; Hamacher 1987.
51 Koller–Serentschy 2003, Abb. 7.
52 Die gleiche Anordnung zeigt J. M. Rottmayrs zeitgleiches Fresko (1725–1730) in der Karlskirche.
53 Stuttgart, Staatsgalerie, Inv. 3329, Ankauf 1979, Öl/Leinwand 115 x 93 cm; Kazlepka 2013, Farbabb. 222.
54 Hájos 1974, 218, Dok. 20 und 23.
55 Kazlepka 2013, 173, Anm. 37.
56 Bensi 2003, 337–344.
57 Zur Terminologie und den Unterschieden vgl. Autenrieth–Koller–Wipfler 2011, Sp.715–793.
58 Über Kartonverwendung als Vorzeichnung in Originalgröße ist für Pellegrini nichts bekannt. Allenfalls könnte er einzelne Figuren oder Köpfe seines Formenrepertoires mit Lochpausen (ital. *spolvero*) übertragen haben. Vgl. Koller 1998, 97–108.
59 Ausführende Restauratoren Mag. Christoph Serentschy und Mag. Herbert Schwaha. Laboranalysen durch das Bundesdenkmalamt (Dr. Hubert Paschinger, Dr. Helmut Richard).

# Die gotische Madonna des Heimsuchungsklosters. Restauriergeschichte und Konservierung

MARKUS SANTNER, ROBERT LINKE, JOHANN NIMMRICHTER, JOHANNES JACOB

Die Salesianerinnenmadonna wurde im Jahr 2014 im Rahmen eines mehrjährigen Konservierungs- und Forschungsprojektes in die Abteilung für Konservierung und Restaurierung des Bundesdenkmalamtes geholt. Gemeinsam mit der Friesacher[1]- und der Minoritenmadonna[2] ergab sich die einmalige Gelegenheit, drei hochgotische Steinbildwerke aus der ersten Hälfte des 14. Jahrhunderts näher zu untersuchen und notwendige konservatorische sowie restauratorische Maßnahmen durchzuführen. Die Forschungen zeigten, dass die Madonnenstatuen im Laufe der Geschichte immer wieder überarbeitet wurden und dabei ganz unterschiedlichen Restaurierzielen ausgesetzt waren[3]. Die Ergebnisse dieses Projektes wurden am 18. Februar 2016 im Rahmen eines vom Bundesdenkmalamt veranstalteten internationalen Fachgesprächs „In guter VerFassung. Drei gotische Madonnen aus Stein auf ihrem Weg durch die Zeit" vorgestellt und diskutiert[4].

Die Salesianerinnenmadonna ist eine in Stein gearbeitete und farbig gefasste überlebensgroße Skulptur mit Kind. Lothar Schultes recherchierte in seinem Aufsatz „Drei Madonnen – Drei Meisterwerke" die zahlreichen Datierungsvorschläge für die Steinskulptur und datiert sie nun zwischen 1283 und 1302[5]. Als erster Aufstellungsort wird die Dominikanerkirche St. Maria Rotunda in Wien angenommen[6]. Die Madonna besitzt mit Krone eine Gesamthöhe von 2,25 Meter und ist aus dem feinporigen, gelbockerfarbigen Auer Kalksandstein aus dem Leithagebirge gearbeitet[7]. An der Steinoberfläche konnte in Teilbereichen eine Art Isolierung, eine transparente gelbe Schicht, nachgewiesen werden[8]. Anschließend trug man eine einlagige Kreidegrundierung auf, die aus Calziumcarbonat, gebunden mit tierischem Leim, bestand und malte darauf die erste, in Öl gebundene Farbfassung[9]. Diese entstehungszeitliche Gestaltung der Skulptur kann aufgrund fehlender Fassungsschichten nur mehr in Teilbereichen rekonstruiert werden; beispielsweise das Schleiertuch, welches ursprünglich mit einem Streifenmuster, bestehend aus bunten Bänderungen und mit Blattvergoldungen, verziert war (Abb. 104).

Ein äußerst bemerkenswerter materialwissenschaftlicher Befund zeigte sich an der Außenseite des blauen Mantels von Maria, nämlich der Nachweis von Smalteblau. Die Verwendung von besonders teuren Materialien versinnbildlicht seit dem Mittelalter eine hohe Wertschätzung im Verehrungskult, weshalb man die Mäntel von Madonnenskulpturen üblicherweise mit den kostbaren blauen Pigmenten Ultramarin oder Azurit bemalte[10]. Im Unterschied dazu wiesen materialwissenschaftliche Analysen an insgesamt drei Referenzproben des Mantels der Salesianerinnenmadonna das Pigment Smalte in einer Ölbindung nach, was als der mit Abstand früheste Nachweis dieses Pigments in Österreich gilt[11]. Nach bisherigem Forschungsstand löste das preislich deutlich günstigere Pigment Smalte den Azurit erst im Übergang vom Mittelalter zur Neuzeit ab[12], was in direktem Zusammenhang mit der Entdeckung der Neuen Welt und dem damit wiederum in Beziehung stehenden Niedergang des Tiroler Silbererzbergbaues stand[13]. Die Mantelinnenseite und das Unterkleid tragen hingegen eine mit Kohleschwarz unterlegte und wiederum mit Azurit ausgeführte Erstfassung. Durch die Wahl unterschiedlicher farbintensiver Pigmente wurde eine farbliche Differenzierung erzielt, die wohl zusätzlich noch die plastische Gestaltung des Faltenwurfs hervorhob[14]. Im Gegensatz zum blauen Mantel der Madonna verzierte man das Kleid des Jesuskindes mit Blattsilber, welches auf eine ölhaltige Isolierung

◀ Abb. 103: Madonna mit Kind, Zustand nach der Konservierung in der Abteilung für Konservierung und Restaurierung des Bundesdenkmalamtes, Wien 2015

▲ Abb. 104: Farbige Rekonstruktionsversuche der ersten und der zweiten mittelalterlichen Fassung ohne Binnenmalerei durch Johann Nimmrichter

mit einer Bleiweißgrundierung aufgebracht wurde[15]. Die Verwendung von verschiedenen Grundierungssystemen, wie Kreide und Bleiweiß, oder variierenden Blaupigmenten an ein und derselben Skulptur zeigen eine differenzierte Arbeitsweise. Trotz zahlreicher Befundungen kann aufgrund der später erfolgten Abarbeitungen und Umgestaltungen das ursprüngliche Aussehen oder die Wirkung der ersten Farbfassung heute nicht mehr schlüssig nachvollzogen werden[16].

Die zweite ebenfalls dem Mittelalter zuzuordnende Farbfassung zeigt deutliche Abweichungen zur ersten Gestaltung und wurde in manchen Bereichen direkt ohne Grundierung aufgemalt. Während der blaue Mantel neuerlich mit Smalte in Ölbindung ausgeführt ist, erhielt die Mantelinnenseite eine grüne, mit Malachit gestaltete Fassung auf neuerlich aufgebrachtem Kreidegrund (Abb. 104). Sowohl die erste, als auch die zweite Fassung zeigen mit Blattgold gestaltete Gewandsäume. An der jüngeren Fassung konnte auf einem Sternenmuster eine rote Lüsterfassung nachgewiesen werden[17]. Eine auffallende Abweichung von der Erstfassung betrifft das Unterkleid der Madonna, das in der zweiten Fassung rot angelegt war. Das Kleid des Jesuskindes hingegen wurde bei der zweiten mittelalterlichen Fassung mit einer hellblauen Smalte auf Kreidegrund gestaltet[18]. Die materialwissenschaftlichen und restauratorischen Untersuchungsergebnisse gehen nach derzeitigem Kenntnisstand noch von weiteren Teilfassungen aus, die möglicherweise in Verbindung mit der späteren textilen Bekleidung der Figur stehen könnten[19].

Im ehemaligen Augustiner-Chorfrauenkloster St. Jakob auf der Hülben in der Wiener Innenstadt gelangte die zur barocken Himmelskönigin umgestaltete Steinplastik spätestens im Pestjahr 1713 zu großer Verehrung. Mehrere Kup-

▶ Abb. 105: Madonna mit Kind in barockem Schmuck, aus: *Kurtzer Bericht von der Gnadenreichen Statuen Mariae […] in der Capitul-Capellen des Closters deren Regulirten Chor-Frauen des Heiligen Augustini in Wienn bey St. Jacob* (Wien 1751)

ferstiche dieser Zeit zeigen die Madonna mit Kind in kostbarem Brokatgewand gekleidet (Abb. 105)[20]. Beide Figuren tragen Kronen, Maria hat ein Zepter in der Hand und das Jesuskind hält eine Weltkugel. In dieser Zeit wurden auch erste substanzschädigende Veränderungen vorgenommen. So wurden die Hände durch abnehmbare Holzhände ersetzt, um dadurch einen Wechsel der Bekleidung zu erleichtern, beziehungsweise beschnitt man den Kopf von Maria und des Jesuskindes für die neuen barocken Metallkronen[21]. Nachdem das Kloster 1784 abgerissen wurde, kam die Skulptur als Geschenk von Maria Josepha Fürstin von Clary zu den Salesianerinnen[22]. Ihre Bekleidungen und Verzierungen dürfte die Madonna mit Kind im Zuge der Übersiedlung in das Kloster wohl verloren haben, da im gleichen Jahr nämlich das „Decretum caesareum" Josephs II. herausgegeben wird, das jegliche später hinzugefügte Kleider und Utensilien an Skulpturen verbot[23].

Mit großer Wahrscheinlichkeit wurde die Madonna mit Kind 1914 im Kloster der Salesianerinnen restauriert, da sich im entsprechenden Rechnungsbuch der Nonnen ein Eintrag mit „Restaurierung der Muttergottesstatue 2.989 Kr" findet[24]. Diese stilgerechte Wiederherstellung orientierte sich in ihrer Gestaltung an den beiden mittelalterlichen Farbfassungen, was den Schluss zulässt, dass diese damals für die Künstler-Restauratoren sichtbar gewesen sein mussten (Abb. 106)[25]. In einem 1751 verfassten „Kurze[n] Bericht von der gnadenreichen Statue Mariae in St. Jakob", auf den Marlene Zykan 1963 verweist, wurde an der Steinplastik noch die mittelalterliche Fassung beschrieben doch waren Schäden an der Farbschicht deutlich bemerkbar[26]. Diese Schäden sind möglicherweise auf die beiden unterschiedlichen Grundierungssysteme, Bleiweiß (1. Fassung) und Kreide (2. Fassung) zurückzuführen, die aus materialtechnischen Gründen keine optimale Verbindung darstellen. Dass sich die in mehrlagiger Ölfarbe aufgetragene Fassung des frühen 20. Jahrhunderts an den mittelalterlichen Fassungen orientiert haben muss, lässt sich beispielsweise am Schleiertuch belegen, bei dem das Streifenmuster mit seinen vergoldeten und färbigen Bänderungen imitiert wurde. Ebenfalls wurde der blaue Mantel Marias mit einem blumenförmigen Streumuster versehen, wie es bei der zweiten Fassung nachgewiesen werden konnte[27].

Zwischen 1962 und 1964 erfolgte in den Restaurierwerkstätten des Bundesdenkmalamtes eine weitere Restaurierung. Eine der ersten Maßnahmen war die Entfernung der Kronen von Maria und dem Jesuskind, des Zepters und des Reichsapfels. Ersetzt wurde anschließend nur mehr die Krone von Maria, durch eine neue und – wie damals argumentiert – „stilistisch passende[re]" Krone aus Kunst-

▲ Abb. 106: Zustand der Madonna mit Kind nach der stilgerechten Neufassung von 1914

stein[28]. Nach gründlichen systematischen Voruntersuchungen der einzelnen Fassungsschichten, übrigens eine der frühesten in den Amtswerkstätten, entschied man sich zur Abnahme der stilgerechten Fassung von 1914. Dies stellte einen massiven Eingriff in die Substanz dar. Die Entscheidung zur „Entrestaurierung" war unter anderem geprägt von der kunsthistorisch-denkmalpflegerischen Maxime, dass ausschließlich originale mittelalterliche Fassungsreste den Wert steigern könnten. Ein fragmentarisches Erscheinungsbild störte in diesem Zusammenhang nicht, da man damit einen vermeintlich noch höheren Nachweis des Originals zu erreichen glaubte. Der stilgerechten Fassung von 1914 wurde keine Wertschätzung entgegengebracht, obwohl ihre Erhaltung aufgrund ihrer künstlerischen Qualität durchaus eine Berechtigung gehabt hätte. Das Ergebnis der Freilegung war ein Mischzustand, der einerseits aus den Farbresten der mittelalterlichen Fassung und andererseits aus freiliegenden Steinoberflächen (von früheren Interventionen) bestand (Abb. 107). Aufgrund des inhomogenen und optisch unbefriedigenden Resultats entschied man sich für umfangreiche Retuschen, die großteils in der Tratteggio-Technik ausgeführt wurden. Das Restaurierergebnis argumentierte man 1968 als eine „ästhetische Notwendigkeit, um die Plastik [wieder] zur Geltung zu bringen"[29]. Fortschreitende, substanzgefährdende Schäden an den Farbfassungen und am unteren Bereich des Steinträgers machten eine umfangreiche konservatorische Behandlung notwendig, die 2015 in der Abteilung für Konservierung und Restaurierung des Bundesdenkmalamtes durchgeführt wurde. Das im Rahmen des Projektes erarbeitete Konservierungskonzept hat auf die Erkenntnisse der Rezeptionsgeschichte gleichermaßen Rücksicht genommen wie auf die Ergebnisse aus den restauratorischen Untersuchungen[30]. Die Konservierung und Restaurierung umfasste zunächst

▼ Abb. 107: Zustand der Madonna mit Kind nach der Entrestaurierung 1962–1964 in den Restaurierwerkstätten des Bundesdenkmalmates

eine Oberflächenreinigung, die den Alterswert des Objektes sowie sämtliche spätere Hinzufügungen am Objekt respektieren sollte. Salzschleier im unteren Bereich, welche von älteren gipshaltigen Mörteln stammten, wurden entfernt. Der überwiegende Teil der Malschichtoberfläche wies durch verbräunte Überzugsmaterialien unterschiedliche Glanzgrade auf, was den optischen Gesamteindruck nachteilig beeinflusste. Diese alten Überzüge wurden durch behutsames Anlösen mit entsprechenden Lösungsmitteln und nachfolgender neutralisierender Nachwaschung mit Wasser reduziert. So konnten die Oberflächenspannungen, die auf die historischen Fassungen schadhaft wirkten, zurückgenommen und ein optisch homogenes Erscheinungsbild erzielt werden.

Mittels eines mineralischen Steinfestigungsmittels wurden haftungsgefährdete und sandende Steinbereiche, welche vor allem im unteren Bereich durch die Salzbelastung vorhanden waren, gesichert. Kleinere Fehlstellen innerhalb des Steinmaterials wurden mit einer Steinergänzungsmasse gekittet. Zu den prägnantesten Schadensbildern zählten abschollende und abstehende Malschichtbereiche. Diese wurden durch Hinterspritzen mit einem organischen Festigungsmedium gefestigt und mittels einer Heizspachtel wieder angelegt. Optisch inhomogen wirkende oder flimmernde Flächen, die durch die 1962–64 ausgeführte Strichretusche hervorgerufen wurden, konnten durch eine dem jeweiligen Umgebungsfarbton angepasste zurückhaltende Retusche beruhigt werden. Dies führte die Skulptur mit ihrer polychromen Farbigkeit insgesamt wieder zu einer größeren Geschlossenheit[31]. In diesem Fall waren es helle Stellen, die insbesondere im Übergang der Strichretusche zum überlieferten farbigen Bestand störten. Die in mehreren Arbeitsgängen erfolgten Retuschen verbesserten dadurch erheblich die optische Lesbarkeit der Bestandsfragmente (Abb. 103).[32].

Dem Wunsch der Eigentümerinnen nach einer erneuten Bekrönung des Christuskindes ist man durch eine seitens der Abteilung Konservierung und Restaurierung hergestellte Nachbildung aus Holz nachgekommen. Diese Krone ist der den mittelalterlichen Vorbildern nachempfundenen Krone der letzten Restaurierung stilistisch angepasst und jederzeit abnehmbar angebracht worden[33].

1  Die Friesacher Madonna stammt aus der Dominikanerkirche in Friesach, Kärnten.
2  Die Minoritenmadonna stammt aus der Minoritenkirche in Wien.
3  Siehe dazu auch im Archiv der Abteilung für Konservierung und Restaurierung im Bundesdenkmalamt in Wien (im Folgenden AKons), Restauratorische Untersuchung an der Friesacher Madonna von Johannes Jacob und Gertrud Zowa, 2015, sowie JACOB 2014.
4  Siehe dazu EULER-ROLLE 2016, 42–47. Die Beiträge dieses Fachgesprächs werden in der Österreichischen Zeitschrift für Kunst- und Denkmalpflege 3/4: Polychromie auf Stein (2016) veröffentlicht.
5  SCHULTES 2016.
6  SCHWEIGERT 2000, 332. Siehe dazu auch SCHULTES 2016.
7  Der ursprünglich vorhanden gewesene Sockel war wohl aus dem gleichen Steinmaterial gearbeitet.
8  Siehe dazu AKons, Laborbericht von Robert Linke, Proben 256–266/15, BDA-00958/obj/2015/0001-allg und Proben 22-30/15, BDA-00958/obj/2015/0002-allg., 2015.
9  Eine Grundierung aus Champagnerkreide ist für den Österreichischen Raum eher unüblich und wurde vor allem im Bereich der polychromen Holzskulpturen angewendet.
10  BENNEWITZ–SCHINDLER 2011.
11  AKons, Laborbericht (wie Anm. 8).
12  BURSZÁN 1999 und RICHARD–PASCHINGER–KOLLER 2005, 49.
13  JACOB–LINKE–NIMMRICHTER 2016. Azurit wurde bis zu dieser Zeit als „Nebenprodukt" bei der Silbererzgewinnung abgebaut. Durch die zunehmende Unwirtschaftlichkeit des Bergbaubetriebs verschwand dieses Pigment jedoch allmählich von der Künstlerpalette. Neben den Tiroler und Salzburger Abbaugebieten waren damals auch böhmische und ungarische Vorkommen bekannt, die jedoch mit dem Einfall der Osmanen und dem Fall Ungarns 1526 nicht mehr erschlossen werden konnten.
14  Siehe dazu KARL 2012, 177–192.
15  AKons, Restauratorische Untersuchung an der Salesianerinnenmadonna von Johannes Jacob und Gertrud Zowa, 2015, S. 22.
16  Vergleiche dazu KARL 2012, 177–188.
17  AKons, Laborbericht (wie Anm. 8).
18  AKons, Laborbericht (wie Anm. 8).
19  JACOB–LINKE–NIMMRICHTER 2016.
20  ZYKAN M. 1968, 172.
21  Ebd, 176.
22  SCHWEIGERT 2002, 332.
23  KOLLER 2008, 73–88.
24  ASal, Hs.27, *Livre De Comptes de l'année, commencè l'année 1881*, Eintrag zu 1914 (freundlicher Hinweis von Mutter M. Gratia Baier).
25  Ob die an der Skulptur vorhandenen Kratzspuren aus dieser Restaurierung stammen, lässt sich nicht eindeutig feststellen.
26  AKons, W3813, Referat „Die gotische Madonna aus dem Salesianerinnen-Kloster in Wien" von Marlen Zykan, 1963, vgl. Kurtzer Bericht von der Gnadenreichen Statuen Mariae […] in der Capitul-Capellen des Closters deren Regulirten Chor-Frauen des Heiligen Augustini in Wienn bey St. Jacob (Wien 1751) 10f. „Die gantze Statuen ist auf Lebens-Art gemahlen, der Rock des Frauen-Bilds ist roth, der Mantel blau mit Sternen untermischt, das Jesu-Kindlein ist ebenfalls bekleidet. Es zeigen aber sowohl die schon abgestorbene Farben als die übrige ganze Stellung und Kleidung des heiligen Bildnuß ein mercklliches Alterthum an."
27  AKons, W3813, Restaurierbericht von Almuth Reinhold, 3.2.1964.
28  Ebd.
29  ZYKAN J. 1968, 187. Siehe dazu auch TRIPP 1968, 185.
30  Siehe dazu AKons, Restauratorische Untersuchung an der Salesianerinnenmadonna von Johannes Jacob und Gertrud Zowa, 2015.
31  Die Konservierung und Restaurierung erfolgte durch die Restauratorinnen Gertrud Zowa und Lisa Kolkwitz 2015.
32  AKons, Schlussdokumentation Konservierung und Restaurierung Salesianerinnenmadonna, von Gertrud Zowa, 2015, 3–4.
33  Die Krone für das Christuskind wurde von Johannes Nigisch (Bundesdenkmalamt) angefertigt.

# Die Sammlung von Thesenblättern

Werner Telesko

Im Konvent der Wiener Salesianerinnen befindet sich eine der bedeutendsten Sammlungen von barocken Thesenblättern, die erstmals umfassend von Elisabeth Eibl in ihrer Dissertation des Jahres 1934 aufgearbeitet und ordensspezifisch – nach Präsides und Defendenten – differenziert dargestellt wurde[1]. Zahlreiche Grafiken befinden sich derzeit leider in einem stark zerstörten Zustand, was kurz- und mittelfristig ein umfassendes Restaurierungsprojekt notwendig machen wird, um den wertvollen Bestand zumindest teilweise erhalten zu können.

Das Thesenblatt als spezielle, ikonografisch höchst interessante und facettenreiche Form barocker Druckgrafik steht seit einigen Jahren stärker im Rampenlicht der Forschung zur Frühen Neuzeit[2]. Unter dieser Gattung versteht man ein meist großformatiges druckgrafisches Blatt, das bei einer universitären Disputation die von dem bzw. den jeweiligen Kandidaten zu verteidigenden Thesen (zumeist philosophischer oder theologischer Natur) auflistet. Kombiniert wird diese Thesenleiste, die in heute überlieferten Zuständen häufig auch fehlt, mit einer bildlichen Darstellung, die thematisch komplexeren oder einfacheren Charakter besitzen kann. Im Gegensatz zum 17. Jahrhundert, wo häufig allegorisch unterlegte Text-Bild-Kombinationen mit hoher emblematischer Dichte auftreten, lässt sich die grafische Produktion des 18. Jahrhunderts, wie sie in der Sammlung der Salesianerinnen deutlich zum Ausdruck kommt, grundsätzlich stärker durch auf Vorrat hergestellte Thesenblätter, die mittels der Darstellung ein bestimmtes Bildmotiv, zumeist ein Gemälde, rezipieren, umreißen.

Nicht ohne Grund erfüllten deshalb die entsprechenden Werke in der Ausstattung von Konventen die Funktion einer Dekoration der Wände – häufig unterstrichen durch den Umstand, dass gegebenenfalls durch Kolorierung dieser Grafiken ein gemäldeähnlicher Eindruck evoziert werden sollte. Hinsichtlich der Funktionalität dieser Blätter kamen neben der Verwendung als Dekorationsstück jene als Plakat (zur Ankündigung der Thesenverteidigung), als Einladungsformular (zur Thesenverteidigung), als Erinnerungsstück sowie als Programm zur Geltung.

Die Namen der an einer Disputation beteiligten Personen, der Defendent als Verteidiger der Thesen, der Präses bzw. die Präsides als Vorsitzender bzw. Vorsitzende der Verteidigung, sind in der Textleiste immer vermerkt, ebenso wie die zumeist hochgestellten Gönner, denen die Blätter in der Regel dediziert wurden und welche die Kosten der Herstellung übernahmen. Ebenfalls Bestandteil der unten angebrachten Textleiste ist der Hinweis auf den Ort der Verteidigung. Das Datum, und hier besonders der Tag, konnte auch später handschriftlich nachgetragen sein. Zumeist wurden die Thesenblätter als Kupferstiche, Radierungen oder Schabkunstblätter auf Papier hergestellt, nur bei seltenen Vorzugsexemplaren oder bei begüterten Defendenten sind auch auf (gelber) Seide gedruckte Thesen nachweisbar.

Bis jetzt hat die Forschung nicht in ihre Gesamtbeurteilung einbezogen, dass im Nachlassinventar Amalia Wilhelmines[3] an mehreren Stellen und mit präzisen Ortsangaben hinsichtlich der Aufbewahrung im Salesianerinnenkloster (Antekammer vor dem Schlafzimmer, Schlafzimmer und Kabinett neben dem Schlafzimmer) von zahlreichen gerahmten Kupferstichen die Rede ist. Ob diese Druckgrafiken als Thesenblätter angesprochen werden können, ist nicht sicher, aber sehr wahrscheinlich. In vier Fällen ist auch konkret davon die Rede, dass Amalia Wilhelmine entsprechende Kupferstiche den Klosterfrauen vermacht habe[4].

Géza Hajós merkte im Rahmen seiner Ausführungen im entsprechenden Band der „Österreichischen Kunsttopographie" an, dass zur Zeit der von ihm durchgeführten Bestandserfassung – mit einem kurzen Katalog von 83 Blättern – nicht mehr alle der bei Eibl angeführten Blätter aufgefunden werden konnten[5]. Zugleich stellte Hajós ohne Quellenangabe fest, dass die Thesenblätter nach Aufhebung des Jesuitenordens (1773) in den Besitz der Salesi-

◄ Abb. 108: Thesenblatt, Vision des hl. Franz von Sales von der Gründung des Ordens der Heimsuchung Mariens, Schabkunst, Johann Andreas Pfeffel nach Johann Georg Bergmüller, 1739, Salesianerinnenkloster Wien (Detail)

anerinnen kamen[6]. Den quantitativ größten Anteil in der Sammlung des Frauenordens stellen in der Tat Thesenblätter mit Wiener Jesuiten als Präsides dar – und dies bis zum Jahr 1758 in beeindruckender zahlenmäßiger Dichte[7]. Dabei fallen bei Durchsicht der Namen der Vorsitzenden der Thesenverteidigungen auch prominente Autoren habsburgischer Panegyrik auf: An erster Stelle sind hier Gerardus Hilleprand und Franciscus Höller zu nennen. Grundsätzlich ist bemerkenswert, dass die Überlieferung von Thesenverteidigungen an der Wiener Universität im Zeitraum zwischen 1717 und 1720, also der Frühgeschichte der Wiener Salesianerinnen, besonders dicht ist. Zahlenmäßig nach der Wiener Universität, deren Professorenkollegium praktisch ausschließlich von Wiener Jesuiten dominiert war, sind die Franziskaner zu nennen, mit denen – angesichts der hier zu behandelnden Thesenblätter – mehrere und zum Teil entlegene Disputationsorte verbunden werden können (Wien, Klagenfurt, Zistersdorf [Niederösterreich], Langenlois, Eggenburg, Graz, St. Pölten, Pupping [Oberösterreich], Warasdin/Varaždin und Maria Lankowitz [Steiermark])[8]. In Bezug auf diesen Orden fällt zudem auf, dass die zeitliche Streuung der Thesenverteidigungen stärker auf einen bestimmten Zeitraum, nämlich die vierziger und fünfziger Jahre des 18. Jahrhunderts, konzentriert ist. Dies trifft im Wesentlichen auch auf die Augustiner Eremiten zu, bei denen Wien und Graz als Disputationsorte nachgewiesen sind und eine zeitliche Verdichtung der Verteidigungen zwischen 1754 bis 1766 zu bemerken ist[9]. Deutlich in der Minderzahl sind Thesenverteidigungen, die bei den Benediktinern, Dominikanern, Paulinern, Karmeliten, Minoriten, Piaristen und Serviten, hauptsächlich in Wien, abgehalten wurden[10]. Als auffällig für den Bestand der Wiener Salesianerinnen wurde bemerkt, dass häufig vom gleichen Präses die identischen Thesen verschiedenen Kandidaten gegeben wurden[11].

Aus der Aufzählung der an den Disputationen beteiligten Orden ergibt sich ein verwirrendes Bild, das mit der eingangs zitierten Meinung von Hajós, wonach die bei den Salesianerinnen befindlichen Thesenblätter nach der Aufhebung des Jesuitenordens (1773) in den Besitz des Frauenordens gekommen seien, nur zum Teil in Deckung zu bringen ist. Denn dieser Umstand dürfte zwar auf die Thesen der Professoren der „Gesellschaft Jesu" an der Universität Wien zutreffen, die anderen Blätter könnten aber durchaus bereits wesentlich früher – und nicht unbedingt erst nach der Auflösung der jeweiligen Konvente – in den Besitz der Salesianerinnen gekommen sein. Die Beantwortung dieser schwierigen Frage der unterschiedlichen Provenienzen kann weniger durch die Herkunft der Defendenten – mit einem bemerkenswert hohen Anteil an Franziskanern[12] – erklärt werden, die möglicherweise die entsprechenden Blätter den Salesianerinnen geschenkt haben könnten. Vielmehr spielen hier die einflussreichen adeligen Gönner, die als Widmungsempfänger in den Blättern selbst genannt sind[13] und hauptsächlich an der zum Teil kostspieligen Finanzierung der Grafiken beteiligt waren, eine wichtige Rolle. Über Schenkungen und Nachlässe dieser meist hochgestellten Persönlichkeiten einerseits und die an den *defensiones* beteiligten Orden andererseits dürfte ein Großteil der Blätter in den Besitz der Salesianerinnen gelangt sein, wobei der Bestand zeitlich und hinsichtlich der historischen Zusammenhänge der Orte der Verteidigungen so heterogen ist, dass die Blätter wohl zu unterschiedlichen Zeitpunkten und in ungeklärter Quantität in den Besitz der Salesianerinnen gekommen sein müssen. Diese Sachlage wird auch dadurch kompliziert, dass mehrere Thesenblätter in unterschiedlichen Zuständen bzw. Fassungen im Konvent vorhanden sind – als vollständige Blätter mit Textleiste sowie auch ohne Text. Insgesamt konnten acht Grafiken identifiziert werden, die in mehreren Fassungen überliefert sind[14].

Im Folgenden sollen einerseits die künstlerisch bedeutendsten Blätter dieser Sammlung beschrieben werden und andererseits die Umstände der Provenienz dieser Thesenblätter sowie – damit zusammenhängend – der inhaltliche und ordensmäßige Charakter einer Überprüfung unterzogen werden. Die aus Thesenblättern prinzipiell gut ablesbaren Entstehungsdaten umfassen im konkreten Fall den weiten Zeitraum von 1714 bis 1766 und sind fast durchgehend als Erzeugnisse prominenter Augsburger Stecherfamilien (Kilian, Klauber, Heiß, Herz und Pfeffel) anzusprechen. Fallweise ergibt sich dahingehend ein engerer Zusammenhang mit dem Konvent der Salesianerinnen, da auch Darstellungen auf Thesenblättern zu finden sind, die – wie die Heimsuchung Marias – einen unmittelbaren Bezug zur Spiritualität des Ordens aufweisen. Darüber hinaus sind einige wenige Blätter der Stifterin der Wiener Niederlassung des Ordens, Amalia Wilhelmine, dediziert – ein Umstand, der die Existenz dieser Graphiken gerade in der umfangreichen Sammlung der Wiener Salesianerinnen verständlich macht. Letztlich stellt sich angesichts des Umfangs der Sammlung auch die Frage nach der konkreten Funktion im Rahmen eines Frauenkonvents. Hier dürften sowohl der bereits angesprochene Zweck als Dekoration der Konventgänge als auch Überlegungen in Richtung von Meditationsanleitungen – besonders angesichts des hohen Anteils von christologischen und marianischen Themen – eine Rolle gespielt haben.

▲ Abb. 109: Thesenblatt, Heimsuchung Mariens, Schabkunst, Elias Christoph Heiß nach Alessandro Marchesini, 1714, Salesianerinnenkloster Wien

▲ Abb. 110: Thesenblatt, Gnadenbild von Maria Plain/Salzburg, Schabkunst, Gottlieb Heiß, 1714, Salesianerinnenkloster Wien

Eines der frühesten Werke der reichen Sammlung ist das Schabkunstblatt der Heimsuchung Marias, das 1714 von Elias Christoph Heiß nach Alessandro Marchesini[15] gestaltet wurde (Abb. 109). Dem Konvent der Salesianerinnen als Kloster mit besonderer Marienfrömmigkeit entspricht der Umstand, dass besonders viele Thesenblätter mit Marienthemen – vorzugsweise Gnadenbildern – nachweisbar sind. Ein besonders qualitätsvolles Beispiel – mit vier Eckemblemen ausgestattet – ist in dieser Hinsicht ein Mezzotinto (1714), das von Gottlieb Heiß gestochen und verlegt wurde, das Gnadenbild von Maria Plain bei Salzburg zeigt[16] und sich auf die *defensio* eines Wiener Studenten mit einem Jesuiten als Präses bezieht (Abb. 110). Dediziert ist das Blatt dem Salzburger Erzbischof Franz Anton Fürst von Harrach. In diesem Zusammenhang wäre auch der Kupferstich der Darstellung im Tempel als Heilige Sippe (1718) zu nennen, der – von Johann Daniel Herz nach Johann Georg Bergmüller gestochen – bei Jeremias Wolff in Augsburg verlegt wurde (Abb. 111). Die philosophischen Thesen wurden unter dem Vorsitz eines Jesuiten an der Wiener Universität verteidigt[17]. Eine unmittelbar mit den Salesianerinnen zusammenhängende Verbindung ergibt sich aus einem Schabkunstblatt, das den hl. Karl Borromäus anbetend vor dem Gekreuzigten zeigt (Abb. 112), von Elias Christophorus Heiß und Bernardus Vogel nach Johann Georg Bergmüller im Jahr 1720 angefertigt wurde und philosophische Thesen an der Wiener Universität zum Inhalt hat[18]. Die stark zerstörte Widmung ist an Amalia Wilhelmine gerichtet und legt die Annahme nahe, dass das Blatt aus dem Besitz der Kaiserinwitwe stammt und zu einem späteren Zeitpunkt in den Wiener Konvent der Salesianerinnen kam. Aus dem gleichen Jahr datiert ein Schabblatt von Georg Kilian mit der Kreuzigung Christi und philosophischen Thesen, die an der Universität Wien unter dem Vorsitz eines Jesuiten verteidigt wurden[19] (Abb. 113). Dediziert ist das Blatt Prinz Eugen von Savoyen, dessen Funktion als Gouverneur der Österreichischen Niederlande mit der belgischen Herkunft des Defendenten in offensichtlichem Zusammenhang steht. Der savoyische Hintergrund ist hier auch in Bezug auf die Verehrung des hl. Franz von

▲ Abb. 111: Thesenblatt, Darstellung im Tempel als Heilige Sippe, Kupferstich, Johann Daniel Herz nach Johann Georg Bergmüller, 1718, Salesianerinnenkloster Wien

▲ Abb. 112: Thesenblatt, Hl. Karl Borromäus anbetend vor dem Gekreuzigten, Schabkunst, Elias Christoph Heiß und Bernardus Vogel nach Johann Georg Bergmüller, 1720, Salesianerinnenkloster Wien

Sales durch Savoyarden in Wien nicht ohne Belang. Ebenfalls aus dem Jahr 1720 stammt ein Schabblatt mit dem ikonografisch verbreiteten Wunder einer Totenerweckung durch den hl. Franz von Sales[20] (Abb. 28, S. 67). Diese Fürst Michael Esterházy de Galántha dedizierte seltene Grafik wurde nach einem Entwurf von Bartolomeo Altomonte gestaltet und behandelt Thesen der scholastischen Theologie mit Präses und Defendenten aus dem Servitenorden, der – wie die Salesianerinnen – ebenfalls der Marienverehrung stark zugetan ist. Als auf die Salesianerinnen bezogen kann auch ein Thesenblatt von Georg Kilian nach Peter Paul Rubens aus dem Jahr 1725 gelesen werden, dessen philosophische Thesen ein aus Ungarn stammender Defendent bei den Wiener Jesuiten verteidigte[21] (Abb. 114). Das Thema, die Heimsuchung Marias, ist bekanntlich das marianische Leitmotiv in der Spiritualität des Ordens schlechthin. Dies ist aber nicht so zu interpretieren, dass die entsprechenden Blätter mit spezifisch salesianischem Hintergrund eigens für den Wiener Konvent angefertigt worden wären, aber sie dürften bei den Salesianerinnen besondere Aufmerksamkeit erzeugt haben bzw. besonders nachgefragt worden sein. Dies trifft in besonderer Weise auch auf ein Schabblatt von Johann Andreas Pfeffel nach Johann Georg Bergmüller (1739) zu[22], das die seltene Ikonografie der Vision des hl. Franz von Sales (1604) von der Gründung des Ordens der Heimsuchung Mariens zeigt (Abb. 108). Kurz vor dem Ableben der Stifterin des Wiener Salesianerinnenklosters (1742) ist ein 1741 datiertes Blatt in Schabkunstmanier von Georg Christoph Kilian entstanden, das die Krönung Mariens zeigt und dessen philosophische Thesen bei den Wiener Jesuiten verteidigt wurden. Das Blatt ist Amalia Wilhelmine dediziert, der im konkreten Fall vom Defendenten in umfassender Weise mittels eines Lobgedichts – allerdings ohne jeden Hinweis auf den geistlichen Aspekt im Leben der Stifterin – gehuldigt wird.

▲ Abb. 113: Thesenblatt, Kreuzigung Christi, Schabkunst, Georg Kilian, 1720, Salesianerinnenkloster Wien

▲ Abb. 114: Thesenblatt, Heimsuchung Mariens, Schabkunst, Georg Kilian nach Peter Paul Rubens, 1725, Salesianerinnenkloster Wien

1   Eibl 1934; vgl. Hajós 1974, 280–284. Vom 13. bis 21. Juni 1936 fand im Rahmen der „Kirchenkunst" der Wiener Festwochen eine Ausstellung der Thesenblätter der Salesianerinnen, geleitet von Elisabeth Eibl, statt, vgl. die entsprechenden Quellen und Fotografien in ASal, B-XVII.
2   Telesko 2005, 61–76 (mit Lit.).
3   Dresden, Sächsisches Hauptstaatsarchiv, 10026, Geheimes Kabinett Loc. 366/6, *Inventarium über die Verlassenschafft weyl ihrer kayserl. auch zu Hungarn und Böheim königl. Mt. Frauen Frauen Wilhelminae Amaliae Erzherzogin zu Oesterreich, gebohrenen Hertzogin zu Braunschweig Lüneburg höchst seeligste gedächtnus*, fol. 249r/v, 255r/v und 265v.
4   Ebd., fol. 249r/v, 255r/v.
5   Hajós 1974, 280–284.
6   Ebd., 280.
7   Eibl 1934, 11f.
8   Eibl 1934, 13–15, 100.
9   Eibl 1934, 15f.
10  Eibl 1934, 16f.
11  Eibl 1934, 46.
12  Vgl. die Aufstellung bei Eibl 1934, 18–29.
13  Vgl. die Aufstellung bei Eibl 1934, 30–33.
14  Vgl. Eibl 1934, 44f.
15  Hajós 1974, 280, Nr. 1. Die Ortsherkunft Verona wurde dabei von Hajós fälschlich als Familienname gedeutet.
16  Hajós 1974, 280, Nr. 2, Abb. 294.
17  Hajós 1974, 282, Nr. 6
18  Hajós 1974, 282, Nr. 8 (mit falschen Angaben zu Stecher und Inventor). Der von Hajós als Stecher apostrophierte Wiener Johannes Michael Hierz ist vielmehr der Verteidiger der Thesen und Urheber des Widmungstextes.
19  Hajós 1974, 282, Nr. 10.
20  Ebd., Nr. 11.
21  Ebd., Nr. 17.
22  Ebd., Nr. 24.

# Vom Hofkleid zum liturgischen Gewand. Die Paramentensammlung der Wiener Salesianerinnen

Eva Voglhuber

Die Paramentenkammer des Salesianerinnenklosters ist ein schmaler, sehr gepflegter, mit einfachen und funktionalen Möbeln eingerichteter Raum, der Geruch von Kampfer empfängt den eintretenden Besucher. Die Kästen sind reich gefüllt. Seit 300 Jahren wird hier ein einmaliger textiler Schatz verwahrt, der in seinem nahezu geschlossenen Bestand wohl einzigartig ist. Die Kreativität der Salesianerinnen brachte in ihren Klöstern bereits im 17. Jahrhundert großartige Schöpfungen an textilen Objekten hervor. Die Vielfalt und Qualität des Textilbestandes der Schwestern wird im Museum von Moulins[1] dargestellt.

Die Paramentenproduktion in der Gründungszeit des Wiener Heimsuchungsklosters war wesentlich vom engen Kontakt des Klosters zum Hochadel gekennzeichnet. Die Stifterin, Kaiserin Amalia Wilhelmina, schenkte dem Kloster eine Vielzahl von qualitätvollen Kleidern, um daraus Paramente zu fertigen. Schon kurz nach der Klostergründung 1717 bedachte sie die Schwestern mit ausreichender textiler Ausstattung für liturgische Zwecke:

> „Sie ließ eine Menge schöner Ornate bringen, die sie gerade für unsere neue Kirche hat machen lassen, weil sie sagte, dass die, die wir hatten, seit wir hier sind, (obwohl sie bei unserer Ankunft neu waren) beschmutzt waren und zu klein für den großen Altar sind. Unter diesen neuen Paramenten gibt es einen aus rotem Samt, wunderbar bestickt, einen anderen aus Silbermoiré[2] mit Streifen aus einem sehr reichen Brokat, gold und silber und ein klein bisschen roter Seide; einen aus weißem Damast mit goldenen Borten, einen aus grünem Tabis[3] und einen anderen aus rotem Tabis, beide ebenfalls mit schönen goldenen Borten verziert. Jedes Parament hat seine Kredenzen, Kelchvelum, und all seine zugehörigen Stücke. Außer dem allen hatte diese großzügige Fürstin bereits, bevor wir kamen, einen kompletten Ornat aus weißem Satin machen lassen, bestreut mit Blumen aus feiner Goldstickerei und aus Seide, einen anderen aus einem reichen roten und goldenen Gewebe, und einen dritten aus grünem Samt mit einer Goldstickerei von einer Pracht, zu der es nicht möglich ist etwas hinzuzufügen. Wenn wir gesagt haben einen kompletten Ornat, muss man wissen, dass es nun alles für drei Altäre gibt, für den großen und die zwei Kapellen nebendran, so dass es nicht weniger sind als drei Paramente, drei Kaseln mit zugehörigen Stücken, vier Dalmatiken und drei Pluviale für die großen Messen, mit denen elf oder zwölf Priester angekleidet sind, wenn seine Eminenz unser Fürstbischof zelebriert"[4].

Einiges aus dieser Zeit hat sich erhalten.

Die Stickkunst hatten die ersten Schwestern wohl in ihrem belgischen Heimatkloster erlernt, doch das Besondere in der Textilverarbeitung im Wiener Kloster ist die Verbindung von Webstoff und Stickerei. Selbst die wertvollsten, hochqualitativen Stoffe wurden als Untergrund für Stickereien verwendet. Dies ist bei den festen Brokaten sticktechnisch eine große Herausforderung, die wunderbar umgesetzt wurde. Der Bestand historischer Textilien im Kloster zeichnet sich durch die hohe Qualität der Stoffe sowohl in ihrer Verarbeitung als auch durch die sticktechnische Arbeit aus, und ist als kulturhistorisches Erbe auch deshalb so einzigartig und wertvoll, weil er das letzte große Aufblühen der Verarbeitung von Hofkleidern zu Paramenten dokumentiert. Das Gesamtkunstwerk der Stiftung Amalia Wilhelminas stellt sich eindrucksvoll in diesem Paramentenschatz dar. In diesem Beitrag werden exemplarisch ausgewählte Stücke aus diesem reichen Bestand[5] vorgestellt,

◂ Abb. 115: Nancy-Ornat, Kasel, Rückseite, Salesianerinnenkloster Wien um einen Eindruck vom Umgang und der Wertschätzung dieser Objekte zu geben und sie in die historische Entwicklung der Paramentik einzuordnen. Ebenso werden Produktion und Restaurierung der Textilien, die bis 1979 im Kloster nachgewiesen werden können, beleuchtet[6].

## Kleiderstoffe und Moden im 18. Jahrhundert

Kleiderstoffe, die für die Herstellung von Kirchengewändern verwendet wurden, bestanden aus aufwändig hergestellten und dadurch sehr wertvollen Seidenstoffen[7]. Mit der strengen Etikette des spanischen Hofzeremoniells war im 16. Jahrhundert das modische Ideal formvollendeter Makellosigkeit der Kleidung entstanden. Tugenden wie Demut, Frömmigkeit, Ehrbarkeit und Anstand, aber auch Wohlstand und Prestige sollten seither im Gewand zum Ausdruck kommen. Die Kleider inszenierten und überhöhten ihren Träger oder ihre Trägerin, blieben aber zugleich etwas sehr Persönliches, das den Kleiderstoffen auch bei ihrer Wiederverwendung anhaftete. Ein kirchliches Parament war im 18. Jahrhundert sehr persönlich mit den Stifterinnen des kaiserlichen Hofs verbunden. Kaiserin Amalia Wilhelmina bemühte sich gemeinsam mit ihren Töchtern, Nichten und Hofdamen sehr um die Bereitstellung von Stoffen zur Anfertigung von Paramenten. Auch Kaiserin Elisabeth Christine, Gemahlin Kaiser Karls VI. und Mutter von Maria Theresia, schickte dem neu gegründeten Kloster „prachtvolle Stoffe für Messgewänder oder für Altarwäsche"[8]. Novizinnen wurden von der Stifterin und adeligen Damen mit Professkleidern ausgestattet, die aus besonders wertvollen Geweben waren und deren Bortenbesatz für einen ganzen Ornat ausreichte[9].

Gewebter Seidenstoff als Grundmaterial war äußerst kostbar, seine Herstellung war langwierig und auf dem weiten und gefährlichen Transportweg konnte die Ware leicht beschädigt oder vernichtet werden. Daher waren diese Stoffe sehr teuer und nur für adelige oder „betuchte" (sic!) Menschen erschwinglich. Qualitativ hochwertig gefertigte Stoffe wurden um 1700 vorwiegend aus Frankreich importiert[10]. Bedeutend war Lyon, wo für den französischen Hof die wunderbarsten Kreationen aus hochwertigster Seide mit komplizierten Mustern in allen Farben hergestellt wurden. Die Lyoner Tuchwaren haben den Modegeschmack dieser Zeit wesentlich geprägt. Von 1690 bis 1730 stieg die Zahl der Aufträge und Ankäufe für Seidenstoffe stark an. Der Modegeschmack und die Vorlieben für Designs änderten sich im 18. Jahrhundert in der tonangebenden Lyoner Gegend sehr schnell. Kleidung musste daher immer wieder erneuert werden, um modern zu bleiben. Die abgelegten Kleider wurden exportiert, da sie noch immer einen erheblichen Wert darstellten. Im deutschsprachigen Raum galten sie gerade als modern und konnten dort noch getragen werden, es kamen Ausdrücke wie „nach der Mode" und „nach dem neuesten Geschmack" auf[11]. Viele herrliche Stoffe konnten nach dem weiteren „Austragen" in Deutschland relativ günstig erworben werden[12]. Zeugnisse der Zweitverwendung von Profankleidern als Paramente, die in dieser Zeit einsetzte, findet man heute vor allem in größeren Klöstern[13], seltener auch in Pfarren. Üppig gemusterte, vielfarbige und farbenfrohe Stoffe kamen aus dem profanen Bereich in den liturgischen Kontext, oft wurden ganze Ornate aus einem einzigen Kleid geschaffen[14].

Im höfischen Bereich war die Gewandung für die repräsentative Wirkung der Trägerin wesentlich. Die Garderobe einer Kaiserin musste eine Vielzahl an Kleidern für jede Gelegenheit umfassen[15]. Zum Stoff kamen die Verzierungen mit Stickereien und Borten hinzu, die dem Kleid bei festlichen Anlässen noch mehr Glanz verliehen. Das kirchliche Parament bestand zu dieser Zeit ebenfalls aus diesen Bestandteilen: wertvoll gewebter Grundstoff, Borten und Sti-

▼ Abb. 116: Kaiserin Amalia Wilhelmina, Stich von Johann Gottfried Auerbach (Graphische Sammlung Göttweig)

ckereien. Es waren die Stoffe der Frauenkleider, welche sich für die Weiterverwendung als Parament besonders eigneten, bedingt durch die Fülle (Schnitt) und die Webtechnik der Textilien. Eines der wohl seltenen Beispiele für ein kirchliches Parament aus dem Profangewand eines Mannes stellt die Schlafrockkasel Kaiser Franz I. Stephan dar, die durch Kaiserin Maria Theresia in Auftrag gegeben wurde[16]. Am Beginn des 18. Jahrhunderts veränderte sich die Mode und die steifen Renaissancekleider wurden von Gewändern mit weich fallenden Stoffen abgelöst, wie auch am Porträt von Kaiserin Amalia Wilhelmina ersichtlich ist (Abb. 116). Das Kleid benötigte viel Stoff für den Rock und den über der Schulter zu tragenden Mantel. Die Stoffe wurden glänzender, die Kleider fülliger und leichter, ein Decolleté wurde ausgebildet und die Ärmel verkürzt[17]. Der Rock wurde sehr weit getragen, sodass der Reifrock darunter extrem ausladend wirkte. Das zeigt anschaulich das Porträt von Kaiserin Elisabeth Christine um 1715/20 (Abb. 117), auf dem auch die Verbindung von Kleid und Mantel, das so genannte Mantelkleid[18], zu sehen ist.

Der geraffte Schnitt erforderte viel Stoff, um 1740 erreichte der Rock seine größte Ausdehnung und Stofffülle. Die Falten waren gelegt oder gezogen, das Untergestell (Panier) sollte nicht wahrnehmbar sein. Damit sich der Reifrock durch die große Stoffmenge nicht verformte, wurden leichte Seidenstoffe verwendet. Mitunter wurde die feine Seide in doppelter Stofflage verarbeitet, manchmal mit einer Zwischenlage aus Wollstoff, damit das Untergestell sich nicht durchdrücken konnte. Je länger der Rock ausfiel, desto weiter musste er auch sein, damit er von der Taille herab bis zum Saum gleichmäßig fiel. Für einen entsprechenden Kleiderschnitt wurden über zwanzig Meter Stoff benötigt, da die übliche Stoffbreite damals ca. 50 cm betrug. Dies lässt sich an den Paramenten noch ablesen, die messbaren Stoffbreiten betragen 52 bis 54 cm. Die Berücksichtigung eines Musters konnte den Stoffverbrauch sogar noch erhöhen[19]. Diese Mengen an hochqualitativen Stoffen besaßen nur die wertvollsten Roben der Damen[20]. Bis ca. 1740 war am Rücken noch eine Art Schleppe angebracht, die ebenfalls in Falten gelegt und dann mit dem Rock zu einem Teil verschmolzen wurde[21]. Faltenspuren können, wenn sie noch ablesbar sind, in den Paramenten Rückschlüsse auf die verwendeten Kleiderteile geben.

Zur Anfertigung von Paramenten wurden aus höfischen Kreisen nur die wertvollsten Roben gestiftet, insbesondere jene, die bei besonderen Anlässen getragen worden waren. Hochzeits- und Brautkleider des Hofs sind spezielle Fertigungen von hoher Qualität betreffend Stoff und Schnitt. Auch sehr persönliche Stücke, wie der bereits genannte

▲ Abb. 117: Kaiserin Elisabeth Christine, Stich von Christoph Weigel (Graphische Sammlung Göttweig)

Schlafrock Kaisers Franz I. Stephan, wurden zu Paramenten verarbeitet und gewannen so nach dem Tod des Trägers nochmals an Bedeutung. Stilistisch war die profane Mode der Gestaltung der Paramente sehr ähnlich. Die Besätze der Damen- und Herrenkleider waren je nach Funktion bzw. Rang des Trägers besonders geschmückt. Ärmel, Stecker, Handschuhstulpen oder Jackentaschen waren mit Rüschen, Maschen oder Borten besetzt oder bestickt, ebenso der Saum[22]. Die Besätze wurden bei liturgischen Textilien als Schmuckelemente bei Stab und Kreuz der Kasel oder bei der Cappa wiederverwendet.

## Der Weihnachtsornat

Ein wunderbares Beispiel für die Wiederverwendung von Kleidern in der Paramentik und für die hohe Kunst der Stickerei im Wiener Heimsuchungskloster ist der Weihnachtsornat oder auch Point Louisant-Ornat[23] (Abb. 118

▲ Abb. 118: Weihnachtsornat, großes Antependium, Detail, Salesianerinnenkloster Wien

▼ Abb. 119: Weihnachtsornat, Pluviale, Salesianerinnenkloster Wien

▲ Abb. 120: Ornat Charlotte Josephine de Wallis, Pluviale, Rekonstruktion des Faltenmusters, Salesianerinnenkloster Wien

und 119). Der Grundstoff besteht aus drei unterschiedlich gemusterten Silberbrokaten und einem silberdurchschossenen weißen Seidenrips[24]. Diese Stoffe stammen, wie aus der *Circulaire* vom 16. April 1723 hervorgeht, aus Kleiderschenkungen:

> „Sie [Maria Amalia] hat ebenso wie Ihre Durchlaucht die Erzherzogin Maria [Josepha], ihre Schwester, die Güte gehabt, uns ihr Brautkleid zu schenken, das auch ein sehr reicher Silberbrokat ist mit ein klein wenig Weiß. Verbunden mit ersterem wird es ein ganzer, wunderbarer Ornat werden, auf welchen unsere lieben Schwestern Blumen in schattierten Plattstickereien sticken, zwischen einer reichen Goldstickerei, die Ihre Majestät die Güte hatte, von einem Sticker machen zu lassen. Sie hatte auch die Güte, uns die ganze Seide zu beschaffen, die für dieses Werk nötig ist, das sicherlich eines der schönsten, das man sehen kann, sein wird. Ihre Majestät wünschte es montieren zu lassen, und schenkte alle dafür notwendigen Borten"[25].

Die aus zwei ähnlichen silbernen Brokaten gefertigten Kleider eigneten sich auch wegen ihrer ursprünglichen Funktion als Brautkleider besonders für die Hochfeste Weihnachten und Ostern: Sie zeichnen sich durch eine hervorragende, starke Qualität aus (sie wirken heute noch neuwertig), aber auch durch den besonderen Schimmer, der mit dem großen Muster eine wundervolle Gesamtwirkung erzielt[26]. Solche Brokate waren dem hohen Adel vorbehalten, da sie sehr teuer waren. Sie wurden auch für andere profane Kleidungsstücke verwendet wie beispielsweise Herrenwesten[27]. Die prominentesten Teile eines Gewands waren stets aus dem dekorativsten Stoff hergestellt, die weniger sichtbaren aus dem Seidenrips. Für das Pluviale und das große Antependium brauchte es viel Stoff, daher wurden diese Teile aus beiden Brokaten gefertigt. Aus einem ähnlichen Brokat besteht auch eine Kasel, die Amalia Wilhelmina am 8. September 1728 P. Heinrich von Hohenfeld von Stift Zwettl zu seiner Primiz schenkte[28].

Vor der Fertigung des Weihnachtsornats musste festgelegt werden, welcher Stoff für welches Parament verwendet werden sollte. Danach konnten die Teile zugeteilt und so zugeschnitten werden, dass möglichst wenige Nähte verblieben, diese sollten unter den Borten verschwinden. Ebenso musste der Verlauf des Musters im Stoff berücksichtigt werden. Beim Pluviale des Weihnachtsornats wurden große Teile des Rocks verwendet. Die Bahnen sind im originalen Musterverlauf gegensätzlich aneinandergereiht.

Die breitesten Bahnen sind 52 cm breit, das entspricht der damals üblichen Webbreite. Sie wurden mit möglichst geringem Stoffverlust zusammengenäht und seitlich gestückelt, wo schmälere Bahnen ausgereicht haben. Unter dem bestickten Besatzstreifen sind noch einige Abdrücke der ursprünglichen Rockfalten zu sehen. Bei einem späteren Pluviale aus dem Charlotte Josephine de Wallis-Ornat[29] von 1750/60, der aus vier unterschiedlichen und zeitgleichen Stoffen kombiniert wurde, können die Falten gut abgelesen werden. Durch die Faltenabdrücke war es möglich, ein anschauliches Faltenmuster aus Seidenpapier zu rekonstruieren und damit den ursprünglichen Rock wieder erkennbar zu machen (Abb. 120)[30].

Die professionelle Schneiderei war in der Frühen Neuzeit den Männern vorbehalten[31]. Für die höfischen Damen, die die Handarbeit des guten Tons wegen betrieben, wurde schon in der Ausbildung Wert auf das Erlernen dieser Fähigkeiten gelegt[32]. Geistliche Frauengemeinschaften unterwiesen auch mittellose Mädchen und betrieben das Stickhandwerk professionell. Am Institut der Englischen Fräulein in St. Pölten ist bereits im frühen 18. Jahrhundert eine leistungsfähige Stick- und Paramentenwerkstatt entstanden, die für das Kaiserhaus gearbeitet hat. Die ersten Schwestern des Salesianerinnenklosters in Wien machten, als sie von München nach Wien unterwegs waren, auf Bitte von Amalia Wilhelmina in St. Pölten Halt und bewunderten die Auftragsarbeiten für Kaiserin Elisabeth Christine, die dort gerade in Arbeit waren[33]. Die Schwestern lernten bei diesem Besuch einen Betrieb mit Vorbildcharakter im Bereich der Paramentenproduktion kennen, woraus sich ein Austausch bezüglich der Herstellung von Paramenten und Sticktechniken entwickelt haben könnte. Eine umfassende sticktechnische Produktion in Frauenklöstern ist außer bei den Englischen Fräulein in St. Pölten und bei den Salesianerinnen[34] auch bei den Ursulinen in Wien[35] nachweisbar. Der große Unterschied zwischen den Englischen Fräulein und den Salesianerinnen war, dass erstere im Auftrag der Kaiserinnen arbeiteten und hauptsächlich für Auftraggeber produziert wurde, mit Ausnahme der für das Kloster gestifteten Objekte. Die großartige, umfangreiche Paramentensammlung der Englischen Fräulein lässt sich nur durch solche Stiftungen erklären[36]. Die Salesianerinnen hingegen fertigten im 18. Jahrhundert weitgehend wohl für sich selbst[37]. Kaiserin Amalia Wilhelmina war dem Kloster unmittelbar verbunden und stiftete den Schwestern die wertvollen Kleiderstoffe. Die in der Paramentenwerkstatt der Englischen Fräulein verarbeiteten Gewebe wurden dagegen überwiegend neu beschafft[38]. Seit 1713 residierten drei Kaiserinnen gleichzeitig in der Wiener Hofburg[39], die sich nicht immer freundschaftlich zugetan waren[40]. Ihr ähnliches Interesse an liturgischen Textilien kann an Werkstücken in Wien und St. Pölten abgelesen werden, zu denen auch eigenhändige Stickereien der Stifterinnen gehören[41].

In der ersten Hälfte des 18. Jahrhunderts dominierte eine Vorliebe für Stoffe mit Blumenmotiven in verschiedenen Varianten. Die Goldstickerei der Salesianerinnen (mit Fäden wie z. B. Lahn, Bouillon, Krausfäden, technisch in der Sprengarbeit, der Legetechnik und der Stechtechnik) zeigt wunderbare Ornamente, Vasen und Buchstabenkombinationen (IHS, MARIA). Mit den bunten Seidenstickereien vereinen sich diese Arbeiten zu ganz besonderen Bildern. Die Herstellung solcher Stickereien war sehr zeitaufwändig und daher als Beschäftigung in einem kontemplativen Kloster gut geeignet. Manchmal wurden bei den Salesianerinnen auch professionelle Sticker beauftragt, so etwa bei den Goldstickereien des Weihnachtsornats und des roten Samtornats. Die meisten Stickereien sind im Kloster jedoch von den Schwestern, aber auch von Amalia Wilhelmina und den adeligen Damen aus ihrem Umkreis, selbst ausgeführt worden[42]. 1732 lässt sich belegen:

> „Sie [Amalia Wilhelmina] hat noch die Güte gehabt, uns eine sehr schöne Sonne[43] aus vergoldetem Silber zu schenken, dessen kleiner Halbmond, welche die heilige Hostie hält, aus Gold ist, verziert mit glänzenden Diamanten; außerdem einen sehr schönen Tabernakel, von ihren eigenen Händen mit Chenille bestickt auf Silberlamé[44]; das Äußere und alles andere, das man üblicherweise aus Schnitzereien macht, ist eine reiche, stark erhöhte Goldstickerei, angefertigt von einem der ersten Sticker dieser Stadt, dem Vater von zwei unserer lieben Schwestern"[45].

Die Goldstickereien des Weihnachtsornats sind in Sprengarbeit (Umrahmung und ornamentale Teile) und die Blumenstickereien in Seidenflachstichtechnik als bunte Nadelmalerei gearbeitet. Die für den jeweiligen Ornatteil zugewiesenen Stoffstücke wurden von den Schwestern selbst mit den bunten Blumen bestickt und danach zu den professionellen Stickern gebracht, wo die Goldstickerei appliziert wurde. Die Endfertigung übernahmen vermutlich wieder die Schwestern selbst[46]. Anhand der Stickerei lässt sich die Abfolge der Arbeiten ablesen. Zuerst wurde der Brokat mit bunter Seidenflachstichstickerei bestickt, danach der Lamé angesetzt und dann die separat gefertigte Goldstickerei darauf appliziert, sie überdeckt teilweise die bunte Stickerei. So ergänzen sich beide Stickereien zu einem plastischen Bild und das Gold bestärkt die intensiven Farben der Blumen.

Abgesehen von der zeitlichen Abfolge der Stickvorgänge kann man anhand des Weihnachtsornats auch den Unterschied zwischen Arbeiten von Berufsstickern und jenen von Ordensfrauen ablesen. Stickereien in hochwertiger Qualität waren sehr aufwändig und damit teuer. In Rechnungsbelegen des Wiener Schottenstifts lassen sich Stickerinnen nachweisen, die um einiges günstiger gearbeitet haben als die Berufssticker[47]. Die zahlreichen Stiftungen Maria Theresias lassen das ebenfalls vermuten, denn das Material wurde sicherlich zur Verfügung gestellt und war damals teurer als die Arbeitszeit. Da die Englischen Fräulein auch ausgebildet haben und daher über eine produktionstechnisch gut ausgestattete Werkstatt und durch die Schülerinnen auch über günstige Arbeitskräfte verfügten, darf angenommen werden, dass sie auch hochwertigste Silber- und Goldstickereien selbst herstellten. Beispiele sind der Pfingstornat aus dem Institut und der Propst Führer-Ornat im Domschatz St. Pölten[48]. Nicht immer wurden daher Berufssticker mit diesen Arbeiten betraut, sondern neben Stickerinnen, die freiberuflich arbeiteten, vor allem Schwestern in Klostergemeinschaften und auch die adeligen Damen selbst. So berichten die Quellen bei den Salesianerinnen:

> „Ihre Durchlaucht die Erzherzogin Maria [Josepha], königliche Prinzessin von Polen und Kurfürstin von Sachsen, hat uns ein Parament [vielleicht ein Antependium] geschenkt und eine Kasel, Kelchvelum, usw. mit Chenille in Nadelmalerei bestickt. Das Muster ist sehr schön, es sind Mohnblumen von allen Farben zwischen einer sehr reichen Goldstickerei auf einem sehr schönen Silberlamé. Das Ganze ist ihr Werk: um es anzufertigen, nutzte sie die Gelegenheit der Abwesenheit des Prinzen, ihres Mannes, der mehr als neun Monate in Polen war"[49].

Die vielfältigen Details und die hochreliefartige Umsetzung bei den Stickereien des Weihnachtsornats lassen auf Berufssticker schließen. Die Reliefs sind bis zu 0,5 cm hoch und mit variantenreichen Abstufungen und Musterungen gestaltet[50]. Man kann diese Stickereien, wie auch bereits Dora Heinz angemerkt hat, mit Treibarbeiten aus der Goldschmiedekunst vergleichen[51]. Die oben genannte Kasel dem Zwettler Paters, die aus einem ähnlichen Brokat wie der des Weihnachtsornats gefertigt ist, weist hingegen Stickereien auf, die sich stilistisch mit der Paramentenwerkstatt der Englischen Fräulein in St. Pölten in Verbindung bringen lassen, es dürfte sich um eine eigenhändige Arbeit aus diesem Kloster handeln[52].

Nach 1750 änderte sich die stilistische Ausformung erneut, auch wenn die Maria-Theresianischen Paramente nach wie vor auch in den traditionellen Werkstätten wie bei den Englischen Fräulein in St. Pölten gefertigt wurden. Die aufwändigen Stickereien wurden durch produktivere Techniken wie der Ripsband-Stickerei oder durch persönliche Elemente der Stifterin, wie etwa die angeblich von der Kaiserin Maria Theresia selbst gefertigten Häkelschnürchen, abgelöst oder ergänzt.

## Der Modena-Ornat

Ein sticktechnisch besonders aufwändiges Beispiel eines Prachtornats im Wiener Heimsuchungskloster ist der so genannte Modena-Ornat[53] (Abb. 121). Aufgrund seiner reichen Stickereien wurde er in mehreren Etappen gefertigt. 1726 vermerkt die Stifterin Amalia Wilhelmina: „Ich wurde sehr angenehm überrascht, meine liebe Nichte, von dem schönen Ornat, den sie mir für meine Kirche gemacht haben […]. Es ist eine wunderschöne Arbeit von gutem Geschmack, die etwas ganz Neues hat […]"[54]. Laut *Circulaire* vom 7. Jänner 1727 schenkten die Prinzessinnen von Modena, die Nichten Kaiserin Wilhelmina Amalias, zwei sehr ähnliche Silberbrokate[55], auf welchen die Stickereien aufgebracht wurden:

> „Ihre Durchlauchten die Prinzessinnen von Modena, Nichten Ihrer Majestät, unserer erhabenen Stifterin, haben uns ein Antependium aus Petit Point-Stickerei auf Silberlamé von einem ganz besonderen Muster und von einer unbeschreiblichen Schönheit und Pracht geschenkt. Die Mitte ist eine Heimsuchungsdarstellung, so gut ausgeführt, dass man sagen würde, es ist eine Miniatur, in einer Gold bestickten Kartusche. Die Kasel, die Stola, der Manipel, die Bursen und das Kelchvelum sind ebenfalls reich von einem groben roten Taft gefüttert. In der Mitte des Kelchvelums ist das Wappen des Ordens der Heimsuchung und rundherum ein spanischer Stich aus Gold. Es gibt sonst keinen derartigen Ornat im ganzen Land"[56].

Die Stickereien waren von Schwestern im 1669 gegründeten Kloster in Modena[57] gemacht worden. Außer der Freude über die schönen Stücke lässt sich hier auch der Stolz, im Bereich der Paramentik federführend zu sein, ablesen. Die Stoffe wurden reich bestickt, die Ornamente in Gold überlappen sich mit den bunten Petit Point-Stickereien zu abwechslungsreichen Motiven.

Das Pluviale zeigt neben der szenisch gestalteten Cappa mit dem Hl. Franz von Sales auch eine reiche Ornamentik, die sich über das gesamte Objekt erstreckt. Die Stickerei wurde in feinster Qualität und in zahlreichen Farbschattierungen ausgeführt. Die Goldstickerei zeichnet sich durch

▲ Abb. 121: Modena-Ornat, Pluviale, Salesianerinnenkloster Wien

die Kombination der unterschiedlichsten und hervorragend ausgeführten Techniken aus. Es finden sich mit glatten Fäden und Krausbouillon gefertigte Sprengarbeiten, Anlegetechnik, reliefierte Oberflächen, Gitterwerk und Kombinationen. Bänder aus Gold überlappen und unterfangen große Blütenrosetten in Petit Point. Die Petit Point-Stickereien zeichnen sich durch kräftige Farben aus, die sich gegenseitig verstärken. Die Früchte, Blumen und Blätter wirken dadurch plastisch. Die große Kunst in dieser Technik, eine bildliche Gestaltung mit allen malerischen Übergängen zu schaffen, war, diese mit den einzelnen Punkten farblich so einzusetzen, dass es mit Abstand besehen wie gemalt wirkt, die Wirkung von Farbe und Licht bestimmt das Bild. Diese Szene ist sehr fein und sehr schattiert gestickt, mit viel geschicktem Einsatz der Garne. Diese waren eingefärbt, von hochwertigster, feinster Qualität und in sehr vielen Schattierungen zu bekommen[58]. Mittig wird der Blütenstempel durch einen goldenen Knopf aus Sprengarbeit mit aufgelegtem Gitterwerk und umrahmender Wellenborte gestaltet. Die Früchte und Blumen wurden in Petit Point-Stickerei ausgeführt. Die Stickereien des Ornaments und der Rahmung (Goldstickerei teils in Sprengtechnik, Seidenstickerei) sind direkt auf den Brokat gestickt.

Petit Point-Stickereien waren bereits im 17. Jahrhundert beliebt, um ornamentale, aber auch szenische Darstellungen sticktechnisch zu gestalten. Auch bei Möbelstoffen wurden häufig Teile in Petit Point ausgeführt[59]. Die Stickereien wurden auf einem Gittergrund, meist Stramin, im Stickrahmen gefertigt und dann als eigenständiges Bild in den Grundstoff eingefügt. Bei den Englischen Fräulein in St. Pölten wurde diese Technik bereits sehr früh gekonnt umgesetzt und auch gelehrt, wie erhalten gebliebene Stickmuster zeigen[60]. Im Textilschatz der Salesianerinnen finden sich auch heute noch viele Stickrahmen. Auch ein bespannter Rahmen mit Petit Point-Stickerei aus dem frühen 19. Jahrhundert weist auf eine Ausführung solcher Arbeiten im Kloster hin.

Genauso schön wie das Bild des Hl. Franz von Sales auf dem Pluviale zeigt sich auf dem Antependium eine Darstellung der Heimsuchung Mariens, gerahmt von vier C-Schnörkeln mit angesetztem Blattmotiv (Abb. 122). Felder mit üppig gefüllten Blumen- und Fruchtschalen auf Postamenten mit dem Motiv des herabhängenden Teppichs sind gerahmt von C-Schnörkeln mit hängenden Blütengirlanden. Alles wird mit einem Goldrahmen umfasst und bekommt dadurch Bildcharakter. Auch auf der Kasel finden sich große C-Schnörkel, dazwischen Blüten und Trauben.

▲ Abb. 122: Modena-Ornat, großes Antependium, Detail, Salesianerinnenkloster Wien

▼ Abb. 123: Modena-Ornat, Antependium für Kredenztisch, Detail, Salesianerinnenkloster Wien

▲ Abb. 124: Trauerornat, Kasel, Rückseite, Salesianerinnenkloster Wien

Die Felder sind voneinander durch gestickte Goldstreifen getrennt. Die Dalmatiken sind stilistisch sehr ähnlich gestaltet, teilweise wurde der Stoff mit neuerem Lamé ergänzt. Das Kelchvelum ist mit dem Wappen des Ordens der Heimsuchung Mariens bestickt, die Stolen sind mit bunter Petit Point-Stickerei besetzt. Der Aufwand für die Herstellung solcher Stücke war groß, daher ist es nicht verwunderlich, dass sie nicht auf einmal geliefert wurden[61]. Bei den Antependien der Kredenztische ist die Komposition der Motive freier, alle unterschiedlichen Sticktechniken (Goldstickerei, Petit Point, Ripsband, Flachstich) sind hier vereint. In einer großen Ovalform sind fliegende Insekten, Blätter und Blüten um eine Blumenvase angeordnet. Füllhörner mit Blumen besetzen die Ecken, wodurch alles leicht und bewegt wirkt (Abb. 123).

## Der Trauerornat

Die gestifteten Kleiderstoffe wurden bestimmten liturgischen Festen zugeordnet, wenn Design und Farbe passend waren, so wie beim Trauerornat. Original aus dem 18. Jahrhundert erhalten sind ein großes Antependium und eine Kasel (Abb. 124), die anderen Teile sind Ergänzungen des 19. Jahrhunderts[62]. Bei diesem Stoff handelt es sich um einen prächtigen Brokat, der sich durch ein großes Muster in Gold auf schwarzem[63], nochmals in sich gemusterten Grund, auszeichnet. Die *Circulaire* vom 31. 1. 1732 hält fest:
> „[…] eine von ihnen [eine Hofdame von Kaiserin Amalia Wilhelmina] hat uns ein reiches, schwarz-goldenes Gewand zum Geschenk gemacht und eine sehr schöne, blau-silberne Jupe [Rock]. Vom ersten haben wir ein Parament und eine Kasel für den Todestag und den Geburtstag Seiner Majestät Kaiser Joseph gemacht. Durch Hinzufügung von Silbermoiré an die Jupe haben wir ein Parament für den Altar, drei Kaseln und einen Tabernakel oder eine Kuppel für die Aussetzung des Allerheiligsten gemacht"[64].

Bei der Kasel setzen aus mittigen sonnenblumenartigen Blüten nach oben hin fächerförmig spitzblätterartige Formen an. Die Zwischenfelder sind mit Ornamentfeldern gefüllt. Nach den Borten sind Stoffbahnen angesetzt, die die bauchige Ausformung der Mittelfelder überlappend weiterführen, besetzt mit pfauenfederartigen Motiven. Dies ist ein Brokatstoff, der auch aus größerer Entfernung eine bewegte und prächtige Wirkung besitzt. Die Verarbeitung des Stoffes und die Gestaltung des Musters an der Kasel (obwohl sie leider vollkommen maschinell übertamburiert wurde) sind hier besonders gut gelungen.

▲ Abb. 125: Erzherzogin Maria Anna, Stich von Christoph Weigel (Graphische Sammlung Göttweig)

## Der Jagdkleid-Ornat

Ein hochqualitatives Beispiel eines wieder verwendeten Kleides aus den 1720er Jahren findet sich im so genannten Jagdkleid-Ornat[65]. Hier wurde Samt mit Seidenlamé mit Moiréeffekt kombiniert und mit Seidenrips zum Ornat verarbeitet. Der grüne Samt ist reich mit Goldstickerei besetzt, der Samt selbst hat im Grund einen gezogenen Flor und ist innerhalb der Musterform der Goldstickerei teilweise aufgeschnitten. Zur Zeit Kaiser Karls VI. hatte die höfische und adelige Jagdkultur einen Höhepunkt erreicht[66]. Der Kaiser selbst soll rund hundert Tage im Jahr auf der Jagd verbracht haben[67], auch seine Frau Elisabeth Christine und die Schwestern des Kaisers Maria Elisabeth und Maria Magdalena haben aktiv an diesen Jagden teilgenommen[68]. Die Jagd war mit hoher gesellschaftlicher Bedeutung verbunden, darum musste das Gala-Jagdkleid einer höfischen Teilnehmerin, besonders das der Kaiserin, dementsprechend aufwändig gestaltet sein. Beim Jagdkleid-Ornat wurde ein standesgemäßes Kleid aus dieser Zeit verarbeitet. Teile wie die Cappa des Pluviales stammen vielleicht von den Ärmelstulpen oder einem anderen Besatzteil.

Die üppigen Goldstickereien wurden in Stechtechnik ausgeführt – sehr teuer aus rein materieller Sicht. Sie waren bei Hofkleidern ein beliebtes Dekor, wie der Rock eines Bildnisses von Kaiserin Amalia Wilhelmina zeigt, ebenso ein Kinderkleid Maria Theresias oder der Männerrock von Staatssekretär Johann Christoph Freiherr von Bartenstein[69]. Das Kleid von Kaiserin Elisabeth Christine zeigt ein vergleichbares Dekor (Abb. 117), ebenso das von Erzherzogin Maria Anna getragene Kleid (Abb. 125)[70]. Der qualitativ hochwertige Samt, der von dieser wunderbaren Stickerei besetzt ist, war zu dieser Zeit so wertvoll, dass die kleinsten Teile verwendet wurden, was an den zahlreichen Stückelungen heute noch sichtbar ist. Der goldbestickte Samt soll von Kaiserin Elisabeth Christine, der Frau Kaiser Karls VI., geschenkt worden sein[71]. Bereits 1720 wird in den *Circulaires* erwähnt: „[…] und einen dritten aus grünem Samt, mit einer Goldstickerei von einer Pracht, zu der es nicht möglich ist etwas hinzuzufügen"[72]. 1734 findet sich der Vermerk:

> „Vor einigen Jahren hatte Ihre Majestät die Güte, uns ein weiteres, mit Gold besticktes Gewand vom Schönsten zu schenken. Zurzeit macht meine Schwester Sakristanin einen kompletten Ornat – durch Anreihen an das Gewand unserer letzten Profess und eines anderen von unseren Novizinnen, das uns von Ihrer Majestät, unserer unvergleichlichen Stifterin, gegeben wurde. Es sind beide aus einem vollkommen schönen Silberlamé. Es wird ein Antependium geben, eine Kasel, vier Dalmatiken und drei Pluviale, vielleicht wird es bis zum Fest der Heimsuchung vollendet […]"[73].

Hier könnte die Umarbeitung des Jagdkleid-Ornats beschrieben sein, wenn auch die Teile mit der heutigen Anzahl nicht übereinstimmen. Diese Umarbeitung erklärt auch den teilweisen Ersatz des Grundstoffes bei den Schultern der Kaseln. Deren bestickte Teile sind stark gestückelt, da sie wohl von kleineren Teilen des Kleides stammen. Auch bei den Zubehörteilen ist ein anderer Grundstoff verwendet worden, die Ornamente wurden neu aufgenäht.

Der reich bestickte Samt wurde in breiten Streifen als Dekoration beim großen Antependium und in schmäleren bei den kleinen Antependien herangezogen. Der besetzte Samt dominiert, getrennt durch den weißen Lamé (Abb. 126). Dabei wechselt das Muster der Stickdekoration des aus fünf Bahnen bestehenden Samts beim großen Antependium. Ein großer Aufsatz in Dreipassform ist über eine geschweifte Kartusche mit Rosengitter gesetzt, umgeben von Bandwerk und Blättern, gekrönt von einer Dekoration von gebogenen Blättern. Die zweite Bahn besteht aus großen Lambrequinformen, überfangen von Bandwerk und Blattbekrönung. Bei den kleinen Antependien sind jeweils drei Bahnen des Samtes verarbeitet, bei jenem in der Mitte ist das Muster aus einzelnen unverbundenen Blüten gestaltet,

▼ Abb. 126: Jagdkleid-Ornat, großes Antependium, Detail, Salesianerinnenkloster Wien

▲ Abb. 127: Ornat der Kaiserin Elisabeth Christine, Pluviale, Salesianerinnenkloster Wien

bei den seitlichen Bahnen nach außen gerichtete Blatt- und Blütenformen, abzweigend von Ranken und Ornamentbändern, die vom Rand überschnitten werden.

Bei den Pluvialen sind die Besätze aus Samt gestaltet, bei der Cappa finden sich einzelne Blüten, ebenso bei den kleinen Antependien, im Stabbesatz sind eine Reihe von Lambrequinmotiven mit Dreiblattbekrönung (ähnlich dem großen Antependium) zu sehen. Der Hauptstoff besteht aus weißem Lamé. Bei einer Kasel ist der weiße Stoff ein Silberlamé, Stab und Kreuz sind aus dem besetzten Samt gestaltet. Das Muster ist aus den Formen wie am Besatz der Pluviale kombiniert. Bei der zweiten Kasel ist der weiße Stoff wieder ein weißer Lamé, die Mustergebung ähnelt den Lambrequinformen des großen Antependiums. Diese Formen finden sich auch in den Feldern der Dalmatiken. Hier wurden die langen Felder auseinander geschnitten und vorne und hinten eingesetzt. Die beiden Stolen sind aus weißem Lamé, so auch jeweils ein Stück der beiden Velen und Bursen, die anderen sind aus dem silberdurchschossenen Seidenrips, jeweils mit einer reichen Bandwerkdekoration aus grünem Samt mit goldenen Blättern und Gitterfeldern.

An den kaum sichtbaren neuen Nähten zeigt sich die Näh- und Stickkunst der Schwestern. Die Zweitverwendung des ursprünglich reich bestickten Kleides ist nur bei genauem Hinsehen zu erkennen. So ist zu vermuten, dass die Besätze bei den Pluvialen der Rockbesatz gewesen waren, bei den Kaseln könnten Teile des Oberteils, bei den Dalmatiken die Ärmelbesätze von Teilen der Ärmel verwendet worden sein. Sämtliche große Bahnen der Antependien und die dann auseinander geschnittenen Bahnen der Bauch- und Rückenteile der Dalmatiken bildeten wohl aufsteigende Rockteile. Auch der Mantel wird damit besetzt gewesen sein. Ein so prächtig gestaltetes Kleid war auch getragen worden, das zeigen die abgescheuerten Stellen, wo vielleicht Schließen montiert waren.

## Der Ornat der Kaiserin Elisabeth Christine

Kombinationen von Kleiderstoffen und von den Damen selbst gestickter Teile sind ein wesentlicher Teil der Sammlung im Wiener Heimsuchungskloster. So besteht der Ornat der Kaiserin Elisabeth Christine[74] aus Webstoff von gespendeten Kleidern, kombiniert mit Teilen ausgeführt in Chenillestickerei[75] (Abb. 127). Daraus wurde der Ornat gefertigt, der für die erwartete und ersehnte Heiligsprechung der Ordensgründerin, der seligen Johanna Franziska von Chantal, verwendet werden sollte und der in jahrelanger Arbeit mit Stickarbeiten geziert wurde. 1763 wird berichtet:

„Der Ornat besteht aus drei Pluvialen, vier Kaseln, vier Dalmatiken und dem Antependium mit den kleinen Kredenzen. Der größte Teil ist aus einem Silbermoiré von einem Gewand Ihrer verstorbenen Majestät der Königin von Polen[76], über das wir während unseres Triduums zur Auffassung kamen, dass es eine Verschönerung bräuchte, obzwar es mit Stäben aus einem wunderschönen Gewebe mit Goldgrund zusammenpasste, welches [uns] von Ihrer Majestät der Kaiserin Elisabeth [Christine], Mutter Ihrer Majestät, der regierenden Kaiserin [Maria Theresia] geschenkt wurde"[77].

Es kann sich bei diesen Teilen nur um den reich gemusterten Goldbrokat mit Broschierungen handeln, der im Goldgrund kleine, in Streifen angeordnete Ranken- und Zackenmuster aufweist. Die bunten Motive zeigen perspektivisch sich verjüngende Säulenreihen, auf ihnen Vasenbekrönungen vor himmlischem Hintergrund, von Blattwerk und Blumen gerahmt, und einen Weg zu einer Ruinenarchitektur, asymmetrisch gestaltet und von Blättern, Büschen und Blüten gerahmt. Dieses beeindruckende Gewebe wurde für die bedeutenden Elemente wie Stab und Kreuz der Kasel, für die Cappa und den Besatz des Pluviales verwendet[78]. Die übrigen Teile weisen einen weißen Silberlamé als Grundstoff auf, bestickt mit Blumen, Ranken und Blüten aus farbig schattiertem Chenillegarn, der genau eingepasst ist. Bei den Dalmatiken beispielsweise in die seitlichen, spitz zulaufenden Felder, wo sich die Blätter nach oben hin verjüngend ranken. Im unteren Feld wiederum befinden sich große Blüten, die sehr genau und harmonisch darin aufgeteilt sind. Die Kredenztischantependien sind aus schmalen Streifen mit einer Reihe von Blumen zwischen dem Goldbrokat gestaltet. Das Muster des Pluviales, auf dem symmetrisch große einzelne Blüten an Zweigen sehr dekorativ aufgebracht sind, wirkt auch auf Distanz.

Eine Bursa und eine Palla bestehen aus Goldbrokat, je eine aus Seidenmoiré mit Chenillestickerei. Bei den Stolen und Manipeln ist es ähnlich, hier sind je ein Stück aus Goldbrokat, je eines aus Seidenmoiré mit Chenillestickerei und je eines aus Seidenmoiré mit angesetzten Goldbrokatteilen zu finden. Es gibt zwei Kelchvelen, eines ist aus glattem Silberstoff mit zarten goldenen Rankendekorationen mit Blättern und Gitterwerkfeldern, davon ausgehend reiche bunte Blumen in Chenillestickerei, in der Mitte IHS mit Kreuz und drei Nägeln in goldenem Strahlenkranz, durch den bunte Blumen geflochten sind. Das zweite ist aus weißem Seidenrips, aus Goldstickerei in der Mitte IHS mit Kreuz und Herz mit drei Nägeln, von einem Strahlenkranz umgeben, in Chenillestickerei bunte Blumen, vom Rand ausgehend und sich ausbreitend. Solche kleinen Werkstücke waren bei den Damen beliebt, die Stickrahmen waren handlich und leicht mitzunehmen. Auch beim Sitzen am Fenster oder bei der Unterhaltung konnte daran gestickt werden.

Eine Kasel weist eine ähnliche Gestaltung auf, Stab und Kreuz sind aus Goldbrokat, die Seitenteile aus Seidenmoiré (wieder mit Motiven in Chenillestickerei), dieser ist bei der zweiten Kasel bei den Stäben eingesetzt. Der Seitenstoff ist ein Goldbrokat des 18. Jahrhunderts, der an den Nähten so zusammengesetzt wurde, dass man die Motive etwas überstickt hat, um die Übergänge fließender zu machen. Bei den Dalmatiken sind die Hauptfelder und die Ärmel aus dem Goldbrokat und die übrigen Teile, wie schon erwähnt, mit Chenillestickerei sehr genau besetzt. Die Brokatstoffe sind von hervorragender Qualität und in einem neuwertigen Zustand.

### Der Ornat von Madame Canal

Ein weiterer Ornat von ebensolcher Machart ist der nach seiner Stifterin benannte Ornat von Madame Canal[79]. Ursprünglich aus weißem Seidenrips weist er eine reiche, bunte Chenillestickerei mit großen Blumen- und Blättermotiven auf (Abb. 128). Die dazu gehörigen Kelchvelen haben breite, wundervoll ausgeführte Goldspitzen. Die Stickerei ist im Muster und in der Ausführung dem Ornat der Kaiserin Elisabeth unmittelbar verwandt. In einer *Circulaire* von 1763 wird dazu berichtet:

„Ihre Excellenz Madame Gräfin von Canal, deren vier Töchter wir die Ehre hatten als Pensionärinnen zu haben, hat uns eine Kasel und alle dazugehörigen Stücke geschenkt, aus einem Gewebe mit blumigem Goldgrund von erlesenem Geschmack, obwohl es nicht mehr neu ist. Aus dem Gewand der Einkleidung unserer lieben verstorbenen Schwester Charlotte-Josephine von Wallis, das ein Hofkleid mit weißem Grund und einem Muster aus mit Gold bereicherten Blumen ist, haben wir eine Kasel, ein Pluviale, ein größeres Antependium und zwei kleine gemacht. Aus gewöhnlicheren Kleidern von zwei anderen Professen, eines mit rotem Grund, das andere mit blauem Grund, haben wir Pluviale und Kaseln geschaffen. Unsere lieben Schwestern Sakristaninnen haben noch mehrere Ornate vervollständigt […], unsere Anschaffungen an Stickereien sind zwei Dalmatiken in Gold auf rotem Samt, die dem Ornat der großen Pfingstmessen gefehlt haben; ein Kelchvelum für Gründonnerstag mit Chenille auf Goldmoiré bestickt; ein anderes, um es während der Predigten vor das ausgesetzte Allerheiligste zu hängen[80], in Chenille und Gold auf ei-

▲ Abb. 128: Ornat von Madame Canal, Kasel, Rückseite, Salesianerinnenkloster Wien

nem weißen Gros de Tour; eine Stola, ein Kommunionbanktuch und ebenso ein Gremiale"⁸¹.
Die genannte Sakramentsfahne (Abb. 129) zeigt daher eine ganz ähnliche Stickerei wie der Ornat. Ebenfalls aus weißem Seidenrips im Grundstoff zeigt das Mittelfeld ein üppiges Blumenarrangement in Chenillestickerei, das aus einer goldenen Vase herausquillt, die auf einem stilisierten Blattornament zu schweben scheint. Umfasst wird dieses Arrangement von einer schmalen Bortendekoration, oben Bänder mit Ähren und Trauben in schmaler, feiner Goldstickerei. Der Grund ist bestickt mit Silberpailletten in Ranken- und Maschenmotiven. Diese Fahne wirkt in ihrem Erscheinungsbild sehr plastisch und prächtig in der Gesamterscheinung. Ebenso erwähnenswert ist ein Gremiale aus gelbrosa golddurchschossenem Seidenrips, das feine Maschen und Ranken aus Pailletten wie bei der Sakramentsfahne aufweist. An den Seiten schließen große Blumenmotive in Chenillestickerei an. Gremiale und Sakramentsfahne sind sicherlich im Kloster gefertigt worden⁸². Ein ganz besonderer Schatz – eine Schachtel mit altem Chenillegarn – hat sich bis heute erhalten und zeugt von der Farbvielfalt und der Feinheit der verwendeten Garne.

▼ Abb. 129: Sakramentsfahne, Salesianerinnenkloster Wien

## Der Nancy-Ornat

Ein Importstück von ganz anderer stilistischer Erscheinung ist der so genannte Nancy-Ornat⁸³. Gemäß der Haustradition soll er von Schwestern aus Nancy⁸⁴ nach Wien mitgebracht worden sein. Dieser Ornat zeichnet sich durch die Pracht der Stickerei, die sich beinahe über den gesamten Grundstoff zieht, und den Besatz mit Steinen und Perlen aus. Das Antependium und die Kasel (Abb. 115) sind ähnlich mit üppiger und doch sehr feiner Silber-, Gold und Chenillestickerei gestaltet. Kasel und Zubehör sind mit Perlen und Steinen besetzt. Hochovale Medaillons werden durch Rankenbänder verbunden, dazwischen gibt es freie Felder mit großen Blumensträußen in Chenillestickerei auf gesticktem Silbergrund. Die Medaillons zeigen neben Blumendekoration oben ein mit Rubinen besetztes Kreuz und sind in Goldstickerei auf blau schattiertem Chenillegrund ausgeführt, wobei einzelne Konturen mit Steinen und Perlen besetzt sind. Die Wirbelrosetten des Antependiums sind in gelegtem Silberfaden gefertigt, mittig sind verschiedene Symbole (IHS mit Kreuz und Herz und Nägel) platziert. Auch bei der Bursa findet sich die bunte Chenillestickerei auf gelegtem Silbergrund sowie mittig ein goldenes Kreuz auf blauem Chenillegrund. Die Palla auf gelegtem Silbergrund weist eine differenzierte Gestaltung auf: hier ist das Kreuz aus Goldstickerei⁸⁵ mit einem Kreuz aus Steinen verbunden. Der mittig aufgebrachte große Rubin wird von Perlen umrahmt, in den Ecken befinden sich Blattranken aus Chenillestickerei, zwischen ihnen wieder Steine mit Perlen umfasst, eingerahmt von einer Goldklöppelspitze. Dieses Objekt könnte später – ebenfalls von adeligen Damen gefertigt – nachträglich zu der Kasel ergänzt worden sein. Über das Kelchvelum, das auf neuen Damast übertragen wurde, vermerken die Quellen: „Unsere lieben Schwestern Novizinnen aus Nancy kommend haben uns ein Kleid für das heilige Ziborium mitgebracht, welches mit Chenille und Gold von diesen allverehrten Schwestern bestickt ist, deren Güte wir noch mehr schätzen als das Werk, gleich wie perfekt es ist"⁸⁶.

## Spätzeit der Kleiderverarbeitungen und Restaurierungen im 19. Jahrhundert

Die Kleiderspenden gingen im 18. Jahrhundert wohl zurück, dennoch finden sich bei den Salesianerinnen in Wien auch beeindruckende Beispiele aus der Spätzeit der Kleiderverarbeitungen, so etwa der Ornat der Madame Louise Francaise um 1750/60. Neben dem bereits erwähnten Or-

▲ Abb. 130: Schwester Madelaine Xavier-Ornat, Kasel, Detail Rückseite, Salesianerinnenkloster Wien

▲ Abb. 131: Roter Ornat, Detail, Salesianerinnenkloster Wien

nat Charlotte Josephine de Wallis sei noch ein Ornat der Gräfin von Württemberg genannt. In der *Circulaire* von 1786 wird von der Kleiderspende berichtet: „Weil sie [die Prinzession von Württemberg] nicht mehr kommen würde, hat sie unserem Haus zur Bereicherung der Sakristei zwei komplette Ornate geschenkt"[87]. Der violette Stoff ist nach wie vor in einem neuwertigen, farbenfrohen Zustand.

Die Tradition der Fertigung von Paramenten geht zwar mit den Objekten, die aus Kleiderstiftungen kommen, langsam zu Ende, reißt aber nicht ab. Ein sehr schönes Beispiel der Neuanschaffung eines Ornats für die Übergangszeit in der ersten Hälfte des 19. Jahrhunderts ist der so genannte Schwester Madelaine Xavier-Ornat[88], der aus einem Seidenstoff (einem Kleiderstoff) um 1800 besteht und mit reicher Chenillestickerei versehen ist. Die Blumenstickerei umrankt die gestickten Goldborten, die einzelnen Teile gehen somit in einander über (Abb. 130). Anders ist es beim roten Ornat[89], der bereits für die Restaurierung aber auch für eine Neuanfertigung nach originalem Vorbild im 19. Jahrhundert Zeugnis ablegt.

Die Tradition der Paramentenproduktion wurde im Heimsuchungskloster auch im 19. Jahrhundert weitergeführt[90]. In der Paramentenwerkstatt wurden nicht nur neue liturgische Gewänder angefertigt, sondern auch Stücke des 18. Jahrhunderts restauriert. Auf den roten Ornat bezieht sich wohl folgender Eintrag in der *Circulaire* vom 27. Juli 1720[91]: „Unter diesen neuen Paramenten gibt es einen aus rotem Samt, wunderbar bestickt". Die Goldstickerei ist ähnlich gearbeitet wie jene am Weihnachtsornat, sehr hoch und fest. Auch hier darf ein professioneller Sticker angenommen werden (Abb. 131). Große Teile sind noch original aus dem 18. Jahrhundert erhalten, einiges restauriert und umgearbeitet. So wurden Teile belassen, manchmal mit neuem Samt überzogen (Antependium), aber auch viele neue Stücke ergänzt und diese im Sinne der alten Stücke ornamental gestaltet. Um die Mitte des 19. Jahrhunderts war es Schwester Marie Michel[92], die sich intensiv mit der Gestaltung von Objekten mittels Ornament befasst hat. Es haben sich Hefte mit ihren Skizzen erhalten. Die Ausführung geschah mit alten Gewebeteilen. So wurde ein alter Samt beim Pluviale des roten Ornats verwendet, sowie alte Silberstoffe für die Applikationen. Teile der alten, schweren Goldstickerei wurden neu appliziert und mit Stickereien ergänzt. Dieses große Ensemble kann gemeinsam getragen werden. Beim Modena-Ornat wiederum sind wohl beschädigte Teile an den Schultern und am Bauch restauriert worden. Die darauf applizierten Petit Point-Stickereien wurden ausgeschnitten, ein neuer Silberstoff eingesetzt und darauf die Stickereien wieder appliziert. Das geschah so einfühlsam, dass man es kaum bemerkt. Hier zeigen sich Geschick und handwerkliches Können der Schwestern.

Um eine fachgerechte Restaurierung ausführen zu können und neue Paramente zu fertigen sowie überhaupt handwerklich tätig zu sein, bedarf es einer Vielzahl von Werkzeugen, die sich im Kloster zum Großteil erhalten haben. Die Schwestern waren technisch immer auf dem neuesten Stand. Es finden sich Schiffchen, Nähzeug und Garne aller Art, Elfenbeinstricknadeln, Utensilien zum Klöppeln und zum Fadenhalten, Kartonunterlagen für die Goldsprengarbeiten (sicherlich eine Spezialität dieser Werkstatt), Stopf- und Strickmaschine sind ebenfalls noch vorhanden. Monogramme für Weißwäsche und Stempel zum Auftragen der Muster dafür zeugen nicht nur von der Vielfalt der technischen Hilfsmittel und der damit verbundenen unterschiedlichen Arbeiten, sie demonstrieren auch die Lebendigkeit und den liebevollen Umgang mit den Textilien bis in das 20. Jahrhundert[93].

1979 verlieren sich die Spuren der Textilproduktion. Von Schwester Maria Consolata Pöschl[94] hat sich unter anderem ein Rechnungsheft erhalten, in dem sich Aufzeichnungen über die Tätigkeiten der Textilproduktion bzw. Restaurierung von Textilien finden. Festgehalten sind auch Wäschepflege, vom Waschen bis zum Ausbessern der Weißwäsche für Spitäler und von liturgischen Paramenten von Pfarren, sowie der Materialeinkauf bei damals namhaften Firmen. Weiteres gibt es noch ein Heft der Schwester mit allem Wissenswerten rund um den Gebrauch der Textilien im liturgischen Jahreskreis. Das einleitende Gebet versinnbildlicht die enge Verbindung zwischen der Herstellung der Textilien und dem liturgischen Einsatz.

Die Schwestern fühlen sich auch heute noch „in Verbundenheit mit der Kaiserin". Die Dankbarkeit, welche immer noch für dieses Erbe Amalia Wilhelminas empfunden wird, zeigt sich im liebevollen und sorgsamen Umgang mit den Textilien. Dieser Tatsache ist es auch zu verdanken, dass sich die Objekte, die noch immer in liturgischem Gebrauch sind, über die Jahrhunderte nahezu original erhalten haben. Dazu trägt auch die Lagerung bei, die noch immer so gehandhabt wird wie im 18. Jahrhundert[95].

Die Salesianerinnen hüten damit einen Schatz eines heute nur mehr sehr selten anzutreffenden historischen Paramentenbestands in seiner Gesamtheit und in seinem ursprünglichen Umfeld.

1 VÉRON-DENISE–PICAUD–FOISSELON 2009, das Titelbild ist ein Ausschnitt des Gremiales vom Weihachtsornat in Wien. Vgl. PICAUD–FOISSELON 2011, 162–237
2 Moiré ist ein wollenes oder seidenes Gewebe mit durch heiße Pressung erzeugtem schimmernden Wellenmuster.
3 Ähnlicher Stoff wie Moiré, aus dünnerem Material, wobei das Wellenmuster nicht so stark geprägt wird wie beim Moiré, weil es kalt und nicht heiß gepresst wird.
4 ASal, A-II-13a, *Circulaire* vom 27.7.1720, pag. 11f. Vom Klosterleben und den Stiftungen wird in Rundbriefen berichtet, den so genannten *Circulaires*, welche auch Beschreibungen der Kleiderstiftungen, die für Paramente verwendet wurden, enthalten. Ich danke Philippine Lagardere für die Übersetzungen aus dem Französischen und die Hinweise zu Moulins.
5 Vgl. KUNSTSCHÄTZE 1967 und HEINZ 1974, dort auch weitere Abbildungen.
6 Schwester Maria Consolata Pöschl (geboren am 31.5.1922, eingetreten im März 1954, gestorben am 18.11.2001) war die letzte Schwester, die sich intensiv mit der Geschichte, der Herstellung und Restaurierung der Paramente beschäftigte. Ihre handschriftlichen Aufzeichnungen brechen 1979 ab.
7 JOLLY 2002 bringt einen Überblick über die Entwicklung dieser Umgestaltungen, dazu das Beispiel eines Manteau-Kleides aus 1740/50. Vgl. HEINZ 1972, 11–13, STOLLEIS 2001, 40–42.
8 WAACH 1967, 53.
9 KUNSTSCHÄTZE 1967. Zur Definition eines Ornats und dessen Teilen sowie zu Terminologie, Stil, Machart und grundlegender Literatur siehe VOGLHUBER 2011, 13–21.
10 HEINZ 1972 gibt einen sehr anschaulichen und guten Überblick über die textile Kunst im 17. und 18. Jahrhundert. Siehe auch PICAUD–FOISSELON 2012.
11 HEINZ 1972, 9–13 zur Entwicklungsgeschichte des 17. Jahrhunderts, siehe auch VOGLHUBER 2011, 30, PIETSCH 2014, 6.
12 Auf Märkten konnten Pfarrherren und Äbte verschiedene Stoffe erwerben, siehe HEINZ 1972, 6f.
13 WAGNER 1998 und HEINZ 1972, 11f., siehe auch HEINZ 1989, 470–472.
14 MAYERHOFER 2015, 33 und 60–65, hier sollen aus einem Kleid um 1700 2 Kaseln (bei einer Kasel sind Kreuz und Stab erneuert), 2 Dalmatiken, 2 Pluviale, 5 Stolen, 4 Manipel, 2 Kelchvelen und 2 Bursen gefertigt worden sein. Der halbe Stoff wurde spiegelverkehrt gewebt, was auf einen Unterrock schließen lässt. Die Falten des ursprünglichen Kleides hatten einen Abstand unter 10 cm.
15 Unterschieden wird zwischen Galahofkleidung für förmliche Anlässe, der *grande parure*, dem *Halbputz* für festliche Anlässe, der *parure*, der Alltagskleidung und dem *négligé* sowie der Haus- und Nachtkleidung, der *deshabillé*, siehe PIETSCH 2014, 6.
16 VOGLHUBER 2011, 55f. Konzept, Aufbau und inhaltliche Aspekte wurden von VOGLHUBER 2011 als Vorbild für den Katalog der Paramentenausstellung des Kunsthistorischen Museums in Wien 2016 genommen, siehe SCHMITZ VON LEDEBUR 2016. Dieser zeigt das Thema der Wiederverwendung von Kleiderstoffen an Hand der höfischen Paramente des Kaiserhauses sehr anschaulich an den Beispielen der Sammlung der geistlichen Schatzkammer, SCHMITZ VON LEDEBUR 2016, 15f. und 56f., dort auch weitere Aspekte für Stiftungen von Männerkleidung aus dem kaiserlichen Umfeld, wie der Mantelkleid-Ornat. Die reichen Besätze von Herrenröcken und -handschuhen waren in der Zweitverwendung geeignet, um andere Textilien zu schmücken, prachtvolle Beispiele dafür bei HART–NORTH 2009.
17 Bis 1675 fertigten die Schneider in Frankreich alle Kleider für Männer, Frauen und Kinder. 1675 gab König Louis XIV. den Frauen das Recht, ihr eigenes Gewand schneidern zu lassen. Er gründete eine Vereinigung von Kleidermachern unter dem Titel *Les Maitresses Couturiers* mit Statuten, die ihnen alle Teile der Ausstattung für Frauen und Mädchen ab acht Jahren (ausgenommen Korsette und Poschen) fertigen ließ, siehe ARNOLD 1972, 5.
18 BÖNSCH 2001, 198f. Es besteht aus dem üppig geschnittenen und vorne geöffneten Manteau, darüber befindet sich der Petticoat (Rock oder Jupe) und im Brustbereich ist der so genannte „Stekker" eingearbeitet. Die „Panier", das Reifrockgestell, war um 1710 noch kegelförmig, während der 1720er Jahre wurde es kuppelförmig und um 1730 vorne und hinten abgeflacht-oval. In England und in den Niederlanden gab es bis in die 1720er Jahre eine Kleiderform, die mit *Mantua* bezeichnet wurde und direkt vom Manteau des späten 17. Jahrhunderts abstammt. Sie ist weit fallend gestaltet und besitzt eine Schleppe. So werden bei der *Robe à la française* (sie entstand aus der Robe Volante oder Robe Battante des 17. Jahrhunderts) die Rückenfalten als lose herabfallend gestaltet, während sie bei der Mantua fest eingebügelt und auch angenäht sind. Als Unterkleid trug die Frau ein Hemd (Chemise) aus Leinen. Die *Robe à la francaise* ist die dominierende Form bis in die 1780er Jahre.
19 Bei gemusterten Stoffen, vor allem bei Blumenmustern, liegt die große Kunst im Arrangement des Stoffes. Diesen dann gleichzeitig so ökonomisch wie möglich zu verarbeiten, macht das Talent eines Schneiders aus, siehe dazu ARNOLD 1972, 6.
20 Es gab auch die so genannten Mogelröcke, bei denen der Manteau den darunterliegenden, billigeren Stoff verdeckte. Ein Beispiel der Analyse einer Robe aus 1780/90 bei PIETSCH 2014, 24–29 und dazu ebd. ein Beitrag von Charlotte HOLZER zur Restaurierung und Rekonstruktion des Hofkleides, 30–39.
21 Die Entwicklung und unterschiedliche Beispiele bei BRADFIELD 1985, 3–26.
22 Wunderschöne Beispiele dafür bei HART–NORTH 2009 und PIETSCH 2014, 16–23. Weitere bei MARSH 2011, hier auch mit Beschreibung der technischen Umsetzungen.
23 Bestehend aus 3 Antependien (2 Kredenztischantependien), 1 Pluviale, 2 Kaseln, 2 Dalmatiken, 3 Stolen, 3 Manipel, 2 Kelchvelen, 2 Bursen, 2 Pallen, Mitra und Gremiale. Bei der Mitra, um 1720/30, wurde ein dem Weihnachtsornat stark verwandter Brokat verwendet, dieser ebenfalls bei zwei Tabernakeleinsätzen. Der Brokat weist ein großes symmetrisches Muster mit ovalförmigen Feldern aus großen Blüten- und Ornamentbändern auf kleinteiligem Gittergrund auf. An den Rändern der Fanones ist die Stickerei in Sprengarbeit ausgeführt.
24 HEINZ 1974, hier werden Musterung und Verwendung der Brokate geschildert und wo welcher Stoff Verwendung gefunden hat.
25 ASal, A-II-13a, *Circulaire* vom 16.4.1723, [pag. 4].
26 So kann das Wechselspiel des Lichtes durch die Verbindung von Damast- und Metalleffekten sowie die Verwendung von verschiedenen Metallfäden eine besonders reiche Oberflächenwirkung erzielen, vgl. HEINZ 1972, 8. Ein Beispiel für ein solches Kleid ist auf einem Porträt von Elisabeth Christine, Königin von Preußen, zu sehen (Gemälde von Antoine Pesne, nach 1740, Deutsches Historisches Museum, Inv. Nr. Gm 96/18.)
27 Schönes Beispiel bei HART–NORTH 2009, 44 und für Besätze ebd. 116.
28 Abbildung und Widmungstext bei HEINZ 1972, 41, Abb. 27.
29 Bestehend aus 1 Antependium, 2 Kredenztischantependien, 2 Pluviale, 2 Kaseln, 4 Dalmatiken, 3 Stolen, 3 Manipel, 2 Kelchvelen und 2 Bursen. ASal, A-II-13a, *Circulaire* vom 2.12.1763, pag. 7. Es war das Einkleidungskleid der verstorbenen Schwester Charlotte Josephine de Wallis, die 1758 ins Kloster eingetreten war und dort 1763 verstorben ist. Dazu HEINZ 1972, 275.
30 Diese Untersuchungen wurden von den Textilrestauratorinnen Elisabeth Macho-Biegler und Karin Mayer wesentlich begleitet. Sie haben auch das Muster an Hand des Originals rekonstruiert. Generell wurden alle Details dankenswerter Weise mit den Re-

staturatorinnen abgeklärt und besprochen, um hier auch die näh- und sticktechnische Umsetzung richtig bewerten und einschätzen zu können.
31 Heinz 1972, 9–11.
32 Waach 1967, 65, Voglhuber 2011, 45–51.
33 Waach 1967, 42. Vgl. Kronbichler 2006, 17, zur Geschichte des Instituts der Englischen Fräulein in St. Pölten und deren Quellen, ebd., 10–24. Schon Kaiser Leopold I., Vater des Gemahls von Amalia Wilhelmina, hat die Familie der ersten Oberin der Englischen Fräulein in St. Pölten, Maria Anna von Kriechbaum, in den Freiherrenstand erhoben. Leopold I. hat Begünstigungen für die Institutshäuser der Englischen Fräulein in Augsburg und München erlassen, sein Sohn Joseph I., Gemahl Amalia Wilhelminas, bewilligte die Niederlassungen der Englischen Fräulein in Österreich per Dekret vom 1. Juli 1706 als selbstständiges Haus, 1711 hatte das Institut bereits zwanzig Kostkinder. Die Aufzeichnungen zu den Aufträgen und Arbeiten der Textilien im Institut sind leider nicht mehr vorhanden.
34 Heinz 1972, 18, 40–43.
35 Ebd., 17, 31, zu den Ursulinen in Deutschland siehe Stolleis 37, Anm. 118 bis 122.
36 Voglhuber 2011, 38f.
37 Es gibt einige Stoffreste aus dem 18. Jahrhundert, die sich den Paramenten im Kloster zuordnen lassen, aber auch welche ohne passendes Parament. Auch eine zerlegte, vom Stoff her aber vollständige einzelne Kasel wurde gefunden, dazu Stoffreste, die die Produktion im Kloster selbst belegen. Es könnten entweder noch viele Objekte vorhanden gewesen sein, die verloren sind, oder es wurde auch für Auftraggeber außer Haus produziert, wie es vor allem für das 20. Jahrhundert aus dem Resten und Aufzeichnungen im Kloster nachweisbar ist.
38 Eine Mustermappe, in der um 1900 barocke Stoffreste versammelt wurden, könnte auch zweitverwendete Stoffe enthalten, von denen im Institut aber keine Paramente erhalten sind.
39 Zum Hof Karls VI. siehe 300 Jahre Karl VI. 2011 und Gutkas 1985.
40 Leitgeb 1985, 65–72. Am Todestag Kaiser Karls VI. am 14. Oktober 1740 wurde Kaiserin Elisabeth Christine persönlich von Amalia Wilhelmina abgeholt, die Frauen haben sich ins Salesianerinnenkloster zurückgezogen, Seitschek 2011, 212.
41 So sollen die Petit Point-Stickereien des Pfingstornats aus dem Kloster der Englischen Fräulein in St. Pölten von der Hand Elisabeth Christines stammen, die den Ornat dem Institut gestiftet haben soll, Voglhuber 2011, 45f.
42 Heinz 1972, 18 beschreibt die Stickereien in Chenille, es betrifft aber auch die Flachstricharbeiten (Nadelmalereien) ohne Krausfäden.
43 Monstranz in Sonnenform.
44 Chenille sind Seidenfäden mit eingesponnen, kurzen, quer liegenden Fäden. Sie haben eine samtige Oberfläche, der Faden hat mehr „Körper". Dadurch bilden sie eine erhabene, plastische Oberfläche. Lamé ist mit Metallfäden durchwirktes Seidengewebe.
45 ASal, A-II-13a, *Circulaire* vom 31.1.1732, [pag. 2]. Dieses Objekt dürfte sich nicht erhalten haben, bei umfassenderen Recherchen könnte der Sticker identifiziert werden.
46 Siehe die Beschreibung der Fertigung des Gremiales vom Weihnachtsornat, die in einer Ausstellung in Moulins dokumentiert ist, Véron-Denise–Picaud–Foisselon 2009, Nr. 46, 168f., mit Abbildungen.
47 Heinz 1981, 9f. schreibt, dass es schon verwunderlich sei, dass zwei Frauen diese Arbeiten bekommen hatten, obwohl es zu dieser Zeit viele Berufssticker in Wien gab und die beiden Frauen nicht als Stickerinnen ausgebildet waren. Vermutlich wird der Kostenfaktor für die Vergabe ausschlaggebend gewesen sein.
48 Voglhuber 2011, 38 und 45–47.
49 ASal, A-II-13a, *Circulaire* vom 7.1.1727, [pag. 7].
50 Die Gold- und Silberfäden wurden nur an der Oberfläche über die Unterlage aus Karton, Leder oder Schnüren geführt und mussten gut gespannt werden. Zur Herstellung von Sprengarbeiten siehe Voglhuber 2011, 33–35. Im Kloster haben sich viele Kartonunterlagen zur Ausführung von Sprengarbeiten vor allem aus dem 19. Jahrhundert erhalten.
51 Heinz 1972, diese hohen Stickereien wurden vor allem im 17. Jahrhundert gefertigt, im 18. Jahrhundert wurden sie flacher. Die Goldstickereien am Weihnachtsornat sind neben jenen des roten Ornats die einzigen der Sammlung in dieser Qualität und mit einem Relief in dieser Höhe.
52 Das Besondere an dieser Kasel ist neben dem Brokat der Umstand, dass sich im Stab Chenille- mit Goldstickerei verbindet, die sich wie eine Borte am Stab zwischen den Blumensträußen windet und gleichzeitig Vasen ausbildet. Diese Dekoration entspricht in etwa jener des blauen Ornats der Englischen Fräulein und auch jener am Osterornat der Englischen Fräulein in St. Pölten. Hier ist die Dekoration in einer Art Zick-Zack-Linie gestaltet. Abbildung und Widmungstext bei Heinz 1972, 41, Abb. 27. Sie bezeichnet die neuen Effekte mit der interessierten Einstellung im Bereich der kirchlichen Stickereien und betont die Neuartigkeit der Dekoration. Dieser Umstand zeugt von einem möglichen fachlichen Austausch der beiden Klöster.
53 Bestehend aus 1 Antependium, 1 Pluviale, 1 Kasel, 4 Dalmatiken, 2 Stolen, 3 Manipel, Kelchvelum, Bursa und Palla (diese ist etwas anders ausgeführt und dürfte nicht original diesem Bestand zugehörig sein).
54 Archivia di Stato di Modena, Carteggio Principi Esteri, 1589/15: Wilhelmina Amalia an Benedetta d´Este, 20.1.1726. Für diesen Hinweis sei Gernot Mayer herzlich bedankt.
55 Heinz 1974, dort die Schilderung der Brokate.
56 ASal, A-II-13a, *Circulaire* vom 7.1.1727, [pag. 9].
57 Picaud–Foisselon 2012, 277, gegründet unter Marie-Marguerite Balland, aufgelöst am 31. Oktober 1798, wieder errichtet im April 1804, am 1. September 1963 nach Baggiovara in Italien übersiedelt.
58 Glücklicherweise hat sich ein Rest dieser Garne im Kloster erhalten, hier wird die feine Qualität mit brillanten Farben vor Augen geführt. Bei den Englischen Fräulein in St. Pölten gibt es ebenfalls noch eine ganze Schachtel gefüllt mit altem Stickgarn.
59 Beispielsweise Sessel mit eingesetzten Bildern an der Lehne (schon im 17. Jahrhundert), die Sitzauflage bei Sessionshockern, wie bei den Englischen Fräulein in St. Pölten.
60 So haben sich von 1713 und von 1730 Musterflecke erhalten, die figürliche und tierische Darstellungen im Entstehungsverlauf zeigen. Dies diente wohl der Veranschaulichung für die Schwestern und Schülerinnen, die diese Technik erlernen sollten, siehe dazu Voglhuber 2011, 34.
61 Archivia di Stato di Modena, Carteggio Principi Esteri, 1589/15: Wilhelmina Amalia an Rinaldo d'Este, 3.4.1728: [...] *non posso intanto finire questa lettera senza dire a V.A. il grande applauso che da tutti ha havuto il bellissimo pluviale che mi hanno mandato le belle mie care nipote per complimento del magnifico ornata di chiesa che ha avuto fatto per il mio convento, intanto che io ne faci i miei ringratiamenti alle sudette, spero che vorra bene assicurarle in mio nome che è stato si bel dono da me sommamente gradito e molto stimato [...]* („ich kann diesen Brief nicht beenden, ohne Euer Hoheit zu sagen, welch großen Beifall alle dem wunderschönen Pluviale gezollt haben, das mir meine lieben werten Nichten geschickt haben zur Ergänzung des großartigen Kirchenornats, den sie für meinen Konvent haben machen lassen. Da ich meinen Dank an die Genannten nicht selbst erstatten kann, hoffe ich, dass Ihr ihnen in meinen Namen versichern werdet, wie dieses schöne Geschenk mir höchst willkommen und sehr wertgeschätzt ist").

62 Mit den Teilen des 19. Jahrhunderts besteht der Trauerornat aus 3 Antependien, 1 Pluviale, 3 Kaseln, 2 Dalmatiken und 3 Zubehörgarnituren. Beim Antependium wurden die Stoffbahnen passend zueinander gesetzt, daher ist die Wirkung dort insgesamt weniger bewegt.

63 Schwarz entwickelte sich bereits im 17. Jahrhundert zum höfischen Merkmal, diese „Nichtfarbe" wurde schon dem burgundischen Hof zugeschrieben, siehe BÖNSCH 1990, 174.

64 ASal, A-II-13a, *Circulaire* vom 31.1.1732, [pag. 3f.]. Es gibt noch eine blaue Kasel, die zerlegt ist (siehe Anm. 38), dieser Stoff könnte von dem genannten Rock stammen.

65 Bestehend aus 1 Antependium, 2 Kredenztischantependien, 2 Pluviale, 2 Kaseln, 4 Dalmatiken, 4 Stolen, 5 Manipel, 2 Kelchvelen und 2 Bursen.

66 Dazu GUTKAS 1986, 401–413, SEITSCHEK 2011, 74–79.

67 GUTKAS 1986, 401.

68 VOCELKA 2010, 153.

69 Abbildung von Wilhelmina Amalia bei GUTKAS 1985, 67, das Bildnis von Maria Theresia als Kind ebd. 148 und von Staatssekretär Johann Christoph Freiherr von Bartenstein ebd. 85.

70 Auch auf einem Porträt der Kaiserin Elisabeth Christine von Johann Gottfried Auerbach, um 1730, in Schloss Eggenberg, Inv.-Nr. 619, sieht man eine Stickerei in dieser Art.

71 Die Quelle wird in KUNSTSCHÄTZE 1967 als Circulaire vom 24.12.1736 angegeben, ist dort aber nicht zu finden. Die Circulaires, die im Archiv der Salesianerinnen in Wien überliefert sind, brechen allerdings im Dezember 1736 ab und setzen erst 1742 fort.

72 ASal, A-II-13a, *Circulaire* vom 27.7.1720, pag. 11.

73 ASal, A-II-13a, *Circulaire* vom 1.4.1734, [pag. 4].

74 Bestehend aus 1 Antependium, 2 Kredenztischantependien, 2 Pluviale, 2 Kaseln, 2 Dalamtiken, 4 Stolen, 3 Manipel, 2 Kelchvelen, 2 Bursen und 2 Pallen.

75 Dazu gehörte noch ein Ornat bestehend aus einem Pluviale, einer Kasel, zwei Dalmatiken und einer Garnitur von Zubehör. Er befindet sich heute in der Pfarrkirche St. Georg in Vechta/Oldenburg. Die Stäbe der Kasel, Bursa und Palla wurden durch einen Goldbrokat des 19. Jahrhunderts ersetzt, sonst sind die Stücke völlig übereinstimmend, HEINZ 1974, 18.

76 Vermutlich Maria Josepha, Tochter der Stifterin.

77 ASal, A-II-13a, *Circulaire* vom 2.12.1763, pag. 7f.

78 Ein einigermaßen vergleichbarer Stoff siehe PICAUD–FOISSELON 2012, 118f.

79 Bestehend aus 1 Pluviale, 2 Kaseln, 3 Stolen, 2 Manipel, 2 Kelchvelen und 2 Bursen. Beim Pluviale wurde der Grundstoff erneuert mit weißem Seidendamast, die Stickerei an Besatz und der Cappa ist übertragen. Bei einer Kasel wurde der Seitenstoff mit Goldbrokat erneuert.

80 Sakramentsfahne.

81 ASal, A-II-13a, *Circulaire* vom 2.12.1763, pag.7.

82 HEINZ 1972, 41 betont, dass diese Stickereien von den Schwestern selbst ausgeführt wurden.

83 Bestehend aus 1 Antependium, 1 Kasel mit Stola, Manipel, Kelchvelum, Bursa und Palla.

84 Nancy wurde 1632 gegründet, 1817 wieder besiedelt und schließlich 1989 geschlossen, PICAUD–FOISSELON 2012, 278.

85 Dieses Kreuz und die grundlegende Gestaltung der ganzen Palla finden sich auch an Objekten der Englischen Fräulein in St. Pölten.

86 ASal, A-II-13a, *Circulaire* vom 2.12.1763, pag. 7.

87 ASal, A-II-13a, *Circulaire* vom 4. 1. 1788, pag. 4. Elisabeth von Württemberg hat vor ihrer Hochzeit mit dem späteren Kaiser Franz II./I. am 6. Jänner 1788 im Kloster gewohnt, dazu auch HEINZ 1974, 278.

88 Bestehend aus 1 Pluviale, 1 Kasel mit Zubehör.

89 Bestehend aus 3 Antependien (zwei Kredenztischantependien), 1 Pluviale, 4 Kaseln, 4 Dalmatiken, 4 Stolen, 3 Manipel, 3 Kelchvelen und 2 Bursen.

90 Zu den Schöpfungen des 19. und 20. Jahrhunderts bei den Salesianerinnen siehe PICAUD–FOISSELON 2014 und PICAUD–FOISSELON 2012, 156–237.

91 ASal, A-II-13a, *Circulaire* vom 27.7.1720, pag. 11.

92 Es gibt im Paramentenschrank einen Vermerk, der von dieser Umarbeitung 1842 berichtet. Dabei wird eine Schwester *Mihel* erwähnt (auch von Dora HEINZ 1974, 264 übernommen). Im Novizinnenbuch des Klosters wird diese Schwester mit *Soeur Marie Michel de Stadion* geführt, die mit 22 Jahren und 7 Monaten als Chornovizin aufgenommen wurde, bezeichnet mit 18. April 1843.

93 Bei einer Stopfmaschine aus den 1930er Jahren hat sich ein Zettel einer Schwester erhalten, auf dem eine Liste mit den Namen jener Mitschwestern notiert ist, die eine Nadel bei sich haben. Einige Namen sind – wohl wegen der erfolgten Rückgabe – durchgestrichen.

94 Siehe Anm. 6.

95 So sind gechinzte Stoffe im Schnitt der Dalmatiken - mit einer Stange als Einsatz – zwischengelegt. Die Objekte können dadurch mit der Schauseite zueinander gelagert und sehr praktisch vom Depot in die Sakristei getragen werden. Ebenso liegt bei den Kaseln und Pluvialen immer ein Einsatzstoff zwischen dem zusammengelegten Parament. Die Büge sind mit Holzstangen vor dem Verdrücken geschützt, bei den Pluvialen sind sie im selben Stoff wie das Parament überzogen. Die alten Kästen sind immer noch im Einsatz. Die Stücke sind auf Tableaus gelegt, die man herausnehmen kann. Neben der ursprünglichen französischen Beschriftung ist auch die Aufteilung in den Depots noch weitgehend original. Bei den Antependien finden sich die ursprünglichen französischen Beschriftungszettel hinten aufgeklebt. Dort, wo restauriert wurde, ist der originale Leinenhintergrund wieder verwendet worden. Für die Antependien sind die alten Kästen ebenfalls noch im Einsatz, teils liegend und teils stehend werden sie eingeschoben. Auch die ursprünglichen Leinenhüllen zum Schutz haben sich größtenteils noch erhalten.

# Die Geschichte der mdw am Standort Salesianerinnenkloster

Stefan Weiss

## Einleitung

An spätsommerlichen Septembertagen erreicht die Geschäftigkeit am Rennweg Nummer 8 ihren alljährlichen Höhepunkt. Hunderte Menschen drängen dann gleichzeitig durch die verzweigten Gänge, Räume und Höfe im Ostteil des Salesianerinnenklosters. Ein kleiner Teil davon sind wie immer verirrte Touristen, die den einladenden Seiteneingang (Abb. 133) mit jenem des benachbarten Belvederes verwechseln. Für die meisten aber geht es um mehr als Architektur- und Kunstbeschau. Sie hasten herum, warten ungeduldig, pausieren oder entspannen; und müssen bangen. Denn September ist Zeit der Zulassungsprüfungen.

Rund 500 junge Schulabgänger bewerben sich hier Jahr für Jahr um einen Studienplatz. Ihr Ziel: Die Musikpädagogik der Universität für Musik und darstellende Kunst Wien (mdw), eine der weltweit renommiertesten Unis ihrer Art. Die Aufnahmeverfahren sind entsprechend streng. Etwa jeder zweite Bewerber kommt durch und kann seine Ausbildung zum Musikpädagogen beginnen. An der gesamten Uni ist es nur jeder zehnte. Dafür erhalten die Studierenden eine ausgezeichnete Betreuungsquote, fachliche Exzellenz und infrastrukturelle Voraussetzungen, die an öffentlichen Universitäten längst nicht mehr selbstverständlich sind[1].

Mit etwa 1000 Studierenden und 350 Lehrenden (rund ein Drittel der Gesamtbelegschaft) stellt die Musikpädagogik heute zahlenmäßig eine Uni in der Uni dar. Für ein Land, das etwas auf seine Musiktradition hält, ist die fundierte Ausbildung seiner Musiklehrer eine Investition in die Zukunft. Das war in allen Zeiten unbestritten. Mehrmals in der Geschichte des 20. Jahrhunderts war diese Ausbildung dennoch bedroht – sei es politisch, finanziell oder strukturell.

Ab den 1970er-Jahren stiegen die Studierendenzahlen mit der Reformpolitik der Regierung Kreisky allgemein rasant an. In der Musikpädagogik führte diese Entwicklung schon bald zu eklatanter Raumnot. Fieberhaft suchte man damals nach Lösungen. Aufwendigen und schwierig zu realisierenden Neubauten zog man die Revitalisierung ungenutzten Altbestands oftmals vor. So war auch die Idee, das Salesianerinnenkloster am Rennweg zum Zentrum der Musiklehrerausbildung zu machen, im Kern eine Notlösung[2].

Erst nach und nach erkannten die Anstoßgeber des Projekts, Lehrende und Studierende, welcher einmaligen historischen Stätte sie hier neues Leben einhauchen konnten. Dort, wo über viele Jahrzehnte Musik und Erziehung, Welt und Geist fruchtbar nebeneinander existiert hatten, wurde nun die alte Symbiose von Kunst und Wissenschaft wiederbeschworen. Die Geschichte der mdw in den Räumlichkeiten des Salesianerinnenklosters ist eine Erfolgsstory. Sie ist Beispiel dafür, dass sich Pragmatismus und sinnstiftendes Anknüpfen an historische Traditionen nicht ausschließen. Und so beginnt diese Geschichte auch bei der Gründerin des Klosters, Kaiserin Wilhelmina Amalia, die mit dem Bau ihres prachtvollen Witwensitzes einen Dienst an Muse und Bildung tun wollte – ein Bestreben, das durch eine glückliche Fügung bis heute fortgeführt werden kann.

## Eine Kaiserin mit Muse

Wilhelmina Amalia von Braunschweig-Lüneburg wurde 1673 geboren. Ihre Heirat mit dem Habsburg-Thronfolger Joseph I. im Jahr 1699 geschah aus machtpolitischen Motiven heraus, um dem Kaiserhaus Einfluss im Norden zu sichern. Außerdem hegte man am Wiener Hof die Hoffnung, dass die überaus gebildete und fromme Herzogs-Tochter den leichtsinnigen, als Schürzenjäger bekannten Habsburger in ruhigere Bahnen lenken würde[3]. Dieses An-

◀ Abb. 132: mdw, Konzertsaal

sinnen musste man schon bald aufgeben. Doch wenn schon nicht in der Liebe, so fand das Kaiserpaar (die Krönung fand 1705 statt) zumindest zeitlebens in der Musik zueinander. Zur Vermählung im Jahr 1699 hat Carlo Agosto Badia die Serenata „Imeneo triofante" geschrieben. Auch zahlreiche der Kaiserin gewidmete Geburtstagswerke sind erhalten. Der Salzburger Künstler Georg Joseph Sigmund rückte in seinen Kupferstichen vom Hochzeitsfest sinnigerweise die Hofmusikkapelle prominent ins Bild[4].

Von Joseph I. weiß man, dass er ein guter Flötist war. Auch als Komponist hat sich der Kaiser versucht. Wilhelmina Amalia begann erst später damit, selbst Musik zu machen. Im Todesjahr ihres Gatten, den sie pflichtgetreu im Krankenbett gepflegt hatte, nahm sie bei dem aus Neapel nach Wien gekommenen Guiseppe Porsile ein Gesangsstudium auf. Ihren Gatten sollte Wilhelmina Amalia um ganze 31 Jahre überleben. Im Jahr 1717 legte die Witwe den Grundstein für ihren Alterssitz. Die Mischung aus Kloster- und Palastbau außerhalb der Stadt konnte ihr einen zurückgezogenen, frommen, aber kaiserwürdigen Lebensabend ermöglichen. Außerdem plante sie den von Felice Donato d'Allio errichteten Bau als Sitz eines Mädchenpensionats für verarmte Töchter aus Adels- und Offiziersfamilien.

Schon 1722, der Bau des Klosters war noch nicht abgeschlossen, bezog Wilhelmina Amalia ihre Gemächer im Westteil der Anlage. In der Hofburg stand ihr aber weiterhin ein Hofstaat von immerhin 370 Mitgliedern nach wie vor zu. Bemerkenswert ist, dass diesem auch eine eigene Hofkapelle mit 27 Musikern angehörte. Es war ein Hort des Schöngeists, der sich hier, am südöstlichen Ende der Stadt entwickelte. Im selben Ausmaß, in dem Prinz Eugen von Savoyen im benachbarten Schloss Belvedere Kunst und Wissenschaft nachging, bemühte sich Wilhelmina Amalia mit ihrem Klosterbau um Religion, mystische Exerzitien, Erziehung und Musik.

Eng mit der musischen Ader der Kaiserin verknüpft ist auch die Karriere von Johann Joseph Fux. 1660 bei Graz geboren, wurde der Organist und Musiktheoretiker im Jahr 1698 zum „Hofcompositeur" ernannt. Das Kaiserpaar förderte die Karriere Fux', vor allem sein musiktheoretisches Werk, das Kompositions-Lehrbuch „Gradus ad parnassum" (Stufen zum Parnass, dem Berg der Musen), wurde ungemein wirkmächtig. Das auf Latein und in Dialogform verfasste Werk lehrt die Kompositionstechnik des Kontrapunkts. Zudem legte Fux in dem Lehrbuch seine Ansichten über Musik als Einheit von Kunst und Wissenschaft dar. Die Ausbildung der eigenen Singstimme sah der Musiktheoretiker als Grundlage jeder Musikpädagogik[5].

Danach handelte auch Kaiserin Wilhelmina Amalia. Sie ließ nicht nur sich, sondern früh auch ihren Töchtern eine umfassende Gesangsausbildung zuteil werden. Ihre Erziehungs- und Bildungseinrichtung im Salesianerinnenkloster hatte auch nach ihrem Tod im Jahr 1742 Bestand. Kaiserin Maria Theresia schätzte die Erziehungsarbeit des Klosters, von den radikalen Kirchenreformen ihres Sohnes Joseph II. blieb man verschont. Die Schule überdauerte lange Zeiten voll Krieg und Elend, erst in der wirtschaftlichen Depression der 1920er-Jahre musste sie aus finanziellen Gründen geschlossen werden. Danach richtete man ein Studentinnenheim ein, nach dem Anschluss an Hitlerdeutschland im Jahr 1938 wurde es aufgelöst. Stattdessen bezog hier das NS-Luftgaukommando sein Quartier[6]. Die Zäsur des Zweiten Weltkriegs war tiefgreifend. Von 1945 an sollte es über 40 Jahre dauern, bis am Rennweg Nummer 8 wieder der musische Geist Wilhelmina Amalias Einzug halten konnte.

## Eine Notlösung mit Charme

In der Nachkriegszeit mietete sich im Ostteil des Salesianerinnenklosters eine Textilfabrik ein, die die kaiserlichen Wohnräume mit Nähmaschinen füllte. Fotos der beiden Höfe – Apotheker- und Noviziatshof – zeigen die vom Krieg mitgenommene Bausubstanz. Das Areal war zusehends dem Verfall preisgegeben. Es mangelte an Geld, Perspektiven und vielleicht auch der nötigen Fantasie. Mit den Modernisierungs- und Bauschüben ab den 1970er-Jahren begann sich das zu ändern.

Speziell der in unmittelbarer Nachbarschaft angesiedelte Baukonzern Porr war bemüht, zur Finanzierung einer Renovierung der Räumlichkeiten neue Mieter zu finden. Auch

▼ Abb. 133: Eingang zur mdw

▶ Abb. 134: Innenhof der mdw (ehemaliger Noviziatshof)

die Republik begann sich für das Areal zu interessieren. Überlegt wurden verschiedene Nutzungsmöglichkeiten, längere Zeit verfolgt wurde der Plan, den Ostteil des Klosters mit dem Unteren Belvedere zu verbinden, um einen großflächigen Museumskomplex entstehen zu lassen. Daraus geworden ist zwar zunächst nichts, doch die Kunst war damit zurück im Spiel[7].

Die gesellschaftlichen Umwälzungen der 1970er-Jahre, in Österreich eingeleitet mit der ersten Regierung Kreisky, brachten vor allem auch im Bildungs- und Wissenschaftsbetrieb große Veränderungen mit sich. 1970 wurde ein neues Kunsthochschulgesetz erlassen, das die nach dem Krieg wiedergegründeten Kunstakademien, darunter die heutige Universität für Musik und darstellende Kunst (mdw), mit den anderen Hochschulen gleichstellte sowie Autonomie und mehr demokratische Mitbestimmung Lehrender und Studierender gewährleistete. „Das Kunsthochschul-Organisationsgesetz (KHOG) brachte den ehemaligen Musikakademien aufgrund inhaltlicher Bedürfnisse und der formalen Gleichrangigkeit mit den Universitäten auch den Bildungsauftrag, neben höchstqualifiziertem künstlerischen Unterricht wissenschaftliche Lehre und Forschung zu betreiben", berichtet Ewald Breunlich, in dessen Zeit als Leiter der Abteilung Musikpädagogik die Nutzbarmachung des Standorts Rennweg fiel[8].

Auf der Hochschule wurde der interdisziplinäre Dialog verbessert, die Studienangebote wurden massiv ausgebaut. „1970 herrschte Aufbruchsstimmung, und sie trug die innere organisatorische Änderung. Mitsprache, Geschäftsordnung, Wahlen, alles mußte erlernt, etabliert werden. Der Reformeifer fand engagierte Mitarbeiter. Viele huldigten der Philosophie, nun alles neu zu machen", erinnert sich Gottfried Scholz, Rektor zwischen 1984 und 1988[9]. Im Jahresbericht 1984/85 wurde die Entwicklung der Hörerzahlen tabellarisch dargestellt: So waren es im Jahr 1960/61 gesamt 1.678 Studierende, 1984/85 bereits 2.827. Besonders stark gestiegen war die Anzahl ausländischer Studierender, von 539 (1960) auf 1.089 (1984). Das sprach auch für die gestiegene internationale Akzeptanz und Relevanz der Hochschule. Mehr als verdreifacht hatten sich die Studierenden an der Abteilung Musikpädagogik: von 262 im Jahr 1970/71 auf 831 im Jahr 1984/85. Die Anzahl der Lehrkräfte konnte mit dem rasanten Wachstum aber nicht ansatzweise Schritt halten. Im selben Zeitraum stieg sie von 64 auf gerade einmal 140 Personen. Daraus und aus den Herausforderungen der anlaufenden Digitalisierung resultierend verschärfte sich mit Beginn der 1980er-Jahre auch die Raumnot an der Musikhochschule[10].

Da die Planung und Errichtung von Neubauten damals Vorlaufzeiten von 10 bis 20 Jahren in Anspruch genommen hätten, hielt man nach Altbauten Ausschau. Eine erste Erleichterung für die Abteilung Musikpädagogik stellte sich ein, als man ein Gebäude in der Metternichgasse beziehen konnte. 1986 kamen Räumlichkeiten am Schubertring dazu. Und trotzdem mangelte es an Grundsätzlichem, wie Übungsräumen für Studierende und einem geeigneten Konzertsaal[11]. Die Idee, Räume im Salesianerinnenkloster zu adaptieren, kam im Studienjahr 1984/85 auf. Bundespräsident Rudolf Kirchschläger stattete der Hochschule einen Besuch ab. Im Gefolge hatte er Heinz Fischer, damals Bundesminister für Wissenschaft und Forschung, später selbst Bundespräsident und mittlerweile außer Dienst. Von ihm wurde der Vorschlag herangetragen. Die Hochschule nahm ihn freudig auf und verfolgte ihn mit Nachdruck weiter[12].

In den Jahresberichten wurde diese Zeit der Platznot mit eigenen Raumberichten begleitet. Im Jahr 1985/86 ist daraus zu entnehmen, dass im Sommer 1986 „intensive Verhandlungen betreffend Anmietung bzw. Ankauf des Salesianerinnenklosters für die Abteilung Musikpädagogik geführt" wurden. „Trotz vieler Zusicherungen seitens der Ministerien konnten aber diese bis zum Ende des Studienjahres nicht zum Abschluß gebracht werden", heißt es weiter[13].

Die Sache drohte, sich in die Länge zu ziehen. Im Herbst desselben Jahres griff man daher zu kleineren Kampfmaßnahmen: Die Hochschülerschaft forderte eine sofortige Besiedelung des Salesianerinnenklosters als „Übergangslösung". Im November verabschiedeten die Dienststellenausschüsse der Hochschullehrer eine Resolution, in der die „sofortige Anmietung des Gesamtkomplexes" und ein „Ende des Hinhaltens" gefordert wurde. In einer anschließenden Demonstration, die von der Hochschule über den Schwarzenbergplatz und Stephansplatz bis zum Minoritenplatz führte, wurde diese Resolution Minister Fischer übergeben. Der öffentliche Druck half: In einer darauf folgenden Presseaussendung versprach Fischer, sich für die Wünsche der Hochschule einzusetzen[14].

## Geteilte Freude beim Erstbezug

Ein von vielen favorisierter Ankauf durch die Republik war schon bald außer Sichtweite. Stattdessen fasste man eine Mietlösung ins Auge. Im Witwentrakt war noch immer die Textilfirma untergebracht, also wurde der Gebäudekomplex in der Mitte geteilt – ein Kompromiss, den man als „ersten Schritt" sah[15]. Die Hochschule konnte zunächst die weiter nördlich, in Richtung Klostergarten gelegenen Räume rund um den Noviziatshof beziehen. Die Pläne für den Umbau wurden im Juni 1987 vom Architekten Walter Hildebrand eingereicht. Im Jahresbericht 1987/88 heißt es dazu: „Nach zähen Verhandlungen wurde die Generalsanierung in beispielgebender Zusammenarbeit zwischen Porr AG, Bundesdenkmalamt, den zuständigen Ressorts und der Abteilung Musikpädagogik in Angriff genommen." Gelobt wird an selbiger Stelle „das persönliche Engagement" des Abteilungsleiters Ewald Breunlich[16].

Die Umbauten betrafen rund 1.800 Quadratmeter Fläche, teils auch in der Klausur des Klosters. Ganze Räume mussten also umgesiedelt werden, Mauern wurden trockengelegt, neue Fußböden, Stiegen und Heizungssysteme eingebaut. Im April 1988 wurde der Mietvertrag unterzeichnet, mit einer Laufzeit auf 10 Jahre. Der Mieter, also die Republik, verpflichtete sich gegenüber den Salesianerinnen, dass „die Liegenschaft für allfällige Vermietung an anspruchsvolle, auf Ruhe Wert legende andere Benützer erhalten bleibt." Außerdem hatte die Republik dafür Sorge zu tragen, dass die Fenster in Richtung Kirche „mit mehrfachem Isolierglas" versehen und während der Übungszeiten geschlossen blieben[17]. Die anfängliche Vorsicht bis Skepsis, die aus diesen Forderungen spricht, sollte aber schon bald einem harmonischen und befruchtenden Neben- wie Miteinander weichen. Noch im April 1988 stellte die Stadt Wien (Magistratsabteilung 35) einen positiven Bescheid über die Durchführung von „Vorträgen und musikalischen Darbietungen" am neuen Standort aus. Am 8. November 1988 konnten schließlich die ersten Räume – neben Büros auch Unterrichts- und Übungszimmer – bezogen werden. Die Anzahl der Studierenden im Fach Musikpädagogik war mittlerweile auf knapp 1000 angestiegen[18].

Seither war die Hochschule stets bestrebt, ihre Räumlichkeiten am Rennweg sinnvoll und stilvoll zu erweitern und kulturell nutzbar zu machen. Ein ungelöstes Problem Ende der 1980er-Jahre war, dass die Abteilung Musikpädagogik über keinen eigenen Konzert- bzw. Probensaal verfügt hatte. Im Salesianerinnenkloster, wo schließlich schon unter Wilhelmina Amalia konzertiert worden war, bot sich dafür nun eine Gelegenheit. Nordseitig, mit Blick in den verwunschen-grünen Klostergarten, konnte ein prächtiger Saal mit 120 Quadratmetern, in dem rund 100 Zuhörer Platz finden, erschlossen werden (Abb. 132).

Besonders viel Mühe gab man sich bei der kunsthistorischen Aufwertung des Saals: Barocke Ölgemälde auf Leinwand, die mit Stuckumrahmung an die gewölbte Decke gefügt wurden, geben dem Raum Festsaalcharakter. Die Bilder, die verschiedene Allegorien darstellen, stammen vom kaiserlichen Kammermaler Peter Strudel und wurden anlässlich der Hochzeit von Wilhelmina Amalia und Joseph I. gefertigt[19]. Als Leihgabe des Kunsthistorischen Museums wurden sie vom Denkmalamt aufwendig restauriert und konnten nun mit historischem Bezug zu ihrer Entstehungsgeschichte sinnvoll wiederverwendet werden. Im Saal finden bis heute jährlich hunderte Konzerte, Proben, Veranstaltungen, Klassenabende, Prüfungen oder auch Aufnahmen statt, wofür ein eigenes kleines Tonstudio angeschlossen wurde[20].

Die Eröffnung des Konzertsaals am 22. Mai 1989 erfolgte in vollem Bewusstsein der historischen Anknüpfung an die Zeit Wilhelmina Amalias. So wurden Vorträge zur Geschichte des Klosters, der Kaiserin und ihrer Hofkapelle ge-

▶ Abb. 135: mdw, Rhythmikraum (am ehemaligen Apothekerhof)

halten, musikalisch untermalte man den Festakt mit Werken von Kaiser Joseph I. und Johann Sebastian Bach. Auf barocken Originalinstrumenten gab man auch Musikbeispiele von Johann Joseph Fux oder Georg Christoph Wagenseil zum Besten. Und auch diskutiert wurde bereits im ersten Jahr des Bezugs, zum Beispiel mit einem Podium zum Thema „Schweigen die Künstler zur Kultur- und Medienpolitik?"[21].

Wenig Freude bereitete der Hochschule im Jahr 1992 ein von der benachbarten Textilfirma ausgelöster Wasserschaden. Aber bereits ein Jahr später konnte die nächste Raumerweiterung in Angriff genommen werden. Der begrünte, spitz zulaufende Parteienhof, durch den man Rennweg-seitig in die Anlage gelangt, bot im Erdgeschoß des angrenzenden Wohntrakts Platz für weitere Übungsräume. Insgesamt 250 Quadratmeter Fläche konnten für die Hochschule nutzbar gemacht werden, auch ein schallgedämmter Kellerraum wurde realisiert. Ab 1994 urgierte die Hochschule dringend benötigte Bewegungs- bzw. Tanzsäle für die Studienrichtungen Musiktherapie und Musik- und Bewegungspädagogik. Nach längeren Verhandlungen mit dem Ministerium konnten schließlich zwei Räume mit Blick in den Parteienhof dafür adaptiert werden. Besonders aufwendig war die Ausstattung mit sogenannten Schwingböden, die der Gelenksschonung dienen. Auch für entsprechende Umkleide- und Sanitärmöglichkeiten musste Sorge getragen werden. Dass Digitalisierung und Telekommunikation im Jahr 1994 zwar im Kommen, aber noch nicht voll angekommen waren, ist daran abzulesen, dass damals noch die Forderung nach einem öffentlichen Münztelefon erhoben wurde.

## Mit Erweiterung ins neue Jahrtausend

In den 1990er-Jahren schritt das Wachstum der Hochschule weiter voran. Dies hatte weitgehende organisatorische Veränderungen zur Folge. Neue Abteilungen und Gremien entstanden, mit 1. Oktober 1998 trat das sogenannte „Bundesgesetz über die Organisation der Universitäten der Künste" in Kraft. Die Hochschule wurde damit in Universität für Musik und darstellende Kunst Wien umbenannt. Im selben Jahr wurde der Bau des neuen Hauptgebäudes der Uni auf dem ehemaligen Gelände der Veterinärmedizin abgeschlossen. 14 Millionen Euro waren dafür eingesetzt worden[22].

Die Abteilung Musikpädagogik feierte im Jahr 1997 ihr 50-jähriges Bestehen, mit einem Festakt im Theater an der Wien. Organisatorisch bestand die Abteilung damals aus neun Lehrkanzeln: Instrumental- und Gesangspädagogik (1994)[23], Musikgeschichte, Musiktherapie, Musikpädagogik, Musiksoziologie (1965), Musikanalytik, Tonsatz, Musikalische Stilkunde und Aufführungspraxis (1987), Geschichte und Theorie der Volksmusik (1965). Gegliedert war die Abteilung in die drei Institute Musikanalytik (1972), Musikgeschichte (1981) und Musikpädagogik (1991)[24]. Die inzwischen schon zur Institution gewordene Veranstaltungsreihe „Kunst und Wissenschaft am Rennweg" widmete sich dem Jubiläum mit Diskussionen, Konzerten und Ausstellungen[25]. Moniert wurde etwa die Mitte der 1990er-Jahre einsetzende Sparpolitik im Bildungsbereich. Die Aufbruchsstimmung der 1970/80er-Jahre schien budgetären Sachzwängen gewichen zu sein[26].

Umso glücklicher, dass sich gerade in dieser angespannten Zeit für die Musikpädagogik eine Chance ergab. 2000 trat der langjährige Leiter der Abteilung, Ewald Breunlich, seinen Ruhestand an. Ihm folgte Michael Hruby nach. Den Standort am Rennweg sollte er in eine weitere große Umbauphase führen. Das Begehren der Uni nach einer Erweiterung der Räumlichkeiten war seit Jahren bekannt. Gescheitert war das Vorhaben bis dahin aber an den hohen Ablöseforderungen der eingemieteten Textilfirma. Im Jahr 2001 konnte man sich schließlich einigen, die Firma zog sich zurück. Die Fassade des vorderen Apothekerhofs, den es nun zu sanieren galt, war zu dieser Zeit noch immer im Zustand von 1945. Die Spuren des Krieges waren in Form von Einschusslöchern noch klar ersichtlich. Ein Stück davon wurde im Zuge der Sanierung als Mahnung an die Kriegszeit im sichtbaren Zustand belassen.

Am 19. Juni 2001 wurde im großen Sitzungssaal am Rennweg, einst das Schlafzimmer Wilhelmina Amalias, ein neuer Mietvertrag unterzeichnet. Im November fand zugunsten der Erweiterung ein Konzert mit Studierenden der mdw und dem Konservatorium der Stadt Wien statt[27]. Die Bauarbeiten waren umfassend. Auf der zusätzlichen Fläche von 1.400 Quadratmetern wurden weitere sechs Unterrichtsräume adaptiert und große Bewegungssäle geschaffen. Mit Lift und Rampen wurde am Areal Barrierefreiheit sichergestellt. Auch diesmal erfolgte der Umbau mit kunsthistorischem Bewusstsein: So wurde die sogenannte „Kaiserstiege", eine barocke Feststiege, die 1910 am Rennweg abgebrochen und nach Schloss Neu-Aigen bei Tulln verkauft wurde, vereinfacht rekonstruiert und wieder eingebaut (Abb. 136).

Zum Herzstück der Erweiterung sollte aber ein zweiter, auf 100 Personen ausgerichteter Konzertsaal werden (Abb. 137), errichtet im Mitteltrakt zwischen Noviziats- und Apothekerhof. In diesem neuen Saal, auf restauriertem Originalbarockboden und unter geschmackvoll rekonstruierten Kronleuchtern, ging schließlich am 23. Oktober 2002 die Eröffnung der neu adaptierten Räume über die Bühne – diesmal mit Musik von Joseph Haydn. Mit der Erweiterung konnte die ursprüngliche Einheit des Witwentrakts wieder hergestellt werden.

Im selben Jahr trat ein neues Universitätsgesetz in Kraft, durch das sämtliche Universitäten als „juristische Personen öffentlichen Rechts" in die Vollrechtsfähigkeit entlassen wurden. Dies hatte wiederum umfassende Strukturänderungen zur Folge. Seither gliedert sich die mdw in insgesamt 24 Institute, neun davon widmen sich musikpädagogischen Studien. Namentlich sind das die Institute für Musik- und Bewegungspädagogik/Rhytmik sowie Musikphysiologie, Musiktherapie, Popularmusik, musikpädagogische Forschung, das Ludwig van Beethoven-Institut für Klavier und Cembalo, das Josef Hellmesberger-Institut für Streichinstrumente, Gitarre und Harfe, das Franz Schubert-Institut für Blas- und Schlaginstrumente, das Anton Bruckner-Institut für Chor- und Ensembleleitung sowie Tonsatz und das Antonio Salieri-Institut für Gesang und Stimmforschung. Als organisatorische Klammer dieser Institute fungiert ein dreiköpfiges Dekanat für musikpädagogische Studien.

In seiner bald 30-jährigen Geschichte ist am Standort Salesianerinnenkloster ein an den modernsten Studienanforde-

▶ Abb. 136: mdw, Feststiege

▶ Abb. 137: mdw, Alter Konzertsaal

rungen ausgerichteter Campus entstanden, eine Oase der Ruhe auf historischem Grund, die beste Voraussetzungen für ein ebenso traditionsbewusstes wie vorausschauendes Musikstudium bietet. Mit der Ausbildung von Musiklehrern wird am Rennweg Grundlegendes für Österreich als Kulturland geleistet. Zu verdanken ist dies der kulturellen Aufgeschlossenheit der Schwestern des Salesianerordens, dem unermüdlichen Einsatz der Universitätsleitung, einigen wenigen den budgetären Engpässen trotzenden Politikern und nicht zuletzt einer Kaiserin, deren Überzeugung von der Wichtigkeit geistig-kulturellen Lebens seit nunmehr 300 Jahre Bestand hat.

1 WISSENSBILANZ 2015.
2 BREUNLICH 1990, 85–87.
3 BIBA 1990, 66.
4 Ebd., 67.
5 KRONES 1990, 76–78.
6 SCHMIDT-SOMMER 1988, 40–42.
7 HUBER 1990, 93.
8 BREUNLICH 1990, 85.
9 SCHOLZ 1988, 93.
10 JAHRESBERICHT 1984/85, 26–28.
11 BREUNLICH 1990, 86f.
12 JAHRESBERICHT 1984/85, 1, JAHRESBERICHT 1987/88, 75.
13 JAHRESBERICHT 1986/87, 47.
14 Ebd., 48f.
15 HUBER 1990, 93.
16 JAHRESBERICHT 1987/88, 74f.
17 Dieses und weitere in diesem Beitrag genannte Dokumente zur Geschichte der mdw am Rennweg wurden in Archiv und Aktenablage der mdw eingesehen.
18 JAHRESBERICHT 1988/89, 3, 124.
19 Vgl. KOLLER 2016.
20 KRONES 1990, 77.
21 BREUNLICH 1990, 89.
22 JAHRESBERICHT 1998/99, 5.
23 Gründungsjahre in Klammer.
24 BREUNLICH 1997, 152–154.
25 JAHRESBERICHT 1997/98, 71.
26 BÖHM 1997, 132.
27 JAHRESBERICHT 2000/2003, 152.

## Liste der Oberinnen

1. Marie Julienne La Fontaine 1717–1723, 1729–1733
2. Catherine Thérese du Béron 1723–1729, 1733–1739, 1751–1755
3. Marie Madleine de la Grua 1739–1745
4. Marie Charlotte de Leyen 1745–1751
5. Marie Joseph Gratz 1755–1758
6. Elisabeth Thérese de Bodeck 1758–1764, 1770–1773, 1776–1782
7. Marie Eléonore de Nouve 1764–1770, 1773–1776, 1788–1790
8. Isabelle de Sales de Fosières 1782–1788, 1790–1796
9. Marie Julienne de Trautmansdorff 1796–1802, 1810–1816, 1818–1819
10. Louise Francoise de Plettenberg 1802–1808, 1816–1817
11. Anne Lucie Constance L'Enfernat 1808–1810
12. Francoise Angélique de Roggendorff 1817–1818
13. Victoire Xavier de Aernberg 1819–1822
14. Marie Henriette Hanrard 1822–1828, 1831–1837
15. Louise Angélique de Welsersheimb 1828–1831
16. Louise Francoise Mihes 1837–1843, 1849–1855
17. Marie de Chantal Mihes 1843–1849
18. Francoise de Sales de Gächter 1855–1858, 1864–1867, 1882–1888
19. Louise Henriette Henn 1858–1864, 1867–1873, 1876–1882, 1888–1891
20. Anne-Marie de Auersperg 1873–1876, 1891–1897
21. Marie Marguerite de Coudenhove 1897–1903, 1906–1907
22. Marie de Chantal de Daniel-Vargyas 1903–1906, 1913–1919, 1925–1931
23. Marie Louise Leeb 1907–1913
24. Louise de Sales Schnell 1919–1925, 1931–1934, 1935–1941, 1947–1950
25. Madeleine Augustine Hoitz 1934–1935
26. Marie Aimée Glaser 1941–1947, 1956–1959
27. Maria Franziska Schmidt 1950–1956
28. Gabriela Maria Brunner 1959–1965
29. Margaretha Maria Zacherl 1965–1969
30. Maria Fidelis Krauth 1969–1975, 1991–2000, 2003–2006
31. Maria Caritas Haubelt 1975–1981
32. Maria Salesia Kellner 1981–1984
33. Maria Mechthildis Richter 1984–1985
34. Maria Consolata Pöschl 1985–1991
35. Helga Maria Dillinger 2000–2003, 2006–2015
36. Maria Gratia Baier 2015–

## Literaturverzeichnis

300 Jahre Karl VI. – 300 Jahre Karl VI. 1711–1740. Spuren der Herrschaft des „letzten" Habsburgers. Begleitband zur Ausstellung des Österreichischen Staatsarchivs, 5. Oktober – 23. Dezember 2011, hg. von Stefan Seitschek (Wien 2011).

Abjuration 1703 – Abjuration du luthéranisme par Madame la princesse Eléonor Charlotte de Wirtemberg-Montbéliard, Duchesse d'Olss en Silésie, dans l'église de l'abbaye royale de Maubuisson entre les mains du Père D***, prêtre de l'Oratoire le 3 août 1702 (Paris 1703).

Albert 1993 – Marcel Albert, Art. Annecy, in: Lexikon für Theologie und Kirche 1 ($^3$1993) 696–697.

Allmer 2010 – Norbert Allmer, Nonnen auf der Flucht. Zum Aufenthalt von Benediktinerinnen der Abtei St. Gabriel im Schloss Reitenau., in: Rutengänge. Studien zur geschichtlichen Landeskunde. Festgabe für Walter Brunner zum 70. Geburtstag, red. von Meinhard Brunner–Gerhard Pferschy u. a. (Forschungen zur geschichtlichen Landeskunde der Steiermark 54, Zeitschrift des Historischen Vereines für Steiermark, Sonderbd. 26, Graz 2010) 637–655.

Althoff 1991 – Gerd Althoff, Gandersheim und Quendlinburg. Ottonische Frauenklöster als Herrschafts- und Überlieferungszentren. *Frühmittelalterliche Studien* 25 (1991) 123–144.

Analyses 1985/1993 – Analyses of paint media. *The National Gallery Technical Bulletin* 9 (1985) 71 und 14 (1993) 88.

Antonin 2014 – Daniela Antonin, Das weiße Gold der Wittelsbacher. Zum Sammlungsbesitz des Meissener Porzellans der Bayerischen Kurfürsten im 18. Jahrhundert, 3 Bände (ungedr. Diss. Universität Bonn 2014).

Aretin 2000 – Karl Otmar von Aretin, Das Alte Reich (Stuttgart 2000).

Arnold 1972 – Janet ARNOLD, Patterns of Fashion. Englischwomen's Dresses and their Construction 1: c. 1660–1860 (New York 1977).

Artisti Italiani– Artisti Italiani in Austria, Online-Datenbank unter Leitung von Petr Fidler (Universität Innsbruck), https://www.uibk.ac.at/aia (Zugriff am 4.1.2017).

Aschenbrenner 2011 – Lieselotte Aschenbrenner, St. Maria, Königin der Engel, Wien (1581–1758). Ausbauphasen, Klausur- und Raumkonzepte, funktionale Aufteilung im Klosterkomplex (ungedr. Dipl. Universität Wien 2011).

Aschoff 2010 – Hans-Georg Aschoff, Die Welfen. Von der Reformation bis 1918 (Stuttgart 2010).

Aubert 1985 – Roger Aubert, Die katholische Kirche und die Revolution, in: Hubert Jedin (Hg.), Handbuch der Kirchengeschichte. Die Kirche in der Gegenwart VI/1 (Freiburg–Basel–Wien 1971, Nachdruck 1985) 1–105.

Augustinus 2004 – Aurelius Augustinus, Bekenntnisse, hg. und übers. von Wilhelm Thimme mit einer Einführung von Norbert Fischer (Düsseldorf–Zürich 2004).

Aurenhammer 1965 – Hans Aurenhammer, Martino Altomonte (Wien 1965).

Autenrieth–Koller–Wipfler 2011 – Hans-Peter Autenrieth–Manfred Koller–Esther Wipfler, Art. Fresko, Freskomalerei, in: Reallexikon zur deutschen Kunstgeschichte 10, Lieferung 115 (München 2011) Sp.715–793.

Bary 1980 – Roswitha von Bary, Henriette Adelaide, Kurfürstin von Bayern (Regensburg 1980).

Bastl 2003 – Beatrix Bastl, Herrschaft und Gedächtnis. Zur Inszenierung der „Witwe", in: Witwenschaft in der Frühen Neuzeit: fürstliche und adlige Witwen zwischen Fremd- und Selbstbestimmung, hg. von Martina Schattkowsky (Schriften zur sächsischen Geschichte und Volkskunde 6, Leipzig 2003) 281–302.

Beck–Bredekamp 1987 – Herbert Beck –Horst Bredekamp, Bilderkult und Bildersturm, in: Kunst. Die Geschichte ihrer Funktionen, hg. von Werner Busch–Peter Schmoock (Weinheim–Berlin 1987) 80–106.

Beer 1871 – Adolf Beer, Aufzeichnungen des Grafen William Bentinck über Maria Theresia (Wien 1871).

Behrmann 2011 – Carolin Behrmann, „Le monde est une peinture". Zu Louis Richeômes Bildtheorie im Kontext globaler Mission, in: Elisabeth Oy-Marra–Volker R. Remmert (Hg.), Le monde est une peinture. Jesuitische Identität und die Rolle der Bilder (Berlin 2011) 15–43.

Belting 2000 – Hans Belting, Bild und Kult. Eine Geschichte des Bildes vor dem Zeitalter der Kunst (München 2000).

Benedik 1997 – Christian Benedik, Die herrschaftlichen Appartements. Funktion und Lage während der Regierung von Kaiser Leopold I. bis Kaiser Franz Joseph I. *Österreichische Zeitschrift für Kunst und Denkmalpflege* 51 (1997) 552–570.

Benedikt 1923 – Heinrich Benedikt, Franz Anton Graf von Sporck (1662–1738). Zur Kultur der Barockzeit in Böhmen (Wien 1923).

Bennewitz–Schindler 2011 – Ingrid Bennewitz–Andrea Schindler (Hg.), Farbe im Mittelalter. Materialität – Medialität – Semantik (Berlin 2011).

Bensi 2003 – Paolo Bensi, La pittura murale ad olio nel Veneto nel Seicento e nel primo Settecento. *Barockberichte* 34/35 (2003) 337–344.

Berghaus 1990 – Peter Berghaus, Joseph Angelo de France (1691–1761). Bankier, Diplomat, Sammler, Galeriedirektor, Lebemann. *Berliner Numismatische Forschungen* 4 (1990) 95–99.

Berney 1927 – Arnold Berney, König Friedrich I. und das Haus Habsburg (1701–1707) (München–Berlin 1927).

Bettagno 1998 – Alessandro Bettagno (Hg.), Il maestro veneto del rococò alle corti d'Europa. Le mostre […] Padova, Palazzo della Ragione, 20 settembre 1998–10 gennaio 1999 [Ausstellungskatalog] (Venedig 1998) 63–88.

Biba 1990 – Otto Biba, Kaiserin Wilhelmina Amalia und die Musik. *Österreichische Musikzeitschrift* (1990) 66–73.

Bittner 2006 – Roswitha Bittner, Eleonora I. Gonzaga (1598–1655). Eine Mäzenin am Wiener Hof der ersten Hälfte des 17. Jahrhunderts (ungedr. Dipl. Universität Wien 2006).

Bönsch 1990 – Annemarie Bönsch, Adelige Bekleidungsformen zwischen 1500 und 1700, in: ADEL IM WANDEL, Politik, Kultur, Konfession 1500–1700. Niederösterreichische Landesausstellung, Rosenburg 12. Mai–28. Oktober 1990, hg. von der Kulturabteilung der Niederösterreichischen Landesregierung, Schriftleitung Herbert Knittler (Katalog des Niederösterreichischen Landesmuseums, Neue Folge 251, Wien 1990) 169–193.

Bönsch 2001 – Annemarie Bönsch, Formengeschichte europäischer Kleidung (Wien–Köln–Weimar 2001).

Bodson 1995 – Bernadette Bodson, Art. Van Stampart Frans, in: Le dictionnaire des peintres Belges du XIVe siècle à nos jours (1995) 1125.

Bourdin 2001 – Philippe Bourdin, Visitation et Révolution, in: Bernard Dompnier–Dominique Julia (Hg.), Visitation et Visitandines aux XVII$^e$ et XVII$^e$ siècles. Actes du Colloque d'Annecy 3–5 juin 1999, Travaux et Recherches XIV (Saint-Étienne 2001) 227–268.

BRADFIELD 1981 – Nancy BRADFIELD, Costumes in Detail, Women's Dress 1730–1930. Printed and Bound in Great Britain by Robert HARTNOLL (Cornwall1985).

BRAHAM 1963 – Allan BRAHAM, Mansart Studies I: The Val-de-Grâce. *The Burlington Magazine* 105/725 (1963) 350–361.

BRAUN–BIERI HENKEL 2003 – Patrick BRAUN–Barbara BIERI HENKEL, Die Visitandinnen in der Schweiz, in: Patrick BRAUN (Red.), Die Augustiner-Eremiten, die Augustinnerinnen, die Anunziatinnen und die Visitandinnen in der Schweiz (Helvetia Sacra 6, Basel 2003) 311–384.

BRAUNFELS 1974 – Wolfgang BRAUNFELS (Hg.), Lexikon der christlichen Ikonographie 6 (Freiburg/Br. 1974).

BRAUN–KELLER–SCHNETTGER 2016 – Nur die Frau des Kaisers? Kaiserinnen in der Frühen Neuzeit, hg. von Bettina BRAUN–Katrin KELLER–Matthias SCHNETTGER (Veröffentlichungen des Instituts für Österreichische Geschichtsforschung 64, Köln–Weimar–Wien 2016).

BRÉMOND 1916–1936 – Henri BRÉMOND, Histoire littéraire du sentiment religieux en France depuis la fin des guerres de religion jusqu'à nos jours, 11 Bände (Paris 1916–1936).

BRÉMOND 1925 – Henri BRÉMOND, Histoire littéraire du sentiment religieux en France depuis la fin des guerres de religion jusqu'à nos jours Bd. 4: La Conquête mystique: L' École de Port-Royal (Paris 1925).

BROGI 2006 – Alessandro BROGI, Cristo e la Samaritana (Nr. VI.2), in: Annibale Carracci [Ausstellungskatalog], hg. von BENATI–Eugenio RICCÒMINI (Mailand 2006) 280.

BRUCHER 1994 – Günter BRUCHER, Staffeleimalerei, in: Die Kunst des Barock in Österreich, hg. von Günter BRUCHER (Salzburg–Wien 1994) 297–368.

BUCH DEREN ORDENS=GEBRÄUCHEN 1727 – BUCH DEREN ORDENS=GEBRÄUCHEN und Directorium [...] für die geistliche Schwestern von der Heimsuchung Maria (Wien 1727).

BUES 1994 – Almut BUES, Das Testament der Eleonara Gonzaga aus dem Jahre 1651. Leben und Umfeld einer Kaiserin-Witwe. *Mitteilungen des Instituts für Österreichische Geschichtsforschung* 102 (1994) 316–358.

BUSHART–RUPPRECHT 1986 – Bruno BUSHART–Bernhard RUPPRECHT (Hg.), Cosmas Damian Asam 1689–1739. Leben und Werk (München 1986).

CAMPORI 1902 – Matteo CAMPORI (Hg.), Epistolario di L. A. Muratori, 14 Bände (Modena 1901–1922), Band IV (1902).

CASSIDY-GEIGER 2007 – Maureen CASSIDY-GEIGER (Hg.), Fragile Diplomacy: Meissen Porcelain for European Courts, ca. 1710–63 (New Haven–London 2007).

CASSIDY-GEIGER 2015 – Maureen CASSIDY-GEIGER, Gold Boxes as Diplomatic Gifts: archival resources in Dresden. *The Journal of the Silver Society* 32 (2015) 48–62.

CHILTON 2009 – Meredith CHILTON (Hg.), Fired by passion: barockes Wiener Porzellan der Manufaktur Claudius Innocentius Du Paquier (Stuttgart 2009).

CHORPENNING 2012 – Joseph F. CHORPENNING OSFS, Visual, Verbal, Mental, and Living Images in Early Modern Catholicism. Francis de Sales and Adrien Gambart. *Journal of Religion and Society, Supplement Series* (2012), Nr. 8, 55–71.

CITO 1744 – Antonio CITO S.J., Tugend-Leben Wilhelminae Amaliae Roemischer Kaiserin in einem kurtzen Begrif verfasset und in welscher Sprache beschrieben [...], in das Teutsche übersetzt durch Frantz Joseph CRISTIANI (Wien 1744).

CONAN 2003 – Michel CONAN, Promenade, Conversation and Courtship. The Social Construction of Self and Privacy in 17$^{th}$ Century Gardens in France, in: Privatheit, Garten und politische Kultur. Von kommunikativen Zwischenräumen, hg. von Siegfried LAMNEK–Marie-Therese TINNEFELD (Opladen 2003) 95–129.

CONFORTI 2013 – Claudia CONFORTI, L'architettura legittima il potere: Laura Martinozzi (1639?–1687), duchessa d'Este e duca di Modena (1662–1674), in: Bâtir au féminin? Traditions et stratégies en Europe et dans l'Empire ottoman, hg. von Sabine FROMMEL–Juliette DUMAS (Paris 2013) 187–198.

CORETH 1961 – Anna CORETH, Kaiserin Maria Eleonore, Witwe Ferdinands III., und die Karmelitinnen. *Mitteilungen des Österreichischen Staatsarchivs* 14 (1961) 42–63.

CORETH 1982 – Anna CORETH, Pietas Austriaca. Österreichische Frömmigkeit im Barock (Wien ²1982).

CORETH 1994 – Anna CORETH, Liebe ohne Maß. Geschichte der Herz-Jesu-Verehrung in Österreich im 18. Jahrhundert (Wien 1994).

CORTI 1950 – Egon Caesar Conte CORTI, Ich, eine Tochter Maria Theresias. Ein Lebensbild der Königin Marie Karoline von Neapel (München 1950).

D'ARAIS 1964 – Francesca D'ARAIS, L'attività Viennese di Antonio Bellucci. *Arte Veneta* 18 (1964) 99–109.

DANN 2000 – Thomas DANN, Triadengarnituren um 1700: "Unter die Spiegel gehören sich … Tische nebst Gueridons". *Weltkunst* 70 (2000) 240–242.

DEHIO 1993 – DEHIO-Handbuch, Die Kunstdenkmäler Österreichs, Wien, II. bis IX. und XX. Bezirk (Wien 1993).

DENKMALPFLEGEARBEIT 1950 – DENKMALPFLEGEARBEIT des Bundesdenkmalamtes in den Jahren 1945–1950. *Österreichische Zeitschrift für Kunst und Denkmalpflege* 4 (1950) 106–120.

DEVOS–DE SPIRITO 2003 – Roger DEVOS–Angelomichele DE SPIRITO, Art. Visitandine (Ordine della Visitazione), in: Dizionario degli Istituti di Perfezione 10 (2003) 160–174.

DOMPNIER 2001 – Bernard DOMPNIER, "La cordiale communication de nos petites nouvelles". Les lettres circulaires, pratique d'union des monastères, in: Bernard DOMPNIER–Dominique JULIA (Hg.), Visitation et Visitandines aux XVII$^e$ et XVII$^e$ siècles. Actes du Colloque d'Annecy 3–5 juin 1999, Travaux et Recherches XIV (Saint-Étienne 2001) 277–300.

DOMPNIER–JULIA 2001 – Bernard DOMPNIER–Dominique JULIA (Hg.), Visitation et Visitandines aux XVII$^e$ et XVIII$^e$ siècles. Actes du Colloque d'Annecy 3–5 juin 1999, Travaux et Recherches XIV (Saint-Étienne 2001).

DOPFER 1868 – N. N., Maria Regis DOPFER, Eine Skizze ihres Lebens (Ansbach 1868).

DOTTI MESSORI 2007 – Gianna DOTTI MESSORI, Il Monastero della Visitazione di Santa Maria di Modena e il suo archivio: quattro secoli di storia, in: Vite consacrate: gli archivi delle organizzazioni religiose femminili, hg. von Enrico ANGIOLINI (Modena 2007) 97–111.

DU PLESSIS – 1696 – Jacqueline-Marie DU PLESSIS, La Vie de la vénérable mère Louise-Eugénie de Fontaine, Religieuse du Monastere de la Visitation de sainte Marie (Paris 1695).

DU TAILLIS 1947 – Odile DU TAILLIS, Croniques de l'Abbaye Royale de Maubuisson 1236–1798. (Paris 1947).

EIBL 1934 – Elisabeth EIBL, Die Thesentafeln des 18. Jahrhunderts im Kloster der Salesianerinnen zu Wien (ungedr. Diss. Universität Wien 1934).

ELISABETH CHARLOTTE 1891 – Eduard BODEMANN (Hg.), Aus den Briefen der Herzogin ELISABETH CHARLOTTE von Orléans an die Kurfürstin Sophie von Hannover. Ein Beitrag zur Kulturgeschichte des 17. und 18. Jahrhunderts, 2 Bände (Hannover 1891).

ENGELBRECHT 1984 – Helmut ENGELBRECHT, Geschichte des österreichischen Bildungswesens. Erziehung und Unterricht auf dem Boden Österreichs 3 (Wien 1984).

EULER-ROLLE 2016 – Bernd EULER-ROLLE, In guter VerFassung. Drei gotische Madonnen aus Stein auf ihrem Weg durch die Zeit. Fachgespräch des Bundesdenkmalamtes zur Skulpturenrestaurierung, 18. Februar 2016. *Journal ÖRV. Magazin des österreichischen Restauratorenverbandes* 9 (2016) 42–47.

FACHNER 1699 – Johann Ferdinand Xaver FACHNER, Erfreutes Wienn, welches denen Mayestätten Josepho I. vom Ertzhauß Oesterreich und Wilhelmine Amalie […] drey Ehren-Pforten auffgericht […] (Wien 1699).

FESTSCHRIFT KOBLENZ 1913 – Geschichte des Klosters von der Heimsuchung Mariä zu KOBLENZ-Moselweiss, allen Freunden und Gönnern, allen lieben ehemaligen Schülerinnen unseres Pensionates dargeboten anlässlich der goldenen Jubelfeier unseres Hauses am 19. März 1913 (o. O. 1913).

FESTSCHRIFT UEDEM 1994 – FESTSCHRIFT zum 100jährigen Bestehen des Klosters der Schwestern von der Heimsuchung Mariä in UEDEM 1984–1994/ 95 (ohne Ort 1994).

FIDLER 1986 – Katharina FIDLER, Eleonora von Gonzaga. Leben und Wirken einer Italienerin am Wiener Hof des 17. Jahrhunderts (ungedr. Dipl. Universität Wien 1986).

FISCHER 2002 – Doreen FISCHER, Witwe als weiblicher Lebensentwurf in deutschen Texten des 13. bis 16. Jahrhunderts (Europäische Hochschulschriften, Reihe I: Deutsche Sprache und Literatur 1820, Frankfurt am Main 2002).

FISCHER 2013 – Christine FISCHER, Höfische Wirkungsbedingungen. Aspekte musikalischen Handelns von Komponistinnen, in: Der Hof. Ort kulturellen Handelns von Frauen in der Frühen Neuzeit, hg. von Susanne RODE-BREYMANN–Antje TUMAT (Musik–Kultur–Gender 12, Köln–Weimar–Wien 2013) 67–89.

FONTANA 1708 – Fulvio FONTANA S.J., Giesu in croce moribondo, esemplare a santamente vivere (Fano 1708).

FRANÇOIS DE SALES 1676 – Les Epistres spirituelles de Saint FRANCOIS DE SALES, Evesque et Prince De Geneve, Fondateur de l'Ordre des Religieuses de la Visitation de Sainte Marie, Bd. 1 (Paris 1676).

FRANÇOIS DE SALES 1897 – Œuvres complètes de saint FRANÇOIS DE SALES. Collection réalisée par les Visitandines d'Annecy, 27 Bände (1892–1964), Bd. 9 (Annecy 1897).

FRANK 1995 – Isnard W. FRANK, Art. Jean Eudes, in: Lexikon für Theologie und Kirche 3 ($^3$1995) 977.

FRANK 2005 – Isnard W. FRANK, Lexikon des Mönchtums und der Orden (Stuttgart 2005).

FRANZ VON SALES 1–12, 1957–1983, 2002 – Deutsche Ausgabe der Werke des hl. FRANZ VON SALES nach der vollständigen Ausgabe der Oeuvres de Saint François de Sales der Heimsuchung Mariä zu Annecy (1892–1931), hg. von den Oblaten des hl. Franz von Sales unter Leitung von Franz REISINGER, 12 Bände (Eichstätt-Wien 1957–1983, 2002).
Bd. 1: Anleitung zum frommen Leben: Philothea (Eichstätt-Wien 1959).
Bd. 2: Geistliche Gespräche (Eichstätt-Wien 1958).
Bd. 3: Abhandlung über die Gottesliebe: Theotismus 1 (Eichstätt-Wien 1957).
Bd. 4: Abhandlung über die Gottesliebe: Theotismus 2 (Eichstätt-Wien 1960).
Bd. 5: Briefe 1 – An Johanna Franziska von Chantal (Eichstätt-Wien 1963).
Bd. 6: Briefe 2 – Seelenführungsbriefe an Laien (Eichstätt-Wien 1966).
Bd. 7: Briefe 3 – Seelenführungsbriefe an Ordensfrauen (Eichstätt-Wien 1971).
Bd. 8: Briefe 4 – Korrespondenz im Überblick mit Namen- und Sachregister der Brief-Bände (Eichstätt-Wien 1973).
Bd. 9: Ausgewählte Predigten (Eichstätt-Wien 1977, Eichstätt $^2$2002).
Bd. 10: Kontroversschriften 1 (Eichstätt-Wien 1979).
Bd. 11: Kontroversschriften 2 (Eichstätt-Wien 1981).
Bd. 12: Geistliche Schriften (Eichstätt-Wien 1983).

FREY 1947 – Dagobert FREY, Städtebauliche Probleme des Wiederaufbaues von Wien. Denkmalpflegerische Betrachtungen. *Österreichische Zeitschrift für Kunst und Denkmalpflege* 1 (1947) 3–24.

FÜRST 2002 – Ulrich FÜRST, Die lebendige und sichtbare Histori. Programmatische Themen in der Sakralarchitektur des Barock (Fischer von Erlach, Hildebrandt, Santini) (Regensburg 2002).

FUX 1988 – Ildefons FUX OSB, Flucht und Zuflucht. Aus der Geschichte des Salesianerinnenklosters zu Ende des 18. Jahrhunderts. *Gottgeweiht. Zeitschrift für Ordensfrauen* 88 (1987), H. 3, 65–71.

GÄDEKE 2012 – Nora GÄDEKE, Im Vorfeld des Spanischen Erbfolgekrieges: Leibniz bringt seine historischen Kollektaneen zum Einsatz, in: Europäische Geschichtskulturen um 1700 zwischen Gelehrsamkeit, Politik und Konfession, hg. von Thomas WALLNIG–Thomas STOKKINGER–Ines PEPER–Patrick FISKA (Berlin–Boston 2012) 485–511.

GARMS 2010 – Elisabeth GARMS-CORNIDES, Pietà ed eloquenza. Ecclesiastici italiani alla corte imperiale tra Sei e Settecento, in: Marco BELLABARBA, Jan Paul NIEDERKORN (Hg.), Le corti come luogo di comunicazione. Gli Asburgo e l'Italia (secoli XVI–XIX). Höfe als Ort der Kommunikation. Die Habsburger und Italien (16. – 19. Jahrhundert) (Annali dell'Istituto storico italo-germanico di Trento, Contributi 24, Bologna–Berlin 2010) 95–122.

GARMS 2013 – Elisabeth GARMS-CORNIDES, Ripensare il "caso Thun". Un vescovo settecentesco davanti al Sant'Ufficio, in: Liliana FERRARI–Paolo IANCIS (Hg.), Oltre i confini. Scritti in onore di don Luigi Tavano per i suoi 90 anni (Gorizia 2013) 237–246.

GERKE 1966 – Friedrich GERKE, Die Mainzer Marienauffahrt des Franz Anton Maulbertsch und ihr Ort in der Geschichte seiner Assunta-Darstellungen (Kleine Schriften der Gesellschaft für bildende Kunst in Mainz 32, Mainz/R. 1966).

GERMANN 2003 – Jennifer G. GERMANN, The Val-de-Grâce as a Portrait of Anne of Austria: Queen, Queen Regent, Queen Mother, in: Architecture and the Politics of gender in Early Modern Europe, hg. von Helen HILLS (Aldershot 2003) 48–61.

GINHART 1955 – Karl GINHART, Die gotische Plastik in Wien, in: Richard Kurt DONIN (Hg.), Geschichte der bildenden Kunst in Wien 2: Gotik (Wien 1955).

GINZBURG 2006 – Silvia GINZBURG, Cristo e la Cananea (Nr. VII.1), in: Annibale Carracci [Ausstellungskatalog], hg. von BENATI–Eugenio RICCÒMINI (Mailand 2006) 298.

GRAF 1997 – Henriette GRAF, Das Kaiserliche Zeremoniell und das Repräsentationsappartement im Leopoldinischen Trakt der Wiener Hofburg um 1740. *Österreichische Zeitschrift für Kunst und Denkmalpflege* 51 (1997) 571– 587.

GRASSI 1966 – Liliana GRASSI, Province del Barocco e del Rococò. Proposta di un lessico biobibliografico di architetti in Lombardia (Milano 1966).

GRIMM 2008 – Ulrike GRIMM (Bearb.), Extra schön: Markgräfin Sibylla Augusta und ihre Residenz. Ausstellung anlässlich des 275. Todestages der Markgräfin Sibylla Augusta von Baden-Baden, hg. v. Staatliche Schlösser und Gärten Baden-Württemberg (Petersberg 2008).

Guiderdoni-Bruslé 2002 – Agnès Guiderdoni-Bruslé, Images et emblemès dans la spiritualité de Saint François de Sales. *Dix-septième siècle* 214 (2002) 35–54.

Gutkas 1985 – Karl Gutkas (Hg.), Prinz Eugen und das barocke Österreich (Salzburg–Wien 1985).

Gutkas 1986 – Karl Gutkas, Die Jagd als höfisches und adeliges Vergnügen, aber als Untertanenlast, in: Prinz Eugen und das barocke Österreich. Ausstellung der Republik Österreich und des Landes Niederösterreich, Marchfeldschlösser Schloßhof und Niederweiden, 22. April bis 26. Oktober 1986, Schriftleitung Karl Gutkas (Katalog des Niederösterreichischen Landesmuseums, Neue Folge 170, Wien 1986) 401–413.

Hajós 1968 – Geza Hajós, Beiträge zur Baugeschichte des Salesianerinnenklosters in Wien. *Wiener Jahrbuch für Kunstgeschichte* 21 (1968) 216–231.

Hajós 1974 – Die Kunstdenkmäler Wiens. Die Kirchen des III. Bezirks. Bearb. von Géza Hajós. Mit Beiträgen von Dora Heinz und Ricarda Oettinger (Österreichische Kunsttopographie 41, Wien 1974).

Hajós 1974a – Géza Hajós, Kloster und Kirche der Salesianerinnen Mariae Heimsuchung, Rennweg 8–10, in: Die Kunstdenkmäler Wiens. Die Kirchen des III. Bezirks. Bearb. von Géza Hajós. Mit Beiträgen von Dora Heinz und Ricarda Oettinger (Österreichische Kunsttopographie 41, Wien 1974) 201–284.

Hamacher 1987 – Bärbel Hamacher, Entwurf und Ausführung in der süddeutschen Freskomalerei des 18. Jahrhunderts (Tuduv-Studien-Kunstgeschichte 25, München 1987).

Hart–North 1998 – Avril Hart–Susan North, Seventeenth and Eighteenth-Century Fashion in Detail (London 2009).

Hassmann 2004 – Elisabeth Hassmann, Von Katterburg zu Schönbrunn. Die Geschichte Schönbrunns bis Kaiser Leopold I. (Wien–Köln–Weimar 2004).

Haupt 2007 – Herbert Haupt, Das Hof- und Hofbefreite Handwerk im barocken Wien 1620 bis 1770. Ein Handbuch (Forschungen und Beiträge zur Wiener Stadtgeschichte 46, Wien 2007).

Hawlik van der Water 1989 – Magdalena Hawlik van der Water, Der Schöne Tod. Zeremonialstrukturen des Wiener Hofes bei Tod und Begräbnis zwischen 1640 und 1740 (Wien–Freiburg–Basel 1989).

Heimbucher 1965 – Max Heimbucher, Die Orden und Kongregationen der katholischen Kirche 1 (München–Paderborn–Wien ³1965, Neudruck der 1. Ausgabe Paderborn 1933).

Heimbucher 1987 – Max Heimbucher, Die Orden und Kongregationen der katholischen Kirche 1 (Paderborn–München–Wien ⁵1987, Nachdruck der 3. großenteils neubearbeitenden Auflage von 1933).

Heinz 1967 – Dora Heinz, Kunstschätze aus dem Kloster der Heimsuchung Mariae. Ausstellung anlässlich des 250jährigen Gründungsjubiläums 12. Mai bis 4. Juni 1967 (Wien 1967).

Heinz 1972– Dora Heinz, Meisterwerke barocker Textilkunst. Ausstellung Schloß Gobelsburg, Langenlois, 20.5.–31.10.1972 (Katalog, Österreichisches Museum für angewandte Kunst Museums, Neue Folge 16, Wien 1972).

Heinz 1974 – Dora Heinz, Paramente, in: Die Kunstdenkmäler Wiens. Die Kirchen des III. Bezirks. Bearb. von Géza Hajós. (Österreichische Kunsttopographie 41, Wien 1974) 263–280.

Heinz 1981 – Dora Heinz, Wiener Stickereien des 18. Jahrhunderts und ihre Vorlagen. *Alte und moderne Kunst. Österreichische Zeitschrift für Kunst, Kunsthandwerk und Wohnkultur* 77 (1981) 24–28.

Heinz 1989 – Dora Heinz, Die Paramente in Stift Melk, in: 900 Jahre Benediktiner in Melk, Jubiläumsausstellung 18.3.–15.11.1989 (Melk 1898) 470–472.

Heinz 1972 – Günther Heinz, Die Allegorie der Malerei von Jacob van Schuppen. *Wiener Jahrbuch für Kunstgeschichte* 25 (1972) [Festschrift für Otto Demus und Otto Pächt] 268–275.

Heinz 1975 – Günther Heinz, Bemerkungen zu einigen Bildgedanken Annibale Carraccis und seiner Schule. *Österreichische Zeitschrift für Kunst und Denkmalpflege* 29 (1975) 23–31.

Heinz–Schütz 1976 – Günther Heinz–Karl Schütz (Bearb.), Katalog der Gemäldegalerie: Porträtgalerie zur Geschichte Österreichs von 1400 bis 1800 (Führer durch das Kunsthistorische Museum 22, Wien 1976).

Hersche 1971 – Peter Hersche, War Maria Theresia eine Jansenistin? *Österreich in Geschichte und Literatur* 15 (1971) 14–25.

Hersche 1977 – Peter Hersche, Der Spätjansenismus in Österreich (Veröffentlichungen der Kommission für Geschichte Österreichs 7, Wien 1977).

Hirtner 2014 – Gerald Hirtner, Das Netzwerk der Tugendhaften: Neuzeitliche Totenroteln als historische Quelle (Studien und Mitteilungen zur Geschichte des Benediktinerordens und seiner Zweige 48, St. Ottilien 2014).

Höfer 2000 – Rudolf K. Höfer, Bertholdstein/St. Gabriel. In: Die benediktinischen Mönchs- und Nonnenklöster in Österreich und Südtirol, bearb. von Ulrich Faust und Waltraud Krassnig (Germania Benedictina III/1, St. Ottilien 2000) 337–373.

Holzschuh-Hofer 2014 – Renate Holzschuh-Hofer, Das Königinkloster – eine Stiftung der französischen Königin Elisabeth: Bau- und Entwicklungsgeschichte 1559–1619, in: Die Wiener Hofburg 5121–1705. Baugeschichte, Funktion und Etablierung als Kaiserresidenz, hg. von Herbert Karner (Wien 2014) 311–317.

Hubala 1981 – Erich Hubala, Johann Michael Rottmayr (Wien–München 1981).

Iby–Koller 2007 – Elfriede Iby–Alexander Koller, Schönbrunn (Wien 2007).

Ingendahl 2003 – Gesa Ingendahl, Elend und Wollust. Witwenschaft in kulturellen Bildern der Frühen Neuzeit, in: Witwenschaft in der Frühen Neuzeit: fürstliche und adlige Witwen zwischen Fremd- und Selbstbestimmung, hg. von Martina Schattkowsky (Schriften zur sächsischen Geschichte und Volkskunde 6, Leipzig 2003) 265–279.

Ingendahl 2006 – Gesa Ingendahl, Witwen in der Frühen Neuzeit (Geschichte und Geschlechter 54, Frankfurt am Main 2006).

Ingendahl 2013 – Gesa Ingendahl, Antizipierte Bedürftigkeit im Witwenstand. Vom Umgang mit einem Topos, in: Sicherheit in der Frühen Neuzeit. Norm – Praxis – Repräsentation, hg. von Christoph Kampmann–Ulrich Niggemann (Köln–Weimar–Wien) 479–496.

Ingrao 1981 – Charles W. Ingrao, Empress Wilhelmine Amalia and the Pragmatic Sanction. *Mitteilungen des Österreichischen Staatsarchivs* 34 (1981) 333–341.

Ingrao 1982 – Charles W. Ingrao, Josef I. Der „vergessene" Kaiser (Graz–Wien–Köln 1982).

Ingrao–Thomas 2004 – Charles W. Ingrao–Andrew L. Thomas, Piety and power: The Empresses-Consort of the Heigh Baroque, in: Queenship in Europe 1650–1815. The role of the consort, hg. von Clarissa Campbell-Orr (Cambridge 2004) 107–131.

Isphording 1989 – Eduard Isphording, Die Fresken des Gottfried Bernhard Göz im Bistum Regensburg, in: 1250 Jahre Kunst und Kultur im Bistum Regensburg. Berichte und Forschungen (Kunstsammlungen des Bistums Regensburg, Diözesanmuseum Regensburg, Kataloge und Schriften 7, München–Zürich 1989) 445–463.

Jacob 2014 – Johannes Jacob, Die Minoritenmadonna in Wien. Bestands- und Zustandserfassung mit Schwerpunkt auf die erhaltenen Fassungen und Erarbeitung eines Konservierungs- und Restaurierungskonzeptes (Masterarbeit, Staatliche Akademie der bildenden Künste Stuttgart 2014).

Jacob–Linke–Nimmrichter 2016 – Johannes Jacob–Robert Linke–Johann Nimmrichter, Zur historischen Polychromie der Salesianerinnenmadonna. *Österreichische Zeitschrift für Kunst- und Denkmalpflege* 3/4: Polychromie auf Stein (2016) (in Vorb.).

Jedin 1970 – Hubert Jedin (Hg.), Handbuch der Kirchengeschichte Bd. 5: Die Kirche im Zeitalter des Absolutismus und der Aufklärung (Freiburg–Basel–Wien 1970).

Jeitler 2015 – Markus Jeitler, Eleonora Magdalena Gonzaga von Mantua-Nevers und ihre Spuren in der Baugeschichte Wien, in: Fürstliche Witwen der Frühen Neuzeit. Zur Kunst- und Kulturgeschichte eines Standes, hg. von Ulrike Ilg (Petersberg 2015) 123–136.

Jirka 1971 – Antonín Jirka, Zur Problematik der Zentralbauten Mährens im 18. Jahrhundert. *Sborník Prací Filosofické Brněnske University* F 14–15 (1971) 257–265.

Jolly 2002 – Anna Jolly, Kleider zu Kaseln: Verwendung und Wiederverwendung von Seidengeweben im 18. Jahrhundert. *Das Münster. Zeitschrift für christliche Kunst und Kunstwissenschaft* 4/02 (2004) 330–335.

Julia 2001 – Dominique Julia, L'expansion de l'ordre de la Visitation des origines à la Révolution française, in: Bernard Dompnier–Dominique Julia (Hg.), Visitation et Visitandines aux XVII$^e$ et XVII$^e$ siècles. Actes du Colloque d'Annecy 3–5 juin 1999, Travaux et Recherches XIV (Saint-Étienne 2001) 115–176.

Jungclaussen 1997 – Emmanuel Jungclaussen, Art. Kloster auf Zeit, in: Lexikon für Theologie und Kirche 6 ($^3$1997) 144.

Kalousek 2016 – Petra Kalousek, Das Zeremoniell unter Joseph I. und Karl VI., in: Die Wiener Hofburg 1705–1835. Die kaiserliche Residenz vom Barock bis zum Klassizismus, hg. von Hellmut Lorenz–Anna Mader-Kratky (Wien 2016) 320–325.

Kalousek–Mader-Kratky 2016 – Petra Kalousek–Anna Mader-Kratky, Die Residenz des römischen Königs Joseph in der Amalienburg, in: Die Wiener Hofburg 1705–1835. Die kaiserliche Residenz vom Barock bis zum Klassizismus, hg. von Hellmut Lorenz–Anna Mader-Kratky (Denkschriften der Österreichischen Akademie der Wissenschaften, phil.-hist. Klasse 445, Veröffentlichungen zur Kunstgeschichte 14, Wien 2016) 380–389.

Kamen 2010 – Henry Kamen, The Escorial. Art and Power in the Renaissance (New Haven 2010).

Karl 2012 – Daniela Karl, Zur Farbigkeit der Stifterfigur des Grafen Syzzo im Naumburger Westchor, in: Thomas Danzl–Christoph Herm–Annemarie Huhn (Hg.), Polychrome Steinskulptur des 13. Jahrhunderts. Beiträge zur Tagung des Naumburg Kollegs vom 13. bis 15. Oktober 2011 in Naumburg/Saale (Görlitz u.a. 2012) 177–188.

Karner 2009 – Herbert Karner, Raum und Zeremoniell in der Wiener Hofburg, in: Diplomatisches Zeremoniell in Europa und im Mittleren Osten in der Frühen Neuzeit, hg. von Ralph Kauz (Wien 2009) 55–78.

Karner 2014 – Die Wiener Hofburg 1521–1705. Baugeschichte, Funktion und Etablierung als Kaiserresidenz, hg. von Herbert Karner (Denkschriften der Österreichischen Akademie der Wissenschaften, phil.-hist. Klasse 444; Veröffentlichungen zur Kunstgeschichte 13, Wien 2014).

Karner 2014a – Herbert Karner, Die Stallburg 1620–1705, in: Ders. (Hg.), Die Wiener Hofburg 1521–1705. Baugeschichte, Funktion und Etablierung als Kaiserresidenz (Wien 2014) 305–310.

Karner 2014b – Herbert Karner, Raum und Zeremoniell im 17. Jahrhundert, in: Ders. (Hg.), Die Wiener Hofburg 1521–1705. Baugeschichte, Funktion und Etablierung als Kaiserresidenz (Wien 2014) 516–529.

Kazlepka 2013 – Zdenek Kazlepka, Das „neue" Palais Collalto und Giovanni Antonio Pellegrini. Addenda zur Baugeschichte des Palais Collalto und zu Pellegrinis Tätigkeit in Wien. *Österreichische Zeitschrift für Kunst- und Denkmalpflege* 67 (2013) 166–173.

Kazlepka 2013 – Zdeněk Kazlepka, Das „neue" Palais Collalto und Giovanni Antonio Pellegrini. *Österreichische Zeitschrift für Kunst und Denkmalpflege* 68 (2013) 167–173.

Kersting 2003 – Markus Kersting, Franz van Stampart. Antwerpen 1675–1750 Wien. Sieben Bildnisse von Mitgliedern der Familie Schönborn, in: Barocke Sammellust. Die Sammlung Schönborn-Buchheim [Ausstellungskatalog Haus der Kunst München], Red. Markus Kersting (Wolfratshausen 2003) 190–191.

Khevenhüller-Metsch 1745–1749 – Aus der Zeit Maria Theresias. Tagebuch des Fürsten Johann Josef Khevenhüller-Metsch, kaiserlicher Obersthofmeisters (1742–1776), Bd. 2 (1745–1749), hg. Rudolf Khevenhüller-Metsch und Hans Schlitter (Wien–Leipzig 1908).

Kleiner–Pfeffel 1724 – Salomon Kleiner–Andreas Pfeffel, Wahrhaffte und genaue Abbildung aller Kirchen und Klöster, welche sowohl in der Kaeyserl. Residenzstadt Wien als auch in denen umliegenden Vorstädten sich befinden. Erster Theil (Augsburg 1724).

Knall Brskovsky 1984 – Ulrike Knall-Brskovsky, Italienische Quadraturisten in Österreich (Wien–Köln–Graz 1984).

Kneidinger–Dittinger 2007 – Michaela Kneidinger–Philipp Dittinger, Hoftrauer am Kaiserhof 1652–1800, in: Der Wiener Hof im Spiegel der Zeremonialprotokolle (1652–1800). Eine Annäherung, hg. von Irmgard Pangerl–Martin Scheutz–Thomas Winkelbauer (Forschungen und Beiträge zur Wiener Stadtgeschichte 47, Innsbruck–Bozen–Wien 2007), 529–573.

Knox 1995 – George Knox, Antonio Pellegrini 1675–1741 (Clarendon Studies in the History of Art, Oxford 1995).

Knox 1998 – George Knox, Pellegrini in Inghilterra, in: Alessandro Bettagno (Hg.), Antonio Pellegrini, Il maestro veneto del Rococò alle corti d'Europa (Venedig 1998) 39–62.

Koldau 2005 – Linda Maria Koldau, Frauen – Musik – Kultur. Ein Handbuch zum deutschen Sprachgebiet der Frühen Neuzeit (Köln–Weimar–Wien 2005).

Koller 1970 – Manfred Koller, Die Akademie Peter Strudels in Wien (1688–1714). *Mitteilungen der Österreichischen Galerie* 14 (1970), Nr. 58, 5–74.

Koller 1975 – Manfred Koller, Untersuchung und Restaurierung. *Österreichische Zeitschrift für Kunst und Denkmalpflege* 29 (1975) 32–33.

Koller 1980 – Manfred Koller u.a., Kirche und Prälatursaal von Stift Melk: Untersuchungen und Restaurierungen 1976–1980. *Österreichische Zeitschrift für Kunst und Denkmalpflege* 34 (1980) 187–120.

Koller 1984a – Manfred Koller, Das Staffeleibild der Neuzeit, in: Reclams Handbuch der künstlerischen Techniken 1 (Stuttgart 1984) 261–434.

Koller 1984b – Manfred Koller, Zwei Gemälde von Karel Škréta und Johannes Kupezky in Wien. *Umění. Časopis Ústavu Teorie a umění Československé Akademie Věd* 32 (1984) 353–360.

Koller 1990 – Manfred Koller, Wandmalerei der Neuzeit, in: Reclams Handbuch der künstlerischen Techniken 2 (Stuttgart 1990) 303–309.

Koller 1993 – Manfred Koller, Die Brüder Strudel. Hofkünstler und Gründer der Wiener Kunstakademie (Wien 1993).

Koller 1995a – Manfred Koller, 40 Jahre Restaurierwerkstätten des Bundesdenkmalamtes im Arsenal. *Österreichische Zeitschrift für Kunst und Denkmalpflege* 49 (1995) 125–146.

Koller 1995b – Manfred Koller, Wien III, Salesianerinnenkirche, Giebelskulpturen. *Österreichische Zeitschrift für Kunst und Denkmalpflege* 49 (1995) 535.

Koller 1998 – Manfred Koller, Zum Werkprozess spätbarocker Freskanten. Martin Knoller und Joseph Schöpf, in: Andreas Tacke (Hg.), Herbst des Barock. Studien zum Stilwandel – die Malerfamilie Keller 1740–1904. Begleitbuch zu den Ausstellungen im Museum der Stadt Füssen (Deutschland), 10. Juli bis 25. Oktober 1998 und im Museum der Burg Zug (Schweiz), 15. November 1998 bis 28. Februar 1999 (München 1998).

Koller 2004 – Manfred Koller, Die Restaurierwerkstätten des Bundesdenkamtes im Wiederaufbau 1946–1955. *Österreichische Zeitschrift für Kunst und Denkmalpflege* 58 (2004) 454–471.

Koller 2008 – Manfred Koller, Hundert Jahre „Freilegung" polychromer Skulpturen – Rückblick und Konsequenzen. *Zeitschrift für Kunsttechnologie und Konservierung* 1 (2008) 73–88.

Koller 2016 – Manfred Koller, Von der Hofburg ins Kloster. Zur Revitalisierung von Deckenbildern Peter Strudels. *Österreichische Zeitschrift für Kunst und Denkmalpflege* 70 (2016) 124–133.

Koller–Serentschy 2003 – Manfred Koller–Christoph Serentschy, Die Ölmalerei von Giovanni Antonio Pellegrini in der Wiener Salesianerinnenkuppel. *Barockberichte. Informationsblätter des Salzburger Barockmuseums zur bildenden Kunst des 17. und 18. Jahrhunderts* 34/35 (2003) 418–426.

Koller–Vigl 2005 – Manfred Koller–Michael Vigl, Historische Rahmen- und Klimaschutzsysteme für barocke Altarbilder. *Restauratorenblätter* 24/25 (2005) 77–92.

Koschatzky 1980 – Walter Koschatzky, Kaiserin Elisabeth Christine, die Mutter Maria Theresias (Nr. 34,06), in: Maria Theresia und ihre Zeit. Zur 200. Wiederkehr des Todestages; Ausstellung, 13. Mai bis 26. Oktober 1980, Wien, Schloß Schönbrunn (Salzburg–Wien 1980) 209.

Kovács 1979 – Elisabeth Kovács, Kirchliches Zeremoniell am Wiener Hof des 18. Jahrhunderts im Wandel von Mentalität und Gesellschaft. *Mitteilungen des Österreichischen Staatsarchivs* 32 (1979) 109–142.

Kraft 1950 – Eva Kraft, Wolfgang Hagenauer und eine Gruppe nordosttiroler Kirchenräume. *Wiener Jahrbuch für Kunstgeschichte* 14 (1950) 131–194.

Kronbichler 2006 – Johann Kronbichler (Hg.), Erbe und Auftrag. Das Institut der Englischen Fräulein in St. Pölten 1706–2006, Katalogbuch zur Sonderausstellung des Diözesanmuseums St. Pölten anlässlich des 300-Jahr-Jubiläums der Englischen Fräulein in St. Pölten (St. Pölten 2006).

Kronbichler 2012 – Johann Kronbichler, Paul Troger 1698–1762 (Berlin–München 2012).

Krsek–Kudělka–Stehlík–Válka 1996 – Ivo Krsek–Zdeněk Kudělka–Miloš Stehlík–Josef Válka, Umění Baroka na Moravě a ve Slezsku (Praha 1996).

Krumenacker 1998 – Yves Krumenacker, L'école française de spiritualité: des mystiques, des fondateurs, des courants et leurs interprètes (Paris 1998).

Kruse 2007 – Britta-Juliane Kruse, Witwen. Kulturgeschichte eines Standes in Spätmittelalter und Früher Neuzeit (Berlin–New York 2007).

Kubiska-Scharl–Pölzl 2013 – Irene Kubiska-Scharl–Michael Pölzl, Die Karrieren des Wiener Hofpersonals 1711–1765. Eine Darstellung anhand der Hofkalender und Hofparteienprotokolle (Forschungen und Beiträge zur Wiener Stadtgeschichte 58, Innsbruck–Wien–Bozen 2013).

Küchelbecker 1730 – Johann Basilius Küchelbecker, Allerneuste Nachricht vom Römisch-Käyserl. Hof. Nebst einer ausführlichen historischen Beschreibung der Kayserlichen Residenz-Stadt Wien (Hannover 1730).

Küchelbecker 1732 – Johann Basilius Küchelbecker, Syndici zu St. Annaberg, Allerneueste Nachricht vom Römisch=Kaeyserl. Hofe [...] (Hannover 1732).

Kunstschätze 1967 – Kunstschätze aus dem Kloster der Heimsuchung Mariae. Ausstellung anlässlich des 250jährigen Gründungsjubiläums 12. Mai bis 4. Juni 1967 [Bearb. Dora Heinz] (Wien 1967).

Lajeunie 1975 – Étienne-Jean Lajeunie, Franz von Sales. Leben, Lehre, Werk (Eichstätt–Wien 1975, 1. Aufl. Paris 1966).

Lajeunie 1982 – Étienne-Jean Lajeunie, Franz von Sales. Leben, Lehre, Werk (Eichstätt–Wien 1982, 1. Aufl. Paris 1966).

Lechner 2014 – Georg Lechner, Martin van Meytens d. J., in: Martin van Meytens der Jüngere, Ausstellung [...] vom 18. Oktober 2014 bis 8. Februar 2015 im Winterpalais des Belvedere [Katalog], hg. von Agnes Husslein-Arco–Georg Lechner (Wien 2014) 8–21.

Lecomte 2013 – Laurent Lecomte, Religieuses dans la Ville. L'architecture des Visitandines, XVII$^e$ et XVIII$^e$ sciècles. Collection patrimoines en perspectives (Paris 2013).

Leitgeb 1984 – Hildegard Leitgeb, Kaiserin Amalie Wilhelmine, geb. Prinzessin von Braunschweig-Lüneburg-Hannover (1673–1742), Gemahlin Kaiser Josephs I.: eine biographische Studie (ungedr. Diss. Universität Wien 1984).

Leitgeb 1985 – Hildegard Leitgeb, Frauen am Kaiserhof zur Zeit des Prinzen Eugen, in: Karl Gutkas (Hg.), Prinz Eugen und das barocke Österreich (Salzburg–Wien 1985) 65–72.

Leitsch 1988 – Walter Leitsch, Art. Maria Josepha, in: Die Habsburger. Ein biographisches Lexikon, hg. von Brigitte Hamann (Wien 1988) 222–223.

Leonelli 1981 – Antonio Leonelli (Hg.), Il monastero della visitazione S.M. di Modena (Trento 1981).

Lessmann 2007 – Johanna Lessmann, Meissen Porcelain for the Imperial House in Vienna, in: Maureen Cassidy-Geiger (Hg.), Fragile Diplomacy: Meissen Porcelain for European Courts, ca. 1710–63 (New Haven–London 2007).

Lisholm 1974 – Birgitta Lisholm, Martin van Meytens d.y. Hans liv och hans verk (Malmö 1974).

Lorenz 1994 – Hellmut Lorenz, Architektur, in: Günter Brucher (Hg.), Die Kunst des Barock in Österreich (Wien 1994) 11–79.

Lorenz 1999 – Hellmut Lorenz, Klosterneuburg (NÖ.), Augustiner-Chorherrnstift (Kat.-Nr. 40), in: Ders. (Hg.), Barock. Geschichte der Bildenden Kunst in Österreich 4 (Wien–London–New York 1999) 273–274.

Lorenz–Mader-Kratky 2016 – Die Wiener Hofburg 1705–1835. Die kaiserliche Residenz vom Barock bis zum Klassizismus, hg. von Hellmut Lorenz–Anna Mader-Kratky (Denkschriften der Österreichischen Akademie der Wissenschaften, phil.-hist. Klasse 445; Veröffentlichungen zur Kunstgeschichte 14, Wien 2016).

Lucchese 2015 – Enrico Lucchese, Art. Giovanni Antonio Pellegrini, in: Dizionario biografico degli Italiani 82 (2015), online www.treccani.it/enciclopedia/ giovanni-antonio-pellegrini (Zugriff am 7.2..2017)

Luisi 1976 – Carmelo Luisi, Art. Federazioni di monasteri femminili, in: Dizionario degli Istituti di Perfezione 3 (1976) 1433–1438.

Mackenzie 2007 – Niall Mackenzie, Jane Barker, Louise Hollandine of the Palatinate and „Salomon's Wise Daughter". *The Review of English Studies* n. s. 58 (2007) 233, 64-72.

Mader-Kratky 2016 – Anna Mader-Kratky, Die Appartements der Kaiserinwitwe, in: Die Wiener Hofburg 1705–1835. Die kaiserliche Residenz vom Barock bis zum Klassizismus, hg. von Hellmut Lorenz–Anna Mader-Kratky (Wien 2016) 338–341.

Magani 1995 – Fabrizio Magani, Antonio Bellucci (Rimini 1995).

Mahl 1961 – Elisabeth Mahl, Donato Felice d'Allio. Beiträge zu einer Monographie (ungedr. Diss. Universität Wien 1961).

Mahl 1965 – Elisabeth Mahl, Donato Felice d'Allio und die Planungsgeschichte des Stiftes Klosterneuburg. *Jahrbuch des Stiftes Klosterneuburg* 5 (1965) 161–183.

Mahl 1967 – Elisabeth Mahl, Die Baugeschichte, in: Hildegard Waach, Die Salesianerinnen in Wien 1717–1967 (Wien 1967) 71–110.

Mändl 1720 – Kaspar Mändl, Das schöne Tugend-Kleid, mit welchem […] Eleonora Magdalena Theresia […] sich durch ihren […] Lebens-Lauff für die andere Welt herfür gekleidet hat (Regensburg 1720).

Mandowsky 1970 – Cesare Ripa, Iconologia overo descrittione di diverse imagini cavate dall'antichità, e di propria inventione (Rom 1603). Mit einer Einleitung von Erna Mandowsky (Hildesheim–New York 1970).

Manning 2006 – Ruth Manning, A Confessor and his Spiritual Child: François de Sales, Jeanne de Chantal, and the Foundation of the Order of the Visitation. *Past & Present, Supplement* 1 (2006) 101–117.

Mariette 1857 – Abecedario de P(ierre) J(ean) Mariette et autres notes inédites de cet amateur sur les artistes, Bd. 4, hg. von Philipp de Chennevières–Anatole de Montaiglon (Paris 1857).

Marsh 2011 – Gail Marsh, 18th Century Embroidery Techniques (Lewes, West Sussex, Reprint 2011).

Mayer-Meintschel 1982 – Anneliese Mayer-Meintschel (Bearb.), Gemäldegalerie Alte Meister, Dresden: Katalog der ausgestellten Werke (Dresden ²1982).

Mayerhofer 2015 – Matthias Mayerhofer, Seidenglanz für Hof und Altar. Der Paramentenschatz von Niedermünster in Regensburg 17. bis 20. Jahrhundert (Schriftenreihe zu den Regensburger Reichsstiften 1, 1. Auflage Regensburg 2015).

Mayrhofer–Pace 1901 – Ernst Mayrhofers Handbuch für den politischen Verwaltungsdienst in den im Reichsrat vertretenen Königreichen und Ländern mit besonderer Berücksichtigung der diesen Ländern gemeinsamen Gesetze und Verordnungen. Redigiert und herausgegeben von Graf Anton Pace, 5. Bd. (Wien 1901).

Meier 2015 – Esther Meier, Sakralkunst am Hof zu Dresden. Kontext als Prozess (Berlin 2015).

Ménestrier 1701– Claude Francois Ménestrier, Projet de l'histoire de l'Ordre de la Visitation de Sainte Marie presenté aux religieuses de cet Ordre (Annecy 1701).

Mignot 1994 – Claude Mignot, Le Val-de-Grâce. L'ermitage d'une reine (Paris 1994).

Mignot 2013 – Claude Mignot, Anne d'Autriche et l'abbaye royale du Val-de-Grâce, entre piété et magnificence, in: Bâtir au féminin? Traditions et stratégies en Europe et dans l'Empire ottoman, hg. von Sabine Frommel–Juliette Dumas (Paris 2013) 221–226.

Miller 2001 – Dwight C. Miller, Marcantonio Franceschini (Torino 2001).

Möckl 1988 – Karl Möckl, Art. Maria Amalie. in: Die Habsburger. Ein biografisches Lexikon, hg. von Brigitte Hamann (Wien 1988) 292–294.

Moser 1754 – Friedrich Carl Moser, Teutsches Hof-Recht 1 (Frankfurt–Leipzig 1754).

Mraz 1996 – Gerda Mraz, Die Kaiserinnen aus dem Welfenhaus und ihr Einfluß auf das geistig-kulturelle Leben in Wien, in: Johann Joseph Fux und seine Zeit. Kultur, Kunst und Musik im Spätbarock, hg. von Arnfried Edler–Friedrich Wilhelm Riedel (Publikation der Hochschule für Musik und Theater Hannover 7, Laaber 1996) 75–91.

Muggenthaler 1894 – Ludwig Muggenthaler, Der Schulorden der Salesianerinnen in Bayern von 1667 bis 1831. Ein Beitrag zur Geschichte des höheren weiblichen Unterrichts- und Erziehungswesens. *Jahrbuch für Münchener Geschichte* 5 (1894) 61–232.

Okayama 1992 – Yassu Okayama, The Ripa Index. Personifications and their Attributes in Five Editions of the Iconologia (Doornspijk 1992).

Page 2014 – Janet K. Page, Convent Music and Politics in Eighteenth-Century Vienna (Cambridge 2014).

Paschinger–Richard–Koller 2004/05 – Hubert Paschinger–Helmut Richard–Manfred Koller, Nachweise von Farbpigmenten zur Kunstgeschichte Österreichs. *Restauratorenblätter* 24/25 (2004/05) 23–64.

Patzak 1979 – Rosemarie J. Patzak, Der hl. Franz von Sales in der Wiener Barocktradition. *Jahrbuch für salesianische Studien* 15 (1979) 181–198.

Pauels 1957 – Hubert Pauels, Gottes Leuchten auf einem Menschenantlitz. Das Leben und die Theologie des hl. Franz von Sales (Köln 1957).

Pauker 1907 – Wolfgang Pauker, Beiträge zur Baugeschichte des Stiftes Klosterneuburg. Donato Felice von Allio und seine Tätigkeit im Stifte Klosterneuburg 1 (Wien–Leipzig 1907).

Pečar 2003 – Andreas Pečar, Die Ökonomie der Ehre. Der höfische Adel am Kaiserhof Karls VI. (1711–1740) (Symbolische Kommunikation in der Vormoderne. Studien zur Geschichte, Literatur und Kunst, Darmstadt 2003).

Peickhart 1742 – Franz Peickhart, Leich- und Lobrede Wilhelminae Amaliae […] (Wien 1742).

Peper 2010 – Ines Peper, Konversionen im Umkreis des Wiener Hofes um 1700 (Veröffentlichungen des Instituts für Österreichische Geschichtsforschung 55, Wien 2010).

Peters 1967 – Henriette Peters, Gründungsgeschichte, in: Die Salesianerinnen in Wien 1717–1967, hg. von Hildegard Waach (Forschungen zur Kirchengeschichte Österreichs 4, Wien u.a. 1967) 9–69.

Picaud– Foisselon 2011 – Gérard Picaud–Jean Foisselon (Hg.), De l'ombre à la lumière. Art et histoire à la Visitation 1610–2010 (Paris, Moulins 2011).

Picaud–Foisselon 2012 – Gérard Picaud–Jean Foisselon, Sacrées Soieries. Étoffes précieuses à la Visitation. Exposition, Musée de la Visitation, du 12 mai au 24 décembre 2012 en l'hôtel Demoret (Paris 2012).

Picaud–Foisselon 2014 – Gérard Picaud–Jean Foisselon, En tous points parfaits. Oeuvres brodées pour la Visitation aux XIXe et XXe siècles. Exposition, Moulins, Musée de la Visitation, du 8 mai au 24 décembre 2014 (Paris 2014).

Pietsch 2014 – Johannes Pietsch, Mode aus dem Rahmen. Kostbar bestickte Kleidung des späten 18. Jahrhunderts. Mit einem Beitrag von Charlotte Holzer, hg. von Renate Eikelmann (Katalog Bayerisches Nationalmuseum, München 2014).

Polleross 1985 – Friedrich Polleross, Imperiale Repräsentation in Klosterresidenzen und Kaisersälen. *alte und moderne kunst* 203 (1985) 17–27.

Polleross 1998 – Friedrich Polleross, Tradition und Recreation. Die Residenzen der österreichischen Habsburger in der frühen Neuzeit (1490–1780). *Majestas* 6 (1998) 91–148.

Polleross 2013 – Friedrich Polleross, Les femmes de Habsbourg dans le mécenat architectural, in: Bâtir au féminin? Traditions et stratégies en Europe et dans l'Empire ottoman, hg. von Sabine Frommel–Juliette Dumas (Paris 2013) 35–46.

Polleross 2015 – Friedrich Polleross, „Christiane Religionis Propugnatores". Zur sakralen Repräsentation der Habsburger im späten 16. und frühen 17. Jahrhundert, in: Luther und die Fürsten. Selbstdarstellung und Selbstverständnis des Herrschers im Zeitalter der Reformation, hg. von Dirk Syndram–Yvonne Wirth–Doreen Zerbe (Dresden 2015) 308–319.

Pöllnitz 1739 – [Karl Ludwig von Pöllnitz], Des Freyherrn von Pöllnitz Neue Nachricht, welche seine Lebens-Geschichte und eine ausführliche Beschreibung von seinen ersten Reisen in sich enthalten [...] Zweyter Theil (Frankfurt am Main 1739).

Pölzl 2012 – Michael Pölzl, Kaiserin-Witwen in Konkurrenz zur regierenden Kaiserin am Wiener Hof 1637–1750. Probleme der Forschung. *Wiener Geschichtsblätter* 2/67 (2012) 165–189.

Pölzl 2016 – Michael Pölzl, Die Kaiserinnen Amalia Wilhelmina (1673–1742) und Elisabeth Christine (1691–1750). Handlungsspielräume im Spannungsfeld dynastischer und persönlicher Interessen, in: Nur die Frau des Kaisers? Kaiserinnen in der Frühen Neuzeit, hg. von Bettina Braun–Katrin Keller–Matthias Schnettger (Veröffentlichungen des Instituts für Österreichische Geschichtsforschung 64, Wien–Köln–Weimar 2016) 175–192.

Pongratz 2013 – Stefan Pongratz, Adel und Alltag am Münchener Hof. Die Schreibkalender des Grafen Johann Maximilian IV. Emanuel von Preysing-Hohenaschau (1687–1764) (Münchener Historische Studien: Abteilung bayerische Geschichte 21, Kallmünz 2013).

Preinfalk 2006 – Miha Preinfalk, Auersperg. Geschichte einer europäischen Familie (Graz–Stuttgart 2006).

Prüller 1991 – Monika Prüller, Das Karmelitinnenkloster „Unsere Liebe Frau vom Berge Karmel" in St. Pölten (1706–1782) (ungedr. Dipl. Universität Wien 1991).

Raitz von Frenz 1957 – Emmerich Raitz von Frenz, Art. Abtötung, in: Lexikon für Theologie und Kirche 1 (1957) 95.

Raschauer 1960 – Oskar Raschauer, Schönbrunn. Eine denkmalkundliche Darstellung seiner Baugeschichte (Wien 1960).

Ravier 2012 – André Ravier, Johanna Franziska von Chantal. Ihr Wesen und ihre Gnade. Neu bearb. von Herbert Winklehner (Eichstätt ²2012).

Regeln 1931 – Regeln des heiligen Augustinus und Satzungen für die Schwestern von der Heimsuchung Mariä, übersetzt nach den ursprünglichen Manuskripten. Geistl[iches] Direktorium nach einigen Manuskripten und den 1637 herausgegebenen Gebräuchen, durchgesehen nach dem kirchlichen Gesetzbuch 1928 (Würzburg 1931).

Regulen 1739 – Regulen des Heiligen Augustini, wie auch Satzungen, und Geistliche Unterrichtungen von dem Heiligen Francisco de Sales. Beschrieben für die Geistliche Schwestern des Ordens von der Heimsuchung Mariae (Wien 1739).

Reifenscheid 1984 – Richard Reifenscheid, Die Habsburger in Lebensbildern. Von Rudolf I. bis Karl I. (Graz–Wien–Köln 1984).

Reinhard 2010 – Wolfgang Reinhard, Barockkatholizismus statt Konfessionalisierung? *Historische Zeitschrift* 291 (2010) 419–429.

Reinwetter 1980 – Christine Reinwetter, Bildnis Maria Theresias (Nr. 08,03), in: Maria Theresia und ihre Zeit. Zur 200. Wiederkehr des Todestages; Ausstellung, 13. Mai bis 26. Oktober 1980, Wien, Schloß Schönbrunn (Salzburg–Wien 1980) 72.

Reuss 1998 – Matthias Reuss, Antonio Belluccis Gemäldefolge für das Stadtpalais Liechtenstein in Wien (Studien zur Kunstgeschichte 126, Hildesheim–Zürich–New York 1998).

Richard–Paschinger–Koller 2005 – Helmut Richard–Hubert Paschinger–Manfred Koller, Nachweise von Farbpigmenten zur Kunstgeschichte Österreichs, in: Manfred Koller (Red.), Großgemälde auf textilen Bildträgern (=Restauratorenblätter 24/25, Klosterneuburg 2005) 23–63.

Richeôme 1611 – Louis Richeôme, La peinture spirituelle. ou l'art d'admirer, aimer et louer Dieu en toutes ses oeuvres, et tirer de toutes profit salutaire (Lyon 1611).

Richter 2008 – Susan Richter, Fürstentestamente der Frühen Neuzeit. Politische Programme und Medien intergenerationeller Kommunikation (Schriftenreihe der Historischen Kommission bei der Bayerischen Akademie der Wissenschaften 80, Göttingen 2008).

Rizzi 1986 – Wilhelm Georg Rizzi, Antonio Beduzzi und die bolognesische Dekorationskunst in der Wiener Architektur um 1700 (Akten des XXV. Internationalen Kongresses für Kunstgeschichte Wien 1983, Bd. 7: Wien und der europäische Barock, Wien–Köln–Graz 1986) 55–63.

Rizzi 1995 – Wilhelm Georg Rizzi, Zum Stand der Forschung über Joseph Emanuel Fischer von Erlach. In: Friedrich Polleross (Hg.), Fischer von Erlach und die Wiener Barocktradition (Frühneuzeit-Studien 4, Wien–Köln–Weimar 1995) 249–278.

Rocca 2000 – Giancarlo Rocca (Hg.), La Sostanza dell'Effimero. Gli abiti degli Ordini religiosi in Occidente (Roma 2000).

Rodríguez 2008 – Pedro Fernández Rodríguez, Das Herz des heiligen Franz von Sales im Kloster der Heimsuchung von Treviso (Eichstätt 2008).

Roethlisberger–Loche 2008 – Marcel Roethlisberger–Renée Loche, Liotard. Catalogue sources et correspondance (Doornspijk 2008).

Ronfort 2009 – Jean Nérée Ronfort, André Charles Boulle 1642–1732 (Paris 2009).

Rutz 2006 – Andreas Rutz, Bildung – Konfession – Geschlecht. Religiöse Frauengemeinschaften und die katholische Mädchenbildung im Rheinland (16.–18. Jahrhundert) (Veröffentlichungen des Instituts für Europäische Geschichte Mainz: Abteilung für abendländische Religionsgeschichte 210, Mainz 2006).

Šafařík 1928 – Eduard Šafařík, Joannes Kupezky 1667–1740 (Prag 1928).

Safarik 2001 – Eduard A Safarik, Johann Kupezky (1666–1740). Ein Meister des Barockporträts [Suermondt-Ludwig-Museum Aachen, 10. November 2001 – 3. Februar 2002] (Rom 2001).

Safarik 2014 – Eduard A. Safarik, Johann Kupezky (1666–1740). Gesamtwerk, hg. von Zdeněk Kazlepka (Brünn 2014).

Sánchez 1998 – Magdalena S. Sánchez, The Empress, the Queen, and the Nun. Women and Power at the Court of Philip III of Spain (Baltimore 1998).

Sani 1985 – Bernardina Sani, Rosalba Carriera. Lettere, Diari, Frammenti, 2 Bände (Florenz 1985).

Sani 2007 – Bernardina Sani, Rosalba Carriera. 1673–1757. Maestra del pastello nell'Europa *ancien régime* (Turin 2007).

Schäfer 2004 – Regina Schäfer, Handlungsspielräume hochadeliger Regentinnen im Spätmittelalter, in: Fürstin und Fürst. Familienbeziehungen und Handlungsmöglichkeiten von hochadeligen Frauen im Mittelalter, hg. von Jörg Rogge (Mittelalter-Forschungen 15, Ostfildern 2004) 203–223.

Schemmel 2001 – Bernhard Schemmel, Die graphischen Thesen- und Promotionsblätter in Bamberg (Wiesbaden 2001).

Schmal 2001 – Kerstin Schmal, Die Pietas Maria Theresias im Spannungsfeld von Barock und Aufklärung. Religiöse Praxis und Sendungsbewusstsein gegenüber Familie, Untertanen und Dynastie (Mainzer Studien zur Neueren Geschichte 7, Frankfurt/Main u. a. 2001).

Schmid 2016 – Josef Johannes Schmid, Eleonore Magdalena von der Pfalz – ein Leben zwischen den Häusern Neuburg und Habsburg, in: Nur die Frau des Kaisers? Kaiserinnen in der Frühen Neuzeit, hg. von Bettina Braun–Katrin Keller–Matthias Schnettger (Veröffentlichungen des Instituts für Österreichische Geschichtsforschung 64, Wien–Köln–Weimar 2016) 157–174.

Schmitz Von Ledebur 2016 – Katja Schmitz Von Ledebur, Gottes Lob. Kirchliche Textilien aus der Zeit Maria Theresias. Eine Ausstellung des Kunsthistorischen Museums in der Kaiserlichen Schatzkammer Wien, 4. Mai bis 7. November 2016 (Wien 2016).

Schnath 1978 – Georg Schnath, Geschichte Hannovers im Zeitalter der neunten Kur und der englischen Sukzession, 1674–1714, 5 Bände (Hildesheim u.a. 1938, 1976, 1978, 1982).

Schneider 2005 – Christine Schneider, Kloster als Lebensform. Der Wiener Ursulinenkonvent in der zweiten Hälfte des 18. Jahrhunderts (1740–90) (L'homme Schriften 11, Wien–Köln–Weimar 2005).

Schneider 2010 – Christine Schneider, "Unser geistliches Haus". Klausur und innere Organisation der österreichischen Ursulinenklöster im 18. Jahrhundert, in: Orte der Verwahrung. Die innere Organisation von Gefängnissen, Hospitälern und Klöstern seit dem Spätmittelalter, hg. von Gerhard Ammerer–Arthur Brunhart–Martin Scheutz–Alfred Stefan Weiss (Leipzig 2010) 327–342.

Schneider 2012 – Christine Schneider, „Zu Nuzen, Trost und Unterricht aller nachfolgenden …", in: Die Klosterchroniken der österreichischen Ursulinen im 18. Jahrhundert, hg. von Brigitte Mazohl–Ellinor Forster, Frauenklöster im Alpenraum (Schlern-Schriften 355, Innsbruck 2012) 65–90.

Schneider 2014 – Christine Schneider, Briefe von Nonnen als Quelle für die Analyse familiärer Netzwerke: Die Augustiner Chorfrau Isabella von Thürheim (1663–1723). *Mitteilungen des Instituts für Österreichische Geschichtsforschung* 122 (2014) 62–81.

Schneider 2015 – Christine Schneider, Die Gründung des Linzer Ursulinenklosters aus der Perspektive seiner Konventchronik, in: Ordenshistoriographie in Mitteleuropa – Gestaltung und Wandlung des institutionalen und persönlichen Gedächtnisses in der Frühen Neuzeit, hg. von Heidemarie Bachhofer–Kateřina Bobková-Valentová–Tomáš Černušák (Monastica Historia 2, St. Pölten–Prag 2015) 167–190.

Schnettger 2016 – Matthias Schnettger, Die Kaiserinnen aus dem Haus Gonzaga: Eleonora die Ältere und Eleonora die Jüngere, in: Nur die Frau des Kaisers? Kaiserinnen in der Frühen Neuzeit, hg. von Bettina Braun–Katrin Keller–Matthias Schnettger (Veröffentlichungen des Instituts für Österreichische Geschichtsforschung 64, Wien–Köln–Weimar 2016) 117–140.

Schnitzer 2014 – Claudia Schnitzer, Constellatio Felix: Die Planetenfeste Augusts des Starken anlässlich der Vermählung seines Sohnes Friedrich August mit der Kaisertochter Maria Josepha 1719 in Dresden (Dresden 2014).

Schreiden 1982 – Pierre Schreiden, Jacob van Schuppen. *Wiener Jahrbuch für Kunstgeschichte* 35 (1982) 1–106.

Schreiner 1995 – Manfred Schreiner (Hg.), Naturwissenschaft in der Kunst (Wien 1995).

Schultes 2016 – Lothar Schultes, Drei Madonnen – drei Meisterwerke. Österreichische Zeitschrift für Kunst- und Denkmalpflege 3/4: Polychromie auf Stein (2016) (in Vorb.).

Schulze 1992 – Stefan Schulze, Art. Auerbach Johann Gottfried, in: Allgemeines Künstler-Lexikon. Die Bildenden Künstler aller Zeiten und Völker 5 (1992) 619.

Schweigert 2000 – Horst Schweigert, Gotische Plastik unter den frühen Habsburgern von ca. 1280 bis 1358, in: Hermann Fillitz (Hg.), Geschichte der bildenden Kunst in Österreich 2: Gotik (München u.a. 2000) 318–343.

Schwerin 2013 – Maurice Daumas–Claudia Ulbrich (Hg.), Une conversion au XVIIIe siècle. Mémoires de la comtesse de Schwerin (Pessac 2013).

Seeger 2004 – Ulrike Seeger, Stadtpalais und Belvedere des Prinzen Eugen. Entstehung, Gestalt, Funktion und Bedeutung (Wien–Köln–Weimar 2004).

Seitschek 2011 – Stefan Seitschek, Höfische Belustigungen, in: 300 Jahre Karl VI. 1711–1740. Spuren der Herrschaft des „letzten" Habsburgers. Begleitband zur Ausstellung des Österreichischen Staatsarchivs, 5. Oktober – 23. Dezember 2011, hg. von Stefan Seitschek (Wien 2011).

Silbert 1830 – Johann Peter Silbert, Der Frauenspiegel, aufgestellt in einer Reihe Biographien gottseliger Personen aus dem Frauengeschlechte (Wien 1830).

Sinnigen – 1933 – Ansgar Sinnigen, Katholische Frauengenossenschaften Deutschlands. Deutsche Schwesterngenossenschaften (Düsseldorf 1933).

Smith 1964 – Peter Smith, Mansart Studies II: The Val-de-Grâce. *The Burlington Magazine* 106/732 (1964) 106–115.

Sohn-Kronthaler 2016 – Michaela Sohn-Kronthaler, Feminisierung des kirchlichen Personals? Entwicklungen und Beobachtungen am Beispiel religiöser Frauengenossenschaften in österreichischen Diözesen im langen 19. Jahrhundert. In: Michaela Sohn-Kronthaler (Hg.), Feminisierung oder (Re)Maskulinisierung der Religion im 19. und 20. Jahrhundert? Forschungsbeiträge aus Christentum, Judentum und Islam (Wien–Köln–Weimar 2016) 78–113

Sophie von Hannover 1885 – Eduard Bodemann (Hg.), Briefwechsel der Herzogin Sophie von Hannover mit ihrem Bruder, dem Kurfürsten Karl Ludwig von der Pfalz (Publikationen aus den k. preußischen Staatsarchiven 26, Leipzig 1885).

Spiess 1993 – Karl-Heinz Spiess, Familie und Verwandtschaft im deutschen Hochadel des Spätmittelalters (Vierteljahrschrift für Sozial- und Wirtschaftsgeschichte 111, Stuttgart 1993).

Stadl 2005 – Susanne Stadl, Die Kunsttätigkeit der Salesianerinnen im deutschsprachigen Raum: Wien – München – Amberg (Lindenberg im Allgäu 2005).

Steinweg 1932 – Klara Steinweg, Pellegrini, Art. Giovanni Antonio, in: Allgemeines Lexikon der bildenden Künstler, hg. von Ulrich Thieme, begründet von Felix Becker, Band 26 (Leipzig 1932) 360.

Stolleis 2001 – Karen Stolleis, Messgewänder aus deutschen Kirchenschätzen vom Mittelalter bis zur Gegenwart. Geschichte, Form und Material (Regensburg 2001).

Stopp 1969 (1997) – Elisabeth Stopp, Francis de Sales at Clermont College: A Jesuit Education in Sixteenth-Century Paris. *Salesian Studies* 6 (1969), Nr. 1 (Winter) 42–63, wiederabgedruckt in: Elisabeth

Stopp, A Man to Heal Differences: Essays and Talks on St. Francis de Sales (Philadelphia 1997) 23–50.

Stopp 2006 – Elisabeth Stopp, Adrien Gambart's Emblem Book: The Life of St. Francis de Sales in Symbols (Philadelphia 2006).

Taddei 2005 – Elena Taddei, Anna-Caterina Gonzaga und ihre Zeit: der italienische Einfluß am Innsbrucker Hof, in: Der Innsbrucker Hof. Residenz und höfische Gesellschaft, hg. von Heinz Noflatscher–Jan Paul Niederkorn (Wien 2005) 213–240.

Tamburini 1968 – Luciano Tamburini, Le chiese di Torino dal rinascimento al barocco (Torino o.J. [1968]).

Tätigkeitsbericht 1995 – Tätigkeitsbericht des Bundesdenkmalamtes 1995. Österreichische Zeitschrift für Kunst und Denkmalpflege 50 (1996) 479–480.

Taveneaux 1960 – René Taveneaux, Le Jansénisme en Lorraine 1640–1789 (Paris 1960).

Telesko 2005 – Werner Telesko, Einführung in die Ikonographie der barocken Kunst (Wien–Köln–Weimar 2005).

Telesko 2012 – Die Wiener Hofburg 1835–1918. Der Ausbau der Residenz vom Vormärz bis zum Ende des „Kaiserforums", hg. von Werner Telesko (Denkschriften der Österreichischen Akademie der Wissenschaften, phil.-hist. Klasse 446; Veröffentlichungen zur Kunstgeschichte 15, Wien 2012).

Telesko 2013 – Werner Telesko, Die Kreuzreliquie in der Wiener Hofburg und die Gründung des Sternkreuzordens. Zur Kreuzverehrung der Habsburger in der Frühen Neuzeit, in: Das Kreuz. Darstellung und Verehrung in der Frühen Neuzeit, hg. von Carla Heussler–Sigrid Gensichen (Regensburger Studien zur Kunstgeschichte 16, Regensburg 2013) 194–216.

Thornton 1978 – Peter Thornton, Seventeenth-Century Interior Decoration in England, France and Holland (London ³1981, ¹1978).

Tönnesmann 2004 – Andreas Tönnesmann, Pariser Witwensitze. Zur architektonischen Repräsentation von Frauen in der Frühen Neuzeit, in: Frauen in der Frühen Neuzeit. Lebensentwürfe in Kunst und Literatur, hg. von Anne-Marie Bonnet (Köln–Weimar–Wien 2004) 189–21.

Tripp 1968 – Gertrude Tripp, Zu den Restaurierungsberichten. Österreichische Zeitschrift für Kunst- und Denkmalpflege 22 (1968) 185.

Tugend-Zierde 1711 – Ertz-Hertzogliche Tugend-Zierde deß Durchleuchtigisten Ertz-Hauß von Oesterreich oder Tugend-voller Lebens-Wandel und vor Gott kostbares Ableiben [...] Frauen Anna Juliana Gonzagin, Ertz-Hertzogin zu Österreich [...] (Wien 1711).

Véron-Denise–Picaud–Foisselon 2009 – Danièle Véron-Denise–Gérard Picaud–Jean Foisselon, De fleurs en aiguille, L'art de la broderie chez les visitandines. L'exposition [...] du 7 mai au 5 décembre 2009 en l'Hôtel Demoret, site des expositions thématiques du Musée de la Visitation (Paris 2009).

Vocelka 2001 – Karl Vocelka, Glanz und Untergang der höfischen Welt. Repräsentation, Reform und Reaktion im Habsburgischen Vielvölkerstaat (Österreichische Geschichte 1699–1815, hg. von Herwig Wolfram, Wien 2001).

Vocelka 2010 – Karl Vocelka, Die Familien Habsburg und Habsburg-Lothringen: Politik, Kultur, Mentalität (Wien–Köln–Weimar 2010).

von Brockhusen 1995 – Gerda von Brockhusen, Art. Franziska von Rom, in: Lexikon für Theologie und Kirche 4 (³1995) 30.

Voglhuber 2011 – Eva Voglhuber, Textilien im liturgischen Umfeld, in: Paramente! Historische liturgische Textilien, eine Publikation zur Pflege und Erhaltung historischer Textilien, hg. anlässlich der Sonderausstellung des Diözesanmuseums St. Pölten, 7. Mai bis 12. November 2011 von Wolfgang Huber (St. Pölten 2011) 12–51.

von der Osten-Sacken 1979 – Cornelia von der Osten-Sacken, San Lorenzo el Real de el Escorial. Studien zur Baugeschichte und Ikonologie (Mittenwald 1979).

von Reden 1966 – Hans-Henning von Reden, Fürstenporträts der Barockzeit im Schloss Hämelschenburg. Niederdeutsche Beiträge zur Kunstgeschichte 5 (1966) 184–198.

von Rohr 1733 – Julius Bernhard von Rohr, Einleitung zur Ceremoniel-Wissenschafft der großen Herren [...] (Berlin 1733).

Vujasin–Koller 2008/09 – Nicola Vujasin–Manfred Koller, CAD als Dokumentationshilfe in der Steinkonservierung – Die Immaculata Lorenzo Mattiellis der Salesianerinnenkirche in Wien. Restauratorenblätter 28 (2008/09) 193–199.

Waach 1967 – Die Salesianerinnen in Wien 1717–1967, hg. von Hildegard Waach (Forschungen zur Kirchengeschichte Österreichs 4, Wien–München 1967).

Wagner 1721 – Franz Wagner, Leben und Tugenden Eleonorae Magdalenae Theresiae, Römischen Käyserin (Wien 1721).

Wagner 1998 – Franz Wagner, Zu den barocken Festornaten österreichischer Prälatenklöster. Das Münster. Zeitschrift für christliche Kunst und Kunstwissenschaft, 2/98 (1998) 126–134.

Wagner-Höher 2008 – Ulrike Wagner-Höher, Die Benediktinerinnen von St. Gabriel/Bertholdstein (1889–1919) (Studien zur monastischen Kultur 1, St. Ottilien 2008).

Wandruszka 1959 – Adam Wandruszka, Die Religiosität Franz Stephans von Lothringen. Ein Beitrag zur Geschichte der „Pietas Austriaca" und zur Vorgeschichte des Josephinismus in Österreich. Mitteilungen des Österreichischen Staatsarchivs 12 (1959) 162–173.

Watanabe-O'Kelly 2013 – Helen Watanabe-O'Kelly, Consort and Mistress. A Successful Job-Share, in: Der Hof. Ort des kulturellen Handelns von Frauen in der Frühen Neuzeit, hg. von Susanne Rode-Breymann–Antje Tumat (Köln–Weimar–Wien 2013) 90–99.

Wecker 2007 – Regina Wecker, Vom Nutzen und Nachteil der Frauen- und Geschlechtergeschichte für die Gender-Theorie. Warum Geschichte wichtig ist. L'homme. Europäische Zeitschrift für feministische Geschichtswissenschaft 18, 2 (2007) 27–52.

Weissensteiner 1982 – Friedrich Weissensteiner, Die rote Erzherzogin. Das ungewöhnliche Leben der Tochter des Kronprinzen Rudolf. Versuch einer Biographie (München–Zürich 1982).

Welzig 1989 – Lobrede. Katalog deutschsprachiger Heiligenpredigten in Einzeldrucken aus den Beständen der Stiftsbibliothek Klosterneuburg, hg. von Werner Welzig (Österreichische Akademie der Wissenschaften, phil.-hist. Klasse, Sitzungsberichte 518, Wien 1989).

Wendlandt 1924 – Hans Carl Wendlandt, Die weiblichen Orden und Kongregationen der katholischen Kirche und ihre Wirksamkeit in Preußen von 1818 bis 1918 (Paderborn 1924).

Wheelock–Barnes–Held 1990 – Arthur K. Wheelock jr.–Susan J. Barnes–Julius S. Held, Van Dyck Paintings, National Gallery of Art, Washington, 11.11.1990 – 24.2.1991 (Washington 1990).

Wiedemann 2001 – Inga Wiedemann, Die Schriften für Witwen in der Frühen Neuzeit (Berlin 2001).

Wiek 1988 – Peter Wiek, Die Wiener Ovalkirchen Mitteilungen der Gesellschaft für vergleichende Kunstforschung in Wien 40 Nr. 3 (1988) 1–5.

Wiesflecker 2011 – Peter Wiesflecker, „Sie hatten sich aufgemacht ... – sie sind unterwegs ..." Aus der Geschichte der Benediktinerinnen von St. Gabriel/Bertholdstein. Zeitschrift des Historischen Vereines für Steiermark 100 (2009) 411–423.

Wiesflecker 2014 – Peter Wiesflecker, „Das Heim, das uns der Herr geschenkt hatte, ... ist uns genommen ...". Die Abtei St. Gabriel/

Bertholdstein in der NS-Zeit. In: Robert Hausmann (Hg.), Mitteilungen der Korrespondentinnen und Korrespondenten der Historischen Landeskommission für Steiermark 11 (2014) 112–121.

Wiesflecker 2015 – Peter Wiesflecker, „… man erwartet von Euch keine Heiligen …". Struktur und Transformation geistlicher Frauengemeinschaften im 19. und 20. Jahrhundert am Beispiel der Grazer Karmelitinnen, der Benediktinerinnen von St. Gabriel und der Vorauer Marienschwestern (Grazer Universitätsverlag, Allgemeine wissenschaftliche Reihe 39, Forschungen zur geschichtlichen Landeskunde der Steiermark 72, Graz 2015).

Wiesflecker 2015 – Peter Wiesflecker, Brautkleid – Schleier – Kasel. Die textile „Mitgift" von (adeligen) Nonnen. *Analecta Cisterciensia* 65 (2015) 152–205.

Wiesflecker 2015a – Peter Wiesflecker, Ein „vielgestaltiges" Leben oder: *Lasst's den Hasen laufen!* Die Ordensfrau Magdalena (Ottilie Gräfin) Coreth OSB (1884–1962). Ein Beitrag zum familiären Umfeld des burgenländischen Seligen Ladislaus Fürst Batthyány-Strattmann. In: Jakob Perschy–Karin Sperl (Hgg.), Fokus Burgenland – Spektrum Landesgeschichte. Festschrift für Roland Widder (Burgenländische Forschungen, Sonderbd. 28, Eisenstadt 2015) 541–580.

Wiesflecker 2017 – Peter Wiesflecker, Kirchen, Klöster und Klausur. Geistliche Niederlassungen als Stationen höfischer Reisen, in: Harald Heppner–Marlies Raffler (Hg.), Habsburger auf Reisen (zur Drucklegung eingerichtet; erscheint 2017).

Windisch-Graetz 1988 – Ghislaine Windisch-Graetz, Kaiseradler und rote Nelke. Das Leben der Tochter des Kronprinzen Rudolf (Wien 1988).

Winklehner 2009 – Herbert Winklehner, Der Weg der kleinen Schritte. Salesianisches Tugend-ABC (Eichstätt 2009).

Wissgrill 1794 – Franz Carl Wissgrill, Schauplatz des landsässigen Nieder-Oesterreichischen Adels vom Herren- und Ritterstande von dem 11. Jahrhundert an bis auf jetzige Zeiten, Band 1 (Wien 1794).

Wolf 1998 – Gerhard Philipp Wolf, Art. François de Sales. Theologische Realenzyklopädie 29 (1998) 717–723.

Wunder 2013 – Heide Wunder, Die Fürstin bei Hofe im Heiligen Römischen Reich, in: Der Hof. Ort des kulturellen Handelns von Frauen in der Frühen Neuzeit, hg. von Susanne Rode-Breymann–Antje Tumat (Köln–Weimar–Wien 2013) 21–51.

Wurzbach 1870 – Constant von Wurzbach, Biographisches Lexikon des Kaisertums Österreich 1750–1858, Band 21 (Wien 1870).

Wurzbach 1906 – Alfred von Wurzbach, Niederländisches Künstler-Lexikon 1 (Wien–Leipzig 1906).

Zava Boccazzi 1998 – Franca Zava Boccazzi, Pellegrini „private" nell'Epistolario di Rosalba Carriera, in: Alessandro Bettagno (Hg.), Antonio Pellegrini. Il maestro veneto del rococò alle corti d'Europa. Le mostre […] Padova, Palazzo della Ragione, 20 settembre 1998–10 gennaio 1999 [Ausstellungskatalog] (Venedig 1998) 63–88.

Zedinger 2000 – Renate Zedinger (Hg.), Lothringens Erbe. Franz Stephan von Lothringen (1708–1765) und sein Wirken in Wirtschaft, Wissenschaft und Kunst der Habsburgermonarchie. Ausstellung Schallaburg, 29. April bis 29. Oktober 2000 (Katalog des Niederösterreichischen Landesmuseums Neue Folge 429, St. Pölten 2000).

Zedler 1748 – Johann Heinrich Zedler, Grosses vollständiges Universal-Lexicon, Bd. 56 (Leipzig–Halle 1748).

Zimerman 1895 – Heinrich Zimerman, Inventare, Acten und Regesten aus der Schatzkammer des Allerhöchsten Kaiserhauses. *Jahrbuch der Kunsthistorischen Sammlungen des Allerhöchsten Kaiserhauses* 16 (1895) I–LIX.

Zykan J. 1968 – Josef Zykan, Über die Restaurierung der Madonna im Salesianerinnen-Kloster. *Österreichische Zeitschrift für Kunst- und Denkmalpflege* 22 (1968) 185–187.

Zykan M. 1968 – Marlene Zykan, Zwei gotische Madonnenstatuen und ihre Restaurierung. *Österreichische Zeitschrift für Kunst- und Denkmalpflege* 22 (1968) 171–184.

## Verzeichnis der Abkürzungen und Siglen

| | | | |
|---|---|---|---|
| Abb. | Abbildung(en) | Jh. | Jahrhundert |
| Abt. | Abteilung | KHM | Wien, Kunsthistorisches Museum |
| Anm. | Anmerkung | Konv. | Konvolut |
| ACDF | Rom, Archivio della Congregazione per la Dottrina della Fede | kr. | Kreuzer |
| | | NÖ | Niederösterreich |
| AKons | Wien, Bundesdenkmalamt, Archiv der Abteilung für Konservierung und Restaurierung | Nr. | Nummer |
| | | o. J. | ohne Jahr |
| Art. | Artikel | o. O. | ohne Ort |
| ASal | Wien, Archiv der Salesianerinnen | OFS | Ordo Franciscanus Saecularis (Dritter Orden der Franziskaner) |
| ASG | Graz, Archiv der Abtei St. Gabriel im Steiermärkischen Landesarchiv | OSB | Ordo sancti Benedicti (Benediktinerorden) |
| ASV | Rom, Archivio Segreto Vaticano | OSFS | Institutum Oblatorum Sancti Francisci Salesii (Oblaten des hl. Franz von Sales) |
| AVA | Wien, Österreichisches Staatsarchiv, Allgemeines Verwaltungsarchiv | P. | Pater |
| Bd. | Band | pag. | pagina(e) |
| Bearb. | Bearbeiter(in) | phil.-hist. | philosophisch-historische |
| BHSTA | München, Bayerisches Hauptstaatsarchiv | Red., red. | Redaktion, redaktioniert |
| bzw. | beziehungsweise | r | recto |
| ca. | circa | s. | siehe |
| DAW | Wien, Diözesanarchiv | S. | Saint |
| ders. | derselbe | S. | Seite |
| dies. | dieselbe | s. o. | siehe oben |
| Dipl. | Diplomarbeit | S.J. | Societas Jesu |
| Diss. | Dissertation | SHStAD | Dresden, Sächsisches Hauptstaatsarchiv |
| ebd. | ebenda | Sp. | Spalte |
| etc. | et cetera | Sr. | Schwester |
| f. | folgende | StLA | Graz, Steiermärkisches Landesarchiv |
| fl. | Gulden | übers. | übersetzt |
| fol. | folium | u. a. | und andere |
| geb. | geboren | ungedr. | ungedruckt |
| gest. | gestorben | v | verso |
| HHStA | Wien, Österreichisches Staatsarchiv, Haus-, Hof- und Staatsarchiv | v. a. | vor allem |
| | | vgl. | vergleiche |
| Hg., hg. | Herausgeber(in), herausgegeben | Vorb. | Vorbereitung |
| hl. | heilige(r) | Zl. | Zahl |
| Hs. | Handschrift | | |
| Inv. | Inventar | | |

## Abbildungsnachweis

Kloster der Salesianerinnen in Wien: 1, 9, 12, 25–27, 31, 34, 84 (Fotos: Referat für Kunst und Denkmalpflege der Erzdiözese Wien), 3–6, 10, 11, 21–25, 27, 28, 30, 32, 42, 50–57, 59, 65–67, 69–70, 72–79, 81, 86–93, 96, 108–114 (Fotos: René Steyer und Karl Pani, Wien), 115, 118–124, 126–131 (Fotos: Eva Voglhuber); 2, 7, 8, 13, 29, 33, 37–38, 47–49, 80, 82; Martin Mádl, Tschechische Akademie der Wissenschaften, Prag: 14, 58, 60–64, 68, 99, 101; St. Georgs–Orden: 15; Bayerische Verwaltung der staatlichen Schlösser, Gärten und Seen: 16, 18; Bayerisches Nationalmuseum München: 17, 20; KHM–Museumsverband: 19; Steiermärkisches Landesarchiv: 35–36, 39–40, 43–46; Diözesanarchiv Wien: 41; Wien Museum: 71; Bayerische Staatsgemäldesammlungen – Alte Pinakothek München: 83; Bibliothèque Nationale de France, Paris: 85; Österreichisches Bundesdenkmalamt: 94, 97–98, 100, 102–104, 106–107; Manfred Koller: 95; Graphische Sammlung Göttweig: 116, 125 (Fotos: Bernhard Rameder), 117 (Foto: Edgar Knaack); Universität für Musik und darstellende Kunst: 132–137.